中国企业信用发展报告
2021

中国企业改革与发展研究会
中国合作贸易企业协会 编
国信联合（北京）认证中心

中国财富出版社有限公司

图书在版编目(CIP)数据

中国企业信用发展报告.2021 / 中国企业改革与发展研究会，中国合作贸易企业协会，国信联合（北京）认证中心编. —北京:中国财富出版社有限公司,2022.4

ISBN 978-7-5047-7687-7

Ⅰ.①中… Ⅱ.①中… ②中… ③国… Ⅲ.①企业信用 - 研究报告 - 中国 -2021 Ⅳ.①F832.4

中国版本图书馆 CIP 数据核字(2022)第 058709 号

策划编辑 杜 亮	责任编辑 张红燕 郭 莹	版权编辑 李 洋
责任印制 梁 凡	责任校对 卓闪闪	责任发行 董 倩

出版发行	中国财富出版社有限公司		
社　　址	北京市丰台区南四环西路 188 号 5 区 20 楼	邮政编码	100070
电　　话	010-52227588 转 2098(发行部)	010-52227588 转 321(总编室)
	010-52227566(24 小时读者服务)	010-52227588 转 305(质检部)
网　　址	http://www.cfpress.com.cn	排　　版	宝蕾元
经　　销	新华书店	印　　刷	宝蕾元仁浩(天津)印刷有限公司
书　　号	ISBN 978-7-5047-7687-7/F·3416		
开　　本	880mm× 1230mm　1/16	版　　次	2022 年 4 月第 1 版
印　　张	31.5　彩 页　4.5	印　　次	2022 年 4 月第 1 次印刷
字　　数	783 千字	定　　价	180.00 元

誠信為本

服務社會

邹家华

追求质量诚信

践行社会责任

周伯华

序　言

　　2021 年，是党和国家历史上具有里程碑意义的一年，也必将是载入史册的一年。面对发展中遭遇的各种困难挑战，2021 年中国经济交出了一份极为不易、亮点突出的成绩单。我国企业面对迅猛的新冠肺炎疫情以及外部经济环境诸多不利因素叠加的风险与挑战，表现出较强的发展韧性，总体保持了增长态势，也交出了一份令人满意的答卷。

　　中央经济工作会议强调，做好 2022 年经济工作，要以习近平新时代中国特色社会主义思想为指导，全面贯彻落实党的十九大和十九届历次全会精神，弘扬伟大建党精神，坚持稳中求进工作总基调，完整、准确、全面贯彻新发展理念，加快构建新发展格局，全面深化改革开放，坚持创新驱动发展，推动高质量发展，坚持以供给侧结构性改革为主线，统筹疫情防控和经济社会发展，统筹发展和安全，继续做好"六稳""六保"工作，持续改善民生，着力稳定宏观经济大盘，保持经济运行在合理区间，保持社会大局稳定，迎接党的二十大胜利召开。我国企业界在 2022 年将重点做好以下三个方面的工作：

　　第一，坚持创新驱动，加快数字化转型，打造科技创新和数字经济新优势。创新是引领发展的第一动力，是构建新发展格局、实现高质量发展的关键所在。2019—2021 年，我国企业在极其困难的发展局面下，研发投入强度持续增加，对科研的重视程度日趋提高。我国企业界要以国家战略性需求为导向推进创新体系优化组合，把自主创新摆在更加突出的位置，进一步加大研发投入力度，加快关键核心技术攻关，打造更多依靠创新驱动、发挥先发优势的引领性企业，加快推动建立以企业为主体、市场为导向、产学研深度融合的技术创新体系，不断提升原始创新能力，产业基础能力和产业链、供应链的现代化水平。

　　"加快数字化发展，建设数字中国"是"十四五"规划的重要任务之一。迎接数字时代，激活数据要素潜能，推进网络强国建设，加快建设数字经济、数字社会、数字政府，以数字化转型整体驱动生产方式、生活方式和治理方式变革。我国企业要加快发展数字经济，推动实体经济和数字经济融合发展，推动互联网、大数据、人工智能同实体经济深度融合，继续做好信息化和工业化深度融合这篇大文章，推动制造业加速向数字化、网络化、智能化发展，着力壮大新增长点，形成发展新动能。

第二，持续推进企业高质量发展，为构建新发展格局做出企业界的贡献。面对外部环境变化带来的新矛盾新挑战，我国企业界必须顺势而为，创新作为，主动担当，进一步优化和调整经济发展思路、资产配置、产业布局以及可持续高质量发展的实现路径，在努力打通国际循环的同时，进一步畅通国内大循环，提升经济发展的自主性、可持续性，增强韧性，保持我国经济平稳健康发展。我国企业界要坚持以新发展理念引领高质量发展，结合企业自身实际情况，从中短期规划着手，以长远发展布局，兼顾好短期利益和长远发展，持续深化供给侧结构性改革，创新引领新需求，进一步释放政策效应，顺势而为，积极融入"双循环"，着力实现增长方式和发展方式的根本转变，为加快构建新发展格局，把新发展理念完整、准确、全面贯穿企业发展全过程和各领域，切实转变发展方式，推动质量变革、效率变革、动力变革，实现更高质量、更有效率、更加公平、更可持续、更为安全的发展，为推动可持续高质量发展做出企业界的贡献。

第三，充分释放政策效应和内部动能，进一步激发企业活力。党中央和国务院非常重视和强调解决民营企业、中小企业发展中遇到的困难，并出台了一系列精准的政策措施，尤其是深化"放管服"改革，推动助企纾困政策落细落实，对于民营企业、中小企业的支持力度进一步加大，营商环境进一步改善。这些政策措施对民营企业和中小企业加快转型发展、创新发展，推动企业经济高质量发展起到了重要作用。我国民营企业和中小企业，要充分释放政策效应，激发企业高质量发展的内在活力和动力。

希望我国企业界聚焦新目标、落实新部署，过险滩、闯难关，以更优异的成绩迎接党的二十大胜利召开！

《中国企业信用发展报告 2021》对中国企业以及各行业的信用状况进行了较为客观的评价和成因分析，立足新发展阶段，揭示了当前宏观经济环境的新变化以及中国企业信用发展面临的新问题、新挑战，并提出了可行的、具有操作性的对策建议，为政府、企业和社会提供了有价值的参考依据。值该报告公开出版发行之际，特作此序。

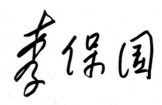

2021 年 12 月于北京

目　录

第一章
2021 中国企业信用发展报告

一、综合分析与研究概述

2021 中国企业信用发展分析研究和发布活动，是由中国企业改革与发展研究会、中国合作贸易企业协会、国信联合（北京）认证中心联合开展的，也是自 2011 年以来连续第 11 次针对中国企业信用发展状况进行的分析研究。在此基础上，评价产生了 2021 中国企业信用 500 强和中国制造业企业信用 100 强、中国服务业企业信用 100 强、中国民营企业信用 100 强、中国上市公司信用 500 强，并分别进行了分析研究，作为本报告的组成部分。

本报告通过对 2020 年我国企业信用发展综合分析与研究、2021 年发展预期及 2022 年发展展望，提出如下观点。

（一）全球宏观经济环境不确定、不稳定因素增多

2020 年，虽然受新冠肺炎疫情的严重影响，中国经济仍然实现正增长，是世界主要经济体中唯一保持正增长的国家。2021 年中国前三季度经济运行总体好于预期，增幅显著。

本报告对我国企业总体经济环境的分析显示，2020 年我国企业的景气指数为 102.73 点，较 2019 年的 105.31 点下降了 2.58 点；盈利指数为 99.56 点，较 2019 年的 99.76 点下降了 0.20 点；效益指数为 104.41 点，较 2019 年的 103.61 点提高了 0.80 点。2020 年我国企业面对迅猛的新冠肺炎疫情以及外部经济环境诸多不利因素叠加的风险与挑战，景气指数和效益指数仍然运行在荣枯线以上，表明总体上保持正增长态势。

2021 年我国企业的综合信用指数（CCI）为 83.33 点，较 2020 年的 84.79 点下降了 1.46 点。总体表明，我国企业的整体运行受新冠肺炎疫情影响有限，表现出较强的发展韧性。预测 2021 年及后期市场，随着对新冠肺炎疫情常态化、精准化防控以及经济的稳步恢复，我国企业将会保持较快的恢复性增长的态势。

国际货币基金组织（IMF）2021 年 10 月发布的《世界经济展望报告》（WEO）表示，全球经济虽持续复苏，但新冠肺炎疫情卷土重来，复苏势头减弱，不确定性上升。

经国家统计局初步核算，2021 年前三季度国内生产总值 823131 亿元，按可比价格计算，同比增长 9.8%，两年平均增长 5.2%。前三季度国民经济总体保持恢复态势，结构调整稳步推进，推动高质量发展取得新进展。但也要看到，当前国际环境不确定性因素增多，国内经济恢复仍不稳固、不均衡。

当前，我国经济发展面临需求收缩、供给冲击、预期转弱三重压力。本报告对企业经济效益指标的分析显示，2020 年我国企业的营收利润率、资产利润率和所有者权益报酬率三项收益性指标均有明显提高。其中，营收利润率为 4.56%，较 2019 年的 3.89% 提高了 0.67 个百分点；资产利润率为 2.87%，较 2019 年的 2.04% 提高了 0.83 个百分点；所有者权益报酬率为 5.80%，较 2019 年的 4.92% 提高了 0.88 个百分点。综合三项收益性指标分析，我国企业的盈利能力有明显改善，有效减轻了经济下行的外部环境压力，但整体上仍处于较低水平运行区间。

2020 年样本企业的亏损比率为 17.65%，较 2019 年的 7.81% 提高了 9.84 个百分点；亏损的企业面较 2019 年提高了 0.86 个百分点。亏损比率的较大幅度提升、亏损企业面的扩大，表明企业的经营难度加大，部分企业的盈利能力减弱。主要原因是新冠肺炎疫情对部分企业产生较大影响，从行业分析看，新冠肺炎疫情主要对服务业企业的影响较为明显，其影响程度较对制造业和生产业企业的要更大一些。总体表明，企业间发展不平衡的矛盾仍然较为突出。

（二）企业间发展不平衡问题仍然突出

一是生产业进一步回暖，结构性调整效果明显。2020 年生产业的景气指数为 104.53 点，较 2019 年的 108.75 点下降了 4.22 点；盈利指数为 102.75 点，较 2019 年的 100.24 点提高了 2.51 点；效益指数为 103.39 点，较 2019 年的 102.83 点提高了 0.56 点。2020 年生产业的景气指数虽有所下降，但盈利指数和效益指数均有不同程度的提高，三项指数都保持在荣枯线以上运行，表明生产业的总体信用环境持续改善，结构性调整效果显现，发展质量明显提高。

二是制造业增长明显，盈利能力大幅增长。2020 年制造业企业的景气指数为 106.40 点，较 2019 年的 103.44 点提高了 2.96 点；盈利指数为 102.94 点，较 2019 年的 98.26 点提高了 4.68 点；效益指数为 105.57 点，较 2019 年的 103.45 点提高了 2.12 点。总体表明，制造业已经处于整体盈利状态；效益指数有较大幅度的提升，表明其整体效益明显改善，高质量发展取得显著成果。这也是我国制造业在 2020 年新冠肺炎疫情影响下交出的一份亮丽答卷。

三是服务业整体处于负增长状态。2020 年我国服务业的景气指数为 95.25 点，较 2019 年的 108.11 点下降了 12.86 点；盈利指数为 92.36 点，较 2019 年的 102.44 点下降了 10.08 点；效益指数为 102.45 点，较 2019 年的 104.05 点下降了 1.60 点。2020 年我国服务业的三项指数均呈现大幅下降的态势，其中景气指数和盈利指数双双跌破荣枯线，表明服务业整体处于负增长的状态，同时也表明新冠肺炎疫情对我国服务业造成了严重影响，服务业的受影响程度要远高于生产业和制造业，这需要引起服务业企业的高度关注。

总体来看，我国企业转型升级和高质量发展初显成果，但同时也表明不同规模、不同所有制以及不同行业之间存在的发展不平衡问题仍然存在。

第一，民营企业的盈利指数虽有提高，但仍处于荣枯线以下，表现出持续负增长。2020年民营企业的景气指数为 102.39 点，较 2019 年的 103.40 点下降了 1.01 点；盈利指数为 98.88 点，较 2019 年的 97.81 点提高了 1.07 点；效益指数为 104.71 点，较 2019 年的 102.52 点提高了 2.19 点。这也是民营企业连续第三年表现为盈利负增长。

第二，小型企业下行压力明显加大。2020 年小型企业的景气指数为 76.85 点，较 2019 年的 82.35 点下降了 5.50 点；盈利指数为 78.67 点，较 2019 年的 83.13 点下降了 4.46 点；效益指数为 98.07 点，较 2019 年的 97.41 点提高了 0.66 点。我国小型企业呈现持续下行的态势，三项指数仍然运行在荣枯线以下，且有两项指数下降的幅度进一步扩大。总体来看，新冠肺炎疫情对我国小型企业产生了较为明显的影响，小型企业所面临的经营环境十分艰难，抗风险能力相对较弱，这也是影响我国经济运行的主要因素。

第三，中、西部地区企业下行压力较大。2020 年中部地区企业的景气指数为 101.00 点，较 2019 年的 102.85 点下降了 1.85 点；盈利指数为 98.18 点，较 2019 年的 97.40 点提高了 0.78 点；效益指数为 103.59 点，较 2019 年的 103.30 点提高了 0.29 点。

2020 年西部地区企业的景气指数为 100.54 点，较 2019 年的 101.95 点下降了 1.41 点；盈利指数为 97.38 点，较 2019 年的 94.95 点提高了 2.43 点；效益指数为 103.04 点，较 2019 年的 103.02 点提高了 0.02 点。

总体来看，我国东部及沿海地区企业的抗风险能力及发展韧性也要好于中、西部地区企业。

（三）科研投入力度有待进一步加大

2020 年企业的科研经费投入占营业收入的比例为 5.74%，较 2019 年的 5.07%提高了 0.67个百分点。企业的科研经费投入占营业收入的比例呈现逐年递增的态势，且在 2020 年增长幅度明显扩大，表明企业对科研投入的重视程度越来越高，整体研发投入强度持续提高，为高质量可持续发展提供了强大动力。

一是大企业在科研投入上尚有提升的空间。2020 年特大型企业的科研经费投入占营业收入的比例为 2.20%，大型企业的科研经费投入占营业收入的比例为 3.23%，中型企业的科研经费投入占营业收入的比例为 5.78%，小型企业的科研经费投入占营业收入的比例为 10.77%。科研经费投入比率的大小与企业规模呈负相关，除与大企业的体量有关外，也反映出大企业在科研投入上尚有提升的空间。

二是制造业的自主研发有待进一步提高。2020 年制造业企业的科研经费投入占营业收入的比例为 5.86%，服务业企业的科研经费投入占营业收入的比例为 6.28%，制造业企业的科研经费投入比率略低于服务业企业。

三是国有企业科研经费投入比率明显偏低。2020 年国有企业的科研经费投入占营业收入的比例为 3.66%，民营企业的科研经费投入占营业收入的比例为 6.12%，其他所有制企业的科研经费投入占营业收入的比例为 7.60%。由此可见，科研经费投入比率的大小与企业所有制类型的关联性仍很明显。

总体来看，我国企业的科研经费投入比率也存在结构性的问题，尤其是特大型、大型企业和国有企业在科研投入上仍要进一步加大力度。

二、研究结论及若干建议

综合对我国企业总体信用环境、效益变化总体趋势和不同行业、不同所有制、不同规模以及上市公司的重点要素分析研究，提出以下主要结论和建议。

（一）持续推进企业高质量发展，为构建新发展格局做出企业界的贡献

2022 年是"十四五"规划的重要一年。"十四五"时期推动高质量发展，必须立足新发展阶段、贯彻新发展理念、构建新发展格局。习近平总书记在主持召开中央全面深化改革委员会第十五次会议上强调，"加快形成以国内大循环为主体、国内国际双循环相互促进的新发展格局，是根据我国发展阶段、环境、条件变化作出的战略决策，是事关全局的系统性深层次变革"[①]。尤其是在新冠肺炎疫情卷土重来，经济复苏势头减弱，保护主义、单边主义、霸权主义以及地缘经济政治格局、全球供应链和产业链扰动等造成的不确定因素增多、风险加大的全球经济背景下，构建新发展格局对我国经济发展行稳致远将起到关键作用。

[①] 《习近平主持召开中央全面深化改革委员会第十五次会议并发表重要讲话》，中国政府网，http://www.gov.cn/xinwen/2020-09/01/content_5539098.htm。

2021 年 12 月 8 日至 10 日，中央经济工作会议强调，要深化供给侧结构性改革，重在畅通国内大循环，重在突破供给约束堵点，重在打通生产、分配、流通、消费各环节。总体来看，传统制造业和基础性产业的供给侧结构性调整成效已经显现，新兴产业和未来产业发展势头强劲，在全球产业链的地位已经由中低端迈向了中高端，尤其是在一些高端领域强势突破，处于引领地位。现阶段以及今后一个时期，主要矛盾已经由传统的结构性矛盾转向了高质量发展不平衡的矛盾，主要反映在所有制之间、地区之间、规模之间和行业之间存在的发展不平衡的矛盾，构建新发展格局，实现可持续高质量发展仍任重道远。

面对外部环境变化带来的新矛盾、新挑战，我国企业界必须顺势而为，创新作为，主动担当，进一步优化和调整经济发展思路、资产配置、产业布局以及可持续高质量发展的实现路径，在努力打通国际循环的同时，进一步畅通国内大循环，提升经济发展的自主性、可持续性、增强韧性，保持我国经济平稳健康发展。我国企业界要坚持以新发展理念引领高质量发展，结合企业自身实际情况，从中短期规划着手，以长远发展布局，兼顾好短期利益和长远发展，持续深化供给侧结构性改革，创新引领新需求，进一步释放政策效应，顺势而为，积极融入"双循环"，着力实现增长方式和发展方式的根本转变，加快构建新发展格局，把新发展理念完整、准确、全面地贯穿企业发展全过程和各领域，切实转变发展方式，推动质量变革、效率变革、动力变革，实现更高质量、更有效率、更加公平、更可持续、更为安全的发展，为推动可持续高质量发展做出企业界的贡献。

（二）坚持创新驱动，加快数字化转型，打造科技创新和数字经济新优势

2021 年中央经济工作会议强调，要提升制造业核心竞争力，加快数字化改造，促进传统产业升级。创新是引领发展的第一动力，是构建新发展格局、实现高质量发展的关键所在。2019—2021 年，我国企业在极其困难的发展局面下，研发投入强度持续增加，对科研的重视程度日趋提高。我国企业界要以国家战略性需求为导向推进创新体系优化组合，把自主创新摆在更加突出的位置，进一步加大研发投入力度，加快关键核心技术攻关，打造更多依靠创新驱动、发挥先发优势的引领性企业，加快推动建立以企业为主体、市场为导向、产学研深度融合的技术创新体系，不断提升原始创新能力，产业基础能力和产业链、供应链的现代化水平。

"加快数字化发展，建设数字中国"是"十四五"规划的重要任务之一。迎接数字时代，激活数据要素潜能，推进网络强国建设，加快建设数字经济、数字社会、数字政府，以数字化转型整体驱动生产方式、生活方式和治理方式变革。充分发挥海量数据和丰富应用场景优势，促进数字技术与实体经济深度融合，赋能传统产业转型升级，催生新产业新业态新模式，壮大经济发展新引擎。我国企业要加快发展数字经济，推动实体经济和数字经济融合发展，推动互联网、大数据、人工智能同实体经济深度融合，继续做好信息化和工业化深度融合这篇大文章，推动制造业加速向数字化、网络化、智能化发展，着力壮大新增长点，形成发展新动能。培育壮大人工智能、大数据、区块链、云计算、网络安全等新兴数字产业，提升通信设备、核心电子元器件、关键软件等产业水平。构建基于5G的应用场景和产业生态，在智能交通、智慧物流、智慧能源、智慧医疗等重点领域开展试点示范。鼓励企业开放搜索、电商、社交等数据，发展第三方大数据服务产业。促进共享经济、平台经济健康发展。

（三）充分释放政策效应，激发中小型企业活力

2021年中央经济工作会议强调，要继续实施积极的财政政策和稳健的货币政策。积极的财政政策要提升效能，更加注重精准、可持续。要保证财政支出强度，加快支出进度。实施新的减税降费政策，强化对中小微企业、个体工商户、制造业、风险化解等的支持力度，适度超前开展基础设施投资。

"十四五"规划强调，要激发各类市场主体活力，毫不动摇巩固和发展公有制经济，毫不动摇鼓励、支持、引导非公有制经济发展，培育更有活力、创造力和竞争力的市场主体。健全支持民营企业发展的法治环境、政策环境和市场环境，依法平等保护民营企业产权和企业家权益。保障民营企业依法平等使用资源要素、公开公平公正参与竞争、同等受到法律保护。进一步放宽民营企业市场准入，破除招投标等领域各种壁垒。创新金融支持民营企业政策工具，健全融资增信支持体系，对民营企业信用评级、发债一视同仁，降低综合融资成本。

党中央和国务院非常重视和强调要解决民营企业、中小型企业发展中遇到的困难，并出台了一系列精准的政策措施，尤其是深化"放管服"改革、推动助企纾困政策的落细落实，对于民营企业、中小型企业的支持力度进一步加大，营商环境进一步改善。

这些政策措施对民营企业和中小型企业加快转型发展、创新发展，推动企业经济高质量发展发挥了重要作用。我国民营企业和中小型企业，要充分释放政策效应，激发企业高质量发展的内在活力和动力。中小型企业必须顺势而为，充分发挥其灵活性、适应性、创新性的巨大优势，发展新产业、新技术、新业态、新模式，积极进入战略性新兴产业或战略性新兴产业链中，努力开辟新的广阔发展空间。

（四）充分释放内生动能，努力实现高质量发展

坚持提质增效、效益优先原则，提高企业高质量发展的内涵竞争力，是企业有效应对各

种风险挑战的关键一招，尤其是在当前宏观经济环境复杂多变，不确定不稳定因素增多，面对需求收缩、供给冲击、预期转弱三重压力的不利条件下，企业更应从内部着眼，充分释放内生动能，努力实现高质量发展。企业作为宏观经济的微观主体，也是推动经济高质量发展的主体。企业在新发展阶段，要着力推进发展方式变革，用先进方式提质增效。企业要不断改进生产经营流程，优化资源要素配置，提高发展质量效益；坚持质量兴企，积极创建知名品牌，提高市场竞争力和影响力；锻造产业链供应链长板，补齐产业链供应链短板，打造新兴产业链，推动传统产业高端化、智能化、绿色化，发展服务型制造；推动互联网、大数据、人工智能等同各产业深度融合，培育新技术、新产品、新业态、新模式。加快由低端制造向高生产率的设计、研发、品牌、营销、产业链管理等环节延伸；推动生产性服务业向专业化和价值链高端延伸，推动现代服务业同先进制造业、现代农业深度融合，推动生活性服务业向高品质和多样化升级。

（五）深化推进企业诚信体系建设，扎牢防范系统性风险的"篱笆"

《中共中央关于制定国民经济和社会发展第十四个五年规划和二〇三五年远景目标的建议》提出，健全市场体系基础制度，坚持平等准入、公正监管、开放有序、诚信守法，形成高效规范、公平竞争的国内统一市场；实施高标准市场体系建设行动；健全产权执法司法保护制度；实施统一的市场准入负面清单制度；继续放宽准入限制；健全公平竞争审查机制，加强反垄断和反不正当竞争执法司法，提升市场综合监管能力；健全要素市场运行机制，完善要素交易规则和服务体系。

一是要抗冲击，二是要防风险。冲击主要来自外部，中美多方面的角逐和博弈、新冠肺炎疫情的变化，以及潜在的全球金融危机等，都有可能造成巨大的冲击。风险主要来自企业内部，如企业债务违约、资金链断裂等，我国企业要坚定不移贯彻创新、协调、绿色、开放、共享的新发展理念。企业的发展要秉承绿色低碳发展理念，践行人与自然和谐发展理念，主动承担社会责任；要始终坚持底线思维，加强诚信自律，进一步推进企业诚信体系建设，以诚信建设筑牢企业高质量发展的基石。

在当前面临诸多困难和风险挑战的发展时期，我国企业更要强化忧患意识，做好风险防范，增强发展韧性，进一步加强和提高防范化解风险能力，高度重视和防范各类风险。要突出防范经营效益下滑风险、债务风险、投资风险、金融业务风险、国际化经营风险、安全环保风险，强化各类风险识别，建立预判预警机制，及时排查风险隐患，制订完善的应对预案，为企业可持续高质量发展保驾护航，为我国经济行稳致远做出企业担当和贡献。

第二章
2021 中国企业信用发展综合评价与分析报告

由中国企业改革与发展研究会、中国合作贸易企业协会、国信联合（北京）认证中心联合开展的 2021 中国企业信用发展分析研究和发布活动，是自 2011 年以来连续第 11 次针对中国企业信用发展状况进行的分析研究工作，并在此基础上，评价产生了 2021 中国企业信用 500 强、中国制造业企业信用 100 强、中国服务业企业信用 100 强、中国民营企业信用 100 强和中国上市公司信用 500 强。

中国企业信用评价模型是从企业的信用环境、信用能力、信用行为三个方面，综合企业的收益性、流动性、安全性、成长性等各项指标，采取以定量评价为主导、定量与定性评价相结合，以效益和效率为核心的多维度、趋势性分析研究，是企业综合信用状况和经营实力的客观体现。其中，信用环境、信用能力的数据采集时效是以 2018—2020 年（或以企业财年）的数据或信息为依据；信用记录时效是以 2020 年 10 月 1 日至 2021 年 9 月 30 日的信息为依据。本报告所采集的信息数据来源主要有以下三种渠道和方式：一是通过公开的信息获得；二是企业自愿申报的数据信息；三是通过信用调查评价活动获得的相关信息，如行业、市场、宏观经济、政策及法律法规等影响性分析。

经分析与研究，2021 年中国企业综合信用评价结果为 AAA 级，综合信用指数（CCI）为 83.33 点，较 2020 年下降了 1.46 点（2020 年中国企业综合信用指数为 84.79 点）。

一、2021 中国企业信用发展总体评价与分析

（一）我国企业信用环境总体评价与分析

1.全球新冠肺炎疫情持续，复苏势头减弱，不确定性上升

国际货币基金组织（IMF）2021 年 10 月最新发布的《世界经济展望报告》（WEO）表示，全球经济虽持续复苏，但新冠肺炎疫情卷土重来，复苏势头减弱，不确定性上升。预测 2021 年

全球经济增长 5.9%，相较于 2021 年 7 月全球经济增长预测下调了 0.1 个百分点。下调 2021 年全球经济增长预测值的主要原因是发达经济体和低收入发展中国家的预测增速放缓。其中，发达经济体预测增速放缓在一定程度上是供给中断造成的；低收入发展中国家预测增速放缓则主要是由疫情恶化所致。一些出口大宗商品的新兴市场和发展中经济体的短期经济前景有所改善，这部分抵消了上述两组国家前景的恶化。

IMF 指出，全球经济虽持续复苏，但新冠肺炎疫情卷土重来，经济复苏势头已经减弱。疫情造成的"断层"似乎将持续更长时间，这是因为各国短期经济走势的分化将对中期经济表现产生持久影响。这种差距主要是由各国疫苗获取能力和早期政策支持力度不同造成的。德尔塔病毒正迅速传播，新变异病毒也可能出现，这给疫情的持续时间带来了更多不确定性。各国开展政策选择的难度加大，且涉及多方面的挑战，包括就业增长疲软、通货膨胀上升、粮食安全问题、人力资本积累倒退、气候变化等。同时，由于疫情对接触密集型行业造成了干扰，大多数国家的劳动力市场复苏明显滞后于产出复苏。

同时，供给扰动带来了另一个政策挑战。一方面，在一些国家，疫情暴发和不利气候导致主要生产投入品出现短缺，造成制造业活动疲软；另一方面，这些供给短缺，加上被压抑的需求释放和大宗商品价格反弹，导致消费者价格通胀迅速上升。美国、德国以及许多新兴市场和发展中经济体都出现了这种情况。在粮食安全问题最为严峻的低收入国家，食品价格上涨幅度最大，这导致贫困家庭负担加重、社会动荡风险加剧。

总体而言，全球经济增长的风险偏向下行，主要的风险是在疫苗普及之前，可能出现更厉害的新冠变异病毒；而通胀风险则偏向上行，如果疫情导致的供需失衡比预计持续更长时间，包括在对供给潜力的破坏比预计更为严重的情况下，那么通胀风险可能变为现实，从而导致价格压力更为持久、通胀预期不断上升，这将使发达经济体比预期更快推动货币政策回归常态。

2.我国经济运行保持恢复态势

虽然受新冠肺炎疫情的严重影响，但在 2020 年中国是世界主要经济体中唯一保持正增长的国家。2021 年中国前三季度经济运行总体好于预期，增幅显著。国家统计局新闻发言人、国民经济综合统计司司长付凌晖在国务院新闻办公室新闻发布会上通报了前三季度经济运行的主要情况，初步核算，前三季度国内生产总值 823131 亿元，按可比价格计算，同比增长9.8%，两年平均增长 5.2%，比上半年两年平均增速回落 0.1 个百分点。分季度看，第一季度同比增长 18.3%，两年平均增长 5.0%；第二季度同比增长 7.9%，两年平均增长 5.5%；第三季度同比增长 4.9%，两年平均增长 4.9%。分产业看，前三季度第一产业增加值 51430 亿元，同比增长 7.4%，两年平均增长 4.8%；第二产业增加值 320940 亿元，同比增长 10.6%，两年平均增长 5.7%；第三产业增加值 450761 亿元，同比增长 9.5%，两年平均增长 4.9%。从环比看，第三季度国内生产总值增长 0.2%。

2010—2021 年前三季度国内生产总值及其增长速度分析见图 2-1。

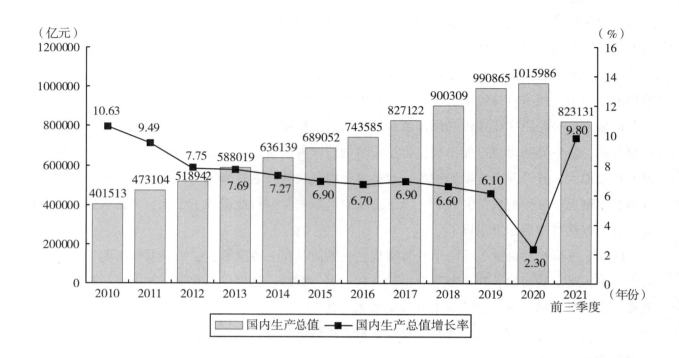

图 2-1 2010—2021 年前三季度国内生产总值及其增长速度分析

注:该表采用国家统计局当年公告数据,未进行调整或系统修订。

付凌晖表示，总的来看，前三季度国民经济总体保持恢复态势，结构调整稳步推进，推动高质量发展取得新进展。但也要看到，当前国际环境不确定性因素增多，国内经济恢复仍不稳固、不均衡。下一步，要坚持稳中求进工作总基调，完整准确全面贯彻新发展理念，加快构建新发展格局，抓好常态化疫情防控，强化宏观政策跨周期调节，着力促进经济持续健康发展，着力深化改革开放创新，不断激发市场活力、增强发展动力、释放内需潜力，努力保持经济运行在合理区间，确保完成全年经济社会发展主要目标任务。

3.我国企业整体保持正增长态势，发展韧性较强

2020 年我国企业的景气指数为 102.73 点，较 2019 年的 105.31 点下降了 2.58 点；盈利指数为 99.56 点，较 2019 年的 99.76 点下降了 0.20 点；效益指数为 104.41 点，较 2019 年的 103.61 点提高了 0.80 点。

2011—2020 年中国企业总体信用环境分析见图 2-2。

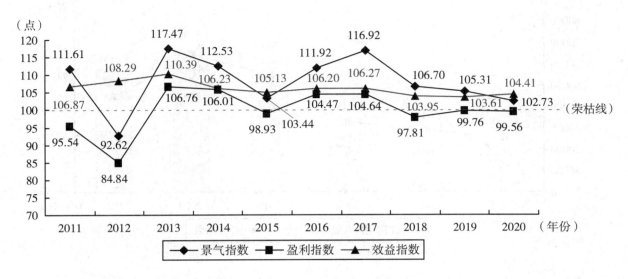

图 2-2 2011—2020 年中国企业总体信用环境分析

2020 年我国企业面对迅猛的新冠肺炎疫情以及外部经济环境诸多不利因素叠加的风险与挑战，景气指数和效益指数仍然运行在荣枯线以上，表明总体上保持正增长态势。其中，景气指数虽有明显回落，但幅度有限；盈利指数虽然处于负增长区间，但与 2019 年相比仅有微幅下降；效益指数不降反升，表明企业的综合经营效果有所提升，内部潜力得到释放。

通过对这三项指数的综合分析可以看出，新冠肺炎疫情对我国企业的整体运行影响有限，我国企业表现出较强的发展韧性。预测 2022 年，随着对新冠肺炎疫情常态化、精准化防控以及经济的稳步恢复，我国企业较快的恢复性增长态势将会持续。

本报告整体评价结果显示，2021 年我国企业的综合信用指数（CCI）为 83.33 点，较 2020 年的 84.79 点下降了 1.46 点。2021 中国企业信用 500 强的入围门槛为净利润 5.76 亿元，比 2020 年的 6.81 亿元下降了 1.05 亿元。2021 年中国制造业企业信用 100 强、中国民营企业信用 100 强的入围门槛较 2020 年有所提高，而中国服务业企业信用 100 强、中国上市公司信用 500 强的入围门槛较 2020 年则有所下降。

2016—2021 年中国企业信用 500 强入围门槛和 CCI 指数见图 2-3。

（二）2021 中国企业总体效益及其趋势分析

1.企业的利润水平下行，亏损的企业面明显扩大

第一，从收益性三项指标分析。2020 年我国企业的营收利润率、资产利润率和所有者权益报酬率三项收益性指标均有明显提高。其中，营收利润率为 4.56%，较 2019 年的 3.89% 提

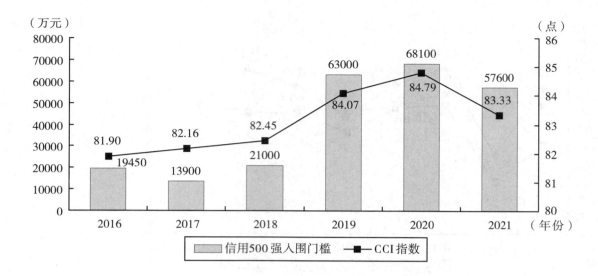

图 2-3 2016—2021 年中国企业信用 500 强入围门槛和 CCI 指数

高了 0.67 个百分点；资产利润率为 2.87%，较 2019 年的 2.04%提高了 0.83 个百分点；所有者权益报酬率为 5.80%，较 2019 年的 4.92%提高了 0.88 个百分点。综合三项收益性指标分析，我国企业的盈利能力有明显改善，有效减轻了经济下行的外部环境压力，但整体上仍处于较低水平运行区间。

2011—2020 年企业收益性指标分析见图 2-4。

图 2-4 2011—2020 年企业收益性指标分析

预测 2021 年及后期市场，由于受大宗原材料价格上涨和美国通胀危机的影响，我国企业的经营成本将有明显提高，整体盈利空间将会受挤压，企业整体收益性仍然面临一定的下行压力，需要引起企业界的高度重视。

第二，从利润总额和亏损总额变动分析。2020 年样本企业的利润总额增长率为–6.23%，较 2019 年的 9.38% 下降了 15.61 个百分点，这也是自 2014 年以来首次出现负增长。

2020 年样本企业的亏损总额增长率为–2.07%，较 2019 年的 23.78% 下降了 25.85 个百分点，样本企业的亏损总额也表现为负增长。

2020 年样本企业的亏损比率为 17.65%，较 2019 年的 7.81% 提高了 9.84 个百分点，这也是自 2014 年以来亏损比率达到的最高水平。亏损比率的较大幅度提升，表明企业的经营难度加大，部分企业的盈利能力减弱。总体来看，亏损比率的上升表明企业间发展不平衡的矛盾仍然较为明显，这一点从亏损的企业面也可以反映出来。

2014—2020 年企业收益性分析见图 2-5。

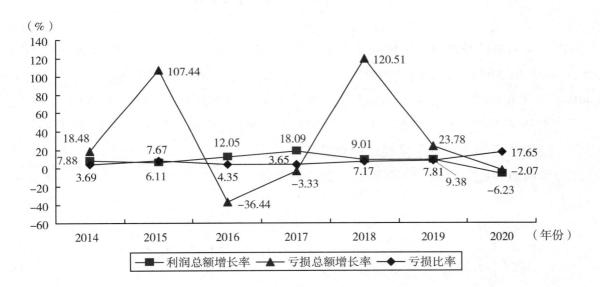

图 2-5　2014—2020 年企业收益性分析

第三，从亏损的企业面分析。2011—2020 年亏损的企业占比分别为 3.13%、5.48%、6.88%、7.32%、10.72%、6.95%、6.33%、11.46%、11.65%、12.51%。2020 年亏损的企业面较 2019 年的 11.65% 提高了 0.86 个百分点，继 2019 年之后再创新高。

亏损比率的较大幅度的提升、亏损企业面的明显扩大，主要原因是新冠肺炎疫情对部分企业产生较大影响，从行业分析看，新冠肺炎疫情主要对服务业企业的影响较为明显，其影响程度较对制造业和生产业企业的要更大一些。

2011—2020 年亏损企业面分析见图 2-6。

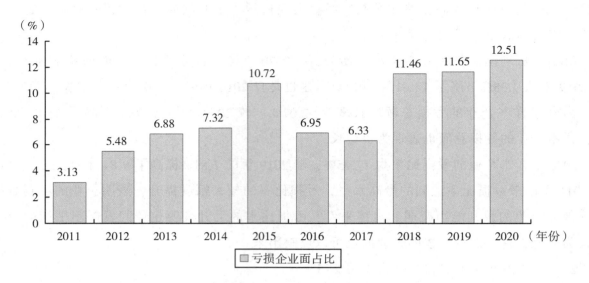

图 2-6　2011—2020 年亏损企业面分析

第四，从三项收益性指标下降的企业面分析。2020 年营收利润率下降的企业面为 50.13%，较 2019 年的 49.70% 扩大了 0.43 个百分点；资产利润率下降的企业面为 56.56%，较 2019 年的 50.46% 扩大了 6.10 个百分点；所有者权益报酬率下降的企业面为 56.31%，较 2019 年的 53.76% 扩大了 2.55 个百分点。这种情况表明，在低利润水平经营环境下，企业的盈利空间进一步受到挤压，经营难度加大，竞争强度也将会提高。

2012—2020 年收益性指标下降的企业面分析见图 2-7。

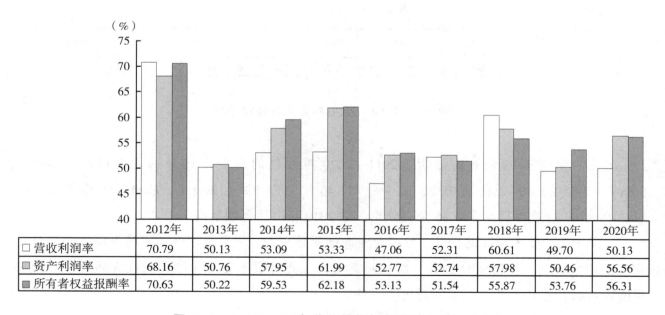

	2012年	2013年	2014年	2015年	2016年	2017年	2018年	2019年	2020年
营收利润率	70.79	50.13	53.09	53.33	47.06	52.31	60.61	49.70	50.13
资产利润率	68.16	50.76	57.95	61.99	52.77	52.74	57.98	50.46	56.56
所有者权益报酬率	70.63	50.22	59.53	62.18	53.13	51.54	55.87	53.76	56.31

图 2-7　2012—2020 年收益性指标下降的企业面分析

综合以上各项指标分析可以看出，2020 年受新冠肺炎疫情的影响，企业的盈利能力虽有所改善，但存在着较大的不确定性，主要表现在盈利能力处于历史较低水平，亏损比率增幅较高，亏损的企业面持续扩大，收益性下降的企业面也处于较高比例，企业的整体收益性下行压力进一步加大。预测 2022 年，随着新冠肺炎疫情的有效防控及全球经济的恢复，这种情况将会有所好转，但同时也应注意全球经济恢复较为脆弱、不确定性有所加大、大宗原材料涨价幅度较大、美国通胀危机可能向全球传导等影响因素，我国企业的经营环境也将具有不确定性，企业的盈利空间也势必受到一定的挤压。

　　2.企业的流动性持续明显偏紧，资金压力进一步加大
　　第一，从企业的流动性分析。2020 年企业的资产周转率为 0.63 次/年，较 2019 年的 0.66 次/年下降 0.03 次/年，总体呈现持续放缓的态势。从资产周转率下降的企业面分析，2013—2020 年资产周转率下降的企业面分别为 50.80%、58.70%、69.60%、53.09%、45.42%、45.13%、51.58%、64.26%，2020 年企业流动性明显偏紧，仍然运行在较低水平区间，流动性压力进一步加大。
　　第二，从企业的平均负债水平分析。2013—2020 年企业所有者权益比率分别为 47.48%、44.46%、47.55%、53.29%、49.95%、48.33%、49.89%、49.36%。2020 年所有者权益比率回落了 0.53 个百分点，相对应的是理论负债率有所提升，但幅度有限，总体表明企业的资金压力仍然处于偏紧的状态，企业的总体负债水平并未明显提高，整体信用风险仍处于安全可控状态。
　　2013—2020 年企业平均负债水平分析见图 2-8。

图 2-8　2013—2020 年企业平均负债水平分析

　　第三，从企业的资本保值增值率分析。2011—2020 年企业资本保值增值率分别为 112.28%、

中国企业信用发展报告2021

111.28%、114.09%、109.54%、108.23%、109.66%、110.40%、106.90%、106.58%、108.20%。2020年企业的资本保值增值率较2019年的106.58%提高了1.62个百分点，增值幅度有明显提升，表明企业的经营质量有所提高。

2011—2020年企业资本保值增值率分析见图2-9。

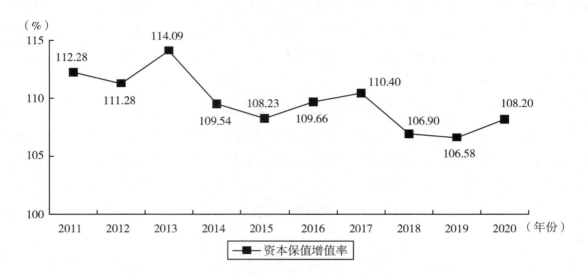

图2-9 2011—2020年企业资本保值增值率分析

综合流动性和安全性分析，2020年企业的资产周转率放缓，理论负债率略有提高，总体表明企业的资金周转状况仍然处于偏紧的状态，总体流动性水平仍然运行在较低水平区间，但同时表明企业的整体信用风险处于安全可控状态，系统性风险相对较小。预测2021年及2022年，我国企业受外部经济环境的影响，流动性仍将处于偏紧态势，需要引起企业界的高度关注和警觉，早做预案，制定有效的应对措施，以避免由于资金链问题可能引起的系统性经营风险。

3.新冠肺炎疫情影响较为有限，总体仍保持正增长态势

第一，从企业成长性指标分析。2011—2020年营收增长率分别为30.56%、14.70%、15.81%、11.65%、7.97%、15.40%、21.78%、13.32%、9.63%、5.80%；利润增长率分别为-5.39%、-27.89%、30.79%、16.94%、-1.09%、8.50%、12.10%、0.12%、1.00%、-0.34%；资产增长率分别为26.83%、15.81%、14.88%、17.66%、19.83%、20.43%、19.74%、11.10%、10.12%、16.11%；资本积累率分别为-0.42%、14.19%、17.85%、17.72%、23.01%、23.85%、22.12%、8.96%、14.95%、16.49%；从业人员增长率分别为39.17%、7.93%、5.30%、4.07%、8.68%、6.87%、6.19%、5.30%、1.93%、3.07%。

2011—2020 年企业成长性指标分析见图 2-10。

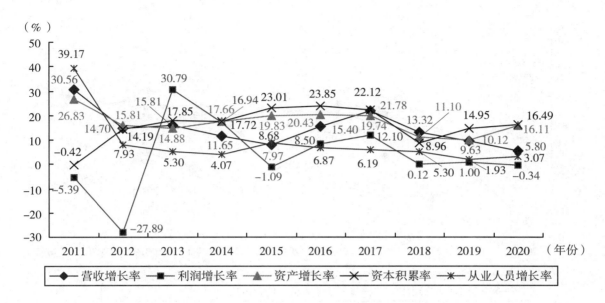

图 2-10　2011—2020 年企业成长性指标分析

首先，从两项经营性成长指标分析。企业营收增长率再次呈现较大幅度回落，2020 年营收增长率为 5.80%，较 2019 年的 9.63% 下降了 3.83 个百分点；利润增长率为 -0.34%，较 2019 年的 1.00% 下降了 1.34 个百分点，这也是利润增长率自 2016 年以来首次出现负增长。综合两项经营性成长指标分析表明，受新冠肺炎疫情影响，企业的经营面临一定的难度，成长性有所放缓。

其次，从两项资产性成长指标分析。2020 年企业资产增长率为 16.11%，较 2019 年的 10.12% 提高了 5.99 个百分点；资本积累率为 16.49%，较 2019 年的 14.95% 提高了 1.54 个百分点。两项资产性成长指标并未受到新冠肺炎疫情的影响，反而有较大幅度的增长，表明企业的资产经营质量明显提高，投资热情并未减弱。

最后，从人员增速分析。2020 年企业从业人员增长率为 3.07%，较 2019 年的 1.93% 提高了 1.14 个百分点。

综合成长性指标分析可以看出，2020 年新冠肺炎疫情对我国企业的影响较为有限，成长性指标总体上仍然保持正增长的态势，表明我国企业的抗风险能力较强，具有较强的发展韧性。

第二，从成长性指标负增长的企业面分析。2020 年营业收入表现为负增长的企业面占比为 38.20%，较 2019 年扩大了 8.03 个百分点；利润表现为负增长的企业面占比为 47.35%，较 2019 年扩大了 1.50 个百分点；资产表现为负增长的企业面占比为 23.89%，较 2019 年缩小了 3.58 个百分点；资本表现为负增长的企业面占比为 20.49%，较 2019 年扩大了 4.05 个百分点；从业人员表现为负增长的企业面占比为 46.98%，较 2019 年缩小了 1.80 个百分点。

中国企业信用发展报告 2021

2011—2020 年成长性指标负增长的企业面占比分析见图 2-11。

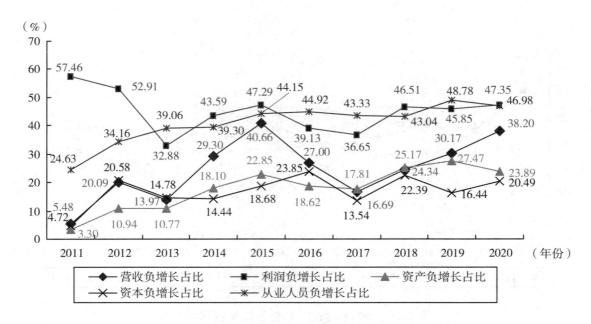

图 2-11 2011—2020 年成长性指标负增长的企业面占比分析

第三，从企业的研发强度分析。2020 年企业的科研经费投入占营业收入的比例为 5.74%，较 2019 年的 5.07% 提高了 0.67 个百分点。企业的科研经费投入占营业收入的比例自 2014 年起呈现逐年递增的态势，且在 2020 年增长幅度明显扩大，表明企业对科研投入的重视程度越来越高，整体研发投入强度持续提高，为高质量可持续发展提供了强大动力。

2013—2020 年企业科研经费投入分析见图 2-12。

图 2-12 2013—2020 年企业科研经费投入分析

第四，从企业人均营业额和人均利润额分析。2014—2020 年企业人均营业额分别为 163.76 万元/人·年、157.83 万元/人·年、175.16 万元/人·年、200.78 万元/人·年、213.96 万元/人·年、226.25 万元/人·年、242.05 万元/人·年，2020 年较 2019 年提高了 15.80 万元/人·年；2014—2020 年企业人均利润额分别为 7.97 万元/人·年、7.74 万元/人·年、8.65 万元/人·年、10.31 万元/人·年、10.40 万元/人·年、11.22 万元/人·年、11.70 万元/人·年，2020 年较 2019 年提高了 0.48 万元/人·年，表明企业的整体劳动效率和效益持续提高，经营质量和经营效益明显好转，高质量发展成效显现。

二、2021 中国企业信用发展行业特征分析

(一) 生产业特征分析

1.生产业持续回暖，发展质量明显提高

第一，生产业总体信用环境持续改善，发展质量明显提高。2020 年生产业的景气指数为 104.53 点，较 2019 年的 108.75 点下降了 4.22 点；盈利指数为 102.75 点，较 2019 年的 100.24 点提高了 2.51 点；效益指数为 103.39 点，较 2019 年的 102.83 点提高了 0.56 点。

2011—2020 年生产业总体信用环境分析见图 2-13。

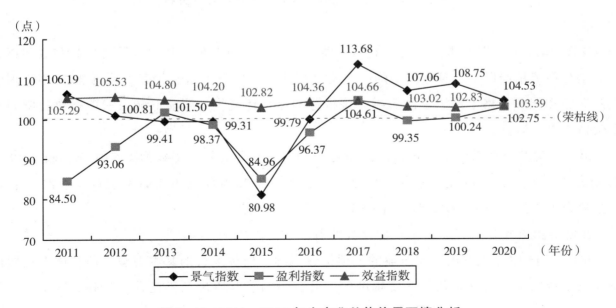

图 2-13 2011—2020 年生产业总体信用环境分析

从三项指数分析可以看出，2020 年生产业的景气指数虽然有所下降，但盈利指数和效益指数均有不同程度的提高，三项指数也都保持在荣枯线以上运行，表明生产业的总体信用环境持续改善，结构性调整效果显现，发展质量明显提高。

第二，煤炭行业持续低位徘徊。2020 年我国煤炭行业的景气指数为 90.66 点，较 2019 年的 95.98 点下降了 5.32 点；盈利指数为 89.28 点，较 2019 年的 92.75 点下降了 3.47 点；效益指数为 102.23 点，较 2019 年的 102.79 点下降了 0.56 点。

2011—2020 年煤炭行业信用环境分析见图 2-14。

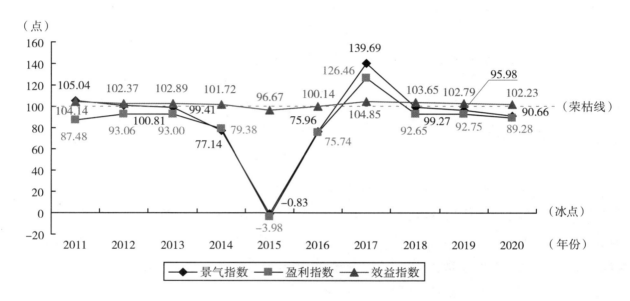

图 2-14 2011—2020 年煤炭行业信用环境分析

从图 2-14 中可以看出，煤炭行业的三项指数均呈下降态势，其中，景气指数和盈利指数持续运行在荣枯线以下，且有所下降，表明该行业仍然处于负增长状态。预测 2021 年受国际大宗商品和能源价格上涨因素的影响，该行业的经营环境将明显好转，三项指数有望回归到荣枯线以上运行。

第三，建筑行业持续低位运行。2020 年我国建筑行业的景气指数为 106.01 点，较 2019 年的 110.44 点下降了 4.43 点；盈利指数为 103.65 点，较 2019 年的 100.83 点提高了 2.82 点；效益指数为 104.19 点，较 2019 年的 104.56 点下降了 0.37 点。

2011—2020 年建筑行业信用环境分析见图 2-15。

从图 2-15 中可以看出，建筑业的三项指数延续了低位运行的基本态势，但整体上仍然保持在荣枯线以上。盈利指数有一定幅度的上升，表明经营质量有所提升。预测后期市场，受新冠肺炎疫情的持续影响，该行业仍然存在较大的下行压力。

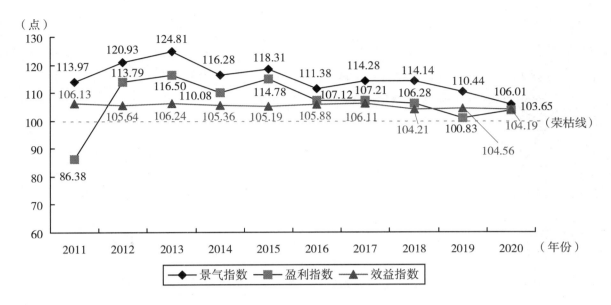

图 2-15 2011—2020 年建筑行业信用环境分析

第四，电力行业仍然保持相对高位运行。2020 年我国电力行业的景气指数为 116.07 点，较 2019 年的 121.65 点回落了 5.58 点；盈利指数为 116.70 点，较 2019 年的 117.68 点回落了 0.98 点；效益指数为 104.76 点，较 2019 年的 103.94 点提高了 0.82 点。景气指数和盈利指数虽然有所回落，但总体保持高位运行。预测后期市场，该行业仍将保持较高的增长速度。

2011—2020 年电力行业信用环境分析见图 2-16。

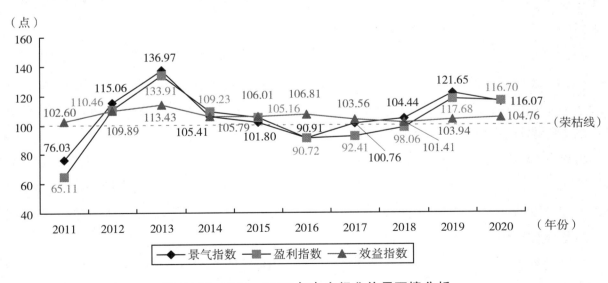

图 2-16 2011—2020 年电力行业信用环境分析

2.生产业总体收益性指标表现相对平稳

第一，生产业总体收益性指标稳中有升。2020 年生产业营收利润率为 2.93%，较 2019 年的 1.62% 提高了 1.31 个百分点；资产利润率为 2.17%，较 2019 年的 1.65% 提高了 0.52 个百分点；所有者权益报酬率为 5.09%，较 2019 年的 5.23% 下降了 0.14 个百分点。

2011—2020 年生产业收益性指标分析见图 2-17。

图 2-17　2011—2020 年生产业收益性指标分析

生产业的三项收益性指标总体呈现稳中有升的良好态势，营收利润率和资产利润率均有明显提升，所有者权益报酬率相对平稳，表明企业经营局面明显改善，整体效益显著好转，经营质量有所提高。预测 2021 年，受电力和能源需求的扩大、供应紧张以及煤炭产能的释放等因素影响，生产业的整体收益性也将进一步提升。

第二，电力、煤炭、建筑等行业收益性相对平稳。2020 年电力行业的营收利润率为 8.80%，较 2019 年的 5.71% 提高了 3.09 个百分点；资产利润率为 2.22%，较 2019 年的 2.71% 下降了 0.49 个百分点；所有者权益报酬率为 3.27%，较 2019 年的 5.83% 下降了 2.56 个百分点。电力行业营收利润率增幅明显，资产性收益有所下降。

2020 年煤炭行业的营收利润率为 3.36%，较 2019 年的 3.52% 下降了 0.16 个百分点；资产利润率为 1.74%，较 2019 年的 1.88% 下降了 0.14 个百分点；所有者权益报酬率为 1.60%，较 2019 年的 2.95% 下降了 1.35 个百分点。三项收益性指标延续了下降态势，但下降的幅度有所收窄，整体处于回暖状态。

2020 年建筑行业的营收利润率为 2.42%，较 2019 年的 2.67% 下降了 0.25 个百分点；资产利润率为 2.30%，较 2019 年的 2.19% 提高了 0.11 个百分点；所有者权益报酬率为 7.84%，较

2019 年的 8.81% 下降了 0.97 个百分点。建筑行业三项指标波幅较小，总体运行平稳。

3.流动性运行总体平稳，安全性处于可控状态

第一，从流动性分析。2020 年生产业企业资产周转率为 0.57 次/年，较 2019 年的 0.60 次/年下降了 0.03 次/年，波幅较小，总体运行平稳。

第二，从负债水平分析。2020 年生产业企业所有者权益比率为 35.55%，较 2019 年的 37.60% 下降了 2.05 个百分点，与之相对应的是企业负债率略有提高，投融资活跃度有所提升，总体信用风险仍处于安全可控的状态。

第三，从资本保值增值率分析。2020 年资本保值增值率为 107.23%，较 2019 年的 106.13% 提高了 1.10 个百分点，总体运行呈现稳中有升的态势。

2012—2020 年生产业所有者权益比率、资本保值增值率分析见图 2-18。

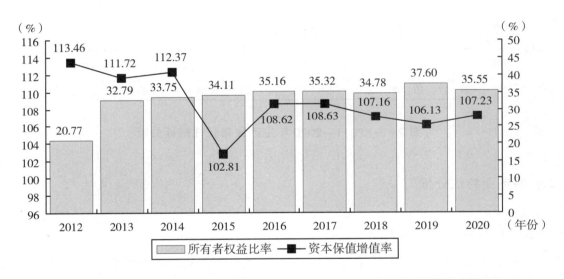

图 2-18 2012—2020 年生产业所有者权益比率、资本保值增值率分析

4.生产业成长性指标有升有降，有利于产业结构性调整

第一，从两项经营性成长指标分析。2020 年生产业企业营收增长率为 4.96%，较 2019 年的 15.03% 下降了 10.07 个百分点；利润增长率为 4.10%，较 2019 年的 2.48% 提高了 1.62 个百分点。

综合上述两项经营性成长指标分析可以看出，生产业在营收增长率大幅下降的情况下，利润增长率却明显提高。这一降一升表明，生产业的结构性调整取得明显效果，企业的经营质量有了显著提高。

第二，从两项资产性成长指标分析。2020 年生产业资产增长率为 12.29%，较 2019 年的

9.00%提高了 3.29 个百分点；资本积累率为 11.91%，较 2019 年的 19.62%下降了 7.71 个百分点。两项资产性成长指标增幅也呈现一升一降的态势，投融资环境的改善使生产业的结构性投资有所提升，从而也相应地稀释了资本积累率。

2011—2020 年生产业成长性指标分析见图 2-19。

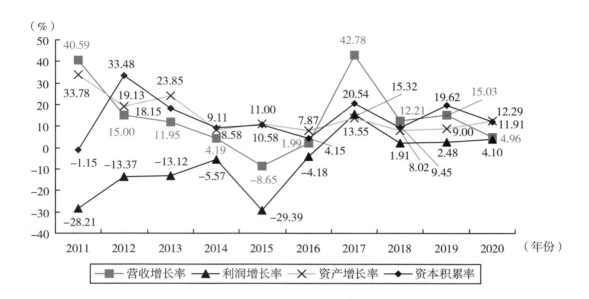

图 2-19 2011—2020 年生产业成长性指标分析

(二) 制造业特征分析

1.制造业在新冠肺炎疫情影响下保持良好运行

第一，从制造业的总体信用环境分析。2020 年制造业企业的景气指数为 106.40 点，较 2019 年的 103.44 点提高了 2.96 点；盈利指数为 102.94 点，较 2019 年的 98.26 点提高了 4.68 点；效益指数为 105.57 点，较 2019 年的 103.45 点提高了 2.12 点。

2011—2020 年制造业总体信用环境分析见图 2-20。

从图 2-20 中可以看出，2020 年我国制造业的三项指数均呈现较大幅度的提高。其中，景气指数重新回归到 105 点以上运行，表明行业整体增速明显提高；盈利指数回归到荣枯线以上运行，表明制造业已经处于整体盈利状态；效益指数有较大幅度的提升，表明其整体效益明显改善，高质量发展取得显著成果。这也是我国制造业在 2020 年新冠肺炎疫情影响下交出的一份亮丽答卷。

第二，2020 年制造业亏损的企业面占比为 10.62%，较 2019 年的 12.01%下降了 1.39 个百分点；利润负增长的企业面占比为 44.74%，较 2019 年的 49.07%下降了 4.33 个百分点。

2011—2020 年制造业利润负增长和亏损的企业面占比分析见图 2-21。

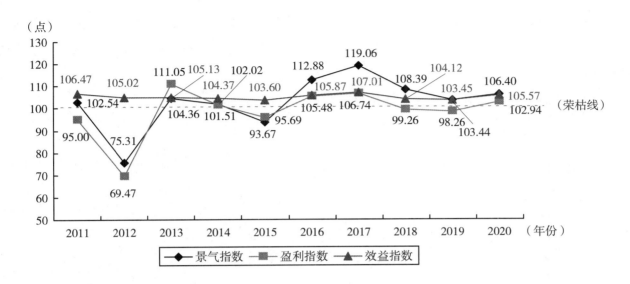

图 2-20 2011—2020 年制造业总体信用环境分析

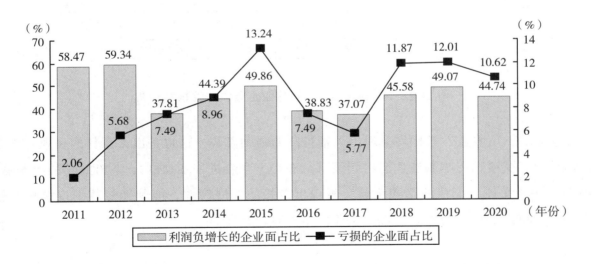

图 2-21 2011—2020 年制造业利润负增长和亏损的企业面占比分析

　　从图 2-21 中这两项指标对比分析可以看出，我国制造业亏损的企业面占比和利润负增长的企业面占比均比 2019 年有明显缩小。制造业样本企业 2016—2020 年的亏损比率分别为 21.64%、9.39%、7.90%、12.74%、9.05%，2020 年亏损额占利润总额的比率大幅下降，创 2016 年以来的新低。以上表明，制造业整体经营效益显著提高，转型升级和高质量发展成效明显，具有很强的抗风险能力和发展韧性。

2.制造业的收益性大幅提升，经营质量显著提高

2020 年制造业营收利润率为 5.83%，较 2019 年的 3.23% 提高了 2.60 个百分点；资产利润率为 3.98%，较 2019 年的 2.59% 提高了 1.39 个百分点；所有者权益报酬率为 6.91%，较 2019 年的 4.53% 提高了 2.38 个百分点。

2011—2020 年制造业企业收益性指标分析见图 2-22。

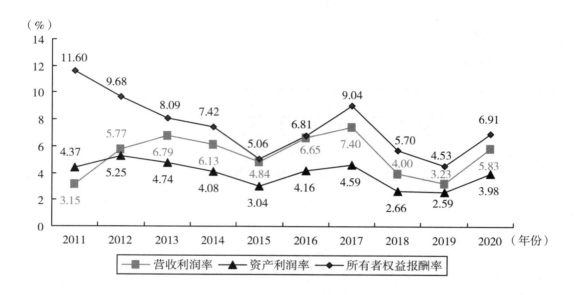

图 2-22 2011—2020 年制造业企业收益性指标分析

制造业的三项收益性指标均呈现出大幅提高的强劲态势，这也是出人意料的表现。本报告曾发出预警，受疫情影响制造业恐将延续下行态势，且会进一步加剧。但 2020 年的数据显示，我国制造业经受住了疫情的严峻考验，表现出极强的发展韧性。但受新冠肺炎疫情持续性的影响，后期市场仍将充满不确定性，企业界不能有丝毫懈怠。

3.制造业的流动性持续放缓，安全性具有良好保障

第一，从流动性分析。2011—2020 年制造业资产周转率分别为 1.09 次/年、1.05 次/年、1.04 次/年、0.97 次/年、0.72 次/年、0.79 次/年、0.79 次/年、0.72 次/年、0.71 次/年、0.68 次/年，整体延续了下降的态势。2020 年制造业资产周转率为 0.68 次/年，这也是资产周转率自 2011 年以来首次跌破 0.70 次/年的关口，表明制造业的流动性并未有明显改善，并有进一步放缓的趋势，需引起企业界的高度关注。

第二，从安全性分析。2020 年制造业企业的所有者权益比率为 54.79%，较 2019 年的55.19%

小幅下降了 0.40 个百分点，与之相对应的是理论负债率水平小幅提高。这一情况表明，制造业企业的资金状况有所改善，但幅度有限。

2011—2020 年制造业资本保值增值率分别为 112.77%、113.06%、110.15%、106.31%、104.03%、106.80%、110.82%、107.45%、106.78%、109.45%，2020 年资本的保值增值率较 2019 年提高了 2.67 个百分点。总体来看，资本的保值增值率增幅明显，处于相对较高水平，表明我国制造业的整体安全性具有良好保障。

4.制造业成长性指标明显提速，进一步推进创新驱动高质量发展

第一，从两项经营性成长指标分析。2020 年制造业营收增长率为 8.15%，较 2019 年的 8.55% 微幅回落了 0.40 个百分点；利润增长率为 4.66%，由 2019 年的 -1.68% 转为正增长，提升了 6.34 个百分点。

第二，从两项资产性成长指标分析。2020 年制造业资产增长率为 18.68%，较 2019 年的 9.53% 提高了 9.15 个百分点；资本积累率为 19.76%，较 2019 年的 13.20% 提高了 6.56 个百分点。

综上所述，我国制造业两项经营性成长指标有升有降，利润增速不仅由负转正，而且提升幅度也较大。两项资产性成长指标均表现较高速的增长态势，尤其是资产增速提高了近 10 个百分点，表明我国制造业资本活跃度有明显改善。

2011—2020 年制造业企业成长性指标分析见图 2-23。

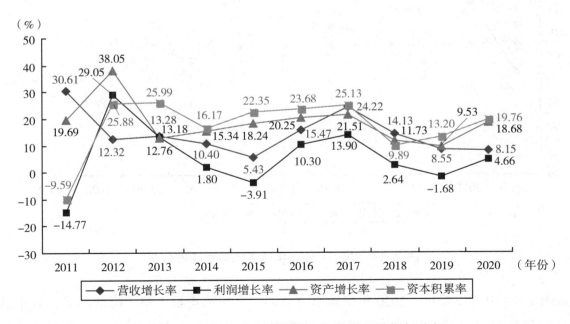

图 2-23 2011—2020 年制造业企业成长性指标分析

第三，2011—2020 年制造业从业人员增长率分别为 15.24%、13.25%、10.58%、3.00%、7.72%、5.82%、5.55%、5.21%、1.28%、3.65%，2020 年制造业的从业人员增速明显加快，尤其是在当前新冠肺炎疫情影响下，制造业对稳定社会就业起到了重要的支撑作用。

第四，我国制造业 2013—2020 年研发经费投入占营业额的比重分别为 4.16%、4.27%、4.38%、4.60%、4.63%、4.79%、5.05%、5.86%，研发经费投入占营业额的比重总体呈现持续上升的态势，且在 2020 年提升的幅度较大，表明我国制造业愈加重视科研的引领作用，研发投入强度也呈现逐年提高的态势，进一步推进了创新驱动高质量发展的进程。

(三) 服务业特征分析

1.服务业整体处于负增长状态

2020 年我国服务业的景气指数为 95.25 点，较 2019 年的 108.11 点下降了 12.86 点；盈利指数为 92.36 点，较 2019 年的 102.44 点下降了 10.08 点；效益指数为 102.45 点，较 2019 年的 104.05 点下降了 1.60 点。

2011—2020 年服务业信用环境分析见图 2-24。

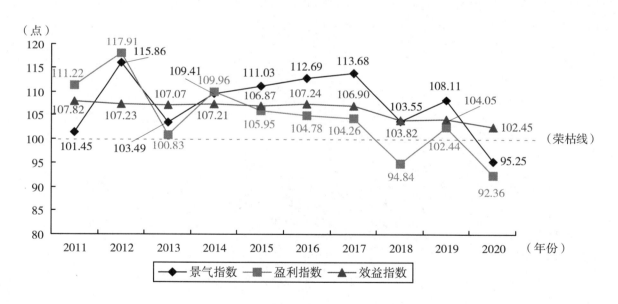

图 2-24　2011—2020 年服务业信用环境分析

从图 2-24 中可以看出，2020 年我国服务业的三项指数均呈大幅下降的态势，其中景气指数和盈利指数双双跌破荣枯线，表明服务业整体处于负增长的状态，同时也表明新冠肺炎疫情对我国服务业造成了严重影响，服务业的受影响程度要远远高于生产业和制造业，这需要引起服务业企业的高度关注。

2.服务业收益性指标下降，盈利能力受到明显影响

2020 年服务业企业营收利润率为 2.51%，较 2019 年的 5.46% 下降了 2.95 个百分点；资产利润率为 0.94%，较 2019 年的 1.13% 下降了 0.19 个百分点；所有者权益报酬率为 3.89%，较 2019 年的 5.55% 下降了 1.66 个百分点。

2011—2020 年服务业企业收益性指标分析见图 2-25。

图 2-25 2011—2020 年服务业企业收益性指标分析

从图 2-25 中可以看出，我国服务业的三项收益性指标均呈现下降的态势，且均创下自 2011 年以来的最低水平。其中，营收利润率跌至 2.51%，资产利润率跌破 1% 的关口，所有者权益报酬率也跌至 3.89% 的新低。预测 2021 年及后期市场，由于我国坚持"动态清零"的常态化、精准化防控措施以及一系列纾困扶持政策的启动兑现，服务业总体下行压力将会得到有效缓解。

3.服务业流动性持续滞缓，总体负债水平上升幅度有限

从服务业企业的流动性与安全性指标分析。2011—2020 年服务业企业的资产周转率分别为 1.53 次/年、1.48 次/年、1.02 次/年、0.98 次/年、0.98 次/年、1.06 次/年、1.15 次/年、0.59 次/年、0.58 次/年、0.54 次/年；所有者权益比率分别为 21.88%、31.60%、41.39%、34.93%、41.59%、42.71%、43.41%、41.57%、42.76%、41.83%；资本保值增值率分别为 113.79%、

114.97%、129.30%、111.33%、111.88%、110.96%、111.77%、105.84%、106.27%、105.98%。

从这三项指标可以看出，服务业企业的流动性持续滞缓，仍处于低水平区间运行，且有进一步下行的趋势。理论负债率有所上升，但幅度有限，仍然处于资金偏紧的状态。资本保值增值率也相对处于较低水平，但安全性仍具有良好保障。

4.服务业经营性指标增速大幅回落，但资产性指标有增有降

第一，从经营性成长指标分析。2020 年服务业营收增长率为 1.43%，较 2019 年的 10.58%下降了 9.15 个百分点；利润增长率为-10.93%，由 2019 年的 5.63%正增长转为负增长，下降了 16.56 个百分点。两项指标均呈现大幅下降的态势，其中营收增长率为自 2011 年以来的最低水平，跌幅近 10 个百分点；利润增长率更是跌至-10.93%的历史最低点，跌幅高达 16.56 个百分点。由此可见，我国服务业在新冠肺炎疫情影响下经营难度明显加大。

第二，从资产性成长指标分析。2020 年服务业资产增长率为 11.86%，比 2019 年的 11.42%回升了 0.44 个百分点；资本积累率为 11.04%，比 2019 年的 17.30%回落了 6.26 个百分点。两项资产性成长指标有增有降，表明服务业的资产活跃度所受的影响相对较小，服务业对未来发展的信心和底气仍然坚挺。

2011—2020 年服务业企业成长性指标分析见图 2-26。

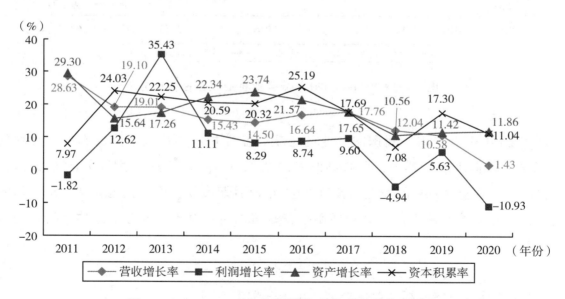

图 2-26 2011—2020 年服务业企业成长性指标分析

第三，从人员增长率分析。2020 年服务业的平均人员增长率为 2.13%，较 2019 年的 2.92%回落了 0.79 个百分点。服务业人员增速也受到一定的影响，但影响的程度有限。

综合以上分析可以看出，我国服务业整体受新冠肺炎疫情影响较为明显，经营难度加大，

面临着较为严峻的困难环境，由于新冠肺炎疫情影响的持续性和不确定性，这种情况难以短期内得到大的改善，需要引起服务业的警觉。

三、2021 中国企业信用发展所有制特征分析

（一）信用环境所有制特征分析

1.国有企业运行呈现下降态势

2020 年国有及国有控股企业（以下简称国有企业）的景气指数为 101.19 点，较 2019 年的 108.65 点下降了 7.46 点；盈利指数为 99.77 点，较 2019 年的 102.93 点下降了 3.16 点；效益指数为 103.79 点，较 2019 年的 104.63 点下降了 0.84 点。

2011—2020 年国有企业信用环境分析见图 2-27。

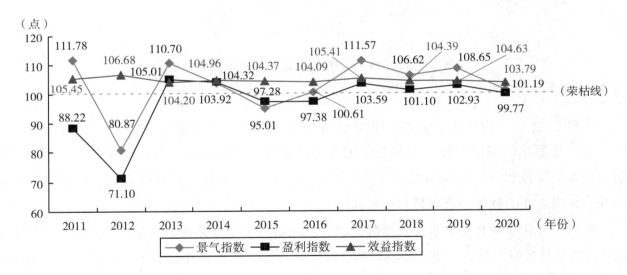

图 2-27 2011—2020 年国有企业信用环境分析

从图 2-27 中可以看出，2020 年国有企业的三项指数均呈现出明显下降的态势。其中，景气指数降至荣枯线附近；盈利指数已经跌破了荣枯线，表明盈利能力已经处于负增长的状态，但负增长幅度有限。总体来看，国有企业受新冠肺炎疫情影响较为明显，整体经营形势承受了一定的下行压力，但总体表现尚在预期之内。预测 2021 年及后期市场，国有企业整体上将会呈现复苏回暖的态势，不会出现大幅波动。

2.民营企业和其他所有制企业受新冠肺炎疫情影响较为有限，总体运行平稳

第一，从民营企业三项指数分析。2020 年民营企业的景气指数为 102.39 点，较 2019 年的 103.40 点下降了 1.01 点；盈利指数为 98.88 点，较 2019 年的 97.81 点提高了 1.07 点；效益指数为 104.71 点，较 2019 年的 102.52 点提高了 2.19 点。

2011—2020 年民营企业信用环境分析见图 2-28。

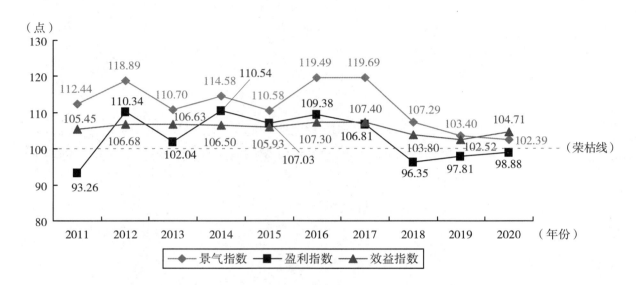

图 2-28 2011—2020 年民营企业信用环境分析

从图 2-28 中可以看出，2020 年民营企业的三项指数有升有降，总体运行相对平稳。其中，景气指数虽然有所下降，但相对于国有企业来说，降幅较小。盈利指数有所提升，尽管仍运行在荣枯线以下，但负增长的幅度有所收窄，且盈利指数有回升的态势。效益指数有所回升，表明企业的整体经营质量有所提高。

第二，从其他所有制企业三项指数分析。其他所有制企业是指包括集体所有制、混合所有制在内的其他所有制企业。2020 年其他所有制企业的景气指数为 104.91 点，较 2019 年的 104.55 点提高了 0.36 点；盈利指数为 100.56 点，较 2019 年的 99.44 点提高了 1.12 点；效益指数为 104.40 点，较 2019 年的 103.96 点提高了 0.44 点。

2011—2020 年其他所有制企业信用环境分析见图 2-29。

从图 2-29 中可以看出，其他所有制企业的三项指数均呈现上升的态势。其中，景气指数小幅上升；盈利指数回升到荣枯线以上，表明其由负增长转为正增长；效益指数也有所提升，表明整体效益有所好转。

通过对上述三种不同所有制企业的综合分析可以看出，国有企业受新冠肺炎疫情影响

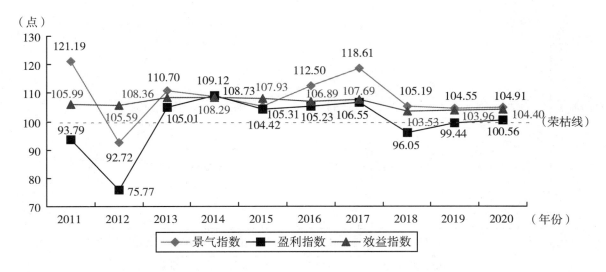

图 2-29 2011—2020 年其他所有制企业信用环境分析

最为明显，承压也相对较大；民营企业和其他所有制企业受新冠肺炎疫情影响则相对较小。但从总体情况来看，我国企业经受住了突如其来的新冠肺炎疫情的严峻考验，所受的影响也极为有限，整体运行相对平稳且好于预期。预测后期市场，我国企业仍然面临着宏观经济环境及新冠肺炎疫情持续影响等不确定性因素的严峻挑战，需要引起企业界的高度重视。

（二）效益及其趋势所有制特征分析

1.企业的收益性指标有升有降，资产运营质量有待进一步提高

第一，从营收利润率指标分析。2020 年国有企业营收利润率为 5.01%，较 2019 年的 6.20% 下降了 1.19 个百分点；民营企业营收利润率为 4.31%，较 2019 年的 2.16% 提高了 2.15 个百分点；其他所有制企业营收利润率为 4.59%，较 2019 年的 4.33% 提高了 0.26 个百分点。

2011—2020 年营收利润率所有制对比分析见图 2-30。

三种不同所有制企业的营收利润率表现有所差别。其中，国有企业的营收利润率有明显下降，但仍处于相对较高水平；民营企业的营收利润率增幅最大，但仍处于相对较低水平；其他所有制企业的营收利润率也有所回升，盈利能力略好于民营企业。

第二，从资产利润率分析。2020 年国有企业资产利润率为 1.84%，较 2019 年的 2.28% 下降了 0.44 个百分点；民营企业资产利润率为 3.45%，较 2019 年的 1.72% 提高了 1.73 个百分点；其他所有制企业资产利润率为 2.81%，较 2019 年的 1.93% 提高了 0.88 个百分点。

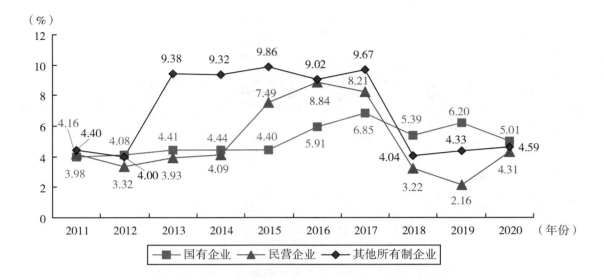

图 2-30 2011—2020 年营收利润率所有制对比分析

2011—2020 年资产利润率所有制对比分析见图 2-31。

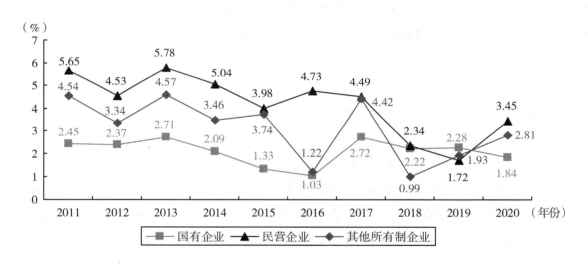

图 2-31 2011—2020 年资产利润率所有制对比分析

三种不同所有制企业的资产利润率有不同程度的波动。国有企业的资产利润率有小幅回落，民营企业和其他所有制企业的资产利润率都有所提高，尤其是民营企业增幅较大。但从总体来看，企业的资产效益仍然运行在相对较低水平区间，表明企业的资产运营效率和效益尚有较大的提升空间。

第三，从所有者权益报酬率分析。2020 年国有企业所有者权益报酬率为 4.52%，较 2019 年的 5.40%回落了 0.88 个百分点；民营企业所有者权益报酬率为 6.37%，较 2019 年的 3.67%提高了 2.70 个百分点；其他所有制企业所有者权益报酬率为 5.80%，较 2019 年的 5.64%提高了 0.16 个百分点。国有企业的所有者权益报酬率有所回落，民营企业和其他所有制企业的所有者权益报酬率均有所提高，尤以民营企业提升的幅度最大。

2.流动性平稳，负债率和资本保值增值率也相对平稳

第一，从流动性指标分析。2013—2020 年国有企业的资产周转率分别为 0.86 次/年、0.79 次/年、0.71 次/年、0.61 次/年、0.69 次/年、0.61 次/年、0.62 次/年、0.58 次/年；民营企业的资产周转率分别为 1.00 次/年、0.96 次/年、0.86 次/年、0.65 次/年、0.70 次/年、0.71 次/年、0.69 次/年、0.65 次/年；其他所有制企业的资产周转率分别为 0.77 次/年、0.75 次/年、0.65 次/年、0.57 次/年、0.61 次/年、0.63 次/年、0.60 次/年、0.61 次/年。国有企业和民营企业的资产周转率有微幅下降，其他所有制企业的资产周转率则微幅上升。总体来看，企业的流动性表现相对平稳，但仍然徘徊在一个相对较低的水平区间。

第二，从负债水平分析。2013—2020 年国有企业的所有者权益比率分别为 37.80%、36.33%、36.99%、38.57%、39.13%、38.72%、42.17%、39.69%；民营企业的所有者权益比率分别为 54.32%、50.26%、56.33%、57.34%、55.35%、53.62%、55.00%、55.31%；其他所有制企业的所有者权益比率分别为 50.31%、47.73%、51.15%、52.35%、55.38%、50.27%、52.01%、49.92%。国有企业和其他所有制企业的所有者权益比率均有所下降，相应负债率水平有所提升；而民营企业的所有者权益比率有所提高，相应负债率水平则有所下降。但总体来看，企业的负债率水平相对平稳，安全性有良好保障，同时反映出民营企业的资金压力并未出现明显好转。

2013—2020 年所有者权益比率对比分析见图 2-32。

图 2-32　2013—2020 年所有者权益比率对比分析

第三，从资本保值增值率分析。2013—2020 年国有企业资本保值增值率分别为 111.36%、106.69%、104.14%、105.69%、107.34%、106.51%、106.96%、105.65%；民营企业资本保值增值率分别为 116.19%、112.23%、112.05%、111.90%、112.03%、107.61%、106.31%、109.60%；其他所有制企业资本保值增值率分别为 117.57%、110.34%、111.98%、110.42%、111.26%、105.66%、106.37%、107.43%。三种不同所有制企业的资本保值增值率水平均表现为相对平稳、波幅较小。其中，民营企业和其他所有制企业有所提高，国有企业则有所下降。

3.经营性增速回落，资产性增速大幅提高

第一，从营收增长率分析。2020 年国有企业营收增长率为 2.04%，较 2019 年的 11.07% 下降了 9.03 个百分点；民营企业营收增长率为 6.71%，较 2019 年的 8.92% 增速下降了 2.21 个百分点；其他所有制企业营收增长率为 8.01%，较 2019 年的 8.96% 增速下降了 0.95 个百分点。三种所有制企业的营收增长率均有明显下降，其中国有企业下降幅度较大，总体表明，新冠肺炎疫情对企业的营业收入增速还是产生了明显的影响。

2011—2020 年营收增长率所有制对比分析见图 2-33。

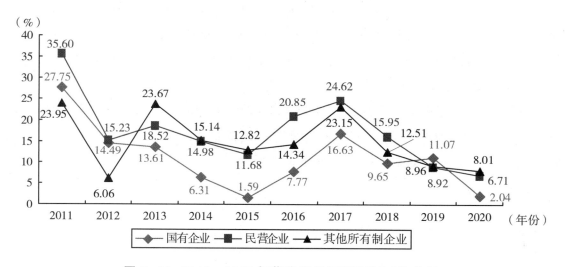

图 2-33　2011—2020 年营收增长率所有制对比分析

第二，从利润增长率分析。2020 年国有企业利润增长率为 0.34%，较 2019 年的 6.22% 增速下降了 5.88 个百分点，回落幅度最大；民营企业利润增长率为 1.93%，由 2019 年的负增长转为正增长；其他所有制企业利润增长率为 1.81%，比 2019 年的 0.14 提高了 1.67 个百分点。民营企业和其他所有制企业总体均保持了正增长的态势。

2011—2020 年利润增长率所有制对比分析见图 2-34。

第三，从资产增长率分析。2020 年国有企业资产增长率为 9.38%，比 2019 年的 8.77% 提

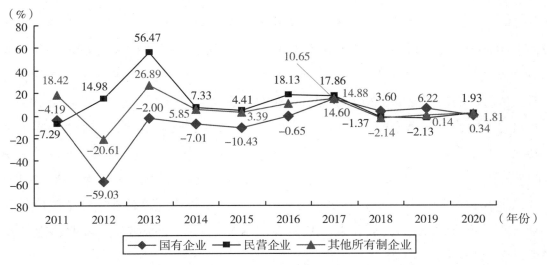

图 2-34 2011—2020 年利润增长率所有制对比分析

高了 0.61 个百分点；民营企业资产增长率为 19.93%，比 2019 年的 10.93% 提高了 9.00 个百分点；其他所有制企业资产增长率为 15.77%，比 2019 年的 9.85% 提高了 5.92 个百分点。

2011—2020 年资产增长率所有制对比分析见图 2-35。

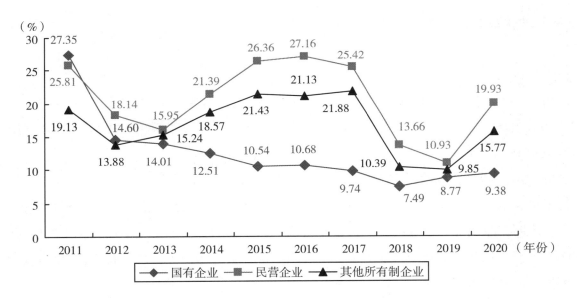

图 2-35 2011—2020 年资产增长率所有制对比分析

从图 2-35 中可以看出，不同所有制的资产增速均呈现加快的态势，尤其是民营企业和其他所有制企业增长幅度明显放大，表明对后期市场仍然充满信心，资产效益将会进一步释放。受投资拉动影响，预测 2021 年及后期市场，企业的整体经营发展将会有所改善。

第四，从资本积累率分析。2020 年国有企业的资本积累率为 8.23%，较 2019 年的 18.89% 回落了 10.66 个百分点；民营企业的资本积累率为 20.56%，较 2019 年的 12.98% 提升了 7.58 个百分点；其他所有制企业的资本积累率为 17.07%，较 2019 年的 13.63% 提升了 3.44 个百分点。国有企业的资本积累率回落，民营企业和其他所有制企业的资本积累率均有明显提升。

第五，从人员增长率分析。2020 年国有企业的从业人员增长率为 1.83%，较 2019 年的 1.97% 回落了 0.14 个百分点；民营企业的从业人员增长率为 3.67%，较 2019 年的 2.44% 提高了 1.23 个百分点；其他所有制企业的从业人员增长率为 3.25%，较 2019 年的 0.87% 提高了 2.38 个百分点。国有企业的从业人员增长率小幅回落，民营企业和其他所有制企业的从业人员增长率均有明显提升。

综合以上成长性指标分析可以看出，三种不同所有制企业的成长性指标除营收增长率受影响较为明显外，其他指标受影响有限，甚至有的增速还有加快的趋势，表明新冠肺炎疫情对企业的经营发展影响较为有限。

四、2021 中国企业信用发展规模特征分析

（一）信用环境规模特征分析

1.特大型企业运行逆势上升

2020 年特大型企业的景气指数为 111.92 点，较 2019 年的 111.77 点提高了 0.15 点；盈利指数为 106.01 点，较 2019 年的 104.09 点提高了 1.92 点；效益指数为 105.66 点，较 2019 年的 105.59 点提高了 0.07 点。

2011—2020 年特大型企业信用环境分析见图 2-36。

我国特大型企业的三项指数均有所提高，且持续保持在较高水平。尤其是盈利指数提高的幅度较大，表明其盈利能力明显提高。由此也可以看出，我国特大型企业不仅没有受到新冠肺炎疫情影响，反而在不利的宏观经济环境条件下表现出逆势上升的态势，表明我国特大型企业具有极强的抗风险能力和强大的发展韧性。

2.大型企业运行有升有降

2020 年大型企业的景气指数为 107.84 点，较 2019 年的 111.23 点下降了 3.39 点；盈利指数为 103.31 点，较 2019 年的 105.24 点下降了 1.93 点；效益指数为 106.04 点，较 2019 年的 105.94 点提高了 0.10 点。

2011—2020 年大型企业信用环境分析见图 2-37。

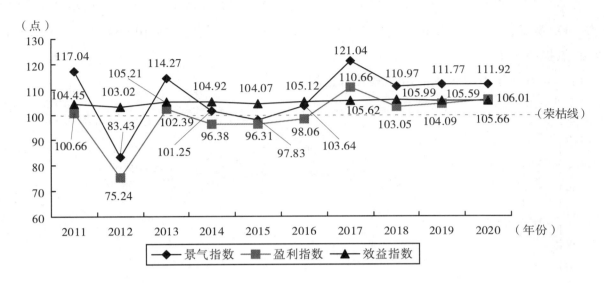

图 2-36 2011—2020 年特大型企业信用环境分析

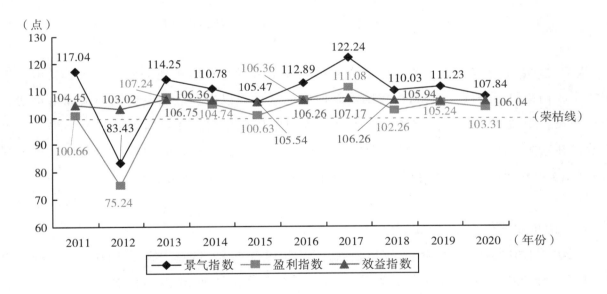

图 2-37 2011—2020 年大型企业信用环境分析

从图 2-37 中可以看出，我国大型企业的三项指数有升有降。其中，景气指数和盈利指数有较大幅度下降，但效益指数却表现为上升状态。总体来看，新冠肺炎疫情对我国大型企业产生了影响，但对其整体经营运行的影响较为有限。这一情况表明，我国大型企业发展仍具较强的发展韧性。

3.中型企业运行相对平稳

2020 年中型企业的景气指数为 103.93 点，较 2019 年的 104.68 点下降了 0.75 点；盈利指数为 100.86 点，较 2019 年的 98.50 点提高了 2.36 点；效益指数为 104.64 点，较 2019 年的 102.83 点提高了 1.81 点。

2011—2020 年中型企业信用环境分析见图 2-38。

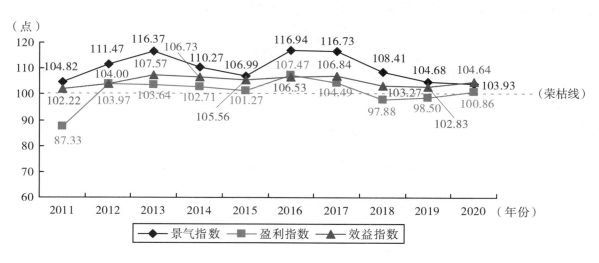

图 2-38　2011—2020 年中型企业信用环境分析

从图 2-38 中可以看出，我国中型企业的三项指数运行总体呈现平稳的态势。其中，景气指数小幅回落了 0.75 点；盈利指数则重新回归到荣枯线以上，表明主要利润指标由负增长转为正增长；效益指数也有一定幅度的提升，表明中型企业的整体经营效益进一步提升。总体来看，新冠肺炎疫情对我国中型企业的影响也较为有限，中型企业的整体经营环境和盈利能力较 2019 年有所改善，中型企业也具有较强的抗风险能力和发展韧性。

4.小型企业下行压力明显加大

2020 年小型企业的景气指数为 76.85 点，较 2019 年的 82.35 点下降了 5.50 点；盈利指数为 78.67 点，较 2019 年的 83.13 点下降了 4.46 点；效益指数为 98.07 点，较 2019 年的 97.41 点提高了 0.66 点。

我国小型企业整体呈现下行的态势，三项指数仍然运行在荣枯线以下，两项指数下降的幅度进一步扩大。总体来看，新冠肺炎疫情对我国小型企业产生了较为明显的影响，小型企业所面临的经营环境十分艰难，抗风险能力相对较弱，这也是影响我国经济运行的主要因素。

2011—2020 年小型企业信用环境分析见图 2-39。

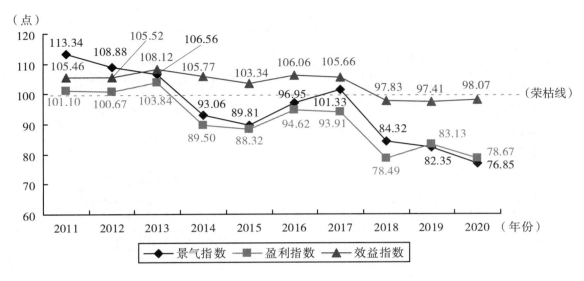

图 2-39 2011—2020 年小型企业信用环境分析

综合对不同规模企业的分析，我国特大型企业的三项指数表现出强势的回升态势，恢复性增长迹象明显；中型企业的一项指数虽然有所回落，但仍然保持一定幅度的增速。总体来看，大型企业结构性调整的动能充沛，效果明显，是我国经济运行的主要拉动力；而小型企业深陷负增长区间，所面临的经营环境及竞争压力明显加大，经营环境亟待改善，结构性调整的力度应进一步加大。由此可以看出，新冠肺炎疫情主要对小型企业产生严重影响，如何帮助小型企业走出困境，需要引起各级政府及业界的高度关注。

(二) 效益及其趋势规模特征分析

1.特大型企业收益性相对平稳，小型企业收益进一步收紧

第一，从营收利润率规模特征分析。2020 年特大型企业的营收利润率为 4.39%，比 2019 年的 4.47%下降了 0.08 个百分点；大型企业的营收利润率为 3.58%，比 2019 年的 5.56%下降了 1.98 个百分点；中型企业的营收利润率为 5.63%，比 2019 年的 3.80%提高了 1.83 个百分点；小型企业的营收利润率为-2.76%，比 2019 年的-2.23%下降了 0.53 个百分点。

2011—2020 年营收利润率规模特征对比分析见图 2-40。

从图 2-40 中可以看出，特大型企业营收利润率运行相对平稳，下降幅度较为有限；大型企业的营收利润率下降幅度相对较大；中型企业的营收利润率有较大幅度的增长；而小型企业的营收利润率持续为负增长，表现为整体性亏损，且亏损幅度进一步扩大。

第二，从资产利润率规模特征分析。2020 年特大型企业的资产利润率为 2.79%，比 2019

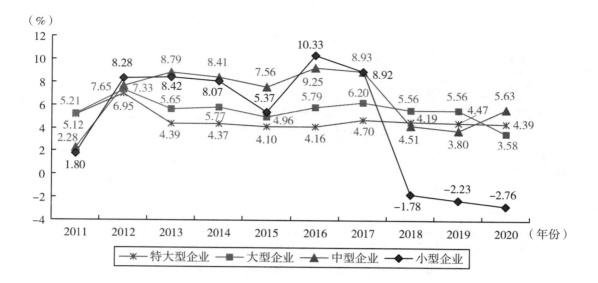

图 2-40 2011—2020 年营收利润率规模特征对比分析

年的 2.87%下降了 0.08 个百分点；大型企业的资产利润率为 3.58%，比 2019 年的 3.54%提高了 0.04 个百分点；中型企业的资产利润率为 3.45%，比 2019 年的 2.16%提高了 1.29 个百分点；小型企业的资产利润率为-1.22%，比 2019 年的-4.47%提高了 3.25 个百分点。

　　从资产收益性指标分析，特大型企业的资产利润率微幅回落，运行相对平稳；大型企业和中型企业的资产利润率均有所提高，但幅度不大；而小型企业的资产利润率却有大幅回升。总体来看，企业的资产效益和运行质量均得到明显改善，结构性调整成效显著。

　　2011—2020 年资产利润率规模特征对比分析见图 2-41。

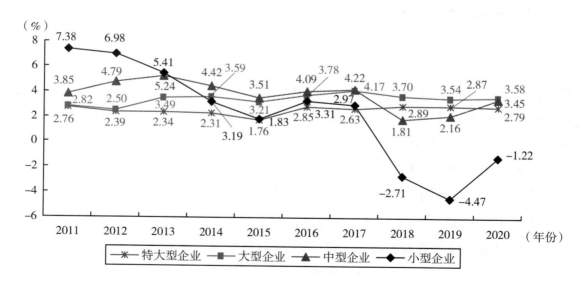

图 2-41 2011—2020 年资产利润率规模特征对比分析

第三，从所有者权益报酬率分析。2020 年特大型企业的所有者权益报酬率为 9.79%，比 2019 年的 9.43%提高了 0.36 个百分点；大型企业的所有者权益报酬率为 8.83%，比 2019 年的 8.71%提高了 0.12 个百分点；中型企业的所有者权益报酬率为 4.85%，比 2019 年的 2.52%提高了 2.33 个百分点；小型企业的所有者权益报酬率为–1.81%，比 2019 年的–1.06%下降了 0.75 个百分点。

2011—2020 年所有者权益报酬率规模特征对比分析见图 2-42。

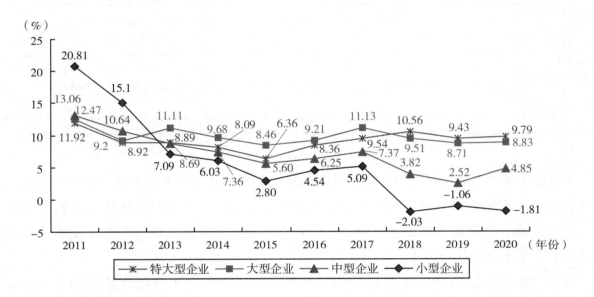

图 2-42 2011—2020 年所有者权益报酬率规模特征对比分析

从所有者权益报酬率指标分析来看，特大型企业、大型企业和中型企业均有所提高，尤其是中型企业的提高幅度较大，而小型企业的所有者权益报酬率延续了亏损的状态，亏损的幅度又进一步扩大。

2.特大型和大型企业保持较高资本增值，小型企业融资环境有待进一步改善

第一，从流动性分析。2020 年特大型企业的资产周转率为 0.89 次/年，与 2019 年的 0.89 次/年持平；大型企业的资产周转率为 0.82 次/年，较 2019 年的 0.87 次/年下降了 0.05 次/年；中型企业的资产周转率为 0.53 次/年，较 2019 年的 0.55 次/年下降了 0.02 次/年；小型企业的资产周转率为 0.30 次/年，较 2019 年的 0.33 次/年下降了 0.03 次/年。除特大型企业的资产周转率持平外，企业的流动性整体呈现下降的态势，但表现相对平稳，波动幅度有限。

第二，从所有者权益比率分析。2020 年特大型企业的所有者权益比率为 25.81%，较 2019 年的 26.28%下降了 0.47 个百分点；大型企业的所有者权益比率为 37.99%，较 2019 年的 39.45%下

降了 1.46 个百分点；中型企业的所有者权益比率为 58.42%，较 2019 年的 59.39% 下降了 0.97 个百分点；小型企业的所有者权益比率为 64.06%，较 2019 年的 63.52% 提高了 0.54 个百分点。

2018—2020 年不同规模企业的流动性、安全性指标对比分析见表 2-1。

表 2-1 2018—2020 年不同规模企业的流动性、安全性指标对比分析

规模 指标 年份	特大型企业			大型企业			中型企业			小型企业		
	2018	2019	2020	2018	2019	2020	2018	2019	2020	2018	2019	2020
资产周转率（次/年）	0.92	0.89	0.89	0.89	0.87	0.82	0.56	0.55	0.53	0.32	0.33	0.30
所有者权益比率（%）	24.05	26.28	25.81	36.91	39.45	37.99	57.10	59.39	58.42	66.32	63.52	64.06
理论负债率（%）	76.00	73.72	74.19	63.09	60.55	62.01	42.90	40.61	41.58	33.68	36.48	35.94
资本保值增值率（%）	112.22	111.97	112.35	111.08	110.68	110.62	104.82	105.56	107.69	99.80	93.52	101.02

从表 2-1 中可以看出，与所有者权益比率相对应的理论负债率表现为：特大型企业、大型企业和中型企业的理论负债率均呈现提高的态势，而小型企业的理论负债率则表现为下降态势。总体来看，政策效应释放迹象明显，但对小型企业的政策效应仍无明显改善，需要进一步加大对小型企业的扶持力度。

第三，从资本保值增值率分析。2020 年特大型企业的资本保值增值率为 112.35%，较 2019 年的 111.97% 提高了 0.38 个百分点；大型企业的资本保值增值率为 110.62%，较 2019 年的 110.68% 下降了 0.06 个百分点；中型企业的资本保值增值率为 107.69%，较 2019 年的 105.56% 提高了 2.13 个百分点；小型企业的资本保值增值率为 101.02%，较 2019 年的 93.52% 提高了 7.50 个百分点。

从表 2-1 中可以看出，2020 年我国各规模类型的企业的资本保值增值率总体呈现稳中有升的态势。其中，大型企业虽有回落，但降幅不大；小型企业的提升幅度较大，回归到保本点 100% 以上。但相比较而言，中、小型企业仍处于相对较低水平区间。

3. 特大型企业保持较高利润增速，小型企业增速进一步放缓

第一，从营业收入增长率规模特征分析。2020 年特大型企业的营业收入增长率为 11.54%，较 2019 年的 15.13% 下降了 3.59 个百分点；大型企业的营业收入增长率为 8.51%，较 2019 年的 11.35% 下降了 2.84 个百分点；中型企业的营业收入增长率为 6.54%，较 2019 年的 10.27% 下降了 3.73 个百分点；小型企业的营业收入增长率为 -8.42%，较 2019 年的 -3.87% 下降了 4.55 个百分点。从以上分析可以看出，各规模类型企业的营收增长率均有明显下降，尤其是

小型企业仍然持续处于负增长状态，且下降幅度有明显扩大。

2011—2020 年营业收入增长率规模特征对比分析见图 2-43。

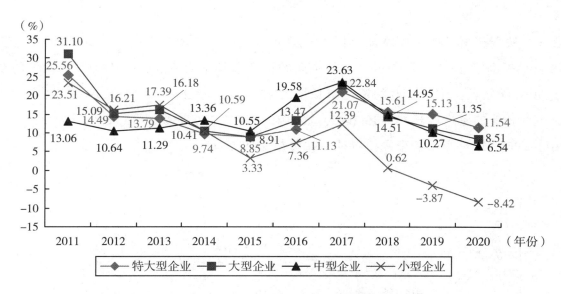

图 2-43 2011—2020 年营业收入增长率规模特征对比分析

第二，从利润增长率规模特征分析。2020 年特大型企业的利润增长率为 12.31%，较 2019 年的 8.40% 提高了 3.91 个百分点；大型企业的利润增长率为 7.18%，较 2019 年的 11.11% 下降了 3.93 个百分点；中型企业的利润增长率为 1.31%，较 2019 年的 -0.92% 提高了 2.23 个百分点；小型企业的利润增长率为 -37.88%，较 2019 年的 -31.43% 负增长扩大了 6.45 个百分点。

2011—2020 年利润增长率规模特征对比分析见图 2-44。

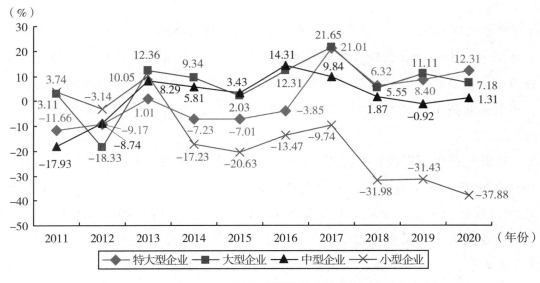

图 2-44 2011—2020 年利润增长率规模特征对比分析

从图 2-44 中可以看出，特大型企业的利润增长率仍然保持较高水平，而中小型企业则处于相对较低水平。尤其是小型企业仍然面临着盈利能力减弱、下行压力进一步加大的市场环境。

第三，从资产增长率规模特征分析。2020 年特大型企业的资产增长率为 14.87%，较 2019 年的 13.80% 提高了 1.07 个百分点；大型企业的资产增长率为 12.42%，较 2019 年的 10.58% 提高了 1.84 个百分点；中型企业的资产增长率为 17.82%，较 2019 年的 10.50% 提高了 7.32 个百分点；小型企业的资产增长率为 19.14%，较 2019 年的 3.28% 提高了 15.86 个百分点。

2011—2020 年资产增长率规模特征对比分析见图 2-45。

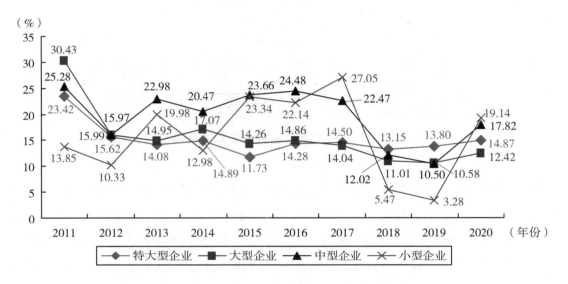

图 2-45　2011—2020 年资产增长率规模特征对比分析

综合资产增长率指标分析，各规模类型企业的资产增长率均有所提高，且保持较高的增长速度。尤其是中、小型企业的资产增长率增速更为显著，这与政策扶持有着紧密联系。总体而言，我国企业的资产规模增速普遍存在明显加快的趋势，持续保持 10% 的以上相对较高增速，中、小型企业更是达到接近 20% 的增长速度，预测 2021 年及后期市场的成长性有较大的释放空间。

第四，从资本积累率规模特征分析。2020 年特大型企业的资本积累率为 14.84%，较 2019 年的 24.08% 下降了 9.24 个百分点；大型企业的资本积累率为 13.25%，较 2019 年的 17.76% 下降了 4.51 个百分点；中型企业的资本积累率为 18.40%，较 2019 年的 14.07% 提高了 4.33 个百分点；小型企业的资本积累率为 18.15%，较 2019 年的 1.82% 提高了 16.33 个百分点。

综合分析表明，特大型企业、大型企业的资本积累率呈现出下降的态势，而中、小型企业则表现为较大幅度的提高。但总体而言，企业的资本积累率保持着较高水平，企业的经营资本实力有明显加强。

第五，从人员增长率规模特征分析。2020 年特大型企业的人员增长率为 6.40%，较 2019 年的 4.63%提高了 1.77 个百分点；大型企业的人员增长率为 4.34%，较 2019 年的 2.49%提高了 1.85 个百分点；中型企业的人员增长率为 3.33%，较 2019 年的 2.03%提高了 1.30 个百分点；小型企业的人员增长率为 0.35%，较 2019 年的-1.47%负增长转为正增长，提高了 1.82 个百分点。总体而言，企业的人员增速普遍提高，并未受到疫情明显的影响。

五、2021 中国企业信用发展地区特征分析

(一) 信用环境地区特征分析

1.东部地区企业整体效益受疫情影响较为有限

2020 年东部地区企业的景气指数为 103.42 点，较 2019 年的 106.42 点下降了 3.00 点；盈利指数为 100.19 点，较 2019 年的 101.11 点下降了 0.92 点；效益指数为 104.81 点，较 2019 年的 103.77 点提高了 1.04 点。

2011—2020 年东部地区企业信用环境分析见图 2-46。

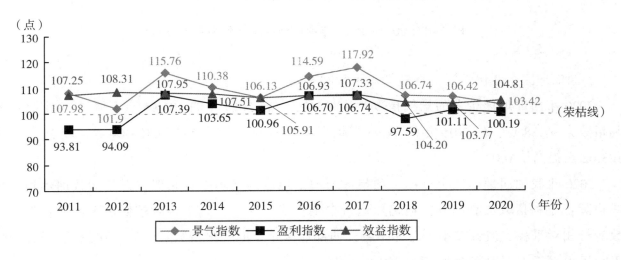

图 2-46 2011—2020 年东部地区企业信用环境分析

从图 2-46 中可以看出，东部地区企业的三项指数持续运行在荣枯线以上。其中，景气指数和盈利指数有一定幅度的下降，效益指数却有一定的提高。总体表明，东部地区企业基本

面仍然向好，整体效益受到疫情影响较为有限。

2.中部地区下行压力持续加大

2020 年中部地区企业的景气指数为 101.00 点，较 2019 年的 102.85 点下降了 1.85 点；盈利指数为 98.18 点，较 2019 年的 97.40 点提高了 0.78 点；效益指数为 103.59 点，较 2019 年的 103.30 点提高了 0.29 点。我国中部地区企业景气指数下降，效益指数有小幅提高，盈利指数虽有所回升，但仍然处于荣枯线以下，表明盈利能力持续减弱。总体来看，中部地区的下行压力持续加大。

2011—2020 年中部地区企业信用环境分析见图 2-47。

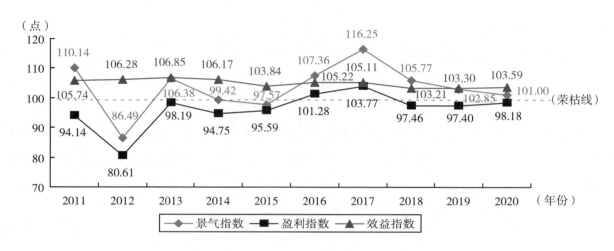

图 2-47　2011—2020 年中部地区企业信用环境分析

3.西部地区企业仍然运行在较低水平区间

2020 年西部地区企业的景气指数为 100.54 点，较 2019 年的 101.95 点下降了 1.41 点；盈利指数为 97.38 点，较 2019 年的 94.95 点提高了 2.43 点；效益指数为 103.04 点，较 2019 年的 103.02 点提高了 0.02 点。

2020 年我国西部地区企业的三项指数与中部地区的基本走势相似，景气指数回落到荣枯线边际；盈利指数虽有回升，但仍然运行在荣枯线以下，且处于相对较低水平区间；效益指数运行相对平稳，波幅较小。总体来看，西部地区企业的三项指数仍然运行在较低水平区间，下行压力大于中部地区企业。

2011—2020 年西部地区企业信用环境分析见图 2-48。

综合不同地区的三项指数可以看出，新冠肺炎疫情影响性对不同地区的企业并未表现出明显的差异，各地区企业受影响的程度也大致相同。从总体运行来看，2020 年我国企业运行的

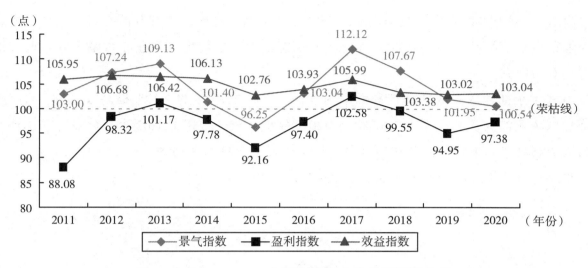

图 2-48 2011—2020 年西部地区企业信用环境分析

主要特征依旧是"东高西低"的梯次分布状态，东部及沿海地区企业的抗风险能力及发展韧性也要好于中西部地区企业，反映出东部地区的结构性调整增强了企业的发展韧性。

（二）效益及其趋势地区特征分析

1.各地区企业收益性总体呈现稳中有升的态势

2020 年东部地区企业的营收利润率为 5.07%，比 2019 年的 3.97% 提高了 1.10 个百分点；中部地区企业的营收利润率为 3.17%，比 2019 年的 3.25% 下降了 0.08 个百分点；西部地区企业的营收利润率为 3.22%，比 2019 年的 3.00% 提高了 0.22 个百分点。

2011—2020 年营收利润率地区对比分析见图 2-49。

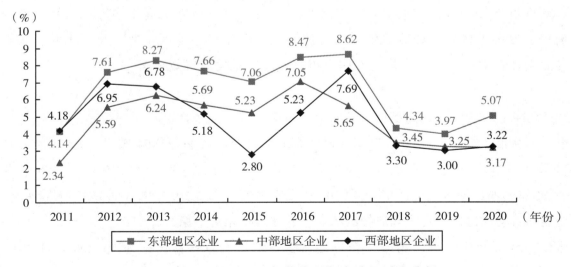

图 2-49 2011—2020 年营收利润率地区对比分析

从图 2-49 中可以看出，我国企业的营收利润率总体呈现稳中有升的态势。其中，东部地区企业的营收利润率有明显提高，且提高的幅度较大；中部地区企业有微幅下降；西部地区企业也有所回升。

2020 年东部地区企业的资产利润率为 3.06%，比 2019 年的 2.32% 提高了 0.74 个百分点；中部地区企业的资产利润率为 2.87%，比 2019 年的 1.85% 提高了 1.02 个百分点；西部地区企业的资产利润率为 1.73%，比 2019 年的 0.62% 提高了 1.11 个百分点。

2011—2020 年资产利润率地区对比分析见图 2-50。

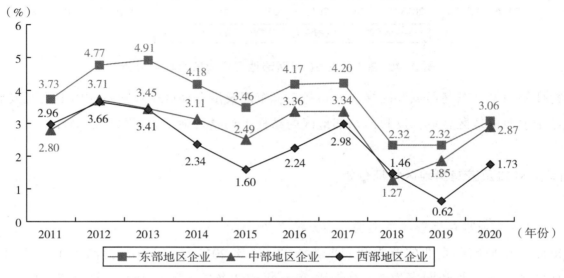

图 2-50 2011—2020 年资产利润率地区对比分析

从图 2-50 中可以看出，东部地区、中部地区和西部地区企业的资产利润率指标较 2019 年均有一定幅度的提高。但相对而言，东部地区企业总体收益性仍好于中部地区和西部地区企业，而中、西部地区企业的收益性增长幅度明显要高于东部地区企业。总体来看，我国企业的资产经营效益效率和经营质量均有明显提高，高质量发展成效显著。

2.流动性小幅放缓，理论负债率普遍有所提升

第一，从流动性分析。2020 年东部地区企业的资产周转率为 0.64 次/年，较 2019 年的 0.68 次/年下降了 0.04 次/年；中部地区企业的资产周转率为 0.63 次/年，较 2019 年的 0.66 次/年下降了 0.03 次/年；西部地区企业的资产周转率为 0.56 次/年，较 2019 年的 0.59 次/年下降了 0.03 次/年。企业的流动性总体呈现小幅放缓的状态，总体运行相对平稳。

第二，从安全性分析。2020 年东部地区企业的所有者权益比率为 50.40%，较 2019 年的 50.92% 下降了 0.52 个百分点；中部地区企业的所有者权益比率为 47.58%，较 2019 年的 47.59%

下降了 0.01 个百分点；西部地区企业的所有者权益比率为 45.59%，较 2019 年的 47.37%下降了 1.78 个百分点。各地区企业的所有者权益比率均呈现下降的态势，与此相对应的是理论负债率普遍有所提升，总体反映出企业的资金压力普遍呈现相对宽松的状态，政策性释放效应得到一定程度的显现。

3.经营性成长指标增速明显放缓

第一，从营收增长率分析。2020 年东部地区企业营收增长率为 6.43%，比 2019 年的 9.40%下降了 2.97 个百分点；中部地区企业营收增长率为 3.80%，比 2019 年的 8.30%下降了 4.50 个百分点；西部地区企业营收增长率为 4.20%，比 2019 年的 12.45%下降了 8.25 个百分点。

2011—2020 年营收增长率地区对比分析见图 2-51。

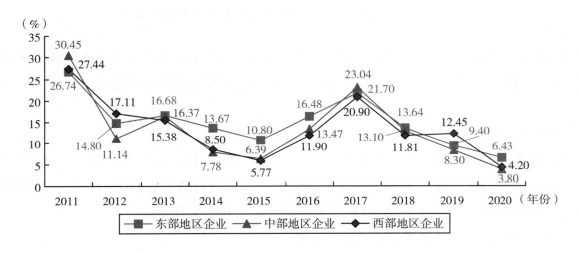

图 2-51 2011—2020 年营收增长率地区对比分析

从图 2-51 中可以看出，不同地区企业的营收增长率均呈现下行的基本走势。且下降的幅度呈现西部地区企业高于中部地区企业、中部地区企业高于东部地区企业的梯次分布状态。总体来看，各地区企业的营收增长率均创自 2011 年以来的历史新低，预测 2021 年及后期市场，由于受疫情影响和宏观经济环境不确定因素增加，成长性指标仍有进一步下行的压力，难以在短期内有明显的反弹，需要引起企业界的高度关注。

第二，从利润增长率分析。2020 年东部地区企业利润增长率为 0.40%，比 2019 年的 3.45%下降了 3.05 个百分点；中部地区企业利润增长率为-1.80%，比 2019 年的-2.60%提高了 0.80 个百分点；西部地区企业利润增长率为-3.12%，比 2019 年的-8.54%提高了 5.42 个百分点。

2011—2020 年利润增长率地区对比分析见图 2-52。

从利润增长率指标分析来看，中、西部地区企业的利润指标仍然延续了负增长的态势，但

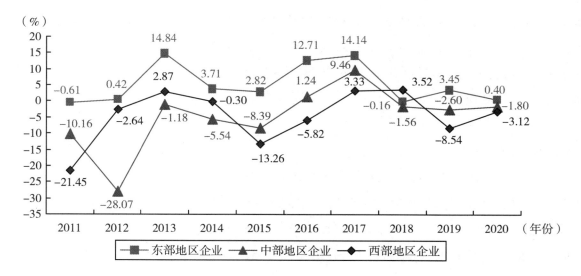

图 2-52 2011—2020 年利润增长率地区对比分析

负增长的幅度有所收窄，而东部地区企业的利润增长率下降幅度较大，但总体保持了正增长的态势。总体表明，中、西部地区企业的经营效益和经营质量有改善的趋势。

4.企业资产规模增速明显加快，地区之间没有明显差异

2020 年东部地区企业的资产增长率为 16.82%，比 2019 年的 10.68%提高了 6.14 个百分点；中部地区企业的资产增长率为 14.54%，比 2019 年的 8.51%提高了 6.03 个百分点；西部地区企业的资产增长率为 13.18%，比 2019 年的 8.86%提高了 4.32 个百分点。

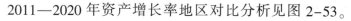

2011—2020 年资产增长率地区对比分析见图 2-53。

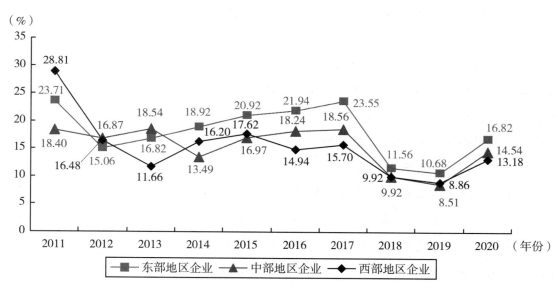

图 2-53 2011—2020 年资产增长率地区对比分析

综合资产增长率分析可以看出，三个地区企业的资产增速呈现明显加快的态势，且均已经恢复到 10% 以上的增速。资产增速的快速恢复，表明企业的投资热情仍然保持高涨，对今后的发展充满信心，这对后期市场是一种利好预期，2021 年及后期市场的表现值得期待。

六、中国企业信用发展中存在的突出问题及对策建议

综合对我国企业总体信用环境、总体效益趋势分析，通过对行业特征、所有制特征、规模特征以及地区特征的对比分析，可以看到我国企业整体运行平稳、供给侧结构性改革和高质量发展初显效果。但在新发展阶段，我国企业发展不平衡不充分的问题仍然存在，科研投入力度尚显不足，供应链短板亟待补齐等，这些问题仍是制约我国企业实现高质量发展的"瓶颈"，我国企业应从以下四个方面加以努力。

（一）补短板破瓶颈，持续推进企业高质量发展

2022 年是"十四五"规划的重要一年。"十四五"时期推动高质量发展，必须立足新发展阶段、贯彻新发展理念、构建新发展格局。习近平总书记在主持召开中央全面深化改革委员会第十五次会议上强调，"加快形成以国内大循环为主体、国内国际双循环相互促进的新发展格局，是根据我国发展阶段、环境、条件变化作出的战略决策，是事关全局的系统性深层次变革"。尤其是在新冠肺炎疫情卷土重来，复苏势头减弱，保护主义、单边主义、霸权主义以及地缘经济政治格局、全球供应链和产业链扰动等造成的不确定因素增多、风险加大的全球经济背景下，构建新发展格局对我国经济发展行稳致远将起到关键作用。

总体来看，传统制造业和基础性产业的供给侧结构性调整成效已经显现，新兴产业和未来产业发展势头强劲，在全球产业链的地位已经由中低端迈向了中高端，尤其是在一些高端领域强势突破，处于引领地位。但在一些关键领域，我国企业在供应链、产业链上仍然存在短板和瓶颈，严重制约了我国企业和经济的发展。现阶段以及今后一个时期，主要矛盾已经由传统的结构性矛盾转向了高质量发展不平衡的矛盾，主要反映在所有制之间、地区之间、规模之间和行业之间存在的发展不平衡的矛盾，构建新发展格局，实现可持续高质量发展仍任重道远。

面对外部环境变化带来的新矛盾新挑战，我国企业界必须顺势而为，创新作为，主动担当，进一步优化和调整经济发展思路、资产配置、产业布局以及可持续高质量发展的实现路

径，在努力打通国际循环的同时，进一步畅通国内大循环，提升经济发展的自主性、可持续性、增强韧性，保持我国经济平稳健康发展。我国企业界要坚持以新发展理念引领高质量发展，结合企业自身实际情况，从中短期规划着手，以长远发展布局，兼顾好短期利益和长远发展，持续深化供给侧结构性改革，创新引领新需求，进一步释放政策效应，顺势而为，积极融入"双循环"，补短板、破瓶颈，牢牢掌握市场和发展的主动权，着力实现增长方式和发展方式的根本转变，加快构建新发展格局，把新发展理念完整、准确、全面贯穿企业发展全过程和各领域，切实转变发展方式，推动质量变革、效率变革、动力变革，实现更高质量、更有效率、更加公平、更可持续、更为安全的发展，为推动可持续高质量发展做出企业界的贡献。

（二）加快数字化转型，打造科技创新和数字经济新优势

创新是引领发展的第一动力，是构建新发展格局、实现高质量发展的关键所在。2019—2021年，我国企业在极其困难的发展局面下，其研发投入强度持续增加，对科研的重视程度日趋提高。我国企业界要以国家战略性需求为导向推进创新体系优化组合，把自主创新摆在更加突出的位置，进一步加大研发投入力度，加快关键核心技术攻关，打造更多依靠创新驱动、发挥先发优势的引领性企业，加快推动建立以企业为主体、市场为导向、产学研深度融合的技术创新体系，不断提升原始创新能力、产业基础能力和产业链、供应链的现代化水平。

"加快数字化发展，建设数字中国"是"十四五"规划的重要任务之一。迎接数字时代，激活数据要素潜能，推进网络强国建设，加快建设数字经济、数字社会、数字政府，以数字化转型整体驱动生产方式、生活方式和治理方式变革。充分发挥海量数据和丰富应用场景优势，促进数字技术与实体经济深度融合，赋能传统产业转型升级，催生新产业新业态新模式，壮大经济发展新引擎。我国企业要加快发展数字经济，推动实体经济和数字经济融合发展，推动互联网、大数据、人工智能同实体经济深度融合，继续做好信息化和工业化深度融合这篇大文章，推动制造业加速向数字化、网络化、智能化发展，着力壮大新增长点，形成发展新动能。培育壮大人工智能、大数据、区块链、云计算、网络安全等新兴数字产业，提升通信设备、核心电子元器件、关键软件等产业水平。构建基于5G的应用场景和产业生态，在智能交通、智慧物流、智慧能源、智慧医疗等重点领域开展试点示范。鼓励企业开放搜索、电商、社交等数据，发展第三方大数据服务产业。促进共享经济、平台经济健康发展。

我国企业要始终坚持科技创新驱动不动摇，健全鼓励支持基础研究、原始创新的体制机制，完善科技人才发现、培养、激励机制，努力提高制造业和服务业的深度融合，建立以企业为主体、市场为导向、产学研深度融合的技术创新体系，特别是加强对中小型服务业企业的创新支持，促进科技成果转化落地，促进服务业高质量发展。

(三) 充分释放政策效应，激发民营企业和中小型企业活力

"十四五"规划强调，要激发各类市场主体活力，毫不动摇巩固和发展公有制经济，毫不动摇鼓励、支持、引导非公有制经济发展，培育更有活力、创造力和竞争力的市场主体。健全支持民营企业发展的法治环境、政策环境和市场环境，依法平等保护民营企业产权和企业家权益。保障民营企业依法平等使用资源要素、公开公平公正参与竞争、同等受到法律保护。进一步放宽民营企业市场准入，破除招投标等领域各种壁垒。创新金融支持民营企业政策工具，健全融资增信支持体系，对民营企业信用评级、发债一视同仁，降低综合融资成本。

党中央和国务院非常重视和强调要解决民营企业、中小型企业发展中遇到的困难，并出台了一系列精准的政策措施，尤其是深化"放管服"改革、推动助企纾困政策的落细落实，对于民营企业、中小型企业的支持力度进一步加大，营商环境进一步改善。

这些政策措施对民营企业和中小型企业加快转型发展、创新发展，推动企业经济高质量发展发挥了重要作用。我国民营企业和中小型企业，要充分释放政策效应，激发企业高质量发展的内在活力和动力。中小型企业必须顺势而为，充分发挥其灵活性、适应性、创新性的巨大优势，发展新产业、新技术、新业态、新模式，积极进入战略性新兴产业或战略性新兴产业链中，努力开辟新的广阔发展空间。

民营企业和中小型企业要积极融入国家战略，在实施军民融合、混合所有制改革以及"一带一路"、长江经济带建设和京津冀一体化三大发展战略中积极作为。我国民营企业也正在从以填补市场空白、迅速扩张为主要内容的"量的积累阶段"转入以企业全面转型和提升为核心任务的"质的提高阶段"。民营企业要经久不衰、持续发展，就必须进行技术创新、制度创新和管理创新，要向高新技术进军，实现民营经济产业的升级换代，并以此作为民营经济新一轮增长的突破口。民营企业必须以全球化的视野积极融入国家战略之中，弥补创新能力不足和品牌影响力不高的短板，以科技创新为驱动，以全球化的大视野，大力推进国际化品牌战略，借鉴成功企业积累的经验，敢于在国际市场上同台竞争。

(四) 大力推进企业诚信体系建设，防范企业系统性信用风险

《中共中央关于制定国民经济和社会发展第十四个五年规划和二〇三五年远景目标的建议》提出，健全市场体系基础制度，坚持平等准入、公正监管、开放有序、诚信守法，形成

高效规范、公平竞争的国内统一市场；实施高标准市场体系建设行动；健全产权执法司法保护制度；实施统一的市场准入负面清单制度；继续放宽准入限制；健全公平竞争审查机制，加强反垄断和反不正当竞争执法司法，提升市场综合监管能力；健全要素市场运行机制，完善要素交易规则和服务体系。

我国企业要坚定不移贯彻创新、协调、绿色、开放、共享的新发展理念。企业的发展要秉承绿色低碳发展理念，践行人与自然和谐发展理念，主动承担社会责任；要始终坚持底线思维，加强诚信自律，进一步推进企业诚信体系建设，以诚信建设筑牢企业高质量发展的基石。在当前面临诸多困难和风险挑战的发展时期，我国企业更要强化忧患意识，做好风险防范，增强发展韧性，进一步加强和提高防范化解风险能力，高度重视和防范各类风险。要突出防范经营效益下滑风险、债务风险、投资风险、金融业务风险、国际化经营风险、安全环保风险，强化各类风险识别，建立预判预警机制，及时排查风险隐患，制订完善的应对预案，为企业可持续高质量发展保驾护航，为我国经济行稳致远做出企业担当和贡献。

第三章
2021 中国企业信用 500 强发展报告

由中国企业改革与发展研究会、中国合作贸易企业协会、国信联合（北京）认证中心联合开展的 2021 中国企业信用 500 强分析研究，是第 10 次向社会发布。中国企业信用 500 强评价模型不是以某单一指标为评价依据，而是从企业的信用环境、信用能力、信用行为三个方面，综合企业的收益性、流动性、安全性、成长性等各项指标，采取以定量评价为主导，定量与定性评价相结合，以效益为核心的多维度、趋势性分析研究，是企业综合信用状况和经营实力的客观体现。

2021 中国企业信用 500 强的入围门槛为：企业综合信用指数 90 分以上，且 2020 年净利润为 57600 万元以上，较 2020 中国企业信用 500 强 2019 年的净利润 68100 万元下降了 10500 万元。

2021 中国企业信用 500 强分析研究及发布活动，旨在从企业的信用环境、信用能力、信用行为三个方面对中国企业信用发展状况进行客观评价，同时为政府、行业、企业和社会提供参考依据。

一、2021 中国企业信用 500 强分布特征

（一）2021 中国企业信用 500 强行业分布特征

2021 中国企业信用 500 强的行业分布，包括了生产业、制造业、服务业三个大类共 57 个细分行业。其中，生产业有 5 个行业，制造业有 29 个行业，服务业有 23 个行业。

2021 中国企业信用 500 强行业分布见表 3-1。

在生产业 5 个行业中共有 33 家企业入围。其中，建筑业企业有 14 家；电力生产业企业有 11 家；农业、渔业、畜牧业及林业企业，石油、天然气开采及生产业企业各有 3 家；其他采选业企业有 2 家。

生产业入围 33 家企业，较 2020 年的 37 家减少了 4 家企业；占比为 6.60%，较 2020 年的

表 3-1 2021 中国企业信用 500 强行业分布

序号	行业	入围企业数量(家)
生产业		33
1	农业、渔业、畜牧业及林业	3
2	石油、天然气开采及生产业	3
3	建筑业	14
4	电力生产业	11
5	其他采选业	2
制造业		285
6	农副食品及农产品加工业	5
7	食品(含饮料、乳制品、肉食品等)加工制造业	8
8	酿酒制造业	7
9	纺织、印染业	3
10	纺织品、服装、服饰、鞋帽、皮革加工业	7
11	造纸及纸制品(含木材、藤、竹、家具等)加工、印刷、包装业	16
12	生活用品(含文体、玩具、工艺品、珠宝)等轻工产品加工制造业	2
13	石化产品、炼焦及其他燃料生产加工业	9
14	化学原料及化学制品(含精细化工、日化、肥料等)制造业	25
15	医药、生物制药、医疗设备制造业	14
16	化学纤维制造业	4
17	橡胶、塑料制品及其他新材料制造业	9
18	建筑材料及玻璃等制造业及非金属矿物制品业	18
19	黑色冶金及压延加工业	28
20	一般有色冶金及压延加工业	3
21	黄金冶炼及压延加工业	1
22	金属制品、加工工具、工业辅助产品加工制造业及金属新材料制造业	1
23	工程机械、设备和特种装备(含电梯、仓储设备)及零配件制造业	16
24	通用机械设备和专用机械设备及零配件制造业	8
25	电力、电气等设备、机械、元器件及光伏、风能、电池、线缆制造业	32
26	船舶、轨道交通设备及零部件制造业	1
27	家用电器及零配件制造业	4
28	电子元器件与仪器仪表、自动化控制设备制造业	8
29	动力、电力生产等装备、设备制造业	3
30	计算机、通信器材、办公、影像等设备及零部件制造业	18
31	汽车及零配件制造业	18
32	摩托车、自行车和其他交通运输设备及零配件制造业	2
33	航空航天、国防军工装备及零配件制造业	6
34	综合制造业(以制造业为主,含有服务业)	9

续表

序号	行业	入围企业数量(家)
服务业		182
35	能源(电、热、燃气等)供应、开发、节能减排及再循环服务业	17
36	水上运输业	1
37	港口服务业	3
38	航空运输及相关服务业	1
39	电信、邮寄、速递等服务业	4
40	软件、程序、计算机应用、网络工程等计算机、微电子服务业	14
41	能源、矿产、化工、机电、金属产品等内外商贸批发业	1
42	农牧渔饲产品及生活消费品等内外商贸批发、零售业	4
43	综合性内外商贸及批发、零售业	1
44	汽车和摩托车商贸、维修保养及租赁业	1
45	医药专营批发、零售业及医疗服务业	8
46	商业零售业及连锁超市	5
47	银行业	13
48	保险业	7
49	证券及其他金融服务业	21
50	多元化投资控股、商务服务业	11
51	房地产开发与经营、物业及房屋装饰、修缮、管理等服务业	15
52	公用事业、市政、水务、航道等公共设施投资、经营与管理业	11
53	人力资源(职业教育、培训等)、会展博览、国内外经济合作等社会综合服务业	1
54	科技研发、推广及地勘、规划、设计、评估、咨询、认证等承包服务业	4
55	文化产业(书刊出版、印刷、发行与销售及影视、音像、文体、演艺等)	13
56	信息、传媒、电子商务、网购、娱乐等互联网服务业	10
57	综合服务业(以服务业为主,含有制造业)	16
合计		500

7.40%下降了 0.8 个百分点。

在制造业 29 个行业中共有 285 家企业入围。其中,电力、电气等设备、机械、元器件及光伏、风能、电池、线缆制造业企业有 32 家;黑色冶金及压延加工业企业有 28 家;化学原料及化学制品（含精细化工、日化、肥料等）制造业企业有 25 家;建筑材料及玻璃等制造业及非金属矿物制品业企业,计算机、通信器材、办公、影像等设备及零部件制造业企业,汽车及零配件制造业企业各有 18 家；造纸及纸制品（含木材、藤、竹、家具等）加工、印刷、包装业企业，工程机械、设备和特种装备（含电梯、仓储设备）及零配件制造业企业各有 16 家；医药、生物制药、医疗设备制造业企业有 14 家；石化产品、炼焦及其他燃料生产加工业企业，橡胶、塑料制品及其他新材料制造业企业，综合制造业（以制造业为主，含有服务业）企业各有 9 家；食品（含饮料、乳制品、肉食品等）加工制造业企业，通用机械设备和专用机械设备及零配件制造业企业，电子元器件与仪器仪表、自动化控制设备制造业企业各有 8 家；酿酒制造业企业，纺织品、服装、服饰、鞋帽、皮革加工业企业各有 7 家；航空航天、国防军工装备及零配件制造业企业有 6 家；农副食品及农产品加工业企业有 5 家；化学纤维制造业企业，家用电器及零配件制造业企业各有 4 家；纺织、印染业企业，一般有色冶金及压延加工业企业，动力、电力生产等装备、设备制造业企业各有 3 家；生活用品（含文体、玩具、工艺品、珠宝）等轻工产品加工制造业企业，摩托车、自行车和其他交通运输设备及零配件制造业企业各有 2 家；黄金冶炼及压延加工业企业，金属制品、加工工具、工业辅助产品加工制造业及金属新材料制造业企业，船舶、轨道交通设备及零部件制造业企业各有 1 家入围。

制造业入围 285 家企业，较 2020 年的 276 家增加了 9 家；占比为 57.00%，较 2020 年的 55.20% 提高了 1.80 个百分点；入围的行业由 2020 年的 28 个增加到 29 个。

在服务业 23 个行业中共有 182 家企业入围。其中，证券及其他金融服务业企业有 21 家；能源（电、热、燃气等）供应、开发、节能减排及再循环服务业企业有 17 家；综合服务业（以服务业为主，含有制造业）企业有 16 家；房地产开发与经营、物业及房屋装饰、修缮、管理等服务业企业有 15 家；软件、程序、计算机应用、网络工程等计算机、微电子服务业企业有 14 家；银行业企业，文化产业（书刊出版、印刷、发行与销售及影视、音像、文体、演艺等）企业各有 13 家；多元化投资控股、商务服务业企业，公用事业、市政、水务、航道等公共设施投资、经营与管理业企业各有 11 家；信息、传媒、电子商务、网购、娱乐等互联网服务业企业有 10 家；医药专营批发、零售业及医疗服务业企业有 8 家；保险业企业有 7 家；商业零售业及连锁超市企业有 5 家；电信、邮寄、速递等服务业企业，农牧渔饲产品及生活消费品等内外商贸批发、零售业企业，科技研发、推广及地勘、规划、设计、评估、咨询、认证等承包服务业企业各有 4 家；港口服务业企业有 3 家；水上运输业企业，航空运输及相关服务业企业，能源、矿产、化工、机电、金属产品等内外商贸批发业企业，综合性内外商贸及批发、零售业企业，汽车和摩托车商贸、维修保养及租赁业企业，人力资源（职业教育、培训等）、会展博览、国内外经济合作等社会综合服务业企业各有 1 家入围。

服务业入围 182 家企业，较 2020 年的 187 家减少了 5 家；占比为 36.40%，较 2020 年的 37.40%% 下降了 1.00 个百分点；入围的行业为 23 个，较 2020 年的 27 个减少了 4 个行业。

2017—2021 中国企业信用 500 强行业分布变化趋势分析见图 3-1。

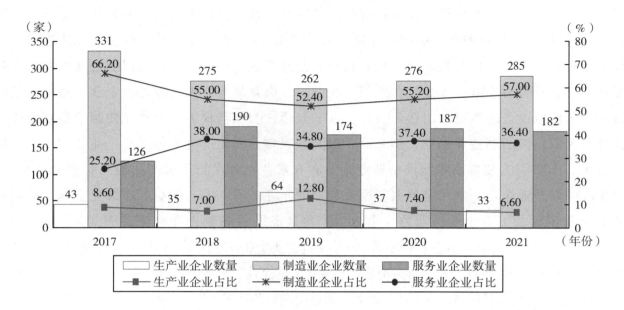

图 3-1 2017—2021 中国企业信用 500 强行业分布变化趋势分析

（二）2021 中国企业信用500 强地区分布特征

从 2021 中国企业信用 500 强入围企业的地区分布情况看，涉及 27 个省（自治区、直辖市）[①]。

东部地区 10 个省（直辖市）共 385 家企业入围。其中，广东 79 家，北京 75 家，浙江 72 家，江苏 42 家，山东 41 家，上海 37 家，河北 14 家，福建 13 家，天津、辽宁各 6 家。

中部地区 7 个省共 53 家企业入围。其中，安徽 12 家，湖北 11 家，湖南 9 家，河南 8 家，江西 6 家，吉林 4 家，山西 3 家。

西部地区 10 个省（自治区、直辖市）共有 62 家企业入围。其中，四川 19 家，重庆 13 家，广西、云南各 6 家，新疆、陕西各 5 家，内蒙古 4 家，贵州 2 家，宁夏、西藏各 1 家。

按入围企业数量从高到低排序分别为：广东 79 家，北京 75 家，浙江 72 家，江苏 42 家，山东 41 家，上海 37 家，四川 19 家，河北 14 家，福建、重庆各 13 家，安徽 12 家，湖北 11 家，湖南 9 家，河南 8 家，江西、天津、云南、广西、辽宁各 6 家，新疆、陕西各 5 家，内蒙古、吉林各 4 家，山西 3 家，贵州 2 家，宁夏、西藏各 1 家。

从地区分布上看，东部地区入围的企业数量占总数的 77.00%，较 2020 年的 76.80% 提高了 0.02 个百分点；中部地区占 10.60%，较 2020 年的 11.40% 下降了 0.80 个百分点；西部地区

---

① 本报告未统计香港、澳门、台湾数据。

占 12.40%，较 2020 年的 11.80%提高了 0.60 个百分点。与 2020 年相比，东部地区增加了 1 个席位，中部地区减少了 4 个席位，西部地区增加了 3 个席位。

2021 中国企业信用 500 强地区分布见表 3-2。

表 3-2 2021 中国企业信用 500 强地区分布

区域	地区	入围企业数（家）		区域	地区	入围企业数（家）		区域	地区	入围企业数（家）	
		2021 年	2020 年			2021 年	2020 年			2021 年	2020 年
东部地区	北京	75	86	中部地区	安徽	12	11	西部地区	甘肃		3
	广东	79	67		河南	8	10		广西	6	3
	河北	14	14		湖北	11	13		贵州	2	2
	江苏	42	49		湖南	9	8		内蒙古	4	4
	山东	41	32		吉林	4	3		宁夏	1	1
	上海	37	37		江西	6	8		四川	19	19
	天津	6	5		山西	3	4		新疆	5	5
	浙江	72	75						云南	6	5
	辽宁	6	2						重庆	13	12
	福建	13	17						陕西	5	4
									西藏	1	1
合计		385	384	合计		53	57	合计		62	59

二、2021 中国企业信用 500 强总体评价与分析

（一）2021 中国企业信用500 强信用环境评价与分析

2021 中国企业信用 500 强 2020 年的景气指数为 123.85 点，较 2019 年的 126.90 点下降了 3.05 点；盈利指数为 116.85 点，较 2019 年的 119.57 点下降了 2.72 点；效益指数为 110.56 点，较 2019 年的 110.84 点下降了 0.28 点。

2021 中国企业信用 500 强总体信用环境影响性分析见图 3-2。

从图 3-2 中可以看出，2021 中国企业信用 500 强的三项指数总体呈现下降的态势，主要是受新冠肺炎疫情影响，但总体来看，所受影响较为有限，2019 年和 2020 年两年复合增长率仍然保持了较高水平。

数据库样本企业的三项平均指数分别为：景气指数 102.73 点、盈利指数 99.56 点、效益指数 104.41 点。2021 中国企业信用 500 强比样本企业的三项指数分别高出 21.12 点、17.29 点、6.15 点，两者之间

图 3-2 2021 中国企业信用 500 强总体信用环境影响性分析

的差距与 2020 中国企业信用 500 强与样本企业的差距 21.59 点、19.81 点、7.23 点相比，总体上虽有所缩小，但差距还是很明显，表明 2021 中国企业信用 500 强还保持着明显的竞争力。

（二）2021 中国企业信用500 强总量评价与分析

1.营业收入总量分析

2021 中国企业信用 500 强 2020 年的营业收入总额为 571071 亿元，较 2020 中国企业信用 500 强 2019 年的营业收入总额 548470 亿元增加 22601 亿元，提高了 4.12%；营业收入总额占全部样本企业营业收入总额 1315905 亿元的 43.40%，与 2020 中国企业信用 500 强 2019 年的占比相比提高了 0.70 个百分点；营业收入总额相当于 2020 年国内生产总值（GDP）1013567 亿元的 56.34%，与 2020 中国企业信用 500 强的 54.11% 相比提高了 2.23 个百分点。

中国企业信用 500 强营业收入总量分析见图 3-3。

从图 3-3 中可以看出，中国企业信用 500 强的营业收入总额呈现稳步提高的态势，其在国内生产总值（GDP）中所占比重也逐年提高。由此也可以看出，中国企业信用 500 强在国民经济发展中占有十分重要的地位，对促进我国经济高质量发展发挥着极其重要的作用。

2.净利润总量分析

2021 中国企业信用 500 强 2020 年的利润总额为 37308 亿元，占全部样本企业利润总额 63613 亿元的 58.65%，较 2020 中国企业信用 500 强 2019 年的占比 65.85% 下降了 7.20 个百分点。

图 3-3 中国企业信用 500 强营业收入总量分析

2021 中国企业信用 500 强 2020 年的利润总额较 2020 中国企业信用 500 强 2019 年的利润总额 41968 亿元减少 4660 亿元，下降了 11.10%。

中国企业信用 500 强利润总量分析见图 3-4。

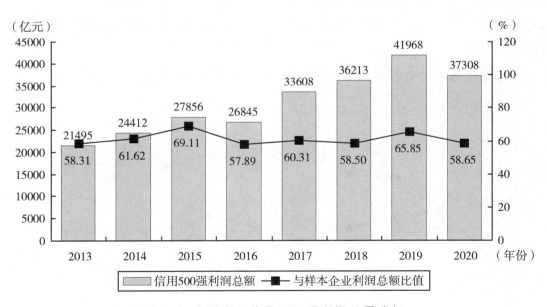

图 3-4 中国企业信用 500 强利润总量分析

综合利润总量分析，中国企业信用 500 强的利润总额增速放缓，与样本企业利润总额比值也有所下降，但总体上保持较高水平。

三、2021 中国企业信用 500 强经济效益变化及趋势分析

（一）2021 中国企业信用 500 强收益性指标变化及趋势分析

1.营收利润率变化趋势及对比分析

第一，从营收利润率变化分析。2021 中国企业信用 500 强 2020 年的营收利润率为 12.20%，较 2020 中国企业信用 500 强 2019 年的 12.23%下降了 0.03 个百分点。

第二，与样本企业对比分析。2021 中国企业信用 500 强 2020 年的营收利润率为 12.20%，比样本企业的 4.56%高出 7.64 个百分点。

第三，综合营收利润率指标分析。信用 500 强企业 2020 年的营收利润率较 2019 年的有微幅下降，总体上仍然保持较高水平。而样本企业的营收利润率有明显提高，两者之间存在的差距有所缩小。

2021 中国企业信用 500 强营收利润率高出样本企业 7.64 个百分点，而 2020 中国企业信用 500 强 2019 年的营收利润率高出样本企业 8.34 个百分点，两者的差距缩小了 0.70 个百分点。但总体分析来看，入围 2021 中国企业信用 500 强的企业仍然保持着较高的盈利水平，仍然具有明显的竞争优势。

中国企业信用 500 强营收利润率变化趋势及对比分析见图 3-5。

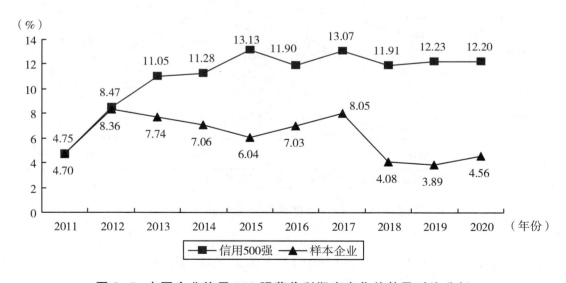

图 3-5 中国企业信用 500 强营收利润率变化趋势及对比分析

2.资产利润率变化趋势及对比分析

第一，从资产利润率变化分析。2021 中国企业信用 500 强 2020 年的资产利润率为 5.92%，较 2020 中国企业信用 500 强 2019 年的 6.50%下降了 0.58 个百分点。

第二，与样本企业对比分析。信用 500 强企业的资产利润率为 5.92%，比样本企业的 2.87%高出 3.05 个百分点。

中国企业信用 500 强资产利润率变化趋势及对比分析见图 3-6。

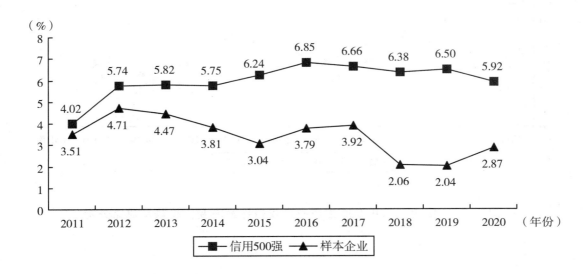

图 3-6 中国企业信用 500 强资产利润率变化趋势及对比分析

第三，综合资产利润率指标分析。信用 500 强企业的资产利润率水平受疫情影响呈现下降态势，但总体维持在 5%以上的相对高位运行。而样本企业的资产利润率水平则呈现逆势上升的态势，但总体仍在 3%以下的相对较低水平区间。

2021 中国企业信用 500 强资产利润率高出样本企业 3.05 个百分点，2020 中国企业信用 500 强资产利润率高出样本企业 4.46 个百分点，两者的差距缩小了 1.41 个百分点。

3.所有者权益报酬率变化趋势及对比分析

第一，从所有者权益报酬率变化分析。2021 中国企业信用 500 强 2020 年的所有者权益报酬率为 13.56%，较 2020 中国企业信用 500 强 2019 年的 13.81%下降了 0.25 个百分点。

第二，与样本企业对比分析。信用 500 强企业的所有者权益报酬率为 13.56%，比样本企业的 5.80%高出 7.76 个百分点。

第三，综合所有者权益报酬率指标分析。信用 500 强企业所有者权益报酬率微幅下降，运行相对平稳，而样本企业则有所回升，提高了 0.88 个百分点，两者的差距亦有所缩小。但总体而言，信用 500 强企业仍然保持较高水平。

中国企业信用 500 强所有者权益报酬率变化趋势及对比分析见图 3-7。

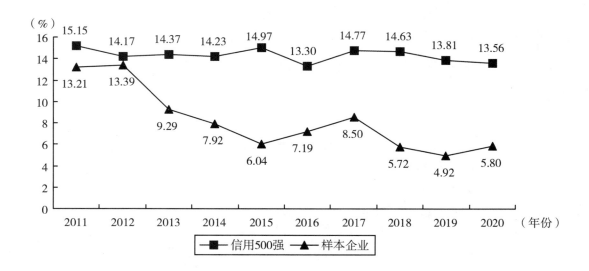

图 3-7 中国企业信用 500 强所有者权益报酬率变化趋势及对比分析

（二）2021 中国企业信用 500 强流动性和安全性指标变化及趋势分析

1.资产周转率变化趋势及对比分析

2021 中国企业信用 500 强 2020 年的资产周转率为 0.74 次/年，较 2020 中国企业信用 500 强 2019 年的 0.76 次/年下降了 0.02 次/年。样本企业 2020 年的资产周转率为 0.63 次/年，较 2019 年的 0.66 次/年下降了 0.03 次/年。

从总体走势分析，信用 500 强与样本企业的资产周转率均呈现下降态势，且下降的幅度也大致相同。由此可见，企业的流动性仍然呈现普遍放缓的状态，提质增效、提高资产运行效益仍是我国企业面临的主要问题。

中国企业信用 500 强资产周转率变化趋势及对比分析见图 3-8。

2.所有者权益比率变化趋势及对比分析

第一，从所有者权益比率变化分析。2021 中国企业信用 500 强 2020 年的所有者权益比率为 40.60%，较 2020 中国企业信用 500 强 2019 年的 43.68%下降了 3.08 个百分点；理论负债率

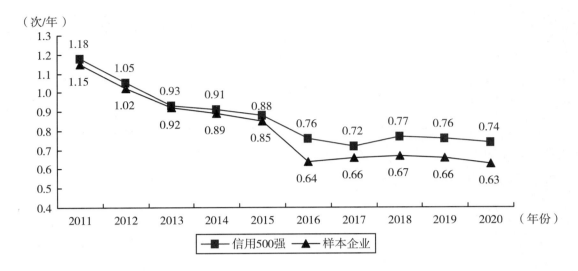

图 3-8 中国企业信用 500 强资产周转率变化趋势及对比分析

59.40%，较 2020 中国企业信用 500 强的 56.32%提高了 3.08 个百分点。

第二，与样本企业对比分析。信用 500 强企业的所有者权益比率为 40.60%，比样本企业的 49.36%低 8.76 个百分点。

中国企业信用 500 强所有者权益比率变化趋势及对比分析见图 3-9。

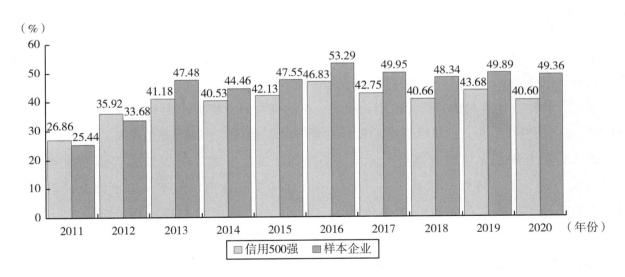

图 3-9 中国企业信用 500 强所有者权益比率变化趋势及对比分析

第三，综合所有者权益比率指标分析。信用 500 强企业和样本企业的所有者权益比率均有所下降，两者的差距由 2019 年的 6.21 个百分点扩大到了 8.76 个百分点，差距扩大 2.55 个百分点。

由此可见，样本企业的平均负债率水平仍然明显比信用 500 强企业高，表明样本企业的资金压力仍然偏高，其流动性处于持续偏紧的状态。

3.资本保值增值率变化趋势及对比分析

第一，从资本保值增值率变化分析。2021 中国企业信用 500 强 2020 年的资本保值增值率为 117.29%，较 2020 中国企业信用 500 强 2019 年的 118.10%下降了 0.81 个百分点。

中国企业信用 500 强资本保值增值率变化趋势及对比分析见图 3-10。

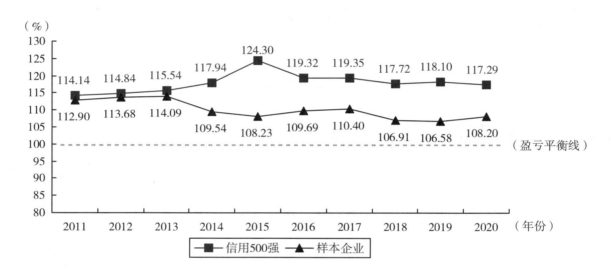

图 3-10　中国企业信用 500 强资本保值增值率变化趋势及对比分析

第二，与样本企业对比分析。信用 500 强企业的资本保值增值率为 117.29%，比样本企业的 108.20%高出 9.09 个百分点；样本企业 2020 年的资本保值增值率比 2019 年的提高了 1.62 个百分点。

第三，综合资本保值增值率指标分析。信用 500 强企业 2020 年的资本保值增值率较 2019 年的有所下降，但总体保持较高水平。而样本企业的资本保值增值率虽有所回升，但总体保持相对较低水平，两者的差距由 2019 年的 11.52 个百分点缩小到 9.09 个百分点。

（三）2021 中国企业信用 500 强成长性指标变化及趋势分析

1.营收增长率变化趋势及对比分析

第一，从营收增长率变化分析。2021 中国企业信用 500 强 2020 年的营收增长率为 15.41%，较 2020 中国企业信用 500 强 2019 年的 15.84%下降了 0.43 个百分点。

第二，与样本企业对比分析。信用 500 强企业的营收增长率为 15.41%，比样本企业的 5.80% 高出 9.61 个百分点；样本企业 2020 年的营收增长率较 2019 年的 9.63% 下降了 3.83 个百分点。

第三，综合营收增长率指标分析。信用 500 强企业的营收增长率虽有所下降，但幅度有限，总体保持了平稳运行的态势。而样本企业则呈现大幅下行的态势，两者的差距明显扩大。预测 2021 年及后期市场，受疫情持续影响，企业的营收增速仍可能徘徊在低位区间。

中国企业信用 500 强营收增长率变化趋势及对比分析见图 3-11。

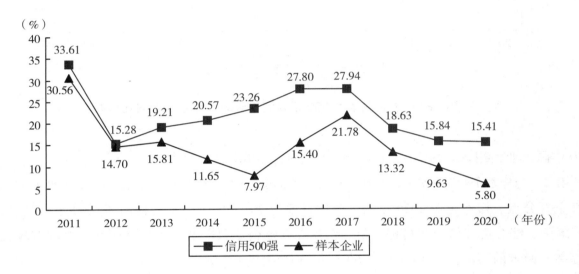

图 3-11 中国企业信用 500 强营收增长率变化趋势及对比分析

2.利润增长率变化趋势及对比分析

第一，从利润增长率变化分析。2021 中国企业信用 500 强 2020 年的利润增长率为 32.29%，较 2020 中国企业信用 500 强 2019 年的利润增长率 37.96% 下降了 5.67 个百分点。

第二，与样本企业对比分析。信用 500 强企业的利润增长率为 32.29%，比样本企业的 -0.34% 高出 32.63 个百分点。

第三，综合利润增长率指标分析。信用 500 强企业的利润增长率有所回落，但总体仍然保持高水平。而样本企业的利润增速呈现负增长，但负增长的幅度有限。综合利润增长率指标分析，信用 500 强企业的盈利能力持续在高水平区间运行。

中国企业信用 500 强利润增长率变化趋势及对比分析见图 3-12。

3.资产增长率变化趋势及对比分析

第一，从资产增长率变化分析。2021 中国企业信用 500 强 2020 年的资产增长率为19.19%，较

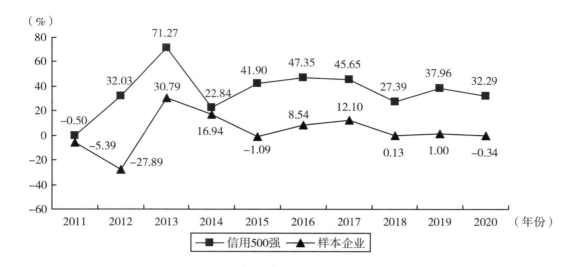

图 3-12 中国企业信用 500 强利润增长率变化趋势及对比分析

2020 中国企业信用 500 强 2019 年的 15.12% 提高了 4.07 个百分点。

第二，与样本企业对比分析。信用 500 强企业的资产增长率为 19.19%，比样本企业的 16.11% 高出 3.08 个百分点。样本企业 2020 年的资产增长率较 2019 年的 10.12% 提高了 5.99 个百分点。

第三，综合资产增长率指标分析。信用 500 强企业和样本企业的资产增长率均有较大幅度的提高，两者的差距由 2019 年的 5.00 个百分点缩小到 3.08 个百分点。

中国企业信用 500 强资产增长率变化趋势及对比分析见图 3-13。

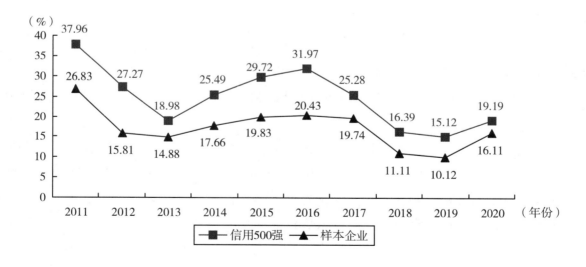

图 3-13 中国企业信用 500 强资产增长率变化趋势及对比分析

4.资本积累率变化趋势及对比分析

第一，从资本积累率变化分析。2021 中国企业信用 500 强 2020 年的资本积累率为22.12%，较 2020 中国企业信用 500 强 2019 年的 27.01%下降了 4.89 个百分点。

第二，与样本企业对比分析。信用 500 强企业的资本积累率为 22.12%，比样本企业的 16.49%高出 5.63 个百分点。样本企业 2020 年的资本积累率较 2019 年提高了 1.54 个百分点。

第三，综合资本积累率指标分析。信用 500 强企业 2020 年的资本积累率较 2019 年有大幅回落，但总体保持在较高水平区间。而样本企业的资本积累率有较大幅度的回升，两者的差距由 2019 年的 12.06 个百分点缩小到 2020 年的 5.63 个百分点。

中国企业信用 500 强资本积累率变化趋势及对比分析见图 3-14。

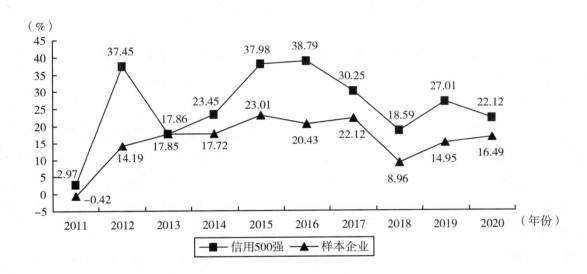

图 3-14 中国企业信用 500 强资本积累率变化趋势及对比分析

5.人员增长率变化趋势及对比分析

第一，从人员增长率变化分析。2021 中国企业信用 500 强 2020 年的人员增长率为 9.46%，较 2020 中国企业信用 500 强 2019 年的 6.55%提高了 2.91 个百分点。

第二，与样本企业对比分析。信用 500 强企业的人员增长率为 9.46%，比样本企业的 3.07%高出 6.39 个百分点。样本企业 2020 年的人员增长率较 2019 年的 1.93%提高了 1.14 个百分点。

第三，综合人员增长率指标分析。信用 500 强企业与样本企业的人员增速均有明显提高，信用 500 强企业提高的幅度明显高出样本企业。总体来看，从业人员的增速并未明显受疫情影响，社会就业压力并没有明显提高。

中国企业信用 500 强人员增长率变化趋势及对比分析见图 3-15。

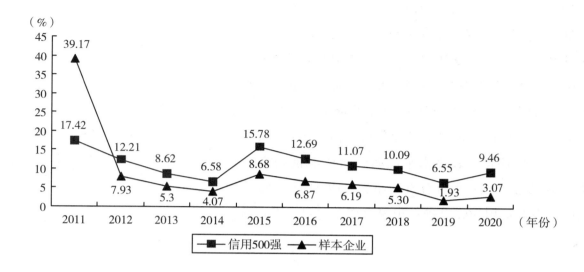

图 3-15 中国企业信用 500 强人员增长率变化趋势及对比分析

6.人均营收额变化趋势及对比分析

第一，从人均营收额变化分析。2021 中国企业信用 500 强 2020 年的人均营收额为 254.56 万元，较 2020 中国企业信用 500 强 2019 年的 265.82 万元下降了 11.26 万元，下降了 4.24%。

第二，与样本企业对比分析。信用 500 强企业的人均营收额为 254.56 万元，比样本企业的 242.05 万元高出 12.51 万元。样本企业 2020 年的人均营收额较 2019 年的 226.25 万元提高了 15.80 万元，增幅为 6.98%。

第三，综合人均营收额指标分析。信用 500 强企业 2020 年的人均营收额呈现下降的态势，而样本企业则有较大幅度的提升，两者的差距由 2019 年的 39.57 万元缩小到 2020 年的 12.51 万元，差距明显缩小。

中国企业信用 500 强人均营收额变化趋势及对比分析见图 3-16。

7.人均利润额变化趋势及对比分析

第一，从人均利润额变化分析。2021 中国企业信用 500 强 2020 年的人均利润额为 16.63 万元，较 2020 中国企业信用 500 强 2019 年的 20.34 万元下降了 3.71 万元，下降了 18.24%。

第二，与样本企业对比分析。信用 500 强企业的人均利润额为 16.63 万元，比样本企业的 11.70 万元高出 4.93 万元。样本企业 2020 年的人均利润额较 2019 年的 11.22 万元提高了 0.48 万元，增幅为 4.28%。

第三，综合人均利润额指标分析。信用 500 强企业 2020 年的人均利润额有一定幅度的下

图 3-16 中国企业信用 500 强人均营收额变化趋势及对比分析

降，而样本企业的人均利润额却有一定幅度的提升，两者之间的差距由 2019 年的 9.12 万元缩小到了 4.93 万元。

中国企业信用 500 强人均利润额变化趋势及对比分析见图 3-17。

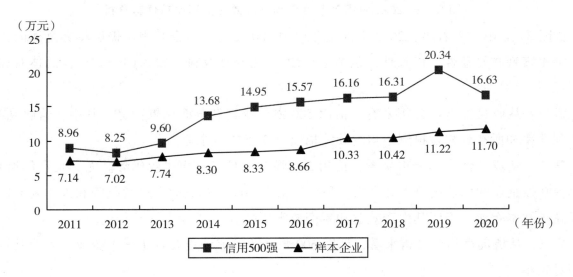

图 3-17 中国企业信用 500 强人均利润额变化趋势及对比分析

综合生产性指标分析，信用 500 强企业的劳动效率和效益总体保持较高水平，而样本企业的增长幅度并不明显。总体来看，信用 500 强企业的劳动效率和效益相对于样本企业来说仍然具有十分明显的竞争优势。

（四）2021 中国企业信用 500 强效益指标综合分析

2021 中国企业信用 500 强效益指标比较优势分析见图 3-18。

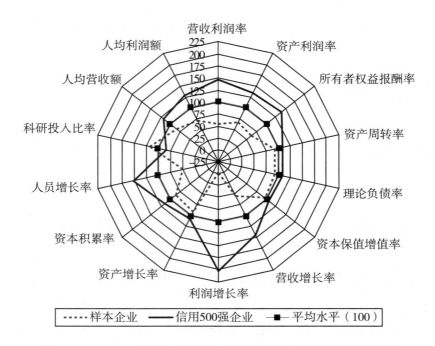

图 3-18 2021 中国企业信用 500 强效益指标比较优势分析

从图 3-18 中可以看出，2021 中国企业信用 500 强与样本企业相比仍然具有全面的比较优势，突出表现在收益性、成长性（包括生产性）、流动性及科研投入四个方面，总体有如下比较特征。

第一，从收益性指标分析来看，信用 500 强企业具有全面比较优势。其中，营收利润率、资产利润率和所有者权益报酬率均继续大幅度领先于样本企业。

第二，从成长性指标分析来看，信用 500 强企业具有全面比较优势。尤其是利润增长率，信用 500 强企业的比较优势十分突出。另外，信用 500 强企业的人均营收额和人均利润额也要远远高于样本企业，表明其生产效益和生产效率更高。

第三，从流动性指标分析来看，信用 500 强企业的流动也要好于样本企业，表明其资金压力相对较小。

第四，信用 500 强企业的科研投入比率低于样本企业，可能与信用 500 强企业的体量普遍较大有一定的关联性。但总体分析来看，我国企业的科研投入比率呈现逐年提高的发展态势，为创新驱动发展提供了强大的科技支撑和发展动力。

四、2021 中国企业信用 500 强面对的挑战及若干建议

通过对 2021 中国企业信用 500 强和样本企业效益指标变化趋势比较分析，信用 500 强企业与样本企业相比具有显著的比较优势。面对宏观经济环境不确定不稳定因素的增多，信用 500 强企业也面临着诸多问题和新挑战。

（一）弘扬企业家精神，贯彻新发展理念，加快构建新发展格局

2021 年中央经济工作会议强调，做好 2022 年经济工作，要以习近平新时代中国特色社会主义思想为指导，全面贯彻落实党的十九大和十九届历次全会精神，弘扬伟大建党精神，坚持稳中求进工作总基调，完整、准确、全面贯彻新发展理念，加快构建新发展格局，全面深化改革开放，坚持创新驱动发展，推动高质量发展，坚持以供给侧结构性改革为主线，统筹疫情防控和经济社会发展，统筹发展和安全，继续做好"六稳""六保"工作，持续改善民生，着力稳定宏观经济大盘，保持经济运行在合理区间，保持社会大局稳定，迎接党的二十大胜利召开。立足新发展阶段，贯彻新发展理念，构建新发展格局，是推动经济社会发展的关键任务，也是当前我国经济工作的重中之重。中国企业信用 500 强在我国企业界具有典范性和代表性，是承担与落实国家经济任务的关键主体，这些企业的领导者也是践行新发展理念的关键群体。信用 500 强企业和企业家应当率先垂范，勇于担当，积极作为，充分发挥好关键主体和核心力量作用，大力弘扬企业家精神，投身于新发展格局的建设之中。

深入实施国企改革三年行动，优化民营经济发展环境，健全现代企业制度，完善公司治理，激发各类市场主体活力。国企改革重要的是机制改革，只有机制才能激发企业微观活力。在制度创新上，混合所有制能够解决国企改革中政企不分和民企发展中不规范两大难题，对国有企业来说，最重要的是通过混合所有制引入市场化机制。对混合所有制企业，应探索有别于国有独资、全资公司的治理机制和监管制度，探索建立国有资本不再绝对控股的混合所有制企业，探索实施更加灵活高效的监管制度。混合所有制要想混好就必须在"合好"和"改好"上下功夫。国有企业要在提升产业链供应链水平上发挥引领作用，国有企业特别是中央企业要带领中小企业共同发展，形成大河有水小河满的良好局面。混合所有制是一场企业制度创新，在国企改革三年行动中，积极稳妥深化混合所有制改革是一项重要的工作。国有企业要以更加开放的姿态深化与民营企业合作，着力引入高匹配度、高认同感、高协同性的战略投资者，科学合理设置股权结构，切实转换经营机制，进一步推动混合所有制实施与融

合，提高国有企业效率效益，激活民营企业活力。

（二）打通堵点补齐短板，构建国内国际双循环，大力推动产业优化升级

2021 年中央经济工作会议强调，要深化供给侧结构性改革，重在畅通国内大循环，重在突破供给约束堵点，重在打通生产、分配、流通、消费各环节。要提升制造业核心竞争力，启动一批产业基础再造工程项目，激发涌现一大批"专精特新"企业。加快形成内外联通、安全高效的物流网络。加快数字化改造，促进传统产业升级。

我国经济发展面临需求收缩、供给冲击、预期转弱三重压力。需求收缩涉及内需和外需。从外部环境看，虽然全球经济整体复苏，但基础并不稳固，波动性大、脆弱性高、结构性失衡等特征凸显。预计 2022 年全球经济增速将逐渐回归至常态，供应链瓶颈加剧通胀压力，全球滞胀风险加大。与此相对应的是支撑我国外贸出口增长的因素有所减弱，出口额大概率呈回落态势。从内部消费看，2022 年收入、疫情、避险倾向等因素对消费的制约将有一定程度的减弱，疫情对消费的影响逐渐长尾化，但大幅度的改善依旧难以实现，消费复苏依旧乏力。

供给冲击主要包括两方面：一是大宗商品涨价，在供给受阻与货币溢出效应的双重作用下，生产成本上升带来输入型通胀压力；二是在中美科技竞争和疫情影响下，供应链的稳定性面临冲击，产业供应效率还没有恢复，或有"卡脖子"和断供风险。供给冲击最终的影响，就是通胀压力增加。

预期转弱实际上更应该予以重视。在金融视角下，信心比黄金还珍贵。预期和现实会相互影响，预期越悲观，消费和投资越谨慎。一旦全社会都形成了这种氛围，这个预期是很难逆转的。所以说预期转弱，不是一个简单的主观想法的改变，而是一个严峻的客观环境的变化。一旦到了恶性循环的阶段，就会对需求形成强烈的负反馈，所以要求我们要做好预期管理，稳定市场预期。

《中共中央关于制定国民经济和社会发展第十四个五年规划和二○三五年远景目标的建议》提出，加快发展现代产业体系，推动经济体系优化升级。坚持把发展经济着力点放在实体经济上，坚定不移建设制造强国、质量强国、网络强国、数字中国，推进产业基础高级化、产业链现代化，提高经济质量效益和核心竞争力。同时强调，坚持自主可控、安全高效，分行业做好供应链战略设计和精准施策，推动全产业链优化升级。锻造产业链供应链长板，立足我国产业规模优势、配套优势和部分领域先发优势，打造新兴产业链，推动传统产业高端化、智能化、绿色化，发展服务型制造。加快构建以国内大循环为主体、国内国际双循环相互促进的新发展格局，要紧紧抓住供给侧结构性改革这条主线，注重需求侧管理，打通堵点，

补齐短板，贯通生产、分配、流通、消费各环节，形成需求牵引供给、供给创造需求的更高水平动态平衡，提升国民经济体系整体效能。

（三）发挥创新领军作用，加快数字化转型，打造高质量发展新优势

《中共中央关于制定国民经济和社会发展第十四个五年规划和二○三五年远景目标的建议》提出，坚持创新在我国现代化建设全局中的核心地位，把科技自立自强作为国家发展的战略支撑，面向世界科技前沿、面向经济主战场、面向国家重大需求、面向人民生命健康，深入实施科教兴国战略、人才强国战略、创新驱动发展战略，完善国家创新体系，加快建设科技强国。

创新是引领发展的第一动力，是构建新发展格局、实现高质量发展的关键所在。2019—2021 年，我国企业在极其困难的发展局面下，研发投入强度持续增加，对科研的重视程度日趋提高。我国企业界要以国家战略性需求为导向推进创新体系优化组合，把自主创新摆在更加突出的位置，进一步加大研发投入力度，加快关键核心技术攻关，打造更多依靠创新驱动、发挥先发优势的引领性企业，加快推动建立以企业为主体、市场为导向、产学研深度融合的技术创新体系，不断提升原始创新能力、产业基础能力和产业链、供应链的现代化水平。

"加快数字化发展，建设数字中国"是"十四五"规划的重要任务之一。迎接数字时代，激活数据要素潜能，推进网络强国建设，加快建设数字经济、数字社会、数字政府，以数字化转型整体驱动生产方式、生活方式和治理方式变革。充分发挥海量数据和丰富应用场景优势，促进数字技术与实体经济深度融合，赋能传统产业转型升级，催生新产业新业态新模式，壮大经济发展新引擎。我国企业要加快发展数字经济，推动实体经济和数字经济融合发展，推动互联网、大数据、人工智能同实体经济深度融合，继续做好信息化和工业化深度融合这篇大文章，推动制造业加速向数字化、网络化、智能化发展，着力壮大新增长点，形成发展新动能。培育壮大人工智能、大数据、区块链、云计算、网络安全等新兴数字产业，提升通信设备、核心电子元器件、关键软件等产业水平。构建基于 5G 的应用场景和产业生态，在智能交通、智慧物流、智慧能源、智慧医疗等重点领域开展试点示范。鼓励企业开放搜索、电商、社交等数据，发展第三方大数据服务产业，促进共享经济、平台经济健康发展。

我国企业要始终坚持科技创新驱动不动摇，健全鼓励支持基础研究、原始创新的体制机制，完善科技人才发现、培养、激励机制，努力提高制造业和服务业的深度融合，建立以企业为主体、市场为导向、产学研深度融合的技术创新体系，特别是加强对中小型服务业企业的创新支持，促进科技成果转化落地，促进服务业高质量发展。

（四）坚守底线思维，防范系统风险，筑牢高质量发展的诚信基石

2021 年中央经济工作会议强调，要正确认识和把握防范化解重大风险。要继续按照稳定大局、统筹协调、分类施策、精准拆弹的方针，抓好风险处置工作，加强金融法治建设，压实地方、金融监管、行业主管等各方责任，压实企业自救主体责任。要强化能力建设，加强金融监管干部队伍建设。化解风险要有充足资源，研究制定化解风险的政策，要广泛配合，完善金融风险处置机制。

党中央、国务院将加快社会信用体系建设作为全面深化"放管服"改革的一项重要任务着力部署推进。信用立法是社会信用体系建设高效运转的重要基础，是各项信用机制有效落地的关键保障。因此，企业界要积极推进《企业诚信管理体系》（GB/T 31950—2015）国家标准的贯彻与实施，强化社会责任意识、规则意识、奉献意识，形成诚信价值观，培育诚信文化，以诚信为准则来约束自身的行为；切实建立信用风险管理与控制体系，强化各类风险识别，建立预判预警机制，制定完善的应对预案，有效控制已经存在或可能存在的信用风险，尤其是控制系统性风险的发生；要坚持底线思维，确保合规合法经营，切实履行社会责任，以诚信建设推动企业持续健康和高质量发展。

我国企业要坚定不移贯彻创新、协调、绿色、开放、共享的新发展理念。企业要秉承绿色低碳发展理念，践行人与自然和谐发展理念，主动承担社会责任，要始终坚持底线思维，加强诚信自律，进一步推进企业诚信体系建设，以诚信建设筑牢企业高质量发展的基石。在当前面临诸多困难和风险挑战的发展时期，我国企业更要强化忧患意识，做好风险防范，增强发展韧性，进一步加强和提高防范化解风险的能力，高度重视和防范各类风险。要突出防范经营效益下滑风险、债务风险、投资风险、金融业务风险、国际化经营风险、安全环保风险，强化各类风险识别，建立预判预警机制，及时排查风险隐患，制订完善的应对预案，为企业可持续高质量发展保驾护航，为我国经济行稳致远做出企业界的担当和贡献。

第四章

2021 中国制造业企业信用 100 强发展报告

《2021 中国制造业企业信用 100 强发展报告》是由中国企业改革与发展研究会、中国合作贸易企业协会、国信联合（北京）认证中心联合开展的中国制造业企业信用分析研究成果，已是第 9 次向社会发布。

2021 中国制造业企业信用 100 强的入围门槛为：企业综合信用指数为 90 分以上，且 2020 年净利润为 284800 万元以上，较 2020 中国制造业企业信用 100 强 2019 年的净利润 211500 万元提高了 73300 万元。

2021 中国制造业企业信用 100 强分析研究及发布活动，旨在通过中国制造业企业的信用环境、信用能力、信用行为三个方面，对中国制造业企业的信用发展状况进行客观评价，为政府、行业、企业和社会提供参考依据。

一、2021 中国制造业企业信用 100 强分布特征

（一）2021 中国制造业企业信用 100 强行业分布特征

2021 中国制造业企业信用 100 强的行业分布，按照入围企业数量的多少排序分别为：黑色冶金及压延加工业企业有 12 家；医药、生物制药、医疗设备制造业企业，计算机、通信器材、办公、影像等设备及零部件制造业企业各有 11 家；汽车及零配件制造业企业有 9 家；化学原料及化学制品（含精细化工、日化、肥料等）制造业企业，建筑材料及玻璃等制造业及非金属矿物制品业企业，工程机械、设备和特种装备（含电梯、仓储设备）及零配件制造业企业，航空航天、国防军工装备及零配件制造业企业各有 5 家；农副食品及农产品加工业企业，食品（含饮料、乳制品、肉食品等）加工制造业企业，酿酒制造业企业，纺织品、服装、服饰、鞋帽、皮革加工业企业，化学纤维制造业企业各有 4 家；电力、电气等设备、机械、元器件及光伏、风能、电池、线缆制造业企业，家用电器及零配件制造业企业各有 3 家；石化产品、炼焦及其他燃料生产加工业企业，一般有色冶金及压延加工业企业，电子元器件与仪

器仪表、自动化控制设备制造业企业各有 2 家；纺织、印染业企业，造纸及纸制品（含木材、藤、竹、家具等）加工、印刷、包装业企业，船舶、轨道交通设备及零部件制造业企业，动力、电力生产等装备、设备制造业企业，综合制造业（以制造业为主，含有服务业）企业各有 1 家。

综合入围企业的行业分布情况来看，包括了 23 个细分行业，比 2020 年的 24 个行业减少了 1 个行业。其中，黑色冶金及压延加工业企业（增加 3 家），医药、生物制药、医疗设备制造业企业（减少 1 家），计算机、通信器材、办公、影像等设备及零部件制造业企业（增加 5 家），汽车及零配件制造业企业（减少 3 家）仍然占比较高。

2021 中国制造业企业信用 100 强行业分布见表 4-1。

表 4-1 2021 中国制造业企业信用 100 强行业分布

序号	行业	企业数(家)
1	农副食品及农产品加工业	4
2	食品(含饮料、乳制品、肉食品等)加工制造业	4
3	酿酒制造业	4
4	纺织、印染业	1
5	纺织品、服装、服饰、鞋帽、皮革加工业	4
6	造纸及纸制品(含木材、藤、竹、家具等)加工、印刷、包装业	1
7	石化产品、炼焦及其他燃料生产加工业	2
8	化学原料及化学制品(含精细化工、日化、肥料等)制造业	5
9	医药、生物制药、医疗设备制造业	11
10	化学纤维制造业	4
11	建筑材料及玻璃等制造业及非金属矿物制品业	5
12	黑色冶金及压延加工业	12
13	一般有色冶金及压延加工业	2
14	工程机械、设备和特种装备(含电梯、仓储设备)及零配件制造业	5
15	电力、电气等设备、机械、元器件及光伏、风能、电池、线缆制造业	3
16	船舶、轨道交通设备及零部件制造业	1
17	家用电器及零配件制造业	3
18	电子元器件与仪器仪表、自动化控制设备制造业	2
19	动力、电力生产等装备、设备制造业	1
20	计算机、通信器材、办公、影像等设备及零部件制造业	11
21	汽车及零配件制造业	9
22	航空航天、国防军工装备及零配件制造业	5
23	综合制造业(以制造业为主,含有服务业)	1
合计		100

（二）2021 中国制造业企业信用 100 强地区分布特征

从 2021 中国制造业企业信用 100 强地区分布情况来看，东部地区有 9 个省（直辖市）共 75 家企业入围。其中，北京、广东、浙江各有 14 家，江苏、山东各有 9 家，河北、上海各有 6 家，福建有 2 家，辽宁有 1 家。

中部地区有 7 个省共 12 家企业入围。其中，湖北、湖南各有 3 家，吉林有 2 家，安徽、河南、江西、山西各有 1 家。

西部地区有 9 个省（自治区、直辖市）共 13 家企业入围。其中，四川有 3 家，内蒙古、新疆各有 2 家，广西、贵州、宁夏、云南、重庆、陕西各有 1 家。

2021 中国制造业企业信用 100 强地区分布及变动情况见表 4-2。

表 4-2 2021 中国制造业企业信用 100 强地区分布及变动情况

区域	地区	入围企业数（家）		区域	地区	入围企业数（家）		区域	地区	入围企业数（家）	
		2021 年	2020 年			2021 年	2020 年			2021 年	2020 年
东部地区	北京	14	11	中部地区	安徽	1	2	西部地区	甘肃		1
	广东	14	15		河南	1	3		广西	1	
	河北	6	6		湖北	3	4		贵州	1	1
	江苏	9	10		湖南	3	3		内蒙古	2	1
	山东	9	8		吉林	2			宁夏	1	
	上海	6	6		江西	1	1		四川	3	4
	浙江	14	16		山西	1			新疆	2	2
	辽宁	1							云南	1	1
	福建	2	3						重庆	1	1
									陕西	1	1
合计		75	75	合计		12	13	合计		13	12

从变动情况看，东部地区入围企业数量较 2020 年持平。其中，北京增加 3 家，山东、辽宁各增加 1 家，河北、上海与 2020 年持平，浙江减少 2 家，广东、江苏、福建各减少 1 家。

中部地区入围企业数量减少 1 家。其中，河南减少 2 家，安徽、湖北各减少 1 家，吉林增加 2 家，山西增加 1 家，湖南、江西与 2020 年持平。

西部地区入围企业数量较 2020 年增加 1 家。其中，广西、内蒙古、宁夏各增加 1 家，贵州、新疆、云南、重庆、陕西与 2020 年持平，甘肃、四川各减少 1 家。

二、2021 中国制造业企业信用 100 强行业环境分析

（一）食品、酿酒等行业信用环境影响性分析

1.农副食品及农产品加工业逆势上升

从农副食品及农产品加工业企业的信用环境分析来看，2020 年的景气指数为 122.35 点，比 2019 年的 116.62 点提高了 5.73 点；盈利指数为 115.53 点，比 2019 年的 111.89 点提高了 3.64 点；效益指数为 107.73 点，比 2019 年的 100.95 点提高了 6.78 点。

综合三项指数分析，农副食品及农产品加工业企业整体呈现好转态势，且三项指数均有较大幅度的提高，表明该行业不仅没有受到新冠肺炎疫情的影响，反而逆势上升。

2011—2020 年农副食品及农产品加工业信用环境影响性分析见图 4-1。

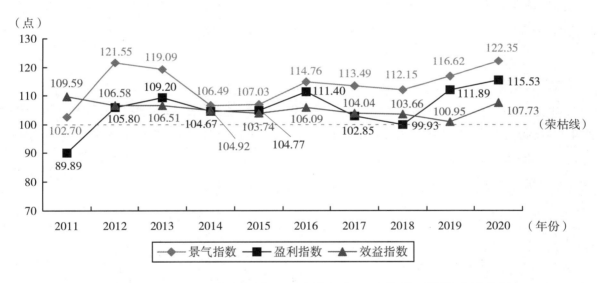

图 4-1 2011—2020 年农副食品及农产品加工业信用环境影响性分析

2.食品（含饮料、乳制品、肉食品等）加工制造业盈利能力明显提高

从食品（含饮料、乳制品、肉食品等）加工制造业企业的信用环境分析来看，2020 年的景气指数为 114.69 点，比 2019 年的 111.50 点提高了 3.19 点；盈利指数为 109.86 点，比 2019 年的 105.41 点提高了 4.45 点；效益指数为 109.50 点，比 2019 年的 108.12 点提高了 1.38 点。

2011—2020 年食品（含饮料、乳制品、肉食品等）加工制造业信用环境影响性分析见图 4-2。

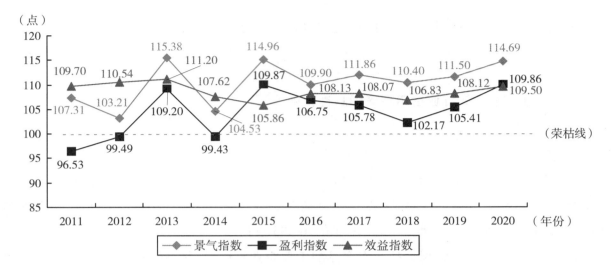

图 4-2 2011—2020 年食品（含饮料、乳制品、肉食品等）加工制造业信用环境影响性分析

综合三项指数分析，食品（含饮料、乳制品、肉食品等）加工制造业企业整体运行呈现稳中有升的态势，三项指数均有一定幅度的提高，尤其是盈利能力提升幅度较大。

3.酿酒制造业下行压力持续加大

从酿酒制造业企业的信用环境分析来看，2020 年的景气指数为 92.64 点，比 2019 年的 103.52 点回落了 10.88 点；盈利指数为 95.95 点，比 2019 年的 96.69 点回落了 0.74 点；效益指数为 113.39 点，比 2019 年的 109.58 点提高了 3.81 点。

2011—2020 年酿酒制造业信用环境影响性分析见图 4-3。

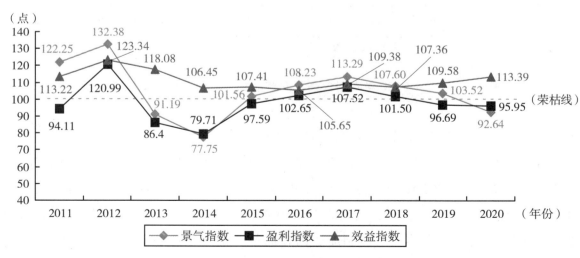

图 4-3 2011—2020 年酿酒制造业信用环境影响性分析

从图 4-3 可以看出，我国酿酒制造业企业延续了整体下行的基本走势，且有下行压力持续加大的趋势，尤其是景气指数和盈利指数双双跌破荣枯线，但整体效益却有所回升，且保持相对较高水平。预测 2021 年及后期市场，该行业有可能重新回归到荣枯线以上运行。

（二）纺织、服装、生活用品等制造业信用环境影响性分析

1.纺织、印染业整体经营效益好转

从纺织、印染业企业的信用环境分析来看，2020 年的景气指数为 96.01 点，比 2019 年的 89.50 点提高了 6.51 点；盈利指数为 97.92 点，比 2019 年的 86.40 点提高了 11.52 点；效益指数为 106.42 点，比 2019 年的 101.73 点提高了 4.69 点。

纺织、印染业企业的景气指数和盈利指数仍然徘徊在荣枯线以下，但负增长的幅度有所收窄；效益指数有明显回升，表明该行业的整体经营效益有所好转。

2011—2020 年纺织、印染业信用环境影响性分析见图 4-4。

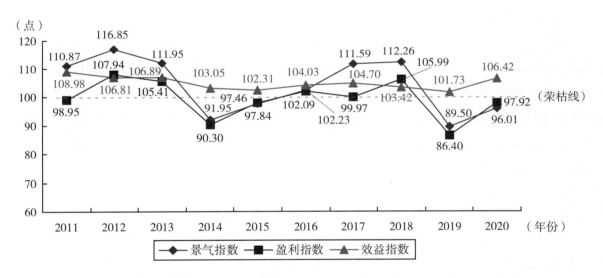

图 4-4 2011—2020 年纺织、印染业信用环境影响性分析

2.纺织品、服装、服饰、鞋帽、皮革加工业负增长幅度进一步扩大

从纺织品、服装、服饰、鞋帽、皮革加工业企业的信用环境分析来看，2020 年的景气指数为 92.81 点，比 2019 年的 97.58 点下降了 4.77 点；盈利指数为 92.53 点，比 2019 年的 95.61 点下降了 3.08 点；效益指数为 102.45 点，比 2019 年的 104.63 点下降了 2.18 点。

从图 4-5 中可以看出，纺织品、服装、服饰、鞋帽、皮革加工业企业的景气指数和盈利指

数持续运行在荣枯线以下，且下降的幅度又有所扩大，表明该行业整体经营形势持续恶化。受疫情影响，预测 2021 年及后期市场，该行业下行压力仍将会进一步加大。

2011—2020 年纺织品、服装、服饰、鞋帽、皮革加工业信用环境影响性分析见图 4-5。

图 4-5 2011—2020 年纺织品、服装、服饰、鞋帽、皮革加工业信用环境影响性分析

3.造纸及纸制品（含木材、藤、竹、家具等）加工、印刷、包装业经营情况好转

从造纸及纸制品（含木材、藤、竹、家具等）加工、印刷、包装业企业的信用环境分析来看，2020 年的景气指数为 106.07 点，比 2019 年的 102.79 点提高了 3.28 点；盈利指数为 105.86 点，比 2019 年的 99.26 点提高了 6.60 点；效益指数为 104.73 点，比 2019 年的 103.50 点提高了 1.23 点。

2011—2020 年造纸及纸制品(含木材、藤、竹、家具等）加工、印刷、包装业信用环境影响性分析见图 4-6。

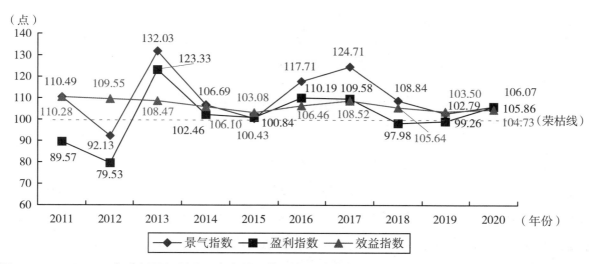

图 4-6 2011—2020 年造纸及纸制品（含木材、藤、竹、家具等）加工、印刷、包装业信用环境影响性分析

综合三项指数分析，该行业有明显回升的迹象，尤其是盈利指数回归到荣枯线以上，且提升的幅度较大，表明该行业整体经营情况明显好转。

4.生活用品（含文体、玩具、工艺品、珠宝）等轻工产品加工制造业下行压力明显加大

从生活用品（含文体、玩具、工艺品、珠宝）等轻工产品加工制造业企业的信用环境分析来看，2020 年的景气指数为 96.38 点，比 2019 年的 104.69 点下降了 8.31 点；盈利指数为 95.69 点，比 2019 年的 99.42 点下降了 3.73 点；效益指数为 104.23 点，比 2019 年的 97.62 点回升了 6.61 点。

生活用品（含文体、玩具、工艺品、珠宝）等轻工产品加工制造业企业的景气指数和盈利指数双双跌破荣枯线，表明该行业整体经营形势不容乐观，主要收益性指标已经处于负增长状态，且幅度有进一步扩大的趋势。

2011—2020 年生活用品（含文体、玩具、工艺品、珠宝）等轻工产品加工制造业信用环境影响性分析见图 4-7。

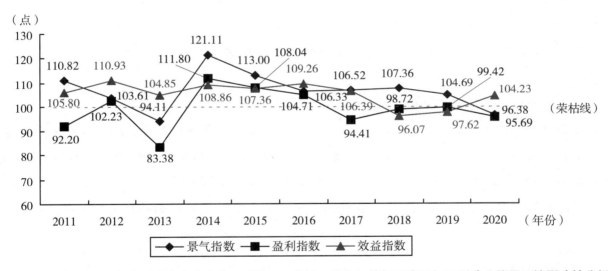

图 4-7 2011—2020 年生活用品（含文体、玩具、工艺品、珠宝）等轻工产品加工制造业信用环境影响性分析

5.医药、生物制药、医疗设备制造业整体回升

从医药、生物制药、医疗设备制造业企业的信用环境分析来看，2020 年的景气指数为 110.03 点，比 2019 年的 103.92 点提高了 6.11 点；盈利指数为 106.04 点，比 2019 年的 97.91 点提高了 8.13 点；效益指数为 107.89 点，比 2019 年的 105.88 点提高了 2.01 点。

综合三项指数分析，该行业整体经营形势具有明显的回升特征。三项指数均运行在荣枯线以上，且提升的幅度较大。疫情影响对该行业可能产生利好预期，预测 2021 年及后期市场，该行业仍将保持平稳运行，且有维持上升的趋势。

2011—2020年医药、生物制药、医疗设备制造业信用环境影响性分析见图4-8。

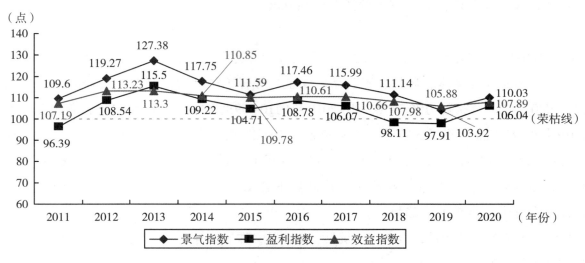

图4-8 2011—2020年医药、生物制药、医疗设备制造业信用环境影响性分析

（三）石化、化工、橡胶等制造业信用环境影响性分析

1.石化产品、炼焦及其他燃料生产加工业止跌回升

从石化产品、炼焦及其他燃料生产加工业企业的信用环境分析来看，2020年的景气指数为102.81点，比2019年的99.56点提高了3.25点；盈利指数为104.30点，比2019年的94.87点提高了9.43点；效益指数为104.92点，比2019年的105.62点下降了0.70点。

2011—2020年石化产品、炼焦及其他燃料生产加工业信用环境影响性分析见图4-9。

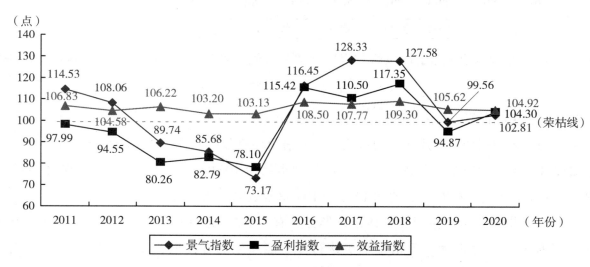

图4-9 2011—2020年石化产品、炼焦及其他燃料生产加工业信用环境影响性分析

综合三项指数分析，该行业遏制住了大幅下跌的态势，景气指数和盈利指数双双回归到荣枯线以上运行，但上升的动力仍显不足。

2.化学原料及化学制品（含精细化工、日化、肥料等）制造业持续低位运行

从化学原料及化学制品（含精细化工、日化、肥料等）制造业企业的信用环境分析来看，2020年的景气指数为 98.44 点，比 2019 年的 97.87 点提高了 0.57 点；盈利指数为 96.81 点，比 2019 年的 93.59 点提高了 3.22 点；效益指数为 105.62 点，比 2019 年的 104.39 点提高了 1.23 点。

该行业仍然维持低位运行的总体趋势，尽管三项指数均有所回升，但幅度有限，景气指数和盈利指数仍处于负增长区间。

2011—2020 年化学原料及化学制品（含精细化工、日化、肥料等）制造业信用环境影响性分析见图 4-10。

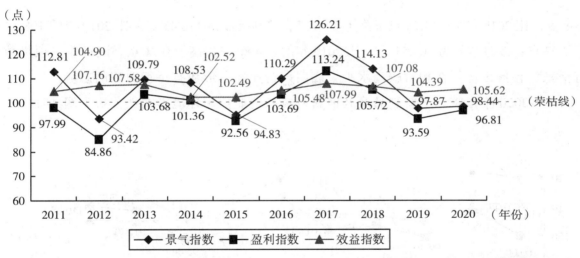

图 4-10 2011—2020 年化学原料及化学制品（含精细化工、日化、肥料等）制造业信用环境影响性分析

3.化学纤维制造业下降态势明显

从化学纤维制造业企业的信用环境分析来看，2020 年的景气指数为 104.07 点，比 2019 年的 126.20 点下降了 22.13 点；盈利指数为 101.18 点，比 2019 年的 121.03 点下降了 19.85 点；效益指数为 107.30 点，比 2019 年的 106.71 点提高了 0.59 点。化学纤维制造业企业的景气指数和盈利指数已经回落到荣枯线边际，且下降的幅度较大，可见疫情对该行业的影响非常明显。

2011—2020 年化学纤维制造业信用环境影响性分析见图 4-11。

4.橡胶、塑料制品及其他新材料制造业运行相对平稳

从橡胶、塑料制品及其他新材料制造业企业的信用环境分析来看，2020 年的景气指数为

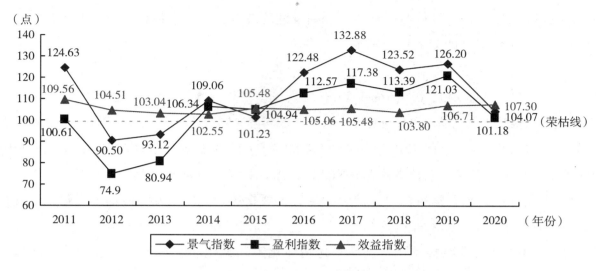

图 4-11　2011—2020 年化学纤维制造业信用环境影响性分析

113.68 点，比 2019 年的 114.74 点下降了 1.06 点；盈利指数为 110.45 点，比 2019 年的 108.38 点提高了 2.07 点；效益指数为 105.51 点，比 2019 年的 104.80 点提高了 0.71 点。该行业三项指数总体运行平稳，且持续运行在相对较高水平，表明该行业经营形势有持续向好的态势。

2011—2020 年橡胶、塑料制品及其他新材料制造业信用环境影响性分析见图 4-12。

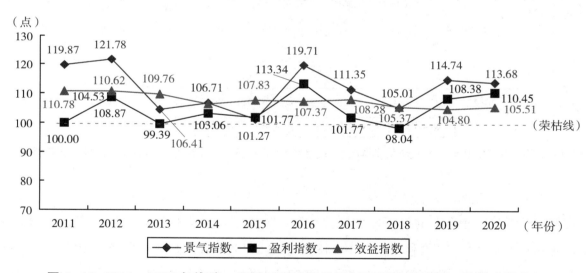

图 4-12　2011—2020 年橡胶、塑料制品及其他新材料制造业信用环境影响性分析

（四）建材、钢铁、有色冶金等制造业信用环境影响性分析

1.建筑材料及玻璃等制造业及非金属矿物制品业稳中有升

从建筑材料及玻璃等制造业及非金属矿物制品业企业的信用环境分析来看，2020 年的景气指数为

110.28 点，比 2019 年的 110.03 点提高了 0.25 点；盈利指数为 112.37 点，比 2019 年的 105.07 点提高了 7.30 点；效益指数为 104.88 点，比 2019 年的 106.04 点下降了 1.16 点。综合三项指数分析表明，该行业总体保持稳中有升的基本态势，尤其是盈利能力明显增强，表明行业结构性调整成效持续显现。

2011—2020 年建筑材料及玻璃等制造业及非金属矿物制品业信用环境影响性分析见图 4-13。

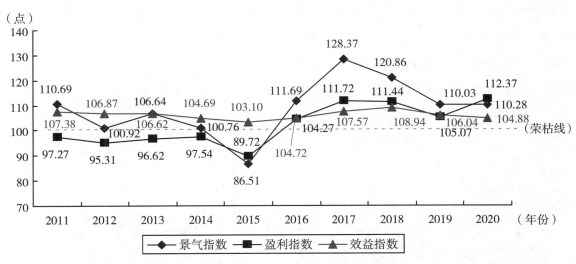

图 4-13 2011—2020 年建筑材料及玻璃等制造业及非金属矿物制品业信用环境影响性分析

2.黑色冶金及压延加工业回缓迹象明显

从黑色冶金及压延加工业企业的信用环境分析来看，2020 年的景气指数为 105.30 点，比 2019 年的 92.81 点提高了 12.49 点；盈利指数为 100.34 点，比 2019 年的 85.23 点提高了 15.11 点；效益指数为 106.36 点，比 2019 年的 107.28 点下降了 0.92 点。

2011—2020 年黑色冶金及压延加工业信用环境影响性分析见图 4-14。

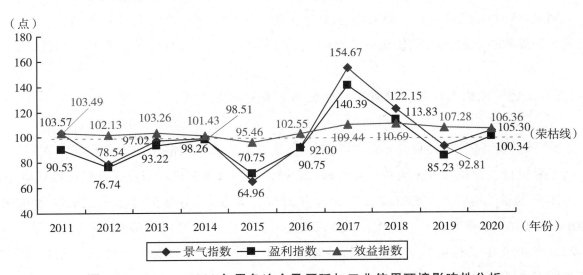

图 4-14 2011—2020 年黑色冶金及压延加工业信用环境影响性分析

从图 4-14 中可以看出，黑色冶金及压延加工业企业有明显的回缓迹象，景气指数和盈利指数重新回归到荣枯线以上，随着大宗商品及钢材价格的上涨，该行业仍将保持较高的景气度。

3.一般有色冶金及压延加工业持续向好

从一般有色冶金及压延加工业企业的信用环境分析来看，2020 年的景气指数为 107.87 点，比 2019 年的 101.61 点提高了 6.26 点；盈利指数为 103.68 点，比 2019 年的 98.45 点提高了 5.23 点；效益指数为 105.73 点，比 2019 年的 102.32 点提高了 3.41 点。

2011—2020 年一般有色冶金及压延加工业信用环境影响性分析见图 4-15。

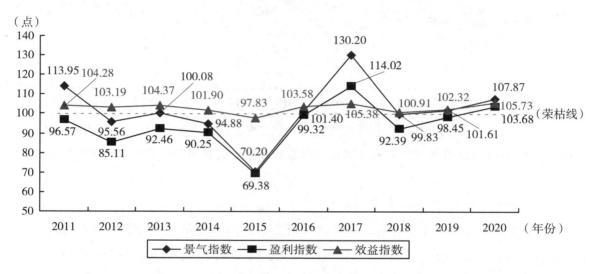

图 4-15　2011—2020 年一般有色冶金及压延加工业信用环境影响性分析

从图 4-15 中可以看出，一般有色冶金及压延加工业三项指数呈现持续回升的态势，其中景气指数和盈利指数提升幅度较大。随着需求的增长，该行业整体经营形势仍将持续向好。

（五）工程、电力等机械、设备制造业信用环境影响性分析

1.工程机械、设备和特种装备（含电梯、仓储设备）及零配件制造业盈利能力减弱

从工程机械、设备和特种装备（含电梯、仓储设备）及零配件制造业企业的信用环境分析来看，2020 年的景气指数为 105.32 点，比 2019 年的 103.76 点提高了 1.56 点；盈利指数为 98.90 点，比 2019 年的 101.11 点下降了 2.21 点；效益指数为 102.35 点，比 2019 年的 98.74 点提高了 3.61 点。

2011—2020 年工程机械、设备和特种装备（含电梯、仓储设备）及零配件制造业信用环境影响性分析见图 4-16。

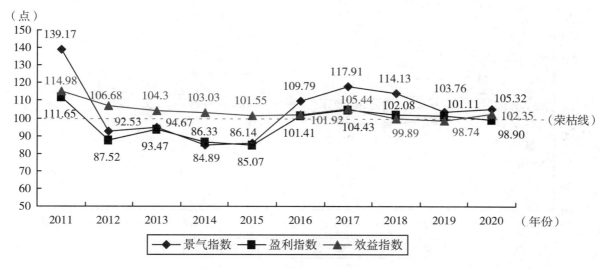

图 4-16 2011—2020 年工程机械、设备和特种装备（含电梯、仓储设备）及零配件制造业信用环境影响性分析

从图 4-16 中可以看出，该行业景气指数和效益指数有所回升，但盈利指数跌落到荣枯线以下，表明该行业景气度有所回缓，但盈利能力有所减弱，行业间的竞争压力加大。

2.通用机械设备和专用机械设备及零配件制造业回升幅度较大

从通用机械设备和专用机械设备及零配件制造业企业的信用环境分析来看，2020 年的景气指数为 109.96 点，比 2019 年的 103.86 点提高了 6.10 点；盈利指数为 105.55 点，比 2019 年的 96.71 点提高了 8.84 点；效益指数为 105.86 点，比 2019 年的 100.38 点提高了 5.48 点。

2011—2020 年通用机械设备和专用机械设备及零配件制造业信用环境影响性分析见图 4-17。

从图 4-17 中可以看出，通用机械设备和专用机械设备及零配件制造业企业的三项指数均有较大幅度的回升，且均提升到 105 点以上，表明该行业景气度明显回缓，盈利能力显著增强。

3.电力、电气等设备、机械、元器件及光伏、风能、电池、线缆制造业增速明显加快

从电力、电气等设备、机械、元器件及光伏、风能、电池、线缆制造业企业的信用环境分析来看，2020 年的景气指数为 110.52 点，比 2019 年的 101.58 点提高了 8.94 点；盈利指数为 105.31 点，比 2019 年的 96.55 点提高了 8.76 点；效益指数为 104.22 点，比 2019 年的 102.08 点提高了 2.14 点。

2011—2020 年电力、电气等设备、机械、元器件及光伏、风能、电池、线缆制造业信用环境影响性分析见图 4-18。

从图 4-18 中可以看出，电力、电气等设备、机械、元器件及光伏、风能、电池、线缆制造业企业遏制了低位运行的态势，盈利指数回归到荣枯线以上，景气指数和效益指数也有明显回

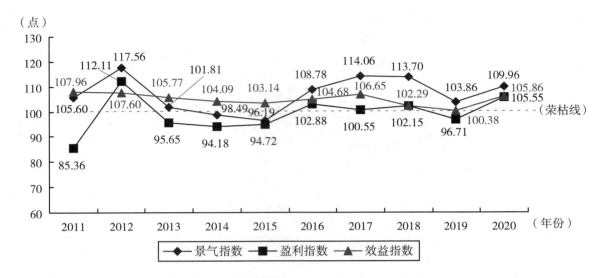

图 4-17 2011—2020 年通用机械设备和专用机械设备及零配件制造业信用环境影响性分析

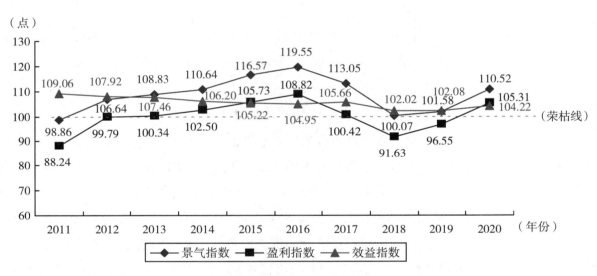

图 4-18 2011—2020 年电力、电气等设备、机械、元器件
及光伏、风能、电池、线缆制造业信用环境影响性分析

升，表明该行业经营形势明显好转。随着我国能源结构的调整优化，该行业有望保持较高的景气度，整体经营形势也将持续向好。

4.电子元器件与仪器仪表、自动化控制设备制造业稳中有升

从电子元器件与仪器仪表、自动化控制设备制造业企业的信用环境分析来看，2020 年的景气指数为 109.92 点，比 2019 年的 107.78 点提高了 2.14 点；盈利指数为 103.31 点，比 2019 年的 99.65 点提高了 3.66 点；效益指数为 106.32 点，比 2019 年的 103.19 点提高了 3.13 点。该行业总体

呈现稳中有升的走势，盈利指数重归荣枯线以上，整体经营形势向好。

2011—2020 年电子元器件与仪器仪表、自动化控制设备制造业信用环境影响性分析见图 4-19。

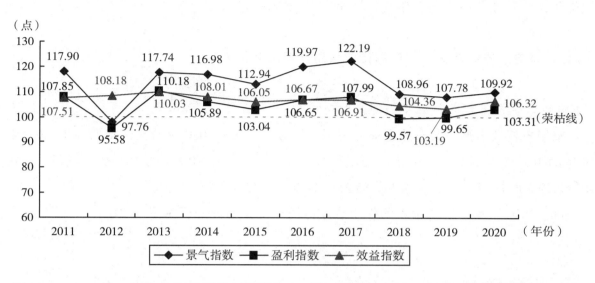

图 4-19　2011—2020 年电子元器件与仪器仪表、自动化控制设备制造业信用环境影响性分析

5.动力、电力生产等装备、设备制造业大幅反弹

从动力、电力生产等装备、设备制造业企业的信用环境分析来看，2020 年的景气指数为 115.61 点，比 2019 年的 102.58 点提高了 13.03 点；盈利指数为 112.91 点，比 2019 年的 99.30 点提高了 13.61 点；效益指数为 104.98 点，比 2019 年的 100.95 点提高了 4.03 点。

2011—2020 年动力、电力生产等装备、设备制造业信用环境影响性分析见图 4-20。

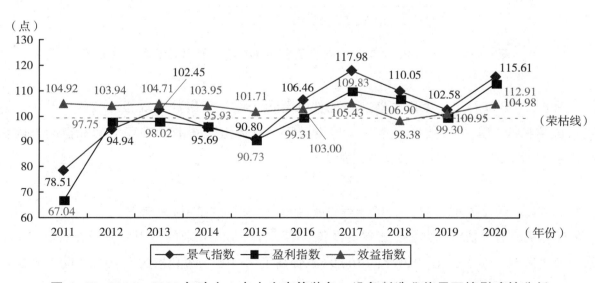

图 4-20　2011—2020 年动力、电力生产等装备、设备制造业信用环境影响性分析

从图 4-20 中可以看出，动力、电力生产等装备、设备制造业企业的三项指数均有大幅度上升，尤其是景气指数和盈利指数双双反弹到 110 点以上的高位。随着电力需求扩张以及能源结构优化，该行业总体上将会维持在一个较高增速区间。

（六）家电、通信器材、汽车等行业信用环境影响性分析

1.家用电器及零配件制造业表现疲软

从家用电器及零配件制造业企业的信用环境分析来看，2020 年的景气指数为 102.03 点，比 2019 年的 105.73 点下降了 3.70 点；盈利指数为 99.44 点，比 2019 年的 103.73 点下降了 4.29 点；效益指数为 106.48 点，比 2019 年的 105.26 点提高了 1.22 点。

2011—2020 年家用电器及零配件制造业信用环境影响性分析见图 4-21。

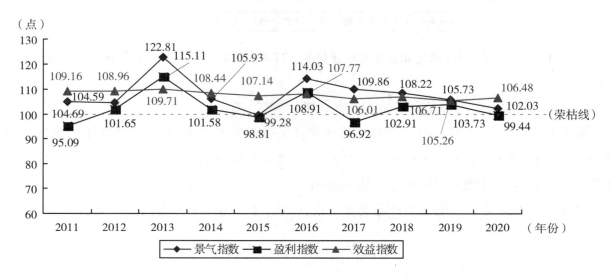

图 4-21 2011—2020 年家用电器及零配件制造业信用环境影响性分析

从图 4-21 可以看出，家用电器及零配件制造业企业三项指数表现相对疲软。其中，盈利指数跌破荣枯线，景气指数也回落到荣枯线边际。总体上该行业的市场空间和盈利空间仍有进一步萎缩的可能，下行压力仍将持续加大。

2.计算机、通信器材、办公、影像等设备及零部件制造业回缓迹象明显

从计算机、通信器材、办公、影像等设备及零部件制造业企业的信用环境分析来看，2020 年的景气指数为 108.17 点，比 2019 年的 100.93 点提高了 7.24 点；盈利指数为 102.38 点，比 2019 年的 95.26 点提高了 7.12 点；效益指数为 104.57 点，比 2019 年的 101.28 点提高了 3.29 点。

2011—2020 年计算机、通信器材、办公、影像等设备及零部件制造业信用环境影响性分析见图 4-22。

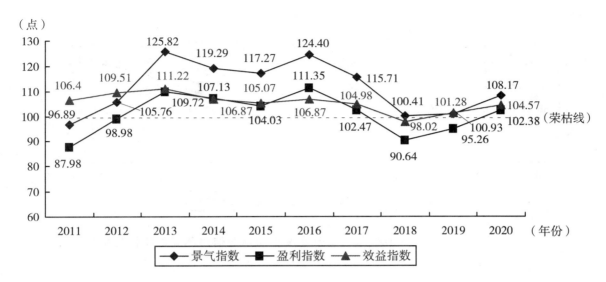

图 4-22 2011—2020 年计算机、通信器材、办公、影像等设备及零部件制造业信用环境影响性分析

从图 4-22 中可以看出，计算机、通信器材、办公、影像等设备及零部件制造业企业的三项指数均呈现大幅回升的态势。盈利指数回归到荣枯线以上。综合分析来看，该行业回缓迹象明显，但后期市场的动能尚显不足。

3.汽车及零配件制造业稳中有升

从汽车及零配件制造业企业的信用环境分析来看，2020 年的景气指数为 101.26 点，比 2019 年的 97.28 点提高了 3.98 点；盈利指数为 99.52 点，比 2019 年的 95.02 点提高了 4.50 点；效益指数为 103.49 点，比 2019 年的 101.37 点提高了 2.12 点。

2011—2020 年汽车及零配件制造业信用环境影响性分析见图 4-23。

从图 4-23 中可以看出，汽车及零配件制造业企业的三项指数总体呈现稳中有升的态势，但均处于低位运行。景气指数和盈利指数虽有回升，但仍处于荣枯线边际运行，且盈利指数仍处于荣枯线以下，表明该行业仍未走出负增长的区间。预测后期市场，该行业的三项指数可能会重归正增长轨道，有望保持一定幅度的增速。

4.综合制造业（以制造业为主，含有服务业）延续下行态势

从综合制造业（以制造业为主，含有服务业）企业信用环境分析来看，2020 年的景气指数为 90.11 点，比 2019 年的 97.05 点下降了 6.94 点；盈利指数为 92.62 点，比 2019 年的 94.62 点下降了

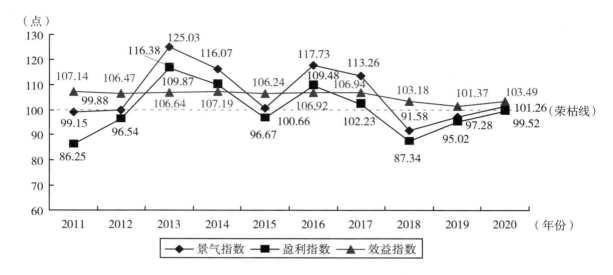

图 4-23　2011—2020 年汽车及零配件制造业信用环境影响性分析

2.00 点；效益指数为 100.17 点，比 2019 年的 102.14 点下降了 1.97 点。

2011—2020 年综合制造业（以制造业为主，含有服务业）信用环境影响性分析见图 4-24。

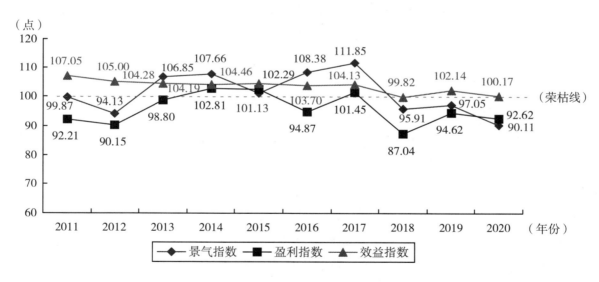

图 4-24　2011—2020 年综合制造业（以制造业为主，含有服务业）信用环境影响性分析

从图 4-24 中可以看出，综合制造业（以制造业为主，含有服务业）企业的三项指数均呈现较大幅度的下行。其中，景气指数和盈利指数仍然运行在荣枯线以下，且下行的幅度又有所扩大，表明该行业整体处于负增长的状态，经营形势不容乐观。预测后期市场，该行业增长的动力明显不足，下行压力仍然存在，且有进一步加大的趋势。

（七）2020 年制造业信用环境行业特征分析

1.2020 年制造业细分行业指数综合分析

2020 年景气指数下降的细分行业有 9 个，占制造业 29 个细分行业的 31.03%；有 7 个细分行业的景气指数处在荣枯线以下，占制造业 29 个细分行业的 24.14%。

2020 年盈利指数下降的细分行业有 9 个，占制造业 29 个细分行业的 31.03%；有 10 个细分行业的盈利指数处在荣枯线以下，占制造业 29 个细分行业的 34.48%。

2020 年效益指数下降的细分行业有 5 个，占制造业 29 个细分行业的 17.24%；有 24 个细分行业的效益指数提高，占制造业 29 个细分行业的 82.76%。

2020 年制造业信用环境行业特征汇总分析见表 4-3。

从表 4-3 中可以看出，2020 年制造业细分行业中景气指数 110 点以上的有 11 个，分别为：黄金冶炼及压延加工业，景气指数为 126.37 点；摩托车、自行车和其他运输车辆及零配件制造业，景气指数为 125.76 点；农副食品及农产品加工业，景气指数为 122.35 点；金属制品、加工工具、工业辅助产品加工制造业及金属新材料制造业，景气指数为 116.01 点；动力、电力生产等装备、设备制造业，景气指数为 115.61 点；食品（含饮料、乳制品、肉食品等）加工制造业，景气指数为 114.69 点；橡胶、塑料制品及其他新材料制造业，景气指数为 113.68 点；航空航天、国防军工装备及零配件制造业，景气指数为 111.21 点；电力、电气等设备、机械、元器件及光伏、风能、电池线缆制造业，景气指数为 110.52 点；建筑材料及玻璃等制造业及非金属矿物制品业，景气指数为 110.28 点；医药、生物制药、医疗设备制造业，景气指数为 110.03 点。上述 11 个行业 2020 年的市场景气度较高。

2020 年盈利指数超过 110 点的细分行业有 7 个，分别为：黄金冶炼及压延加工业，盈利指数为 122.81 点；农副食品及农产品加工业，盈利指数为 115.53 点；摩托车、自行车和其他运输车辆及零配件制造业，盈利指数为 115.49 点；动力、电力生产等装备、设备制造业，盈利指数为 112.91 点；建筑材料及玻璃等制造业及非金属矿物制品业，盈利指数为 112.37 点；橡胶、塑料制品及其他新材料制造业，盈利指数为 110.45 点；金属制品、加工工具、工业辅助产品加工制造业及金属新材料制造业，盈利指数为 110.32 点。上述 7 个行业 2020 年的盈利能力较强。

2020 年效益指数超过 105 点的细分行业有 17 个，分别为：酿酒制造业，效益指数为 113.39 点；食品（含饮料、乳制品、肉食品等）加工制造业，效益指数为 109.50 点；金属制品、加工工具、工业辅助产品加工制造业及金属新材料制造业，效益指数为 109.15 点；摩托车、自行车和其他运输车辆及零配件制造业，效益指数为 108.89 点；医药、生物制药、医疗设备制造业，效益指数为 107.89 点；农副食品及农产品加工业，效益指数为 107.73 点；化学纤维制造业，效益指数为 107.30 点；船舶、轨道交通设备及零部件制造业，效益指数为 106.81 点；家用电器及零配件制造业，效益指数为 106.48 点；纺织、印染业，效益指数为 106.42 点；黑色冶金及压延加工业，

表 4-3 2020 年制造业信用环境行业特征汇总分析

序号	行业	景气指数		盈利指数		效益指数		盈亏系数	
		本期	同比(±)	本期	同比(±)	本期	同比(±)	本期	上期
1	农副食品及农产品加工业	122.35	5.73	115.53	3.64	107.73	6.78	0.016	0.074
2	食品(含饮料、乳制品、肉食品等)加工制造业	114.69	3.19	109.86	4.45	109.50	1.38	0.003	0.028
3	酿酒制造业	92.64	−10.88	95.95	−0.74	113.39	3.81	0.001	0.009
4	纺织、印染业	96.01	6.51	97.92	11.52	106.42	4.69	0.034	0.181
5	纺织品、服装、服饰、鞋帽、皮革加工业	92.81	−4.77	92.53	−3.08	102.45	−2.18	0.088	0.057
6	造纸及纸制品(含木材、藤、竹、家具等)加工、印刷、包装业	106.07	3.28	105.86	6.60	104.73	1.23	0.129	0.290
7	生活用品(含文体、玩具、工艺品、珠宝)等轻工产品加工制造业	96.38	−8.31	95.69	−3.73	104.23	6.61	0.103	0.615
8	石化产品、炼焦及其他燃料生产加工业	102.81	3.25	104.30	9.43	104.92	−0.70	0.027	0.003
9	化学原料及化学制品(含精细化工、日化、肥料等)制造业	98.44	0.57	96.81	3.22	105.62	1.23	0.251	0.744
10	医药、生物制药、医疗设备制造业	110.03	6.11	106.04	8.13	107.89	2.01	0.092	0.181
11	化学纤维制造业	104.07	−22.13	101.18	−19.85	107.30	0.59	0.032	0.060
12	橡胶、塑料制品及其他新材料制造业	113.68	−1.06	110.45	2.07	105.51	0.71	0.051	0.067
13	建筑材料及玻璃等制造业及非金属矿物制品业	110.28	0.25	112.37	7.30	104.88	−1.16	0.058	0.068
14	黑色冶金及压延加工业	105.30	12.49	100.34	15.11	106.36	−0.92	0.006	0.022
15	一般有色冶金及压延加工业	107.87	6.26	103.68	5.23	105.73	3.41	0.061	0.003
16	黄金冶炼及压延加工业	126.37	16.32	122.81	36.60	103.95	7.69	0.000	0.148
17	金属制品、加工工具、工业辅助产品加工制造业及金属新材料制造业	116.01	2.96	110.32	3.60	109.15	4.75	0.087	0.871
18	工程机械、设备和特种装备(含电梯、仓储设备)及零配件制造业	105.32	1.56	98.90	−2.21	102.35	3.61	0.118	0.217
19	通用机械设备和专用机械设备及零配件制造业	109.96	6.10	105.55	8.84	105.86	5.48	0.221	0.801
20	电力、电气等设备、机械、元器件及光伏、风能、电池、线缆制造业	110.52	8.94	105.31	8.76	104.22	2.14	0.209	0.221
21	船舶、轨道交通设备及零部件制造业	85.52	−15.22	86.72	−15.45	106.81	1.38	0.024	0.018
22	家用电器及零配件制造业	102.03	−3.70	99.44	−4.29	106.48	1.22	0.020	0.038
23	电子元器件与仪器仪表、自动化控制设备制造业	109.92	2.14	103.31	3.66	106.32	3.13	0.219	0.257
24	动力、电力生产等装备、设备制造业	115.61	13.03	112.91	13.61	104.98	4.03	0.002	0.087
25	计算机、通信器材、办公、影像等设备及零部件制造业	108.17	7.24	102.38	7.12	104.57	3.29	0.070	0.175
26	汽车及零配件制造业	101.26	3.98	99.52	4.50	103.49	2.12	0.206	0.195
27	摩托车、自行车和其他运输车辆及零配件制造业	125.76	9.74	115.49	0.10	108.89	5.09	0.267	0.040
28	航空航天、国防军工装备及零配件制造业	111.21	−10.19	106.50	−2.85	106.31	0.85	0.023	0.028
29	综合制造业(以制造业为主,含有服务业)	90.11	−6.94	92.62	−2.00	100.17	−1.97	0.236	0.280

注:盈亏系数=行业亏损总额/行业净利润总额,数值越高,亏损比率越大。数值为1则盈亏额相等,数值为0则无亏损额。

效益指数为 106.36 点；电子元器件与仪器仪表、 自动化控制设备制造业，效益指数为 106.32 点；航空航天、国防军工装备及零配件制造业，效益指数为 106.31 点；通用机械设备和专用机械设备及零配件制造业，效益指数为 105.86 点；一般有色冶金及压延加工业，效益指数为 105.73 点；化学原料及化学制品（含精细化工、日化、肥料等）制造业，效益指数为 105.62 点；橡胶、塑料制品及其他新材料制造业，效益指数为 105.51 点。上述 17 个行业 2020 年的综合效益水平较高。

2. 2020 年制造业细分行业盈亏系数综合分析

2020 年盈亏系数小于等于 0.01 的 5 个细分行业分别为：黑色冶金及压延加工业，盈亏系数为 0.006（亏损比率为 0.60%）；食品（含饮料、乳制品、肉食品等）加工制造业，盈亏系数为 0.003（亏损比率为 0.30%）；动力、电力生产等装备、设备制造业，盈亏系数为 0.002（亏损比率为 0.20%）；酿酒制造业，盈亏系数为 0.001（亏损比率为 0.10%）；黄金冶炼及压延加工业，盈亏系数为 0.000。上述 5 个行业 2020 年行业亏损比率最低。

2020 年盈亏系数小于 1.00 且大于等于 0.16 的细分行业分别为：摩托车、 自行车和其他运输车辆及零配件制造业，盈亏系数为 0.267（亏损比率为 26.70%）；化学原料及化学制品（含精细化工、日化、肥料等）制造业，盈亏系数为 0.251（亏损比率为 25.10%）；综合制造业（以制造业为主，含有服务业），盈亏系数为 0.236（亏损比率为 23.60%）；通用机械设备和专用机械设备及零配件制造业，盈亏系数为 0.221（亏损比率为 22.10%）；电子元器件与仪器仪表、 自动化控制设备制造业，盈亏系数为 0.219（亏损比率为 21.90%）；电力、电气等设备、机械、元器件及光伏、风能、电池、线缆制造业，盈亏系数为 0.209（亏损比率为 20.90%）；汽车及零配件制造业，盈亏系数为 0.206（亏损比率为 20.60%）。上述 7 个行业 2020 年亏损比率最高。

通过以上综合分析可以看出，2020 年制造业整体经营形势好于预期，受新冠肺炎疫情影响相对较小，尤其是医药、食品等与疫情或日常生活关联度较高的行业普遍呈现上行态势，重要原材料加工行业也呈现周期性上行趋势。但制造业仍然存在较大的下行压力，需要引起制造业企业的高度关注。

三、2021 中国制造业企业信用 100 强行业效益变化趋势分析

（一）食品、酿酒行业经济效益变化趋势分析

1. 食品（含饮料、乳制品、肉食品等）加工制造业收益性大幅提高

第一，从收益性指标分析。2020 年食品（含饮料、乳制品、肉食品等）加工制造业营收

利润率为 8.27%，同比提升了 0.67 个百分点；资产利润率为 7.85%，同比提升了 1.91 个百分点；所有者权益报酬率为 12.39%，同比提升了 1.57 个百分点。该行业的收益性指标持续较大幅度回升，整体经营形势持续向好，资产效益大幅提升，资产运行质量明显提高。

2011—2020 年食品（含饮料、乳制品、肉食品等）加工制造业收益性指标变化趋势分析见图 4-25。

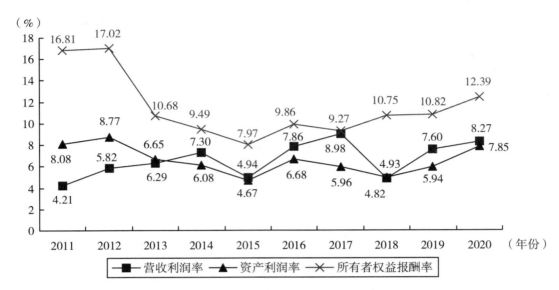

图 4-25　2011—2020 年食品（含饮料、乳制品、肉食品等）加工制造业收益性指标变化趋势分析

第二，从成长性指标分析。2020 年食品（含饮料、乳制品、肉食品等）加工制造业营收增长率为 8.57%，同比下降了 6.16 个百分点；利润增长率为 20.81%，同比提升了 12.53 个百分点；资产增长率为 22.89%，同比提升了 7.67 个百分点；人员增长率为 4.15%，同比提升了 2.41 个百分点。

2011—2020 年食品（含饮料、乳制品、肉食品等）加工制造业成长性指标变化趋势分析见图 4-26。

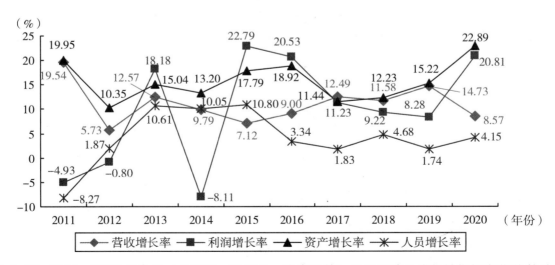

图 4-26　2011—2020 年食品（含饮料、乳制品、肉食品等）加工制造业成长性指标变化趋势分析

综合四项成长性指标分析，该行业的营业收入增速虽有较大幅度的回落，但总体上仍然保持较高增速，尤其是利润增长率和资产增长率增速明显加快，表明该行业整体保持中高速增长的发展态势。

2.酿酒制造业整体运行持续向好

第一，从收益性指标分析。2020 年酿酒制造业营收利润率为 15.12%，同比提升了 3.78 个百分点；资产利润率为 7.08%，同比提升了 1.01 个百分点；所有者权益报酬率为 17.95%，同比提升了 6.62 个百分点。

2011—2020 年酿酒制造业收益性指标变化趋势分析见图 4-27。

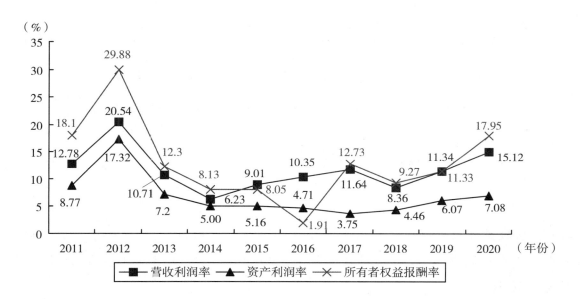

图 4-27 2011—2020 年酿酒制造业收益性指标变化趋势分析

综合三项收益性指标分析，该行业的整体运行呈现持续向好的发展态势。其中，营收利润率和所有者权益报酬率指标大幅提升，且保持较高水平，资产利润率也稳步提高，表明该行业的整体经营效益处于良好运行区间，整体市场形势持续向好。

第二，从成长性指标分析。2020 年酿酒制造业营收增长率为-2.49%，同比下降了 17.52 个百分点；利润增长率为-12.22%，同比下降了 4.22 个百分点；资产增长率为 5.45%，同比下降了 4.15 个百分点；人员增长率为-1.54%，同比下降了 8.55 个百分点。

综合四项成长性指标分析，该行业总体呈现下行态势。其中营收增长率和利润增长率均表现为负增长，与高收益性呈现背离态势，总体表明该行业在市场缩量的情况下，难以维持较高的收益性。预测后期市场，该行业盈利空间将会受到一定程度的挤压。

2011—2020 年酿酒制造业成长性指标变化趋势分析见图 4-28。

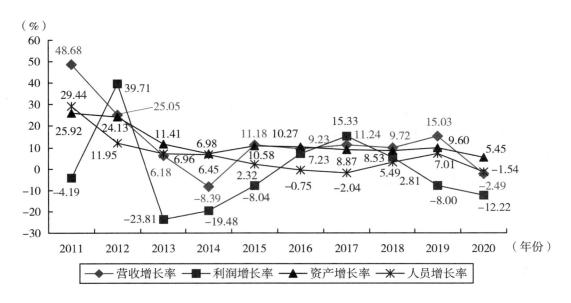

图 4-28 2011—2020 年酿酒制造业成长性指标变化趋势分析

(二) 纺织、印染业经济效益变化趋势分析

1.纺织、印染业下行压力加大

第一，从收益性指标分析。2020 年纺织、印染业营收利润率为 6.46%，同比下降了 0.16 个百分点；资产利润率为 2.29%，同比下降了 1.20 个百分点；所有者权益报酬率为 10.52%，同比提高了 10.10 个百分点。

综合三项收益性指标分析，该行业的营收利润率和资产利润率表现相对平稳，下降的幅度较为有限，表明该行业整体运行波动较小。所有者权益报酬率大幅回升，基本回调到正常范围。总体来看，该行业整体运行在合理区间，恢复性增长的基础尚不牢固，仍有较大波动的可能性存在。

2011—2020 年纺织、印染业收益性指标变化趋势分析见图 4-29。

第二，从成长性指标分析。2020 年纺织、印染业营收增长率为-2.74%，同比下降了 3.17 个百分点；利润增长率为-5.25%，同比提升了 16.18 个百分点；资产增长率为 8.82%，同比提升了 6.32 个百分点；人员增长率为-7.13%，同比下降了 10.47 个百分点。

2011—2020 年纺织、印染业成长性指标变化趋势分析见图 4-30。

从图 4-30 中可以看出，该行业的四项指标仍然处于震荡调整期。其中，营收增长率、利润增长率和从业人员增长率处于负增长状态，表明市场空间持续收缩；资产增长率较大幅度

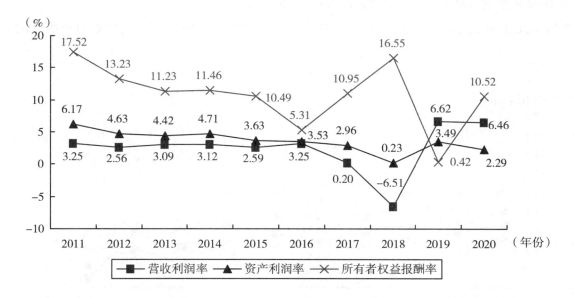

图 4-29 2011—2020 年纺织、印染业收益性指标变化趋势分析

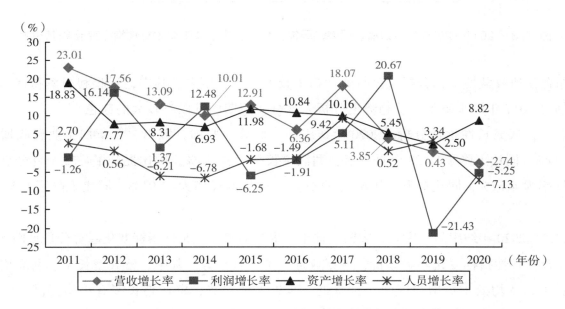

图 4-30 2011—2020 年纺织、印染业成长性指标变化趋势分析

提高，结构性调整效果值得期待。总体来看，该行业仍将处于持续调整期。

2.纺织品、服装、服饰、鞋帽、皮革加工业盈利能力明显减弱

第一，从收益性指标分析。2020 年纺织品、服装、服饰、鞋帽、皮革加工业营收利润率为 0.92%，同比下降了 4.64 个百分点；资产利润率为 2.41%，同比下降了 1.59 个百分点；所

有者权益报酬率为 4.03%，同比下降了 0.31 个百分点。

2011—2020 年纺织品、服装、服饰、鞋帽、皮革加工业收益性指标变化趋势分析见图 4-31。

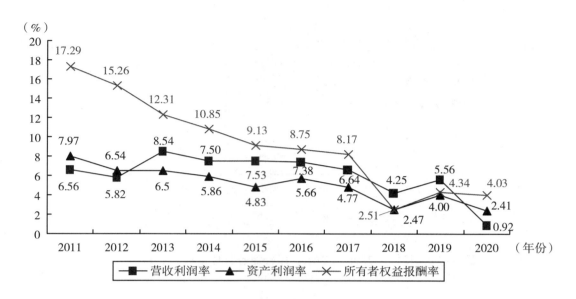

图 4-31　2011—2020 年纺织品、服装、服饰、鞋帽、皮革加工业收益性指标变化趋势分析

综合三项收益性指标分析，该行业承接了较大的下行压力。其中，营收利润率和资产利润率再创自 2011 年以来新低。从趋势上分析，该行业短期内难以有较大的起色。

第二，从成长性指标分析。2020 年纺织品、服装、服饰、鞋帽、皮革加工业营收增长率为 -6.09%，同比下降了 11.28 个百分点；利润增长率为 -8.30%，同比提升了 1.72 个百分点；资产增长率为 4.67%，同比提升了 1.67 个百分点；人员增长率为 -4.91%，同比下降了 0.57 个百分点。

2011—2020 年纺织品、服装、服饰、鞋帽、皮革加工业成长性指标变化趋势分析见图 4-32。

综合成长性指标变化趋势分析，该行业延续了下行态势。其中，营收增长率、利润增长率和人员增长率均处于负增长区间，且有进一步扩大的趋势，资产增长率有小幅提高。结合该行业的收益性指标持续走低来看，该行业下行压力仍然很大，市场环境仍未有明显改善的迹象，需要引起行业的高度关注。

3.医药、生物制药、医疗设备制造业强势反弹

第一，从收益性指标分析。2020 年医药、生物制药、医疗设备制造业营收利润率为 9.31%，同比提升了 3.16 个百分点；资产利润率为 6.27%，同比提升了 1.82 个百分点；所有者权益报酬率为 8.10%，同比提升了 1.04 个百分点。

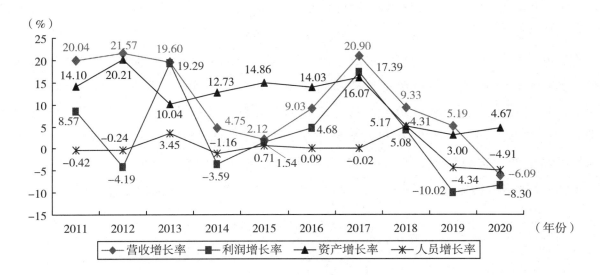

图 4-32 2011—2020 年纺织品、服装、服饰、鞋帽、皮革加工业成长性指标变化趋势分析

2011—2020 年医药、生物制药、医疗设备制造业收益性指标变化趋势分析见图 4-33。

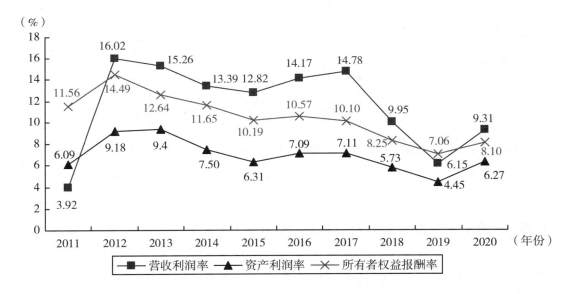

图 4-33 2011—2020 年医药、生物制药、医疗设备制造业收益性指标变化趋势分析

综合三项收益性指标分析，该行业呈现强势反弹的态势，营收利润率和资产利润率均有较为明显的提高，表明该行业的盈利能力明显增强。预测 2021 年及后期市场，该行业的收益性将会有进一步提升。

第二，从成长性指标分析。2020 年医药、生物制药、医疗设备制造业营收增长率为 9.37%，同比提升了 0.01 个百分点；利润增长率为 10.68%，同比提升了 12.20 个百分点；资产增长率为 28.14%，同比提升了 19.02 个百分点；人员增长率为 5.95%，同比提升了 1.18 个百分点。

综合成长性指标变化趋势分析，医药、生物制药、医疗设备制造业总体增速明显加快，且增长的幅度也较大。尤其是资产增长率和利润增长率指标呈现强势反弹的态势。新冠肺炎疫情无疑对该行业产生一定利好影响，从总体趋势上分析，该行业在经过调整后，仍将会迎来持续稳定的发展时期。预测 2021 年及后期市场，在资产规模适度扩张的带动下，该行业将保持较快的增速和一定的利润空间，对该行业的创新发展也将产生积极作用。

2011—2020 年医药、生物制药、医疗设备制造业成长性指标变化趋势分析见图 4-34。

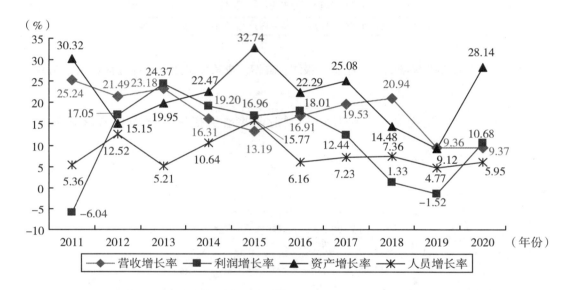

图 4-34　2011—2020 年医药、生物制药、医疗设备制造业成长性指标变化趋势分析

（三）石化、化工制造业经济效益变化趋势分析

1.石化产品、炼焦及其他燃料生产加工业总体保持平稳运行

第一，从收益性指标分析。2020 年石化产品、炼焦及其他燃料生产加工业营收利润率为 3.59%，同比提升了 0.01 个百分点；资产利润率为 3.30%，同比下降了 1.27 个百分点；所有者权益报酬率为 7.86%，同比下降了 0.83 个百分点。

2011—2020 年石化产品、炼焦及其他燃料生产加工业收益性指标变化趋势分析见图 4-35。

综合三项收益性指标分析，该行业总体保持相对平稳运行的走势。三项收益性指标的波幅

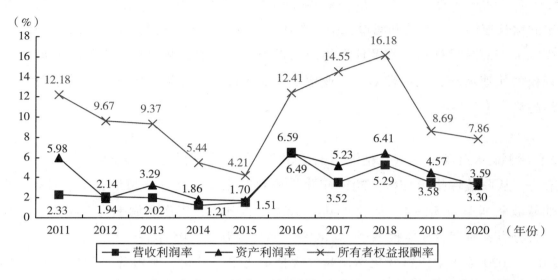

图 4-35 2011—2020 年石化产品、炼焦及其他燃料生产加工业收益性指标变化趋势分析

不大，亦处于正常波动范围，总体来看，该行业仍处于结构性调整期，但恢复性增长的基本面没有改变。

第二，从成长性指标分析。2020 年石化产品、炼焦及其他燃料生产加工业的营收增长率为 -2.71%，同比下降了 10.93 个百分点；利润增长率为 8.34%，同比提升了 17.43 个百分点；资产增长率为 13.80%，同比提升了 3.38 个百分点；人员增长率为 1.88%，同比下降了 0.68 个百分点。

2011—2020 年石化产品、炼焦及其他燃料生产加工业成长性指标变化趋势分析见图 4-36。

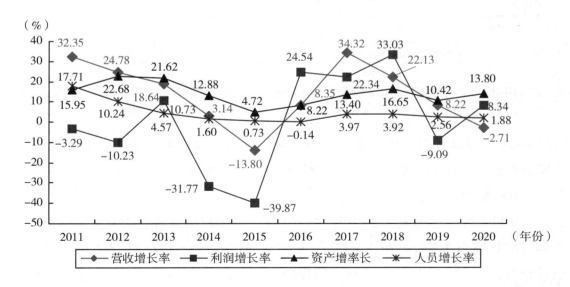

图 4-36 2011—2020 年石化产品、炼焦及其他燃料生产加工业成长性指标变化趋势分析

综合成长性指标变化趋势分析，该行业除营收增长率小幅负增长外，其他成长性指标均保持一定的增长速度，尤其是利润增长率和资产增长率提高幅度较大。预测2021年及后期市场，随着国际大宗商品价格的高涨及能源需求的增加，该行业也将保持较高的盈利水平。尤其是资产规模的快速增长，也将带动该行业增长动能的进一步释放，保持较高增速仍将是该行业的总体趋势。

2.化学原料及化学制品（含精细化工、日化、肥料等）制造业平稳运行

第一，从收益性指标分析。2020年化学原料及化学制品（含精细化工、日化、肥料等）制造业营收利润率为5.59%，同比提升了1.34个百分点；资产利润率为3.44%，同比提升了0.29个百分点；所有者权益报酬率为7.83%，同比提升了2.05个百分点。

2011—2020年化学原料及化学制品（含精细化工、日化、肥料等）制造业收益性指标变化趋势分析见图4-37。

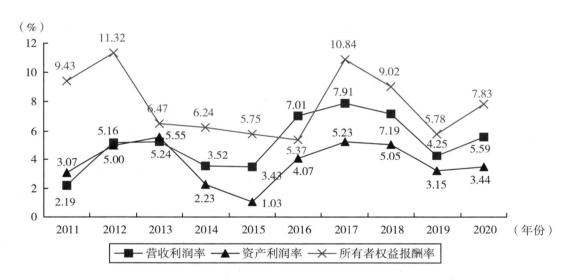

图4-37 2011—2020年化学原料及化学制品（含精细化工、日化、肥料等）制造业收益性指标变化趋势分析

从图4-37中可以看出，该行业的三项指标整体呈现反弹好转的态势，但提高的幅度有限。总体来看，该整体运行相对平稳。预测2021年及后期市场，该行业仍将呈现周期性好转的状态，尚有持续回升的空间和可能性。

第二，从成长性指标分析。2020年化学原料及化学制品（含精细化工、日化、肥料等）制造业营收增长率为3.83%，同比下降了1.15个百分点；利润增长率为-6.94%，同比提升了2.30个百分点；资产增长率为19.78%，同比提升了8.23个百分点；人员增长率为3.87%，同比提升了1.07个百分点。

2011—2020 年化学原料及化学制品（含精细化工、日化、肥料等）制造业成长性指标变化趋势分析见图 4-38。

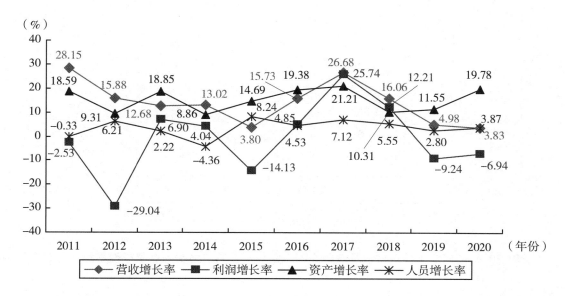

图 4-38 2011—2020 年化学原料及化学制品（含精细化工、日化、肥料等）制造业成长性指标变化趋势分析

从图 4-38 中可以看出，该行业的成长性指标总体运行相对平稳。其中，营收增长率有所下降，利润增长率延续了负增长态势，但幅度有所收窄。资产增长率大幅度提升。资产增速大幅提高，可能与该行业的结构性调整有关。受资产增速带动，该行业整体运行情况有可能进一步好转。

（四）建材、钢铁制造业经济效益变化趋势分析

1.建筑材料及玻璃等制造业及非金属矿物制品业震荡下行

第一，从收益性指标分析。2020 年建筑材料及玻璃等制造业及非金属矿物制品业营收利润率为 6.10%，同比下降了 2.42 个百分点；资产利润率为 3.09%，同比下降了 0.94 个百分点；所有者权益报酬率为 5.45%，同比下降了 0.14 个百分点。

综合三项收益性指标分析，该行业延续了震荡下行的基本态势，三项指标均有一定幅度的下降。尤其是营收利润率下降幅度较大，表明行业竞争压力加大。预测 2021 年及后期市场，该行业营收利润率和资产利润率将保持适度水平。总体来看，恢复性增长的基础需要进一步稳固，供给侧结构性调整需要进一步加大力度。

2011—2020 年建筑材料及玻璃等制造业及非金属矿物制品业收益性指标变化趋势分析见图 4-39。

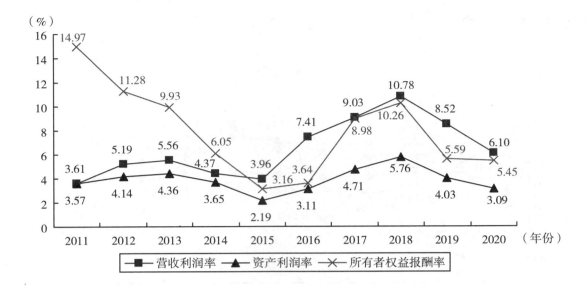

图 4-39 2011—2020 年建筑材料及玻璃等制造业及非金属矿物制品业收益性指标变化趋势分析

第二，从成长性指标分析。2020 年建筑材料及玻璃等制造业及非金属矿物制品业的营收增长率为 2.20%，同比下降了 6.20 个百分点；利润增长率为 18.36%，同比提升了 6.71 个百分点；资产增长率为 9.53%，同比提升了 1.31 个百分点；人员增长率为 1.07%，同比提升了 1.80 个百分点。

2011—2020 年建筑材料及玻璃等制造业及非金属矿物制品业成长性指标变化趋势分析见图 4-40。

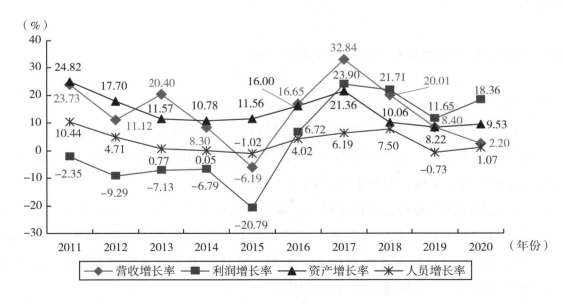

图 4-40 2011—2020 年建筑材料及玻璃等制造业及非金属矿物制品业成长性指标变化趋势分析

综合成长性指标分析，我国建材行业总体上仍然处于震荡调整期，尤其是营收增长率回落幅度较大，受疫情影响较为明显。利润增长率大幅回升，与行业内涵潜能释放有关。总体来看，该行业恢复性增长的基本面并没有改变。

2.黑色冶金及压延加工业总体运行相对平稳

第一，从收益性指标分析。2020 年黑色冶金及压延加工业营收利润率为 3.14%，同比下降了 0.55 个百分点；资产利润率为 4.99%，同比下降了 0.89 个百分点；所有者权益报酬率为 10.94%，同比下降了 1.32 个百分点。

2011—2020 年黑色冶金及压延加工业收益性指标变化趋势分析见图 4-41。

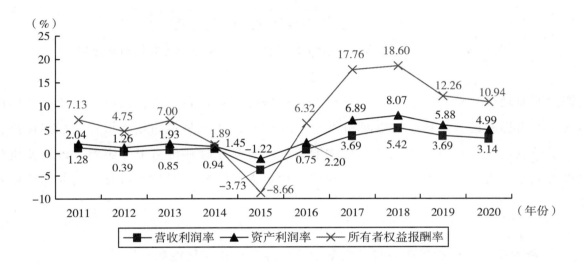

图 4-41 2011—2020 年黑色冶金及压延加工业收益性指标变化趋势分析

从图 4-41 中可以看出，黑色冶金及压延加工业的收益性指标基本保持相对平稳的运行态势，三项收益性指标虽有回落，但下降的幅度有限，其波动范围也处于合理区间，仍然保持了相对较高水平。总体来看，该行业恢复性增长的基本面没有改变，整体经营形势向好，供给侧结构性调整和基础进一步稳固。

第二，从成长性指标分析。2020 年黑色冶金及压延加工业营收增长率为 9.49%，同比下降了 3.79 个百分点；利润增长率为 1.11%，同比提高了 28.76 个百分点；资产增长率为 12.31%，同比提高了 2.18 个百分点。

2011—2020 年黑色冶金及压延加工业成长性指标变化趋势分析见图 4-42。

从图 4-42 可以看出，黑色冶金及压延加工业成长性指标运行良好。其中，营收增长率虽有所回落，但仍然保持了相对较高水平；利润增长率由负增长转为正增长，表明行业的整体

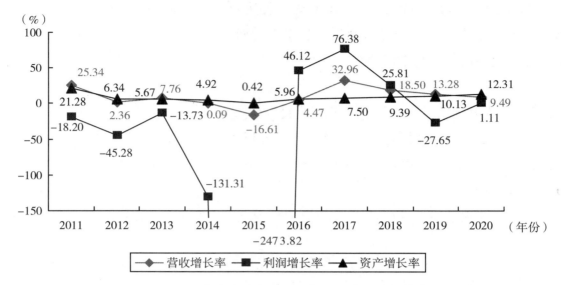

图4-42 2011—2020年黑色冶金及压延加工业成长性指标变化趋势分析

盈利能力明显增强；资产增长率进一步提升，且保持相对较高增速，表明该行业的结构性调整的内生动力仍有进一步释放的空间和能力。预测2021年及后期市场，该行业仍将保持相对较高的增长速度，结构性调整的成效更加明显，不过受原材料价格上涨影响，该行业也将面临较大的成本压力，但盈利空间也有可能进一步扩大，恢复性增长仍将是该行业的总体发展趋势。

（五）特种设备、通用设备等机械设备制造业经济效益变化趋势分析

1.工程机械、设备和特种装备（含电梯、仓储设备）及零配件制造业运行相对平稳

第一，从收益性指标分析。2020年工程机械、设备和特种设备（含电梯、仓储设备）及零配件制造业营收利润率为3.58%，同比下降了0.96个百分点；资产利润率为2.32%，同比提高了1.18个百分点；所有者权益报酬率为1.15%，同比下降了0.14个百分点。

2011—2020年工程机械、设备和特种装备（含电梯、仓储设备）及零配件制造业收益性指标变化趋势分析见图4-43。

综合三项收益性指标分析，该行业总体运行相对平稳。三项收益性指标有升有降，波幅不大。营收利润率虽有回落，但仍然保持在合理区间；资产利润率有提高，表明其资产效益和运行质量有所提升。总体来看，该行业的整体盈利能力进一步提高，整体经营形势好转。

第二，从成长性指标分析。2020年工程机械、设备和特种装备（含电梯、仓储设备）及零配件制造业营收增长率为11.29%，同比提高了6.87个百分点；利润增长率为-0.65%，同

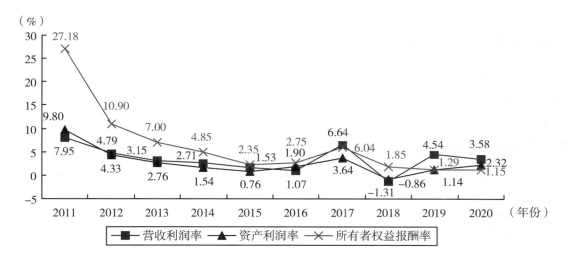

图 4-43 2011—2020 年工程机械、设备和特种装备（含电梯、仓储设备）及零配件制造业收益性指标变化趋势分析

比下降了 3.74 个百分点；资产增长率为 26.00%，同比提高了 21.48 个百分点；人员增长率为 3.56%，同比提高了 5.50 个百分点。

2011—2020 年工程机械、设备和特种装备（含电梯、仓储设备）及零配件制造业成长性指标变化趋势分析见图 4-44。

综合成长性指标分析，工程机械、设备和特种装备（含电梯、仓储设备）及零配件制造业除利润增长率表现为小幅负增长外，其他指标均为正增长。但总体来看，该行业后期市场表

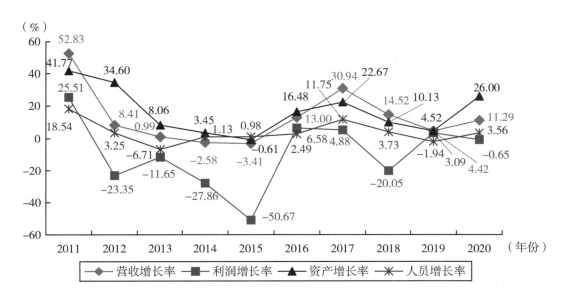

图 4-44 2011—2020 年工程机械、设备和特种装备（含电梯、仓储设备）及零配件制造业成长性指标变化趋势分析

现仍然存在一定的不确定性。

2.通用机械设备和专用机械设备及零配件制造业强势反弹

第一,从收益性指标分析。2020年通用机械设备和专用机械设备及零配件制造业营收利润率为6.81%,同比提升了5.69个百分点;资产利润率为4.48%,同比提升了2.95个百分点;所有者权益报酬率为6.27%,同比提升了4.77个百分点。

2011—2020年通用机械设备和专用机械设备及零配件制造业收益性指标变化趋势分析见图4-45。

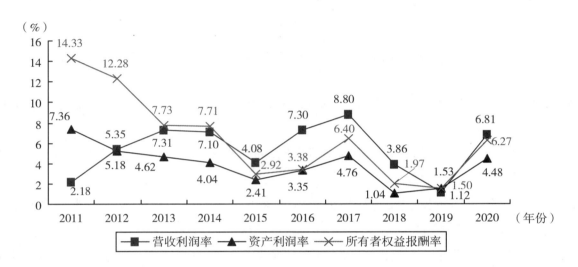

图4-45 2011—2020年通用机械设备和专用机械设备及零配件制造业收益性指标变化趋势分析

从图4-45中可以看出,该行业的三项收益性指标均呈现强势反弹的态势。尤其是营收利润率增幅较大,表明该行业整体经营形势明显好转。从总体运行趋势分析,该行业筑底迹象明显,并未受到新冠肺炎疫情下的不利宏观环境的明显影响,反而逆势上扬,且提高幅度也较大,盈利能力明显增强。

第二,从成长性指标分析。2020年通用机械设备和专用机械设备及零配件制造业营收增长率为16.39%,同比提高了9.82个百分点;利润增长率为3.52%,同比提高了2.36个百分点;资产增长率为17.17%,同比提高了7.68个百分点;人员增长率为3.78%,同比提高了1.93个百分点。

2011—2020年通用机械设备和专用机械设备及零配件制造业成长性指标变化趋势分析见图4-46。

综合成长性指标分析,该行业增速普遍加快,尤其是营收增长率和资产增长率提高幅度大。预测后期市场,受政策利好因素影响,该行业仍将会保持较高增速。

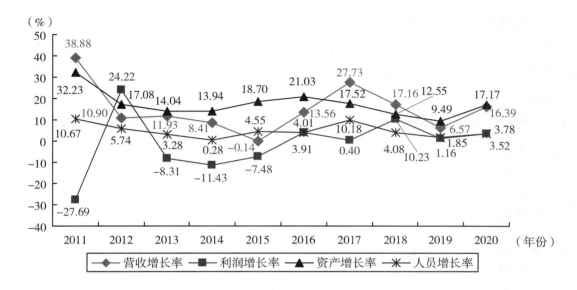

图 4-46 2011—2020 年通用机械设备和专用机械设备及零配件制造业成长性指标变化趋势分析

（六）家电、计算机、汽车等制造业经济效益变化趋势分析

1.家用电器及零配件制造业震荡调整

第一，从收益性指标分析。2020 年家用电器及零配件制造业营收利润率为 7.54%，同比提升了 5.26 个百分点；资产利润率为 1.83%，同比下降了 0.18 个百分点；所有者权益报酬率为 10.06%，同比下降了 1.44 个百分点。

2011—2020 年家用电器及零配件制造业收益性指标变化趋势分析见图 4-47。

图 4-47 2011—2020 年家用电器及零配件制造业收益性指标变化趋势分析

综合三项收益性指标分析，家用电器及零配件制造业收益性指标总体呈现震荡调整走势。其中，营收利润率提高幅度较大，主要是基于 2019 年低位反弹；所有者权益报酬率则有较大幅度的回落；资产利润率波幅较小。预测 2021 年及后期市场，该行业仍将处于震荡调整期，整体运行仍具有一定的不确定性。

第二，从成长性指标分析。2020 年家用电器及零配件制造业营收增长率为 4.69%，同比增加了 4.48 个百分点；利润增长率为 -0.62%，同比下降了 11.87 个百分点；资产增长率为 24.15%，同比增加了 14.95 个百分点；人员增长率为 -0.97%，同比增加了 0.65 个百分点。

2011—2020 年家用电器及零配件制造业成长性指标变化趋势分析见图 4-48。

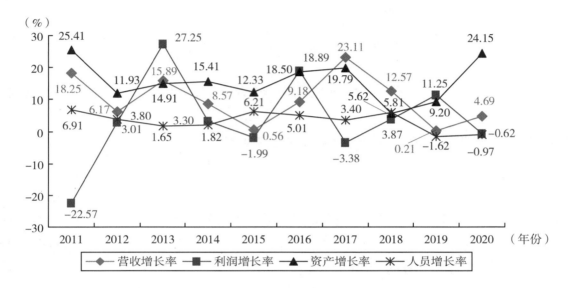

图 4-48 2011—2020 年家用电器及零配件制造业成长性指标变化趋势分析

综合成长性指标分析，家用电器及零配件制造业也处于震荡调整态势。其中，营收增长率有明显提高，资产增长率呈现异常大幅提升，利润增长率却异常大幅回落，呈现负增长态势，人员增长率仍处于负增长态势。综合分析来看，该行业调整迹象明显，预测 2021 年及后期市场，该行业有可能稳定在一个较为合理的增速区间，出现大起大落的可能性较小。

2.计算机、通信器材、办公、影像等设备及零部件制造业增速明显加快

第一，从收益性指标分析。2020 年计算机、通信器材、办公、影像等设备及零部件制造业营收利润率为 5.80%，同比提升了 5.32 个百分点；资产利润率为 2.84%，同比提升了 2.15 个百分点；所有者权益报酬率为 5.07%，同比提升了 2.39 个百分点。

2011—2020 年计算机、通信器材、办公、影像等设备及零部件制造业收益性指标变化趋势分析见图 4-49。

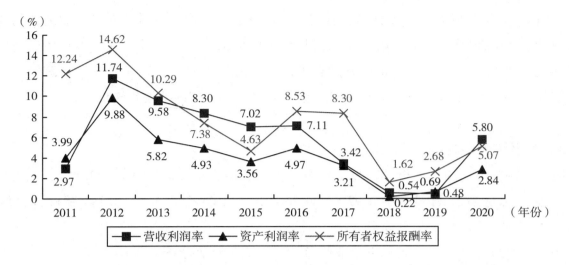

图 4-49　2011—2020 年计算机、通信器材、办公、影像等设备及零部件制造业收益性指标变化趋势分析

从图 4-49 中可以看出，该行业筑底迹象明显，其主要收益性指标均已经回归到相对合理区间，尤其是营收利润率大幅度回升，表明行业盈利能力明显增强。

第二，从成长性指标分析。2020 年计算机、通信器材、办公、影像等设备及零部件制造业营收增长率为 12.85%，同比提升了 1.40 个百分点；利润增长率为 3.48%，同比提升了 13.07 个百分点；资产增长率为 24.26%，同比提升了 11.25 个百分点；人员增长率为 5.12%，同比提升了 3.76 个百分点。

2011—2020 年计算机、通信器材、办公、影像等设备及零部件制造业成长性指标变化趋势分析见图 4-50。

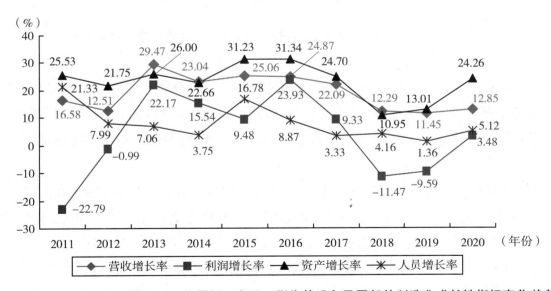

图 4-50　2011—2020 年计算机、通信器材、办公、影像等设备及零部件制造业成长性指标变化趋势分析

从图 4-50 中可以看出，计算机、通信器材、办公、影像等设备及零部件制造业的成长性指标呈现较大幅度增长，资产增长率和营收增长率仍保持高速增长，利润增长率遏制住了持续两年的负增长，人员增长率也回升到合理区间。总体来看，该行业景气度显著好转，盈利能力明显提高，预测 2021 年及后期市场，该行业仍将保持较高的增长速度。

3.汽车及零配件制造业经营形势趋稳向好

第一，从收益性指标分析。2020 年汽车及零配件制造业营收利润率为 3.90%，同比提升了 1.27 个百分点；资产利润率为 1.97%，同比提升了 1.05 个百分点；所有者权益报酬率为 4.62%，同比提升了 4.07 个百分点。

2011—2020 年汽车及零配件制造业收益性指标变化趋势分析见图 4-51。

图 4-51 2011—2020 年汽车及零配件制造业收益性指标变化趋势分析

综合三项收益性指标分析，该行业总体趋稳向好，三项收益性指标均有明显回升。其中，所有者权益报酬率提升幅度较大，已经回升到较为合理的运行区间；资产利润率虽有回升，但仍处于较低水平。总体来看，该行业受新能源汽车发展的带动，整体呈现快速回缓复苏的迹象。

第二，从成长性指标分析。2020 年汽车及零配件制造业营收增长率为 3.97%，同比上升了 1.56 个百分点；利润增长率为 0.47%，同比提升了 8.32 个百分点；资产增长率为 10.13%，同比上升了 5.09 个百分点；人员增长率为 1.44%，同比上升了 4.29 个百分点。

2011—2020 年汽车及零配件制造业成长性指标变化趋势分析见图 4-52。

综合成长性指标分析，汽车及零配件制造业总体保持稳中有升的态势。其中，经营性成长

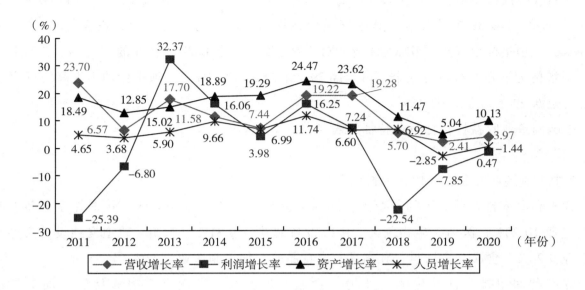

图 4-52 2011—2020 年汽车及零配件制造业成长性指标变化趋势分析

指标运行相对平稳，利润增长率遏制住了连续两年的负增长，资产增速明显加快。综合收益性和成长性指标分析可以看出，该行业产业结构性调整的效果已经显现，在新能源汽车快速发展的带动下，预测该行业在今后一个时期内仍将保持一定的增速。

四、2021 中国制造业企业信用 100 强行业效益综合分析

（一）中国制造业收益性指标综合分析

1.中国制造业行业收益性指标综合分析

中国制造业 29 个细分行业中，2020 年营收利润率提高的细分行业有 21 个，占 72.41%；营收利润率下降的细分行业有 8 个，占 27.59%。

资产利润率提高的细分行业有 23 个，占 79.31%；资产利润率下降的细分行业有 6 个，占 20.69%。

所有者权益报酬率提高的细分行业有 21 个，占 72.41%；所有者权益报酬率下降的细分行业有 8 个，占 27.59%。

三项收益性指标中有一项或多项指标下降的行业有 11 个, 占全部 29 个行业的 37.93%, 比 2019 年下降了 41.38 个百分点。其中三项指标均为下降的行业有 3 个, 占全部 29 个行业的 10.34%; 三项指标中有两项指标为下降的行业有 5 个, 占全部 29 个行业的 17.24%; 三项指标中有一项指标为下降的行业有 3 个, 占全部 29 个行业的 10.34%。三项指标均为提高的行业有 18 个, 占全部 29 个行业的 62.07%。

中国制造业收益性指标行业特征见表 4-4。

2.中国制造业行业收益性指标排序分析

营收利润率排在前 5 位的行业为: 酿酒制造业 15.12%, 航空航天、国防军工装备及零配件制造业 10.20%, 医药、生物制药、医疗设备制造业 9.31%, 船舶、轨道交通设备及零部件制造业 9.28%, 食品 (含饮料、乳制品、肉食品等) 加工制造业 8.27%。

资产利润率排在前 5 位的行业为: 食品 (含饮料、乳制品、肉食品等) 加工制造业 7.85%, 酿酒制造业 7.08%, 金属制品、加工工具、工业辅助产品加工制造业及金属新材料制造业 6.78%, 农副食品及农产品加工业 6.67%, 医药、生物制药、医疗设备制造业 6.27%。

所有者权益报酬率排在前 5 位的行业为: 酿酒制造业 17.95%, 摩托车、自行车和其他运输车辆及零配件制造业 13.96%, 金属制品、加工工具、工业辅助产品加工制造业及金属新材料制造业 13.65%, 食品 (含饮料、乳制品、肉食品等) 加工制造业 12.39%, 化学纤维制造业 11.65%。

(二) 中国制造业流动性和安全性指标综合分析

1.中国制造业行业流动性和安全性指标综合分析

中国制造业 29 个细分行业中, 2020 年资产周转率提高的细分行业有 5 个, 占 17.24%; 资产周转率下降的细分行业有 20 个, 占 68.97%; 资产周转率与 2019 年持平的细分行业有 4 个, 占 13.79%。

所有者权益比率提高的细分行业有 11 个, 占 37.93%; 所有者权益比率下降的细分行业有 18 个, 占 62.07%。

资本保值增值率提高的细分行业有 23 个, 占 79.31%; 资本保值增值率下降的细分行业有 6 个, 占 20.69%。

三项收益性指标中有一项或多项指标下降的行业有 26 个, 占全部 29 个行业的 89.66%, 比 2019 年下降了 3.45 个百分点。其中三项指标均为下降的行业有 3 个, 占全部 29 个行业的 10.34%; 三项指标中有两项指标为下降的行业有 12 个, 占全部 29 个行业的 41.38%; 三项指标中有一项指标为下降的行业有 11 个, 占全部 29 个行业的 37.93%。三项指标均为提高的行

表 4-4 中国制造业收益性指标行业特征

序号	行业	营收利润率		资产利润率		所有者权益报酬率	
		本期(%)	同比(±)	本期(%)	同比(±)	本期(%)	同比(±)
1	农副食品及农产品加工业	4.65	7.50	6.67	4.67	6.67	2.98
2	食品(含饮料、乳制品、肉食品等)加工制造业	8.27	0.67	7.85	1.91	12.39	1.57
3	酿酒制造业	15.12	3.78	7.08	1.01	17.95	6.62
4	纺织、印染业	6.46	−0.16	2.29	−1.20	10.52	10.10
5	纺织品、服装、服饰、鞋帽、皮革加工业	0.92	−4.64	2.41	−1.59	4.03	−0.31
6	造纸及纸制品(含木材、藤、竹、家具等)加工、印刷、包装业	2.58	−1.61	4.07	0.89	7.55	4.43
7	生活用品(含文体、玩具、工艺品、珠宝)等轻工产品加工制造业	2.65	9.42	3.79	2.12	6.26	8.28
8	石化产品、炼焦及其他燃料生产加工业	3.59	0.01	3.30	−1.27	7.86	−0.83
9	化学原料及化学制品(含精细化工、日化、肥料等)制造业	5.59	1.34	3.44	0.29	7.83	2.05
10	医药、生物制药、医疗设备制造业	9.31	3.16	6.27	1.82	8.10	1.04
11	化学纤维制造业	6.06	−0.69	4.19	2.34	11.65	0.11
12	橡胶、塑料制品及其他新材料制造业	7.71	1.81	5.68	2.02	3.14	−1.71
13	建筑材料及玻璃等制造业及非金属矿物制品业	6.10	−2.42	3.09	−0.94	5.45	−0.14
14	黑色冶金及压延加工业	3.14	−0.55	4.99	−0.89	10.94	−1.32
15	一般有色冶金及压延加工业	4.45	3.25	3.18	1.00	9.56	5.98
16	黄金冶炼及压延加工业	2.81	16.05	2.69	4.76	6.33	2.23
17	金属制品、加工工具、工业辅助产品加工制造业及金属新材料制造业	7.01	4.70	6.78	4.63	13.65	4.92
18	工程机械、设备和特种装备(含电梯、仓储设备)及零配件制造业	3.58	−0.96	2.32	1.18	1.15	−0.14
19	通用机械设备和专用机械设备及零配件制造业	6.81	5.69	4.48	2.95	6.27	4.77
20	电力、电气等设备、机械、元器件及光伏、风能、电池、线缆制造业	3.83	1.90	3.10	1.97	5.74	2.56
21	船舶、轨道交通设备及零部件制造业	9.28	1.00	3.82	1.09	7.35	2.07
22	家用电器及零配件制造业	7.54	5.26	1.83	−0.18	10.06	−1.44
23	电子元器件与仪器仪表、自动化控制设备制造业	8.20	4.38	4.57	1.62	6.19	3.38
24	动力、电力生产等装备、设备制造业	5.03	2.96	2.35	1.92	7.56	7.19
25	计算机、通信器材、办公、影像等设备及零部件制造业	5.80	5.32	2.84	2.15	5.07	2.39
26	汽车及零配件制造业	3.90	1.27	1.97	1.05	4.62	4.07
27	摩托车、自行车和其他运输车辆及零配件制造业	6.66	1.24	6.05	3.09	13.96	10.45
28	航空航天、国防军工业装备及零配件制造业	10.20	0.98	3.67	0.55	5.07	1.03
29	综合制造业(以制造业为主,含有服务业)	−0.14	−0.69	1.46	1.65	−0.82	−6.88

业有 3 个，仅占 10.34%。

中国制造业流动性和安全性指标行业特征见表 4-5。

2.中国制造业行业流动性和安全性指标排序分析

2020 年资产周转率排在前 5 位的行业为：黄金冶炼及压延加工业 1.40 次/年，石化产品、炼焦及其他燃料生产加工业 1.30 次/年，黑色冶金及压延加工业 1.24 次/年，农副食品及农产品加工业 1.02 次/年，摩托车、自行车和其他运输车辆及零配件制造业 0.97 次/年。

所有者权益比率排在前 5 位的行业为：医药、生物制药、医疗设备制造业 68.18%，食品（含饮料、乳制品、肉食品等）加工制造业 61.32%，纺织品、服装、服饰、鞋帽、皮革加工业 60.85%，电子元器件与仪器仪表、自动化控制设备制造业 60.23%，生活用品（文体、玩具、工艺品、珠宝）等轻工产品加工制造业 59.62%。

资本保值增值率排在前 5 位的行业为：农副食品及农产品加工业 118.13%，摩托车、自行车和其他运输车辆及零配件制造业 117.74%，酿酒制造业 116.44%，食品（含饮料、乳制品、肉食品等）加工制造业 116.04%，医药、生物制药、医疗设备制造业 113.29%。

（三）中国制造业成长性指标综合分析

1.中国制造业行业成长性指标综合分析

中国制造业 29 个细分行业中，2020 年营收增长率正增长的细分行业有 22 个，占 75.86%；营收增长率负增长的细分行业有 7 个，占 24.14%。

利润增长率正增长的细分行业有 19 个，占 65.52%；利润增长率负增长的细分行业有 10 个，占 34.48%。

资产增长率正增长的细分行业有 29 个，100%为正增长。

资本积累率正增长的细分行业有 29 个，100%为正增长。

人员增长率正增长的细分行业有 23 个，占 79.31%；人员增长率负增长的细分行业有 6 个，占 20.69%。

五项成长性指标中有一项或多项指标负增长的细分行业有 12 个，占全部 29 个细分行业的 41.38%；五项指标均为正增长的行业有 17 个，占全部 29 个细分行业的 58.62%。

中国制造业成长性指标行业特征见表 4-6。

2.中国制造业行业成长性指标排序分析

2020 年营收增长率排在前 5 位的行业为：摩托车、自行车和其他运输车辆及零配件制造

表 4-5 中国制造业流动性和安全性指标行业特征

序号	行业	资产周转率		所有者权益比率		资本保值增值率	
		本期(次/年)	同比(±)	本期(%)	同比(±)	本期(%)	同比(±)
1	农副食品及农产品加工业	1.02	0.01	50.26	-1.56	118.13	7.67
2	食品(含饮料、乳制品、肉食品等)加工制造业	0.86	-0.01	61.32	4.28	116.04	4.64
3	酿酒制造业	0.54	0.00	57.04	-5.77	116.44	5.81
4	纺织、印染业	0.70	-0.06	52.13	-3.33	109.16	1.92
5	纺织品、服装、服饰、鞋帽、皮革加工业	0.67	-0.08	60.85	0.73	107.32	-0.09
6	造纸及纸制品(含木材、藤、竹、家具等)加工、印刷、包装业	0.66	-0.04	53.01	-3.27	110.51	2.56
7	生活用品(含文体、玩具、工艺品、珠宝)等轻工产品加工制造业	0.90	0.16	59.62	0.88	111.63	8.21
8	石化产品、炼焦及其他燃料生产加工业	1.30	-0.11	42.48	-4.20	112.32	-3.66
9	化学原料及化学制品(含精细化工、日化、肥料等)制造业	0.67	-0.05	57.45	-1.62	107.33	1.72
10	医药、生物制药、医疗设备制造业	0.53	-0.06	68.18	1.57	113.29	4.84
11	化学纤维制造业	0.86	-0.06	48.36	2.26	110.34	2.38
12	橡胶、塑料制品及其他新材料制造业	0.75	-0.03	58.70	-0.02	110.68	3.19
13	建筑材料及玻璃等制造业及非金属矿物制品业	0.64	-0.03	50.53	-6.05	109.08	-2.27
14	黑色冶金及压延加工业	1.24	-0.06	42.30	-1.76	112.57	-2.54
15	一般有色冶金及压延加工业	0.90	-0.02	46.67	-1.35	108.13	2.45
16	黄金冶炼及压延加工业	1.40	0.38	37.80	12.45	107.57	1.42
17	金属制品、加工工具、工业辅助产品加工制造业及金属新材料制造业	0.85	0.01	51.34	4.46	112.05	11.26
18	工程机械、设备和特种装备(含电梯、仓储设备)及零配件制造业	0.49	-0.02	55.60	2.53	107.00	4.55
19	通用机械设备和专用机械设备及零配件制造业	0.55	0.00	54.48	-4.31	107.47	2.92
20	电力、电气等设备、机械、元器件及光伏、风能、电池、线缆制造业	0.65	-0.02	51.89	0.51	108.49	3.47
21	船舶、轨道交通设备及零部件制造业	0.37	-0.04	58.17	-0.55	109.12	1.91
22	家用电器及零配件制造业	0.81	-0.08	45.38	-0.02	113.05	3.94
23	电子元器件与仪器仪表、自动化控制设备制造业	0.57	0.00	60.23	-1.99	109.18	1.71
24	动力、电力生产等装备、设备制造业	0.61	0.00	40.75	-4.51	102.82	-1.43
25	计算机、通信器材、办公、影像等设备及零部件制造业	0.61	-0.08	56.46	1.63	109.57	5.92
26	汽车及零配件制造业	0.65	-0.01	50.20	0.67	103.92	-0.46
27	摩托车、自行车和其他运输车辆及零配件制造业	0.97	0.06	39.55	-1.65	117.74	15.72
28	航空航天、国防军工设备及零配件制造业	0.47	-0.02	55.33	-2.27	107.75	0.72
29	综合制造业(以制造业为主,含有服务业)	0.65	-0.03	42.72	-3.00	104.50	2.22

业 22.35%，通用机械设备和专用机械设备及零配件制造业 16.39%，农副食品及农产品加工业 14.95%，电子元器件与仪器仪表、自动化控制设备制造业 14.45%，金属制品、加工工具、工业辅助产品加工制造业及金属新材料制造业 14.17%。

利润增长率排在前 5 位的行业为：黄金冶炼及压延加工业 43.80%，农副食品及农产品加工业 29.75%，摩托车、自行车和其他运输车辆及零配件制造业 29.17%，食品（含饮料、乳制品、肉食品等）加工制造业 20.81%，动力、电力生产等装备、设备制造业 20.62%。

资产增长率排在前 5 位的行业为：医药、生物制药、医疗设备制造业 28.14%，电子元器件与仪器仪表、自动化控制设备制造业 26.24%，工程机械、设备和特种装备（含电梯、仓储设备）及零配件制造业 26.00%，摩托车、自行车和其他运输车辆及零配件制造业 24.43%，计算机、通信器材、办公、影像等设备及零部件制造业 24.26%。

资本积累率排在前 5 位的行业为：计算机、通信器材、办公、影像等设备及零部件制造业 30.39%，农副食品及农产品加工业 29.32%，医药、生物制药、医疗设备制造业 27.94%，食品（含饮料、乳制品、肉食品等）加工制造业 26.37%，电力、电气等设备、机械、元器件及光伏、风能、电池、线缆制造业 26.25%。

人员增长率排在前 5 位的行业为：摩托车、自行车和其他运输车辆及零配件制造业 9.94%，农副食品及农产品加工业 8.70%，电子元器件与仪器仪表、自动化控制设备制造业 8.02%，船舶、轨道交通设备及零部件制造业 6.93%，医药、生物制药、医疗设备制造业 5.95%。

（四）2021 中国制造业企业信用 100 强优势分析

2021 中国制造业企业信用 100 强的经营运行指标为各细分行业及企业提供了一个对标参数，同时也起到了行业标杆作用。

2021 中国制造业企业信用 100 强 2020 年的三项指数分别为：景气指数 123.83 点，较样本企业的 106.40 点高出 17.43 点；盈利指数 117.30 点，较样本企业的 102.94 点高出 14.36 点；效益指数 111.55 点，较样本企业的 105.57 点高出 5.98 点。

2021 中国制造业企业信用 100 强 2020 年的三项收益性指标分别为：营收利润率 10.48%，较样本企业的 5.83% 高出 4.65 个百分点；资产利润率 7.53%，较样本企业的 3.98% 高出 3.55 个百分点；所有者权益报酬率 16.64%，较样本企业的 6.91% 高出 9.73 个百分点。

2021 中国制造业企业信用 100 强 2020 年的流动性和安全性指标分别为：资产周转率 0.89 次/年，较样本企业的 0.68 次/年提高 0.21 次/年；所有者权益比率 42.38%，较样本企业的 54.79% 降低 12.41 个百分点；资本保值增值率 121.21%，较样本企业的 109.45% 高出 11.76 个百分点。

表 4-6 中国制造业成长性指标行业特征

序号	行业	营收增长率(%)	利润增长率(%)	资产增长率(%)	资本积累率(%)	人员增长率(%)
1	农副食品及农产品加工业	14.95	29.75	24.04	29.32	8.70
2	食品(含饮料、乳制品、肉食品等)加工制造业	8.57	20.81	22.89	26.37	4.15
3	酿酒制造业	−2.49	−12.22	5.45	8.93	−1.54
4	纺织、印染业	−2.74	−5.25	8.82	17.26	−7.13
5	纺织品、服装、服饰、鞋帽、皮革加工业	−6.09	−8.30	4.67	6.23	−4.91
6	造纸及纸制品(含木材、藤、竹、家具等)加工、印刷、包装业	3.05	9.08	13.52	13.70	1.82
7	生活用品(含文体、玩具、工艺品、珠宝)等轻工产品加工制造业	−1.12	−6.12	16.82	8.31	−1.58
8	石化产品、炼焦及其他燃料生产加工业	−2.71	8.34	13.80	10.47	1.88
9	化学原料及化学制品(含精细化工、日化、肥料等)制造业	3.83	−6.94	19.78	18.79	3.87
10	医药、生物制药、医疗设备制造业	9.37	10.68	28.14	27.94	5.95
11	化学纤维制造业	3.93	4.20	21.47	20.76	5.69
12	橡胶、塑料制品及其他新材料制造业	7.27	20.09	16.48	20.50	3.96
13	建筑材料及玻璃等制造业及非金属矿物制品业	2.20	18.36	9.53	8.39	1.07
14	黑色冶金及压延加工业	9.49	1.11	12.31	13.78	1.45
15	一般有色冶金及压延加工业	10.25	5.49	7.50	12.64	4.06
16	黄金冶炼及压延加工业	8.94	43.80	2.43	14.17	−1.81
17	金属制品、加工工具、工业辅助产品加工制造业及金属新材料制造业	14.17	17.86	14.24	18.01	3.72
18	工程机械、设备和特种装备(含电梯、仓储设备)及零配件制造业	11.29	−0.65	26.00	24.22	3.56
19	通用机械设备和专用机械设备及零配件制造业	16.39	3.52	17.17	16.66	3.78
20	电力、电气等设备、机械、元器件及光伏、风能、电池、线缆制造业	11.34	9.71	21.35	26.25	3.90
21	船舶、轨道交通设备及零部件制造业	−4.31	−24.65	7.35	13.83	6.93
22	家用电器及零配件制造业	4.69	−0.62	24.15	23.18	−0.97
23	电子元器件与仪器仪表、自动化控制设备制造业	14.45	5.39	26.24	22.33	8.02
24	动力、电力生产等装备、设备制造业	10.59	20.62	8.86	8.35	0.49
25	计算机、通信器材、办公、影像等设备及零部件制造业	12.85	3.48	24.26	30.39	5.12
26	汽车及零配件制造业	3.97	−1.44	10.13	13.92	0.47
27	摩托车、自行车和其他运输车辆及零配件制造业	22.35	29.17	24.43	15.79	9.94
28	航空航天、国防军工设备及零配件制造业	10.66	11.76	15.80	17.74	4.67
29	综合制造业(以制造业为主,含有服务业)	−2.22	−17.57	7.27	5.76	4.74

2021 中国制造业企业信用 100 强 2020 年的成长性指标分别为：营收增长率 14.30%，较样本企业的 8.15% 高出 6.15 个百分点；利润增长率 33.36%，较样本企业的 4.66% 高出 28.70 个百分点；资产增长率 18.35%，较样本企业的 18.68% 低 0.33 个百分点；资本积累率 19.22%，较样本企业的 19.76% 低 0.54 个百分点；人员增长率 8.60%，较样本企业的 3.65% 高出 4.95 个百分点；科研投入比率 4.51%，较样本企业的 5.86% 低 1.35 个百分点。

2021 中国制造业企业信用 100 强 2020 年的人均营业收入 279.37 万元/人·年，较样本企业的 242.61 万元/人·年高出 36.76 万元/人·年；人均利润 12.99 万元/人·年，较样本企业的 8.48 万元/人·年高出 4.51 万元/人·年。

2021 中国制造业企业信用 100 强效益指标比较优势分析见图 4-53。

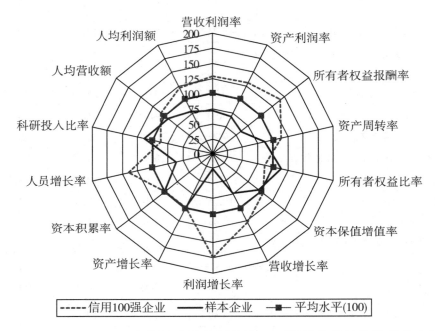

图 4-53 2021 中国制造业企业信用 100 强效益指标比较优势分析

通过对 2021 中国制造业企业信用 100 强与制造业样本企业的对比分析，可以发现，制造业信用 100 强企业具有显著的比较优势，主要表现在：一是收益性指标全面显著高于样本企业，表明其盈利能力要远高于样本企业；二是成长性指标中营收增长率和利润增长率比较优势突出；三是所有者权益比率明显偏低，相应的理论负债率偏高，表明其具有明显的融资信用优势；四是资产周转率明显较高，资产运营效率较高；五是资本保值增值率优势明显，安全性较高；六是人员增长率高于样本企业，同时人均营业收入和人均利润明显高于样本企业，表明其不仅对社会就业贡献较大，而且劳动效益及效率也具有明显的比较优势。

同时，通过对比也可以看出制造业信用 100 强企业存在的问题：一是科研投入比率仍然偏低；二是资产增长率和资本积累率较样本企业偏低。

五、中国制造业信用发展中存在的主要问题及若干建议

通过对 2021 中国制造业企业信用 100 强以及各行业信用环境和经济效益变化趋势分析可以看出：我国制造业整体运行相对平稳，部分行业亮点纷呈，但这是相对于服务业而言的。从总体趋势来看，我国制造业仍然面临需求收缩、供给冲击的双重压力，恢复性增长的基础尚不稳固。

（一）加快构建新发展格局，进一步推进产业优化升级

2021 年中央经济工作会议强调，要深化供给侧结构性改革，重在畅通国内大循环，重在突破供给约束堵点，重在打通生产、分配、流通、消费各环节；要提升制造业核心竞争力，启动一批产业基础再造工程项目，激发涌现一大批"专精特新"企业；加快形成内外联通、安全高效的物流网络；加快数字化改造，促进传统产业升级。

当前，我国经济发展面临需求收缩、供给冲击、预期转弱三重压力。尤其对制造业来说，需求收缩涉及内需和外需。从外部环境看，虽然全球经济整体复苏，但基础并不稳固，波动性大、脆弱性高、结构性失衡等特征凸显。预计 2022 年全球经济增速将逐渐回归至常态，供应链瓶颈加剧通胀压力，全球滞胀风险加大。与此相对应的是支撑我国外贸出口增长的因素有所减弱，出口额大概率呈回落态势。从内部消费看，2022 年收入、疫情、避险倾向等因素对消费的制约将有一定程度的减弱，疫情对消费的影响逐渐长尾化，但大幅度的改善依旧难以实现，消费复苏依旧乏力。

供给冲击主要包括两个方面：一是大宗商品涨价，在供给受阻与货币溢出效应的双重作用下，生产成本上升带来输入型通胀压力；二是在中美科技战和疫情影响下，供应链的稳定性面临冲击，产业供应效率还没有恢复，或有"卡脖子"和断供风险。

传统制造业和基础性产业的供给侧结构性调整成效已经显现，一些领域的主要矛盾已经由传统的结构性矛盾转向了高质量发展不平衡的矛盾。但在当前需求收缩、供给冲击的后疫情阶段，制造业也可能面临阶段性的产能过剩矛盾。尤其是对于传统基础性制造业，深层次结构性矛盾仍然是制约我国制造业发展的主要问题，高质量发展不平衡问题将日益突出，这就要求我们坚持自主可控、安全高效，分行业做好供应链战略设计和精准施策，推动全产业链优化升级。锻造产业链供应链长板，立足我国产业规模优势、配套优势和部分领域先发优势，

打造新兴产业链，推动传统产业高端化、智能化、绿色化，发展服务型制造。加快构建以国内大循环为主体、国内国际双循环相互促进的新发展格局，要紧紧扭住供给侧结构性改革这条主线，注重需求侧管理，打通堵点，补齐短板，贯通生产、分配、流通、消费各环节，形成需求牵引供给、供给创造需求的更高水平动态平衡，提升国民经济体系整体效能。

（二）充分发挥创新主体作用，进一步深化产学研结合

2021 中央经济工作会议强调，强化企业创新主体地位，深化产学研结合；完善优化科技创新生态，形成扎实的科研作风。《中共中央关于制定国民经济和社会发展第十四个五年规划和二〇三五年远景目标的建议》提出，坚持创新在我国现代化建设全局中的核心地位，把科技自立自强作为国家发展的战略支撑，面向世界科技前沿、面向经济主战场、面向国家重大需求、面向人民生命健康，深入实施科教兴国战略、人才强国战略、创新驱动发展战略，完善国家创新体系，加快建设科技强国。

创新是引领发展的第一动力，是构建新发展格局、实现高质量发展的关键所在。2019—2021 年，我国企业在极其困难的发展局面下，其研发投入强度持续增加，对科研的重视程度日趋提高，但相对而言，我国制造业的科研投入仍然偏低。我国制造业要以国家战略性需求为导向推进创新体系优化组合，把自主创新摆在更加突出的位置，进一步加大研发投入力度，加快关键核心技术攻关，打造更多依靠创新驱动、发挥先发优势的引领性企业，加快推动建立以企业为主体、市场为导向、产学研深度融合的技术创新体系，不断提升原始创新能力、产业基础能力和产业链、供应链的现代化水平。

"加快数字化发展，建设数字中国"是"十四五"规划的重要任务之一。迎接数字时代，激活数据要素潜能，推进网络强国建设，加快建设数字经济、数字社会、数字政府，以数字化转型整体驱动生产方式、生活方式和治理方式变革。充分发挥海量数据和丰富应用场景优势，促进数字技术与实体经济深度融合，赋能传统产业转型升级，催生新产业新业态新模式，壮大经济发展新引擎。我国企业要加快发展数字经济，推动实体经济和数字经济融合发展，推动互联网、大数据、人工智能同实体经济深度融合，继续做好信息化和工业化深度融合这篇大文章，推动制造业加速向数字化、网络化、智能化发展，着力壮大新增长点，形成发展新动能。培育壮大人工智能、大数据、区块链、云计算、网络安全等新兴数字产业，提升通信设备、核心电子元器件、关键软件等产业水平。构建基于5G 的应用场景和产业生态，在智能交通、智慧物流、智慧能源、智慧医疗等重点领域开展试点示范。鼓励企业开放搜索、电商、社交等数据，发展第三方大数据服务产业。促进共享经济、平台经济健康发展。

我国企业要始终坚持科技创新驱动不动摇，健全鼓励支持基础研究、原始创新的体制机制，完善科技人才发现、培养、激励机制，努力提高制造业和科技型服务业的深度融合，建立以企业为主体、市场为导向、产学研深度融合的技术创新体系，特别是加强对中小型企业的创新支持，促进科技成果转化落地，促进制造业高质量发展。

（三）努力挖掘内部发展动能，进一步提高内涵竞争力

2021 中央经济工作会议强调，要提升制造业核心竞争力，启动一批产业基础再造工程项目，激发涌现一大批"专精特新"企业。

《中共中央关于制定国民经济和社会发展第十四个五年规划和二〇三五年远景目标的建议》提出，优化民营经济发展环境，构建亲清政商关系，促进非公有制经济健康发展和非公有制经济人士健康成长，依法平等保护民营企业产权和企业家权益，破除制约民营企业发展的各种壁垒，完善促进中小微企业和个体工商户发展的法律环境和政策体系。国家围绕民营企业和中小微企业融资难、融资贵甚至融不到资等问题出台的一系列政策落地，要进一步切实而充分释放政策效应，在确保结构性改革与调整的成果和防范系统性信用风险的前提下，精准施策，有针对性地适度提高民营制造业企业和中小型制造业企业的负债率，增强流动性，进一步激发企业内生动力和发展活力。

我国制造业要着力解决大而不强、小而不精的问题。大企业要着力根治"大企业病"，集中优势资源培育优势主导产业，打造优势知名品牌；中小型制造业企业要努力做到"专精特新"，突出企业"专精特新"特色和优势，打造企业在国际产业链中的优势地位。

企业在新发展阶段，要着力推进发展方式变革，用先进方式提质增效。企业要不断改进生产经营流程，优化资源要素配置，提高发展质量效益；坚持质量兴企，积极创建知名品牌，提高市场竞争力和影响力；锻造产业链供应链长板，补齐产业链供应链短板，打造新兴产业链，推动传统产业高端化、智能化、绿色化，发展服务型制造；推动互联网、大数据、人工智能等同各产业深度融合，培育新技术、新产品、新业态、新模式；加快由低端制造向高生产率的设计、研发、品牌、营销、产业链管理等环节延伸。我国制造业企业要紧紧抓住全面深化改革的有利时机，抓住高水平对外开放新格局的战略机遇，充分利用好国家出台的一系列高水平改革开放措施和政策，推动实体经济发展，提升制造业水平，发展新兴产业，大力推进国际化品牌经营战略，提高国际竞争力。

（四）注意防范系统性风险，进一步推进高质量诚信建设

党中央、国务院将加快社会信用体系建设作为全面深化"放管服"改革的一项重要任务着

力部署推进。信用立法是社会信用体系建设高效运转的重要基础，是各项信用机制有效落地的关键保障。因此，企业界要积极推进 GB/T 31950—2015《企业诚信管理体系》标准的贯彻与实施，强化社会责任意识、规则意识、奉献意识，形成诚信价值观，培育诚信文化，以诚信为准则来约束自身的行为；切实建立信用风险管理与控制体系，强化各类风险识别，建立预判预警机制，制定完善的应对预案，有效控制已经存在或可能存在的信用风险，尤其是控制系统性风险的发生；要坚持底线思维，确保合规合法经营，切实履行社会责任，以诚信建设推动企业持续健康和高质量发展。

我国企业要坚定不移贯彻创新、协调、绿色、开放、共享的新发展理念。绿色制造是生态文明建设的重要内容，也是制造业转型升级的必由之路。在新发展阶段，我国制造业要紧紧抓住绿色转型的关键期和窗口期，多措并举，秉承绿色低碳发展理念，打造绿色发展协同机制，主动承担社会责任；要始终坚持底线思维，加强诚信自律，进一步推进企业诚信体系建设，以诚信建设筑牢企业高质量发展的基石。在当前面临诸多困难和风险挑战的发展时期，我国企业更要强化忧患意识，做好风险防范，增强发展韧性，进一步加强和提高防范化解风险能力，高度重视和防范各类风险。要突出防范经营效益下滑风险、债务风险、投资风险、金融业务风险、国际化经营风险、安全环保风险，为企业可持续高质量发展保驾护航，为我国经济行稳致远做出企业界的贡献。

第五章
2021 中国服务业企业信用 100 强发展报告

《2021 中国服务业企业信用 100 强发展报告》是由中国企业改革与发展研究会、中国合作贸易企业协会、国信联合（北京）认证中心联合开展的中国服务业企业信用分析研究成果，已是第 9 次向社会发布。

　　2021 中国服务业企业信用 100 强的入围门槛为：企业综合信用指数为 90 分以上，且 2020 年净利润为 171000 万元以上，较 2020 中国服务业企业信用 100 强 2019 年的净利润 178000 万元下降了 7000 万元。

　　2021 中国服务业企业信用 100 强分析研究及发布活动，旨在通过中国服务业企业的信用环境、信用能力、信用行为三个方面对中国服务业企业的信用发展状况进行客观评价，为政府、行业、企业和社会提供参考依据。

一、2021 中国服务业企业信用 100 强分布特征

（一）2021 中国服务业企业信用 100 强行业分布特征

　　2021 中国服务业企业信用 100 强的行业分布，按照入围企业数量的多少排序分别为：证券及其他金融服务业企业有 16 家；房地产开发与经营、物业及房屋装饰、修缮、管理等服务业企业有 13 家；银行业企业有 12 家；多元化投资控股、商务服务业企业有 9 家；能源（电、热、燃气等）供应、开发、节能减排及再循环服务业企业，综合服务业（以服务业为主，含有制造业）企业各有 8 家；保险业企业，信息、传媒、电子商务、网购、娱乐等互联网服务业企业各有 6 家；电信、邮寄、速递等服务业企业有 4 家；医药专营批发、零售业及医疗服务业企业，商业零售业及连锁超市企业，公用事业、市政、水务、航道等公共设施投资、经营与管理业企业各有 3 家；港口服务业企业有 2 家；水上运输业企业，软件、程序、计算机应用、网络工程等计算机、微电子服务业企业，能源、矿产、化工、机电、金属产品等内外商贸批发业企业，农牧渔饲产品及生活消费品等内外商贸批发、零售业企业，综合性内外商贸及批发、零售业企业，科技研发、推广

及地勘、规划、设计、评估、咨询、认证等承包服务业企业，文化产业（书刊出版、印刷、发行与销售及影视、音像、文体、演艺等）企业各有 1 家。

2021 中国服务业企业信用 100 强行业分布见表 5-1。

表 5-1 2021 中国服务业企业信用 100 强行业分布

序号	行业	企业数(家)
1	能源(电、热、燃气等)供应、开发、节能减排及再循环服务业	8
2	水上运输业	1
3	港口服务业	2
4	电信、邮寄、速递等服务业	4
5	软件、程序、计算机应用、网络工程等计算机、微电子服务业	1
6	能源、矿产、化工、机电、金属产品等内外商贸批发业	1
7	农牧渔饲产品及生活消费品等内外商贸批发、零售业	1
8	综合性内外商贸及批发、零售业	1
9	医药专营批发、零售业及医疗服务业	3
10	商业零售业及连锁超市	3
11	银行业	12
12	保险业	6
13	证券及其他金融服务业	16
14	多元化投资控股、商务服务业	9
15	房地产开发与经营、物业及房屋装饰、修缮、管理等服务业	13
16	公用事业、市政、水务、航道等公共设施投资、经营与管理业	3
17	科技研发、推广及地勘、规划、设计、评估、咨询、认证等承包服务业	1
18	文化产业(书刊出版、印刷、发行与销售及影视、音像、文体、演艺等)	1
19	信息、传媒、电子商务、网购、娱乐等互联网服务业	6
20	综合服务业(以服务业为主,含有制造业)	8
	合计	100

从入围企业的行业分布情况来看，包括 20 个细分行业，较 2020 年中国服务业企业信用 100 强减少 5 个行业。从行业入围企业数量和集中度分析，仍然是证券及其他金融服务业，银行业，房地产开发与经营、物业及房屋装饰、修缮、管理等服务业的入围企业占比较高。

（二）2021 中国服务业企业信用 100 强地区分布特征

从 2021 中国服务业企业信用 100 强地区分布情况来看，东部地区有 8 个省（直辖市）共 76 家企业入围。其中，北京有 27 家，广东有 17 家，上海有 14 家，江苏、福建各有 6 家，浙江有 3 家，山东有 2 家，天津有 1 家。

中部地区有 5 个省共 9 家企业入围。其中，湖南有 3 家，安徽、湖北各有 2 家，黑龙江、江西各有 1 家。

西部地区有 6 个省（自治区、直辖市）共 15 家企业入围。其中，四川有 5 家，重庆有 4 家，新疆、云南各有 2 家，广西、内蒙古各有 1 家。

2021 中国服务业企业信用 100 强地区分布及变动情况见表 5-2。

表 5-2 2021 中国服务业企业信用 100 强地区分布及变动情况

区域	地区	入围企业数(家)		区域	地区	入围企业数(家)		区域	地区	入围企业数(家)	
		2021 年	2020 年			2021 年	2020 年			2021 年	2020 年
东部地区	北京	27	35	中部地区	安徽	2	1	西部地区	广西	1	
	广东	17	14		湖北	2	3		贵州		1
	河北		1		湖南	3	1		内蒙古	1	
	江苏	6	3		黑龙江	1			四川	5	3
	山东	2	3		江西	1			新疆	2	1
	上海	14	14		山西		1		云南	2	
	天津	1	2						重庆	4	4
	浙江	3	7						陕西		1
	辽宁		1								
	福建	6	4								
合计		76	84	合计		9	6	合计		15	10

从入围 2021 年中国服务业企业信用 100 强的企业的地区分布来看，东部地区与 2020 年相比减少了 8 家企业，而中部地区则比上年增加了 3 家，西部地区增加了 5 家。服务业企业信用 100 强入围企业仍然相对集中在东部地区，但东部地区入围企业占比由 2020 年的 84% 下降到 76%；而西部地区则由 2020 年的 10% 提高到 15%。

从集中度及其变动情况分析，北京减少了 8 家，广东增加了 3 家，上海持平，北上广地区共有 58 家企业入围，虽然总量与 2020 年相比减少了 5 家，但仍然是服务业 100 强高度集中地区，成为第一方阵；江苏、福建各有 6 家企业入围，形成第二方阵；其他为第三方阵，入围企业均不超过 5 家。

值得注意的是，2021 年四川、重庆共有 9 家企业入围，较 2020 年增加了 2 家，占西部地区总量的 60%，可见川渝地区也是服务业企业信用 100 强集中度相对较高的地区之一。

二、2021 中国服务业企业信用 100 强行业环境分析

（一）能源、交通、物流等行业信用环境影响性分析

1.能源（电、热、燃气等）供应、开发、节能减排及再循环服务业回落幅度较大

从能源（电、热、燃气等）供应、开发、节能减排及再循环服务业企业的信用环境分析来看，2020 年的景气指数为 102.73 点，比 2019 年的 114.23 点下降了 11.50 点；盈利指数为 99.71 点，比 2019 年的 108.03 点下降了 8.32 点；效益指数为 104.10 点，比 2019 年的 105.98 点下降了 1.88 点。

2011—2020 年能源（电、热、燃气等）供应、开发、节能减排及再循环服务业信用环境影响性分析见图 5-1。

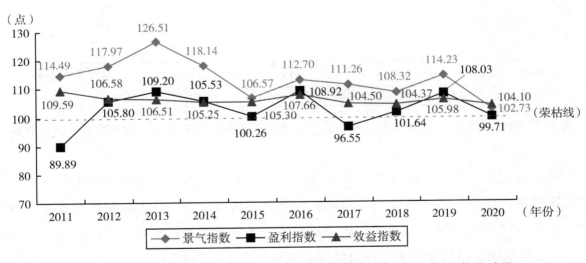

图 5-1　2011—2020 年能源（电、热、燃气等）供应、开发、节能减排及再循环服务业信用环境影响性分析

综合三项指数分析，能源（电、热、燃气等）供应、开发、节能减排及再循环服务业企业的整体运行呈现大幅下降的态势。其中，景气指数跌落到荣枯线附近，创 2011 年以来的最低

水平；盈利指数再次跌落到荣枯线以下；效益指数也创下自 2011 年以来的最低水平。该行业三项指数的大幅回落，主要原因是新冠肺炎疫情影响造成对电力等能源需求的减少。从企业规模分析来看，特大型企业和大型企业所受影响较为有限，而中小型企业受影响较为明显，未纳入样本企业中的小微企业和个体工商户受到的影响可能更为明显。预测 2021 年及后期市场，随着经济恢复和利好政策影响，能源需求将会扩大，该行业整体运行将会保持稳中有升的基本态势。

2.陆路运输、城市公交、道路及交通辅助等服务业全面负增长

从陆路运输、城市公交、道路及交通辅助等服务业企业的信用环境分析来看，2020 年的景气指数为 68.41 点，比 2019 年的 113.36 点下降了 44.95 点；盈利指数为 69.62 点，比 2019 年的 111.56 点下降了 41.94 点；效益指数为 105.98 点，比 2019 年的 109.60 点下降了 3.62 点。

2011—2020 年陆路运输、城市公交、道路及交通辅助等服务业信用环境影响性分析见图 5-2。

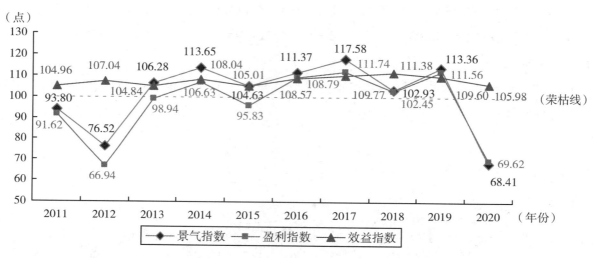

图 5-2　2011—2020 年陆路运输、城市公交、道路及交通辅助等服务业信用环境影响性分析

从图 5-2 中可以看出，2020 年陆路运输、城市公交、道路及交通辅助等服务业企业三项指数全面回落。其中，景气指数和盈利指数跌落到荣枯线以下，且下降的幅度较大，盈利指数已经接近 2012 年的历史最低水平，表明该行业进入全面负增长态势，亏损的企业面也有明显扩大。总体表明，该行业受新冠肺炎疫情影响和冲击较为严重。

3.航空运输及相关服务业呈现行业性亏损

从航空运输及相关服务业企业的信用环境分析来看，2020 年的景气指数为 35.08 点，比 2019 年的 108.64 点下降了 73.56 点；盈利指数为 38.67 点，比 2019 年的 103.75 点下降了 65.08 点；效益

指数为 90.34 点，比 2019 年的 104.82 点下降了 14.48 点。

2011—2020 年航空运输及相关服务业信用环境影响性分析见图 5-3。

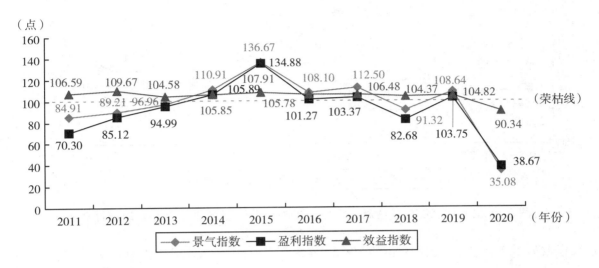

图 5-3 2011—2020 年航空运输及相关服务业信用环境影响性分析

从图 5-3 中可以看出，我国航空运输及相关服务业企业整体呈现行业性亏损状态。其中，景气指数和盈利指数再次跌落到荣枯线以下，且幅度较大；效益指数也首次跌落到荣枯线以下，表明该行业受新冠肺炎疫情影响和冲击极为严重，已经进入行业性亏损的严重状态。

4.物流、仓储、运输、配送服务业运行有明显改善

从物流、仓储、运输、配送服务业企业的信用环境分析来看，2020 年的景气指数为 103.38 点，比 2019 年的 102.16 点提高了 1.22 点；盈利指数为 103.49 点，比 2019 年的 97.63 点提高了 5.86 点；效益指数为 101.43 点，比 2019 年的 101.32 点提高了 0.11 点。

综合物流、仓储、运输、配送服务业企业的三项指数分析，该行业整体运行明显改善。其中，盈利指数回归到荣枯线以上，表明盈利水平有所提高。总体来看，该行业受新冠肺炎疫情影响较为有限。

2011—2020 年物流、仓储、运输、配送服务业信用环境影响性分析见图 5-4。

（二）矿产、化工、机电等服务业信用环境影响性分析

能源、矿产、化工、机电、金属产品等内外商贸批发业震荡上行。

从能源、矿产、化工、机电、金属产品等内外商贸批发业企业的信用环境分析来看，2020 年

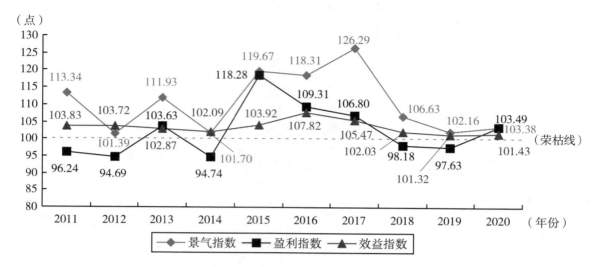

图 5-4 2011—2020 年物流、仓储、运输、配送服务业信用环境影响性分析

的景气指数为 113.42 点，比 2019 年的 106.83 点提高了 6.59 点；盈利指数为 109.66 点，比 2019 年的 102.21 点提高了 7.45 点；效益指数为 105.65 点，比 2019 年的 106.22 点下降了 0.57 点。

2011—2020 年能源、矿产、化工、机电、金属产品等内外商贸批发业信用环境影响性分析见图 5-5。

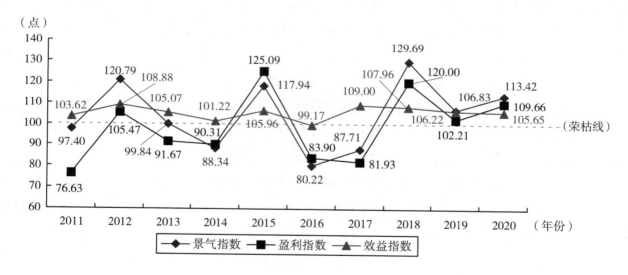

图 5-5 2011—2020 年能源、矿产、化工、机电、金属产品等内外商贸批发业信用环境影响性分析

从图 5-5 中可以看出，能源、矿产、化工、机电、金属产品等内外商贸批发业企业的三项指数处于震荡上升状态。虽然景气指数和盈利指数有明显提升，但效益指数有所下降，表明其整体经营效益并未有明显改善。从总体趋势来看，该行业仍将具有周期性波动的特征。预

测后期市场，由于受大宗商品价格波动影响，该行业也将存在不确定性和一定的下行压力。

（三）农牧渔饲产品及生活消费品等内外商贸批发、零售业

1.农牧渔饲产品及生活消费品等内外商贸批发、零售业反弹明显

从农牧渔饲产品及生活消费品等内外商贸批发、零售业企业的信用环境分析来看，2020 年的景气指数为 107.87 点，比 2019 年的 82.60 点提高了 25.27 点；盈利指数为 106.45 点，比 2019 年的 86.30 点提高了 20.15 点；效益指数为 101.96 点，比 2019 年的 98.95 点提高了 3.01 点。

2011—2020 年农牧渔饲产品及生活消费品等内外商贸批发、零售业信用环境影响性分析见图 5-6。

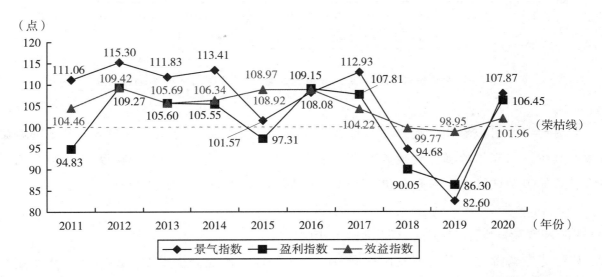

图 5-6 2011—2020 年农牧渔饲产品及生活消费品等内外商贸批发、零售业信用环境影响性分析

综合三项指数分析，农牧渔饲产品及生活消费品等内外商贸批发、零售业企业总体呈现明显反弹特征，三项指数重新跃到荣枯线以上，表明该行业整体经营形势有明显改善。该行业的这一情况可能与新冠肺炎疫情下的需求扩大有关。总体来看，该行业受新冠肺炎疫情影响较为有限。由于需求持续旺盛以及价格因素影响，预测 2021 年及后期市场，该行业仍将保持合理增速，但也具有一定的不确定性。

2.商业零售业及连锁超市下行压力进一步加大

从商业零售业及连锁超市企业的信用环境分析来看，2020 年的景气指数为 69.18 点，比 2019 年的 98.62 点下降了 29.44 点；盈利指数为 80.33 点，比 2019 年的 93.21 点下降了 12.88 点；效益指

数为 100.33 点，比 2019 年的 101.96 点下降了 1.63 点。

2011—2020 年商业零售业及连锁超市信用环境影响性分析见图 5-7。

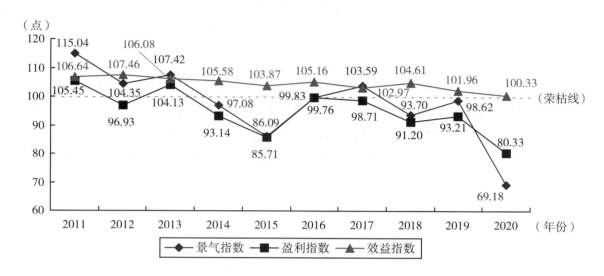

图 5-7　2011—2020 年商业零售业及连锁超市信用环境影响性分析

从图 5-7 中可以看出，商业零售业及连锁超市企业总体上呈现下行态势，且下降的幅度较大。其中，景气指数和盈利指数处于荣枯线以下深度区间，负增长的幅度较 2019 年有明显扩大，总体表明该行业受新业态和新冠肺炎疫情的双重冲击，经营形势更为严峻。

3.医药专营批发、零售业及医疗服务业稳中有降

从医药专营批发、零售业及医疗服务业企业的信用环境分析来看，2020 年的景气指数为 106.41 点，比 2019 年的 113.69 点下降了 7.28 点；盈利指数为 99.87 点，比 2019 年的 104.44 点下降了 4.57 点；效益指数为 102.20 点，比 2019 年的 100.78 点提高了 1.42 点。

2011—2020 年医药专营批发、零售业及医疗服务业信用环境影响性分析见图 5-8。

从图 5-8 中可以看出，医药专营批发、零售业及医疗服务业企业总体呈现稳中有降的基本态势。三项指数中景气指数和盈利指数均有所回落，尤其是盈利指数处于荣枯线以下；效益指数则有所回升，表明该行业整体受新冠肺炎疫情影响较为有限。预测 2021 年及后期市场，该行业仍将运行在相对合理的增长区间，出现较大波动的可能性不大。

4.信息、传媒、电子商务、网购、娱乐等互联网服务业下行压力持续加大

从信息、传媒、电子商务、网购、娱乐等互联网服务业企业的信用环境分析来看，2020 年的景气指数为 91.46 点，比 2019 年的 97.15 点下降了 5.69 点；盈利指数为 92.53 点，比 2019 年的

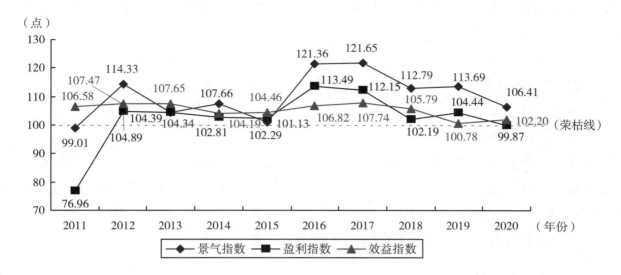

图 5-8 2011—2020 年医药专营批发、零售业及医疗服务业信用环境影响性分析

95.84 点下降了 3.31 点；效益指数为 104.65 点，比 2019 年的 98.52 点提高了 6.13 点。

2013—2020 年信息、传媒、电子商务、网购、娱乐等互联网服务业信用环境影响性分析见图 5-9。

图 5-9 2013—2020 年信息、传媒、电子商务、网购、娱乐等互联网服务业信用环境影响性分析

综合三项指数分析，信息、传媒、电子商务、网购、娱乐等互联网服务业企业总体呈现下行压力持续加大的态势。三项指数中景气指数和盈利指数持续运行在荣枯线以下，效益指数回归到荣枯线以上。该行业下行压力并未有明显减轻的迹象，但整体效益有所好转。预测 2021 年及后期市

场，由于受元宇宙新体验等创新要素的驱动，该行业或将迎来新的发展机遇，市场空间也将会得到进一步拓展。

（四）银行、证券、保险等金融服务业信用环境影响性分析

1.银行业整体运行稳中有降

从银行业企业的信用环境分析来看，2020 的景气指数为 104.63 点，比 2019 年的 113.62 点下降了 8.99 点；盈利指数为 97.60 点，比 2019 年的 105.23 点下降了 7.63 点；效益指数为 111.18 点，比 2019 年的 112.50 点下降了 1.32 点。

2011—2020 年银行业信用环境影响性分析见图 5-10。

图 5-10 2011—2020 年银行业信用环境影响性分析

综合三项指数分析，银行业企业总体呈现稳中有降的态势。其中，景气指数和盈利指数有较大幅度的回落，尤其是盈利指数自 2011 年以来首次回落 100 点以下，但负增长的幅度有限。总体来看，该行业政策性调整的效果持续显现，有利于降低实体经济的融资成本。预测后期市场，该行业适度保持相对低位运行将是一个总体趋势。

2.证券及其他金融服务业震荡下行

从证券及其他金融服务业企业的信用环境分析来看，2020 年的景气指数为 122.94 点，比 2019 年的 150.72 点下降了 27.78 点；盈利指数为 110.93 点，比 2019 年的 132.46 点下降了 21.53 点；效益指数为 110.03 点，比 2019 年的 110.59 点下降了 0.56 点。

2013—2020 年证券及其他金融服务业信用环境影响性分析见图 5-11。

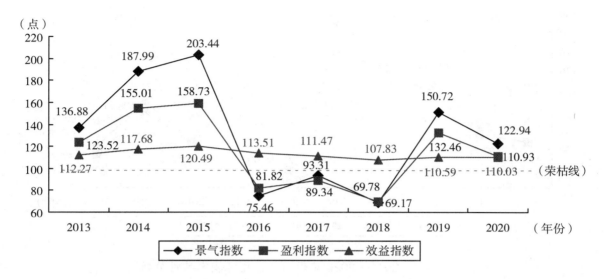

图 5-11 2013—2020 年证券及其他金融服务业信用环境影响性分析

从图 5-11 中可以看出，证券及其他金融服务业企业呈现震荡下行态势，三项指数均有所下降，但仍保持在 110 点以上的相对高位运行，表明该行业仍然保持较高的景气度，盈利能力也保持相对较高水平。随着资本市场的相对活跃，预测 2021 年及后期市场，该行业保持较高增速的可能性较大，出现大幅波动的可能性较小。

3.保险业震荡下行

从保险业企业的信用环境分析来看，2020 年的景气指数为 91.58 点，比 2019 年的 113.68 点下降了 22.10 点；盈利指数为 86.77 点，比 2019 年的 108.71 点下降了 21.94 点；效益指数为 104.20 点，比 2019 年的 104.00 点提高了 0.20 点。

2011—2020 年保险业信用环境影响性分析见图 5-12。

从图 5-12 中可以看出，保险业企业总体呈现震荡下行的态势。其中，景气指数和盈利指数再次跌落到荣枯线以下，且跌幅较大。综合来看，该行业仍具有周期性波动特征，但波幅有所减小。预测后期市场，该行业仍将在相对低位区间运行，震幅也将会进一步减弱趋稳。

（五）多元化投资、房地产开发等服务业信用环境影响性分析

1.多元化投资控股、商务服务业运行平稳

从多元化投资控股、商务服务业企业的信用环境分析来看，2020 年的景气指数为 108.40 点，

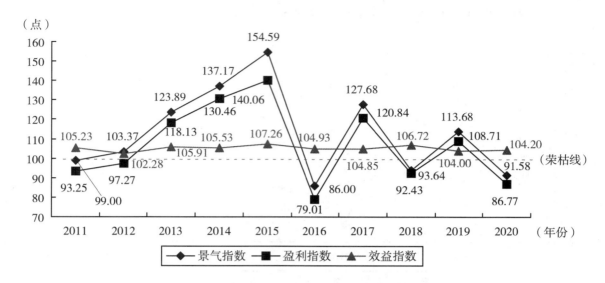

图 5-12 2011—2020 年保险业信用环境影响性分析

比 2019 年的 109.73 点下降了 1.33 点；盈利指数为 102.42 点，比 2019 年的 100.10 点提高了 2.32 点；效益指数为 104.08 点，比 2019 年的 105.34 点下降了 1.26 点。

2011—2020 年多元化投资控股、商务服务业信用环境影响性分析见图 5-13。

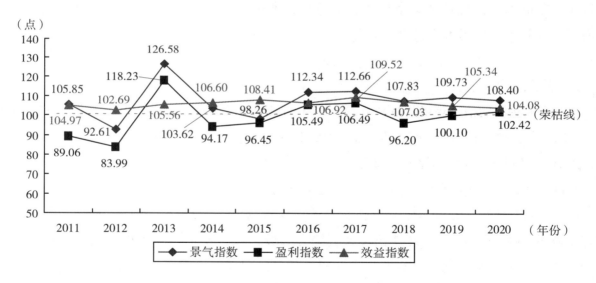

图 5-13 2011—2020 年多元化投资控股、商务服务业信用环境影响性分析

从图 5-13 中可以看出，多元化投资控股、商务服务业企业总体呈现平稳运行的态势。其中，景气指数和效益指数小幅回落，盈利指数小幅回升，其波动范围在合理区间。这一情况表明，该行业的总体投资状态持续稳定，受新冠肺炎疫情影响较为有限。预测该行业后期市场仍将会保持相对平稳的运行态势。

2.房地产开发与经营、物业及房屋装饰、修缮、管理等服务业下行压力明显加大

从房地产开发与经营、物业及房屋装饰、修缮、管理等服务业企业的信用环境分析来看，2020 年的景气指数为 96.52 点，比 2019 年的 111.81 点下降了 15.29 点；盈利指数为 88.06 点，比 2019 年的 105.47 点下降了 17.41 点；效益指数为 102.38 点，比 2019 年的 106.99 点下降了 4.61 点。

2011—2020 年房地产开发与经营、物业及房屋装饰、修缮、管理等服务业信用环境影响性分析见图 5-14。

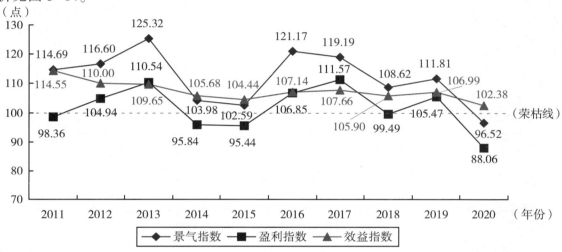

图 5-14 2011—2020 年房地产开发与经营、物业及房屋装饰、修缮、管理等
服务业信用环境影响性分析

从图 5-14 中可以看出，房地产开发与经营、物业及房屋装饰、修缮、管理等服务业企业下行压力明显加大，三项指数均跌落到自 2011 年以来的历史最低水平。其中，景气指数和盈利指数双双跌破荣枯线，尤其是盈利指数更是跌破 90 点，表明整体盈利能力明显减弱，部分企业可能出现亏损，整体经营状况不容乐观。预测后期市场，该行业受新冠肺炎疫情和消费疲软的双重影响，将维持下行态势，短期内难以有大的起色。

（六）科技、文化等服务业信用环境影响性分析

1.科技研发、推广及地勘、规划、设计、评估、咨询、认证等承包服务业延续下行态势

从科技研发、推广及地勘、规划、设计、评估、咨询、认证等承包服务业企业的信用环境分析

来看，2020 年的景气指数为 98.70 点，比 2019 年的 119.52 点下降了 20.82 点；盈利指数为 92.08 点，比 2019 年的 107.57 点下降了 15.49 点；效益指数为 104.42 点，比 2019 年的 105.81 点下降了 1.39 点。

2011—2020 年科技研发、推广及地勘、规划、设计、评估、咨询、认证等承包服务业信用环境影响性分析见图 5-15。

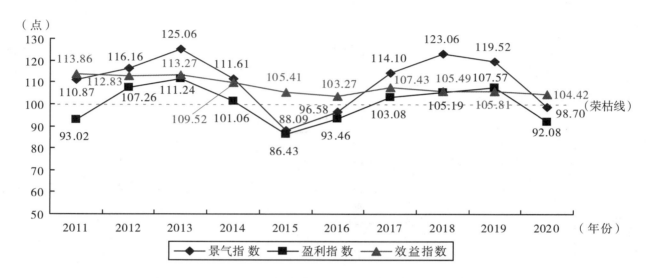

图 5-15 2011—2020 年科技研发、推广及地勘、规划、设计、评估、咨询、认证等承包服务业信用环境影响性分析

综合三项指数可以看出，科技研发、推广及地勘、规划、设计、评估、咨询、认证等承包服务业企业整体呈现持续下行的态势。三项指数均有所回落，其中景气指数和盈利指数双双跌破荣枯线，但负增长的幅度较为有限；效益指数也有所下降。总体分析来看，该行业也明显受到新冠肺炎疫情影响。预测后期市场，随着新冠肺炎疫情常态化防控和经济恢复性增长，投资环境将会得到改善，行业整体经营形势也将会有所改善。

2.文化产业（书刊出版、印刷、发行与销售及影视、音像、文体、演艺等）持续低迷

从文化产业（书刊出版、印刷、发行与销售及影视、音像、文体、演艺等）企业的信用环境分析来看，2020 年的景气指数为 69.40 点，比 2019 年的 86.76 点下降了 17.36 点；盈利指数为 67.40 点，比 2019 年的 89.68 点下降了 22.28 点；效益指数为 91.16 点，比 2019 年的 96.05 点下降了 4.89 点。

2013—2020 年文化产业（书刊出版、印刷、发行与销售及影视、音像、文体、演艺等）信用环境影响性分析见图 5-16。

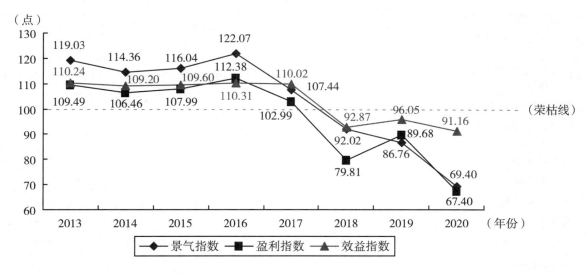

图 5-16 2013—2020 年文化产业（书刊出版、印刷、发行与销售及影视、音像、文体、演艺等）信用环境影响性分析

从图 5-16 中可以看出，文化产业（书刊出版、印刷、发行与销售及影视、音像、文体、演艺等）企业整体呈现持续低迷的状态，三项指数仍然深潜在荣枯线以下，且再创自 2011 年以来的历史新低。尤其是景气指数和盈利指数下潜的幅度较大，表明该行业景气度和盈利能力持续减弱。预测 2021 年及后期市场，该行业仍然会持续下行态势，且下行压力将会进一步加大。

（七）2020 年服务业信用环境行业特征分析

1.2020 年服务业细分行业指数综合分析

2020 年景气指数下降的细分行业有 23 个，占服务业 28 个细分行业的 82.14%；有 16 个细分行业的景气指数处在荣枯线以下，占服务业 28 个细分行业的 57.14%。

2020 年盈利指数下降的细分行业有 22 个，占服务业 28 个细分行业的 78.57%；有 19 个细分行业的盈利指数处在荣枯线以下，占服务业 28 个细分行业的 67.86%。

2020 年效益指数下降的细分行业有 20 个，占服务业 28 个细分行业的 71.43%；有 6 个细分行业的盈利指数处在荣枯线以下，占服务业 28 个细分行业的 21.43%。

2020 年服务业信用环境行业特征汇总分析见表 5-3。

从表 5-3 中可以看出，2020 年服务业细分行业景气指数超过 110 点的行业有 3 个，分别为：证券及其他金融服务业 122.94 点，能源、矿产、化工、机电、金属产品等内外商贸批发业 113.42 点，汽车和摩托车商贸、维修保养及租赁业 111.81 点。

表 5-3 2020 年服务业信用环境行业特征汇总分析

序号	行业	景气指数		盈利指数		效益指数		盈亏系数	
		本期	同比(±)	本期	同比(±)	本期	同比(±)	本期	上期
1	能源(电、热、燃气等)供应、开发、节能减排及再循环服务业	102.73	−11.50	99.71	−8.32	104.10	−1.88	0.116	0.024
2	铁路运输及辅助服务业	108.34	0.54	109.31	6.22	103.89	−3.64	0.044	0.000
3	陆路运输、城市公交、道路及交通辅助等服务业	68.41	−44.95	69.62	−41.94	105.98	−3.62	0.313	0.019
4	水上运输业	106.30	−9.03	106.55	−4.86	108.40	0.80	0.000	0.000
5	港口服务业	91.65	−18.49	91.09	−14.68	105.99	−2.18	0.020	0.010
6	航空运输及相关服务业	35.08	−73.56	38.67	−65.08	90.34	−14.48	130.940	0.000
7	航空港及相关服务业	21.62	−98.25	20.21	−94.09	94.67	−15.40	26.734	0.000
8	电信、邮寄、速递等服务业	92.77	−16.05	88.86	−4.12	103.75	1.47	0.000	0.011
9	软件、程序、计算机应用、网络工程等计算机、微电子服务业	98.40	−8.93	93.79	−5.76	101.42	−0.92	0.413	0.919
10	物流、仓储、运输、配送服务业	103.38	1.22	103.49	5.86	101.43	0.11	0.031	0.684
11	能源、矿产、化工、机电、金属产品等内外商贸批发业	113.42	6.59	109.66	7.45	105.65	−0.57	0.080	0.707
12	农牧渔饲产品及生活消费品等内外商贸批发、零售业	107.87	25.27	106.45	20.15	101.96	3.01	0.181	0.707
13	综合性内外商贸及批发、零售业	99.04	−8.44	98.37	−5.24	105.37	2.16	0.027	0.143
14	汽车和摩托车商贸、维修保养及租赁业	111.81	15.00	113.65	17.54	107.04	−0.02	0.051	0.007
15	医药专营批发、零售业及医疗服务业	106.41	−7.28	99.87	−4.57	102.20	1.42	0.113	0.161
16	商业零售业及连锁超市	69.18	−29.44	80.33	−12.88	100.33	−1.63	0.721	0.229
17	银行业	104.63	−8.99	97.60	−7.63	111.18	−1.32	0.000	0.000
18	保险业	91.58	−22.10	86.77	−21.94	104.20	0.20	0.008	0.012
19	证券及其他金融服务业	122.94	−27.78	110.93	−21.53	110.03	−0.56	0.009	0.029
20	多元化投资控股、商务服务业	108.40	−1.33	102.42	2.32	104.08	−1.26	0.044	0.026
21	房地产开发与经营、物业及房屋装饰、修缮、管理等服务业	96.52	−15.29	88.06	−17.41	102.38	−4.61	0.046	0.020
22	旅游、旅馆及娱乐服务业	34.88	−57.38	40.28	−44.26	85.97	−10.23	1.004	0.420
23	公用事业、市政、水务、航道等公共设施投资、经营与管理业	109.80	−3.41	104.49	−4.51	104.53	−1.07	0.068	0.147
24	人力资源(职业教育、培训等)、会展博览、国内外经济合作等社会综合服务业	69.71	−42.16	77.26	−29.17	94.31	−13.89	1.640	0.000
25	科技研发、推广及地勘、规划、设计、评估、咨询、认证等承包服务业	98.70	−20.82	92.08	−15.49	104.42	−1.39	0.235	0.108
26	文化产业(书刊出版、印刷、发行与销售及影视、音像、文体、演艺等)	69.40	−17.36	67.40	−22.28	91.16	−4.89	1.051	0.538
27	信息、传媒、电子商务、网购、娱乐等互联网服务业	91.46	−5.69	92.53	−3.31	104.65	6.13	0.045	0.110
28	综合服务业(以服务业为主,含有制造业)	96.31	−2.55	93.24	−7.73	98.46	−2.17	0.119	0.192

注:盈亏系数=行业亏损总额/行业净利润总额,数值越高,亏损比率越大。数值为1则盈亏相等,数值为0则无亏损额。

2020 年盈利指数超过 110 点的行业有 2 个，分别为：汽车和摩托车商贸、维修保养及租赁业 113.65 点，证券及其他金融服务业 110.93 点。

2020 年效益指数超过 110 点的行业有 2 个，分别为：银行业 111.18 点，证券及其他金融服务业 110.03 点。

2020 年景气指数和盈利指数均低于 50 点的行业有 3 个，分别为：航空运输及相关服务业 35.08 点和 38.67 点，航空港及相关服务业 21.62 点和 20.21 点，旅游、旅馆及娱乐服务业 34.88 点和 40.28 点。上述 3 个行业受新冠肺炎疫情影响极为严重，可能导致行业性亏损，需要引起业界的高度关注。同时，效益指数低于荣枯线的行业，亏损的企业面有可能明显扩大，也需要引起警觉。

2.2020 年服务业细分行业盈亏系数综合分析

2020 年服务业细分行业中盈亏系数为"0"（无亏损额）的行业有 3 个，分别为：水上运输业，电信、邮寄、速递等服务业，银行业。

2020 年服务业细分行业中盈亏系数大于 0 小于 0.10（有亏损额，亏损比率小于 10%）的行业有 12 个，分别为：保险业 0.008，证券及其他金融服务业 0.009，港口服务业 0.020，综合性内外商贸及批发、零售业 0.027，物流、仓储、运输、配送服务业 0.031，铁路运输及辅助服务业 0.044，多元化投资控股、商务服务业 0.044，信息、传媒、电子商务、网购、娱乐等互联网服务业 0.045，房地产开发与经营、物业及房屋装饰、修缮、管理等服务业 0.046，汽车和摩托车商贸、维修保养及租赁业 0.051，公用事业、市政、水务、航道等公共设施投资、经营与管理业 0.068，能源、矿产、化工、机电、金属产品等内外商贸批发业 0.080。

2020 年服务业细分行业中盈亏系数大于 0.10 小于 1.00（亏损比率大于 10% 小于 100%）的行业有 8 个，分别为：医药专营批发、零售业及医疗服务业 0.113，能源（电、热、燃气等能）供应、开发、节能减排及再循环服务业 0.116，综合服务业（以服务业为主，含有制造业）0.119，农牧渔饲产品及生活消费品等内外商贸批发、零售业 0.181，科技研发、推广及地勘、规划、设计、评估、咨询、认证等承包服务业 0.235，陆路运输、城市公交、道路及交通辅助等服务业 0.313，软件、程序、计算机应用、网络工程等计算机、微电子服务业 0.413，商业零售业及连锁超市 0.721。

2020 年服务业细分行业中盈亏系数大于 1.00（亏损比率大于 100%）的行业有 5 个，分别为：旅游、旅馆及娱乐服务业 1.004，文化产业（书刊出版、印刷、发行与销售及影视、音像、文体、演艺等）1.051，人力资源（职业教育、培训等）、会展博览、国内外经济合作等社会综合服务业 1.640，航空港及相关服务业 26.734，航空运输及相关服务业 130.940。

2020 年无行业亏损额或盈亏系数较小的行业共计 15 个，占全部服务业 28 个细分行业的 53.57%。行业亏损额或盈亏系数较大的行业共计 13 个，占全部服务业 28 个细分行业的 46.43%，其中出现行业性亏损的行业有 5 个，占全部服务业 28 个细分行业的 17.86%。航空港及相关服务业，航空运输及相关服务业在服务业中亏损比率最高。

三、2021 中国服务业企业信用 100 强行业效益变化趋势分析

（一）能源、交通、物流等行业经济效益变化趋势分析

1.能源（电、热、燃气等）供应、开发、节能减排及再循环服务业增速明显减缓

第一，从收益性指标分析。2020 年能源（电、热、燃气等）供应、开发、节能减排及再循环服务业企业营收利润率为 4.48%，同比下降了 3.82 个百分点；资产利润率为 2.33%，同比下降了 0.99 个百分点；所有者权益报酬率为 5.48%，同比下降了 0.84 个百分点。

2011—2020 年能源（电、热、燃气等）供应、开发、节能减排及再循环服务业收益性指标变化趋势分析见图 5-17。

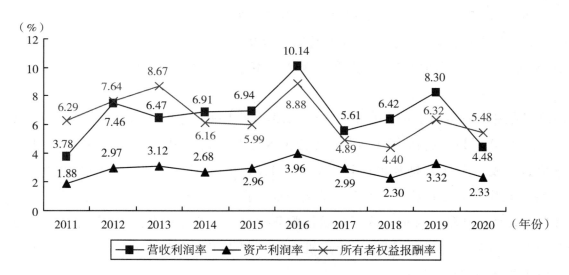

图 5-17 2011—2020 年能源（电、热、燃气等）供应、开发、节能减排
及再循环服务业收益性指标变化趋势分析

从图 5-17 中可以看出，该行业三项收益性指标呈现明显的下行态势。营收利润率和资产利润率回落明显，总体表明该行业盈利能力减弱，整体经营形势下行压力加大，恢复性增长

的基础尚不稳固，不稳定和不确定因素仍然存在。

第二，从成长性指标分析。2020 年能源（电、热、燃气等）供应、开发、节能减排及再循环服务业企业营收增长率为 4.58%，同比下降了 9.83 个百分点；利润增长率为 0.89%，同比下降了 13.17 个百分点；资产增长率为 13.41%，同比提高了 2.92 个百分点；人员增长率为 2.84%，同比下降了 2.20 个百分点。

2011—2020 年能源（电、热、燃气等）供应、开发、节能减排及再循环服务业成长性指标变化趋势分析见图 5-18。

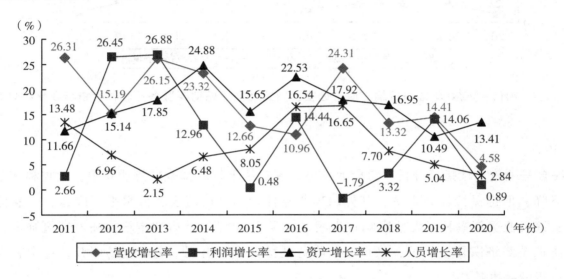

图 5-18 2011—2020 年能源（电、热、燃气等）供应、开发、节能减排
及再循环服务业成长性指标变化趋势分析

综合四项成长性指标分析，该行业总体上呈现震荡下行的运行态势。其中，营收增长率和利润增长率下降幅度较大，但仍然保持了正增长；资产增长率有较大幅度的提升，且保持在高位运行。总体分析来看，该行业尽管受新冠肺炎疫情影响增速放缓，但经营形势持续向好的基本面并未改变。随着新冠肺炎疫情的常态化防控和经济恢复性增长，预测 2021 年及后期市场，在新能源和绿色电力等利好政策和刚需旺盛的拉动下，该行业仍将会保持相对较高的增长速度。

2.陆路运输、城市公交、道路及交通辅助等服务业增速持续放缓

第一，从收益性指标分析。2020 年陆路运输、城市公交、道路及交通辅助等服务业企业营收利润率为 13.91%，同比下降了 5.48 个百分点；资产利润率为 1.48%，同比下降了 1.55 个百分点；所有者权益报酬率为 2.54%，同比下降了 3.84 个百分点。

2011—2020 年陆路运输、城市公交、道路及交通辅助等服务业收益性指标变化趋势分析见

图 5-19　2011—2020 年陆路运输、城市公交、道路及交通辅助等服务业收益性指标变化趋势分析

图 5-19。

综合三项收益性指标分析，该行业总体呈现持续下行的基本态势。其中，营收利润率虽有明显下降，但仍保持较高水平；其他两项收益性指标则回落至较低水平区间运行。总体分析来看，该行业受新冠肺炎疫情影响较为明显。预测 2021 年及后期市场，随着新冠肺炎疫情常态化防控及经济恢复性增长，该行业的收益性指标将会出现一定幅度的回升，稳中有升将是今后运行的基本趋势。

第二，从成长性指标分析。2020 年陆路运输、城市公交、道路及交通辅助等服务业企业营收增长率为-8.33%，同比下降了 9.59 个百分点；利润增长率为-54.86%，同比下降了 80.33 个百分点；资产增长率为 9.81%，同比提高了 2.29 个百分点；人员增长率为 1.72%，同比提高了 3.60 个百分点。

2011—2020 年陆路运输、城市公交、道路及交通辅助等服务业成长性指标变化趋势分析见图 5-20。

综合四项成长性指标分析，该行业主要经营性成长指标呈现大幅下降的态势。其中，营收增长率表现为较大幅度的负增长，利润增长率负增长的幅度较大，不过利润增长率是从近年来最高点的回落。预测 2021 年及后期市场，该行业将会有反弹的有利条件，但反弹的力度不会很大。

3.物流、仓储、运输、配送服务业低位运行

第一，从收益性指标分析。2020 年物流、仓储、运输、配送服务业企业营收利润率为 1.46%，同比提高了 1.09 个百分点；资产利润率为 1.14%，同比提高了 0.70 个百分点；所有者权益报酬率为 1.69%，同比下降了 3.74 个百分点。

2011—2020 年物流、仓储、运输、配送服务业收益性指标变化趋势分析见图 5-21。

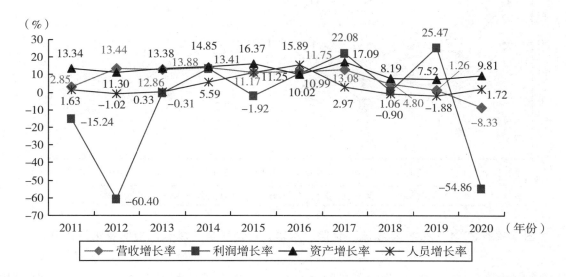

图 5-20 2011—2020 年陆路运输、城市公交、道路及交通辅助等服务业成长性指标变化趋势分析

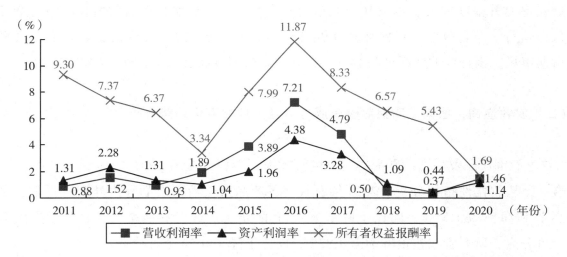

图 5-21 2011—2020 年物流、仓储、运输、配送服务业收益性指标变化趋势分析

从图 5-21 中可以看出，该行业三项收益性指标呈现低位运行的态势。其中，营收利润率和资产利润率虽有回升，但幅度较小。总体来看，该行业处于微利状态。

第二，从成长性指标分析。2020 年物流、仓储、运输、配送服务业企业营收增长率为 2.11%，同比下降了 2.35 个百分点；利润增长率为 4.66%，同比提高了 4.80 个百分点；资产增长率为 12.20%，同比提高了 9.87 个百分点；人员增长率为 1.20%，同比提高了 2.67 个百分点。

2011—2020 年物流、仓储、运输、配送服务业成长性指标变化趋势分析见图 5-22。

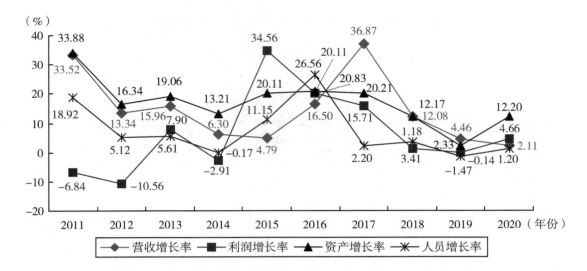

图 5-22　2011—2020 年物流、仓储、运输、配送服务业成长性指标变化趋势分析

从成长性指标分析，该行业并未有明显好转。其中，营收增长率持续下行且下降的幅度较大，创自 2011 年以来的最低水平；利润增长率虽有一定幅度的增长，但为基于低位的回升；资产增长率提升幅度较大，也为基于上年的低位回升；人员增长率由负增长转为正增长，但处于低位运行。结合收益性指标综合分析来看，该行业受新冠肺炎疫情影响有限，预测 2021 年及后期市场，该行业的活跃度将会有所提高，增长速度将会明显加快。

（二）农牧渔饲、医药、商业零售等服务业经济效益变化趋势分析

1.农牧渔饲产品及生活消费品等内外商贸批发、零售业震荡下行

第一，从收益性指标分析。2020 年农牧渔饲产品及生活消费品等内外商贸批发、零售业企业营收利润率为 1.55%，同比下降了 8.77 个百分点；资产利润率为 1.88%，同比下降了 0.54 个百分点；所有者权益报酬率为 4.82%，同比下降了 0.54 个百分点。

2011—2020 年农牧渔饲产品及生活消费品等内外商贸批发、零售业收益性指标变化趋势分析见图 5-23。

综合三项收益性指标分析，该行业总体呈现震荡调整的基本态势。其中，营收利润率由 2019 年的异常高位较大幅度回落，资产利润率小幅下降，所有者权益报酬率持续下降。整体分析来看，该行业处于震荡调整期。

第二，从成长性指标分析。2020 年农牧渔饲产品及生活消费品等内外商贸批发、零售业企业营收增长率为-1.57%，同比下降了 13.15 个百分点；利润增长率为 17.31%，同比提高了 12.32 个百分点；资产增长率为 6.20%，同比下降了 2.54 个百分点；人员增长率为-1.72%，同

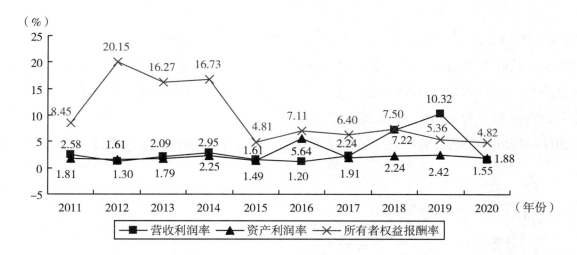

图 5-23 2011—2020 年农牧渔饲产品及生活消费品等内外商贸批发、零售业收益性指标变化趋势分析

比提高了 0.01 个百分点。

2011—2020 年农牧渔饲产品及生活消费品等内外商贸批发、零售业成长性指标变化趋势分析见图 5-24。

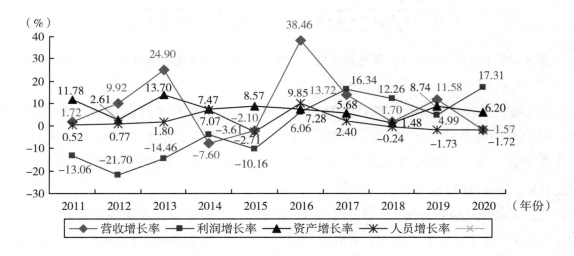

图 5-24 2011—2020 年农牧渔饲产品及生活消费品等内外商贸批发、零售业成长性指标变化趋势分析

综合农牧渔饲产品及生活消费品等内外商贸批发、零售业企业成长性指标变化趋势分析，营收增长率由 2019 年的高位回落，利润增长率由 2019 年的低位反弹，资产规模增速有小幅下降，但总体运行相对平稳，人员规模仍处于负增长状态。结合收益性指标分析，该行业震荡调整迹象明显，受新冠肺炎疫情影响较为有限。预测 2021 年及后期市场，该行业仍将处于周期性震荡调整阶段，

但受价格波动影响，总体运行仍有上升的市场空间和利润空间，但不稳定和不确定因素增多。

2.医药专营批发、零售业及医疗服务业运行相对平稳

第一，从收益性指标分析。2020 年医药专营批发、零售业及医疗服务业企业的营收利润率为 2.21%，同比提高了 1.75 个百分点；资产利润率为 2.15%，同比提高了 0.16 个百分点；所有者权益报酬率为 7.78%，同比提高了 4.59 个百分点。

2011—2020 年医药专营批发、零售业及医疗服务业收益性指标变化趋势分析见图 5-25。

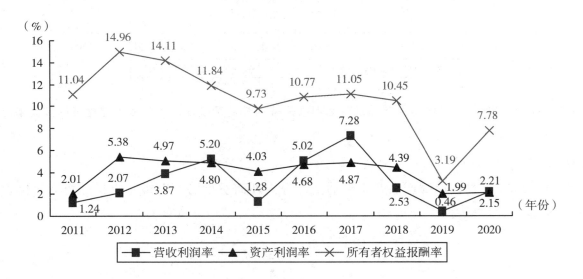

图 5-25 2011—2020 年医药专营批发、零售业及医疗服务业收益性指标变化趋势分析

综合三项收益性指标分析，该行业的三项指标总体运行相对平稳。其中，营收利润率低位反弹，但回升的幅度有限；资产利润率略有提高；所有者权益报酬率有较大幅度的提升。但综合分析来看，该行业延续了低位运行的态势，盈利水平处于相对较低水平区间，表明该行业的盈利能力并未有明显提高。

第二，从成长性指标分析。2020 年医药专营批发、零售业及医疗服务业企业营收增长率为 10.83%，同比下降了 5.79 个百分点；利润增长率为 2.00%，同比下降了 12.50 个百分点；资产增长率为 17.59%，同比提高了 3.87 个百分点；人员增长率为 4.93%，同比下降了 1.58 个百分点。

2011—2020 年医药专营批发、零售业及医疗服务业成长性指标变化趋势分析见图 5-26。

综合成长性指标变化趋势分析，该行业总体上延续了下行的态势。其中，营收增长率和利润增长率有较大幅度的回落，表明受新冠肺炎疫情影响，该行业的市场空间有明显萎缩；但资产增长率有明显回升，表明其规模扩张加快，对后期市场持续好看。总体来看，该行业仍将处于波动调整期，存在一定的不稳定性和不确定性。

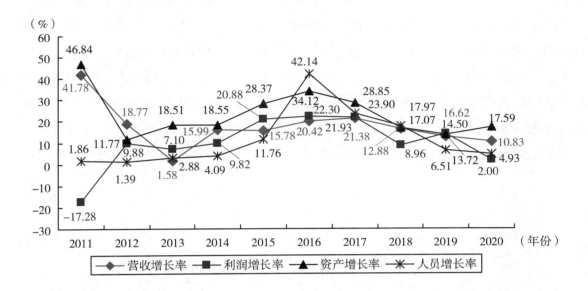

图 5-26 2011—2020 年医药专营批发、零售业及医疗服务业成长性指标变化趋势分析

3.商业零售业及连锁超市持续低位运行

第一,从收益性指标分析。2020 年商业零售业及连锁超市企业营收利润率为 0.38%,同比下降了 0.76 个百分点;资产利润率为 0.34%,同比下降了 0.39 个百分点;所有者权益报酬率为 1.88%,同比下降了 5.76 个百分点。

2011—2020 年商业零售业及连锁超市收益性指标变化趋势分析见图 5-27。

图 5-27 2011—2020 年商业零售业及连锁超市收益性指标变化趋势分析

综合三项收益性指标分析，该行业总体呈现持续低位运行的态势，且下行压力进一步加大。该行业的亏损企业面由 2019 年的 11.96% 扩大到 20%，亏损比率由 2019 年的 22.90% 扩大到 72.13%。由此可见，该行业的盈利能力持续减弱，已经处于微利经营状态。

第二，从成长性指标分析。2020 年商业零售业及连锁超市企业营收增长率为 -25.38%，同比下降了 27.50 个百分点；利润增长率为 -36.26%，同比下降了 31.38 个百分点；资产增长率为 4.32%，同比下降了 2.06 个百分点；人员增长率为 -3.39%，同比下降了 2.14 个百分点。

2011—2020 年商业零售业及连锁超市成长性指标变化趋势分析见图 5-28。

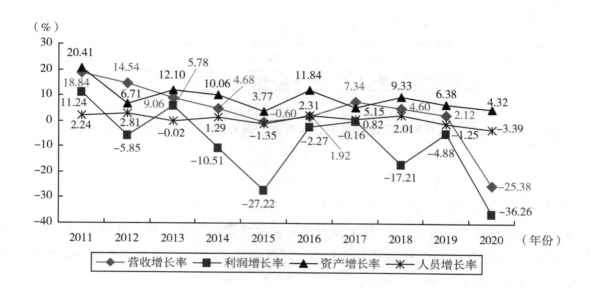

图 5-28 2011—2020 年商业零售业及连锁超市成长性指标变化趋势分析

综合成长性指标变化趋势分析，该行业有三项成长性指标表现为负增长，尤其是营收增长率和利润增长率负增长的幅度较大，表明该行业受新冠肺炎疫情影响较为严重，总体经营形势严峻。在新冠肺炎疫情影响和新业态的双重冲击下，该行业下行压力进一步加大。

（三）银行、保险、房地产开发等服务业经济效益变化趋势分析

1.银行业整体运行平稳

第一，从收益性指标分析。2020 年银行业企业营收利润率为 22.58%，同比下降了 3.84 个百分点；资产利润率为 0.74%，同比下降了 0.06 个百分点；所有者权益报酬率为 10.22%，同比下降了 0.05 个百分点。

2011—2020 年银行业收益性指标变化趋势分析见图 5-29。

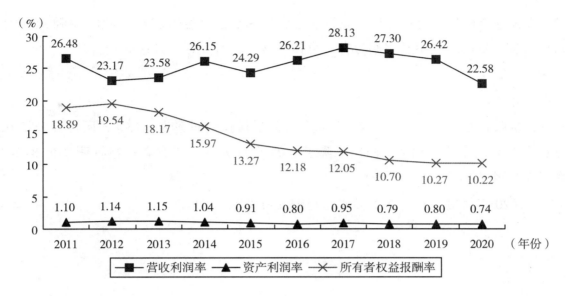

图 5-29 2011—2020 年银行业收益性指标变化趋势分析

综合三项收益性指标分析，银行业企业总体运行平稳，盈利能力仍然保持相对较高水平。其中，营收利润率和资产利润率回落，表明政策释放效应效果明显。但从整体来看，银行业仍具有较高的盈利水平，仍具有进一步下行的空间和可能性。

第二，从成长性指标分析。2020 年银行业企业营收增长率为 11.55%，同比下降了4.46 个百分点；利润增长率为-2.29%，同比下降了 13.52 个百分点；资产增长率为 11.34%，同比提高了 1.05 个百分点；人员增长率为 4.66%，同比提高了 2.57 个百分点。

2011—2020 年银行业成长性指标变化趋势分析见图 5-30。

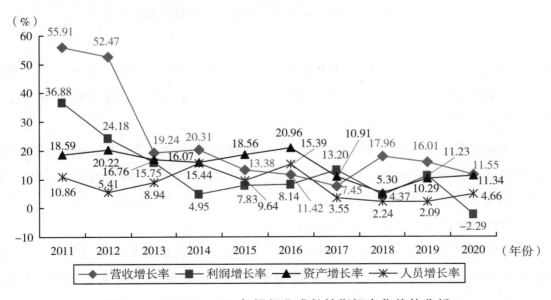

图 5-30 2011—2020 年银行业成长性指标变化趋势分析

综合成长性指标变化趋势分析，该行业总体呈现平稳回落的态势。其中，利润增长率表现为小幅负增长，资产增长率有小幅提升。总体来看，该行业在合理区间运行。

2.保险业总体运行平稳

第一，从收益性指标分析。2020 年保险业企业营收利润率为 3.13%，同比提升了 0.81 个百分点；资产利润率为 0.61%，同比下降了 0.03 个百分点；所有者权益报酬率为 8.86%，同比下降了 0.18 个百分点。

2011—2020 年保险业收益性指标变化趋势分析见图 5-31。

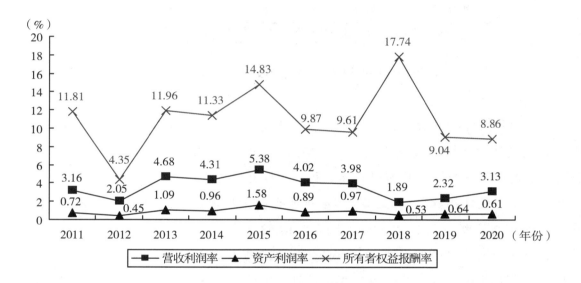

图 5-31　2011—2020 年保险业收益性指标变化趋势分析

综合三项收益性指标分析，保险业企业总体运行呈现相对平稳态势。其中，营收利润率持续稳定回升，资产利润率运行平稳，所有者权益报酬率小幅回落。总体分析来看，该行业的波幅较小，且在合理的波动范围之内。

第二，从成长性指标分析。2020 年保险业企业营收增长率为 7.72%，同比下降了 2.20 个百分点；利润增长率为 -24.56%，同比下降了 42.00 个百分点；资产增长率为 14.54%，同比提高了 4.90 个百分点；人员增长率为 0.85%，同比下降了 16.41 个百分点。

2011—2020 年保险业成长性指标变化趋势分析见图 5-32。

综合成长性指标变化趋势分析，保险业企业呈现震荡下行的态势。营收增长率小幅回落；利润增长率由较高基点回落，呈现较大幅度的负增长；资产利润率有明显提高。总体来看，该行业的波动尚在合理范围内，预测后期市场将会逐步回归到正常轨道。

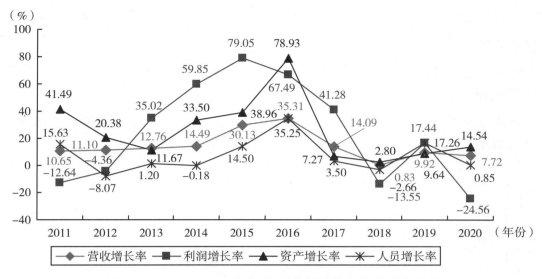

图 5-32 2011—2020 年保险业成长性指标变化趋势分析

3.房地产开发与经营、物业及房屋装饰、修缮、管理等服务业震荡下行

第一，从收益性指标分析。2020 年房地产开发与经营、物业及房屋装饰、修缮、管理等服务业企业营收利润率为 6.82%，同比下降了 2.02 个百分点；资产利润率为 1.51%，同比下降了 1.08 个百分点；所有者权益报酬率为 5.88%，同比下降了 3.66 个百分点。

2011—2020 年房地产开发与经营、物业及房屋装饰、修缮、管理等服务业收益性指标变化趋势分析见图 5-33。

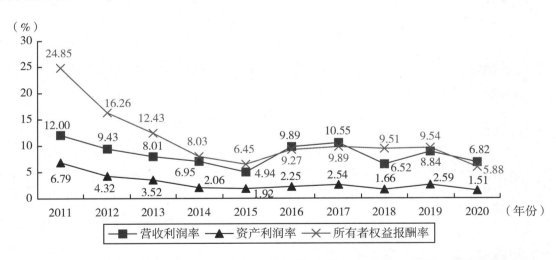

图 5-33 2011—2020 年房地产开发与经营、物业及房屋装饰、修缮、管理等服务业
收益性指标变化趋势分析

综合三项收益性指标分析，该行业收益性指标总体呈现震荡下行态势，整体盈利能力有所下降，但处于相对合理区间。预测后期市场，该行业将可能保持相对平稳的态势。

第二，从成长性指标分析。2020 年房地产开发与经营、物业及房屋装饰、修缮、管理等服务业企业营收增长率为 7.90%，同比下降了 6.14 百分点；利润增长率为-14.86%，同比下降了 24.45 个百分点；资产增长率为 12.68%，同比下降了 4.23 个百分点；人员增长率为 3.69%，同比下降了 7.79 个百分点。

2011—2020 年房地产开发与经营、物业及房屋装饰、修缮、管理等服务业成长性指标变化趋势分析见图 5-34。

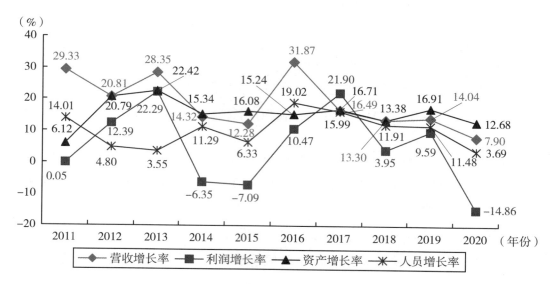

图 5-34 2011—2020 年房地产开发与经营、物业及房屋装饰、修缮、管理等服务业
成长性指标变化趋势分析

综合成长性指标分析，该行业总体波动较大，尤其是利润增长率回落至负增长，且回落幅度较大。预测后期市场，该行业将会持续下行的态势。

四、2021 中国服务业企业信用 100 强行业效益综合分析

（一）中国服务业收益性指标综合分析

1.中国服务业2020 年行业收益性指标综合分析

2020 年中国服务业 28 个细分行业中，营收利润率提高的细分行业有 8 个，占 28.57%；营收利润率下降的细分行业有 19 个，占 67.86%;营收利润率；营收利润率持平的细分行业有 1

个，占 3.57%。

资产利润率提高的细分行业有 9 个，占 31.14%；资产利润率下降的细分行业有 19 个，占 67.86%。

所有者权益报酬率提高的细分行业有 7 个，占 25.00%；所有者权益报酬率下降的细分行业有 21 个，占 75.00%。

三项收益性指标中有一项或多项指标下降的有 24 个，占全部 28 个细分行业的 85.71%。其中三项指标均为下降的有 15 个，占全部 28 个细分行业的 53.57%；三项指标中有两项指标为下降的有 5 个，占全部 28 个细分行业的 17.86%；三项指标中有一项指标为下降的有 4 个，占全部 28 个行业的 14.29%。三项指标均为提高的有 4 个，占 14.29%。

中国服务业收益性指标行业特征见表 5-4。

2.中国服务业2020 年行业收益性指标排序分析

营收利润率排在前 5 位的行业为：银行业 22.58%，证券及其他金融服务业 22.50%，陆路运输、城市公交、道路及交通辅助等服务业 13.91%，汽车和摩托车商贸、维修保养及租赁业 12.28%，港口服务业 11.05%。

资产利润率排在前 5 位的行业为：科技研发、推广及地勘、规划、设计、评估、咨询、认证等承包服务业 4.71%，水上运输业 4.04%，汽车和摩托车商贸、维修保养及租赁业 3.04%，铁路运输及辅助服务业 2.48%，公用事业、市政、水务、航道等公共设施投资、经营与管理业 2.47%。

所有者权益报酬率排在前 5 位的行业为：能源、矿产、化工、机电、金属产品等内外商贸批发业 13.89%，综合性内外商贸及批发、零售业 13.28%，银行业 10.22%，水上运输业 10.21%，信息、传媒、电子商务、网购、娱乐等互联网服务业 9.36%。

（二）中国服务业流动性和安全性指标综合分析

1.中国服务业2020 年行业流动性和安全性指标综合分析

2020 年中国服务业 28 个细分行业中资产周转率提高的细分行业有 5 个，占 17.86%；资产周转率下降的细分行业有 22 个，占 78.57%；与2019 年基本持平的细分行业有 1 个，占 3.57%。

所有者权益比率提高的细分行业有 10 个，占 35.71%；所有者权益比率下降的细分行业有 18 个，占 64.29%。

资本保值增值率提高的细分行业有 9 个，占 32.14%；资本保值增值率下降的细分行业有 19 个，占 67.86%。

表 5-4 中国服务业收益性指标行业特征

序号	行业	营收利润率		资产利润率		所有者权益报酬率	
		本期(%)	同比(±)	本期(%)	同比(±)	本期(%)	同比(±)
1	能源(电、热、燃气等)供应、开发、节能减排及再循环服务业	4.48	-3.82	2.33	-0.99	5.48	-0.84
2	铁路运输及辅助服务业	1.77	-9.49	2.48	-2.03	7.43	0.63
3	陆路运输、城市公交、道路及交通辅助等服务业	13.91	-5.48	1.48	-1.55	2.54	-3.84
4	水上运输业	10.94	0.64	4.04	0.11	10.21	1.65
5	港口服务业	11.05	-4.47	2.36	-0.93	4.55	-1.14
6	航空运输及相关服务业	-23.25	-28.19	-4.95	-7.30	-0.78	-7.94
7	航空港及相关服务业	-13.28	-30.94	-1.16	-6.35	-1.56	-8.94
8	电信、邮寄、速递等服务业	3.21	2.03	2.27	0.67	5.77	-0.38
9	软件、程序、计算机应用、网络工程等计算机、微电子服务业	3.33	-0.15	1.95	1.50	-1.03	-4.11
10	物流、仓储、运输、配送服务业	1.46	1.09	1.14	0.70	1.69	-3.74
11	能源、矿产、化工、机电、金属产品等内外商贸批发业	1.51	-0.64	1.53	-3.04	13.89	-8.33
12	农牧渔饲产品及生活消费品等内外商贸批发、零售业	1.55	-8.77	1.88	-0.54	4.82	-0.54
13	综合性内外商贸及批发、零售业	1.90	4.37	0.93	0.77	13.28	1.35
14	汽车和摩托车商贸、维修保养及租赁业	12.28	3.58	3.04	-0.10	5.78	-3.58
15	医药专营批发、零售业及医疗服务业	2.21	1.75	2.15	0.16	7.78	4.59
16	商业零售业及连锁超市	0.38	-0.76	0.34	-0.39	1.88	-5.76
17	银行业	22.58	-3.84	0.74	-0.06	10.22	-0.05
18	保险业	3.13	0.81	0.61	-0.03	8.86	-0.18
19	证券及其他金融服务业	22.50	-1.91	1.75	0.02	5.84	0.21
20	多元化投资控股、商务服务业	7.55	-0.19	1.36	-0.48	3.33	-3.11
21	房地产开发与经营、物业及房屋装饰、修缮、管理等服务业	6.82	-2.02	1.51	-1.08	5.88	-3.66
22	旅游、旅馆及娱乐服务业	-27.82	-22.02	-3.94	-2.23	-10.35	-6.47
23	公用事业、市政、水务、航道等公共设施投资、经营与管理业	8.74	0.00	2.47	-0.17	2.38	-3.05
24	人力资源(职业教育、培训等)、会展博览、国内外经济合作等社会综合服务业	-8.38	-12.03	-3.99	-8.88	-4.71	-20.77
25	科技研发、推广及地勘、规划、设计、评估、咨询、认证等承包服务业	0.07	-7.38	4.71	0.23	8.48	2.98
26	文化产业(书刊出版、印刷、发行与销售及影视、音像、文体、演艺等)	-18.16	-10.98	-3.36	-1.39	-5.01	-2.32
27	信息、传媒、电子商务、网购、娱乐等互联网服务业	4.47	7.40	0.12	3.58	9.36	7.41
28	综合服务业(以服务业为主,含有制造业)	-1.34	-3.52	-3.21	-2.04	-0.08	-0.96

资本保值增值率低于 100% 的行业有 4 个，航空运输及相关服务业 79.58%，旅游、旅馆及娱乐服务业 89.70%，文化产业（书刊出版、印刷、发行与销售及影视、音像、文体、演艺等）97.43%，航空港及相关服务业 98.48%。这 4 个行业表现为资本亏损。

三项流动性和安全性指标中有一项或多项指标下降的行业有 28 个，占全部 28 个行业的100%。其中三项指标均为下降的行业有 9 个，占全部 28 个行业的 32.14%；三项指标中有两项指标为下降的行业有 13 个，占全部 28 个行业的 46.43%；三项指标中有一项指标为下降的行业有 6 个，占全部 28 个行业的 21.43%。三项指标均为提高的行业有 0 个。

中国服务业流动性和安全性指标行业特征见表 5-5。

2.中国服务业行业 2020 年流动性和安全性指标排序分析

资产周转率排在前 5 位的行业为：汽车和摩托车商贸、维修保养及租赁业 1.42 次/年，能源、矿产、化工、机电、金属产品等内外商贸批发业 1.35 次/年，综合性内外商贸及批发、零售业 1.28 次/年，物流、仓储、运输、配送及供应链服务业 1.26 次/年，农牧渔饲产品及生活消费品等内外商贸批发、零售业 1.10 次/年。

所有者权益比率排在前 5 位的行业为：航空港及相关服务业 62.75%，软件、程序、计算机应用、网络工程等计算机、微电子服务业 61.75%，铁路运输及辅助服务业 56.47%，信息、传媒、电子商务、网购、娱乐等互联网服务业 55.81%，文化产业（书刊出版、印刷、发行与销售及影视、音像、文体、演艺等）54.38%。

资本保值增值率排在前 5 位的行业为：综合性内外商贸及批发、零售业 111.73%，能源、矿产、化工、机电、金属产品等内外商贸批发业 111.56%，水上运输业 111.36%，保险业 110.60%，铁路运输及辅助服务业 110.21%。

（三）中国服务业成长性指标综合分析

1.中国服务业 2020 年行业成长性指标综合分析

2020 年中国服务业 28 个细分行业中营收增长率正增长的细分行业有 17 个，占 60.71%；营收增长率负增长的细分行业有 11 个，占 39.29%。

利润增长率正增长的细分行业有 11 个，占 39.29%；利润增长率负增长的细分行业有 17 个，占 60.71%。

资产增长率正增长的细分行业有 28 个，占 100%。

资本积累率正增长的细分行业有 25 个，占 89.29%；资本积累率负增长的细分行业有 3 个，占 10.71%。

表 5-5 中国服务业流动性和安全性指标行业特征

序号	行业	资产周转率		所有者权益比率		资本保值增值率	
		本期(次/年)	同比(±)	本期(%)	同比(±)	本期(%)	同比(±)
1	能源(电、热、燃气等)供应、开发、节能减排及再循环服务业	0.45	-0.04	42.77	-2.79	106.74	-0.39
2	铁路运输及辅助服务业	0.81	-0.03	56.47	-5.62	110.21	2.87
3	陆路运输、城市公交、道路及交通辅助等服务业	0.16	-0.12	43.25	-0.78	105.38	-2.05
4	水上运输业	0.40	0.01	46.35	-4.93	111.36	-0.68
5	港口服务业	0.01	-0.33	42.27	-10.29	105.17	-2.27
6	航空运输及相关服务业	0.48	-0.16	24.45	-6.54	79.58	-29.19
7	航空港及相关服务业	0.22	-0.07	62.75	0.54	98.48	-9.35
8	电信、邮寄、速递等服务业	0.61	-0.26	45.01	1.02	107.52	2.82
9	软件、程序、计算机应用、网络工程等计算机、微电子服务业	0.53	-0.02	61.75	0.24	105.40	3.19
10	物流、仓储、运输、配送服务业	1.26	0.13	34.19	-4.81	100.99	-1.21
11	能源、矿产、化工、机电、金属产品等内外商贸批发业	1.35	-0.08	26.85	5.76	111.56	-12.82
12	农牧渔饲产品及生活消费品等内外商贸批发、零售业	1.10	-0.10	36.65	1.92	108.40	13.19
13	综合性内外商贸及批发、零售业	1.28	0.04	27.93	-7.43	111.73	3.19
14	汽车和摩托车商贸、维修保养及租赁业	1.42	-0.02	41.87	4.93	106.51	-2.75
15	医药专营批发、零售业及医疗服务业	0.99	-0.08	40.58	-3.77	109.09	-0.63
16	商业零售业及连锁超市	0.81	-0.13	38.10	-1.79	107.46	0.75
17	银行业	0.04	0.01	8.78	0.98	109.86	-2.29
18	保险业	0.27	-0.03	11.73	-3.35	110.60	-4.48
19	证券及其他金融服务业	0.12	-0.01	28.74	-2.38	107.30	-0.71
20	多元化投资控股、商务服务业	0.33	0.00	30.25	-4.09	105.39	-1.35
21	房地产开发与经营、物业及房屋装饰、修缮、管理等服务业	0.33	0.01	31.29	-2.09	109.40	-4.30
22	旅游、旅馆及娱乐服务业	0.37	-0.21	50.77	-4.75	89.70	-6.99
23	公用事业、市政、水务、航道等公共设施投资、经营与管理业	0.23	-0.08	39.42	-0.80	105.32	-3.07
24	人力资源(职业教育、培训等)、会展博览、国内外经济合作等社会综合服务业	0.60	-0.37	45.32	4.96	103.91	-14.85
25	科技研发、推广及地勘、规划、设计、评估、咨询、认证等承包服务业	0.54	-0.01	52.58	0.02	108.36	-2.81
26	文化产业(书刊出版、印刷、发行与销售及影视、音像、文体、演艺等)	0.45	-0.05	54.38	-3.98	97.43	3.59
27	信息、传媒、电子商务、网购、娱乐等互联网服务业	0.63	-0.05	55.81	0.20	108.89	6.52
28	综合服务业(以服务业为主,含有制造业)	0.56	-0.09	36.21	-2.91	103.55	0.43

人员增长率正增长的细分行业有 20 个，占 71.43%；人员增长率负增长的细分行业有 8 个，占 28.57%。

五项成长性指标中有一项或多项指标负增长的行业有 20 个，占全部 28 个行业的 71.43%。其中五项中有一项指标负增长的行业有 9 个，占全部 28 个行业的 32.14%；五项中有两项指标负增长的行业为 5 个，占全部 28 个行业的 17.86%；五项中有三项和三项以上指标负增长的行业有 6 个，占全部 28 个行业的 21.43%。五项指标均为正增长的行业有 8 个，仅占 28.57%。

中国服务业成长性指标行业特征见表 5-6。

2.中国服务业行业 2020 年成长性指标排序分析

营收增长率排在前 5 位的行业为：证券及其他金融服务业 23.14%，电信、邮寄、速递等服务业 12.48%，银行业 11.55%，多元化投资控股、商务服务业 11.44%，医药专营批发、零售业及医疗服务业 10.83%。

利润增长率排在前 5 位的行业为：铁路运输及辅助服务业 25.69%，汽车和摩托车商贸、维修保养及租赁业 22.91%，证券及其他金融服务业 22.74%，能源、矿产、化工、机电、金属产品等内外商贸批发业 20.13%，农牧渔饲产品及生活消费品等内外商贸批发、零售业 17.31%。

资产增长率排在前 5 位的行业为：软件、程序、计算机应用、网络工程等计算机、微电子服务业 19.81%，证券及其他金融服务业 17.96%，医药专营批发、零售业及医疗服务业 17.59%，信息、传媒、电子商务、网购、娱乐等互联网服务业 15.18%，保险业 14.54%。

资本积累率排在前 5 位的行业为：信息、传媒、电子商务、网购、娱乐等互联网服务业 22.51%，医药专营批发、零售业及医疗服务业 20.24%，软件、程序、计算机应用、网络工程等计算机、微电子服务业 17.50%，科技研发、推广及地勘、规划、设计、评估、咨询、认证等承包服务业 16.77%，能源、矿产、化工、机电、金属产品等内外商贸批发业 14.69%。

人员增长率排在前 5 位的行业为：铁路运输及辅助服务业 12.98%，证券及其他金融服务业 7.60%，软件、程序、计算机应用、网络工程等计算机、微电子服务业 5.35%，医药专营批发、零售业及医疗服务业 4.93%，能源、矿产、化工、机电、金属产品等内外商贸批发业 4.67%。

（四）2021 中国服务业企业信用 100 强优势分析

2021 中国服务业企业信用 100 强的经营运行指标为各细分行业及企业提供了一个对标参数，同时也起到了行业标杆作用。

表 5-6 中国服务业成长性指标行业特征

序号	行业	营收增长率(%)	利润增长率(%)	资产增长率(%)	资本积累率(%)	人员增长率(%)
1	能源(电、热、燃气等)供应、开发、节能减排及再循环服务业	4.58	0.89	13.41	12.75	2.84
2	铁路运输及辅助服务业	-9.00	25.69	5.33	8.71	12.98
3	陆路运输、城市公交、道路及交通辅助等服务业	-8.33	-54.86	9.81	9.79	1.72
4	水上运输业	1.06	11.54	2.30	6.36	-3.59
5	港口服务业	1.41	-18.11	8.01	3.30	1.16
6	航空运输及相关服务业	-35.00	-94.83	4.68	-13.64	0.84
7	航空港及相关服务业	-29.28	-127.47	0.47	0.57	-5.37
8	电信、邮寄、速递等服务业	12.48	-26.93	10.05	8.84	-0.71
9	软件、程序、计算机应用、网络工程等计算机、微电子服务业	7.71	-10.92	19.81	17.50	5.35
10	物流、仓储、运输、配送服务业	2.11	4.66	12.20	7.91	1.20
11	能源、矿产、化工、机电、金属产品等内外商贸批发业	6.71	20.13	9.84	14.69	4.67
12	农牧渔饲产品及生活消费品等内外商贸批发、零售业	-1.57	17.31	6.20	8.12	-1.72
13	综合性内外商贸及批发、零售业	3.93	-5.85	14.30	4.20	0.09
14	汽车和摩托车商贸、维修保养及租赁业	0.70	22.91	5.20	9.03	0.41
15	医药专营批发、零售业及医疗服务业	10.83	2.00	17.59	20.24	4.93
16	商业零售业及连锁超市	-25.38	-36.26	4.32	8.61	-3.39
17	银行业	11.55	-2.29	11.34	9.49	4.66
18	保险业	7.72	-24.56	14.54	13.46	0.85
19	证券及其他金融服务业	23.14	22.74	17.96	12.92	7.60
20	多元化投资控股、商务服务业	11.44	5.37	10.23	12.96	2.64
21	房地产开发与经营、物业及房屋装饰、修缮、管理等服务业	7.90	-14.86	12.68	12.85	3.69
22	旅游、旅馆及娱乐服务业	-41.25	-88.98	2.98	-8.69	-7.43
23	公用事业、市政、水务、航道等公共设施投资、经营与管理业	7.21	12.38	14.39	10.05	5.17
24	人力资源(职业教育、培训等)、会展博览、国内外经济合作等社会综合服务业	-20.54	-40.05	4.19	5.39	0.61
25	科技研发、推广及地勘、规划、设计、评估、咨询、认证等承包服务业	3.61	-6.21	14.15	16.77	2.46
26	文化产业(书刊出版、印刷、发行与销售及影视、音像、文体、演艺等)	-11.24	-49.96	0.06	-9.05	-2.85
27	信息、传媒、电子商务、网购、娱乐等互联网服务业	-1.52	-15.57	15.18	22.51	2.84
28	综合服务业(以服务业为主,含有制造业)	-1.00	-6.39	6.59	4.01	-1.98

2021 中国服务业企业信用 100 强 2020 年的三项指数分别为：景气指数 118.48 点，较样本企业的 95.25 点高出 23.23 点；盈利指数 112.14 点，较样本企业的 92.36 点高出 19.78 点；效益指数 111.24 点，较样本企业的 102.45 点高出 8.79 点。

2021 中国服务业企业信用 100 强 2020 年的三项收益性指标分别为：营收利益率 18.23%，较样本企业的 2.51%高出 15.72 个百分点；资产利润率 3.29%，较样本企业的 0.94%高出 2.35 个百分点；所有者权益报酬率 12.21%，较样本企业的 3.89%高出 8.32 个百分点。

2021 中国服务业企业信用 100 强 2020 年的流动性和安全性指标分别为：资产周转率 0.32 次/年，较样本企业的 0.54 次/年低 0.22 次/年；所有者权益比率 24.69%，较样本企业的 41.83%低 17.14 个百分点；资本保值增值率 115.01%，较样本企业的 105.98%高出 9.03 个百分点。

2021 中国服务业企业信用 100 强 2020 年的成长性指标分别为：营收增长率 14.48%，较样本企业的 1.43%高出 13.05 个百分点；利润增长率 22.47%，较样本企业的−10.93%高出 33.40 个百分点；资产增长率 17.88%，较样本企业的 11.86%高出 6.02 个百分点；资本积累率 18.10%，较样本企业的 11.04%高出 7.06 个百分点；人员增长率 12.20%，较样本企业的 2.13%高出 10.07 个百分点；科研投入比率 2.01%，较样本企业的 6.28%低 4.27 个百分点。

2021 中国服务业企业信用 100 强 2020 年的人均营业收入为 240.27 万元/人·年，较样本企业的 248.23 万元/人·年低 7.96 万元/人·年；人均利润为 27.30 万元/人·年，较样本企业的 18.42 万元/人·年高出 8.88 万元/人·年。

2021 中国服务业企业信用 100 强效益指标比较优势分析见图 5-35。

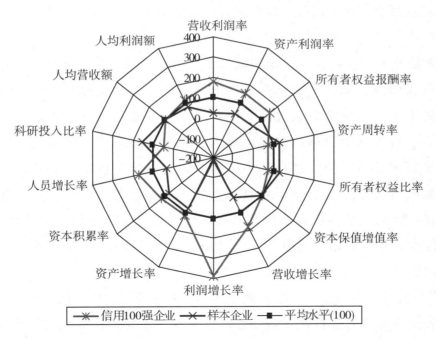

图 5-35 2021 中国服务业企业信用 100 强效益指标比较优势分析

通过对 2021 中国服务业企业信用 100 强企业与服务业样本企业对比分析，服务业信用 100 强企业的比较优势主要表现在以下四个方面：一是收益性指标显著高于样本企业，表明其盈利能力要远高于样本企业，具有明显的比较优势和竞争优势；二是成长性指标普遍高于样本企业，突出表现在利润增速明显高于样本企业；三是从业人员增长率也明显高于样本企业，对稳定社会就业发挥着重要作用；四是所有者权益比率明显低于样本企业，相对应的是理论负债率要高于样本企业，表明其具有融资优势。同时，通过对比分析也可以看到服务业信用 100 强企业存在的问题：一是资产周转率低于样本企业，资本保值增值率也未见明显优势，表明其资产运营效益效率尚有提高的空间；二是科研投入低于样本企业，除体量因素外，依然存在总体科研投入力度偏弱的问题。

五、中国服务业信用发展中存在的主要问题及若干建议

通过对 2021 中国服务业企业信用 100 强以及我国服务业各细分行业信用环境影响性分析和经济效益变化趋势分析可以看出，我国服务业企业受新冠肺炎疫情影响和国际经济环境影响较为严重，总体下行压力明显加大，对我国服务业企业高质量发展提出新挑战。

（一）着力解决发展不平衡问题，促进服务业高质量协同发展

2021 年中央经济工作会议强调，结构政策要着力畅通国民经济循环，要深化供给侧结构性改革，重在畅通国内大循环，重在突破供给约束堵点，重在打通生产、分配、流通、消费各环节。党的十九届五中全会通过的《中共中央关于制定国民经济和社会发展第十四个五年规划和二〇三五年远景目标的建议》提出，要加快发展现代服务业，推动生产性服务业向专业化和价值链高端延伸，推动各类市场主体参与服务供给，加快发展研发设计、现代物流、法律服务等服务业，推动现代服务业同先进制造业、现代农业深度融合，加快推进服务业数字化；推动生活性服务业向高品质和多样化升级，加快发展健康、养老、育幼、文化、旅游、体育、家政、物业等服务业，加强公益性、基础性服务业供给；推进服务业标准化、品牌化建设。

通过本报告分析可以看出，我国服务业中三项指数下降幅度较大的仍然集中在与市场消费和国际贸易关联度较高的细分行业。从外部环境来看，宏观经济环境和贸易壁垒增加，地缘政治紧张局势加剧，高关税和长期的贸易政策不确定性等影响因素持续存在；从内部环境来

看，我国经济发展面临需求收缩、供给冲击、预期转弱三重压力，服务业也将面临更为艰难的经营形势。2021 年中央经济工作会议提出七大政策组合，将稳增长、调结构、促改革有机结合，强化政策协同发力，是从经济运行层面稳定发展预期，引导市场正确有效投资。因此，我国服务业要进一步充分释放政策效应，要深入实施区域重大战略和区域协调发展战略，促进东、中、西和东北地区协调发展。要以深化供给侧结构性改革为主线，推动生产性服务业向专业化和价值链高端延伸，推动生活性服务业向高品质和多样化升级，提升生产性服务业供给能力和质量，提高现代服务业与现代产业链、供应链、市场链的高度融合度，努力促进服务业的优化升级，促进我国服务业高质量协同发展。

（二）着力加大产业融合，促进服务业高质量平衡发展

我国服务业发展不平衡，主要表现为传统服务业与新兴服务业之间的发展不平衡以及区域之间的发展不平衡问题。服务业下行压力较大的行业仍然相对集中在传统生产性服务业和传统生活性服务业，压力主要来自外部宏观经济环境不确定性和新兴服务业冲击的双重影响，既有供给侧结构性改革与调整尚未得到落实的因素，也有需求侧改革与调整面临的现实因素。

适应新发展阶段、贯彻新发展理念、构建新发展格局，我国服务业首先要解决好观念问题，其次要着力优化现代服务业体系，以服务业整体提升为重点，构建和优化现代服务业体系，提高供给与需求的动态适配性，打通堵点，补齐短版，贯通生产、分配、流通、消费各环节，形成需求牵引供给、供给创造需求的高水平动态平衡，提升国民经济整体效能，这是构建新发展格局的关键。

生活性服务业领域宽、涉及面广，以需求潜力大、带动作用强的 10 个领域作为重点，包括居民和家庭、健康、养老、旅游、体育、文化、法律、批发零售、住宿餐饮等。针对这些领域消费供给与消费需求不匹配的情况，利用新技术改善消费供给结构，满足不断升级的消费需求，并创造开发新需求。要在适度扩大总需求的同时，着力加强供给侧结构性改革，着力提高供给体系的质量和效益，增强经济持续增长动力。

生产性服务业与第一、第二产业高度关联，传统的服务模式已经很难适应生产制造业的需求，因此，创新成为提升服务业生产率和提高服务质量的关键要素。一是创新人才政策，鼓励服务业产学研联合发展。二是支持金融创新，充分发挥金融的支撑作用。鼓励商业银行、信托公司、证券公司等金融机构为高端服务业、高端制造业提供个性化金融服务，切实有效降低金融成本。三是实施"互联网+"行动计划，鼓励利用"互联网+"创新服务业发展。四是深化科技体制改革，建立以企业为主体、市场为导向、产学研深度融合的技术创新体系，

加强对中小企业创新的支持，促进科技成果转化。

从外部环境看，虽然全球经济整体复苏，但基础并不稳固，波动性大、脆弱性高、结构性失衡等特征凸显。预计 2022 年全球经济增速将逐渐回归至常态，供应链瓶颈加剧通胀压力，全球滞胀风险加大。相对应的是，支撑我国外贸出口增长的因素有所减弱，出口额将大概率呈回落态势。从内部消费看，2022 年收入、疫情、避险倾向等因素对消费的制约将有一定程度的减弱，疫情对消费的影响逐渐长尾化，但大幅度的改善依旧难以实现，消费复苏依旧乏力。2022 年财政政策转向积极，强调提升效能，更加注重精准、可持续，超前开展基建投资，以基建托底经济，质和量并重。预计 2022 年还将在支持国民经济薄弱环节、增强经济发展内生动能等方面推出新的更大力度的政策组合。我国服务业企业要主动找准自己在生产链、供应链和市场链中的角色，努力提高中西部地区和中小型服务业企业的发展水平和质量，进而优化和升级服务业体系。

（三）着力提升创新能力，构建现代服务业发展新格局

2021 年中央经济工作会议提出，将实施科技体制改革三年行动方案，制定实施基础研究十年规划。这将进一步激活科技体制，产出更多基础研究科技成果，加速科技成果转化。要强化企业创新主体地位，深化产学研用结合。完善优化科技创新生态，形成扎实的科研作风。

《中共中央关于制定国民经济和社会发展第十四个五年规划和二〇三五年远景目标的建议》强调，要坚持创新驱动发展，全面塑造发展新优势。强化企业创新主体地位，促进各类创新要素向企业集聚。发挥企业家在技术创新中的重要作用，鼓励企业加大研发投入，对企业投入基础研究实行税收优惠。发挥大企业引领支撑作用，支持创新型中小微企业成长为创新重要发源地，加强共性技术平台建设，推动产业链上中下游、大中小企业融通创新。在"十四五"期间，坚持把发展经济着力点放在实体经济上，坚定不移建设制造强国、质量强国、网络强国、数字中国，推进产业基础高级化、产业链现代化，提高经济质量效益和核心竞争力。

科技创新，是经济发展的不竭源泉和核心内生动力。尤其在当前新一轮科技革命风起云涌的时代大背景下，更是要充分发挥科技创新的作用，开新路、解难题、破危局。

"加快数字化发展，建设数字中国"是"十四五"规划的重要任务之一。迎接数字时代，激活数据要素潜能，推进网络强国建设，加快建设数字经济、数字社会、数字政府，以数字化转型整体驱动生产方式、生活方式和治理方式变革。充分发挥海量数据和丰富应用场景优势，促进数字技术与实体经济深度融合，赋能传统产业转型升级，催生新产业新业态新模式，壮大经济发展新引擎。我国企业要加快发展数字经济，推动实体经济和数字经济融合发展，推动互联网、大数据、人工智能同实体经济深度融合，继续做好信息化和工业化深度融合这篇大文章，推动制造业加速向数字化、网络化、智能化发展，着力壮大新增长点，形成发展新动能。培育壮大人工智能、大数据、区块链、云计算、网络安全等新兴数字产业，提升通信设备、核心电子元器件、关键软件等产业水平。构建基于 5G 的应用场景和产业生态，在智能交通、智慧物流、智慧能源、智慧医疗等重点领域开展试点示范。鼓励企业开放搜索、电商、社交等数据，发展第三方大数据服务产业。促进共享经济、平台经济健康发展。

加大科研投入，完善创新激励机制，激发人才创新活力。贯彻尊重劳动、尊重知识、尊重人才、尊重创造方针，深化人才发展体制机制改革，全方位培养、引进、用好人才，造就更多国际一流的科技领军人才和创新团队，培养具有国际竞争力的青年科技人才后备军。加强创新型、应用型、技能型人才培养，实施知识更新工程、技能提升行动，壮大高水平工程师和高技能人才队伍。支持发展高水平研究型大学，加强基础研究人才培养。实行更加开放的人才政策，构筑集聚国内外优秀人才的科研创新高地。因此，我国服务业企业要始终坚持科技创新驱动不动摇，努力提高制造业和服务业的深度融合能力，为促进服务业高质量深度融合发展提供持续的驱动力。

（四）着力提升抗风险能力，促服务业高质量诚信发展

2021 年中央经济工作会议强调，要提振市场主体信心，深入推进公平竞争政策实施，加强反垄断和反不正当竞争，以公正监管保障公平竞争；强化知识产权保护，营造各类所有制企业竞相发展的良好环境；强化契约精神，有效治理恶意拖欠账款和逃废债行为。

《中共中央关于制定国民经济和社会发展第十四个五年规划和二〇三五年远景目标的建议》强调，健全市场体系基础制度，坚持平等准入、公正监管、开放有序、诚信守法，形成高效规范、公平竞争的国内统一市场。

强化反垄断和防止资本无序扩张。反垄断、反不正当竞争，是完善社会主义市场经济体制、推动高质量发展的内在要求。国家支持平台企业创新发展、增强国际竞争力，支持公有制经济和非公有制经济共同发展，同时要依法规范发展，健全数字规则；要完善平台企业垄断认定、数据收集使用管理、消费者权益保护等方面的法律规范；要加强规制，提升监管能力，坚决反对垄断和不正当竞争行为。金融创新必须在审慎监管的前提下进行。

为什么要"稳字当头"？一是要抗冲击，二是要防风险，三是要保平衡。冲击主要来自外部，中美多方面的角逐和博弈、新冠肺炎疫情的变化，以及潜在的全球金融危机等，都有可能造成巨大的冲击。风险主要来自内部，包括企业债务违约、恶意拖欠账款和逃废债行为等。任何时候，依法诚信经营都是企业安身立命之本。因此，在下行压力加大的行业环境下，服务业要积极推进 GB/T 31950—2015《企业诚信管理体系》标准的贯彻与实施，建立信用风险管理与控制体系，由事后风险管理转变为事前、事中、事后的全过程信用管理，明确信用管理与风险控制的关键环节和职能职责，建立系统性的评价机制，从根本上消除可能存在或已经存在的失信风险。在当前面临诸多困难和风险挑战的发展时期，我国服务业企业更要强化忧患意识，做好风险防范，增强发展韧性，进一步加强和提高防范化解风险能力，高度重视和防范各类风险；要突出防范经营效益下滑风险、债务风险、投资风险、金融业务风险、国际化经营风险、安全环保风险，强化各类风险识别，建立预判预警机制，及时排查风险隐患，制定完善的应对预案，为企业可持续高质量发展保驾护航，为我国经济行稳致远做出企业界的贡献。

第六章

2021 中国民营企业信用 100 强发展报告

《2021 中国民营企业信用 100 强发展报告》是由中国企业改革与发展研究会、中国合作贸易企业协会、国信联合（北京）认证中心联合开展的中国民营企业信用分析研究成果，也是第 8 次向社会发布。

　　2021 中国民营企业信用 100 强的入围门槛为：企业综合信用指数为 90 分以上，且 2020 年净利润为 140000 万元以上，较 2020 中国民营企业信用 100 强 2019 年的净利润 104000 万元提高了 36000 万元。

　　2021 中国民营企业信用 100 强分析研究及发布活动，旨在通过中国民营企业的信用环境、信用能力、信用行为三个方面，对中国民营企业的信用发展状况进行分析评价，客观真实地反映我国民营企业的信用发展状况和水平，同时为政府、行业、企业和社会提供参考依据。

一、2021 中国民营企业信用 100 强分布特征

（一）2021 中国民营企业信用 100 强行业分布特征

　　2021 中国民营企业信用 100 强的行业分布，按照入围企业数量的多少排序分别为：黑色冶金及压延加工业企业有 15 家；电力、电气等设备、机械、元器件及光伏、电池、线缆制造业企业有 9 家；化学原料及化学制品（含精细化工、日化、肥料等）制造业企业有 8 家；房地产开发与经营、物业及房屋装饰、修缮、管理等服务业企业有 7 家；信息、传媒、电子商务、网购、娱乐等互联网服务业企业有 5 家；农副食品及农产品加工业企业，纺织品、服装、服饰、鞋帽、皮革加工业企业，医药、生物制药、医疗设备制造业企业，化学纤维制造业企业，建筑材料及玻璃等制造业及非金属矿物制品业企业，计算机、通信器材、办公、影像等设备及零部件制造业企业，汽车及零配件制造业企业各有 4 家；造纸及纸制品（含木材、藤、竹、家具等）加工、印刷、包装业企业，石化产品、炼焦及其他燃料生产加工业企业，商业零售业及连锁超市企业，综合服务业（以服务业为主，含有制造业）企业，建筑业企业各有 3 家；

食品（含饮料、乳制品、肉食品等）加工制造业企业，纺织、印染业企业，一般有色冶金及压延加工业企业，综合制造业（以制造业为主，含有服务业）企业各有 2 家；橡胶、塑料制品及其他新材料制造业企业，金属制品、加工工具、工业辅助产品加工制造业及金属新材料制造业企业，通用机械设备和专用机械设备及零配件制造业企业，家用电器及零配件制造业企业，电信、邮寄、速递等服务业企业各有 1 家入围。

综合入围企业的行业分布情况来看，涉及制造业、服务业和生产业三个大类行业中的 26 个细分行业，比 2020 中国民营企业信用 100 强减少了 5 个细分行业。其中，生产业有 3 家企业，与 2020 年持平，分布在 1 个细分行业中；制造业有 78 家企业，比 2020 年减少了 3 家企业，分布在 20 个细分行业中；服务业有 19 家企业，比 2020 年增加了 3 家企业，分布在 5 个细分行业中。

2021 中国民营企业信用 100 强行业分布见表 6-1。

表 6-1 2021 中国民营企业信用 100 强行业分布

序号	行业	企业数（家）
制造业		78
1	农副食品及农产品加工业	4
2	食品(含饮料、乳制品、肉食品等)加工制造业	2
3	纺织、印染业	2
4	纺织品、服装、服饰、鞋帽、皮革加工业	4
5	造纸及纸制品(含木材、藤、竹、家具等)加工、印刷、包装业	3
6	石化产品、炼焦及其他燃料生产加工业	3
7	化学原料及化学制品(含精细化工、日化、肥料等)制造业	8
8	医药、生物制药、医疗设备制造业	4
9	化学纤维制造业	4
10	橡胶、塑料制品及其他新材料制造业	1
11	建筑材料及玻璃等制造业及非金属矿物制品业	4
12	黑色冶金及压延加工业	15
13	一般有色冶金及压延加工业	2
14	金属制品、加工工具、工业辅助产品加工制造业及金属新材料制造业	1
15	通用机械设备和专用机械设备及零配件制造业	1
16	电力、电气等设备、机械、元器件及光伏、风能、电池、线缆制造业	9
17	家用电器及零配件制造业	1
18	计算机、通信器材、办公、影像等设备及零部件制造业	4
19	汽车及零配件制造业	4
20	综合制造业(以制造业为主,含有服务业)	2

续表

序号	行业	企业数(家)
服务业		19
21	电信、邮寄、速递等服务业	1
22	商业零售业及连锁超市	3
23	房地产开发与经营、物业及房屋装饰、修缮、管理等服务业	7
24	信息、传媒、电子商务、网购、娱乐等互联网服务业	5
25	综合服务业(以服务业为主,含有制造业)	3
生产业		3
26	建筑业	3
	合计	100

(二) 2021 中国民营企业信用 100 强地区分布特征

从 2021 中国民营企业信用 100 强地区分布情况看,东部地区的 9 个省(直辖市)共有 79 家企业入围。其中,浙江有 24 家,江苏有 13 家,广东有 10 家,北京、山东各有 9 家,河北有 7 家,上海、福建各有 3 家,辽宁有 1 家。

2021 中国民营企业信用 100 强地区分布见表 6-2。

中部地区有 7 家企业入围。其中,河南有 3 家,安徽、江西各有 2 家。

西部地区有 14 家企业入围。其中,四川有 6 家,重庆有 4 家,广西、内蒙古、宁夏、新疆各有 1 家。

表 6-2 2021 中国民营企业信用 100 强地区分布

区域	地区	入围企业数(家) 2021 年	入围企业数(家) 2020 年	区域	地区	入围企业数(家) 2021 年	入围企业数(家) 2020 年	区域	地区	入围企业数(家) 2021 年	入围企业数(家) 2020 年
东部地区	北京	9	4	中部地区	安徽	2	1	西部地区	广西	1	
	广东	10	10		湖北		2		重庆	4	1
	河北	7	7		湖南		2		四川	6	4
	江苏	13	16		江西	2	2		陕西		1
	山东	9	8		河南	3	4		内蒙古	1	1
	上海	3	4		吉林		1		宁夏	1	
	浙江	24	28		山西				新疆	1	1
	辽宁	1							甘肃		1
	福建	3	2								
合计		79	79	合计		7	12	合计		14	9

从变动情况分析，东部地区较 2020 年持平，中部地区较 2020 年减少了 5 家企业，西部地区较 2020 年增加了 5 家企业。浙江（24 家）、江苏（13 家）、广东（10 家）仍然是中国民营企业信用 100 强大省。

二、2021 中国民营企业信用 100 强效益变化趋势分析

（一）2021 中国民营企业信用 100 强收益性指标变化趋势分析

收益性指标从营收利润率、资产利润率和所有者权益报酬率三项指标进行分析。2021 中国民营企业信用 100 强 2011—2020 年的营收利润率分别为 4.35%、3.96%、9.13%、9.72%、12.10%、11.85%、11.19%、13.43%、10.32%、11.33%；资产利润率分别为 5.91%、6.38%、7.19%、7.27%、8.01%、9.00%、9.11%、9.42%、8.79%、7.96%；所有者权益报酬率分别为 22.40%、15.75%、19.68%、17.59%、18.20、17.54%、19.02%、20.64%、17.36%、18.06%。

2021 中国民营企业信用 100 强收益性指标变化趋势分析见图 6-1。

图 6-1 2021 中国民营企业信用 100 强收益性指标变化趋势分析

1.民营企业信用 100 强盈利能力仍具有明显优势，但与样本企业的差距缩小

第一，从营收利润率指标分析。2021 中国民营企业信用 100 强的营收利润率有所提高，该指标由 2019 年的 10.32% 提高到 2020 年的 11.33%，较 2019 年提高了 1.01 个百分点。

第二，与样本民营企业对比分析。2020 年样本民营企业的营收利润率为 4.31%，比 2019 年的 2.16% 提高了 2.15 个百分点。民营企业信用 100 强的营收利润率较样本民营企业高出 7.02

个百分点。

第三，综合营收利润率指标分析。2021 中国民营企业信用 100 强的营收利润率与样本民营企业相比，两者的差距由 2019 年的 8.16 个百分点，缩小到 2020 年的 7.02 个百分点，缩小了 1.14 个百分点。民营企业信用 100 强与样本企业相比，其盈利能力仍具有显著优势。

2.资产利润率小幅回落，资产效益仍具有较为明显的比较优势

第一，从资产利润率指标分析。2021 中国民营企业信用 100 强的资产利润率有所回落，由 2019 年的8.79%回落到 2020 年的 7.96%，较 2019 年回落了 0.83 个百分点。

第二，与样本民营企业对比分析。2020 年样本民营企业的平均资产利润率为 3.45%，比 2019 年的1.72%提高了 1.73 个百分点。民营企业信用 100 强的资产利润率较样本民营企业高出 4.51 个百分点。

第三，综合资产利润率指标分析。2021 中国民营企业信用 100 强 2020 年的资产利润率与样本民营企业相比，两者的差距由 2019 年的 7.07 个百分点，缩小到 2020 年的 4.51 个百分点。民营企业信用 100 强与样本企业相比，其资产效益也具有较为明显的比较优势。

3.所有者权益报酬率持续保持高水平，股东回报率高

第一，从所有者权益报酬率指标分析。2021 中国民营企业信用 100 强 2020 年的所有者权益报酬率有所提升，由 2019 年的17.36%提升到 2020 年的 18.06%，较 2019 年提升了 0.70 个百分点。

第二，与样本民营企业对比分析。样本民营企业 2020 年的所有者权益报酬率为 6.37%，与 2019 年的 3.67%相比提高 2.70 个百分点。民营企业信用 100 强的所有者权益报酬率较样本民营企业高出 11.69 个百分点。

第三，综合所有者权益报酬率指标分析。2021 中国民营企业信用 100 强的所有者权益报酬率和样本民营企业的该项指标均有所提高，两者的差距由 2019 年的 13.69 个百分点，缩小到 2020 年的 11.69 个百分点，缩小了 2.00 个百分点。

（二）2021 中国民营企业信用 100 强流动性和安全性指标变化趋势分析

流动性和安全性指标从资产周转率、资本保值增值率和所有者权益比率三项指标进行分析。2021 中国民营企业信用 100 强 2011—2020 年的资产周转率分别为 1.79 次/年、2.24 次/年、1.04 次/年、0.99 次/年、0.95 次/年、0.94 次/年、1.05 次/年、0.94 次/年、1.01 次/年、1.04 次/年；资本保值增值率分别为 117.22%、132.15%、118.38%、125.96%、124.86%、123.49%、125.24%、123.90%、122.41%、123.32%；所有者权益比率分别为 29.86%、35.47%、34.37%、36.59%、

43.07%、45.06%、46.27%、43.82%、48.11%、43.75%。

2021 中国民营企业信用 100 强资产周转率、资本保值增值率变化趋势分析见图 6-2。

2021 中国民营企业信用 100 强所有者权益比率变化趋势分析见图 6-3。

图 6-2　2021 中国民营企业信用 100 强资产周转率、资本保值增值率变化趋势分析

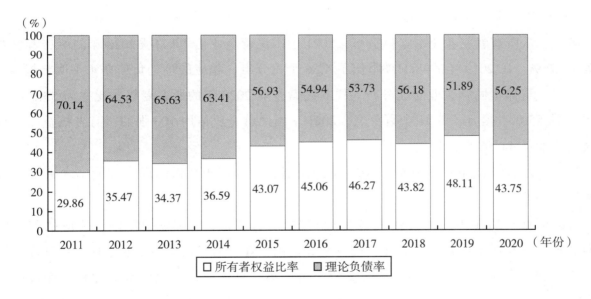

图 6-3　2021 中国民营企业信用 100 强所有者权益比率变化趋势分析

1.流动性有所加快

第一，从资产周转率指标分析。2021 中国民营企业信用 100 强的资产周转率有所加快。2020 年的资产周转率为 1.04 次/年，比 2019 年的 1.01 次/年加快了 0.03 次/年。

第二，与样本民营企业对比分析。样本民营企业 2020 年的资产周转率为 0.65 次/年，比 2019 年的 0.69 次/年减缓了 0.04 次/年。民营企业信用 100 强的资产周转率较样本民营企业高出 0.39 次/年。

第三，综合资产周转率指标分析。民营企业信用 100 强的资产周转率有所加快，民营企业信用 100 强的资产运营效率仍具有一定的比较优势。

2.资本保值增值率有所提高

第一，从资本保值增值率指标分析。2021 中国民营企业信用 100 强的资本保值增值率有所提高，2020 年为 123.32%，较 2019 年的 122.41%提高了 0.91 个百分点。

第二，与样本民营企业对比分析。样本民营企业 2020 年的资本保值增值率为 109.57%，比 2019 年的 106.31%提高了 3.26 个百分点。民营企业信用 100 强的资本保值增值率较样本民营企业高出 13.75 个百分点。

第三，综合资本保值增值率指标分析。无论是民营企业信用 100 强还是样本民营企业的资本保值增值率均有所提高，但民营企业信用 100 强提高的幅度要低于样本企业，表明两者的差距较 2019 年有明显缩小。

3.理论负债率水平明显提高

第一，从所有者权益比率指标分析。2021 中国民营企业信用100 强2020 年的所有者权益比率为 43.75%，比 2019 年的48.11%降低了 4.36 个百分点，相应的理论负债率水平明显提高。

第二，与样本民营企业对比分析。样本民营企业 2020 年的所有者权益比率为 55.31%，比 2019 年的 55.00%提升了 0.31 个百分点。2021 中国民营企业信用 100 强的所有者权益比率较样本民营企业低 11.56 个百分点。

第三，综合负债率水平分析。2021 中国民营企业信用 100 强的理论负债率水平明显高于样本民营企业。

由此可见，2021 中国民营企业信用 100 强的所有者权益比率明显下降，相应的理论负债率明显提高，与样本民营企业相比，民营企业信用 100 强的理论负债率水平还是远远高于样本民营企业，在资金信贷方面仍具有明显的信用优势。总体而言，民营企业的整体融资环境有待进一步改善。

（三）2021 中国民营企业信用 100 强成长性指标变化趋势分析

成长性指标从营收增长率、利润增长率、资产增长率、资本积累率和人员增长率等指标进行分析。

　　2021 中国民营企业信用 100 强 2011—2020 年的营收增长率分别为 54.51%、17.43%、19.44%、18.53%、20.28%、16.62%、25.64%、18.47%、18.55%、13.78%；利润增长率分别为 -14.21%、70.62%、43.37%、85.51%、62.72%、21.90%、53.25%、26.58%、38.50%、26.81%；资产增长率分别为 30.09%、16.15%、20.43%、25.92%、26.35%、21.00%、24.58%、20.83%、17.63%、20.69%；资本积累率分别为 -6.35%、73.16%、19.01%、48.30%、35.11%、26.49%、27.03%、20.45%、25.93%、24.35%；人员增长率分别为 13.54%、6.92%、5.00%、13.64%、9.24%、10.51%、10.01%、9.77%、6.42%、10.85%。

　　2021 中国民营企业信用 100 强成长性指标变化趋势分析见图 6-4。

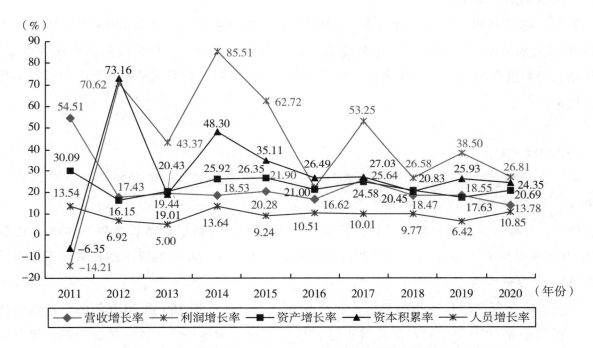

图 6-4 2021 中国民营企业信用 100 强成长性指标变化趋势分析

　　1.营收增长率有明显回落

　　第一，从营收增长率指标分析。2021 中国民营企业信用 100 强 2020 年的营收增长率为 13.78%，比 2019 年的 18.55% 下降了 4.77 个百分点。

　　第二，与样本民营企业对比分析。样本民营企业 2020 年的营收增长率为 6.71%，比 2019 年的 8.92% 下降了 2.21 个百分点。两者对比，2021 中国民营企业信用 100 强较样本民营企业高出 7.07 个百分点。

　　第三，综合营收增长率指标分析。2021 中国民营企业信用 100 强的营收增长率虽有明显回落，但保持 10%以上的较高增速，样本民营企业 2020 年的营业收入增速较 2019 年也有明显回落，两者的差距呈现缩小的态势。民营企业信用 100 强在营业收入增速方面仍具有较为明显的比较优势。

2.利润保持高速增长

第一，从利润增长率指标分析。2021 中国民营企业信用 100 强 2020 年的利润增长率为 26.81%，比 2019 年的 38.50%下降了 11.69 个百分点。

第二，与样本民营企业对比分析。样本民营企业 2020 年的利润增长率为–1.93%，比 2019 年的–2.13%的负增长幅度收窄了 0.20 个百分点。2021 中国民营企业信用 100 强的利润增长率较样本民营企业高出 28.74 个百分点。

第三，综合利润增长率指标分析。2021 中国民营企业信用 100 强 2020 年的利润增速较 2019 年有大幅度回落，但仍保持相对高速增长。样本民营企业的利润指标仍表现为负增长，但负增长的幅度有所收窄。总体来看，民营企业信用 100 强在利润增长率指标上仍具有明显的比较优势。

3.资产增速有所加快

第一，从资产增长率指标分析。2021 中国民营企业信用 100 强 2020 年的资产增长率为 20.69%，比 2019 年的 17.63%提高了 3.06 个百分点。

第二，与样本民营企业对比分析。样本民营企业 2020 年的资产增长率为 19.93%，比 2019 年的 10.93%提高了 9.00 个百分点。2021 中国民营企业信用 100 强的资产增长率高于样本民营企业 0.76 个百分点。

第三，综合资产增长率指标分析。2021 中国民营企业信用 100 强 2020 年的资产规模增速和样本民营企业 2020 年的资产规模增速与 2019 年相比均明显提高。这一情况表明，民营企业在资产规模方面总体上保持较高增速。

4.资本积累率持续高位运行

第一，从资本积累率指标分析。2021 中国民营企业信用 100 强 2020 年的资本积累率为 24.35%，比 2019 年的 25.93%下降了 1.58 个百分点。

第二，与样本民营企业对比分析。样本民营企业 2020 年的资本积累率为 20.56%，比 2019 年的 12.98%提升了 7.58 个百分点。2021 中国民营企业信用 100 强的资本积累率比样本民营企业的资本积累率高出了 3.79 个百分点，但两者的差距大幅缩小。

第三，综合资本积累率指标分析。2021 中国民营企业信用 100 强的资本积累率有所下降，而样本企业的资本积累率有明显提高，民营企业信用 100 强的资本积累比较优势并不明显。总体而言，民营企业的资本实力普遍保持较高水平。

5.人员增长率明显提高

第一，从人员增长率指标分析。2021 中国民营企业信用 100 强 2020 年的人员增长率为 10.85%，比 2019 年的 6.42% 提高了 4.43 个百分点。

第二，与样本民营企业对比分析。样本民营企业 2020 年的人员增长率为 3.67%，比 2019 年的 2.44% 提高了 1.23 个百分点。2021 中国民营企业信用 100 强的人员增长率比样本民营企业的人员增长率高出 7.18 个百分点。

第三，综合人员增长率指标分析。2021 中国民营企业信用 100 强的人员规模增速明显高于样本民营企业。总体而言，民营企业的人员增速普遍加快，在缓解社会就业压力方面发挥着重要作用。

6.人均营收额小幅提高

第一，从人均营收额指标分析。2021 中国民营企业信用 100 强 2020 年的人均营收额为 332.16 万元，比 2019 年的 315.85 万元提高了 16.31 万元。

第二，与样本民营企业对比分析。样本民营企业 2020 年的人均营收额为 236.96 万元，比 2019 年的 222.73 万元提高了 14.23 万元。2021 中国民营企业信用 100 强的人均营收额比样本民营企业的人均营收额高出 95.20 万元。

第三，综合人均营收额指标分析。2021 中国民营企业信用 100 强的人均营收额要远远高于样本企业，两者的差距由 2019 年的 93.12 万元进一步扩大到 2020 年的 95.20 万元，民营企业信用 100 强的劳动效益具有明显的比较优势。

7.人均利润额优势更趋明显

第一，从人均利润额指标分析。2021 中国民营企业信用 100 强 2020 年的人均利润额为 21.78 万元，比 2019 年的 16.42 万元提高了 5.36 万元。

第二，与样本民营企业对比分析。样本民营企业 2020 年的人均利润额为 10.49 万元，比 2019 年的 8.08 万元提高了 2.41 万元。2021 中国民营企业信用 100 强的人均利润额比样本民营企业的人均利润额高出 11.29 万元。

第三，综合人均利润额指标分析。2021 中国民营企业信用 100 强 2020 年的人均利润额远远高于样本民营企业，两者的差距由 2019 年的 8.34 万元，扩大到 2020 年的 11.29 万元。由此可见，2021 中国民营企业信用 100 强在盈利方面的比较优势也更为突出。

8.科研投入强度减弱

第一，从科研投入经费占营收总额比值指标分析。2021 中国民营企业信用 100 强 2020 年的科研投入经费占营收总额的比值为 4.05%，比 2019 年的 4.30%下降了 0.25 个百分点。

第二，与样本民营企业对比分析。样本民营企业 2020 年的科研投入经费占营收总额的比值为 6.12%，比 2019 年的 5.76%提高了 0.36 个百分点。民营企业信用 100 强的科研投入比值比样本民营企业低 2.07 个百分点。

第三，综合科研投入经费占营收总额比值指标分析。2021 中国民营企业信用 100 强科研投入比值要小于样本民营企业，两者的差距进一步扩大。总体而言，民营企业信用 100 强的科研投入强度还有待提高。

三、中国民营企业信用发展中存在的主要问题及若干建议

通过对 2021 中国民营企业信用 100 强以及我国民营企业综合性分析可以发现，我国民营企业总体呈现平稳运行的态势，但由于受新冠肺炎疫情影响和宏观经济不确定不稳定因素的增多，我国民营企业在发展中也面临诸多困难与新问题，主要表现为经营困难加大、资产运行效率效益偏低、资金压力加大、研发投入强度减弱等，这对我国民营企业的信用发展和高质量发展提出了新的挑战。

（一）充分释放政策效应，努力打造高质量发展新高地

2021 年中央经济工作会议强调，社会主义市场经济是一个伟大创造，社会主义市场经济中必然会有各种形态的资本，要发挥资本作为生产要素的积极作用，同时有效控制其消极作用；要为资本设置"红绿灯"，依法加强对资本的有效监管，防止资本野蛮生长；要支持和引导资本规范健康发展，坚持和完善社会主义基本经济制度，毫不动摇巩固和发展公有制经济，毫不动摇鼓励、支持、引导非公有制经济发展。

党的十九届五中全会通过的《中共中央关于制定国民经济和社会发展第十四个五年规划和二〇三五年远景目标的建议》提出，毫不动摇巩固和发展公有制经济，毫不动摇鼓励、支持、引导非公有制经济发展，并提出要优化民营经济发展环境，构建亲清政商关系，促进非公有制经济健康发展和非公有制经济人士健康成长，依法平等保护民营企业产权和企业家权益，

破除制约民营企业发展的各种壁垒，完善促进中小微企业和个体工商户发展的法律环境和政策体系。

2022 年货币政策正式转向宽松，上半年可能延续降准，必要时还可能小幅下调政策利率。在经济面临新的下行压力、房地产风险明显暴露的情况下，加大力度对冲经济下行压力，实现房地产软着陆，并支持实体经济、中小企业、科技创新、绿色经济、新基建，实现跨周期调节和高质量发展。这一系列政策组合，都为我国民营经济复苏和恢复性增长提供了政策环境。我国民营企业要积极转变增长方式，充分释放利好政策效应，在构建新发展格局中，抓住机遇，奋发有为。加快发展现代产业体系，推动经济体系优化升级，提升产业链供应链现代化水平。产业链供应链是大国经济循环畅通的关键，对我国民营企业而言同样蕴含着巨大的发展机遇。中小企业必须顺势而为，充分发挥其灵活性、适应性、创新性的巨大优势，发展新产业、新技术、新业态、新模式，积极进入战略性新兴产业或战略性新兴产业链中，努力开辟新的广阔发展空间。要优化产业链布局，补齐产业链供应链短板，锻造产业链供应链长板；要集中企业的优势资源，培育优势产业，适时进入一些新兴产业、高技术产业、高附加值产业，向产业链供应链的高端发展，寻求新的增长动力，打造新的增长点。

（二）坚持创新驱动，打造科技创新和数字经济新优势

2021 年中央经济工作会议强调，将实施科技体制改革三年行动方案，制订实施基础研究十年规划。这将进一步激活科技体制，产出更多基础研究科技成果，加速科技成果转化；要强化企业创新主体地位，深化产学研用结合；完善优化科技创新生态，形成扎实的科研作风。

坚持创新在我国现代化建设全局中的核心地位，把科技自立自强作为国家发展的战略支撑，面向世界科技前沿、面向经济主战场、面向国家重大需求、面向人民生命健康，深入实施科教兴国战略、人才强国战略、创新驱动发展战略，完善国家创新体系，加快建设科技强国。要强化企业创新主体地位，促进各类创新要素向企业集聚。发挥大企业引领支撑作用，支持创新型中小微企业成长为创新重要发源地，加强共性技术平台建设，推动产业链上中下游、大中小企业融通创新。民营企业要积极融入国家战略，在实施军民融合、混合所有制改革以及"一带一路"、长江经济带建设和京津冀一体化三大发展战略中积极作为。我国民营企业也正在从以填补市场空白、迅速扩张为主要内容的"量的积累阶段"转入以企业全面转型和提升为核心任务的"质的提高阶段"。我国民营企业要经久不衰、持续发展，就必须进行技术创新、制度创新和管理创新，要向高新技术进军，实现民营经济产业的升级换代，并以此作为民营经济新一轮增长的突破口。我国民营企业必须以全球化的视野积极融入国家战略之中，弥补创新能力不足和品牌影响力不高的短板，以科技创新为驱动，以全球化的大视野，

大力推进国际化品牌战略，借鉴成功企业积累的经验，敢于在国际市场上同台竞争。

（三）切实承担社会责任，筑牢高质量诚信发展基石

我国民营企业要着力强化抗冲击，防风险意识。冲击主要来自外部，中美多方面的角逐和博弈、新冠肺炎疫情的变化，以及潜在的全球金融危机等，都有可能造成巨大的冲击。风险主要来自企业内部，如企业债务违约、资金链断裂等，我国民营企业更要强化忧患意识，做好风险防范，增强发展韧性，进一步加强和提高防范化解风险能力，高度重视和防范各类风险。要突出防范经营效益下滑风险、债务风险、投资风险、金融业务风险、国际化经营风险、安全环保风险，强化各类风险识别，建立预判预警机制，及时排查风险隐患，制定完善的应对预案，为企业可持续高质量发展保驾护航。

我国民营企业要坚定不移贯彻创新、协调、绿色、开放、共享的新发展理念。企业的发展要秉承绿色低碳发展理念，践行人与自然和谐发展理念。要着力强化社会责任意识、规则意识、奉献意识，把诚信作为基本的道德操守，形成诚信价值观，培育诚信文化，以诚信为准则来约束自身的行为，培养信守承诺的社会责任感，尤其是要在环保诚信、质量诚信、竞争诚信、纳税诚信、金融诚信、社会诚信等方面，坚持底线思维，守牢诚信红线，将诚信作为一项基本义务严格履行。要始终坚持底线思维，加强诚信自律，进一步推进企业诚信体系建设，以诚信建设筑牢企业高质量发展的基石。

第七章

2021 中国上市公司信用 500 强发展报告

《2021 中国上市公司信用 500 强发展报告》是由中国企业改革与发展研究会、中国合作贸易企业协会、国信联合（北京）认证中心联合开展的中国上市公司信用分析研究成果，是第 7 次向社会发布。

　　2021 中国上市公司信用 500 强的入围门槛为：企业综合信用指数为 90 分以上，且 2020 年归属于上市公司股东的净利润为 36400 万元以上，较 2020 中国上市公司信用 500 强 2019 年的净利润 45700 万元下降了 9300 万元。

　　2021 中国上市公司信用 500 强分析研究及发布活动，旨在通过中国上市公司的信用环境、信用能力、信用行为三个方面，对中国上市公司的信用发展状况进行分析评价，客观真实地反映我国上市公司的信用发展状况和水平，同时为政府、行业、企业和社会提供参考依据。

一、2021 中国上市公司信用 500 强分布特征

（一）2021 中国上市公司信用 500 强行业分布特征

　　2021 中国上市公司信用 500 强的行业分布包括三个大类行业中的 52 个细分行业。其中，制造业 292 家企业，分布在 27 个细分行业；服务业 181 家企业，分布在 20 个细分行业；生产业 27 家企业，分布在 5 个细分行业。

　　2021 中国上市公司信用 500 强行业分布见表 7-1。

　　按照入围企业数量的多少排序分别为：电力、电气等设备、机械、元器件及光伏、风能、电池、线缆制造业企业有 36 家；化学原料及化学制品（含精细化工、日化、肥料等）制造业企业有 35 家；证券及其他金融服务业企业有 30 家；建筑材料及玻璃等制造业及非金属矿物制品业企业有 27 家；软件、程序、计算机应用、网络工程等计算机、微电子服务业企业有 26 家；工程机械、设备和特种装备（含电梯、仓储设备）及零配件制造业企业有 21 家；汽车及零配件制造业

表 7-1 2021 中国上市公司信用 500 强行业分布

序号	行业	企业数(家)
制造业		292
1	农副食品及农产品加工业	6
2	食品(含饮料、乳制品、肉食品等)加工制造业	10
3	酿酒制造业	8
4	纺织、印染业	1
5	纺织品、服装、服饰、鞋帽、皮革加工业	5
6	造纸及纸制品(含木材、藤、竹、家具等)加工、印刷、包装业	17
7	生活用品(含文体、玩具、工艺品、珠宝)等轻工产品加工制造业	4
8	石化产品、炼焦及其他燃料生产加工业	4
9	化学原料及化学制品(含精细化工、日化、肥料等)制造业	35
10	医药、生物制药、医疗设备制造业	16
11	化学纤维制造业	1
12	橡胶、塑料制品及其他新材料制造业	10
13	建筑材料及玻璃等制造业及非金属矿物制品业	27
14	黑色冶金及压延加工业	13
15	黄金冶炼及压延加工业	1
16	工程机械、设备和特种装备(含电梯、仓储设备)及零配件制造业	21
17	通用机械设备和专用机械设备及零配件制造业	17
18	电力、电气等设备、机械、元器件及光伏、风能、电池、线缆制造业	36
19	船舶、轨道交通设备及零部件制造业	2
20	家用电器及零配件制造业	3
21	电子元器件与仪器仪表、自动化控制设备制造业	9
22	动力、电力生产等装备、设备制造业	3
23	计算机、通信器材、办公、影像等设备及零部件制造业	15
24	汽车及零配件制造业	18
25	摩托车、自行车和其他交通运输设备及零配件制造业	2
26	航空航天、国防军工装备及零配件制造业	2
27	综合制造业(以制造业为主,含有服务业)	6
服务业		181
28	能源(电、热、燃气等)供应、开发、节能减排及再循环服务业	13
29	水上运输业	3
30	港口服务业	2
31	航空运输及相关服务业	1
32	电信、邮寄、速递等服务业	1
33	软件、程序、计算机应用、网络工程等计算机、微电子服务业	26
34	农牧渔饲产品及生活消费品等内外商贸批发、零售业	1
35	综合性内外商贸及批发、零售业	2
36	医药专营批发、零售业及医疗服务业	9
37	商业零售业及连锁超市	4

序号	行业	企业数(家)
38	银行业	16
39	保险业	4
40	证券及其他金融服务业	30
41	多元化投资控股、商务服务业	1
42	房地产开发与经营、物业及房屋装饰、修缮、管理等服务业	13
43	公用事业、市政、水务、航道等公共设施投资、经营与管理业	10
44	科技研发、推广及地勘、规划、设计、评估、咨询、认证等承包服务业	10
45	文化产业(书刊出版、印刷、发行与销售及影视、音像、文体、演艺等)	13
46	信息、传媒、电子商务、网购、娱乐等互联网服务业	9
47	综合服务业(以服务业为主,含有制造业)	13
生产业		27
48	农业、渔业、畜牧业及林业	3
49	石油、天然气开采及生产业	1
50	建筑业	8
51	电力生产业	12
52	其他采选业	3
合计		500

企业有 18 家;造纸及纸制品(含木材、藤、竹、家具等)加工、印刷、包装业企业,通用机械设备和专用机械设备及零配件制造业企业各有 17 家;医药、生物制药、医疗设备制造业企业,银行业企业各有 16 家;计算机、通信器材、办公、影像等设备及零部件制造业企业有 15 家;黑色冶金及压延加工业企业,能源(电、热、燃气等)供应、开发、节能减排及再循环服务业企业,房地产开发与经营、物业及房屋装饰、修缮、管理等服务业企业,文化产业(书刊出版、印刷、发行与销售及影视、音像、文体、演艺等)企业,综合服务业(以服务业为主,含有制造业)企业各有 13 家;电力生产业企业有 12 家;食品(含饮料、乳制品、肉食品等)加工制造业企业,橡胶、塑料制品及其他新材料制造业企业,公用事业、市政、水务、航道等公共设施投资、经营与管理业企业,科技研发、推广及地勘、规划、设计、评估、咨询、认证等承包服务业企业各有 10 家;电子元器件与仪器仪表、自动化控制设备制造业企业,医药专营批发、零售业及医疗服务业企业,信息、传媒、电子商务、网购、娱乐等互联网服务业企业各有 9 家;酿酒制造业企业,建筑业企业各有 8 家;农副食品及农产品加工业企业,综合制造业(以制造业为主,含有服务业)企业各有 6 家;纺织品、服装、服饰、鞋帽、皮革加工业企业有 5 家;生活用品(含文体、玩具、工艺品、珠宝)等轻工产品加工制造业企业,石化产品、炼焦及其他燃料生产加工业企业,商业零售业及连锁超市企业,保险业企业各有 4 家;家用电器及零配件制造业企

业，动力、电力生产等装备、设备制造业企业，水上运输业企业，农业、渔业、畜牧业及林业企业，其他采选业企业各有 3 家；船舶、轨道交通设备及零部件制造业企业，摩托车、自行车和其他交通运输设备及零配件制造业企业，航空航天、国防军工装备及零配件制造业企业，港口服务业企业，综合性内外商贸及批发、零售业企业各有 2 家；纺织、印染业企业，化学纤维制造业企业，黄金冶炼及压延加工业企业，航空运输及相关服务业企业，电信、邮寄、速递等服务业企业，农牧渔饲产品及生活消费品等内外商贸批发、零售业企业，多元化投资控股、商务服务业企业，石油、天然气开采及生产业企业各有 1 家入围。

（二）2021 中国上市公司信用 500 强地区分布特征

从 2021 中国上市公司信用 500 强地区分布情况来看，东部地区的 10 个省（直辖市）共有 371 家企业入围，较 2020 年增加了 8 家。其中，广东 88 家，北京 62 家，浙江 57 家，江苏 45 家，山东 43 家，上海 38 家，福建 18 家，河北 8 家，辽宁 7 家，天津 5 家。

中部地区 8 个省（自治区、直辖市）共有 65 家企业入围，较 2020 年减少了 3 家。其中，安徽 16 家，湖北 15 家，湖南 11 家，河南 9 家，吉林 6 家，江西 5 家，山西 2 家，黑龙江 1 家。

西部地区 11 个省（自治区、直辖市）共有 64 家企业入围，较 2020 年减少了 5 家。其中，四川 22 家，重庆 10 家，新疆 7 家，云南 6 家，陕西 5 家，内蒙古 4 家，贵州 3 家，甘肃、广西、宁夏各 2 家，西藏 1 家。

2021 中国上市公司信用 500 强地区分布见表 7-2。

表 7-2 2021 中国上市公司信用 500 强地区分布

区域	地区	入围企业数（家）		区域	地区	入围企业数（家）		区域	地区	入围企业数（家）	
		2021 年	2020 年			2021 年	2020 年			2021 年	2020 年
东部地区	北京	62	77	中部地区	安徽	16	16	西部地区	甘肃	2	2
	广东	88	75		河南	9	11		广西	2	3
	河北	8	9		湖北	15	15		贵州	3	4
	江苏	45	42		湖南	11	8		内蒙古	4	6
	山东	43	31		吉林	6	6		宁夏	2	1
	上海	38	38		黑龙江	1	1		四川	22	23
	天津	5	5		江西	5	7		新疆	7	9
	浙江	57	65		山西	2	4		云南	6	7
	辽宁	7	3						重庆	10	8
	福建	18	18						陕西	5	4
									西藏	1	2
合计		371	363	合计		65	68	合计		64	69

2021 中国上市公司信用 500 强仍然集中在东部地区，占全部上市公司信用 500 强企业的 74.20%，较 2020 年的 72.60%提高了 1.60%。其中，北京、广东、浙江、江苏、上海、山东仍是上市公司信用 500 强大户，这 6 个地区的入围企业数量达到 333 家，占全部上市公司信用 500 强企业的 66.60%。中部地区入围企业 65 家，占全部上市公司信用 500 强企业的 13.00%。西部地区入围企业 64 家，占全部上市公司信用 500 强企业的 12.80%。

二、2021 中国上市公司信用 500 强总体评价与分析

（一）2021 中国上市公司信用500 强信用环境评价与分析

2021 中国上市公司信用 500 强 2020 年的景气指数为 129.93 点，较 2019 年的 129.67 点提高了 0.26 点；盈利指数为 121.03 点，较 2019 年的 121.93 点下降了 0.90 点；效益指数为 112.41 点，较 2019 年的 111.72 点提高了 0.69 点。

2021 中国上市公司信用 500 强总体信用环境影响性分析见图 7-1。

图 7-1 2021 中国上市公司信用 500 强总体信用环境影响性分析

从图 7-1 中可以看出，2021 中国上市公司信用 500 强的三项指数总体运行平稳，除盈利指数小幅下降外，其他两项指数均有所提高，且保持了较高水平。

样本上市公司 2020 年的景气指数为 101.82 点，较 2019 年的 105.19 点下降了 3.37 点；盈

利指数为 99.01 点，较 2019 年的 99.69 点下降了 0.68 点；效益指数为 104.15 点，较 2019 年的 103.06 点提高了 1.09 点。

2014—2020 年样本上市公司信用环境影响性分析见图 7-2。

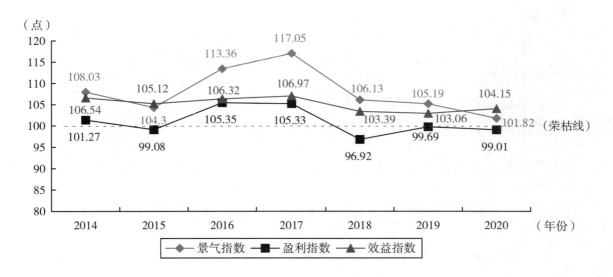

图 7-2 2014—2020 年样本上市公司信用环境影响性分析

从图 7-2 中可以看出，2020 年样本上市公司的三项指数有两项呈现下降的态势。其中，盈利指数持续徘徊在荣枯线以下，且负增长的幅度又有所扩大；景气指数也有较大幅度回落，已经跌落到荣枯线边际；效益指数回升，但幅度有限。总体分析来看，样本上市公司的三项指数仍处于低位运行区间。

通过图 7-1、图 7-2 对比分析可以看出，2021 中国上市公司信用 500 强比样本上市公司的三项指数分别高出 28.11 点、22.02 点、8.26 点，2021 中国上市公司信用 500 强的三项指数均明显好于样本上市公司的平均水平，仍然具有十分明显的比较优势。

(二) 2021 中国上市公司信用500 强总量评价与分析

1.营业收入总量分析

2021 中国上市公司信用 500 强 2020 年的营业收入总额为 292821 亿元，较 2019 年的 307017 亿元减少了 14196 亿元，增幅为-4.62%，其增幅较 2019 年的 10.54%下降了 15.16 个百分点；营业收入总额占全部样本上市公司营业收入总额 519594 亿元的 56.36%，较 2019 年的 61.13%下降了 4.77 个百分点；营业收入总额相当于 2020 年国内生产总值 （GDP） 1013567 亿元的 28.89%，较 2019 年的 31.12%下降了 2.23 个百分点。

2021 中国上市公司信用 500 强营业收入总量分析见图 7-3。

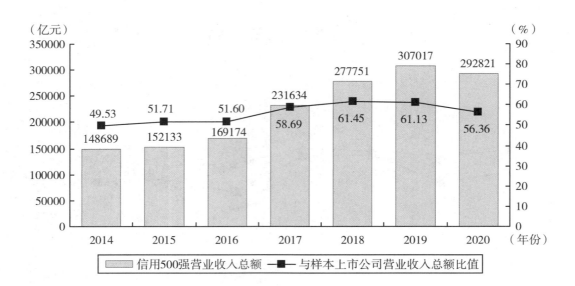

图 7-3 2021 中国上市公司信用 500 强营业收入总量分析

2.净利润总量分析

2021 中国上市公司信用 500 强 2020 年净利润（归属于上市公司股东的净利润）总额为 29992 亿元，占全部样本上市公司净利润总额 39668 亿元的 75.61%，较 2019 年的 74.74% 提高了 0.87 个百分点。

2021 中国上市公司信用 500 强净利润总量分析见图 7-4。

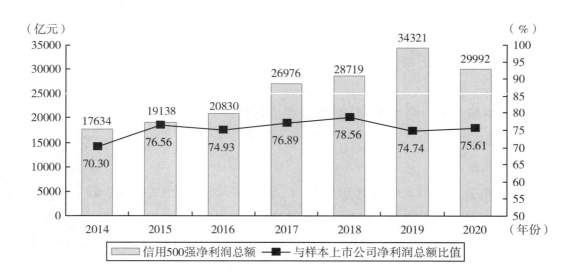

图 7-4 2021 中国上市公司信用 500 强净利润总量分析

综合以上两项对比分析可以看出，2021 中国上市公司信用 500 强占全部上市公司总量的 8.34%，较 2020 中国上市公司信用 500 强的 13.59% 下降了 5.25 个百分点；营业收入总额占全部上市公司营业收入总额的 56.36%，较 2020 中国上市公司信用 500 强的 61.13% 下降了 4.77 个百分点；净利润总额占全部上市公司净利润总额的 75.61%，较 2020 中国上市公司信用 500 强的 74.74% 提高了 0.87 个百分点。由此可见，2021 中国上市公司信用 500 强营业收入总额所占比重下降的幅度要低于所占全部上市公司总量的下降幅度，也就意味着 2021 中国上市公司信用 500 强在营业收入方面的集中度有所提升；而利润总额所占比重却有所提高，也就意味着上市公司信用 500 强在净利润方面的集中度有所提高。总体来看，入围 2021 中国上市公司信用 500 强的企业仍然具有显著的市场竞争优势，尤其是盈利能力具有显著的比较优势。

三、2021 中国上市公司信用 500 强效益变化趋势分析

（一）2021 中国上市公司信用 500 强收益性指标变化趋势分析

收益性指标从营收利润率、资产利润率和所有者权益报酬率三项指标进行分析。2021 中国上市公司信用 500 强 2011—2020 年的营收利润率分别为 15.28%、11.66%、12.38%、12.96%、12.77%、14.99%、16.17%、15.12%、14.23%、15.59%；资产利润率分别为 4.01%、7.05%、7.18%、7.34%、6.59%、7.05%、7.80%、7.31%、7.26%、7.12%；所有者权益报酬率分别为 18.47%、15.46%、18.24%、13.67%、12.32%、12.39%、14.86%、14.69%、13.67%、14.53%。

2021 中国上市公司信用 500 强收益性指标变化趋势分析见图 7-5。

1.营收利润率有所提高，优势明显

第一，从营收利润率指标分析。2021 中国上市公司信用 500 强的营收利润率由 2019 年的 14.23% 提高到 2020 年的 15.59%，提高了 1.36 个百分点。

第二，与样本上市公司对比分析。样本上市公司 2020 年的营收利润率为 4.88%，比 2019 年的 3.97% 提高了 0.91 个百分点。2021 中国上市公司信用 500 强 2020 年的营收利润率较样本上市公司高出 10.71 个百分点。

第三，综合营收利润率指标分析。2021 中国上市公司信用 500 强和样本企业的营收利润率均有所提高，但 2021 中国上市公司信用 500 强提高的幅度要大于样本企业，两者的差距由 2019 年的 10.26 个百分点提高到 10.71 个百分点，进一步扩大了 0.45 个百分点。从综合对比

图 7-5　2021 中国上市公司信用 500 强收益性指标变化趋势分析

分析可以看出，2021 中国上市公司信用 500 强的盈利水平持续保持高位运行，盈利能力的比较优势十分显著。

2.资产利润率有所回落

第一，从资产利润率指标分析。2021 中国上市公司信用 500 强的资产利润率由 2019 年的 7.26%下降到 2020 年的 7.12%，微幅下降了 0.14 个百分点。

第二，与样本上市公司对比分析。样本上市公司 2020 年的资产利润率为 2.83%，比 2019 年的 1.70%提高了 1.13 个百分点。2021 中国上市公司信用 500 强 2020 年的资产利润率较样本上市公司高出 4.29 个百分点。

第三，综合资产利润率指标分析。2021 中国上市公司信用 500 强的资产利润率较上年有所下降，与样本上市公司的差距由 2019 年的 5.56 个百分点缩小到 2020 年的 4.29 个百分点。尽管两者的差距有所缩小，但 2021 中国上市公司信用 500 强的资产效益总体上仍然保持较高水平，资产经营效益和质量仍具有明显的比较优势。

3.所有者权益报酬率持续保持较高水平

第一，从所有者权益报酬率指标分析。2021 中国上市公司信用 500 强的所有者权益报酬率由 2019 年的 13.67%提高到 2020 年的 14.53%，提高了 0.86 个百分点。

第二，与样本上市公司对比分析。样本上市公司 2020 年的所有者权益报酬率为 4.73%，比 2019 年的 3.51%提高了 1.22 个百分点。2021 中国上市公司信用 500 强 2020 年的所有者权益报酬率较样本上市公司高出 9.80 个百分点。

第三，综合所有者权益报酬率指标分析。上市公司信用 500 强的所有者权益报酬率总体运行平稳，与样本上市公司相比处于较高水平，两者的差距由 2019 年 10.16 个百分点缩小至 2020 年的 9.80 个百分点。但从总体上来看，上市公司信用 500 强的所有者权益报酬率持续高位运行，也明显高于样本上市公司。

（二）2021 中国上市公司信用 500 强流动性和安全性指标变化趋势分析

流动性和安全性指标从资产周转率、资本保值增值率和所有者权益比率三项指标进行分析。2011—2020 年上市公司信用 500 强的资产周转率分别为 0.67 次/年、0.94 次/年、0.78 次/年、0.76 次/年、0.51 次/年、0.60 次/年、0.64 次/年、0.69 次/年、0.69 次/年、0.61 次/年；资本保值增值率分别为 122.51%、121.39%、120.33%、126.17%、116.21%、119.24%、120.90%、117.75%、118.45%、118.51%；所有者权益比率分别为 22.07%、44.17%、41.03%、53.02%、52.50%、55.79%、51.84%、48.05%、50.31%、46.82%。

2021 中国上市公司信用 500 强资产周转率、资本保值增值率变化趋势分析见图 7-6。

2021 中国上市公司信用 500 强所有者权益比率变化趋势分析见图 7-7。

图 7-6　2021 中国上市公司信用 500 强资产周转率、资本保值增值率变化趋势分析

1.流动性有所放缓

第一，从资产周转率指标分析。2021 中国上市公司信用 500 强的资产周转率有所放缓。2020 年资产周转率为 0.61 次/年，比 2019 年 0.69 次/年下降了 0.08 次/年。

第二，与样本上市公司对比分析。样本上市公司 2020 年的资产周转率为 0.55 次/年，比

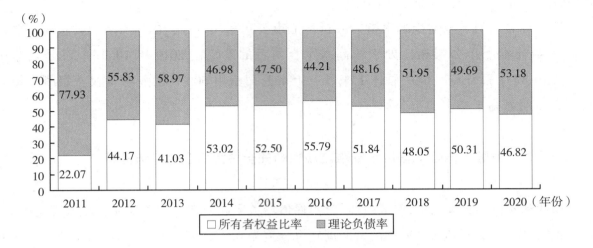

图 7-7　2021 中国上市公司信用 500 强所有者权益比率变化趋势分析

2019 年的 0.58 次/年下降了 0.03 次/年。2021 中国上市公司信用 500 强的资产周转率仍然比样本上市公司高出 0.06 次/年。

第三，综合资产周转率指标分析。2021 中国上市公司信用 500 强和样本上市公司资产周转率均有所下降，但 2021 中国上市公司信用 500 强下降的幅度要高于样本上市公司。综合来看，2021 中国上市公司信用 500 强的资产运营效率和质量仍然具有一定的比较优势。

2.资本保值增值率有所提高

第一，从资本保值增值率指标分析。2021 中国上市公司信用 500 强的资本保值增值率有所提高，由 2019 年的 118.45% 提高到 2020 年的 118.51%，提高了 0.06 个百分点。

第二，与样本上市公司对比分析。样本上市公司 2020 年的资本保值增值率为 107.43%，比 2019 年的 105.61% 提高了 1.82 个百分点。2021 中国上市公司信用 500 强 2020 年的资本保值增值率较样本上市公司高出 11.08 个百分点。

第三，综合资本保值增值率指标分析。2021 中国上市公司信用 500 强和样本上市公司 2020 年的资本保值增值率均有所提高，但样本上市公司的资本保值增值率提高幅度要大于 2021 中国上市公司信用 500 强，两者的差距也有所缩小。总体来看，2021 中国上市公司信用 500 强的资本保值增值率仍明显优于样本上市公司。

3.理论负债率有所提高

第一，从所有者权益比率指标分析。2021 中国上市公司信用 500 强的所有者权益比率有所下降，由 2019 年的 50.31% 下降到 2020 年的 46.82%，下降了 3.49 个百分点。

第二，与样本上市公司对比分析。样本上市公司 2020 年的所有者权益比率为 54.33%，比 2019 年的 55.26%下降了 0.93 个百分点。2021 中国上市公司信用 500 强的所有者权益比率较样本上市公司低 7.51 个百分点。

第三，综合负债率水平分析。2021 中国上市公司信用 500 强的理论负债率水平较样本上市公司仍然明显偏高，具有明显的信用优势。总体来看，上市公司的理论负债率仍然处于较低水平。

（三）2021 中国上市公司信用 500 强成长性指标变化趋势分析

成长性指标从营收增长率、利润增长率、资产增长率、资本积累率和人员增长率等指标进行分析。2021 中国上市公司信用 500 强 2011—2020 年营收增长率分别为 40.77%、29.16%、16.71%、22.17%、24.07%、34.57%、37.37%、21.44%、16.83%、19.90%；利润增长率分别为 30.21%、11.14%、51.23%、43.32%、37.27%、56.51%、51.74%、30.95%、42.51%、39.95%；资产增长率分别为 23.76%、16.72%、31.08%、25.07%、25.10%、43.06%、35.19%、17.50%、15.99%、21.88%；资本积累率分别为 23.86%、19.78%、18.86%、49.11%、31.65%、53.66%、42.23%、19.24%、31.72%、24.23%；人员增长率分别为 9.92%、7.89%、6.21%、9.55%、14.38%、16.69%、14.68%、11.64%、7.60%、9.93%。

2021 中国上市公司信用 500 强成长性指标变化趋势分析见图 7-8。

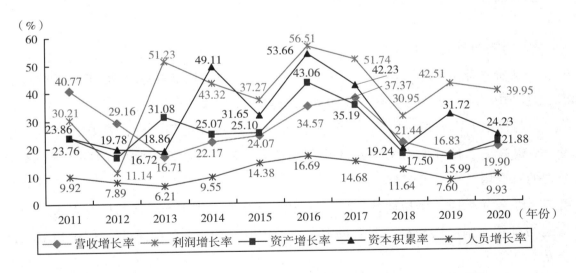

图 7-8 2021 中国上市公司信用 500 强成长性指标变化趋势分析

1.营业收入增速明显加快

第一，从营收增长率指标分析。2021 中国上市公司信用 500 强 2020 年的营收增长率为

19.90%，比 2019 年的 16.83%提高了 3.07 个百分点。

第二，与样本上市公司对比分析。样本上市公司 2020 年的营收增长率为 5.11%，比 2019 年的 9.22%下降了 4.11 个百分点。2021 中国上市公司信用 500 强 2020 年的营收增长率较样本上市公司高出 14.79 个百分点。

第三，综合营收增长率指标分析。2021 中国上市公司信用 500 强 2020 年的营业收入增速明显加快，而样本上市公司的营业收入增速则有较大幅度下降，两者差距由 2019 年的 7.61 个百分点大幅度扩大至 14.79 个百分点。由此可见，2021 中国上市公司信用 500 强受新冠肺炎疫情影响较小，抗风险能力也明显较强。

2.利润增长率高位回落

第一，从利润增长率指标分析。2021 中国上市公司信用 500 强 2020 年的利润增长率为 39.95%，比 2019 年的 42.51%下降了 2.56 个百分点。

第二，与样本上市公司对比分析。样本上市公司 2020 年的利润增长率为-1.46%，由 2019 年的 1.16%转为负增长。2021 中国上市公司信用 500 强 2020 年的利润增长率较样本上市公司高出 41.41 个百分点。

第三，综合利润增长率指标分析。2021 中国上市公司信用 500 强的利润增长率保持高位运行；而样本上市公司的利润增长率则表现为负增长，且持续处于低位运行区间。综合来看，上市公司的利润增速仍具有明显的比较优势。

3.资产规模增速明显反弹

第一，从资产增长率指标分析。2021 中国上市公司信用 500 强 2020 年的资产增长率为 21.88%，比 2019 年的 15.99%提高了 5.89 个百分点。

第二，与样本上市公司对比分析。样本上市公司 2020 年的资产增长率为 16.71%，比 2019 年的 9.56%提高了 7.15 个百分点。2021 中国上市公司信用 500 强 2020 年的资产增长率比样本上市公司的资产增长率高出 5.17 个百分点。

第三，综合资产增长率指标分析。2021 中国上市公司信用 500 强和样本上市公司的资产规模增速均有较大幅度的提高，两者的差距由 2019 年的 6.43 个百分点缩小至 2020 年的 5.17 个百分点。

4.资本积累率回落

第一，从资本积累率指标分析。2021 中国上市公司信用 500 强 2020 年的资本积累率为 24.23%，比 2019 年的 31.72%下降了 7.49 个百分点。

第二，与样本上市公司对比分析。样本上市公司 2020 年的资本积累率为 16.88%，比 2019 年的 15.23% 提高了 1.65 个百分点。2021 中国上市公司信用 500 强 2020 年的资本积累率比样本上市公司的资本积累率高出 7.35 个百分点。

第三，综合资本积累率指标分析。2021 中国上市公司信用 500 强的资本积累率仍然明显高于上市公司的平均水平，但两者的差距由 2019 年的 16.49 个百分点大幅度缩小至 2020 年的 7.35 个百分点。总体来看，2021 中国上市公司信用 500 强在资本实力方面仍然具有比较优势。

5.人员增速提高

第一，从人员增长率指标分析。2021 中国上市公司信用 500 强 2020 年的人员增长率为 9.93%，比 2019 年的 7.60% 提高了 2.33 个百分点。

第二，与样本上市公司对比分析。样本上市公司 2020 年的人员增长率为 3.19%，比 2019 年的 1.85% 提高了 1.34 个百分点。2021 中国上市公司信用 500 强 2020 年的人员增长率比样本上市公司的人员增长率高出 6.74 个百分点。

第三，综合人员增长率指标分析。2021 中国上市公司信用 500 强和样本上市公司的人员增速均有所提高，但 2021 中国上市公司信用 500 强的人员规模增速仍然高于样本上市公司。

6.人均营收额明显回落

第一，从人均营收额指标分析。2021 中国上市公司信用 500 强 2020 年的人均营收额为 250.70 万元，比 2019 年的 279.38 万元下降了 28.68 万元。

第二，与样本上市公司对比分析。样本上市公司 2020 年的人均营收额为 214.38 万元，比 2019 年的 209.53 万元提高了 4.85 万元。2021 中国上市公司信用 500 强 2020 年的人均营收额比样本上市公司的人均营收额高出 36.32 万元。

第三，综合人均营收额指标分析。2021 中国上市公司信用 500 强的人均营收额要比样本上市公司平均水平高出 36.32 万元，较 2019 年的 69.85 万元大幅减少了 33.53 万元。但总体来看，2021 中国上市公司信用 500 强的劳动效率仍具有比较优势。

7.人均利润额明显下降

第一，从人均利润额指标分析。2021 中国上市公司信用 500 强 2020 年的人均利润额为 25.68 万元，比 2019 年的 31.23 万元下降了 5.55 万元。

第二，与样本上市公司对比分析。样本上市公司 2020 年的人均利润额为 16.36 万元，比 2019 年的 17.04 万元下降了 0.68 万元。2021 中国上市公司信用 500 强 2020 年的人均利润额比样本上市公司的人均利润额高出 9.32 万元。

第三，综合人均利润额指标分析。2021 中国上市公司信用 500 强的人均利润额仍然远远高于样本上市公司，但两者的差距由 2019 年的 14.19 万元缩小至 2020 年的 9.32 万元。总体来看，上市公司信用 500 强在劳动效益方面仍然具有比较优势。

8.科研投入强度有所增强

第一，从科研投入经费占营收总额比值指标分析。2021 中国上市公司信用 500 强 2020 年科研投入经费占营收总额比值为 4.10%，比 2019 年的 3.78% 提高了 0.32 个百分点。

第二，与样本上市公司对比分析。样本上市公司 2020 年的科研投入经费占营收总额比值为 5.74%，比 2019 年的 5.07% 提高了 0.67 个百分点。2021 中国上市公司信用 500 强 2020 年的科研投入比值比样本上市公司低 1.64 个百分点。

第三，综合科研投入经费占营收总额比值指标分析。2021 中国上市公司信用 500 强的科研投入比值仍然小于样本上市公司，且两者的差距由 2019 年的 1.29 个百分点扩大至 1.64 个百分点。

四、中国上市公司信用发展中存在的主要问题及若干建议

通过对 2021 中国上市公司信用 500 强以及我国上市公司经济效益指标的综合对比分析可以发现，2021 中国上市公司信用 500 强企业总体经营实力及其综合经营效益保持较高水平，具有明显的比较优势。但由于受新冠肺炎疫情影响以及外部不确定、不稳定因素增多，上市公司也存在一系列问题，需要引起高度关注。

（一）依靠科技创新，努力构建新发展格局

2022 年是"十四五"规划的重要一年。"十四五"时期推动高质量发展，必须立足新发展阶段、贯彻新发展理念、构建新发展格局。习近平总书记在主持召开中央全面深化改革委员会第十五次会议上强调，加快形成以国内大循环为主体、国内国际双循环相互促进的新发展格局，是根据我国发展阶段、环境、条件变化作出的战略决策，是事关全局的系统性深层次变革。尤其是在新冠肺炎疫情卷土重来，经济复苏势头减弱，保护主义、单边主义、霸权主义以及地缘经济政治格局、全球供应链和产业链扰动等造成的不确定因素增多、风险加大的全球经济背景下，构建新发展格局对我国经济发展行稳致远将起到关键作用。

2021 年 12 月 8 日至 10 日，中央经济工作会议强调，要深化供给侧结构性改革，重在畅通国内大循环，重在突破供给约束堵点，重在打通生产、分配、流通、消费各环节。总体来看，传统制造业和基础性产业的供给侧结构性调整成效已经显现，新兴产业和未来产业发展势头强劲，在全球产业链的地位已经由中低端迈向了中高端，尤其是在一些高端领域强势突破，处于引领地位。我国上市公司要立足新发展阶段，贯彻新发展理念，构建新发展格局，要坚持以推动高质量发展为主题，以深化供给侧结构性改革为主线，以改革创新为根本动力，以满足人民日益增长的美好生活需要为根本目的，这也是我国企业实现高质量发展的基本遵循。上市公司要以全新的思维观念、全新的发展视角、全新的战略布局，加快优化企业产业链供应链；坚持补齐短板、锻造长板，着力解决好"卡脖子"问题，培育核心竞争力；要着力提高资本集中度，做强主导产业和优势产业；加快由低端制造向高端设计、研发、品牌、营销、产业链管理等环节延伸；加强互联网、大数据等现代技术应用，实现传统产业与新兴产业、信息产业跨界融合，大力发展智能制造，全面提升研发、生产、管理和服务的智能化水平，通过装备技术创新和产业技术升级，走高质量发展之路。

（二）完善公司治理，促进高质量发展

2021 年中央经济工作会议强调，要抓好要素市场化配置综合改革试点，全面实行股票发行注册制。国务院印发《关于进一步提高上市公司质量的意见》，提出了 6 个方面 17 项重点举措。证监会将把强化公司治理作为提高上市公司质量的一项重要工作，通过开展上市公司治理专项行动等方式，进一步提高上市公司治理水平。

健全现代企业制度，完善公司治理，应依法建立科学的公司内部治理结构，覆盖决策、执行、监督的全过程，使各权力机构在相互制约的同时达到良好的配合效果。优化资本结构，提高我国上市公司治理效率。优化股权结构，关注股权分置改革，彻底解决股票全流通问题。通过建立股权合理制衡的多元化所有权结构，让各类股东都能参与公司的治理，使公司的治理更加有效。充分发挥债权的内部治理作用。债权人能否有效参与公司治理在一定程度上取决于债权集中度。为了充分发挥债权人在公司治理中的作用，上市公司应合理安排负债结构及其比例关系，适当提高债权集中度。

上市公司普遍存在着逐利性投资，导致资本运用过于分散，大量资本运营于短期逐利性项目，从而弱化了主导产业和优势产业。因此，上市公司要牢牢坚持新发展理念，保持新发展定力，进一步完善公司治理，提高决策的透明度和科学性，将资本投放更集中于主导产业和优势产业领域，做强做优做大主导产业。要聚集主导产业，加快发展现代产业体系，推动经济体系优化升级，要提升产业链供应链现代化水平。要聚焦重点任务，发挥资本优势，带动构建新发

展格局，立足国内大循环，扩大有效投资，发挥产业龙头作用，切实增强产业链供应链自主可控能力，推动上下游、产供销有效衔接、协调运转，主动适应和创造市场需求，助力畅通国内国际双循环，为推动可持续高质量发展做出贡献。

（三）切实履行社会责任，筑牢高质量诚信发展基石

2021 年中央经济工作会议强调，要正确认识和把握资本的特性和行为规律；要发挥资本作为生产要素的积极作用，同时有效控制其消极作用；要支持和引导资本规范健康发展，要为资本设置"红绿灯"，依法加强对资本的有效监管，防止资本野蛮生长。

部分上市公司因治理失效、管控失灵、运作失序等引发资金占用、违规担保、财务造假、操纵并购、操纵股价等严重问题。对于资本市场来说，上市公司充分而真实的信息披露，是市场健康发展的关键一环。尤其是在注册制条件下，企业信息披露显得尤为重要。注册制的一个基本特点，是以信息披露为中心，通过要求证券发行人真实、准确、完整、及时地披露，使投资者获得必要信息，对证券价值进行判断并做出是否投资的决策。真实、准确、完整、及时的信息披露，是市场健康运行的重要基础。正因为如此，2020 年 3 月起正式实施的新证券法，就设了专章系统完善了信息披露制度，包括扩大信息披露义务人的范围，完善信息披露的内容，强调应当充分披露投资者做出价值判断和投资决策所必需的信息等。可以预期，未来随着监管力度的加强，将进一步强化信息披露要求，提高上市公司财务造假等行为的违法成本，提升上市公司诚实守信经营水平，并进一步压实中介机构责任，进而更好地维护投资者合法权益。

在当前面临诸多困难和风险挑战的发展时期，我国上市公司更要强化忧患意识，做好风险防范，增强发展韧性，进一步加强和提高防范化解风险能力，高度重视和防范各类风险。要坚守底线思维，不断增强自我规范、自我提高、自我完善的意识，形成上市公司规范治理的长效机制。要加强诚信自律，进一步推进企业诚信体系建设，以诚信建设筑牢企业高质量发展的基石。

第八章
2021 中国企业信用 500 强评价资料

一、2021 中国企业信用 500 强排序

序号	企业名称	地区	综合信用指数	信用环境指数	信用能力指数	信用行为指数
1	华为投资控股有限公司	广东	99.801	13.826	71.975	14.000
2	贵州茅台酒股份有限公司	贵州	99.557	13.557	72.000	14.000
3	中国工商银行股份有限公司	北京	99.073	13.553	71.519	14.000
4	中国宝武钢铁集团有限公司	上海	99.042	14.000	71.042	14.000
5	万科企业股份有限公司	广东	98.983	13.521	71.885	13.577
6	中国农业银行股份有限公司	北京	98.385	13.589	70.796	14.000
7	中国建材集团有限公司	北京	98.384	13.484	72.000	12.900
8	冀南钢铁集团有限公司	河北	98.283	13.360	72.000	12.923
9	中国平安保险（集团）股份有限公司	广东	98.282	12.756	71.526	14.000
10	中国石油天然气集团有限公司	北京	98.241	14.000	72.000	12.241
11	万华化学集团股份有限公司	山东	98.223	13.673	72.000	12.550
12	山东魏桥创业集团有限公司	山东	98.200	14.000	72.000	12.200
13	山东金岭集团有限公司	山东	98.102	13.750	71.802	12.550
14	安徽海螺集团有限责任公司	安徽	98.073	13.504	71.970	12.600
15	华峰化学股份有限公司	浙江	97.983	13.795	71.389	12.800
16	腾讯控股有限公司	广东	97.959	13.959	72.000	12.000
17	中国华润有限公司	广东	97.841	13.827	72.000	12.014
18	中国银行股份有限公司	北京	97.709	13.670	70.039	14.000
19	宁夏宝丰能源集团股份有限公司	宁夏	97.601	13.851	70.950	12.800
20	金发科技股份有限公司	广东	97.600	14.000	72.000	11.600
21	小米科技有限责任公司	北京	97.537	13.937	72.000	11.600
22	成都市兴蓉环境股份有限公司	四川	97.523	13.600	71.123	12.800
23	中粮集团有限公司	北京	97.521	13.921	72.000	11.600
24	三一集团有限公司	湖南	97.512	13.912	72.000	11.600
25	中联重科股份有限公司	湖南	97.498	13.898	72.000	11.600
26	玖龙环球（中国）投资集团有限公司	广东	97.452	13.886	71.966	11.600
27	比亚迪股份有限公司	广东	97.442	14.000	71.842	11.600
28	中国国际海运集装箱（集团）股份有限公司	广东	97.437	13.837	72.000	11.600

续表

序号	企业名称	地区	综合信用指数	信用环境指数	信用能力指数	信用行为指数
29	中国机械工业集团有限公司	北京	97.432	13.832	72.000	11.600
30	中国化学工程股份有限公司	北京	97.428	13.828	72.000	11.600
31	九州通医药集团股份有限公司	湖北	97.424	13.897	71.927	11.600
32	浙江新和成股份有限公司	浙江	97.419	14.000	70.619	12.800
33	北京东方雨虹防水技术股份有限公司	北京	97.355	13.926	71.829	11.600
34	富士康工业互联网股份有限公司	广东	97.301	13.044	72.000	12.257
35	北京控股集团有限公司	北京	97.299	13.600	71.199	12.500
36	浪潮电子信息产业股份有限公司	山东	97.261	13.661	72.000	11.600
37	科大讯飞股份有限公司	安徽	97.183	13.725	71.857	11.600
38	中国第一汽车集团有限公司	吉林	97.154	13.833	72.000	11.321
39	龙湖集团控股有限公司	重庆	97.125	13.555	71.970	11.600
40	杭州海康威视数字技术股份有限公司	浙江	97.121	13.521	72.000	11.600
41	红狮控股集团有限公司	浙江	97.080	13.480	72.000	11.600
42	巨化集团有限公司	浙江	97.060	14.000	70.260	12.800
43	波司登股份有限公司	江苏	97.043	13.443	72.000	11.600
44	晶澳太阳能科技股份有限公司	河北	97.043	13.736	71.708	11.600
45	中国医药集团有限公司	北京	97.001	13.830	71.572	11.600
46	中国石油化工集团有限公司	北京	96.995	12.462	70.781	13.752
47	中国电子科技集团有限公司	北京	96.969	13.588	71.781	11.600
48	中国移动通信集团有限公司	北京	96.953	14.000	68.953	14.000
49	纳爱斯集团有限公司	浙江	96.948	13.790	70.358	12.800
50	新疆金风科技股份有限公司	新疆	96.937	13.829	71.508	11.600
51	紫金矿业集团股份有限公司	福建	96.916	13.896	71.420	11.600
52	隆基绿能科技股份有限公司	陕西	96.906	13.306	72.000	11.600
53	宁德时代新能源科技股份有限公司	福建	96.799	13.199	72.000	11.600
54	完美世界股份有限公司	浙江	96.774	13.385	71.789	11.600
55	明阳智慧能源集团股份有限公司	广东	96.759	13.220	71.939	11.600
56	碧桂园控股有限公司	广东	96.755	12.638	71.414	12.702
57	广发证券股份有限公司	广东	96.753	13.856	71.298	11.600
58	内蒙古君正能源化工集团股份有限公司	内蒙古	96.720	14.000	71.520	11.200
59	浙江省能源集团有限公司	浙江	96.716	13.836	71.279	11.600
60	深圳市汇川技术股份有限公司	广东	96.692	14.000	71.092	11.600
61	中国保利集团有限公司	北京	96.691	13.091	72.000	11.600

序号	企业名称	地区	综合信用指数	信用环境指数	信用能力指数	信用行为指数
62	新疆特变电工集团有限公司	新疆	96.683	13.263	71.820	11.600
63	宜宾五粮液股份有限公司	四川	96.643	13.582	71.461	11.600
64	京东方科技集团股份有限公司	北京	96.632	13.880	71.152	11.600
65	欧派家居集团股份有限公司	广东	96.622	13.771	71.251	11.600
66	天合光能股份有限公司	江苏	96.604	13.299	71.705	11.600
67	招商局集团有限公司	北京	96.595	13.799	69.309	13.487
68	中策橡胶集团股份有限公司	浙江	96.579	13.955	71.024	11.600
69	青山控股集团有限公司	浙江	96.576	13.600	71.376	11.600
70	顺丰控股股份有限公司	安徽	96.574	13.465	71.509	11.600
71	江苏恒立液压股份有限公司	江苏	96.560	13.585	71.376	11.600
72	徐工集团工程机械股份有限公司	江苏	96.559	13.461	71.498	11.600
73	内蒙古伊利实业集团股份有限公司	内蒙古	96.551	12.999	71.952	11.600
74	浙江龙盛控股有限公司	浙江	96.544	12.950	70.793	12.800
75	重庆水务集团股份有限公司	重庆	96.532	13.583	70.149	12.800
76	北京首都创业集团有限公司	北京	96.528	12.592	69.936	14.000
77	交通银行股份有限公司	上海	96.482	13.589	68.894	14.000
78	舜宇集团有限公司	浙江	96.441	13.817	71.024	11.600
79	歌尔股份有限公司	山东	96.433	13.936	70.897	11.600
80	兴业银行股份有限公司	福建	96.422	13.450	68.972	14.000
81	国泰君安证券股份有限公司	上海	96.421	13.868	70.953	11.600
82	老凤祥股份有限公司	上海	96.419	13.809	71.010	11.600
83	永辉超市股份有限公司	福建	96.411	13.832	70.979	11.600
84	恒力集团有限公司	江苏	96.370	12.770	72.000	11.600
85	绿地控股集团股份有限公司	上海	96.325	13.424	71.301	11.600
86	阳光电源股份有限公司	安徽	96.319	13.414	71.305	11.600
87	浙江伟星新型建材股份有限公司	浙江	96.303	13.476	71.227	11.600
88	中国航天科技集团有限公司	北京	96.292	13.511	71.182	11.600
89	普联技术有限公司	广东	96.277	14.000	70.677	11.600
90	北京能源集团有限责任公司	北京	96.266	13.820	70.845	11.600
91	紫光股份有限公司	北京	96.259	13.312	71.347	11.600
92	浙江三花智能控制股份有限公司	浙江	96.253	13.008	71.644	11.600
93	中国国际金融股份有限公司	北京	96.249	13.873	70.776	11.600
94	申能（集团）有限公司	上海	96.238	13.889	70.749	11.600

续表

序号	企业名称	地区	综合信用指数	信用环境指数	信用能力指数	信用行为指数
95	江苏扬农化工股份有限公司	江苏	96.228	13.746	69.682	12.800
96	华泰证券股份有限公司	江苏	96.215	13.799	70.816	11.600
97	上海晨光文具股份有限公司	上海	96.129	13.783	70.747	11.600
98	正泰集团股份有限公司	浙江	96.113	13.025	71.488	11.600
99	上海爱旭新能源股份有限公司	上海	96.102	13.052	71.450	11.600
100	中国兵器工业集团有限公司	北京	96.096	13.830	70.667	11.600
101	江苏三木集团有限公司	江苏	96.093	13.872	69.421	12.800
102	苏州东山精密制造股份有限公司	江苏	96.092	13.910	70.582	11.600
103	上海永达控股（集团）有限公司	上海	96.085	13.770	70.715	11.600
104	上海汽车集团股份有限公司	上海	96.085	12.654	72.000	11.431
105	郑州煤矿机械集团股份有限公司	河南	96.071	13.380	71.090	11.600
106	中文天地出版传媒集团股份有限公司	江西	96.048	13.332	71.116	11.600
107	浙江大华技术股份有限公司	浙江	96.046	13.832	70.613	11.600
108	中国人寿保险股份有限公司	北京	96.028	12.507	69.521	14.000
109	云南省能源投资集团有限公司	云南	96.027	13.823	70.603	11.600
110	国信证券股份有限公司	广东	96.025	13.807	70.617	11.600
111	杭州福斯特应用材料股份有限公司	浙江	96.018	13.338	71.081	11.600
112	河北天柱钢铁集团有限公司	河北	95.996	13.468	70.928	11.600
113	广东海大集团股份有限公司	广东	95.966	13.560	70.806	11.600
114	江苏阳光集团有限公司	江苏	95.958	13.035	70.123	12.800
115	海通证券股份有限公司	上海	95.943	13.819	70.524	11.600
116	天瑞集团股份有限公司	河南	95.942	13.824	70.519	11.600
117	广州智能装备产业集团有限公司	广东	95.939	13.231	71.109	11.600
118	浙江交通科技股份有限公司	浙江	95.914	13.843	70.470	11.600
119	山西杏花村汾酒厂股份有限公司	山西	95.887	13.548	70.739	11.600
120	浙江伟明环保股份有限公司	浙江	95.856	13.356	71.200	11.300
121	华泰集团有限公司	山东	95.851	13.833	70.418	11.600
122	东方财富信息股份有限公司	上海	95.829	13.829	70.401	11.600
123	立讯精密工业股份有限公司	广东	95.829	13.929	71.900	10.000
124	北京京东世纪贸易有限公司	北京	95.800	14.000	69.600	12.200
125	上海浦东发展银行股份有限公司	上海	95.791	13.442	68.349	14.000
126	中国银河证券股份有限公司	北京	95.764	13.826	70.338	11.600
127	新洋丰农业科技股份有限公司	湖北	95.748	13.911	69.037	12.800

序号	企业名称	地区	综合信用指数	信用环境指数	信用能力指数	信用行为指数
128	中顺洁柔纸业股份有限公司	广东	95.726	13.726	72.000	10.000
129	中国航天科工集团有限公司	北京	95.703	13.236	70.867	11.600
130	天洁集团有限公司	浙江	95.699	13.367	70.732	11.600
131	深南电路股份有限公司	广东	95.667	13.118	70.949	11.600
132	人民电器集团有限公司	浙江	95.638	12.993	71.046	11.600
133	得力集团有限公司	浙江	95.621	14.000	70.021	11.600
134	百度控股有限公司	北京	95.600	14.000	69.600	12.000
135	山东晨鸣纸业集团股份有限公司	山东	95.597	13.413	70.584	11.600
136	蓝星安迪苏股份有限公司	北京	95.592	13.896	68.897	12.800
137	浙江荣盛控股集团有限公司	浙江	95.580	13.523	70.457	11.600
138	索菲亚家居股份有限公司	广东	95.566	13.775	70.191	11.600
139	江西新华发行集团有限公司	江西	95.561	13.814	70.147	11.600
140	深圳市裕同包装科技股份有限公司	广东	95.557	13.481	70.476	11.600
141	天津城市基础设施建设投资集团有限公司	天津	95.545	12.834	71.411	11.300
142	永高股份有限公司	浙江	95.530	13.875	70.055	11.600
143	横店集团东磁股份有限公司	浙江	95.496	13.329	70.568	11.600
144	河北安丰钢铁有限公司	河北	95.490	13.600	70.290	11.600
145	富通集团有限公司	浙江	95.462	12.964	70.898	11.600
146	山鹰国际控股股份公司	安徽	95.437	13.429	70.408	11.600
147	浙江吉利控股集团有限公司	浙江	95.424	13.857	72.000	9.567
148	思源电气股份有限公司	上海	95.402	13.349	70.453	11.600
149	龙佰集团股份有限公司	河南	95.376	13.282	69.294	12.800
150	中国华电集团有限公司	北京	95.342	13.836	69.906	11.600
151	唐山冀东水泥股份有限公司	河北	95.325	13.507	70.218	11.600
152	北京千方科技股份有限公司	北京	95.300	13.354	70.345	11.600
153	雅迪科技集团有限公司	江苏	95.297	13.400	70.297	11.600
154	中山公用事业集团股份有限公司	广东	95.278	13.600	68.878	12.800
155	福莱特玻璃集团股份有限公司	浙江	95.264	13.600	70.064	11.600
156	陕西北元化工集团股份有限公司	陕西	95.244	13.669	68.775	12.800
157	宁波申洲针织有限公司	浙江	95.206	12.972	70.633	11.600
158	中国中信集团有限公司	北京	95.202	13.446	70.155	11.600
159	浙江核新同花顺网络信息股份有限公司	浙江	95.200	14.000	69.600	11.600
160	天津友发钢管集团股份有限公司	天津	95.186	13.484	70.102	11.600

续表

序号	企业名称	地区	综合信用指数	信用环境指数	信用能力指数	信用行为指数
161	中国航空工业集团有限公司	北京	95.178	13.830	69.748	11.600
162	山东豪迈机械科技股份有限公司	山东	95.168	13.372	70.196	11.600
163	天地科技股份有限公司	北京	95.158	13.842	69.716	11.600
164	洛阳栾川钼业集团股份有限公司	河南	95.125	13.824	69.701	11.600
165	四川川投能源股份有限公司	四川	95.117	12.247	70.070	12.800
166	日月重工股份有限公司	浙江	95.088	13.408	70.080	11.600
167	广州视源电子科技股份有限公司	广东	95.076	13.738	69.738	11.600
168	中南出版传媒集团股份有限公司	湖南	95.042	13.842	72.000	9.200
169	农夫山泉股份有限公司	浙江	95.030	12.774	70.656	11.600
170	江苏凤凰出版传媒股份有限公司	江苏	95.019	13.863	71.956	9.200
171	中天科技集团有限公司	江苏	95.012	13.548	69.864	11.600
172	烟台杰瑞石油服务集团股份有限公司	山东	95.004	13.845	69.559	11.600
173	上海医药集团股份有限公司	上海	95.001	12.114	71.287	11.600
174	中国葛洲坝集团股份有限公司	湖北	94.996	12.420	70.975	11.600
175	浙富控股集团股份有限公司	浙江	94.990	14.000	69.390	11.600
176	赛轮集团股份有限公司	山东	94.988	13.846	69.542	11.600
177	国家电力投资集团有限公司	北京	94.957	13.819	69.538	11.600
178	长江出版传媒股份有限公司	湖北	94.950	13.234	70.116	11.600
179	中国海洋石油集团有限公司	北京	94.922	13.222	69.249	12.451
180	新华文轩出版传媒股份有限公司	四川	94.919	13.825	71.894	9.200
181	中兴通讯股份有限公司	广东	94.915	12.680	70.634	11.600
182	中国长江电力股份有限公司	北京	94.905	12.998	70.306	11.600
183	一心堂药业集团股份有限公司	云南	94.895	13.434	69.861	11.600
184	泰康保险集团股份有限公司	北京	94.885	12.929	70.356	11.600
185	长城汽车股份有限公司	河北	94.837	13.936	72.000	8.900
186	四川省能源投资集团有限责任公司	四川	94.821	13.811	69.410	11.600
187	启明星辰信息技术集团股份有限公司	北京	94.801	13.601	69.600	11.600
188	稳健医疗用品股份有限公司	广东	94.800	13.600	72.000	9.200
189	安徽新华传媒股份有限公司	安徽	94.776	13.825	71.750	9.200
190	绿城物业服务集团有限公司	浙江	94.754	13.338	69.816	11.600
191	江西洪城环境股份有限公司	江西	94.752	13.600	71.152	10.000
192	广州国资发展控股有限公司	广东	94.732	13.892	69.239	11.600
193	益海嘉里金龙鱼粮油食品股份有限公司	上海	94.714	12.500	70.614	11.600

续表

序号	企业名称	地区	综合信用指数	信用环境指数	信用能力指数	信用行为指数
194	中国光大集团股份公司	北京	94.703	13.794	69.309	11.600
195	山东太阳纸业股份有限公司	山东	94.703	12.704	70.399	11.600
196	国美控股集团有限公司	北京	94.664	12.206	70.858	11.600
197	大亚科技集团有限公司	江苏	94.660	13.840	69.221	11.600
198	三角轮胎股份有限公司	山东	94.660	13.858	69.202	11.600
199	重庆宗申动力机械股份有限公司	重庆	94.646	13.413	69.633	11.600
200	中国广核集团有限公司	广东	94.642	12.821	70.222	11.600
201	天能电池集团股份有限公司	浙江	94.621	13.357	69.664	11.600
202	胜达集团有限公司	浙江	94.600	13.411	69.589	11.600
203	厦门吉比特网络技术股份有限公司	福建	94.592	13.672	69.320	11.600
204	爱玛科技集团股份有限公司	天津	94.586	13.295	69.691	11.600
205	利时集团股份有限公司	浙江	94.564	13.470	69.494	11.600
206	青岛汉缆股份有限公司	山东	94.556	13.284	69.672	11.600
207	美的集团股份有限公司	广东	94.551	14.000	68.894	11.657
208	中公教育科技股份有限公司	安徽	94.536	13.411	69.525	11.600
209	中国出版传媒股份有限公司	北京	94.471	13.366	69.504	11.600
210	环旭电子股份有限公司	上海	94.464	13.838	69.026	11.600
211	日照钢铁控股集团有限公司	山东	94.446	13.600	69.094	11.752
212	奥盛集团有限公司	上海	94.440	13.532	69.308	11.600
213	仙鹤股份有限公司	浙江	94.435	13.538	69.297	11.600
214	金科地产集团股份有限公司	四川	94.431	13.791	69.039	11.600
215	蓝思科技股份有限公司	湖南	94.390	13.893	68.897	11.600
216	上海豫园旅游商城（集团）股份有限公司	上海	94.387	13.835	68.952	11.600
217	深信服科技股份有限公司	广东	94.370	13.246	69.525	11.600
218	中钢国际工程技术股份有限公司	吉林	94.359	13.416	69.343	11.600
219	广州汽车工业集团有限公司	广东	94.351	13.861	71.822	8.668
220	浙江出版联合集团有限公司	浙江	94.349	13.288	71.861	9.200
221	内蒙古电力（集团）有限责任公司	内蒙古	94.345	12.797	69.948	11.600
222	东风汽车集团有限公司	湖北	94.342	13.049	72.000	9.292
223	中国远洋海运集团有限公司	上海	94.341	13.516	69.225	11.600
224	珠海格力电器股份有限公司	广东	94.339	14.000	68.739	11.600
225	南方出版传媒股份有限公司	广东	94.329	13.487	71.642	9.200
226	华茂集团股份有限公司	浙江	94.322	13.482	69.241	11.600

续表

序号	企业名称	地区	综合信用指数	信用环境指数	信用能力指数	信用行为指数
227	重庆机电控股（集团）公司	重庆	94.315	14.000	68.715	11.600
228	金地（集团）股份有限公司	广东	94.314	13.384	69.330	11.600
229	山东垦利石化集团有限公司	山东	94.282	13.490	69.192	11.600
230	奥瑞金科技股份有限公司	北京	94.240	13.477	69.163	11.600
231	华侨城集团有限公司	广东	94.240	12.854	69.786	11.600
232	广西柳工机械股份有限公司	广西	94.231	13.845	68.786	11.600
233	远景能源有限公司	江苏	94.217	13.360	71.657	9.200
234	雅戈尔集团股份有限公司	浙江	94.215	13.600	69.015	11.600
235	中原出版传媒投资控股集团有限公司	河南	94.212	13.817	71.195	9.200
236	北京首农食品集团有限公司	北京	94.203	13.422	69.182	11.600
237	厦门亿联网络技术股份有限公司	福建	94.188	13.155	69.433	11.600
238	卫星化学股份有限公司	浙江	94.184	13.810	67.574	12.800
239	成都蛟龙投资有限责任公司	四川	94.180	13.492	69.088	11.600
240	浙江新安化工集团股份有限公司	浙江	94.142	13.843	67.499	12.800
241	月星集团有限公司	上海	94.126	13.823	68.704	11.600
242	珠海华发集团有限公司	广东	94.104	13.798	68.706	11.600
243	玲珑集团有限公司	山东	94.058	13.804	68.654	11.600
244	华测检测认证集团股份有限公司	广东	94.018	13.427	68.991	11.600
245	双胞胎（集团）股份有限公司	江西	93.990	13.600	68.790	11.600
246	江苏沙钢集团有限公司	江苏	93.982	13.600	68.782	11.600
247	大族激光科技产业集团股份有限公司	广东	93.978	13.876	68.502	11.600
248	中国船舶重工集团海洋防务与信息对抗股份有限公司	北京	93.934	13.347	68.987	11.600
249	欣旺达电子股份有限公司	广东	93.914	12.966	69.348	11.600
250	中国南方电网有限责任公司	广东	93.910	11.534	70.776	11.600
251	桃李面包股份有限公司	辽宁	93.898	13.474	68.824	11.600
252	大参林医药集团股份有限公司	广东	93.895	13.468	68.826	11.600
253	盛虹控股集团有限公司	江苏	93.834	12.237	69.997	11.600
254	大唐国际发电股份有限公司	北京	93.805	13.877	68.328	11.600
255	内蒙古鄂尔多斯资源股份有限公司	内蒙古	93.791	13.437	68.754	11.600
256	蓝帆医疗股份有限公司	山东	93.781	13.600	68.581	11.600
257	爱尔眼科医院集团股份有限公司	湖南	93.775	13.368	68.806	11.600
258	华新水泥股份有限公司	湖北	93.765	12.549	69.616	11.600

续表

序号	企业名称	地区	综合信用指数	信用环境指数	信用能力指数	信用行为指数
259	重庆三峰环境集团股份有限公司	重庆	93.747	13.398	68.750	11.600
260	重庆华宇集团有限公司	重庆	93.737	13.331	68.807	11.600
261	杭叉集团股份有限公司	浙江	93.725	13.837	68.288	11.600
262	华域汽车系统股份有限公司	上海	93.723	12.816	72.000	8.907
263	海澜集团有限公司	江苏	93.713	11.390	70.723	11.600
264	中芯国际集成电路制造有限公司	上海	93.696	13.867	68.229	11.600
265	宁波富邦控股集团有限公司	浙江	93.666	12.981	69.084	11.600
266	厦门国贸集团股份有限公司	福建	93.646	13.810	68.235	11.600
267	广州发展集团股份有限公司	广东	93.642	13.818	68.224	11.600
268	用友网络科技股份有限公司	北京	93.640	12.193	69.848	11.600
269	东方明珠新媒体股份有限公司	上海	93.635	12.127	69.908	11.600
270	中国建筑股份有限公司	北京	93.631	14.000	65.631	14.000
271	广州酷狗计算机科技有限公司	广东	93.629	13.420	68.609	11.600
272	中国邮政集团有限公司	北京	93.591	14.000	67.236	12.355
273	云南恩捷新材料股份有限公司	云南	93.586	13.270	68.716	11.600
274	福建省能源集团有限责任公司	福建	93.526	13.195	68.731	11.600
275	牧原食品股份有限公司	河南	93.514	9.827	72.000	11.688
276	南昌市政公用投资控股有限责任公司	江西	93.512	13.481	70.831	9.200
277	万达控股集团有限公司	山东	93.497	14.000	67.897	11.600
278	杭州市实业投资集团有限公司	浙江	93.454	13.843	68.011	11.600
279	山西建邦集团有限公司	山西	93.442	13.332	68.510	11.600
280	西部证券股份有限公司	陕西	93.426	13.490	68.337	11.600
281	湖南华菱钢铁集团有限责任公司	湖南	93.399	13.600	68.199	11.600
282	中国兵器装备集团有限公司	北京	93.365	13.033	68.732	11.600
283	天弘基金管理有限公司	天津	93.320	13.434	68.286	11.600
284	北京金山办公软件股份有限公司	北京	93.316	13.760	67.956	11.600
285	天津中环半导体股份有限公司	天津	93.312	13.805	67.907	11.600
286	阳光城集团股份有限公司	福建	93.299	13.834	67.865	11.600
287	杭州泰格医药科技股份有限公司	浙江	93.295	13.581	68.114	11.600
288	合盛硅业股份有限公司	浙江	93.267	13.481	68.185	11.600
289	广东东鹏控股股份有限公司	广东	93.262	13.115	68.547	11.600
290	淄博齐翔腾达化工股份有限公司	山东	93.190	13.872	66.519	12.800
291	唐山三友化工股份有限公司	河北	93.182	13.656	66.726	12.800

续表

序号	企业名称	地区	综合信用指数	信用环境指数	信用能力指数	信用行为指数
292	无锡威孚高科技集团股份有限公司	江苏	93.161	13.498	71.197	8.466
293	中国南玻集团股份有限公司	广东	93.123	13.480	68.042	11.600
294	无锡先导智能装备股份有限公司	江苏	93.113	12.704	68.809	11.600
295	安克创新科技股份有限公司	湖南	93.093	12.974	68.519	11.600
296	传化智联股份有限公司	浙江	93.086	12.747	68.739	11.600
297	申万宏源集团股份有限公司	新疆	93.061	13.474	67.988	11.600
298	广东宝丽华新能源股份有限公司	广东	93.038	13.600	67.838	11.600
299	昊华化工科技集团股份有限公司	四川	93.036	13.440	66.796	12.800
300	安琪酵母股份有限公司	湖北	93.036	13.569	67.867	11.600
301	山东华鲁恒升化工股份有限公司	山东	93.021	12.342	67.879	12.800
302	国家开发投资集团有限公司	北京	93.020	13.512	67.908	11.600
303	天顺风能（苏州）股份有限公司	江苏	93.005	13.870	67.535	11.600
304	芒果超媒股份有限公司	湖南	92.995	13.587	67.807	11.600
305	西安陕鼓动力股份有限公司	陕西	92.989	13.372	68.017	11.600
306	惠州亿纬锂能股份有限公司	广东	92.979	12.782	68.598	11.600
307	深圳市德赛电池科技股份有限公司	广东	92.978	13.276	68.102	11.600
308	江苏林洋能源股份有限公司	江苏	92.955	13.405	67.950	11.600
309	许继电气股份有限公司	河南	92.951	13.310	68.041	11.600
310	浙商证券股份有限公司	浙江	92.949	13.538	67.811	11.600
311	河北普阳钢铁有限公司	河北	92.936	13.511	67.824	11.600
312	敬业集团有限公司	河北	92.905	13.271	68.033	11.600
313	大华（集团）有限公司	上海	92.876	13.427	67.849	11.600
314	天能控股集团有限公司	浙江	92.876	13.312	67.964	11.600
315	四川蓝光发展股份有限公司	四川	92.874	13.227	68.047	11.600
316	华林证券股份有限公司	西藏	92.861	13.600	67.661	11.600
317	深圳市新南山控股（集团）股份有限公司	广东	92.846	13.600	67.646	11.600
318	国金证券股份有限公司	四川	92.838	13.448	67.789	11.600
319	云南省建设投资控股集团有限公司	云南	92.837	13.786	67.452	11.600
320	成都兴城投资集团有限公司	四川	92.781	13.875	67.306	11.600
321	东方证券股份有限公司	上海	92.774	13.797	67.377	11.600
322	中国重型汽车集团有限公司	山东	92.765	14.000	70.084	8.681
323	广西盛隆冶金有限公司	广西	92.762	13.570	67.592	11.600
324	深圳能源集团股份有限公司	广东	92.754	13.600	67.554	11.600

序号	企业名称	地区	综合信用指数	信用环境指数	信用能力指数	信用行为指数
325	云南省投资控股集团有限公司	云南	92.748	13.831	67.317	11.600
326	青岛城市建设投资（集团）有限责任公司	山东	92.742	13.405	67.738	11.600
327	瀚蓝环境股份有限公司	广东	92.736	13.401	67.735	11.600
328	金东纸业（江苏）股份有限公司	江苏	92.729	12.097	69.032	11.600
329	重庆市迪马实业股份有限公司	重庆	92.715	13.441	67.674	11.600
330	杭州钢铁集团有限公司	浙江	92.707	13.600	67.507	11.600
331	杉杉控股有限公司	上海	92.691	13.148	67.943	11.600
332	曙光信息产业股份有限公司	天津	92.657	13.353	67.703	11.600
333	广东塔牌集团股份有限公司	广东	92.641	12.991	68.050	11.600
334	北京金隅集团股份有限公司	北京	92.639	12.667	68.372	11.600
335	南京高科股份有限公司	江苏	92.634	13.466	67.568	11.600
336	安徽合力股份有限公司	安徽	92.633	13.796	67.237	11.600
337	分众传媒信息技术股份有限公司	广东	92.596	13.600	67.396	11.600
338	中炬高新技术实业（集团）股份有限公司	广东	92.592	13.134	67.858	11.600
339	沂州集团有限公司	山东	92.580	13.434	67.545	11.600
340	杭州制氧机集团股份有限公司	浙江	92.563	13.854	67.109	11.600
341	浙江浙能电力股份有限公司	浙江	92.555	13.359	67.596	11.600
342	无锡市国联发展（集团）有限公司	江苏	92.535	13.817	67.118	11.600
343	广西柳州钢铁集团有限公司	广西	92.531	13.600	67.331	11.600
344	海尔集团公司	山东	92.519	14.000	66.919	11.600
345	宁波银行股份有限公司	浙江	92.500	13.243	67.658	11.600
346	广州无线电集团有限公司	广东	92.471	13.257	67.614	11.600
347	振石控股集团有限公司	浙江	92.470	13.600	67.270	11.600
348	新疆天业股份有限公司	新疆	92.455	13.948	65.707	12.800
349	江苏洋河酒厂股份有限公司	江苏	92.440	12.996	67.844	11.600
350	中节能太阳能股份有限公司	重庆	92.434	13.128	67.706	11.600
351	山东黄金矿业股份有限公司	山东	92.426	11.698	66.728	14.000
352	正威国际集团有限公司	广东	92.419	12.265	66.154	14.000
353	平安银行股份有限公司	广东	92.411	13.540	66.984	11.886
354	骆驼集团股份有限公司	湖北	92.402	13.551	70.729	8.122
355	罗莱生活科技股份有限公司	江苏	92.394	13.164	67.630	11.600
356	山东九羊集团有限公司	山东	92.383	13.375	67.408	11.600
357	盈峰环境科技集团股份有限公司	浙江	92.370	13.054	67.716	11.600

序号	企业名称	地区	综合信用指数	信用环境指数	信用能力指数	信用行为指数
358	中国中车集团有限公司	北京	92.367	12.842	67.925	11.600
359	国网信息通信股份有限公司	四川	92.345	13.608	67.137	11.600
360	利华益集团股份有限公司	山东	92.338	13.430	67.309	11.600
361	东吴证券股份有限公司	江苏	92.312	13.469	67.243	11.600
362	天马微电子股份有限公司	广东	92.291	13.865	66.827	11.600
363	中际旭创股份有限公司	山东	92.290	13.492	67.198	11.600
364	重庆市博赛矿业（集团）有限公司	重庆	92.288	13.504	67.184	11.600
365	方大特钢科技股份有限公司	江西	92.286	13.566	67.120	11.600
366	中国核能电力股份有限公司	北京	92.255	12.989	67.666	11.600
367	联美量子股份有限公司	辽宁	92.237	13.117	67.521	11.600
368	中国电信集团有限公司	北京	92.237	13.878	66.759	11.600
369	物美科技集团有限公司	北京	92.230	12.557	68.074	11.600
370	国元证券股份有限公司	安徽	92.229	13.446	67.183	11.600
371	光明食品（集团）有限公司	上海	92.202	12.896	67.705	11.600
372	华夏航空股份有限公司	贵州	92.154	13.427	67.126	11.600
373	阳光保险集团股份有限公司	广东	92.147	13.076	67.472	11.600
374	华设设计集团股份有限公司	江苏	92.141	13.674	66.867	11.600
375	海信集团控股股份有限公司	山东	92.061	14.000	66.461	11.600
376	深圳市投资控股有限公司	广东	92.035	13.541	66.894	11.600
377	公牛集团股份有限公司	浙江	92.018	12.181	68.237	11.600
378	厦门金达威集团股份有限公司	福建	91.947	13.600	66.747	11.600
379	国网英大股份有限公司	上海	91.928	13.332	66.996	11.600
380	福耀玻璃工业集团股份有限公司	福建	91.893	12.716	67.577	11.600
381	上海璞泰来新能源科技股份有限公司	上海	91.884	12.574	67.710	11.600
382	黑牡丹（集团）股份有限公司	江苏	91.858	13.009	67.249	11.600
383	无锡药明康德新药开发股份有限公司	江苏	91.823	13.087	67.137	11.600
384	中国太平洋保险（集团）股份有限公司	上海	91.804	12.172	68.033	11.600
385	奇瑞控股集团有限公司	安徽	91.799	13.930	69.742	8.127
386	南京钢铁集团有限公司	江苏	91.796	13.575	66.620	11.600
387	神州数码集团股份有限公司	广东	91.787	12.577	67.610	11.600
388	深圳迈瑞生物医疗电子股份有限公司	广东	91.732	12.932	67.200	11.600
389	新华人寿保险股份有限公司	北京	91.718	12.692	67.427	11.600
390	华勤橡胶工业集团有限公司	山东	91.709	12.771	67.338	11.600

序号	企业名称	地区	综合信用指数	信用环境指数	信用能力指数	信用行为指数
391	浙江晶盛机电股份有限公司	浙江	91.682	13.466	66.615	11.600
392	青岛港国际股份有限公司	山东	91.656	12.875	67.181	11.600
393	昆仑万维科技股份有限公司	北京	91.654	13.600	66.454	11.600
394	青岛啤酒股份有限公司	山东	91.631	13.600	66.431	11.600
395	上海华谊（集团）公司	上海	91.603	11.747	67.056	12.800
396	富奥汽车零部件股份有限公司	吉林	91.558	13.420	69.987	8.151
397	中天控股集团有限公司	浙江	91.507	13.982	65.925	11.600
398	恒申控股集团有限公司	福建	91.457	11.171	68.686	11.600
399	山东中海化工集团有限公司	山东	91.454	13.807	64.847	12.800
400	广西北部湾银行股份有限公司	广西	91.446	13.516	66.330	11.600
401	万洲国际有限公司	河南	91.387	11.124	68.663	11.600
402	天康生物股份有限公司	新疆	91.381	9.658	70.122	11.600
403	五矿资本股份有限公司	湖南	91.370	13.600	66.170	11.600
404	湖北省交通投资集团有限公司	湖北	91.358	10.874	66.484	14.000
405	新希望控股集团有限公司	四川	91.345	13.516	66.230	11.600
406	湖北能源集团股份有限公司	湖北	91.345	13.531	66.214	11.600
407	深圳市力合科创股份有限公司	广东	91.342	13.403	66.339	11.600
408	东浩兰生（集团）有限公司	上海	91.333	12.164	67.569	11.600
409	华西证券股份有限公司	四川	91.330	13.488	66.242	11.600
410	北京首钢股份有限公司	北京	91.306	13.600	66.106	11.600
411	北京光环新网科技股份有限公司	北京	91.297	13.417	66.280	11.600
412	云南白药集团股份有限公司	云南	91.286	12.579	67.107	11.600
413	南极电商股份有限公司	江苏	91.271	12.753	66.918	11.600
414	浙江元立金属制品集团有限公司	浙江	91.248	11.967	67.681	11.600
415	龙光交通集团有限公司	广东	91.227	13.864	65.764	11.600
416	江苏恒瑞医药股份有限公司	江苏	91.201	12.401	67.200	11.600
417	中国国际技术智力合作集团有限公司	北京	91.200	11.200	67.200	12.800
418	重庆医药（集团）股份有限公司	重庆	91.161	13.792	65.769	11.600
419	长春高新技术产业（集团）股份有限公司	吉林	91.160	13.251	66.310	11.600
420	江苏金融租赁股份有限公司	江苏	91.149	13.404	66.144	11.600
421	广州金域医学检验集团股份有限公司	广东	91.144	13.600	65.944	11.600
422	上海环境集团股份有限公司	上海	91.142	12.942	66.600	11.600
423	长城证券股份有限公司	广东	91.126	13.400	66.126	11.600

续表

序号	企业名称	地区	综合信用指数	信用环境指数	信用能力指数	信用行为指数
424	石药控股集团有限公司	河北	91.106	12.307	67.199	11.600
425	浙江世纪华通集团股份有限公司	浙江	91.097	13.585	69.017	8.495
426	唐山港陆钢铁有限公司	河北	91.086	13.074	66.412	11.600
427	江苏国泰国际集团股份有限公司	江苏	91.078	13.206	66.272	11.600
428	奥园集团有限公司	广东	91.063	13.842	65.622	11.600
429	中南控股集团有限公司	江苏	91.043	14.000	65.443	11.600
430	青岛森麒麟轮胎股份有限公司	山东	91.038	13.560	69.314	8.165
431	宁波拓普集团股份有限公司	浙江	91.038	13.576	69.357	8.105
432	重药控股股份有限公司	重庆	91.026	13.795	65.631	11.600
433	中天钢铁集团有限公司	江苏	91.017	13.391	66.026	11.600
434	河北新华联合冶金控股集团有限公司	河北	91.005	13.600	65.805	11.600
435	广西北部湾投资集团有限公司	广西	90.968	13.216	66.152	11.600
436	深圳华强集团有限公司	广东	90.964	12.924	66.441	11.600
437	国电电力发展股份有限公司	辽宁	90.962	13.797	65.565	11.600
438	金能科技股份有限公司	山东	90.942	13.379	65.963	11.600
439	山东高速路桥集团股份有限公司	山东	90.937	13.600	65.737	11.600
440	合肥城建发展股份有限公司	安徽	90.906	13.414	65.892	11.600
441	深圳市兆驰股份有限公司	广东	90.876	13.884	65.393	11.600
442	广东韶钢松山股份有限公司	广东	90.841	13.188	66.054	11.600
443	中国铁道建筑集团有限公司	北京	90.830	14.000	65.230	11.600
444	潍柴控股集团有限公司	山东	90.827	11.461	67.767	11.600
445	浙江天圣控股集团有限公司	浙江	90.806	12.164	65.843	12.800
446	陕西延长石油（集团）有限责任公司	陕西	90.793	12.702	66.490	11.600
447	新天绿色能源股份有限公司	河北	90.788	13.156	66.032	11.600
448	浙江万里扬股份有限公司	浙江	90.778	13.600	69.074	8.104
449	潮州三环（集团）股份有限公司	广东	90.773	13.502	65.671	11.600
450	北京建龙重工集团有限公司	北京	90.764	13.600	65.564	11.600
451	广州白云山医药集团股份有限公司	广东	90.753	11.212	67.941	11.600
452	南京银行股份有限公司	江苏	90.735	13.213	65.922	11.600
453	四川双马水泥股份有限公司	四川	90.734	13.473	65.661	11.600
454	中国铁路工程集团有限公司	北京	90.702	14.000	65.102	11.600
455	重庆智飞生物制品股份有限公司	重庆	90.687	12.976	66.111	11.600
456	卧龙电气驱动集团股份有限公司	浙江	90.680	12.103	66.976	11.600

序号	企业名称	地区	综合信用指数	信用环境指数	信用能力指数	信用行为指数
457	山西焦化股份有限公司	山西	90.673	13.600	65.473	11.600
458	深圳劲嘉集团股份有限公司	广东	90.671	12.622	66.449	11.600
459	北部湾港股份有限公司	广西	90.644	12.942	66.102	11.600
460	盘锦北方沥青燃料有限公司	辽宁	90.640	13.439	65.601	11.600
461	江苏今世缘酒业股份有限公司	江苏	90.619	12.930	66.089	11.600
462	广州金融控股集团有限公司	广东	90.604	13.477	65.527	11.600
463	鞍钢股份有限公司	辽宁	90.599	13.565	65.435	11.600
464	泸州老窖集团有限责任公司	四川	90.536	13.645	65.291	11.600
465	通威集团有限公司	四川	90.528	13.600	65.328	11.600
466	中华联合保险集团股份有限公司	北京	90.525	13.245	65.680	11.600
467	北京大北农科技集团股份有限公司	北京	90.524	9.654	69.270	11.600
468	上海电气（集团）总公司	上海	90.507	11.011	67.896	11.600
469	德力西集团有限公司	浙江	90.486	13.332	65.554	11.600
470	恒生电子股份有限公司	浙江	90.466	12.584	66.282	11.600
471	万向集团公司	浙江	90.418	12.356	69.758	8.304
472	周大生珠宝股份有限公司	广东	90.386	12.818	65.968	11.600
473	南山集团有限公司	山东	90.385	11.900	64.660	13.825
474	四川路桥建设集团股份有限公司	四川	90.373	13.600	65.173	11.600
475	天元建设集团有限公司	山东	90.370	13.600	65.170	11.600
476	东方电气股份有限公司	四川	90.365	11.574	67.191	11.600
477	中国能源建设集团有限公司	北京	90.362	14.000	64.762	11.600
478	中国冶金科工股份有限公司	北京	90.359	14.000	64.759	11.600
479	富海集团新能源控股有限公司	山东	90.354	13.495	65.259	11.600
480	杭州银行股份有限公司	浙江	90.354	13.217	65.537	11.600
481	巨人网络集团股份有限公司	重庆	90.336	13.600	65.136	11.600
482	上海银行股份有限公司	上海	90.328	13.231	65.497	11.600
483	马鞍山钢铁股份有限公司	安徽	90.285	13.600	65.085	11.600
484	旭阳控股有限公司	北京	90.246	13.255	65.391	11.600
485	上海复星医药（集团）股份有限公司	上海	90.205	12.151	66.453	11.600
486	长江证券股份有限公司	湖北	90.169	13.465	65.104	11.600
487	浙江省国际贸易集团有限公司	浙江	90.166	13.010	65.556	11.600
488	中国电力建设股份有限公司	北京	90.158	14.000	64.558	11.600
489	中国中化集团有限公司	北京	90.130	13.861	64.669	11.600

续表

序号	企业名称	地区	综合信用指数	信用环境指数	信用能力指数	信用行为指数
490	江苏南通二建集团有限公司	江苏	90.114	13.600	64.914	11.600
491	中国交通建设股份有限公司	北京	90.100	14.000	64.500	11.600
492	宁波华翔电子股份有限公司	浙江	90.093	12.639	69.311	8.143
493	辽宁嘉晨控股集团有限公司	辽宁	90.092	13.188	65.304	11.600
494	厦门银行股份有限公司	福建	90.088	13.092	65.396	11.600
495	广州港集团有限公司	广东	90.053	12.815	65.638	11.600
496	新兴铸管股份有限公司	河北	90.036	13.572	64.863	11.600
497	中国铝业集团有限公司	北京	90.030	12.708	65.723	11.600
498	威高集团有限公司	山东	90.023	11.484	66.940	11.600
499	鹏鼎控股（深圳）股份有限公司	广东	90.020	13.296	65.124	11.600
500	鸿达兴业股份有限公司	江苏	90.017	13.489	63.728	12.800

二、2021 中国企业信用 500 强收益性指标

序号	企业名称	地区	综合信用指数	营收利润率（%）	资产利润率（%）	净资产利润率（%）
1	华为投资控股有限公司	广东	99.801	7.25	7.37	19.55
2	贵州茅台酒股份有限公司	贵州	99.557	49.20	21.88	28.95
3	中国工商银行股份有限公司	北京	99.073	35.79	0.95	10.92
4	中国宝武钢铁集团有限公司	上海	99.042	3.72	2.47	8.52
5	万科企业股份有限公司	广东	98.983	9.91	2.22	18.49
6	中国农业银行股份有限公司	北京	98.385	32.89	0.80	9.81
7	中国建材集团有限公司	北京	98.384	5.11	3.36	10.65
8	冀南钢铁集团有限公司	河北	98.283	7.91	25.05	27.15
9	中国平安保险（集团）股份有限公司	广东	98.282	11.75	1.50	18.77
10	中国石油天然气集团有限公司	北京	98.241	1.61	0.77	1.60
11	万华化学集团股份有限公司	山东	98.223	13.67	7.51	20.58
12	山东魏桥创业集团有限公司	山东	98.200	2.95	3.47	10.87
13	山东金岭集团有限公司	山东	98.102	5.60	13.42	16.07
14	安徽海螺集团有限责任公司	安徽	98.073	4.95	5.28	20.77
15	华峰化学股份有限公司	浙江	97.983	15.48	11.59	19.69
16	腾讯控股有限公司	广东	97.959	33.16	11.99	22.71
17	中国华润有限公司	广东	97.841	4.35	1.66	11.41
18	中国银行股份有限公司	北京	97.709	34.10	0.79	9.46
19	宁夏宝丰能源集团股份有限公司	宁夏	97.601	29.02	12.13	17.85
20	金发科技股份有限公司	广东	97.600	13.08	14.14	30.91
21	小米科技有限责任公司	北京	97.537	8.28	8.02	16.46
22	成都市兴蓉环境股份有限公司	四川	97.523	24.18	4.20	10.58
23	中粮集团有限公司	北京	97.521	1.79	1.42	9.90
24	三一集团有限公司	湖南	97.512	5.95	3.31	17.98
25	中联重科股份有限公司	湖南	97.498	11.18	6.26	15.58
26	玖龙环球（中国）投资集团有限公司	广东	97.452	7.54	7.06	13.60
27	比亚迪股份有限公司	广东	97.442	2.70	2.11	7.44

续表

序号	企业名称	地区	综合信用指数	营收利润率（％）	资产利润率（％）	净资产利润率（％）
28	中国国际海运集装箱（集团）股份有限公司	广东	97.437	5.68	3.66	12.15
29	中国机械工业集团有限公司	北京	97.432	1.39	1.11	5.71
30	中国化学工程股份有限公司	北京	97.428	3.34	2.69	9.72
31	九州通医药集团股份有限公司	湖北	97.424	2.77	3.80	14.09
32	浙江新和成股份有限公司	浙江	97.419	34.55	11.53	18.43
33	北京东方雨虹防水技术股份有限公司	北京	97.355	15.60	12.17	23.19
34	富士康工业互联网股份有限公司	广东	97.301	4.04	7.73	16.80
35	北京控股集团有限公司	北京	97.299	1.18	0.31	2.86
36	浪潮电子信息产业股份有限公司	山东	97.261	2.33	3.83	10.15
37	科大讯飞股份有限公司	安徽	97.183	10.47	5.49	10.77
38	中国第一汽车集团有限公司	吉林	97.154	2.84	4.05	9.43
39	龙湖集团控股有限公司	重庆	97.125	10.84	2.61	18.46
40	杭州海康威视数字技术股份有限公司	浙江	97.121	21.08	15.09	24.88
41	红狮控股集团有限公司	浙江	97.080	10.67	9.66	21.98
42	巨化集团有限公司	浙江	97.060	6.59	5.79	23.23
43	波司登股份有限公司	江苏	97.043	12.49	10.66	17.85
44	晶澳太阳能科技股份有限公司	河北	97.043	5.83	4.04	10.28
45	中国医药集团有限公司	北京	97.001	1.63	1.88	9.71
46	中国石油化工集团有限公司	北京	96.995	2.19	1.91	5.42
47	中国电子科技集团有限公司	北京	96.969	5.48	2.87	7.46
48	中国移动通信集团有限公司	北京	96.953	11.55	4.49	8.09
49	纳爱斯集团有限公司	浙江	96.948	6.06	6.33	7.34
50	新疆金风科技股份有限公司	新疆	96.937	5.27	2.72	8.67
51	紫金矿业集团股份有限公司	福建	96.916	4.93	4.64	14.96
52	隆基绿能科技股份有限公司	陕西	96.906	15.67	9.76	24.36
53	宁德时代新能源科技股份有限公司	福建	96.799	11.10	3.56	8.70
54	完美世界股份有限公司	浙江	96.774	15.14	9.99	14.29
55	明阳智慧能源集团股份公司	广东	96.759	6.12	2.66	9.31
56	碧桂园控股有限公司	广东	96.755	7.56	1.74	19.99
57	广发证券股份有限公司	广东	96.753	34.43	2.19	10.23
58	内蒙古君正能源化工集团股份有限公司	内蒙古	96.720	32.54	14.30	23.20
59	浙江省能源集团有限公司	浙江	96.716	5.79	2.25	7.36

序号	企业名称	地区	综合信用指数	营收利润率（％）	资产利润率（％）	净资产利润率（％）
60	深圳市汇川技术股份有限公司	广东	96.692	18.24	11.26	19.74
61	中国保利集团有限公司	北京	96.691	3.36	0.86	13.36
62	新疆特变电工集团有限公司	新疆	96.683	5.36	2.40	6.76
63	宜宾五粮液股份有限公司	四川	96.643	34.81	17.52	23.28
64	京东方科技集团股份有限公司	北京	96.632	3.71	1.19	4.88
65	欧派家居集团股份有限公司	广东	96.622	13.99	10.95	17.30
66	天合光能股份有限公司	江苏	96.604	4.18	2.70	8.15
67	招商局集团有限公司	北京	96.595	9.82	1.84	10.27
68	中策橡胶集团股份有限公司	浙江	96.579	6.70	7.10	17.30
69	青山控股集团有限公司	浙江	96.576	2.66	9.04	26.39
70	顺丰控股股份有限公司	安徽	96.574	4.76	6.59	12.98
71	江苏恒立液压股份有限公司	江苏	96.560	28.69	21.22	30.82
72	徐工集团工程机械股份有限公司	江苏	96.559	5.04	4.06	11.07
73	内蒙古伊利实业集团股份有限公司	内蒙古	96.551	7.33	9.95	23.30
74	浙江龙盛控股有限公司	浙江	96.544	14.16	7.48	15.39
75	重庆水务集团股份有限公司	重庆	96.532	27.93	7.23	11.43
76	北京首都创业集团有限公司	北京	96.528	3.51	0.45	6.92
77	交通银行股份有限公司	上海	96.482	31.79	0.73	9.03
78	舜宇集团有限公司	浙江	96.441	12.82	13.75	29.35
79	歌尔股份有限公司	山东	96.433	4.93	5.80	14.49
80	兴业银行股份有限公司	福建	96.422	32.80	0.84	10.82
81	国泰君安证券股份有限公司	上海	96.421	31.60	1.58	8.10
82	老凤祥股份有限公司	上海	96.419	3.07	8.11	19.91
83	永辉超市股份有限公司	福建	96.411	1.93	3.20	9.27
84	恒力集团有限公司	江苏	96.370	2.35	6.16	34.27
85	绿地控股集团股份有限公司	上海	96.325	3.29	1.07	17.69
86	阳光电源股份有限公司	安徽	96.319	10.13	6.98	18.69
87	浙江伟星新型建材股份有限公司	浙江	96.303	23.36	21.07	27.59
88	中国航天科技集团有限公司	北京	96.292	7.06	3.64	8.71
89	普联技术有限公司	广东	96.277	25.46	18.47	20.36
90	北京能源集团有限责任公司	北京	96.266	3.51	0.69	3.07
91	紫光股份有限公司	北京	96.259	3.17	3.22	6.37

续表

序号	企业名称	地区	综合信用指数	营收利润率（%）	资产利润率（%）	净资产利润率（%）
92	浙江三花智能控制股份有限公司	浙江	96.253	12.07	8.58	14.53
93	中国国际金融股份有限公司	北京	96.249	30.46	1.38	10.06
94	申能（集团）有限公司	上海	96.238	13.00	2.77	5.49
95	江苏扬农化工股份有限公司	江苏	96.228	12.30	11.10	20.34
96	华泰证券股份有限公司	江苏	96.215	34.42	1.51	8.38
97	上海晨光文具股份有限公司	上海	96.129	9.56	12.93	24.17
98	正泰集团股份有限公司	浙江	96.113	2.28	2.30	10.98
99	上海爱旭新能源股份有限公司	上海	96.102	8.33	6.34	15.07
100	中国兵器工业集团有限公司	北京	96.096	2.13	2.37	8.67
101	江苏三木集团有限公司	江苏	96.093	4.00	7.31	12.55
102	苏州东山精密制造股份有限公司	江苏	96.092	5.45	4.08	11.71
103	上海永达控股（集团）有限公司	上海	96.085	2.06	4.64	13.33
104	上海汽车集团股份有限公司	上海	96.085	2.75	2.22	7.85
105	郑州煤矿机械集团股份有限公司	河南	96.071	4.67	3.68	9.49
106	中文天地出版传媒集团股份有限公司	江西	96.048	17.46	7.41	11.91
107	浙江大华技术股份有限公司	浙江	96.046	14.75	10.66	19.74
108	中国人寿保险股份有限公司	北京	96.028	6.09	1.18	11.17
109	云南省能源投资集团有限公司	云南	96.027	1.44	0.92	3.52
110	国信证券股份有限公司	广东	96.025	35.22	2.19	8.18
111	杭州福斯特应用材料股份有限公司	浙江	96.018	18.65	13.56	17.34
112	河北天柱钢铁集团有限公司	河北	95.996	4.23	10.01	19.58
113	广东海大集团股份有限公司	广东	95.966	4.18	9.16	18.05
114	江苏阳光集团有限公司	江苏	95.958	5.14	9.30	18.27
115	海通证券股份有限公司	上海	95.943	28.45	1.57	7.09
116	天瑞集团股份有限公司	河南	95.942	4.09	2.73	5.06
117	广州智能装备产业集团有限公司	广东	95.939	2.75	2.41	9.94
118	浙江交通科技股份有限公司	浙江	95.914	2.71	2.41	11.54
119	山西杏花村汾酒厂股份有限公司	山西	95.887	22.01	15.57	31.49
120	浙江伟明环保股份有限公司	浙江	95.856	40.25	12.00	22.90
121	华泰集团有限公司	山东	95.851	1.69	3.76	11.27
122	东方财富信息股份有限公司	上海	95.829	58.00	4.33	14.41
123	立讯精密工业股份有限公司	广东	95.829	7.81	10.32	25.71

续表

序号	企业名称	地区	综合信用指数	营收利润率（%）	资产利润率（%）	净资产利润率（%）
124	北京京东世纪贸易有限公司	北京	95.800	6.62	11.70	26.34
125	上海浦东发展银行股份有限公司	上海	95.791	29.70	0.73	9.14
126	中国银河证券股份有限公司	北京	95.764	30.50	1.63	8.91
127	新洋丰农业科技股份有限公司	湖北	95.748	9.48	8.43	13.79
128	中顺洁柔纸业股份有限公司	广东	95.726	11.58	12.11	17.97
129	中国航天科工集团有限公司	北京	95.703	5.19	3.51	9.37
130	天洁集团有限公司	浙江	95.699	5.33	10.56	21.27
131	深南电路股份有限公司	广东	95.667	12.33	10.21	19.22
132	人民电器集团有限公司	浙江	95.638	4.09	14.53	19.05
133	得力集团有限公司	浙江	95.621	8.32	12.08	32.96
134	百度控股有限公司	北京	95.600	20.86	6.75	12.30
135	山东晨鸣纸业集团股份有限公司	山东	95.597	5.57	1.87	7.05
136	蓝星安迪苏股份有限公司	北京	95.592	11.35	6.56	9.69
137	浙江荣盛控股集团有限公司	浙江	95.580	1.38	1.58	16.19
138	索菲亚家居股份有限公司	广东	95.566	14.27	10.97	19.47
139	江西新华发行集团有限公司	江西	95.561	17.04	7.88	12.51
140	深圳市裕同包装科技股份有限公司	广东	95.557	9.50	6.75	13.17
141	天津城市基础设施建设投资集团有限公司	天津	95.545	9.35	0.17	0.56
142	永高股份有限公司	浙江	95.530	10.94	10.19	16.37
143	横店集团东磁股份有限公司	浙江	95.496	12.50	9.90	16.86
144	河北安丰钢铁有限公司	河北	95.490	10.33	19.70	28.12
145	富通集团有限公司	浙江	95.462	3.06	4.90	13.13
146	山鹰国际控股股份公司	安徽	95.437	5.53	3.04	8.86
147	浙江吉利控股集团有限公司	浙江	95.424	2.87	1.92	10.70
148	思源电气股份有限公司	上海	95.402	12.66	8.43	14.31
149	龙佰集团股份有限公司	河南	95.376	16.22	6.58	16.12
150	中国华电集团有限公司	北京	95.342	1.70	0.47	3.78
151	唐山冀东水泥股份有限公司	河北	95.325	8.03	4.83	16.09
152	北京千方科技股份有限公司	北京	95.300	11.48	5.58	9.04
153	雅迪科技集团有限公司	江苏	95.297	4.95	5.98	26.67
154	中山公用事业集团股份有限公司	广东	95.278	62.97	6.58	9.77
155	福莱特玻璃集团股份有限公司	浙江	95.264	26.02	13.28	22.51

续表

序号	企业名称	地区	综合信用指数	营收利润率（%）	资产利润率（%）	净资产利润率（%）
156	陕西北元化工集团股份有限公司	陕西	95.244	17.09	10.93	13.45
157	宁波申洲针织有限公司	浙江	95.206	22.17	13.86	18.72
158	中国中信集团有限公司	北京	95.202	5.14	0.32	6.97
159	浙江核新同花顺网络信息股份有限公司	浙江	95.200	60.62	24.09	33.00
160	天津友发钢管集团股份有限公司	天津	95.186	2.36	9.66	18.28
161	中国航空工业集团有限公司	北京	95.178	1.35	0.60	3.01
162	山东豪迈机械科技股份有限公司	山东	95.168	19.02	14.45	17.46
163	天地科技股份有限公司	北京	95.158	6.64	3.56	7.57
164	洛阳栾川钼业集团股份有限公司	河南	95.125	2.06	1.90	5.99
165	四川川投能源股份有限公司	四川	95.117	306.62	7.65	10.98
166	日月重工股份有限公司	浙江	95.088	19.16	9.41	11.80
167	广州视源电子科技股份有限公司	广东	95.076	11.10	15.14	26.42
168	中南出版传媒集团股份有限公司	湖南	95.042	13.72	6.21	10.27
169	农夫山泉股份有限公司	浙江	95.030	22.77	20.48	34.10
170	江苏凤凰出版传媒股份有限公司	江苏	95.019	13.15	6.22	10.84
171	中天科技集团有限公司	江苏	95.012	3.80	5.15	32.70
172	烟台杰瑞石油服务集团股份有限公司	山东	95.004	20.38	8.99	15.26
173	上海医药集团股份有限公司	上海	95.001	2.34	3.01	9.91
174	中国葛洲坝集团股份有限公司	湖北	94.996	3.80	1.65	6.88
175	浙富控股集团股份有限公司	浙江	94.990	16.32	7.28	17.68
176	赛轮集团股份有限公司	山东	94.988	9.68	7.08	17.63
177	国家电力投资集团有限公司	北京	94.957	0.85	0.18	1.45
178	长江出版传媒股份有限公司	湖北	94.950	12.23	7.46	10.36
179	中国海洋石油集团有限公司	北京	94.922	5.77	2.63	5.69
180	新华文轩出版传媒股份有限公司	四川	94.919	14.02	7.44	12.46
181	中兴通讯股份有限公司	广东	94.915	4.20	2.83	9.84
182	中国长江电力股份有限公司	北京	94.905	45.51	7.95	15.28
183	一心堂药业集团股份有限公司	云南	94.895	6.24	8.47	13.70
184	泰康保险集团股份有限公司	北京	94.885	9.82	2.13	22.40
185	长城汽车股份有限公司	河北	94.837	5.19	3.48	9.35
186	四川省能源投资集团有限责任公司	四川	94.821	1.72	0.56	3.01
187	启明星辰信息技术集团股份有限公司	北京	94.801	22.05	9.61	13.44

续表

序号	企业名称	地区	综合信用指数	营收利润率（%）	资产利润率（%）	净资产利润率（%）
188	稳健医疗用品股份有限公司	广东	94.800	30.40	29.31	36.45
189	安徽新华传媒股份有限公司	安徽	94.776	6.93	4.18	5.79
190	绿城物业服务集团有限公司	浙江	94.754	7.03	5.43	10.42
191	江西洪城环境股份有限公司	江西	94.752	10.06	4.02	12.22
192	广州国资发展控股有限公司	广东	94.732	4.25	2.04	7.49
193	益海嘉里金龙鱼粮油食品股份有限公司	上海	94.714	3.08	3.35	7.18
194	中国光大集团股份公司	北京	94.703	4.81	0.30	7.70
195	山东太阳纸业股份有限公司	山东	94.703	9.05	5.45	12.12
196	国美控股集团有限公司	北京	94.664	0.50	0.55	2.00
197	大亚科技集团有限公司	江苏	94.660	3.40	5.36	28.52
198	三角轮胎股份有限公司	山东	94.660	12.42	6.36	9.76
199	重庆宗申动力机械股份有限公司	重庆	94.646	7.70	6.05	13.07
200	中国广核集团有限公司	广东	94.642	7.57	1.07	6.34
201	天能电池集团股份有限公司	浙江	94.621	6.50	11.61	33.83
202	胜达集团有限公司	浙江	94.600	3.85	7.63	10.94
203	厦门吉比特网络技术股份有限公司	福建	94.592	38.16	19.42	27.52
204	爱玛科技集团股份有限公司	天津	94.586	4.64	6.26	22.76
205	利时集团股份有限公司	浙江	94.564	2.46	5.03	9.70
206	青岛汉缆股份有限公司	山东	94.556	8.39	7.76	10.35
207	美的集团股份有限公司	广东	94.551	9.58	7.55	23.17
208	中公教育科技股份有限公司	安徽	94.536	20.57	15.98	53.90
209	中国出版传媒股份有限公司	北京	94.471	12.43	5.38	10.31
210	环旭电子股份有限公司	上海	94.464	3.65	5.62	14.44
211	日照钢铁控股集团有限公司	山东	94.446	8.63	7.43	20.11
212	奥盛集团有限公司	上海	94.440	3.18	7.09	8.96
213	仙鹤股份有限公司	浙江	94.435	14.81	9.01	13.40
214	金科地产集团股份有限公司	四川	94.431	8.02	1.84	20.21
215	蓝思科技股份有限公司	湖南	94.390	13.25	6.15	11.61
216	上海豫园旅游商城（集团）股份有限公司	上海	94.387	8.20	3.22	10.94
217	深信服科技股份有限公司	广东	94.370	14.83	8.38	12.43
218	中钢国际工程技术股份有限公司	吉林	94.359	4.06	3.05	10.67
219	广州汽车工业集团有限公司	广东	94.351	1.00	1.19	8.26

续表

序号	企业名称	地区	综合信用指数	营收利润率（%）	资产利润率（%）	净资产利润率（%）
220	浙江出版联合集团有限公司	浙江	94.349	9.72	4.48	6.99
221	内蒙古电力（集团）有限责任公司	内蒙古	94.345	2.03	1.69	3.63
222	东风汽车集团有限公司	湖北	94.342	1.28	1.39	7.25
223	中国远洋海运集团有限公司	上海	94.341	3.07	1.19	5.35
224	珠海格力电器股份有限公司	广东	94.339	13.18	7.94	19.25
225	南方出版传媒股份有限公司	广东	94.329	11.03	6.64	11.56
226	华茂集团股份有限公司	浙江	94.322	8.69	3.87	7.87
227	重庆机电控股（集团）公司	重庆	94.315	1.79	1.39	6.41
228	金地（集团）股份有限公司	广东	94.314	12.38	2.59	18.09
229	山东垦利石化集团有限公司	山东	94.282	4.72	8.05	14.01
230	奥瑞金科技股份有限公司	北京	94.240	6.70	4.69	10.74
231	华侨城集团有限公司	广东	94.240	5.38	1.18	8.77
232	广西柳工机械股份有限公司	广西	94.231	5.79	3.91	11.62
233	远景能源有限公司	江苏	94.217	7.00	4.25	19.49
234	雅戈尔集团股份有限公司	浙江	94.215	63.05	9.04	25.35
235	中原出版传媒投资控股集团有限公司	河南	94.212	2.98	3.23	6.77
236	北京首农食品集团有限公司	北京	94.203	1.86	1.90	7.42
237	厦门亿联网络技术股份有限公司	福建	94.188	46.43	22.13	24.57
238	卫星化学股份有限公司	浙江	94.184	15.42	5.14	12.19
239	成都蛟龙投资有限责任公司	四川	94.180	8.05	21.47	26.36
240	浙江新安化工集团股份有限公司	浙江	94.142	4.67	4.69	8.99
241	月星集团有限公司	上海	94.126	9.22	4.69	12.86
242	珠海华发集团有限公司	广东	94.104	1.39	0.31	2.88
243	玲珑集团有限公司	山东	94.058	6.18	3.27	13.30
244	华测检测认证集团股份有限公司	广东	94.018	16.19	10.59	15.43
245	双胞胎（集团）股份有限公司	江西	93.990	6.14	13.12	32.84
246	江苏沙钢集团有限公司	江苏	93.982	2.96	2.61	11.80
247	大族激光科技产业集团股份有限公司	广东	93.978	8.20	4.59	10.04
248	中国船舶重工集团海洋防务与信息对抗股份有限公司	北京	93.934	16.02	7.90	10.95
249	欣旺达电子股份有限公司	广东	93.914	2.70	2.61	11.76
250	中国南方电网有限责任公司	广东	93.910	1.19	0.68	1.77

续表

序号	企业名称	地区	综合信用指数	营收利润率（%）	资产利润率（%）	净资产利润率（%）
251	桃李面包股份有限公司	辽宁	93.898	14.81	15.53	18.27
252	大参林医药集团股份有限公司	广东	93.895	7.28	8.61	19.73
253	盛虹控股集团有限公司	江苏	93.834	1.35	3.12	16.18
254	大唐国际发电股份有限公司	北京	93.805	3.18	1.08	4.16
255	内蒙古鄂尔多斯资源股份有限公司	内蒙古	93.791	6.60	3.27	11.20
256	蓝帆医疗股份有限公司	山东	93.781	22.35	10.32	17.91
257	爱尔眼科医院集团股份有限公司	湖南	93.775	14.47	11.09	17.49
258	华新水泥股份有限公司	湖北	93.765	19.18	12.82	23.89
259	重庆三峰环境集团股份有限公司	重庆	93.747	14.62	3.83	9.29
260	重庆华宇集团有限公司	重庆	93.737	11.47	7.12	19.22
261	杭叉集团股份有限公司	浙江	93.725	7.32	10.34	17.02
262	华域汽车系统股份有限公司	上海	93.723	4.05	3.59	10.28
263	海澜集团有限公司	江苏	93.713	3.63	3.36	4.50
264	中芯国际集成电路制造有限公司	上海	93.696	15.77	2.12	0.44
265	宁波富邦控股集团有限公司	浙江	93.666	1.47	1.28	5.51
266	厦门国贸集团股份有限公司	福建	93.646	0.74	2.30	9.97
267	广州发展集团股份有限公司	广东	93.642	2.86	2.08	5.03
268	用友网络科技股份有限公司	北京	93.640	11.60	5.83	13.11
269	东方明珠新媒体股份有限公司	上海	93.635	16.16	3.68	5.48
270	中国建筑股份有限公司	北京	93.631	2.78	2.05	14.96
271	广州酷狗计算机科技有限公司	广东	93.629	11.43	15.10	21.73
272	中国邮政集团有限公司	北京	93.591	4.88	0.27	7.58
273	云南恩捷新材料股份有限公司	云南	93.586	26.05	5.42	10.05
274	福建省能源集团有限责任公司	福建	93.526	4.42	1.44	7.93
275	牧原食品股份有限公司	河南	93.514	48.78	22.39	54.46
276	南昌市政公用投资控股有限责任公司	江西	93.512	1.09	0.40	1.65
277	万达控股集团有限公司	山东	93.497	1.97	3.62	12.49
278	杭州市实业投资集团有限公司	浙江	93.454	1.07	2.54	11.00
279	山西建邦集团有限公司	山西	93.442	3.89	8.80	13.58
280	西部证券股份有限公司	陕西	93.426	21.55	1.75	4.29
281	湖南华菱钢铁集团有限责任公司	湖南	93.399	3.48	4.66	18.66
282	中国兵器装备集团有限公司	北京	93.365	2.47	1.64	7.64

续表

序号	企业名称	地区	综合信用指数	营收利润率（%）	资产利润率（%）	净资产利润率（%）
283	天弘基金管理有限公司	天津	93.320	31.56	17.97	20.66
284	北京金山办公软件股份有限公司	北京	93.316	38.84	10.32	12.81
285	天津中环半导体股份有限公司	天津	93.312	5.71	1.85	5.67
286	阳光城集团股份有限公司	福建	93.299	6.35	1.48	17.01
287	杭州泰格医药科技股份有限公司	浙江	93.295	54.81	8.97	10.86
288	合盛硅业股份有限公司	浙江	93.267	15.66	7.02	14.50
289	广东东鹏控股股份有限公司	广东	93.262	11.90	6.79	11.35
290	淄博齐翔腾达化工股份有限公司	山东	93.190	3.95	4.73	10.86
291	唐山三友化工股份有限公司	河北	93.182	4.03	2.95	6.16
292	无锡威孚高科技集团股份有限公司	江苏	93.161	21.52	10.14	15.17
293	中国南玻集团股份有限公司	广东	93.123	7.30	4.36	7.63
294	无锡先导智能装备股份有限公司	江苏	93.113	13.10	6.06	13.67
295	安克创新科技股份有限公司	湖南	93.093	9.15	12.26	15.85
296	传化智联股份有限公司	浙江	93.086	7.08	4.39	10.13
297	申万宏源集团股份有限公司	新疆	93.061	26.41	1.58	8.78
298	广东宝丽华新能源股份有限公司	广东	93.038	25.39	9.42	16.68
299	昊华化工科技集团股份有限公司	四川	93.036	11.95	6.47	10.08
300	安琪酵母股份有限公司	湖北	93.036	15.35	12.69	23.29
301	山东华鲁恒升化工股份有限公司	山东	93.021	13.71	8.75	11.63
302	国家开发投资集团有限公司	北京	93.020	4.10	0.92	6.41
303	天顺风能（苏州）股份有限公司	江苏	93.005	13.04	7.12	15.71
304	芒果超媒股份有限公司	湖南	92.995	14.15	10.29	18.72
305	西安陕鼓动力股份有限公司	陕西	92.989	8.49	2.99	9.83
306	惠州亿纬锂能股份有限公司	广东	92.979	20.24	6.43	11.49
307	深圳市德赛电池科技股份有限公司	广东	92.978	3.45	7.41	23.67
308	江苏林洋能源股份有限公司	江苏	92.955	17.20	5.03	9.09
309	许继电气股份有限公司	河南	92.951	6.40	4.26	8.26
310	浙商证券股份有限公司	浙江	92.949	15.30	1.79	8.41
311	河北普阳钢铁有限公司	河北	92.936	5.20	10.25	17.54
312	敬业集团有限公司	河北	92.905	1.87	6.00	12.96
313	大华（集团）有限公司	上海	92.876	21.64	3.39	17.51
314	天能控股集团有限公司	浙江	92.876	1.19	3.55	35.89

续表

序号	企业名称	地区	综合信用指数	营收利润率（%）	资产利润率（%）	净资产利润率（%）
315	四川蓝光发展股份有限公司	四川	92.874	7.69	1.28	17.82
316	华林证券股份有限公司	西藏	92.861	54.54	3.28	13.50
317	深圳市新南山控股（集团）股份有限公司	广东	92.846	11.58	2.49	13.71
318	国金证券股份有限公司	四川	92.838	30.72	2.75	8.29
319	云南省建设投资控股集团有限公司	云南	92.837	1.70	0.42	1.65
320	成都兴城投资集团有限公司	四川	92.781	3.01	0.28	3.87
321	东方证券股份有限公司	上海	92.774	11.77	0.94	4.52
322	中国重型汽车集团有限公司	山东	92.765	2.31	3.36	22.93
323	广西盛隆冶金有限公司	广西	92.762	3.09	3.78	9.61
324	深圳能源集团股份有限公司	广东	92.754	19.48	3.49	10.49
325	云南省投资控股集团有限公司	云南	92.748	1.08	0.41	2.66
326	青岛城市建设投资（集团）有限责任公司	山东	92.742	5.63	0.53	2.00
327	瀚蓝环境股份有限公司	广东	92.736	14.13	4.24	13.99
328	金东纸业（江苏）股份有限公司	江苏	92.729	4.39	2.12	7.08
329	重庆市迪马实业股份有限公司	重庆	92.715	8.48	2.21	16.73
330	杭州钢铁集团有限公司	浙江	92.707	0.79	1.53	4.56
331	杉杉控股有限公司	上海	92.691	1.38	1.26	6.78
332	曙光信息产业股份有限公司	天津	92.657	8.09	3.92	7.07
333	广东塔牌集团股份有限公司	广东	92.641	25.29	14.13	17.06
334	北京金隅集团股份有限公司	北京	92.639	2.63	0.98	4.49
335	南京高科股份有限公司	江苏	92.634	69.43	6.18	15.21
336	安徽合力股份有限公司	安徽	92.633	5.72	7.49	13.45
337	分众传媒信息技术股份有限公司	广东	92.596	33.10	18.50	23.53
338	中炬高新技术实业（集团）股份有限公司	广东	92.592	17.37	13.36	19.28
339	沂州集团有限公司	山东	92.580	1.85	5.00	13.07
340	杭州制氧机集团股份有限公司	浙江	92.563	8.41	5.84	13.27
341	浙江浙能电力股份有限公司	浙江	92.555	11.78	5.31	8.97
342	无锡市国联发展（集团）有限公司	江苏	92.535	7.65	1.39	7.02
343	广西柳州钢铁集团有限公司	广西	92.531	3.45	3.86	13.67
344	海尔集团公司	山东	92.519	2.66	1.80	14.28
345	宁波银行股份有限公司	浙江	92.500	36.82	0.93	12.72
346	广州无线电集团有限公司	广东	92.471	3.76	1.48	7.72

续表

序号	企业名称	地区	综合信用指数	营收利润率（%）	资产利润率（%）	净资产利润率（%）
347	振石控股集团有限公司	浙江	92.470	5.84	6.58	18.56
348	新疆天业股份有限公司	新疆	92.455	9.86	6.00	12.34
349	江苏洋河酒厂股份有限公司	江苏	92.440	35.46	13.89	19.44
350	中节能太阳能股份有限公司	重庆	92.434	19.38	2.63	7.32
351	山东黄金矿业股份有限公司	山东	92.426	3.55	3.53	7.85
352	正威国际集团有限公司	广东	92.419	1.85	6.31	11.20
353	平安银行股份有限公司	广东	92.411	18.84	0.65	7.94
354	骆驼集团股份有限公司	湖北	92.402	7.53	5.87	9.77
355	罗莱生活科技股份有限公司	江苏	92.394	11.91	10.03	13.64
356	山东九羊集团有限公司	山东	92.383	3.27	8.86	12.33
357	盈峰环境科技集团股份有限公司	浙江	92.370	9.67	4.60	8.19
358	中国中车集团有限公司	北京	92.367	2.15	1.18	6.65
359	国网信息通信股份有限公司	四川	92.345	8.66	5.50	13.08
360	利华益集团股份有限公司	山东	92.338	2.37	5.02	10.63
361	东吴证券股份有限公司	江苏	92.312	23.21	1.62	6.05
362	天马微电子股份有限公司	广东	92.291	5.04	2.00	4.39
363	中际旭创股份有限公司	山东	92.290	12.28	6.36	10.97
364	重庆市博赛矿业（集团）有限公司	重庆	92.288	1.86	5.52	10.97
365	方大特钢科技股份有限公司	江西	92.286	12.89	15.61	23.53
366	中国核能电力股份有限公司	北京	92.255	11.47	1.57	8.51
367	联美量子股份有限公司	辽宁	92.237	46.84	12.16	19.20
368	中国电信集团有限公司	北京	92.237	2.64	1.43	3.49
369	物美科技集团有限公司	北京	92.230	2.97	1.61	6.26
370	国元证券股份有限公司	安徽	92.229	30.25	1.51	4.44
371	光明食品（集团）有限公司	上海	92.202	0.79	0.42	1.73
372	华夏航空股份有限公司	贵州	92.154	12.96	5.33	15.57
373	阳光保险集团股份有限公司	广东	92.147	4.91	1.39	10.12
374	华设设计集团股份有限公司	江苏	92.141	11.29	6.57	18.02
375	海信集团控股股份有限公司	山东	92.061	2.55	2.27	18.15
376	深圳市投资控股有限公司	广东	92.035	5.33	1.36	5.89
377	公牛集团股份有限公司	浙江	92.018	23.02	18.60	25.32
378	厦门金达威集团股份有限公司	福建	91.947	27.37	18.62	27.98

序号	企业名称	地区	综合信用指数	营收利润率 （%）	资产利润率 （%）	净资产利润率 （%）
379	国网英大股份有限公司	上海	91.928	14.53	2.96	6.81
380	福耀玻璃工业集团股份有限公司	福建	91.893	13.06	6.77	12.04
381	上海璞泰来新能源科技股份有限公司	上海	91.884	12.64	4.61	7.49
382	黑牡丹（集团）股份有限公司	江苏	91.858	7.81	2.36	8.96
383	无锡药明康德新药开发股份有限公司	江苏	91.823	17.90	6.39	9.11
384	中国太平洋保险（集团）股份有限公司	上海	91.804	5.82	1.39	11.42
385	奇瑞控股集团有限公司	安徽	91.799	0.91	0.38	4.09
386	南京钢铁集团有限公司	江苏	91.796	1.52	4.17	13.97
387	神州数码集团股份有限公司	广东	91.787	0.68	2.03	13.28
388	深圳迈瑞生物医疗电子股份有限公司	广东	91.732	31.66	19.99	28.60
389	新华人寿保险股份有限公司	北京	91.718	6.92	1.42	14.06
390	华勤橡胶工业集团有限公司	山东	91.709	2.28	3.87	8.65
391	浙江晶盛机电股份有限公司	浙江	91.682	22.52	8.17	16.38
392	青岛港国际股份有限公司	山东	91.656	29.06	6.72	11.64
393	昆仑万维科技股份有限公司	北京	91.654	182.28	37.71	51.60
394	青岛啤酒股份有限公司	山东	91.631	7.93	5.30	10.67
395	上海华谊（集团）公司	上海	91.603	2.38	1.28	4.89
396	富奥汽车零部件股份有限公司	吉林	91.558	8.11	6.23	12.41
397	中天控股集团有限公司	浙江	91.507	2.86	2.82	16.87
398	恒申控股集团有限公司	福建	91.457	7.09	9.29	17.59
399	山东中海化工集团有限公司	山东	91.454	3.88	9.94	15.55
400	广西北部湾银行股份有限公司	广西	91.446	11.54	0.50	7.29
401	万洲国际有限公司	河南	91.387	3.24	4.68	8.75
402	天康生物股份有限公司	新疆	91.381	14.35	10.94	27.60
403	五矿资本股份有限公司	湖南	91.370	59.58	2.81	8.21
404	湖北省交通投资集团有限公司	湖北	91.358	4.14	0.28	1.03
405	新希望控股集团有限公司	四川	91.345	1.63	1.13	13.19
406	湖北能源集团股份有限公司	湖北	91.345	14.43	4.08	8.51
407	深圳市力合科创股份有限公司	广东	91.342	26.93	5.57	10.06
408	东浩兰生（集团）有限公司	上海	91.333	0.48	2.21	5.74
409	华西证券股份有限公司	四川	91.330	40.58	2.46	8.91
410	北京首钢股份有限公司	北京	91.306	2.23	1.24	6.17

续表

序号	企业名称	地区	综合信用指数	营收利润率（%）	资产利润率（%）	净资产利润率（%）
411	北京光环新网科技股份有限公司	北京	91.297	12.21	6.74	9.88
412	云南白药集团股份有限公司	云南	91.286	16.85	9.99	14.50
413	南极电商股份有限公司	江苏	91.271	28.48	18.26	20.55
414	浙江元立金属制品集团有限公司	浙江	91.248	5.75	7.80	25.84
415	龙光交通集团有限公司	广东	91.227	15.90	3.97	22.54
416	江苏恒瑞医药股份有限公司	江苏	91.201	22.82	18.22	20.75
417	中国国际技术智力合作集团有限公司	北京	91.200	0.72	5.40	14.92
418	重庆医药（集团）股份有限公司	重庆	91.161	2.01	2.19	12.31
419	长春高新技术产业（集团）股份有限公司	吉林	91.160	35.52	18.09	27.87
420	江苏金融租赁股份有限公司	江苏	91.149	50.02	2.31	14.43
421	广州金域医学检验集团股份有限公司	广东	91.144	18.31	22.74	39.86
422	上海环境集团股份有限公司	上海	91.142	13.86	2.31	6.76
423	长城证券股份有限公司	广东	91.126	21.86	2.08	8.31
424	石药控股集团有限公司	河北	91.106	14.51	10.75	20.79
425	浙江世纪华通集团股份有限公司	浙江	91.097	19.66	6.89	10.19
426	唐山港陆钢铁有限公司	河北	91.086	1.11	3.92	7.35
427	江苏国泰国际集团股份有限公司	江苏	91.078	1.76	3.78	10.59
428	奥园集团有限公司	广东	91.063	6.69	1.81	31.84
429	中南控股集团有限公司	江苏	91.043	0.37	0.32	18.77
430	青岛森麒麟轮胎股份有限公司	山东	91.038	20.84	12.67	17.67
431	宁波拓普集团股份有限公司	浙江	91.038	9.65	5.19	8.07
432	重药控股股份有限公司	重庆	91.026	1.96	2.08	10.01
433	中天钢铁集团有限公司	江苏	91.017	1.52	4.53	12.69
434	河北新华联合冶金控股集团有限公司	河北	91.005	1.42	1.71	24.41
435	广西北部湾投资集团有限公司	广西	90.968	4.01	0.96	2.89
436	深圳华强集团有限公司	广东	90.964	4.52	1.53	6.76
437	国电电力发展股份有限公司	辽宁	90.962	2.16	0.70	5.03
438	金能科技股份有限公司	山东	90.942	11.79	7.37	11.03
439	山东高速路桥集团股份有限公司	山东	90.937	3.89	2.43	15.48
440	合肥城建发展股份有限公司	安徽	90.906	14.32	4.11	14.31
441	深圳市兆驰股份有限公司	广东	90.876	8.74	6.64	15.47
442	广东韶钢松山股份有限公司	广东	90.841	5.90	10.48	19.57

续表

序号	企业名称	地区	综合信用指数	营收利润率 （%）	资产利润率 （%）	净资产利润率 （%）
443	中国铁道建筑集团有限公司	北京	90.830	1.13	0.82	10.76
444	潍柴控股集团有限公司	山东	90.827	0.65	0.64	21.88
445	浙江天圣控股集团有限公司	浙江	90.806	3.84	4.63	16.01
446	陕西延长石油（集团）有限责任公司	陕西	90.793	0.34	0.25	0.73
447	新天绿色能源股份有限公司	河北	90.788	12.07	2.64	11.47
448	浙江万里扬股份有限公司	浙江	90.778	10.18	5.33	9.28
449	潮州三环（集团）股份有限公司	广东	90.773	36.04	11.66	13.31
450	北京建龙重工集团有限公司	北京	90.764	1.74	2.21	10.91
451	广州白云山医药集团股份有限公司	广东	90.753	4.73	4.88	11.15
452	南京银行股份有限公司	江苏	90.735	38.01	0.86	12.26
453	四川双马水泥股份有限公司	四川	90.734	60.35	16.11	17.56
454	中国铁路工程集团有限公司	北京	90.702	1.16	0.94	10.10
455	重庆智飞生物制品股份有限公司	重庆	90.687	21.73	21.70	40.02
456	卧龙电气驱动集团股份有限公司	浙江	90.680	6.90	4.16	11.37
457	山西焦化股份有限公司	山西	90.673	15.45	5.13	9.83
458	深圳劲嘉集团股份有限公司	广东	90.671	19.65	9.14	11.09
459	北部湾港股份有限公司	广西	90.644	20.06	5.54	10.43
460	盘锦北方沥青燃料有限公司	辽宁	90.640	8.10	8.57	31.15
461	江苏今世缘酒业股份有限公司	江苏	90.619	30.61	13.22	18.95
462	广州金融控股集团有限公司	广东	90.604	9.29	0.26	5.99
463	鞍钢股份有限公司	辽宁	90.599	1.96	2.25	3.71
464	泸州老窖集团有限责任公司	四川	90.536	4.07	0.90	18.04
465	通威集团有限公司	四川	90.528	3.45	4.23	16.94
466	中华联合保险集团股份有限公司	北京	90.525	1.29	0.86	3.98
467	北京大北农科技集团股份有限公司	北京	90.524	8.57	8.13	17.75
468	上海电气（集团）总公司	上海	90.507	1.64	0.70	7.28
469	德力西集团有限公司	浙江	90.486	1.86	5.45	18.78
470	恒生电子股份有限公司	浙江	90.466	31.68	13.26	29.02
471	万向集团公司	浙江	90.418	1.43	1.95	7.70
472	周大生珠宝股份有限公司	广东	90.386	19.93	15.22	18.81
473	南山集团有限公司	山东	90.385	4.34	3.74	7.71
474	四川路桥建设集团股份有限公司	四川	90.373	4.95	2.67	13.38

续表

序号	企业名称	地区	综合信用指数	营收利润率（%）	资产利润率（%）	净资产利润率（%）
475	天元建设集团有限公司	山东	90.370	2.96	2.40	11.05
476	东方电气股份有限公司	四川	90.365	4.99	1.90	6.02
477	中国能源建设集团有限公司	北京	90.362	1.29	0.74	8.39
478	中国冶金科工股份有限公司	北京	90.359	1.96	1.55	8.03
479	富海集团新能源控股有限公司	山东	90.354	3.06	6.03	14.90
480	杭州银行股份有限公司	浙江	90.354	28.77	0.61	8.83
481	巨人网络集团股份有限公司	重庆	90.336	46.41	9.50	10.87
482	上海银行股份有限公司	上海	90.328	41.16	0.85	10.94
483	马鞍山钢铁股份有限公司	安徽	90.285	2.43	2.46	6.98
484	旭阳控股有限公司	北京	90.246	3.16	4.97	15.32
485	上海复星医药（集团）股份有限公司	上海	90.205	12.09	4.38	9.90
486	长江证券股份有限公司	湖北	90.169	26.79	1.55	7.17
487	浙江省国际贸易集团有限公司	浙江	90.166	1.56	0.87	6.62
488	中国电力建设股份有限公司	北京	90.158	1.99	0.90	6.77
489	中国中化集团有限公司	北京	90.130	1.27	0.88	9.27
490	江苏南通二建集团有限公司	江苏	90.114	4.70	10.37	20.22
491	中国交通建设股份有限公司	北京	90.100	2.58	1.24	6.61
492	宁波华翔电子股份有限公司	浙江	90.093	5.03	4.45	8.22
493	辽宁嘉晨控股集团有限公司	辽宁	90.092	5.22	5.22	6.77
494	厦门银行股份有限公司	福建	90.088	32.81	0.64	9.41
495	广州港集团有限公司	广东	90.053	13.85	3.88	10.03
496	新兴铸管股份有限公司	河北	90.036	4.22	3.41	8.19
497	中国铝业集团有限公司	北京	90.030	0.60	0.35	2.04
498	威高集团有限公司	山东	90.023	8.63	6.40	11.16
499	鹏鼎控股（深圳）股份有限公司	广东	90.020	9.52	8.58	13.18
500	鸿达兴业股份有限公司	江苏	90.017	15.09	4.54	10.92

三、2021 中国企业信用 500 强流动性和安全性指标

序号	企业名称	地区	综合信用指数	资产周转率（次/年）	所有者权益比率（%）	资本保值增值率（%）
1	华为投资控股有限公司	广东	99.801	1.02	37.67	121.89
2	贵州茅台酒股份有限公司	贵州	99.557	0.44	75.60	134.33
3	中国工商银行股份有限公司	北京	99.073	0.03	8.68	111.80
4	中国宝武钢铁集团有限公司	上海	99.042	0.66	28.97	109.15
5	万科企业股份有限公司	广东	98.983	0.22	12.01	122.08
6	中国农业银行股份有限公司	北京	98.385	0.02	8.10	111.11
7	中国建材集团有限公司	北京	98.384	0.66	31.49	152.11
8	冀南钢铁集团有限公司	河北	98.283	3.17	92.24	137.27
9	中国平安保险（集团）股份有限公司	广东	98.282	0.13	8.00	121.26
10	中国石油天然气集团有限公司	北京	98.241	0.48	48.39	101.60
11	万华化学集团股份有限公司	山东	98.223	0.55	36.47	123.70
12	山东魏桥创业集团有限公司	山东	98.200	1.17	31.88	111.98
13	山东金岭集团有限公司	山东	98.102	2.40	83.52	119.15
14	安徽海螺集团有限责任公司	安徽	98.073	1.07	25.41	124.97
15	华峰化学股份有限公司	浙江	97.983	0.75	58.83	129.37
16	腾讯控股有限公司	广东	97.959	0.36	52.80	136.94
17	中国华润有限公司	广东	97.841	0.38	14.56	113.01
18	中国银行股份有限公司	北京	97.709	0.02	8.35	107.90
19	宁夏宝丰能源集团股份有限公司	宁夏	97.601	0.42	67.97	119.80
20	金发科技股份有限公司	广东	97.600	1.08	45.73	143.53
21	小米科技有限责任公司	北京	97.537	0.97	48.76	125.03
22	成都市兴蓉环境股份有限公司	四川	97.523	0.17	39.75	111.54
23	中粮集团有限公司	北京	97.521	0.79	14.33	110.92
24	三一集团有限公司	湖南	97.512	0.56	18.43	120.75
25	中联重科股份有限公司	湖南	97.498	0.56	40.20	118.73
26	玖龙环球（中国）投资集团有限公司	广东	97.452	0.94	51.88	114.82
27	比亚迪股份有限公司	广东	97.442	0.78	28.29	107.46

续表

序号	企业名称	地区	综合信用指数	资产周转率（次/年）	所有者权益比率（%）	资本保值增值率（%）
28	中国国际海运集装箱（集团）股份有限公司	广东	97.437	0.64	30.11	157.81
29	中国机械工业集团有限公司	北京	97.432	0.80	19.44	105.75
30	中国化学工程股份有限公司	北京	97.428	0.80	27.69	110.41
31	九州通医药集团股份有限公司	湖北	97.424	1.37	27.01	116.40
32	浙江新和成股份有限公司	浙江	97.419	0.33	62.58	120.95
33	北京东方雨虹防水技术股份有限公司	北京	97.355	0.78	52.48	134.79
34	富士康工业互联网股份有限公司	广东	97.301	1.91	46.01	119.52
35	北京控股集团有限公司	北京	97.299	0.26	10.78	103.18
36	浪潮电子信息产业股份有限公司	山东	97.261	1.64	37.70	114.74
37	科大讯飞股份有限公司	安徽	97.183	0.52	51.01	111.94
38	中国第一汽车集团有限公司	吉林	97.154	1.43	42.89	110.21
39	龙湖集团控股有限公司	重庆	97.125	0.24	14.16	121.29
40	杭州海康威视数字技术股份有限公司	浙江	97.121	0.72	60.65	129.81
41	红狮控股集团有限公司	浙江	97.080	0.91	43.94	129.26
42	巨化集团有限公司	浙江	97.060	0.88	24.92	131.13
43	波司登股份有限公司	江苏	97.043	0.85	59.69	119.65
44	晶澳太阳能科技股份有限公司	河北	97.043	0.69	39.30	118.86
45	中国医药集团有限公司	北京	97.001	1.15	19.34	112.06
46	中国石油化工集团有限公司	北京	96.995	0.87	35.27	105.70
47	中国电子科技集团有限公司	北京	96.969	0.52	38.51	108.27
48	中国移动通信集团有限公司	北京	96.953	0.39	55.48	108.60
49	纳爱斯集团有限公司	浙江	96.948	1.05	86.32	108.44
50	新疆金风科技股份有限公司	新疆	96.937	0.52	31.31	109.66
51	紫金矿业集团股份有限公司	福建	96.916	0.94	31.01	116.52
52	隆基绿能科技股份有限公司	陕西	96.906	0.62	40.06	130.95
53	宁德时代新能源科技股份有限公司	福建	96.799	0.32	41.00	114.64
54	完美世界股份有限公司	浙江	96.774	0.66	69.87	116.27
55	明阳智慧能源集团股份公司	广东	96.759	0.43	28.59	120.45
56	碧桂园控股有限公司	广东	96.755	0.23	8.69	123.04
57	广发证券股份有限公司	广东	96.753	0.06	21.46	111.00
58	内蒙古君正能源化工集团股份有限公司	内蒙古	96.720	0.44	61.62	125.44
59	浙江省能源集团有限公司	浙江	96.716	0.39	30.55	107.78

续表

序号	企业名称	地区	综合信用指数	资产周转率（次/年）	所有者权益比率（%）	资本保值增值率（%）
60	深圳市汇川技术股份有限公司	广东	96.692	0.62	57.04	124.37
61	中国保利集团有限公司	北京	96.691	0.26	6.41	115.13
62	新疆特变电工集团有限公司	新疆	96.683	0.45	35.53	107.16
63	宜宾五粮液股份有限公司	四川	96.643	0.50	75.25	126.86
64	京东方科技集团股份有限公司	北京	96.632	0.32	24.34	105.30
65	欧派家居集团股份有限公司	广东	96.622	0.78	63.29	121.58
66	天合光能股份有限公司	江苏	96.604	0.65	33.08	110.28
67	招商局集团有限公司	北京	96.595	0.19	17.90	111.56
68	中策橡胶集团股份有限公司	浙江	96.579	1.06	41.03	119.00
69	青山控股集团有限公司	浙江	96.576	3.40	34.28	135.86
70	顺丰控股股份有限公司	安徽	96.574	1.39	50.78	117.27
71	江苏恒立液压股份有限公司	江苏	96.560	0.74	68.87	140.36
72	徐工集团工程机械股份有限公司	江苏	96.559	0.81	36.70	111.24
73	内蒙古伊利实业集团股份有限公司	内蒙古	96.551	1.36	42.70	127.09
74	浙江龙盛控股有限公司	浙江	96.544	0.53	48.57	117.37
75	重庆水务集团股份有限公司	重庆	96.532	0.26	63.27	111.51
76	北京首都创业集团有限公司	北京	96.528	0.13	6.53	107.50
77	交通银行股份有限公司	上海	96.482	0.02	8.10	109.87
78	舜宇集团有限公司	浙江	96.441	1.07	46.83	138.81
79	歌尔股份有限公司	山东	96.433	1.18	40.01	117.68
80	兴业银行股份有限公司	福建	96.422	0.03	7.80	112.31
81	国泰君安证券股份有限公司	上海	96.421	0.05	19.54	108.09
82	老凤祥股份有限公司	上海	96.419	2.64	40.71	122.59
83	永辉超市股份有限公司	福建	96.411	1.66	34.46	108.93
84	恒力集团有限公司	江苏	96.370	2.62	17.97	145.21
85	绿地控股集团股份有限公司	上海	96.325	0.33	6.07	119.01
86	阳光电源股份有限公司	安徽	96.319	0.69	37.34	122.74
87	浙江伟星新型建材股份有限公司	浙江	96.303	0.90	76.38	130.68
88	中国航天科技集团有限公司	北京	96.292	0.52	41.76	108.94
89	普联技术有限公司	广东	96.277	0.73	90.71	124.07
90	北京能源集团有限责任公司	北京	96.266	0.20	22.47	103.23
91	紫光股份有限公司	北京	96.259	1.01	50.56	106.72

续表

序号	企业名称	地区	综合信用指数	资产周转率（次/年）	所有者权益比率（%）	资本保值增值率（%）
92	浙江三花智能控制股份有限公司	浙江	96.253	0.71	59.09	115.74
93	中国国际金融股份有限公司	北京	96.249	0.05	13.73	114.92
94	申能（集团）有限公司	上海	96.238	0.21	50.45	105.70
95	江苏扬农化工股份有限公司	江苏	96.228	0.90	54.59	123.93
96	华泰证券股份有限公司	江苏	96.215	0.04	18.01	108.83
97	上海晨光文具股份有限公司	上海	96.129	1.35	53.49	129.88
98	正泰集团股份有限公司	浙江	96.113	1.01	20.96	113.98
99	上海爱旭新能源股份有限公司	上海	96.102	0.76	42.07	138.80
100	中国兵器工业集团有限公司	北京	96.096	1.11	27.33	108.99
101	江苏三木集团有限公司	江苏	96.093	1.83	58.26	114.34
102	苏州东山精密制造股份有限公司	江苏	96.092	0.75	34.85	117.70
103	上海永达控股（集团）有限公司	上海	96.085	2.25	34.80	115.82
104	上海汽车集团股份有限公司	上海	96.085	0.81	28.29	108.18
105	郑州煤矿机械集团股份有限公司	河南	96.071	0.79	38.75	110.12
106	中文天地出版传媒集团股份有限公司	江西	96.048	0.42	62.20	112.87
107	浙江大华技术股份有限公司	浙江	96.046	0.72	54.03	124.95
108	中国人寿保险股份有限公司	北京	96.028	0.19	10.58	112.45
109	云南省能源投资集团有限公司	云南	96.027	0.64	26.11	103.50
110	国信证券股份有限公司	广东	96.025	0.06	26.72	111.77
111	杭州福斯特应用材料股份有限公司	浙江	96.018	0.73	78.17	123.98
112	河北天柱钢铁集团有限公司	河北	95.996	2.37	51.11	127.87
113	广东海大集团股份有限公司	广东	95.966	2.19	50.76	127.71
114	江苏阳光集团有限公司	江苏	95.958	1.81	50.92	119.11
115	海通证券股份有限公司	上海	95.943	0.06	22.11	108.63
116	天瑞集团股份有限公司	河南	95.942	0.67	54.05	105.36
117	广州智能装备产业集团有限公司	广东	95.939	0.88	24.21	110.84
118	浙江交通科技股份有限公司	浙江	95.914	0.89	20.87	112.91
119	山西杏花村汾酒厂股份有限公司	山西	95.887	0.71	49.43	140.30
120	浙江伟明环保股份有限公司	浙江	95.856	0.30	52.41	129.82
121	华泰集团有限公司	山东	95.851	2.23	33.37	112.70
122	东方财富信息股份有限公司	上海	95.829	0.07	30.05	122.52
123	立讯精密工业股份有限公司	广东	95.829	1.32	40.14	135.60

续表

序号	企业名称	地区	综合信用指数	资产周转率（次/年）	所有者权益比率（%）	资本保值增值率（%）
124	北京京东世纪贸易有限公司	北京	95.800	1.77	44.41	160.36
125	上海浦东发展银行股份有限公司	上海	95.791	0.02	8.03	110.53
126	中国银河证券股份有限公司	北京	95.764	0.05	18.23	110.22
127	新洋丰农业科技股份有限公司	湖北	95.748	0.89	61.09	114.67
128	中顺洁柔纸业股份有限公司	广东	95.726	1.05	67.42	122.22
129	中国航天科工集团有限公司	北京	95.703	0.68	37.50	109.69
130	天洁集团有限公司	浙江	95.699	1.98	49.66	127.01
131	深南电路股份有限公司	广东	95.667	0.83	53.12	128.60
132	人民电器集团有限公司	浙江	95.638	3.56	76.29	124.54
133	得力集团有限公司	浙江	95.621	1.45	36.66	143.64
134	百度控股有限公司	北京	95.600	0.32	54.91	113.74
135	山东晨鸣纸业集团股份有限公司	山东	95.597	0.34	26.51	106.80
136	蓝星安迪苏股份有限公司	北京	95.592	0.58	67.67	109.80
137	浙江荣盛控股集团有限公司	浙江	95.580	1.14	9.75	119.86
138	索菲亚家居股份有限公司	广东	95.566	0.77	56.34	121.90
139	江西新华发行集团有限公司	江西	95.561	0.46	63.01	113.42
140	深圳市裕同包装科技股份有限公司	广东	95.557	0.71	51.28	117.61
141	天津城市基础设施建设投资集团有限公司	天津	95.545	0.02	30.65	100.59
142	永高股份有限公司	浙江	95.530	0.93	62.26	122.75
143	横店集团东磁股份有限公司	浙江	95.496	0.79	58.71	119.05
144	河北安丰钢铁有限公司	河北	95.490	1.91	70.04	139.12
145	富通集团有限公司	浙江	95.462	1.60	37.32	114.43
146	山鹰国际控股股份公司	安徽	95.437	0.55	34.33	109.58
147	浙江吉利控股集团有限公司	浙江	95.424	0.67	17.96	114.15
148	思源电气股份有限公司	上海	95.402	0.67	58.88	118.51
149	龙佰集团股份有限公司	河南	95.376	0.41	40.82	116.50
150	中国华电集团有限公司	北京	95.342	0.28	12.39	105.03
151	唐山冀东水泥股份有限公司	河北	95.325	0.60	30.05	118.57
152	北京千方科技股份有限公司	北京	95.300	0.49	61.71	112.00
153	雅迪科技集团有限公司	江苏	95.297	1.21	22.41	133.61
154	中山公用事业集团股份有限公司	广东	95.278	0.10	67.38	110.47
155	福莱特玻璃集团股份有限公司	浙江	95.264	0.51	58.98	136.09

续表

序号	企业名称	地区	综合信用指数	资产周转率（次/年）	所有者权益比率（%）	资本保值增值率（%）
156	陕西北元化工集团股份有限公司	陕西	95.244	0.64	81.25	121.35
157	宁波申洲针织有限公司	浙江	95.206	0.62	74.02	120.29
158	中国中信集团有限公司	北京	95.202	0.06	4.61	107.30
159	浙江核新同花顺网络信息股份有限公司	浙江	95.200	0.40	73.01	143.21
160	天津友发钢管集团股份有限公司	天津	95.186	4.09	52.83	130.76
161	中国航空工业集团有限公司	北京	95.178	0.45	19.95	103.27
162	山东豪迈机械科技股份有限公司	山东	95.168	0.76	82.76	120.34
163	天地科技股份有限公司	北京	95.158	0.54	47.04	107.97
164	洛阳栾川钼业集团股份有限公司	河南	95.125	0.92	31.76	105.71
165	四川川投能源股份有限公司	四川	95.117	0.02	69.67	111.65
166	日月重工股份有限公司	浙江	95.088	0.49	79.74	127.65
167	广州视源电子科技股份有限公司	广东	95.076	1.36	57.31	138.58
168	中南出版传媒集团股份有限公司	湖南	95.042	0.45	60.47	110.51
169	农夫山泉股份有限公司	浙江	95.030	0.90	60.08	153.48
170	江苏凤凰出版传媒股份有限公司	江苏	95.019	0.47	57.37	111.47
171	中天科技集团有限公司	江苏	95.012	1.36	15.75	143.88
172	烟台杰瑞石油服务集团股份有限公司	山东	95.004	0.44	58.89	117.31
173	上海医药集团股份有限公司	上海	95.001	1.29	30.40	110.79
174	中国葛洲坝集团股份有限公司	湖北	94.996	0.43	23.98	108.15
175	浙富控股集团股份有限公司	浙江	94.990	0.45	41.15	123.99
176	赛轮集团股份有限公司	山东	94.988	0.73	40.19	121.10
177	国家电力投资集团有限公司	北京	94.957	0.21	12.36	102.19
178	长江出版传媒股份有限公司	湖北	94.950	0.61	72.02	111.21
179	中国海洋石油集团有限公司	北京	94.922	0.46	46.18	105.85
180	新华文轩出版传媒股份有限公司	四川	94.919	0.53	59.74	113.72
181	中兴通讯股份有限公司	广东	94.915	0.67	28.74	114.78
182	中国长江电力股份有限公司	北京	94.905	0.17	52.03	117.59
183	一心堂药业集团股份有限公司	云南	94.895	1.36	61.81	117.19
184	泰康保险集团股份有限公司	北京	94.885	0.22	9.50	129.60
185	长城汽车股份有限公司	河北	94.837	0.67	37.23	109.86
186	四川省能源投资集团有限责任公司	四川	94.821	0.33	18.67	103.73
187	启明星辰信息技术集团股份有限公司	北京	94.801	0.44	71.53	118.43

序号	企业名称	地区	综合信用指数	资产周转率（次/年）	所有者权益比率（%）	资本保值增值率（%）
188	稳健医疗用品股份有限公司	广东	94.800	0.96	80.40	220.57
189	安徽新华传媒股份有限公司	安徽	94.776	0.60	72.25	105.93
190	绿城物业服务集团有限公司	浙江	94.754	0.77	52.15	125.80
191	江西洪城环境股份有限公司	江西	94.752	0.40	32.94	113.98
192	广州国资发展控股有限公司	广东	94.732	0.48	27.29	108.11
193	益海嘉里金龙鱼粮油食品股份有限公司	上海	94.714	1.09	46.62	109.26
194	中国光大集团股份公司	北京	94.703	0.06	3.89	112.26
195	山东太阳纸业股份有限公司	山东	94.703	0.60	44.92	113.39
196	国美控股集团有限公司	北京	94.664	1.09	27.43	102.07
197	大亚科技集团有限公司	江苏	94.660	1.58	18.79	138.45
198	三角轮胎股份有限公司	山东	94.660	0.51	65.21	110.52
199	重庆宗申动力机械股份有限公司	重庆	94.646	0.79	46.31	113.79
200	中国广核集团有限公司	广东	94.642	0.14	16.83	107.38
201	天能电池集团股份有限公司	浙江	94.621	1.79	34.31	146.10
202	胜达集团有限公司	浙江	94.600	1.98	69.77	111.80
203	厦门吉比特网络技术股份有限公司	福建	94.592	0.51	70.59	134.07
204	爱玛科技集团股份有限公司	天津	94.586	1.35	27.51	129.43
205	利时集团股份有限公司	浙江	94.564	2.05	51.90	110.57
206	青岛汉缆股份有限公司	山东	94.556	0.93	75.04	111.58
207	美的集团股份有限公司	广东	94.551	0.79	32.61	126.78
208	中公教育科技股份有限公司	安徽	94.536	0.78	29.65	167.15
209	中国出版传媒股份有限公司	北京	94.471	0.43	52.18	111.13
210	环旭电子股份有限公司	上海	94.464	1.54	38.95	116.93
211	日照钢铁控股集团有限公司	山东	94.446	0.86	36.98	124.73
212	奥盛集团有限公司	上海	94.440	2.23	79.16	109.84
213	仙鹤股份有限公司	浙江	94.435	0.61	67.23	118.72
214	金科地产集团股份有限公司	四川	94.431	0.23	9.12	126.46
215	蓝思科技股份有限公司	湖南	94.390	0.46	53.01	121.90
216	上海豫园旅游商城（集团）股份有限公司	上海	94.387	0.39	29.41	111.16
217	深信服科技股份有限公司	广东	94.370	0.57	67.43	118.73
218	中钢国际工程技术股份有限公司	吉林	94.359	0.75	28.62	111.68
219	广州汽车工业集团有限公司	广东	94.351	1.19	14.37	108.82

续表

序号	企业名称	地区	综合信用指数	资产周转率（次/年）	所有者权益比率（%）	资本保值增值率（%）
220	浙江出版联合集团有限公司	浙江	94.349	0.46	64.09	107.47
221	内蒙古电力（集团）有限责任公司	内蒙古	94.345	0.83	46.46	103.79
222	东风汽车集团有限公司	湖北	94.342	1.08	19.12	107.73
223	中国远洋海运集团有限公司	上海	94.341	0.39	22.34	105.17
224	珠海格力电器股份有限公司	广东	94.339	0.60	41.25	120.13
225	南方出版传媒股份有限公司	广东	94.329	0.60	57.43	112.58
226	华茂集团股份有限公司	浙江	94.322	0.45	49.24	108.87
227	重庆机电控股（集团）公司	重庆	94.315	0.77	21.63	107.10
228	金地（集团）股份有限公司	广东	94.314	0.21	14.31	119.22
229	山东垦利石化集团有限公司	山东	94.282	1.71	57.48	116.23
230	奥瑞金科技股份有限公司	北京	94.240	0.70	43.65	112.35
231	华侨城集团有限公司	广东	94.240	0.22	13.45	110.67
232	广西柳工机械股份有限公司	广西	94.231	0.68	33.69	112.86
233	远景能源有限公司	江苏	94.217	0.61	21.81	131.30
234	雅戈尔集团股份有限公司	浙江	94.215	0.14	35.67	126.02
235	中原出版传媒投资控股集团有限公司	河南	94.212	1.08	47.71	107.28
236	北京首农食品集团有限公司	北京	94.203	1.02	25.53	107.86
237	厦门亿联网络技术股份有限公司	福建	94.188	0.48	90.03	129.09
238	卫星化学股份有限公司	浙江	94.184	0.33	42.15	117.97
239	成都蛟龙投资有限责任公司	四川	94.180	2.67	81.48	127.03
240	浙江新安化工集团股份有限公司	浙江	94.142	1.00	52.19	109.94
241	月星集团有限公司	上海	94.126	0.51	36.46	114.10
242	珠海华发集团有限公司	广东	94.104	0.22	10.80	104.03
243	玲珑集团有限公司	山东	94.058	0.53	24.61	117.28
244	华测检测认证集团股份有限公司	广东	94.018	0.65	68.64	118.35
245	双胞胎（集团）股份有限公司	江西	93.990	2.14	39.95	147.93
246	江苏沙钢集团有限公司	江苏	93.982	0.88	22.13	113.36
247	大族激光科技产业集团股份有限公司	广东	93.978	0.56	45.66	111.09
248	中国船舶重工集团海洋防务与信息对抗股份有限公司	北京	93.934	0.49	72.17	117.99
249	欣旺达电子股份有限公司	广东	93.914	0.97	22.23	113.90
250	中国南方电网有限责任公司	广东	93.910	0.57	38.44	101.87

序号	企业名称	地区	综合信用指数	资产周转率 （次/年）	所有者权益 比率（%）	资本保值增值 率（%）
251	桃李面包股份有限公司	辽宁	93.898	1.05	85.01	123.59
252	大参林医药集团股份有限公司	广东	93.895	1.18	43.67	125.05
253	盛虹控股集团有限公司	江苏	93.834	2.30	19.26	118.33
254	大唐国际发电股份有限公司	北京	93.805	0.34	26.05	104.69
255	内蒙古鄂尔多斯资源股份有限公司	内蒙古	93.791	0.49	29.14	111.88
256	蓝帆医疗股份有限公司	山东	93.781	0.46	57.63	120.85
257	爱尔眼科医院集团股份有限公司	湖南	93.775	0.77	63.41	126.14
258	华新水泥股份有限公司	湖北	93.765	0.67	53.66	126.42
259	重庆三峰环境集团股份有限公司	重庆	93.747	0.26	41.21	115.85
260	重庆华宇集团有限公司	重庆	93.737	0.62	37.05	123.87
261	杭叉集团股份有限公司	浙江	93.725	1.41	60.72	119.44
262	华域汽车系统股份有限公司	上海	93.723	0.89	34.92	110.93
263	海澜集团有限公司	江苏	93.713	0.93	74.62	104.57
264	中芯国际集成电路制造有限公司	上海	93.696	0.13	484.49	109.94
265	宁波富邦控股集团有限公司	浙江	93.666	0.87	23.19	105.82
266	厦门国贸集团股份有限公司	福建	93.646	3.10	23.09	110.54
267	广州发展集团股份有限公司	广东	93.642	0.73	41.38	105.27
268	用友网络科技股份有限公司	北京	93.640	0.50	44.50	113.78
269	东方明珠新媒体股份有限公司	上海	93.635	0.23	67.12	105.55
270	中国建筑股份有限公司	北京	93.631	0.74	13.70	116.21
271	广州酷狗计算机科技有限公司	广东	93.629	1.32	69.48	129.98
272	中国邮政集团有限公司	北京	93.591	0.06	3.62	108.52
273	云南恩捷新材料股份有限公司	云南	93.586	0.21	53.97	124.51
274	福建省能源集团有限责任公司	福建	93.526	0.33	18.17	109.10
275	牧原食品股份有限公司	河南	93.514	0.46	41.11	218.80
276	南昌市政公用投资控股有限责任公司	江西	93.512	0.37	24.45	101.78
277	万达控股集团有限公司	山东	93.497	1.84	28.94	111.00
278	杭州市实业投资集团有限公司	浙江	93.454	2.37	23.11	111.61
279	山西建邦集团有限公司	山西	93.442	2.26	64.82	115.71
280	西部证券股份有限公司	陕西	93.426	0.08	40.74	106.33
281	湖南华菱钢铁集团有限责任公司	湖南	93.399	1.34	24.97	122.17
282	中国兵器装备集团有限公司	北京	93.365	0.66	21.49	108.35

续表

序号	企业名称	地区	综合信用指数	资产周转率（次/年）	所有者权益比率（%）	资本保值增值率（%）
283	天弘基金管理有限公司	天津	93.320	0.57	86.95	124.34
284	北京金山办公软件股份有限公司	北京	93.316	0.27	80.54	114.47
285	天津中环半导体股份有限公司	天津	93.312	0.32	32.71	107.72
286	阳光城集团股份有限公司	福建	93.299	0.23	8.71	119.52
287	杭州泰格医药科技股份有限公司	浙江	93.295	0.16	82.63	141.41
288	合盛硅业股份有限公司	浙江	93.267	0.45	48.42	116.50
289	广东东鹏控股股份有限公司	广东	93.262	0.57	59.81	116.48
290	淄博齐翔腾达化工股份有限公司	山东	93.190	1.20	43.52	112.91
291	唐山三友化工股份有限公司	河北	93.182	0.73	47.92	106.37
292	无锡威孚高科技集团股份有限公司	江苏	93.161	0.47	66.84	116.32
293	中国南玻集团股份有限公司	广东	93.123	0.60	57.11	108.21
294	无锡先导智能装备股份有限公司	江苏	93.113	0.46	44.34	117.92
295	安克创新科技股份有限公司	湖南	93.093	1.34	77.31	143.58
296	传化智联股份有限公司	浙江	93.086	0.62	43.33	110.40
297	申万宏源集团股份有限公司	新疆	93.061	0.06	18.01	109.33
298	广东宝丽华新能源股份有限公司	广东	93.038	0.37	56.46	119.14
299	昊华化工科技集团股份有限公司	四川	93.036	0.54	64.23	110.62
300	安琪酵母股份有限公司	湖北	93.036	0.83	54.50	127.27
301	山东华鲁恒升化工股份有限公司	山东	93.021	0.64	75.28	112.64
302	国家开发投资集团有限公司	北京	93.020	0.22	14.36	107.00
303	天顺风能（苏州）股份有限公司	江苏	93.005	0.55	45.29	118.07
304	芒果超媒股份有限公司	湖南	92.995	0.73	54.96	122.57
305	西安陕鼓动力股份有限公司	陕西	92.989	0.35	30.37	110.24
306	惠州亿纬锂能股份有限公司	广东	92.979	0.32	55.94	121.87
307	深圳市德赛电池科技股份有限公司	广东	92.978	2.15	31.30	130.47
308	江苏林洋能源股份有限公司	江苏	92.955	0.29	55.35	109.69
309	许继电气股份有限公司	河南	92.951	0.67	51.58	108.52
310	浙商证券股份有限公司	浙江	92.949	0.12	21.24	110.95
311	河北普阳钢铁有限公司	河北	92.936	1.97	58.42	121.56
312	敬业集团有限公司	河北	92.905	3.21	46.26	118.02
313	大华（集团）有限公司	上海	92.876	0.16	19.36	121.32
314	天能控股集团有限公司	浙江	92.876	2.97	9.88	139.79

续表

序号	企业名称	地区	综合信用指数	资产周转率（次/年）	所有者权益比率（%）	资本保值增值率（%）
315	四川蓝光发展股份有限公司	四川	92.874	0.17	7.18	117.19
316	华林证券股份有限公司	西藏	92.861	0.06	24.28	115.22
317	深圳市新南山控股（集团）股份有限公司	广东	92.846	0.21	18.14	115.06
318	国金证券股份有限公司	四川	92.838	0.09	33.22	108.99
319	云南省建设投资控股集团有限公司	云南	92.837	0.25	25.78	103.91
320	成都兴城投资集团有限公司	四川	92.781	0.09	7.28	104.40
321	东方证券股份有限公司	上海	92.774	0.08	20.68	105.05
322	中国重型汽车集团有限公司	山东	92.765	1.45	14.65	135.22
323	广西盛隆冶金有限公司	广西	92.762	1.22	39.31	111.93
324	深圳能源集团股份有限公司	广东	92.754	0.18	33.28	113.24
325	云南省投资控股集团有限公司	云南	92.748	0.38	15.26	104.58
326	青岛城市建设投资（集团）有限责任公司	山东	92.742	0.09	26.51	103.11
327	瀚蓝环境股份有限公司	广东	92.736	0.30	30.32	116.12
328	金东纸业（江苏）股份有限公司	江苏	92.729	0.48	29.93	107.38
329	重庆市迪马实业股份有限公司	重庆	92.715	0.26	13.18	119.73
330	杭州钢铁集团有限公司	浙江	92.707	1.93	33.51	104.75
331	杉杉控股有限公司	上海	92.691	0.91	18.59	107.93
332	曙光信息产业股份有限公司	天津	92.657	0.48	55.47	119.02
333	广东塔牌集团股份有限公司	广东	92.641	0.56	82.84	118.22
334	北京金隅集团有限公司	北京	92.639	0.37	21.75	104.65
335	南京高科股份有限公司	江苏	92.634	0.09	40.63	117.06
336	安徽合力股份有限公司	安徽	92.633	1.31	55.70	114.72
337	分众传媒信息技术股份有限公司	广东	92.596	0.56	78.61	129.06
338	中炬高新技术实业（集团）股份有限公司	广东	92.592	0.77	69.32	122.54
339	沂州集团有限公司	山东	92.580	2.69	38.24	114.64
340	杭州制氧机集团股份有限公司	浙江	92.563	0.69	44.02	114.59
341	浙江浙能电力股份有限公司	浙江	92.555	0.45	59.25	109.49
342	无锡市国联发展（集团）有限公司	江苏	92.535	0.18	19.77	107.23
343	广西柳州钢铁集团有限公司	广西	92.531	1.12	28.25	115.54
344	海尔集团公司	山东	92.519	0.68	12.60	117.08
345	宁波银行股份有限公司	浙江	92.500	0.03	7.31	115.03
346	广州无线电集团有限公司	广东	92.471	0.39	19.18	108.45

续表

序号	企业名称	地区	综合信用指数	资产周转率（次/年）	所有者权益比率（%）	资本保值增值率（%）
347	振石控股集团有限公司	浙江	92.470	1.13	35.49	121.78
348	新疆天业股份有限公司	新疆	92.455	0.61	48.62	111.25
349	江苏洋河酒厂股份有限公司	江苏	92.440	0.39	71.44	120.49
350	中节能太阳能股份有限公司	重庆	92.434	0.14	35.85	107.71
351	山东黄金矿业股份有限公司	山东	92.426	1.00	45.04	109.77
352	正威国际集团有限公司	广东	92.419	3.42	56.30	112.61
353	平安银行股份有限公司	广东	92.411	0.03	8.15	109.24
354	骆驼集团股份有限公司	湖北	92.402	0.78	60.10	111.13
355	罗莱生活科技股份有限公司	江苏	92.394	0.84	73.49	114.25
356	山东九羊集团有限公司	山东	92.383	2.71	71.90	112.85
357	盈峰环境科技集团股份有限公司	浙江	92.370	0.48	56.19	108.94
358	中国中车集团有限公司	北京	92.367	0.55	17.76	107.21
359	国网信息通信股份有限公司	四川	92.345	0.64	42.07	122.17
360	利华益集团股份有限公司	山东	92.338	2.12	47.20	111.90
361	东吴证券股份有限公司	江苏	92.312	0.07	26.75	108.03
362	天马微电子股份有限公司	广东	92.291	0.40	45.64	105.52
363	中际旭创股份有限公司	山东	92.290	0.52	57.94	112.50
364	重庆市博赛矿业（集团）有限公司	重庆	92.288	2.96	50.29	109.69
365	方大特钢科技股份有限公司	江西	92.286	1.21	66.31	132.71
366	中国核能电力股份有限公司	北京	92.255	0.14	18.46	111.57
367	联美量子股份有限公司	辽宁	92.237	0.26	63.33	122.29
368	中国电信集团有限公司	北京	92.237	0.54	41.13	103.45
369	物美科技集团有限公司	北京	92.230	0.54	25.63	105.98
370	国元证券股份有限公司	安徽	92.229	0.05	34.08	105.52
371	光明食品（集团）有限公司	上海	92.202	0.53	24.03	101.85
372	华夏航空股份有限公司	贵州	92.154	0.41	34.22	122.03
373	阳光保险集团股份有限公司	广东	92.147	0.28	13.75	111.31
374	华设设计集团股份有限公司	江苏	92.141	0.58	36.45	121.08
375	海信集团控股股份有限公司	山东	92.061	0.89	12.53	129.51
376	深圳市投资控股有限公司	广东	92.035	0.25	23.02	103.75
377	公牛集团股份有限公司	浙江	92.018	0.81	73.47	141.67
378	厦门金达威集团股份有限公司	福建	91.947	0.68	66.54	132.99

序号	企业名称	地区	综合信用指数	资产周转率（次/年）	所有者权益比率（%）	资本保值增值率（%）
379	国网英大股份有限公司	上海	91.928	0.20	43.52	108.41
380	福耀玻璃工业集团股份有限公司	福建	91.893	0.52	56.20	112.17
381	上海璞泰来新能源科技股份有限公司	上海	91.884	0.36	61.54	119.58
382	黑牡丹（集团）股份有限公司	江苏	91.858	0.30	26.37	109.46
383	无锡药明康德新药开发股份有限公司	江苏	91.823	0.36	70.19	117.10
384	中国太平洋保险（集团）股份有限公司	上海	91.804	0.24	12.15	113.78
385	奇瑞控股集团有限公司	安徽	91.799	0.41	9.25	104.86
386	南京钢铁集团有限公司	江苏	91.796	2.74	29.83	113.56
387	神州数码集团股份有限公司	广东	91.787	3.00	15.31	114.27
388	深圳迈瑞生物医疗电子股份有限公司	广东	91.732	0.63	69.89	135.81
389	新华人寿保险股份有限公司	北京	91.718	0.21	10.12	116.93
390	华勤橡胶工业集团有限公司	山东	91.709	1.69	44.75	107.87
391	浙江晶盛机电股份有限公司	浙江	91.682	0.36	49.91	118.86
392	青岛港国际股份有限公司	山东	91.656	0.23	57.71	112.66
393	昆仑万维科技股份有限公司	北京	91.654	0.21	73.09	206.43
394	青岛啤酒股份有限公司	山东	91.631	0.67	49.67	111.48
395	上海华谊（集团）公司	上海	91.603	0.54	26.23	105.05
396	富奥汽车零部件股份有限公司	吉林	91.558	0.77	50.22	113.53
397	中天控股集团有限公司	浙江	91.507	0.99	16.70	120.88
398	恒申控股集团有限公司	福建	91.457	1.31	52.79	120.77
399	山东中海化工集团有限公司	山东	91.454	2.56	63.88	118.53
400	广西北部湾银行股份有限公司	广西	91.446	0.04	6.91	110.59
401	万洲国际有限公司	河南	91.387	1.45	53.46	109.43
402	天康生物股份有限公司	新疆	91.381	0.76	39.63	137.46
403	五矿资本股份有限公司	湖南	91.370	0.05	34.24	110.89
404	湖北省交通投资集团有限公司	湖北	91.358	0.07	26.84	101.09
405	新希望控股集团有限公司	四川	91.345	0.69	8.53	115.37
406	湖北能源集团股份有限公司	湖北	91.345	0.28	47.98	109.00
407	深圳市力合科创股份有限公司	广东	91.342	0.21	55.34	112.08
408	东浩兰生（集团）有限公司	上海	91.333	4.57	38.57	105.80
409	华西证券股份有限公司	四川	91.330	0.06	27.61	109.67
410	北京首钢股份有限公司	北京	91.306	0.55	20.06	106.65

续表

序号	企业名称	地区	综合信用指数	资产周转率（次/年）	所有者权益比率（%）	资本保值增值率（%）
411	北京光环新网科技股份有限公司	北京	91.297	0.55	68.23	110.94
412	云南白药集团股份有限公司	云南	91.286	0.59	68.91	114.54
413	南极电商股份有限公司	江苏	91.271	0.64	88.87	124.45
414	浙江元立金属制品集团有限公司	浙江	91.248	1.36	30.18	132.75
415	龙光交通集团有限公司	广东	91.227	0.25	17.59	131.72
416	江苏恒瑞医药股份有限公司	江苏	91.201	0.80	87.83	125.54
417	中国国际技术智力合作集团有限公司	北京	91.200	7.51	36.22	117.30
418	重庆医药（集团）股份有限公司	重庆	91.161	1.09	17.77	113.86
419	长春高新技术产业（集团）股份有限公司	吉林	91.160	0.51	64.89	137.69
420	江苏金融租赁股份有限公司	江苏	91.149	0.05	16.01	115.65
421	广州金域医学检验集团股份有限公司	广东	91.144	1.24	57.04	166.37
422	上海环境集团股份有限公司	上海	91.142	0.17	34.19	109.16
423	长城证券股份有限公司	广东	91.126	0.10	25.03	108.88
424	石药控股集团有限公司	河北	91.106	0.74	51.69	124.03
425	浙江世纪华通集团股份有限公司	浙江	91.097	0.35	67.65	112.00
426	唐山港陆钢铁有限公司	河北	91.086	3.53	53.33	108.45
427	江苏国泰国际集团股份有限公司	江苏	91.078	2.15	35.66	111.56
428	奥园集团有限公司	广东	91.063	0.27	5.70	128.82
429	中南控股集团有限公司	江苏	91.043	0.86	1.71	122.37
430	青岛森麒麟轮胎股份有限公司	山东	91.038	0.61	71.73	127.16
431	宁波拓普集团股份有限公司	浙江	91.038	0.54	64.27	108.52
432	重药控股股份有限公司	重庆	91.026	1.07	20.82	110.96
433	中天钢铁集团有限公司	江苏	91.017	2.98	35.68	112.73
434	河北新华联合冶金控股集团有限公司	河北	91.005	1.20	7.00	130.40
435	广西北部湾投资集团有限公司	广西	90.968	0.24	33.22	103.95
436	深圳华强集团有限公司	广东	90.964	0.34	22.70	107.02
437	国电电力发展股份有限公司	辽宁	90.962	0.33	13.99	104.93
438	金能科技股份有限公司	山东	90.942	0.63	66.79	115.09
439	山东高速路桥集团股份有限公司	山东	90.937	0.63	15.70	118.34
440	合肥城建发展股份有限公司	安徽	90.906	0.29	28.75	121.69
441	深圳市兆驰股份有限公司	广东	90.876	0.76	42.92	118.11
442	广东韶钢松山股份有限公司	广东	90.841	1.78	53.56	123.27

续表

序号	企业名称	地区	综合信用指数	资产周转率（次/年）	所有者权益比率（%）	资本保值增值率（%）
443	中国铁道建筑集团有限公司	北京	90.830	0.73	7.64	111.82
444	潍柴控股集团有限公司	山东	90.827	0.99	2.94	124.83
445	浙江天圣控股集团有限公司	浙江	90.806	1.21	28.92	121.40
446	陕西延长石油（集团）有限责任公司	陕西	90.793	0.74	34.01	100.84
447	新天绿色能源股份有限公司	河北	90.788	0.22	22.99	112.74
448	浙江万里扬股份有限公司	浙江	90.778	0.52	57.43	110.01
449	潮州三环（集团）股份有限公司	广东	90.773	0.32	87.58	119.17
450	北京建龙重工集团有限公司	北京	90.764	1.27	20.21	111.94
451	广州白云山医药集团股份有限公司	广东	90.753	1.03	43.75	112.05
452	南京银行股份有限公司	江苏	90.735	0.02	7.04	115.08
453	四川双马水泥股份有限公司	四川	90.734	0.27	91.75	121.11
454	中国铁路工程集团有限公司	北京	90.702	0.81	9.26	111.15
455	重庆智飞生物制品股份有限公司	重庆	90.687	1.00	54.21	157.44
456	卧龙电气驱动集团股份有限公司	浙江	90.680	0.60	36.63	112.41
457	山西焦化股份有限公司	山西	90.673	0.33	52.14	110.75
458	深圳劲嘉集团股份有限公司	广东	90.671	0.47	82.45	111.89
459	北部湾港股份有限公司	广西	90.644	0.28	53.13	111.35
460	盘锦北方沥青燃料有限公司	辽宁	90.640	1.06	27.51	139.09
461	江苏今世缘酒业股份有限公司	江苏	90.619	0.43	69.76	121.74
462	广州金融控股集团有限公司	广东	90.604	0.03	4.39	106.98
463	鞍钢股份有限公司	辽宁	90.599	1.15	60.61	103.80
464	泸州老窖集团有限责任公司	四川	90.536	0.22	5.00	120.82
465	通威集团有限公司	四川	90.528	1.22	24.95	119.31
466	中华联合保险集团股份有限公司	北京	90.525	0.66	21.53	104.17
467	北京大北农科技集团股份有限公司	北京	90.524	0.95	45.82	119.42
468	上海电气（集团）总公司	上海	90.507	0.42	9.57	107.72
469	德力西集团有限公司	浙江	90.486	2.93	29.03	115.96
470	恒生电子股份有限公司	浙江	90.466	0.42	45.67	129.51
471	万向集团公司	浙江	90.418	1.37	25.37	111.28
472	周大生珠宝股份有限公司	广东	90.386	0.76	80.92	121.51
473	南山集团有限公司	山东	90.385	0.86	48.48	108.35
474	四川路桥建设集团股份有限公司	四川	90.373	0.54	19.97	119.40

续表

序号	企业名称	地区	综合信用指数	资产周转率（次/年）	所有者权益比率（%）	资本保值增值率（%）
475	天元建设集团有限公司	山东	90.370	0.81	21.72	120.78
476	东方电气股份有限公司	四川	90.365	0.38	31.60	106.32
477	中国能源建设集团有限公司	北京	90.362	0.57	8.76	109.51
478	中国冶金科工股份有限公司	北京	90.359	0.79	19.33	108.03
479	富海集团新能源控股有限公司	山东	90.354	1.97	40.45	113.10
480	杭州银行股份有限公司	浙江	90.354	0.02	6.92	111.41
481	巨人网络集团股份有限公司	重庆	90.336	0.20	87.38	112.85
482	上海银行股份有限公司	上海	90.328	0.02	7.75	111.78
483	马鞍山钢铁股份有限公司	安徽	90.285	1.01	35.17	107.36
484	旭阳控股有限公司	北京	90.246	1.57	32.47	117.69
485	上海复星医药（集团）股份有限公司	上海	90.205	0.36	44.21	111.49
486	长江证券股份有限公司	湖北	90.169	0.06	21.64	107.46
487	浙江省国际贸易集团有限公司	浙江	90.166	0.55	13.10	107.27
488	中国电力建设股份有限公司	北京	90.158	0.45	13.31	107.35
489	中国中化集团有限公司	北京	90.130	0.69	9.46	110.52
490	江苏南通二建集团有限公司	江苏	90.114	2.21	51.31	123.49
491	中国交通建设股份有限公司	北京	90.100	0.48	18.79	107.05
492	宁波华翔电子股份有限公司	浙江	90.093	0.88	54.07	109.28
493	辽宁嘉晨控股集团有限公司	辽宁	90.092	1.00	77.07	107.81
494	厦门银行股份有限公司	福建	90.088	0.02	6.79	111.92
495	广州港集团有限公司	广东	90.053	0.28	38.71	110.65
496	新兴铸管股份有限公司	河北	90.036	0.81	41.59	108.56
497	中国铝业集团有限公司	北京	90.030	0.58	17.19	101.83
498	威高集团有限公司	山东	90.023	0.74	57.33	112.56
499	鹏鼎控股（深圳）股份有限公司	广东	90.020	0.90	65.13	114.33
500	鸿达兴业股份有限公司	江苏	90.017	0.30	41.62	111.19

四、2021 中国企业信用 500 强成长性指标

序号	企业名称	地区	营收增长率（%）	利润增长率（%）	资产增长率（%）	资本积累率（%）
1	华为投资控股有限公司	广东	3.79	3.18	2.12	11.93
2	贵州茅台酒股份有限公司	贵州	11.10	13.33	16.58	18.61
3	中国工商银行股份有限公司	北京	3.18	1.18	10.75	8.12
4	中国宝武钢铁集团有限公司	上海	22.01	24.92	17.62	7.41
5	万科企业股份有限公司	广东	13.92	6.80	8.05	19.38
6	中国农业银行股份有限公司	北京	4.89	1.63	9.36	13.16
7	中国建材集团有限公司	北京	-1.01	35.39	0.66	389.17
8	冀南钢铁集团有限公司	河北	6.87	7.31	35.39	37.27
9	中国平安保险（集团）股份有限公司	广东	4.23	-4.22	15.87	13.28
10	中国石油天然气集团有限公司	北京	-25.19	2.84	-3.47	0.46
11	万华化学集团股份有限公司	山东	7.91	-0.87	38.08	15.15
12	山东魏桥创业集团有限公司	山东	3.47	55.85	1.40	10.18
13	山东金岭集团有限公司	山东	3.63	4.11	22.61	19.20
14	安徽海螺集团有限责任公司	安徽	11.70	5.82	11.50	20.18
15	华峰化学股份有限公司	浙江	6.81	23.77	15.87	49.11
16	腾讯控股有限公司	广东	27.77	71.31	39.77	62.69
17	中国华润有限公司	广东	4.81	21.09	11.18	13.97
18	中国银行股份有限公司	北京	2.98	2.92	7.17	-16.47
19	宁夏宝丰能源集团股份有限公司	宁夏	17.39	21.59	14.45	10.91
20	金发科技股份有限公司	广东	19.72	268.64	11.26	40.82
21	小米科技有限责任公司	北京	19.45	102.66	38.15	52.09
22	成都市兴蓉环境股份有限公司	四川	11.01	20.08	21.88	9.14
23	中粮集团有限公司	北京	6.39	232.15	12.01	10.22
24	三一集团有限公司	湖南	43.08	77.08	43.05	15.40
25	中联重科股份有限公司	湖南	50.34	66.55	26.29	20.28
26	玖龙环球（中国）投资集团有限公司	广东	63.80	67.08	39.37	8.91
27	比亚迪股份有限公司	广东	22.59	162.27	2.75	0.20

续表

序号	企业名称	地区	营收增长率（%）	利润增长率（%）	资产增长率（%）	资本积累率（%）
28	中国国际海运集装箱（集团）股份有限公司	广东	9.72	246.87	−15.05	375.67
29	中国机械工业集团有限公司	北京	−5.05	26.06	−7.48	0.66
30	中国化学工程股份有限公司	北京	5.63	19.51	17.38	7.17
31	九州通医药集团股份有限公司	湖北	11.42	72.61	13.60	16.38
32	浙江新和成股份有限公司	浙江	34.64	64.59	7.57	13.67
33	北京东方雨虹防水技术股份有限公司	北京	19.70	64.04	24.23	50.04
34	富士康工业互联网股份有限公司	广东	5.65	−6.32	9.68	16.21
35	北京控股集团有限公司	北京	0.55	34.18	7.68	11.11
36	浪潮电子信息产业股份有限公司	山东	22.04	57.90	30.31	45.24
37	科大讯飞股份有限公司	安徽	29.23	66.48	23.56	10.95
38	中国第一汽车集团有限公司	吉林	12.90	0.53	−0.23	8.29
39	龙湖集团控股有限公司	重庆	22.20	9.08	17.31	15.31
40	杭州海康威视数字技术股份有限公司	浙江	10.14	7.82	17.71	19.80
41	红狮控股集团有限公司	浙江	6.04	6.83	27.38	33.11
42	巨化集团有限公司	浙江	5.51	370.60	17.23	34.00
43	波司登股份有限公司	江苏	10.00	16.26	4.78	10.08
44	晶澳太阳能科技股份有限公司	河北	22.17	20.34	30.74	83.45
45	中国医药集团有限公司	北京	9.19	37.82	17.48	24.16
46	中国石油化工集团有限公司	北京	−30.37	−8.77	1.28	5.26
47	中国电子科技集团有限公司	北京	4.01	7.73	12.04	10.97
48	中国移动通信集团有限公司	北京	2.91	6.25	7.16	6.39
49	纳爱斯集团有限公司	浙江	1.07	0.77	8.43	14.98
50	新疆金风科技股份有限公司	新疆	47.12	34.10	5.90	11.39
51	紫金矿业集团股份有限公司	福建	26.01	67.13	47.23	10.46
52	隆基绿能科技股份有限公司	陕西	65.92	61.99	47.77	27.06
53	宁德时代新能源科技股份有限公司	福建	9.90	22.43	54.53	68.37
54	完美世界股份有限公司	浙江	27.19	3.04	−6.75	13.88
55	明阳智慧能源集团股份有限公司	广东	114.02	92.84	48.80	119.66
56	碧桂园控股有限公司	广东	−4.74	−11.50	5.70	15.24
57	广发证券股份有限公司	广东	27.81	33.15	15.99	7.59
58	内蒙古君正能源化工集团股份有限公司	内蒙古	51.15	93.24	6.76	9.66
59	浙江省能源集团有限公司	浙江	−3.95	19.76	14.46	5.71

续表

序号	企业名称	地区	营收增长率（%）	利润增长率（%）	资产增长率（%）	资本积累率（%）
60	深圳市汇川技术股份有限公司	广东	55.76	120.62	25.27	23.44
61	中国保利集团有限公司	北京	1.49	-4.13	19.62	13.20
62	新疆特变电工集团有限公司	新疆	16.99	29.69	5.87	5.94
63	宜宾五粮液股份有限公司	四川	14.37	14.67	7.05	15.37
64	京东方科技集团股份有限公司	北京	16.80	162.46	24.63	8.65
65	欧派家居集团股份有限公司	广东	8.91	12.13	27.20	24.76
66	天合光能股份有限公司	江苏	26.14	91.90	25.66	26.14
67	招商局集团有限公司	北京	22.56	12.98	14.85	12.64
68	中策橡胶集团股份有限公司	浙江	2.03	69.97	6.51	9.79
69	青山控股集团有限公司	浙江	11.53	36.57	22.20	35.90
70	顺丰控股股份有限公司	安徽	37.25	26.39	20.13	33.06
71	江苏恒立液压股份有限公司	江苏	45.09	73.62	26.03	30.98
72	徐工集团工程机械股份有限公司	江苏	25.00	2.99	18.77	1.52
73	内蒙古伊利实业集团股份有限公司	内蒙古	7.24	2.08	17.69	16.28
74	浙江龙盛控股有限公司	浙江	-15.68	-12.12	9.93	12.83
75	重庆水务集团股份有限公司	重庆	12.61	6.66	11.39	0.76
76	北京首都创业集团有限公司	北京	11.05	-27.90	14.13	8.32
77	交通银行股份有限公司	上海	5.91	1.28	8.00	9.25
78	舜宇集团有限公司	浙江	0.40	22.06	15.46	32.22
79	歌尔股份有限公司	山东	64.29	122.41	41.71	22.02
80	兴业银行股份有限公司	福建	12.04	1.15	10.47	13.71
81	国泰君安证券股份有限公司	上海	17.53	28.77	25.67	-0.11
82	老凤祥股份有限公司	上海	4.22	12.64	13.87	13.46
83	永辉超市股份有限公司	福建	9.80	14.76	7.27	-3.75
84	恒力集团有限公司	江苏	24.89	14.11	13.02	31.92
85	绿地控股集团股份有限公司	上海	6.53	1.73	21.96	7.45
86	阳光电源股份有限公司	安徽	48.31	118.96	22.72	21.66
87	浙江伟星新型建材股份有限公司	浙江	9.45	21.29	17.31	11.22
88	中国航天科技集团有限公司	北京	6.87	3.94	8.63	2.64
89	普联技术有限公司	广东	38.33	68.18	16.90	18.21
90	北京能源集团有限责任公司	北京	9.62	22.95	16.64	5.20
91	紫光股份有限公司	北京	10.36	2.78	7.55	5.54

续表

序号	企业名称	地区	营收增长率 （%）	利润增长率 （%）	资产增长率 （%）	资本积累率 （%）
92	浙江三花智能控制股份有限公司	浙江	7.29	2.88	15.16	8.32
93	中国国际金融股份有限公司	北京	50.17	70.04	51.21	48.33
94	申能（集团）有限公司	上海	−8.32	37.98	11.03	3.75
95	江苏扬农化工股份有限公司	江苏	12.98	3.41	13.05	17.67
96	华泰证券股份有限公司	江苏	26.47	20.23	27.49	5.33
97	上海晨光文具股份有限公司	上海	17.92	18.43	28.35	23.61
98	正泰集团股份有限公司	浙江	10.94	9.79	22.97	27.38
99	上海爱旭新能源股份有限公司	上海	59.22	37.63	55.55	157.37
100	中国兵器工业集团有限公司	北京	3.23	17.55	2.69	3.70
101	江苏三木集团有限公司	江苏	1.00	36.13	1.54	14.34
102	苏州东山精密制造股份有限公司	江苏	19.28	117.76	18.42	51.15
103	上海永达控股（集团）有限公司	上海	4.51	9.26	−2.37	18.68
104	上海汽车集团股份有限公司	上海	−12.00	−20.20	8.25	4.17
105	郑州煤矿机械集团股份有限公司	河南	3.06	19.12	13.47	6.73
106	中文天地出版传媒集团股份有限公司	江西	−8.16	4.64	6.82	8.04
107	浙江大华技术股份有限公司	浙江	1.21	22.42	23.78	26.40
108	中国人寿保险股份有限公司	北京	10.71	−13.76	14.11	11.46
109	云南省能源投资集团有限公司	云南	17.08	28.92	8.88	−0.50
110	国信证券股份有限公司	广东	33.29	34.73	34.77	43.94
111	杭州福斯特应用材料股份有限公司	浙江	31.59	63.52	39.01	38.31
112	河北天柱钢铁集团有限公司	河北	16.62	13.80	23.64	42.30
113	广东海大集团股份有限公司	广东	26.70	53.01	46.00	53.48
114	江苏阳光集团有限公司	江苏	2.03	2.54	1.13	4.63
115	海通证券股份有限公司	上海	9.64	14.20	9.00	21.70
116	天瑞集团股份有限公司	河南	8.83	16.51	0.22	5.91
117	广州智能装备产业集团有限公司	广东	5.52	18.38	−1.91	8.96
118	浙江交通科技股份有限公司	浙江	27.13	38.06	22.52	11.90
119	山西杏花村汾酒厂股份有限公司	山西	17.63	56.39	18.29	27.94
120	浙江伟明环保股份有限公司	浙江	53.25	29.03	51.34	30.20
121	华泰集团有限公司	山东	2.01	23.56	4.89	12.70
122	东方财富信息股份有限公司	上海	94.69	160.91	78.43	56.31
123	立讯精密工业股份有限公司	广东	47.96	53.28	41.79	38.46

序号	企业名称	地区	营收增长率（%）	利润增长率（%）	资产增长率（%）	资本积累率（%）
124	北京京东世纪贸易有限公司	北京	29.28	305.49	62.59	129.11
125	上海浦东发展银行股份有限公司	上海	2.99	−0.99	13.48	15.23
126	中国银河证券股份有限公司	北京	39.37	38.54	41.20	14.61
127	新洋丰农业科技股份有限公司	湖北	7.94	46.65	16.59	6.32
128	中顺洁柔纸业股份有限公司	广东	17.91	50.02	24.10	23.67
129	中国航天科工集团有限公司	北京	0.12	−0.32	10.11	3.45
130	天洁集团有限公司	浙江	10.73	23.77	15.14	27.01
131	深南电路股份有限公司	广东	10.23	16.01	14.64	48.80
132	人民电器集团有限公司	浙江	3.48	12.25	12.79	28.84
133	得力集团有限公司	浙江	18.49	99.99	23.83	32.39
134	百度控股有限公司	北京	37.92	992.46	10.42	11.67
135	山东晨鸣纸业集团股份有限公司	山东	1.12	3.35	−6.52	−3.55
136	蓝星安迪苏股份有限公司	北京	6.96	36.20	−2.41	1.13
137	浙江荣盛控股集团有限公司	浙江	50.07	135.18	31.94	22.66
138	索菲亚家居股份有限公司	广东	8.67	10.66	28.10	12.46
139	江西新华发行集团有限公司	江西	3.95	10.34	24.05	7.23
140	深圳市裕同包装科技股份有限公司	广东	19.75	7.20	31.91	33.71
141	天津城市基础设施建设投资集团有限公司	天津	−1.47	−9.28	2.84	5.64
142	永高股份有限公司	浙江	11.85	49.81	31.91	38.97
143	横店集团东磁股份有限公司	浙江	23.50	46.67	20.48	13.02
144	河北安丰钢铁有限公司	河北	26.88	58.27	26.22	39.12
145	富通集团有限公司	浙江	13.65	6.00	3.60	9.94
146	山鹰国际控股股份公司	安徽	7.44	1.39	6.80	8.23
147	浙江吉利控股集团有限公司	浙江	−1.57	9.64	22.67	32.22
148	思源电气股份有限公司	上海	15.55	67.40	25.21	29.33
149	龙佰集团股份有限公司	河南	24.21	−11.77	34.03	2.33
150	中国华电集团有限公司	北京	1.74	88.15	4.72	33.08
151	唐山冀东水泥股份有限公司	河北	2.82	5.53	−2.94	15.37
152	北京千方科技股份有限公司	北京	7.99	6.66	19.50	32.84
153	雅迪科技集团有限公司	江苏	61.30	57.93	52.73	26.03
154	中山公用事业集团股份有限公司	广东	−1.63	31.38	9.18	7.18
155	福莱特玻璃集团股份有限公司	浙江	30.24	127.09	30.59	60.31

续表

序号	企业名称	地区	营收增长率（%）	利润增长率（%）	资产增长率（%）	资本积累率（%）
156	陕西北元化工集团股份有限公司	陕西	− 1.92	1.43	31.67	58.79
157	宁波申洲针织有限公司	浙江	1.61	2.99	15.69	8.36
158	中国中信集团有限公司	北京	− 0.69	5.24	10.27	4.75
159	浙江核新同花顺网络信息股份有限公司	浙江	63.23	92.05	36.66	30.93
160	天津友发钢管集团股份有限公司	天津	8.20	32.22	33.71	68.30
161	中国航空工业集团有限公司	北京	2.96	58.19	4.30	8.49
162	山东豪迈机械科技股份有限公司	山东	20.68	16.74	2.66	16.53
163	天地科技股份有限公司	北京	6.03	23.20	4.37	5.35
164	洛阳栾川钼业集团股份有限公司	河南	64.51	25.41	4.77	− 4.68
165	四川川投能源股份有限公司	四川	23.00	7.28	10.34	6.14
166	日月重工股份有限公司	浙江	46.61	94.11	57.98	134.28
167	广州视源电子科技股份有限公司	广东	0.45	18.04	25.94	46.05
168	中南出版传媒集团股份有限公司	湖南	2.07	12.64	6.13	2.38
169	农夫山泉股份有限公司	浙江	− 4.86	6.39	45.41	56.85
170	江苏凤凰出版传媒股份有限公司	江苏	− 3.58	18.75	7.67	5.78
171	中天科技集团有限公司	江苏	15.79	240.45	16.90	34.21
172	烟台杰瑞石油服务集团股份有限公司	山东	19.78	24.23	13.87	13.44
173	上海医药集团股份有限公司	上海	2.86	10.17	8.87	8.87
174	中国葛洲坝集团股份有限公司	湖北	2.42	− 21.31	10.64	18.42
175	浙富控股集团股份有限公司	浙江	27.60	189.64	11.23	35.64
176	赛轮集团股份有限公司	山东	1.83	24.79	17.78	19.72
177	国家电力投资集团有限公司	北京	2.20	91.22	10.87	50.80
178	长江出版传媒股份有限公司	湖北	− 13.00	4.43	1.13	8.17
179	中国海洋石油集团有限公司	北京	− 23.45	− 31.06	− 2.05	2.95
180	新华文轩出版传媒股份有限公司	四川	1.87	10.86	10.73	10.10
181	中兴通讯股份有限公司	广东	11.81	− 17.25	6.68	50.20
182	中国长江电力股份有限公司	北京	15.86	22.07	11.58	15.12
183	一心堂药业集团股份有限公司	云南	20.78	30.81	17.15	25.47
184	泰康保险集团股份有限公司	北京	20.10	8.34	20.75	32.13
185	长城汽车股份有限公司	河北	7.38	19.25	36.18	5.41
186	四川省能源投资集团有限责任公司	四川	18.54	24.66	20.61	23.82
187	启明星辰信息技术集团股份有限公司	北京	18.04	16.82	21.32	37.15

续表

序号	企业名称	地区	营收增长率（%）	利润增长率（%）	资产增长率（%）	资本积累率（%）
188	稳健医疗用品股份有限公司	广东	173.99	597.51	186.93	230.78
189	安徽新华传媒股份有限公司	安徽	0.21	10.18	4.28	2.50
190	绿城物业服务集团有限公司	浙江	17.75	48.81	53.48	147.73
191	江西洪城环境股份有限公司	江西	22.68	35.84	39.47	14.40
192	广州国资发展控股有限公司	广东	−5.35	95.83	3.16	8.25
193	益海嘉里金龙鱼粮油食品股份有限公司	上海	14.16	10.96	4.98	28.91
194	中国光大集团股份公司	北京	13.64	29.06	13.69	59.26
195	山东太阳纸业股份有限公司	山东	−5.16	−10.33	11.06	10.42
196	国美控股集团有限公司	北京	−16.47	−19.48	5.79	3.75
197	大亚科技集团有限公司	江苏	30.71	40.07	12.19	34.81
198	三角轮胎股份有限公司	山东	7.49	25.11	10.47	7.84
199	重庆宗申动力机械股份有限公司	重庆	36.40	39.28	15.49	5.52
200	中国广核集团有限公司	广东	0.93	24.91	5.43	16.55
201	天能电池集团股份有限公司	浙江	−17.88	52.83	9.38	36.27
202	胜达集团有限公司	浙江	12.18	−0.38	1.18	7.81
203	厦门吉比特网络技术股份有限公司	福建	26.35	29.32	23.32	23.83
204	爱玛科技集团股份有限公司	天津	23.80	14.76	22.03	29.30
205	利时集团股份有限公司	浙江	4.50	2.51	12.35	9.00
206	青岛汉缆股份有限公司	山东	12.50	33.94	18.14	11.91
207	美的集团股份有限公司	广东	2.16	12.44	19.35	15.59
208	中公教育科技股份有限公司	安徽	22.08	27.70	44.76	24.58
209	中国出版传媒股份有限公司	北京	−6.85	5.35	3.98	7.96
210	环旭电子股份有限公司	上海	28.20	37.82	41.20	17.27
211	日照钢铁控股集团有限公司	山东	−1.31	78.25	12.95	23.00
212	奥盛集团有限公司	上海	16.00	5.70	9.37	9.84
213	仙鹤股份有限公司	浙江	6.04	63.02	7.93	39.76
214	金科地产集团股份有限公司	四川	29.41	23.86	18.52	30.91
215	蓝思科技股份有限公司	湖南	22.08	98.32	69.21	88.65
216	上海豫园旅游商城（集团）股份有限公司	上海	0.27	12.82	11.07	2.05
217	深信服科技股份有限公司	广东	18.92	6.65	42.58	50.68
218	中钢国际工程技术股份有限公司	吉林	10.54	12.58	7.54	9.47
219	广州汽车工业集团有限公司	广东	7.44	1.94	9.71	6.82

续表

序号	企业名称	地区	营收增长率（%）	利润增长率（%）	资产增长率（%）	资本积累率（%）
220	浙江出版联合集团有限公司	浙江	-4.67	2.84	8.15	6.86
221	内蒙古电力（集团）有限责任公司	内蒙古	3.91	-13.60	2.92	4.23
222	东风汽车集团有限公司	湖北	3.21	-16.13	11.61	6.67
223	中国远洋海运集团有限公司	上海	7.36	35.24	-3.09	-3.35
224	珠海格力电器股份有限公司	广东	-15.12	-10.21	-1.33	4.57
225	南方出版传媒股份有限公司	广东	5.69	3.73	6.62	8.84
226	华茂集团股份有限公司	浙江	23.64	62.24	10.91	12.78
227	重庆机电控股（集团）公司	重庆	4.61	31.00	8.94	10.79
228	金地（集团）股份有限公司	广东	32.42	3.20	19.96	6.26
229	山东垦利石化集团有限公司	山东	22.25	47.26	1.43	15.83
230	奥瑞金科技股份有限公司	北京	12.72	3.54	2.45	15.00
231	华侨城集团有限公司	广东	12.29	-14.27	21.45	21.69
232	广西柳工机械股份有限公司	广西	19.95	30.87	13.89	10.68
233	远景能源有限公司	江苏	23.34	116.21	5.74	60.55
234	雅戈尔集团股份有限公司	浙江	-7.61	82.15	-0.80	2.62
235	中原出版传媒投资控股集团有限公司	河南	28.24	19.91	16.09	7.52
236	北京首农食品集团有限公司	北京	10.45	16.75	5.80	5.87
237	厦门亿联网络技术股份有限公司	福建	10.64	3.52	19.72	18.37
238	卫星化学股份有限公司	浙江	-0.06	30.50	80.41	47.47
239	成都蛟龙投资有限责任公司	四川	10.00	5.10	2.56	2.56
240	浙江新安化工集团股份有限公司	浙江	4.25	26.84	9.01	10.51
241	月星集团有限公司	上海	3.83	10.77	3.32	9.64
242	珠海华发集团有限公司	广东	37.75	16.36	34.81	40.09
243	玲珑集团有限公司	山东	5.37	18.22	11.30	29.97
244	华测检测认证集团股份有限公司	广东	12.08	21.24	23.01	18.97
245	双胞胎（集团）股份有限公司	江西	29.95	203.29	80.72	45.92
246	江苏沙钢集团有限公司	江苏	5.83	59.30	4.53	13.18
247	大族激光科技产业集团股份有限公司	广东	24.89	52.43	19.29	10.38
248	中国船舶重工集团海洋防务与信息对抗股份有限公司	北京	14.62	15.72	23.14	64.23
249	欣旺达电子股份有限公司	广东	17.64	6.79	30.03	18.19
250	中国南方电网有限责任公司	广东	1.97	-45.59	8.44	5.52

续表

序号	企业名称	地区	营收增长率（%）	利润增长率（%）	资产增长率（%）	资本积累率（%）
251	桃李面包股份有限公司	辽宁	5.66	29.19	9.62	29.11
252	大参林医药集团股份有限公司	广东	30.89	51.17	42.21	27.00
253	盛虹控股集团有限公司	江苏	37.76	6.72	21.83	13.30
254	大唐国际发电股份有限公司	北京	0.17	185.25	−0.63	12.67
255	内蒙古鄂尔多斯资源股份有限公司	内蒙古	1.40	14.44	−5.64	6.02
256	蓝帆医疗股份有限公司	山东	126.42	258.65	28.48	16.42
257	爱尔眼科医院集团股份有限公司	湖南	19.24	25.01	30.65	49.44
258	华新水泥股份有限公司	湖北	−6.62	−11.22	19.87	10.62
259	重庆三峰环境集团股份有限公司	重庆	12.95	30.24	30.01	70.72
260	重庆华宇集团有限公司	重庆	3.97	2.23	30.69	24.16
261	杭叉集团股份有限公司	浙江	29.34	29.99	29.10	14.18
262	华域汽车系统股份有限公司	上海	−7.25	−16.40	8.13	6.30
263	海澜集团有限公司	江苏	−14.61	−30.00	2.12	1.64
264	中芯国际集成电路制造有限公司	上海	24.77	141.52	78.20	2174.97
265	宁波富邦控股集团有限公司	浙江	5.08	10.28	4.30	5.48
266	厦门国贸集团股份有限公司	福建	61.02	13.11	26.76	5.72
267	广州发展集团股份有限公司	广东	7.15	12.16	2.40	4.76
268	用友网络科技股份有限公司	北京	0.18	−16.43	−3.35	5.16
269	东方明珠新媒体股份有限公司	上海	−18.86	−19.75	−2.45	1.31
270	中国建筑股份有限公司	北京	13.75	7.31	7.75	8.38
271	广州酷狗计算机科技有限公司	广东	10.35	32.12	33.08	37.96
272	中国邮政集团有限公司	北京	7.66	5.67	11.72	12.41
273	云南恩捷新材料股份有限公司	云南	35.56	31.27	68.72	143.96
274	福建省能源集团有限责任公司	福建	−10.72	3.64	1.94	14.74
275	牧原食品股份有限公司	河南	178.31	348.97	131.87	118.14
276	南昌市政公用投资控股有限责任公司	江西	27.21	8.14	9.62	7.63
277	万达控股集团有限公司	山东	−2.41	−12.18	−19.71	−11.91
278	杭州市实业投资集团有限公司	浙江	14.09	31.66	15.45	5.57
279	山西建邦集团有限公司	山西	25.57	4.25	10.38	15.71
280	西部证券股份有限公司	陕西	40.85	83.07	31.41	47.33
281	湖南华菱钢铁集团有限责任公司	湖南	14.22	60.14	7.06	18.85
282	中国兵器装备集团有限公司	北京	18.41	−13.79	5.43	9.39

续表

序号	企业名称	地区	营收增长率（%）	利润增长率（%）	资产增长率（%）	资本积累率（%）
283	天弘基金管理有限公司	天津	15.71	19.42	15.17	17.79
284	北京金山办公软件股份有限公司	北京	43.14	119.22	24.37	12.96
285	天津中环半导体股份有限公司	天津	12.85	20.51	19.55	36.24
286	阳光城集团股份有限公司	福建	34.60	29.85	14.55	14.76
287	杭州泰格医药科技股份有限公司	浙江	13.88	107.90	158.95	281.46
288	合盛硅业股份有限公司	浙江	0.34	27.71	14.40	13.83
289	广东东鹏控股股份有限公司	广东	6.02	7.24	27.16	45.12
290	淄博齐翔腾达化工股份有限公司	山东	-17.87	57.25	46.06	18.79
291	唐山三友化工股份有限公司	河北	-13.33	5.00	-2.06	3.38
292	无锡威孚高科技集团股份有限公司	江苏	46.67	22.25	14.16	7.60
293	中国南玻集团股份有限公司	广东	1.90	45.28	-1.75	7.56
294	无锡先导智能装备股份有限公司	江苏	25.07	0.25	33.05	31.06
295	安克创新科技股份有限公司	湖南	40.54	18.59	131.80	174.86
296	传化智联股份有限公司	浙江	6.72	-5.05	13.71	2.68
297	申万宏源集团股份有限公司	新疆	19.58	35.41	26.40	6.32
298	广东宝丽华新能源股份有限公司	广东	27.24	105.83	1.66	14.72
299	昊华化工科技集团股份有限公司	四川	10.10	18.92	12.01	5.36
300	安琪酵母股份有限公司	湖北	16.73	52.14	9.09	17.10
301	山东华鲁恒升化工股份有限公司	山东	-7.58	-26.69	12.99	8.70
302	国家开发投资集团有限公司	北京	7.84	4.13	7.98	9.10
303	天顺风能（苏州）股份有限公司	江苏	34.94	40.60	12.87	14.98
304	芒果超媒股份有限公司	湖南	12.04	71.42	12.81	20.54
305	西安陕鼓动力股份有限公司	陕西	10.42	13.55	11.04	4.12
306	惠州亿纬锂能股份有限公司	广东	27.30	8.54	57.72	90.33
307	深圳市德赛电池科技股份有限公司	广东	5.18	33.36	3.07	28.72
308	江苏林洋能源股份有限公司	江苏	72.63	42.37	13.40	6.55
309	许继电气股份有限公司	河南	3.12	52.16	4.92	3.10
310	浙商证券股份有限公司	浙江	87.94	68.17	35.14	30.25
311	河北普阳钢铁有限公司	河北	0.71	21.76	61.05	22.92
312	敬业集团有限公司	河北	76.17	-25.83	59.76	39.01
313	大华（集团）有限公司	上海	24.10	27.77	29.48	21.76
314	天能控股集团有限公司	浙江	17.62	32.82	25.81	10.87

续表

序号	企业名称	地区	营收增长率（%）	利润增长率（%）	资产增长率（%）	资本积累率（%）
315	四川蓝光发展股份有限公司	四川	9.60	-4.53	27.92	-3.55
316	华林证券股份有限公司	西藏	47.42	83.96	50.19	12.78
317	深圳市新南山控股（集团）股份有限公司	广东	55.09	222.37	20.84	9.82
318	国金证券股份有限公司	四川	39.39	43.44	34.85	8.41
319	云南省建设投资控股集团有限公司	云南	13.40	14.52	48.22	137.31
320	成都兴城投资集团有限公司	四川	15.36	347.12	264.72	13.72
321	东方证券股份有限公司	上海	21.42	11.82	10.70	11.56
322	中国重型汽车集团有限公司	山东	51.61	243.50	43.98	53.57
323	广西盛隆冶金有限公司	广西	62.09	48.00	23.80	24.20
324	深圳能源集团股份有限公司	广东	-1.74	134.19	18.68	26.18
325	云南省投资控股集团有限公司	云南	39.19	172.54	26.33	72.37
326	青岛城市建设投资（集团）有限责任公司	山东	71.31	56.98	25.91	55.80
327	瀚蓝环境股份有限公司	广东	21.45	15.88	18.31	15.24
328	金东纸业（江苏）股份有限公司	江苏	-2.84	-27.07	6.02	4.32
329	重庆市迪马实业股份有限公司	重庆	7.99	25.89	12.71	17.95
330	杭州钢铁集团有限公司	浙江	44.90	13.35	10.14	4.19
331	杉杉控股有限公司	上海	5.11	6.08	7.14	16.99
332	曙光信息产业股份有限公司	天津	6.66	38.53	25.01	168.95
333	广东塔牌集团股份有限公司	广东	2.26	2.81	7.31	6.78
334	北京金隅集团股份有限公司	北京	17.61	-23.01	3.27	3.67
335	南京高科股份有限公司	江苏	-0.18	9.43	12.16	12.16
336	安徽合力股份有限公司	安徽	26.32	12.39	23.12	9.47
337	分众传媒信息技术股份有限公司	广东	-0.32	113.51	15.83	23.50
338	中炬高新技术实业（集团）股份有限公司	广东	9.59	23.96	11.84	16.89
339	沂州集团有限公司	山东	4.88	2.88	11.48	12.02
340	杭州制氧机集团股份有限公司	浙江	22.40	32.72	19.80	9.93
341	浙江浙能电力股份有限公司	浙江	-4.94	41.76	3.19	5.74
342	无锡市国联发展（集团）有限公司	江苏	3.34	9.73	31.89	2.98
343	广西柳州钢铁集团有限公司	广西	15.82	4.48	21.03	13.65
344	海尔集团公司	山东	4.30	4.80	12.58	19.57
345	宁波银行股份有限公司	浙江	17.19	9.74	23.45	18.12
346	广州无线电集团有限公司	广东	4.57	24.08	9.08	9.35

续表

序号	企业名称	地区	营收增长率（%）	利润增长率（%）	资产增长率（%）	资本积累率（%）
347	振石控股集团有限公司	浙江	27.27	53.07	10.87	17.35
348	新疆天业股份有限公司	新疆	5.21	63.01	7.53	−8.80
349	江苏洋河酒厂股份有限公司	江苏	−8.76	1.35	0.77	5.41
350	中节能太阳能股份有限公司	重庆	5.87	12.86	4.55	5.29
351	山东黄金矿业股份有限公司	山东	1.65	75.05	9.81	24.42
352	正威国际集团有限公司	广东	12.71	2.33	25.51	12.55
353	平安银行股份有限公司	广东	11.30	2.60	13.44	16.34
354	骆驼集团股份有限公司	湖北	6.83	22.00	8.11	13.89
355	罗莱生活科技股份有限公司	江苏	1.04	7.13	8.65	4.49
356	山东九羊集团有限公司	山东	13.97	4.34	5.13	4.25
357	盈峰环境科技集团股份有限公司	浙江	12.89	1.84	21.15	9.06
358	中国中车集团有限公司	北京	0.09	42.79	1.45	8.34
359	国网信息通信股份有限公司	四川	−9.71	24.62	23.98	69.53
360	利华益集团股份有限公司	山东	5.71	3.94	4.95	11.90
361	东吴证券股份有限公司	江苏	43.39	64.61	9.60	32.72
362	天马微电子股份有限公司	广东	−3.46	77.79	12.39	25.69
363	中际旭创股份有限公司	山东	48.17	68.55	29.78	13.90
364	重庆市博赛矿业（集团）有限公司	重庆	15.33	3.48	−4.16	−11.64
365	方大特钢科技股份有限公司	江西	7.88	25.08	5.91	38.98
366	中国核能电力股份有限公司	北京	10.61	26.02	6.65	36.02
367	联美量子股份有限公司	辽宁	5.94	5.90	14.51	16.06
368	中国电信集团有限公司	北京	5.86	4.51	0.76	−0.96
369	物美科技集团有限公司	北京	29.55	−30.42	40.00	−4.49
370	国元证券股份有限公司	安徽	41.57	49.84	8.89	24.31
371	光明食品（集团）有限公司	上海	0.15	1.06	7.27	7.21
372	华夏航空股份有限公司	贵州	−12.56	22.03	17.49	41.54
373	阳光保险集团股份有限公司	广东	13.15	11.41	22.31	11.72
374	华设设计集团股份有限公司	江苏	14.19	13.47	14.02	17.01
375	海信集团控股股份有限公司	山东	7.45	390.39	24.12	62.55
376	深圳市投资控股有限公司	广东	7.80	4.09	20.85	−36.30
377	公牛集团股份有限公司	浙江	0.11	0.42	67.70	64.60
378	厦门金达威集团股份有限公司	福建	9.79	112.82	9.67	17.91

续表

序号	企业名称	地区	营收增长率（%）	利润增长率（%）	资产增长率（%）	资本积累率（%）
379	国网英大股份有限公司	上海	6.42	23.43	19.78	23.46
380	福耀玻璃工业集团股份有限公司	福建	-5.67	-10.27	-1.04	1.05
381	上海璞泰来新能源科技股份有限公司	上海	10.05	2.55	78.16	161.46
382	黑牡丹（集团）股份有限公司	江苏	31.31	2.11	9.73	5.48
383	无锡药明康德新药开发股份有限公司	江苏	28.46	59.62	58.32	87.69
384	中国太平洋保险（集团）股份有限公司	上海	9.52	-11.38	15.88	20.62
385	奇瑞控股集团有限公司	安徽	9.14	31.75	-2.98	18.85
386	南京钢铁集团有限公司	江苏	14.45	12.96	4.52	-2.99
387	神州数码集团股份有限公司	广东	6.06	-11.02	4.31	7.50
388	深圳迈瑞生物医疗电子股份有限公司	广东	27.00	42.24	29.93	25.19
389	新华人寿保险股份有限公司	北京	18.32	-1.82	14.27	20.39
390	华勤橡胶工业集团有限公司	山东	-20.00	-2.24	3.48	-8.94
391	浙江晶盛机电股份有限公司	浙江	22.54	34.63	33.52	15.13
392	青岛港国际股份有限公司	山东	8.68	1.36	8.32	8.69
393	昆仑万维科技股份有限公司	北京	-25.72	285.54	29.07	106.27
394	青岛啤酒股份有限公司	山东	-0.80	18.86	11.26	7.57
395	上海华谊（集团）公司	上海	-22.68	-38.42	-0.06	3.28
396	富奥汽车零部件股份有限公司	吉林	10.43	1.16	11.93	9.04
397	中天控股集团有限公司	浙江	13.78	31.54	32.56	23.81
398	恒申控股集团有限公司	福建	12.32	-13.12	-0.28	18.08
399	山东中海化工集团有限公司	山东	5.53	11.23	3.51	19.15
400	广西北部湾银行股份有限公司	广西	32.56	34.46	29.89	45.24
401	万洲国际有限公司	河南	6.30	-43.41	1.29	7.76
402	天康生物股份有限公司	新疆	60.33	166.94	41.01	35.72
403	五矿资本股份有限公司	湖南	-1.05	37.19	4.93	32.69
404	湖北省交通投资集团有限公司	湖北	-0.54	-61.61	12.84	5.78
405	新希望控股集团有限公司	四川	34.71	35.33	15.56	16.53
406	湖北能源集团股份有限公司	湖北	7.67	63.97	-0.33	5.78
407	深圳市力合科创股份有限公司	广东	1.39	10.22	22.46	20.13
408	东浩兰生（集团）有限公司	上海	-7.48	-24.48	0.21	1.13
409	华西证券股份有限公司	四川	18.93	32.75	13.86	8.51
410	北京首钢股份有限公司	北京	16.14	50.68	-1.71	7.73

续表

序号	企业名称	地区	营收增长率（%）	利润增长率（%）	资产增长率（%）	资本积累率（%）
411	北京光环新网科技股份有限公司	北京	5.34	10.71	10.74	10.71
412	云南白药集团股份有限公司	云南	10.38	31.85	11.20	0.30
413	南极电商股份有限公司	江苏	6.78	-1.50	18.62	19.00
414	浙江元立金属制品集团有限公司	浙江	8.48	73.33	7.39	26.74
415	龙光交通集团有限公司	广东	24.81	3.40	51.48	40.71
416	江苏恒瑞医药股份有限公司	江苏	19.09	18.78	26.03	23.12
417	中国国际技术智力合作集团有限公司	北京	-3.59	15.10	13.81	15.95
418	重庆医药（集团）股份有限公司	重庆	33.61	12.96	67.25	12.61
419	长春高新技术产业（集团）股份有限公司	吉林	16.31	71.64	32.41	35.21
420	江苏金融租赁股份有限公司	江苏	22.43	18.56	18.91	8.45
421	广州金域医学检验集团股份有限公司	广东	56.45	275.24	51.05	66.49
422	上海环境集团股份有限公司	上海	23.72	1.48	29.55	35.45
423	长城证券股份有限公司	广东	76.16	51.35	22.20	6.83
424	石药控股集团有限公司	河北	10.70	16.45	11.06	15.61
425	浙江世纪华通集团股份有限公司	浙江	2.00	28.92	32.10	17.82
426	唐山港陆钢铁有限公司	河北	32.35	-9.24	16.08	14.95
427	江苏国泰国际集团股份有限公司	江苏	-9.12	3.45	10.09	9.19
428	奥园集团有限公司	广东	81.52	14.19	22.72	-9.48
429	中南控股集团有限公司	江苏	17.00	125.06	19.80	19.17
430	青岛森麒麟轮胎股份有限公司	山东	2.76	32.38	20.77	53.73
431	宁波拓普集团股份有限公司	浙江	21.50	37.70	7.84	5.58
432	重药控股股份有限公司	重庆	33.61	12.22	66.53	9.55
433	中天钢铁集团有限公司	江苏	7.71	3.16	0.01	0.37
434	河北新华联合冶金控股集团有限公司	河北	45.82	98.54	15.97	24.53
435	广西北部湾投资集团有限公司	广西	15.71	-5.40	43.71	36.94
436	深圳华强集团有限公司	广东	-5.50	4.28	2.65	3.91
437	国电电力发展股份有限公司	辽宁	-0.15	57.66	-2.08	-1.92
438	金能科技股份有限公司	山东	-7.42	16.64	39.28	36.73
439	山东高速路桥集团股份有限公司	山东	40.04	123.07	45.13	18.46
440	合肥城建发展股份有限公司	安徽	53.31	47.00	-4.61	51.58
441	深圳市兆驰股份有限公司	广东	51.71	57.51	20.87	17.01
442	广东韶钢松山股份有限公司	广东	8.28	2.06	3.41	18.90

续表

序号	企业名称	地区	营收增长率（％）	利润增长率（％）	资产增长率（％）	资本积累率（％）
443	中国铁道建筑集团有限公司	北京	9.58	9.15	14.94	9.82
444	潍柴控股集团有限公司	山东	15.23	37.50	19.59	13.46
445	浙江天圣控股集团有限公司	浙江	2.45	−35.17	19.26	33.63
446	陕西延长石油（集团）有限责任公司	陕西	6.50	−25.40	10.77	14.04
447	新天绿色能源股份有限公司	河北	4.38	6.33	24.34	11.06
448	浙江万里扬股份有限公司	浙江	18.92	54.19	6.23	7.88
449	潮州三环（集团）股份有限公司	广东	46.49	65.23	44.05	43.99
450	北京建龙重工集团有限公司	北京	28.73	−12.52	15.98	9.37
451	广州白云山医药集团股份有限公司	广东	−5.05	−8.58	5.04	8.10
452	南京银行股份有限公司	江苏	6.24	5.20	12.93	23.02
453	四川双马水泥股份有限公司	四川	−18.65	21.97	13.68	20.26
454	中国铁路工程集团有限公司	北京	14.50	6.61	13.47	10.42
455	重庆智飞生物制品股份有限公司	重庆	43.48	39.51	39.05	43.52
456	卧龙电气驱动集团股份有限公司	浙江	1.20	−10.00	5.65	9.14
457	山西焦化股份有限公司	山西	6.91	131.40	5.13	9.36
458	深圳劲嘉集团股份有限公司	广东	5.08	−6.07	3.85	7.22
459	北部湾港股份有限公司	广西	11.90	9.29	6.98	8.88
460	盘锦北方沥青燃料有限公司	辽宁	−11.27	25.44	26.19	25.50
461	江苏今世缘酒业股份有限公司	江苏	5.12	7.46	17.78	14.72
462	广州金融控股集团有限公司	广东	36.38	95.81	14.49	16.52
463	鞍钢股份有限公司	辽宁	−4.44	10.69	0.27	2.47
464	泸州老窖集团有限责任公司	四川	19.83	61.01	17.32	15.38
465	通威集团有限公司	四川	14.05	64.52	30.28	14.01
466	中华联合保险集团股份有限公司	北京	10.42	20.49	7.21	4.79
467	北京大北农科技集团股份有限公司	北京	37.62	281.02	27.18	9.37
468	上海电气（集团）总公司	上海	13.34	12.58	18.41	6.12
469	德力西集团有限公司	浙江	5.11	28.26	0.49	−15.04
470	恒生电子股份有限公司	浙江	7.77	−6.65	19.28	1.68
471	万向集团公司	浙江	−2.89	−28.70	−1.81	46.43
472	周大生珠宝股份有限公司	广东	−6.53	2.21	12.39	14.34
473	南山集团有限公司	山东	2.17	−3.61	−0.04	8.35
474	四川路桥建设集团股份有限公司	四川	15.83	77.76	15.99	44.99

续表

序号	企业名称	地区	营收增长率（%）	利润增长率（%）	资产增长率（%）	资本积累率（%）
475	天元建设集团有限公司	山东	12.49	86.11	76.24	87.94
476	东方电气股份有限公司	四川	13.53	45.73	9.12	4.93
477	中国能源建设集团有限公司	北京	9.08	28.24	12.03	13.39
478	中国冶金科工股份有限公司	北京	18.15	19.13	10.44	-0.06
479	富海集团新能源控股有限公司	山东	14.01	31.74	1.70	-12.10
480	杭州银行股份有限公司	浙江	15.87	8.09	14.18	29.29
481	巨人网络集团股份有限公司	重庆	-13.77	25.48	9.00	18.20
482	上海银行股份有限公司	上海	1.90	2.89	10.06	7.74
483	马鞍山钢铁股份有限公司	安徽	4.28	75.74	-6.50	5.39
484	旭阳控股有限公司	北京	9.10	6.30	17.01	15.49
485	上海复星医药（集团）股份有限公司	上海	6.02	10.27	9.94	16.02
486	长江证券股份有限公司	湖北	10.68	25.19	22.92	4.00
487	浙江省国际贸易集团有限公司	浙江	12.47	-11.92	30.67	9.88
488	中国电力建设股份有限公司	北京	15.27	10.33	8.50	8.65
489	中国中化集团有限公司	北京	-21.04	70.70	16.05	13.47
490	江苏南通二建集团有限公司	江苏	19.23	19.80	12.99	16.19
491	中国交通建设股份有限公司	北京	12.99	-19.02	16.09	6.59
492	宁波华翔电子股份有限公司	浙江	-1.18	-13.42	11.52	12.90
493	辽宁嘉晨控股集团有限公司	辽宁	-9.37	10.02	19.77	15.25
494	厦门银行股份有限公司	福建	23.20	6.53	15.51	26.59
495	广州港集团有限公司	广东	6.95	7.59	10.36	6.18
496	新兴铸管股份有限公司	河北	5.07	21.06	7.31	4.48
497	中国铝业集团有限公司	北京	2.86	17.29	-3.36	-10.19
498	威高集团有限公司	山东	0.39	-2.07	11.25	12.56
499	鹏鼎控股（深圳）股份有限公司	广东	12.16	-2.84	14.72	8.72
500	鸿达兴业股份有限公司	江苏	1.78	29.18	6.54	2.50

五、2021 中国企业信用 500 强地区分布

序号	企业名称	综合信用指数	营业收入（万元）	利润（万元）	资产（万元）	所有者权益（万元）
北京						
1	中国工商银行股份有限公司	99.073	88266500	31590600	3334505800	289350200
2	中国农业银行股份有限公司	98.385	65796100	21640000	2720504700	220478900
3	中国建材集团有限公司	98.384	39409660	2013452	60012574	18900909
4	中国石油天然气集团有限公司	98.241	195931195	3156874	408867383	197858788
5	中国银行股份有限公司	97.709	56553100	19287000	2440265900	203841900
6	小米科技有限责任公司	97.537	24586563	2035550	25367982	12369170
7	中粮集团有限公司	97.521	53030503	950570	66978757	9597082
8	中国机械工业集团有限公司	97.432	28287460	393906	35489807	6897908
9	中国化学工程股份有限公司	97.428	10945651	365884	13600815	3766085
10	北京东方雨虹防水技术股份有限公司	97.355	2173037	338887	2784665	1461438
11	北京控股集团有限公司	97.299	10126115	119837	38833455	4184976
12	中国医药集团有限公司	97.001	53321958	868503	46239608	8941794
13	中国石油化工集团有限公司	96.995	195772455	4281570	223996049	78994612
14	中国电子科技集团有限公司	96.969	23674894	1296924	45161011	17392078
15	中国移动通信集团有限公司	96.953	77159747	8914881	198704388	110232389
16	中国保利集团有限公司	96.691	40069966	1345101	157048480	10065653
17	京东方科技集团股份有限公司	96.632	13555257	503563	42425681	10327677
18	招商局集团有限公司	96.595	41593770	4084391	222333457	39788388
19	北京首都创业集团有限公司	96.528	5270094	185030	40912774	2672531
20	中国航天科技集团有限公司	96.292	26731911	1887219	51876555	21665544
21	北京能源集团有限责任公司	96.266	6940960	243764	35305719	7934702
22	紫光股份有限公司	96.259	5970489	189462	5883333	2974492
23	中国国际金融股份有限公司	96.249	2365953	720745	52162050	7163494
24	中国兵器工业集团有限公司	96.096	49002216	1042489	43991352	12021470
25	中国人寿保险股份有限公司	96.028	82496100	5026800	425241000	45005100
26	北京京东世纪贸易有限公司	95.800	74580189	4940522	42228779	18754330

续表

序号	企业名称	综合信用指数	营业收入（万元）	利润（万元）	资产（万元）	所有者权益（万元）
27	中国银河证券股份有限公司	95.764	2374915	724365	44573022	8125453
28	中国航天科工集团有限公司	95.703	26010986	1348948	38400638	14399553
29	百度控股有限公司	95.600	10770400	2247200	33270800	18269600
30	蓝星安迪苏股份有限公司	95.592	1191043	135160	2061763	1395295
31	中国华电集团有限公司	95.342	23763660	403519	86104255	10670818
32	北京千方科技股份有限公司	95.300	941890	108086	1938389	1196136
33	中国中信集团有限公司	95.202	51535674	2651343	825546695	38063102
34	中国航空工业集团有限公司	95.178	46880346	631803	105196580	20985565
35	天地科技股份有限公司	95.158	2055240	136437	3832901	1802983
36	国家电力投资集团有限公司	94.957	27822779	237191	132413690	16364346
37	中国海洋石油集团有限公司	94.922	57474604	3313654	126171463	58268933
38	中国长江电力股份有限公司	94.905	5778337	2629789	33082710	17211815
39	泰康保险集团股份有限公司	94.885	24478229	2403704	112961614	10729396
40	启明星辰信息技术集团股份有限公司	94.801	364675	80406	836656	598437
41	中国光大集团股份公司	94.703	36866010	1773921	592390786	23047670
42	国美控股集团有限公司	94.664	31047660	156155	28476315	7812257
43	中国出版传媒股份有限公司	94.471	595881	74097	1377827	718965
44	奥瑞金科技股份有限公司	94.240	1056101	70743	1509354	658882
45	北京首农食品集团有限公司	94.203	15706161	291480	15380078	3927119
46	中国船舶重工集团海洋防务与信息对抗股份有限公司	93.934	466965	74797	946274	682899
47	大唐国际发电股份有限公司	93.805	9561442	304024	28033351	7302403
48	用友网络科技股份有限公司	93.640	852459	98860	1695026	754294
49	中国建筑股份有限公司	93.631	161502333	4494425	219217384	30042143
50	中国邮政集团有限公司	93.591	66449974	3241871	1181708989	42756802
51	中国兵器装备集团有限公司	93.365	23773708	588279	35839407	7702659
52	北京金山办公软件股份有限公司	93.316	226097	87814	851159	685491
53	国家开发投资集团有限公司	93.020	15307859	628314	68226971	9797947
54	北京金隅集团股份有限公司	92.639	10800488	284377	29135238	6337594
55	中国中车集团有限公司	92.367	23996982	516146	43672971	7756818
56	中国核能电力股份有限公司	92.255	5227645	599545	38174597	7046221
57	中国电信集团有限公司	92.237	49266732	1301398	90781347	37340700

续表

序号	企业名称	综合信用指数	营业收入（万元）	利润（万元）	资产（万元）	所有者权益（万元）
58	物美科技集团有限公司	92.230	5567770	165161	10289911	2636834
59	新华人寿保险股份有限公司	91.718	20653800	1429400	100437600	10166700
60	昆仑万维科技股份有限公司	91.654	273927	499320	1323964	967697
61	北京首钢股份有限公司	91.306	7995118	178645	14436722	2895940
62	北京光环新网科技股份有限公司	91.297	747615	91294	1354647	924281
63	中国国际技术智力合作集团有限公司	91.200	11853051	85293	1578359	571718
64	中国铁道建筑集团有限公司	90.830	91074888	1024966	124572775	9522113
65	北京建龙重工集团有限公司	90.764	19569510	340852	15454742	3123334
66	中国铁路工程集团有限公司	90.702	97554878	1130786	120918497	11197790
67	中华联合保险集团股份有限公司	90.525	5396526	69521	8116085	1747754
68	北京大北农科技集团股份有限公司	90.524	2281386	195572	2404175	1101544
69	中国能源建设集团有限公司	90.362	27212971	350213	47642266	4174812
70	中国冶金科工股份有限公司	90.359	40011462	786219	50639296	9789164
71	旭阳控股有限公司	90.246	6602635	208541	4193400	1361578
72	中国电力建设股份有限公司	90.158	40118065	798717	88654344	11802643
73	中国中化集团有限公司	90.130	43845360	558279	63697245	6024402
74	中国交通建设股份有限公司	90.100	62758619	1620601	130416859	24507055
75	中国铝业集团有限公司	90.030	36701991	221406	63240430	10873661
安徽						
1	安徽海螺集团有限责任公司	98.073	26171587	1296083	24549749	6239092
2	科大讯飞股份有限公司	97.183	1302466	136379	2483609	1266801
3	顺丰控股股份有限公司	96.574	15398687	732608	11116004	5644305
4	阳光电源股份有限公司	96.319	1928564	195431	2800293	1045590
5	山鹰国际控股股份公司	95.437	2496915	138110	4543655	1559627
6	安徽新华传媒股份有限公司	94.776	885089	61375	1467701	1060474
7	中公教育科技股份有限公司	94.536	1120249	230436	1441885	427513
8	安徽合力股份有限公司	92.633	1279664	73201	977057	544235
9	国元证券股份有限公司	92.229	452863	137010	9055730	3085948
10	奇瑞控股集团有限公司	91.799	8286878	75589	19985255	1848220
11	合肥城建发展股份有限公司	90.906	535928	76760	1866130	536523
12	马鞍山钢铁股份有限公司	90.285	8161415	198264	8071114	2838612

续表

序号	企业名称	综合信用指数	营业收入（万元）	利润（万元）	资产（万元）	所有者权益（万元）
福建						
1	紫金矿业集团股份有限公司	96.916	17150134	845804	18231325	5653855
2	宁德时代新能源科技股份有限公司	96.799	5031949	558334	15661843	6420730
3	兴业银行股份有限公司	96.422	20313700	6662600	789400000	61558600
4	永辉超市股份有限公司	96.411	9319911	179447	5615798	1935110
5	厦门吉比特网络技术股份有限公司	94.592	274229	104641	538767	380296
6	厦门亿联网络技术股份有限公司	94.188	275429	127872	577936	520337
7	厦门国贸集团股份有限公司	93.646	35108895	261203	11341587	2619061
8	福建省能源集团有限责任公司	93.526	4358303	192440	13352230	2426239
9	阳光城集团股份有限公司	93.299	8217124	522029	35230185	3069303
10	厦门金达威集团股份有限公司	91.947	350441	95921	515267	342840
11	福耀玻璃工业集团股份有限公司	91.893	1990659	260078	3842363	2159452
12	恒申控股集团有限公司	91.457	5666242	401495	4323703	2282698
13	厦门银行股份有限公司	90.088	555561	182257	28515028	1936326
广东						
1	华为投资控股有限公司	99.801	89136800	6459500	87685400	33032500
2	万科企业股份有限公司	98.983	41911168	4151554	186917709	22451095
3	中国平安保险（集团）股份有限公司	98.282	121831500	14309900	952787000	76256000
4	腾讯控股有限公司	97.959	48206400	15984700	133342500	70398400
5	中国华润有限公司	97.841	68611944	2987838	179888442	26183324
6	金发科技股份有限公司	97.600	3506117	458770	3245490	1484198
7	玖龙环球（中国）投资集团有限公司	97.452	7813009	589176	8348039	4330985
8	比亚迪股份有限公司	97.442	15659769	423427	20101732	5687427
9	中国国际海运集装箱（集团）股份有限公司	97.437	9415908	534961	14621151	4401752
10	富士康工业互联网股份有限公司	97.301	43178589	1743078	22551394	10375255
11	明阳智慧能源集团股份公司	96.759	2245699	137407	5162784	1476220
12	碧桂园控股有限公司	96.755	46285600	3500200	201580900	17510200
13	广发证券股份有限公司	96.753	2915349	1003813	45746369	9816220
14	深圳市汇川技术股份有限公司	96.692	1151132	210014	1864759	1063746
15	欧派家居集团股份有限公司	96.622	1473969	206263	1884363	1192543
16	普联技术有限公司	96.277	1505913	383396	2076048	1883160
17	国信证券股份有限公司	96.025	1878407	661574	30275588	8090742

续表

序号	企业名称	综合信用指数	营业收入（万元）	利润（万元）	资产（万元）	所有者权益（万元）
18	广东海大集团股份有限公司	95.966	6032386	252273	2752696	1397279
19	广州智能装备产业集团有限公司	95.939	5392268	148363	6161880	1491911
20	立讯精密工业股份有限公司	95.829	9250126	722546	7001275	2810182
21	中顺洁柔纸业股份有限公司	95.726	782353	90589	747844	504215
22	深南电路股份有限公司	95.667	1160046	143011	1400782	744108
23	索菲亚家居股份有限公司	95.566	835283	119225	1086802	612284
24	深圳市裕同包装科技股份有限公司	95.557	1178894	112016	1658711	850607
25	中山公用事业集团股份有限公司	95.278	218331	137478	2088850	1407544
26	广州视源电子科技股份有限公司	95.076	1712932	190152	1256035	719850
27	中兴通讯股份有限公司	94.915	10145070	425980	15063490	4329680
28	稳健医疗用品股份有限公司	94.800	1253395	381041	1300225	1045393
29	广州国资发展控股有限公司	94.732	3926853	166971	8168473	2229038
30	中国广核集团有限公司	94.642	11087379	839531	78715554	13250941
31	美的集团股份有限公司	94.551	28422125	2722297	36038260	11751626
32	深信服科技股份有限公司	94.370	545840	80938	965583	651095
33	广州汽车工业集团有限公司	94.351	39829579	397557	33502493	4815897
34	珠海格力电器股份有限公司	94.339	16819920	2217511	27921792	11519021
35	南方出版传媒股份有限公司	94.329	689690	76044	1145599	657940
36	金地（集团）股份有限公司	94.314	8398216	1039779	40162959	5747813
37	华侨城集团有限公司	94.240	14708022	791522	67103995	9026788
38	珠海华发集团有限公司	94.104	10919024	151467	48778304	5267326
39	华测检测认证集团股份有限公司	94.018	356771	57761	545468	374428
40	大族激光科技产业集团股份有限公司	93.978	1194248	97892	2134536	974699
41	欣旺达电子股份有限公司	93.914	2969231	80196	3067220	681902
42	中国南方电网有限责任公司	93.910	57752408	689020	101249591	38917994
43	大参林医药集团股份有限公司	93.895	1458287	106218	1233193	538481
44	广州发展集团股份有限公司	93.642	3164512	90347	4340067	1795902
45	广州酷狗计算机科技有限公司	93.629	1357599	155128	1027341	713834
46	广东东鹏控股股份有限公司	93.262	715831	85186	1254385	750268
47	中国南玻集团股份有限公司	93.123	1067125	77933	1788291	1021299
48	广东宝丽华新能源股份有限公司	93.038	715967	181786	1930162	1089837
49	惠州亿纬锂能股份有限公司	92.979	816181	165203	2570020	1437602

续表

序号	企业名称	综合信用指数	营业收入（万元）	利润（万元）	资产（万元）	所有者权益（万元）
50	深圳市德赛电池科技股份有限公司	92.978	1939782	66969	903929	282960
51	深圳市新南山控股（集团）股份有限公司	92.846	1123239	130069	5229795	948599
52	深圳能源集团股份有限公司	92.754	2045451	398406	11406226	3796303
53	瀚蓝环境股份有限公司	92.736	748144	105748	2492891	755748
54	广东塔牌集团股份有限公司	92.641	704666	178215	1261053	1044606
55	分众传媒信息技术股份有限公司	92.596	1209711	400384	2164617	1701699
56	中炬高新技术实业（集团）股份有限公司	92.592	512337	88993	665892	461588
57	广州无线电集团有限公司	92.471	1683380	63314	4273868	819686
58	正威国际集团有限公司	92.419	69193677	1277708	20258068	11405624
59	平安银行股份有限公司	92.411	15354200	2892800	446851400	36413100
60	天马微电子股份有限公司	92.291	2923275	147452	7355780	3356834
61	阳光保险集团股份有限公司	92.147	11497979	564412	40548049	5577207
62	华测检测认证集团股份有限公司	94.018	356771	57761	545468	374428
63	大族激光科技产业集团股份有限公司	93.978	1194248	97892	2134536	974699
64	欣旺达电子股份有限公司	93.914	2969231	80196	3067220	681902
65	中国南方电网有限责任公司	93.910	57752408	689020	101249591	38917994
66	大参林医药集团股份有限公司	93.895	1458287	106218	1233193	538481
67	广州发展集团股份有限公司	93.642	3164512	90347	4340067	1795902
68	广州酷狗计算机科技有限公司	93.629	1357599	155128	1027341	713834
69	广东东鹏控股股份有限公司	93.262	715831	85186	1254385	750268
70	中国南玻集团股份有限公司	93.123	1067125	77933	1788291	1021299
71	广东宝丽华新能源股份有限公司	93.038	715967	181786	1930162	1089837
72	惠州亿纬锂能股份有限公司	92.979	816181	165203	2570020	1437602
73	深圳市德赛电池科技股份有限公司	92.978	1939782	66969	903929	282960
74	深圳市投资控股有限公司	92.035	21489121	1146080	84536737	19463485
75	神州数码集团股份有限公司	91.787	9206044	62409	3068960	470006
76	深圳迈瑞生物医疗电子股份有限公司	91.732	2102585	665768	3330639	2327763
77	深圳市力合科创股份有限公司	91.342	218374	58819	1056579	584760
78	龙光交通集团有限公司	91.227	10067914	1600929	40363941	7101357
79	广州金域医学检验集团股份有限公司	91.144	824376	150970	663931	378721
80	长城证券股份有限公司	91.126	686870	150164	7221288	1807570
81	奥园集团有限公司	91.063	8835171	590755	32567846	1855289

续表

序号	企业名称	综合信用指数	营业收入（万元）	利润（万元）	资产（万元）	所有者权益（万元）
82	深圳华强集团有限公司	90.964	2378916	107492	7008569	1590716
83	深圳市兆驰股份有限公司	90.876	2018623	176339	2655270	1139621
84	广东韶钢松山股份有限公司	90.841	3155554	186119	1775640	951050
85	潮州三环（集团）股份有限公司	90.773	399397	143956	1234708	1081340
86	广州白云山医药集团股份有限公司	90.753	6167370	291525	5976006	2614484
87	深圳劲嘉集团股份有限公司	90.671	419143	82359	900677	742592
88	广州金融控股集团有限公司	90.604	2067843	192007	73082801	3205664
89	周大生珠宝股份有限公司	90.386	508413	101331	665574	538568
90	广州港集团有限公司	90.053	1235009	171081	4408066	1706488
91	鹏鼎控股（深圳）股份有限公司	90.020	2985131	284147	3310242	2155803
广西						
1	广西柳工机械股份有限公司	94.231	2300255	133131	3401050	1145656
2	广西盛隆冶金有限公司	92.762	5840699	180692	4783714	1880532
3	广西柳州钢铁集团有限公司	92.531	11740007	404517	10473353	2958500
4	广西北部湾银行股份有限公司	91.446	1332968	153762	30527897	2108921
5	广西北部湾投资集团有限公司	90.968	5341509	214238	22344180	7423768
6	北部湾港股份有限公司	90.644	536256	107569	1941623	1031663
贵州						
1	贵州茅台酒股份有限公司	99.557	9491538	4669729	21339581	16132274
2	华夏航空股份有限公司	92.154	472789	61289	1150759	393746
河北						
1	冀南钢铁集团有限公司	98.283	13907899	1099538	4390238	4049452
2	晶澳太阳能科技股份有限公司	97.043	2584652	150658	3729747	1465618
3	河北天柱钢铁集团有限公司	95.996	3568670	150845	1507184	770295
4	河北安丰钢铁有限公司	95.490	3980619	411362	2088353	1462780
5	唐山冀东水泥股份有限公司	95.325	3547963	285001	5894730	1771101
6	长城汽车股份有限公司	94.837	10330761	536249	15401149	5734185
7	唐山三友化工股份有限公司	93.182	1778028	71706	2429332	1164187
8	河北普阳钢铁有限公司	92.936	7918524	411450	4015298	2345633
9	敬业集团有限公司	92.905	22444527	419035	6987448	3232483
10	石药控股集团有限公司	91.106	4035608	585518	5448773	2816504
11	唐山港陆钢铁有限公司	91.086	6801593	75420	1924838	1026598

续表

序号	企业名称	综合信用指数	营业收入（万元）	利润（万元）	资产（万元）	所有者权益（万元）
12	河北新华联合冶金控股集团有限公司	91.005	14232625	202061	11818740	827726
13	新天绿色能源股份有限公司	90.788	1251089	151056	5725771	1316497
14	新兴铸管股份有限公司	90.036	4296092	181240	5318874	2212231
河南						
1	郑州煤矿机械集团股份有限公司	96.071	2650866	123915	3371442	1306379
2	天瑞集团股份有限公司	95.942	5026666	205576	7517389	4063342
3	龙佰集团股份有限公司	95.376	1410816	228869	3477143	1419459
4	洛阳栾川钼业集团股份有限公司	95.125	11298102	232879	12244125	3889178
5	中原出版传媒投资控股集团有限公司	94.212	2197815	65596	2030789	968962
6	牧原食品股份有限公司	93.514	5627707	2745142	12262726	5040688
7	许继电气股份有限公司	92.951	1119120	71596	1680614	866825
8	万洲国际有限公司	91.387	17646430	570997	12211350	6528162
湖北						
1	九州通医药集团股份有限公司	97.424	11085951	307505	8082384	2182666
2	新洋丰农业科技股份有限公司	95.748	1006853	95476	1133001	692186
3	中国葛洲坝集团股份有限公司	94.996	11261117	428230	25940470	6221044
4	长江出版传媒股份有限公司	94.950	667505	81651	1094509	788266
5	东风汽车集团有限公司	94.342	59930949	769705	55525156	10617668
6	华新水泥股份有限公司	93.765	2935652	563060	4392851	2357138
7	安琪酵母股份有限公司	93.036	893304	137151	1080718	588992
8	骆驼集团股份有限公司	92.402	963982	72613	1236518	743138
9	湖北省交通投资集团有限公司	91.358	3324888	137558	49686599	13335844
10	湖北能源集团股份有限公司	91.345	1702344	245713	6016684	2886832
11	长江证券股份有限公司	90.169	778412	208538	13440961	2908344
湖南						
1	三一集团有限公司	97.512	12531796	745519	22497446	4145440
2	中联重科股份有限公司	97.498	6510894	728067	11627494	4674374
3	中南出版传媒集团股份有限公司	95.042	1047301	143699	2314192	1399456
4	蓝思科技股份有限公司	94.390	3693913	489617	7957559	4218142
5	爱尔眼科医院集团股份有限公司	93.775	1191241	172381	1554059	985388
6	湖南华菱钢铁集团有限责任公司	93.399	15202110	528512	11343300	2832752
7	安克创新科技股份有限公司	93.093	935263	85593	698275	539852

续表

序号	企业名称	综合信用指数	营业收入（万元）	利润（万元）	资产（万元）	所有者权益（万元）
8	芒果超媒股份有限公司	92.995	1400553	198216	1926570	1058798
9	五矿资本股份有限公司	91.370	629819	375220	13349409	4571431
吉林						
1	中国第一汽车集团有限公司	97.154	69742459	1977861	48894055	20972109
2	中钢国际工程技术股份有限公司	94.359	1482749	60200	1970889	564137
3	富奥汽车零部件股份有限公司	91.558	1111343	90133	1446149	726260
4	长春高新技术产业（集团）股份有限公司	91.160	857660	304659	1684462	1093101
江苏						
1	波司登股份有限公司	97.043	3288516	410679	3854196	2300611
2	天合光能股份有限公司	96.604	2941797	122928	4559246	1508118
3	江苏恒立液压股份有限公司	96.560	785504	225387	1062033	731371
4	徐工集团工程机械股份有限公司	96.559	7396815	372886	9179718	3369257
5	恒力集团有限公司	96.370	69533561	1637160	26587848	4777589
6	江苏扬农化工股份有限公司	96.228	983116	120971	1089502	594758
7	华泰证券股份有限公司	96.215	3144455	1082250	71675123	12907150
8	江苏三木集团有限公司	96.093	2466685	98649	1349631	786346
9	苏州东山精密制造股份有限公司	96.092	2809341	153013	3750307	1306892
10	江苏阳光集团有限公司	95.958	3961174	203608	2188652	1114557
11	雅迪科技集团有限公司	95.297	1936031	95738	1601635	358949
12	江苏凤凰出版传媒股份有限公司	95.019	1213489	159550	2564995	1471522
13	中天科技集团有限公司	95.012	7183181	272668	5294027	833928
14	大亚科技集团有限公司	94.660	2607501	88530	1652195	310366
15	远景能源有限公司	94.217	4555397	318779	7496609	1635355
16	江苏沙钢集团有限公司	93.982	26678565	789680	30222583	6689751
17	盛虹控股集团有限公司	93.834	26523669	358645	11509193	2216707
18	海澜集团有限公司	93.713	10521688	381807	11372235	8485812
19	无锡威孚高科技集团股份有限公司	93.161	1288383	277277	2735070	1828202
20	无锡先导智能装备股份有限公司	93.113	585830	76751	1266218	561502
21	天顺风能（苏州）股份有限公司	93.005	805140	104961	1474826	668012
22	江苏林洋能源股份有限公司	92.955	579902	99718	1980933	1096492
23	金东纸业（江苏）股份有限公司	92.729	3374874	148245	6999417	2094672
24	南京高科股份有限公司	92.634	290354	201579	3261861	1325428

续表

序号	企业名称	综合信用指数	营业收入（万元）	利润（万元）	资产（万元）	所有者权益（万元）
25	无锡市国联发展（集团）有限公司	92.535	2249248	172082	12400017	2450979
26	江苏洋河酒厂股份有限公司	92.440	2110105	748223	5386626	3848458
27	罗莱生活科技股份有限公司	92.394	491064	58499	583501	428825
28	东吴证券股份有限公司	92.312	735649	170725	10547455	2821032
29	华设计集团股份有限公司	92.141	535380	60458	920615	335535
30	黑牡丹（集团）股份有限公司	91.858	1021160	79780	3374493	889984
31	无锡药明康德新药开发股份有限公司	91.823	1653543	296024	4629117	3249374
32	南京钢铁集团有限公司	91.796	15715916	239017	5734389	1710346
33	南极电商股份有限公司	91.271	417191	118799	650634	578192
34	江苏恒瑞医药股份有限公司	91.201	2773460	632838	3472959	3050430
35	江苏金融租赁股份有限公司	91.149	375310	187716	8129000	1301047
36	江苏国泰国际集团股份有限公司	91.078	5563778	97767	2589687	923547
37	中南控股集团有限公司	91.043	33009152	122826	38382172	654459
38	中天钢铁集团有限公司	91.017	14003355	212753	4699532	1676941
39	南京银行股份有限公司	90.735	3446548	1310088	151707577	10687613
40	江苏今世缘酒业股份有限公司	90.619	511936	156691	1185110	826734
41	江苏南通二建集团有限公司	90.114	8602674	404376	3898506	2000224
42	鸿达兴业股份有限公司	90.017	539392	81379	1790673	745212
江西						
1	中文天地出版传媒集团股份有限公司	96.048	1033954	180561	2437035	1515898
2	江西新华发行集团有限公司	95.561	557400	95000	1205000	759300
3	江西洪城环境股份有限公司	94.752	660116	66391	1649797	543440
4	双胞胎（集团）股份有限公司	93.990	8663084	531729	4052957	1618962
5	南昌市政公用投资控股有限责任公司	93.512	5428951	59158	14654556	3583234
6	方大特钢科技股份有限公司	92.286	1660148	214029	1371541	909443
辽宁						
1	桃李面包股份有限公司	93.898	596300	88284	568511	483279
2	联美量子股份有限公司	92.237	359801	168548	1385780	877644
3	国电电力发展股份有限公司	90.962	11642116	251259	35733735	4998369
4	盘锦北方沥青燃料有限公司	90.640	6152777	498410	5817556	1600202
5	鞍钢股份有限公司	90.599	10090300	197800	8804600	5336500
6	辽宁嘉晨控股集团有限公司	90.092	5312895	277072	5306484	4089799

续表

序号	企业名称	综合信用指数	营业收入（万元）	利润（万元）	资产（万元）	所有者权益（万元）
内蒙古						
1	内蒙古君正能源化工集团股份有限公司	96.720	1479819	481509	3368015	2075256
2	内蒙古伊利实业集团股份有限公司	96.551	9652396	707818	7115426	3038391
3	内蒙古电力（集团）有限责任公司	94.345	8596369	174128	10311390	4791000
4	内蒙古鄂尔多斯资源股份有限公司	93.791	2314120	152813	4680042	1363803
宁夏						
1	宁夏宝丰能源集团股份有限公司	97.601	1592773	462277	3810501	2590035
山东						
1	万华化学集团股份有限公司	98.223	7343297	1004143	13375267	4878035
2	山东魏桥创业集团有限公司	98.200	28896461	852854	24609539	7845228
3	山东金岭集团有限公司	98.102	4302881	241054	1796108	1500178
4	浪潮电子信息产业股份有限公司	97.261	6303799	146645	3832287	1444733
5	歌尔股份有限公司	96.433	5774274	284801	4911783	1965325
6	华泰集团有限公司	95.851	7649093	129153	3435710	1146358
7	山东晨鸣纸业集团股份有限公司	95.597	3073652	171203	9157546	2427697
8	山东豪迈机械科技股份有限公司	95.168	529448	100721	697215	576985
9	烟台杰瑞石油服务集团股份有限公司	95.004	829496	169038	1881032	1107777
10	赛轮集团股份有限公司	94.988	1540499	149146	2105621	846195
11	山东太阳纸业股份有限公司	94.703	2158865	195311	3586634	1611163
12	三角轮胎股份有限公司	94.660	853534	105990	1665352	1086009
13	青岛汉缆股份有限公司	94.556	695177	58330	751286	563756
14	日照钢铁控股集团有限公司	94.446	9711525	837986	11271737	4168041
15	山东垦利石化集团有限公司	94.282	2877844	135727	1685046	968633
16	玲珑集团有限公司	94.058	1933735	119411	3648460	897948
17	蓝帆医疗股份有限公司	93.781	786943	175848	1703478	981721
18	万达控股集团有限公司	93.497	9302513	182921	5059279	1464225
19	淄博齐翔腾达化工股份有限公司	93.190	2468592	97572	2063890	898103
20	山东华鲁恒升化工股份有限公司	93.021	1311496	179838	2054929	1546862
21	中国重型汽车集团有限公司	92.765	17564831	405542	12073281	1768488
22	青岛城市建设投资（集团）有限责任公司	92.742	3291675	185430	35053731	9292091
23	沂州集团有限公司	92.580	4298812	79724	1595320	610074
24	海尔集团公司	92.519	30247330	806055	44777414	5643579

续表

序号	企业名称	综合信用指数	营业收入（万元）	利润（万元）	资产（万元）	所有者权益（万元）
25	山东黄金矿业股份有限公司	92.426	6366403	225718	6385945	2875978
26	山东九羊集团有限公司	92.383	4907189	160633	1812338	1303071
27	利华益集团股份有限公司	92.338	9621648	227721	4537960	2141762
28	中际旭创股份有限公司	92.290	704959	86548	1361573	788922
29	海信集团控股股份有限公司	92.061	13631446	347424	15275714	1913796
30	华勤橡胶工业集团有限公司	91.709	3571859	81579	2108081	943405
31	青岛港国际股份有限公司	91.656	1321941	384186	5717736	3299639
32	青岛啤酒股份有限公司	91.631	2775971	220132	4151419	2062196
33	山东中海化工集团有限公司	91.454	3035591	117905	1186681	758000
34	青岛森麒麟轮胎股份有限公司	91.038	470538	98055	773674	554985
35	金能科技股份有限公司	90.942	754508	88921	1206548	805890
36	山东高速路桥集团股份有限公司	90.937	3443733	133865	5508092	864557
37	潍柴控股集团有限公司	90.827	30488263	198186	30855545	905706
38	南山集团有限公司	90.385	11358670	492405	13180049	6389908
39	天元建设集团有限公司	90.370	5779130	171267	7133835	1549345
40	富海集团新能源控股有限公司	90.354	4285514	131148	2176209	880211
41	威高集团有限公司	90.023	4978281	429709	6716835	3850527
山西						
1	山西杏花村汾酒厂股份有限公司	95.887	1398980	307923	1977853	977696
2	山西建邦集团有限公司	93.442	3480273	135471	1539530	997933
3	山西焦化股份有限公司	90.673	710083	109729	2140713	1116166
陕西						
1	隆基绿能科技股份有限公司	96.906	5458318	855237	8763483	3510577
2	陕西北元化工集团股份有限公司	95.244	985351	168422	1541408	1252359
3	西部证券股份有限公司	93.426	518416	111700	6386288	2601615
4	西安陕鼓动力股份有限公司	92.989	806493	68486	2294034	696698
5	陕西延长石油（集团）有限责任公司	90.793	32766209	110887	44405357	15100192
上海						
1	中国宝武钢铁集团有限公司	99.042	67373867	2503826	101407132	29377547
2	交通银行股份有限公司	96.482	24620000	7827400	1069761600	86660700
3	国泰君安证券股份有限公司	96.421	3520028	1112210	70289917	13735326
4	老凤祥股份有限公司	96.419	5172150	158602	1956327	796490

序号	企业名称	综合信用指数	营业收入（万元）	利润（万元）	资产（万元）	所有者权益（万元）
5	绿地控股集团股份有限公司	96.325	45575312	1499777	139733629	8477640
6	申能（集团）有限公司	96.238	4474359	581539	20991086	10590864
7	上海晨光文具股份有限公司	96.129	1313775	125543	970991	519357
8	上海爱旭新能源股份有限公司	96.102	966374	80546	1270196	534327
9	上海永达控股（集团）有限公司	96.085	7983600	164323	3542478	1232715
10	上海汽车集团股份有限公司	96.085	74213245	2043104	91941476	26010295
11	海通证券股份有限公司	95.943	3821983	1087540	69407335	15344847
12	东方财富信息股份有限公司	95.829	823856	477810	11032874	3315647
13	上海浦东发展银行股份有限公司	95.791	19638400	5832500	795021800	63819700
14	思源电气股份有限公司	95.402	737252	93333	1107522	652128
15	上海医药集团股份有限公司	95.001	19190917	449622	14918566	4535468
16	益海嘉里金龙鱼粮油食品股份有限公司	94.714	19492156	600087	17917732	8353360
17	环旭电子股份有限公司	94.464	4769623	173944	3093850	1204982
18	奥盛集团有限公司	94.440	2697786	85750	1208819	956946
19	上海豫园旅游商城（集团）股份有限公司	94.387	4405076	361034	11224719	3300927
20	中国远洋海运集团有限公司	94.341	33118871	1015155	84988963	18986857
21	月星集团有限公司	94.126	3021932	278560	5942209	2166770
22	华域汽车系统股份有限公司	93.723	13357764	540328	15043596	5253886
23	中芯国际集成电路制造有限公司	93.696	2747071	433227	20460165	99128037
24	东方明珠新媒体股份有限公司	93.635	1003335	162096	4405887	2957310
25	大华（集团）有限公司	92.876	2513157	543831	16044483	3106537
26	东方证券股份有限公司	92.774	2313395	272299	29111744	6020285
27	杉杉控股有限公司	92.691	5313824	73254	5813930	1080984
28	光明食品（集团）有限公司	92.202	15574792	122931	29611531	7115071
29	国网英大股份有限公司	91.928	809159	117601	3967997	1726992
30	上海璞泰来新能源科技股份有限公司	91.884	528067	66764	1448628	891416
31	中国太平洋保险（集团）股份有限公司	91.804	42218200	2458400	177100400	21522400
32	上海华谊（集团）公司	91.603	4260017	101203	7884125	2068223
33	东浩兰生（集团）有限公司	91.333	16183072	78311	3538125	1364628
34	上海环境集团股份有限公司	91.142	451175	62541	2705745	925191
35	上海电气（集团）总公司	90.507	16063032	263891	37897388	3625697
36	上海银行股份有限公司	90.328	5074612	2088506	246214402	19093902

续表

序号	企业名称	综合信用指数	营业收入（万元）	利润（万元）	资产（万元）	所有者权益（万元）
37	上海复星医药（集团）股份有限公司	90.205	3030698	366281	8368601	3699553
四川						
1	成都市兴蓉环境股份有限公司	97.523	537061	129840	3088033	1227473
2	宜宾五粮液股份有限公司	96.643	5732106	1995481	11389314	8570597
3	四川川投能源股份有限公司	95.117	103112	316165	4132913	2879564
4	新华文轩出版传媒股份有限公司	94.919	900806	126278	1696884	1013684
5	四川省能源投资集团有限责任公司	94.821	6056236	104451	18562967	3466118
6	金科地产集团股份有限公司	94.431	8770441	703002	38115798	3478029
7	成都蛟龙投资有限责任公司	94.180	2545036	204807	953721	777106
8	昊华化工科技集团股份有限公司	93.036	542226	64783	1000709	642791
9	四川蓝光发展股份有限公司	92.874	4295738	330235	25826413	1853212
10	国金证券股份有限公司	92.838	606280	186264	6763034	2246539
11	成都兴城投资集团有限公司	92.781	7299846	219621	77909960	5670688
12	国网信息通信股份有限公司	92.345	701106	60687	1102879	464006
13	新希望控股集团有限公司	91.345	21807950	355630	31604041	2696765
14	华西证券股份有限公司	91.330	468276	190033	7722864	2132168
15	四川双马水泥股份有限公司	90.734	147272	88875	551706	506208
16	泸州老窖集团有限责任公司	90.536	6076553	247016	27395165	1369112
17	通威集团有限公司	90.528	9263517	319716	7565034	1887443
18	四川路桥建设集团股份有限公司	90.373	6106991	302522	11322375	2261412
19	东方电气股份有限公司	90.365	3728287	186200	9779514	3090767
天津						
1	天津城市基础设施建设投资集团有限公司	95.545	1565424	146363	85504190	26210285
2	天津友发钢管集团股份有限公司	95.186	4841870	114323	1184045	625504
3	爱玛科技集团股份有限公司	94.586	1290459	59852	955850	262976
4	天弘基金管理有限公司	93.320	837739	264379	1471445	1279357
5	天津中环半导体股份有限公司	93.312	1905678	108900	5871968	1920701
6	曙光信息产业股份有限公司	92.657	1016113	82238	2096398	1162878
西藏						
1	华林证券股份有限公司	92.861	148980	81250	2479600	602049
新疆						
1	新疆金风科技股份有限公司	96.937	5626511	296351	10913818	3416825

续表

序号	企业名称	综合信用指数	营业收入（万元）	利润（万元）	资产（万元）	所有者权益（万元）
2	新疆特变电工集团有限公司	96.683	6096838	326771	13608470	4835040
3	申万宏源集团股份有限公司	93.061	2940919	776617	49112428	8846462
4	新疆天业股份有限公司	92.455	899258	88652	1477380	718364
5	天康生物股份有限公司	91.381	1198681	172041	1572929	623348
云南						
1	云南省能源投资集团有限公司	96.027	13150164	189053	20561290	5367947
2	一心堂药业集团股份有限公司	94.895	1265628	78996	932831	576541
3	云南恩捷新材料股份有限公司	93.586	428301	111560	2057223	1110288
4	云南省建设投资控股集团有限公司	92.837	15059527	255277	60118953	15496237
5	云南省投资控股集团有限公司	92.748	17861994	192268	47452133	7240881
6	云南白药集团股份有限公司	91.286	3274277	551607	5521945	3805255
浙江						
1	华峰化学股份有限公司	97.983	1472388	227913	1966892	1157219
2	浙江新和成股份有限公司	97.419	1031408	356376	3089701	1933625
3	杭州海康威视数字技术股份有限公司	97.121	6350345	1338553	8870168	5379431
4	红狮控股集团有限公司	97.080	5497879	586538	6072301	2668274
5	巨化集团有限公司	97.060	3393704	223617	3863269	962560
6	纳爱斯集团有限公司	96.948	2452551	148534	2345039	2024188
7	完美世界股份有限公司	96.774	1022477	154850	1550693	1083532
8	浙江省能源集团有限公司	96.716	10738544	621290	27642588	8444745
9	中策橡胶集团股份有限公司	96.579	2814833	188615	2656881	1090155
10	青山控股集团有限公司	96.576	29289244	779213	8615934	2953193
11	浙江龙盛控股有限公司	96.544	3176536	449858	6015784	2922140
12	舜宇集团有限公司	96.441	3800177	487179	3543812	1659722
13	浙江伟星新型建材股份有限公司	96.303	510481	119262	565964	432309
14	浙江三花智能控制股份有限公司	96.253	1210983	146216	1703253	1006479
15	正泰集团股份有限公司	96.113	8935473	203926	8863915	1857600
16	浙江大华技术股份有限公司	96.046	2646597	390278	3659503	1977303
17	杭州福斯特应用材料股份有限公司	96.018	839314	156501	1154485	902482
18	浙江交通科技股份有限公司	95.914	3673772	99741	4140876	864357
19	浙江伟明环保股份有限公司	95.856	312349	125727	1047323	548949
20	天洁集团有限公司	95.699	2776942	147958	1400759	695680

续表

序号	企业名称	综合信用指数	营业收入（万元）	利润（万元）	资产（万元）	所有者权益（万元）
21	人民电器集团有限公司	95.638	4696591	191998	1321099	1007895
22	得力集团有限公司	95.621	3804946	316398	2618712	959950
23	浙江荣盛控股集团有限公司	95.580	30860925	427401	27062106	2639872
24	永高股份有限公司	95.530	703630	76961	755029	470048
25	横店集团东磁股份有限公司	95.496	810579	101357	1024012	601205
26	富通集团有限公司	95.462	5123603	156931	3203860	1195546
27	浙江吉利控股集团有限公司	95.424	32561869	933057	48540396	8718333
28	福莱特玻璃集团股份有限公司	95.264	626042	162878	1226580	723474
29	宁波申洲针织有限公司	95.206	2303065	510674	3685176	2727606
30	浙江核新同花顺网络信息股份有限公司	95.200	284370	172398	715570	522421
31	日月重工股份有限公司	95.088	511060	97938	1040684	829809
32	农夫山泉股份有限公司	95.030	2320813	528546	2580302	1550121
33	浙富控股集团股份有限公司	94.990	834335	136198	1871557	770135
34	绿城物业服务集团有限公司	94.754	1010564	71041	1307879	682065
35	天能电池集团股份有限公司	94.621	3509988	227981	1964312	673938
36	胜达集团有限公司	94.600	2581679	99493	1303176	909178
37	利时集团股份有限公司	94.564	3517263	86382	1716118	890643
38	仙鹤股份有限公司	94.435	484310	71716	796360	535356
39	浙江出版联合集团有限公司	94.349	1142656	111097	2478372	1588296
40	华茂集团股份有限公司	94.322	796617	69197	1786530	879729
41	雅戈尔集团股份有限公司	94.215	1147557	723559	8001509	2853831
42	卫星化学股份有限公司	94.184	1077255	166098	3234059	1363052
43	浙江新安化工集团股份有限公司	94.142	1251641	58478	1245688	650165
44	杭叉集团股份有限公司	93.725	1145167	83793	810668	492229
45	宁波富邦控股集团有限公司	93.666	4217583	62123	4858233	1126770
46	杭州市实业投资集团有限公司	93.454	15222889	163567	6434864	1486893
47	杭州泰格医药科技股份有限公司	93.295	319228	174977	1950606	1611857
48	合盛硅业股份有限公司	93.267	896823	140430	2000222	968584
49	传化智联股份有限公司	93.086	2149656	152126	3466176	1501933
50	浙商证券股份有限公司	92.949	1063651	162717	9109043	1934918

续表

序号	企业名称	综合信用指数	营业收入（万元）	利润（万元）	资产（万元）	所有者权益（万元）
51	天能控股集团有限公司	92.876	16482138	196797	5550284	548319
52	杭州钢铁集团有限公司	92.707	15461073	122095	7991922	2678146
53	杭州制氧机集团股份有限公司	92.563	1002077	84318	1443542	635402
54	浙江浙能电力股份有限公司	92.555	5168443	608630	11451243	6784853
55	宁波银行股份有限公司	92.500	4111100	1513600	162674900	11899300
56	振石控股集团有限公司	92.470	3402332	198532	3014964	1069877
57	盈峰环境科技集团股份有限公司	92.370	1433203	138648	3011054	1692021
58	公牛集团股份有限公司	92.018	1005113	231343	1243754	913739
59	浙江晶盛机电股份有限公司	91.682	381068	85816	1049817	523983
60	中天控股集团有限公司	91.507	12065311	344758	12236780	2043911
61	浙江元立金属制品集团有限公司	91.248	3149802	181082	2321498	700730
62	浙江世纪华通集团股份有限公司	91.097	1498297	294633	4274683	2891887
63	宁波拓普集团股份有限公司	91.038	651109	62820	1211523	778699
64	浙江天圣控股集团有限公司	90.806	1692186	64998	1403487	405895
65	浙江万里扬股份有限公司	90.778	606488	61728	1158086	665076
66	卧龙电气驱动集团股份有限公司	90.680	1256504	86681	2081673	762578
67	德力西集团有限公司	90.486	6291633	117232	2150197	624119
68	恒生电子股份有限公司	90.466	417265	132174	997114	455403
69	万向集团公司	90.418	12673776	181103	9270589	2351807
70	杭州银行股份有限公司	90.354	2480568	713645	116925725	8086256
71	浙江省国际贸易集团有限公司	90.166	7189989	112480	12974606	1699743
72	宁波华翔电子股份有限公司	90.093	1689236	84944	1910471	1032950
重庆						
1	龙湖集团控股有限公司	97.125	18454730	2000203	76515882	10834393
2	重庆水务集团股份有限公司	96.532	634960	177373	2453429	1552266
3	重庆宗申动力机械股份有限公司	94.646	763017	58773	971177	449775
4	重庆机电控股（集团）公司	94.315	4665129	83556	6028936	1303892
5	重庆三峰环境集团股份有限公司	93.747	492922	72089	1883913	776354
6	重庆华宇集团有限公司	93.737	8084989	927049	13016523	4822812
7	重庆市迪马实业股份有限公司	92.715	2127078	180285	8172774	1077569

续表

序号	企业名称	综合信用指数	营业收入（万元）	利润（万元）	资产（万元）	所有者权益（万元）
8	中节能太阳能股份有限公司	92.434	530501	102797	3915441	1403585
9	重庆市博赛矿业（集团）有限公司	92.288	3788251	70611	1279918	643619
10	重庆医药（集团）股份有限公司	91.161	4521953	90791	4153306	737835
11	重药控股股份有限公司	91.026	4521957	88434	4243247	883571
12	重庆智飞生物制品股份有限公司	90.687	1519037	330133	1521524	824866
13	巨人网络集团股份有限公司	90.336	221729	102901	1083479	946789

六、2021 中国企业信用 500 强行业分布

序号	企业名称	综合信用指数	营业收入（万元）	利润（万元）	资产（万元）	所有者权益（万元）
农副食品及农产品加工业						
1	广东海大集团股份有限公司	95.966	6032386	252273	2752696	1397279
2	益海嘉里金龙鱼粮油食品股份有限公司	94.714	19492156	600087	17917732	8353360
3	双胞胎（集团）股份有限公司	93.990	8663084	531729	4052957	1618962
4	新希望控股集团有限公司	91.345	21807950	355630	31604041	2696765
5	通威集团有限公司	90.528	9263517	319716	7565034	1887443
食品（含饮料、乳制品、肉食品等）加工制造						
1	内蒙古伊利实业集团股份有限公司	96.551	9652396	707818	7115426	3038391
2	农夫山泉股份有限公司	95.030	2320813	528546	2580302	1550121
3	北京首农食品集团有限公司	94.203	15706161	291480	15380078	3927119
4	桃李面包股份有限公司	93.898	596300	88284	568511	483279
5	安琪酵母股份有限公司	93.036	893304	137151	1080718	588992
6	光明食品（集团）有限公司	92.202	15574792	122931	29611531	7115071
7	厦门金达威集团股份有限公司	91.947	350441	95921	515267	342840
8	万洲国际有限公司	91.387	17646430	570997	12211350	6528162
酿酒制造业						
1	贵州茅台酒股份有限公司	99.557	9491538	4669729	21339581	16132274
2	宜宾五粮液股份有限公司	96.643	5732106	1995481	11389314	8570597
3	山西杏花村汾酒厂股份有限公司	95.887	1398980	307923	1977853	977696
4	江苏洋河酒厂股份有限公司	92.440	2110105	748223	5386626	3848458
5	青岛啤酒股份有限公司	91.631	2775971	220132	4151419	2062196
6	江苏今世缘酒业股份有限公司	90.619	511936	156691	1185110	826734
7	泸州老窖集团有限责任公司	90.536	6076553	247016	27395165	1369112
纺织、印染业						
1	山东魏桥创业集团有限公司	98.200	28896461	852854	24609539	7845228
2	江苏阳光集团有限公司	95.958	3961174	203608	2188652	1114557
3	浙江天圣控股集团有限公司	90.806	1692186	64998	1403487	405895

续表

序号	企业名称	综合信用指数	营业收入（万元）	利润（万元）	资产（万元）	所有者权益（万元）
纺织品、服装、服饰、鞋帽、皮革加工业						
1	波司登股份有限公司	97.043	3288516	410679	3854196	2300611
2	宁波申洲针织有限公司	95.206	2303065	510674	3685176	2727606
3	雅戈尔集团股份有限公司	94.215	1147557	723559	8001509	2853831
4	内蒙古鄂尔多斯资源股份有限公司	93.791	2314120	152813	4680042	1363803
5	海澜集团有限公司	93.713	10521688	381807	11372235	8485812
6	杉杉控股有限公司	92.691	5313824	73254	5813930	1080984
7	罗莱生活科技股份有限公司	92.394	491064	58499	583501	428825
造纸及纸制品（含木材、藤、竹、家具等）加工、印刷、包装业						
1	玖龙环球（中国）投资集团有限公司	97.452	7813009	589176	8348039	4330985
2	欧派家居集团股份有限公司	96.622	1473969	206263	1884363	1192543
3	华泰集团有限公司	95.851	7649093	129153	3435710	1146358
4	中顺洁柔纸业股份有限公司	95.726	782353	90589	747844	504215
5	山东晨鸣纸业集团股份有限公司	95.597	3073652	171203	9157546	2427697
6	索菲亚家居股份有限公司	95.566	835283	119225	1086802	612284
7	深圳市裕同包装科技股份有限公司	95.557	1178894	112016	1658711	850607
8	山鹰国际控股股份公司	95.437	2496915	138110	4543655	1559627
9	山东太阳纸业股份有限公司	94.703	2158865	195311	3586634	1611163
10	大亚科技集团有限公司	94.660	2607501	88530	1652195	310366
11	胜达集团有限公司	94.600	2581679	99493	1303176	909178
12	仙鹤股份有限公司	94.435	484310	71716	796360	535356
13	奥瑞金科技股份有限公司	94.240	1056101	70743	1509354	658882
14	云南恩捷新材料股份有限公司	93.586	428301	111560	2057223	1110288
15	金东纸业（江苏）股份有限公司	92.729	3374874	148245	6999417	2094672
16	深圳劲嘉集团股份有限公司	90.671	419143	82359	900677	742592
生活用品（含文体、玩具、工艺品、珠宝）等轻工产品加工制造业						
1	老凤祥股份有限公司	96.419	5172150	158602	1956327	796490
2	上海晨光文具股份有限公司	96.129	1313775	125543	970991	519357
石化产品、炼焦及其他燃料生产加工业						
1	中国石油化工集团有限公司	96.995	195772455	4281570	223996049	78994612
2	山东垦利石化集团有限公司	94.282	2877844	135727	1685046	968633

续表

序号	企业名称	综合信用指数	营业收入（万元）	利润（万元）	资产（万元）	所有者权益（万元）
3	利华益集团股份有限公司	92.338	9621648	227721	4537960	2141762
4	金能科技股份有限公司	90.942	754508	88921	1206548	805890
5	山西焦化股份有限公司	90.673	710083	109729	2140713	1116166
6	盘锦北方沥青燃料有限公司	90.640	6152777	498410	5817556	1600202
7	富海集团新能源控股有限公司	90.354	4285514	131148	2176209	880211
8	旭阳控股有限公司	90.246	6602635	208541	4193400	1361578
9	辽宁嘉晨控股集团有限公司	90.092	5312895	277072	5306484	4089799
化学原料及化学制品（含精细化工、日化、肥料等）制造业						
1	万华化学集团股份有限公司	98.223	7343297	1004143	13375267	4878035
2	山东金岭集团有限公司	98.102	4302881	241054	1796108	1500178
3	华峰化学股份有限公司	97.983	1472388	227913	1966892	1157219
4	宁夏宝丰能源集团股份有限公司	97.601	1592773	462277	3810501	2590035
5	浙江新和成股份有限公司	97.419	1031408	356376	3089701	1933625
6	巨化集团有限公司	97.060	3393704	223617	3863269	962560
7	纳爱斯集团有限公司	96.948	2452551	148534	2345039	2024188
8	内蒙古君正能源化工集团股份有限公司	96.720	1479819	481509	3368015	2075256
9	浙江龙盛控股有限公司	96.544	3176536	449858	6015784	2922140
10	江苏扬农化工股份有限公司	96.228	983116	120971	1089502	594758
11	江苏三木集团有限公司	96.093	2466685	98649	1349631	786346
12	新洋丰农业科技股份有限公司	95.748	1006853	95476	1133001	692186
13	蓝星安迪苏股份有限公司	95.592	1191043	135160	2061763	1395295
14	龙佰集团股份有限公司	95.376	1410816	228869	3477143	1419459
15	陕西北元化工集团有限公司	95.244	985351	168422	1541408	1252359
16	卫星化学股份有限公司	94.184	1077255	166098	3234059	1363052
17	浙江新安化工集团股份有限公司	94.142	1251641	58478	1245688	650165
18	淄博齐翔腾达化工股份有限公司	93.190	2468592	97572	2063890	898103
19	唐山三友化工股份有限公司	93.182	1778028	71706	2429332	1164187
20	昊华化工科技集团股份有限公司	93.036	542226	64783	1000709	642791
21	山东华鲁恒升化工股份有限公司	93.021	1311496	179838	2054929	1546862
22	新疆天业股份有限公司	92.455	899258	88652	1477380	718364
23	上海华谊（集团）公司	91.603	4260017	101203	7884125	2068223
24	山东中海化工集团有限公司	91.454	3035591	117905	1186681	758000

续表

序号	企业名称	综合信用指数	营业收入（万元）	利润（万元）	资产（万元）	所有者权益（万元）
25	鸿达兴业股份有限公司	90.017	539392	81379	1790673	745212
医药、生物制药、医疗设备制造业						
1	上海医药集团股份有限公司	95.001	19190917	449622	14918566	4535468
2	稳健医疗用品股份有限公司	94.800	1253395	381041	1300225	1045393
3	蓝帆医疗股份有限公司	93.781	786943	175848	1703478	981721
4	无锡药明康德新药开发股份有限公司	91.823	1653543	296024	4629117	3249374
5	深圳迈瑞生物医疗电子股份有限公司	91.732	2102585	665768	3330639	2327763
6	云南白药集团股份有限公司	91.286	3274277	551607	5521945	3805255
7	江苏恒瑞医药股份有限公司	91.201	2773460	632838	3472959	3050430
8	长春高新技术产业（集团）股份有限公司	91.160	857660	304659	1684462	1093101
9	广州金域医学检验集团股份有限公司	91.144	824376	150970	663931	378721
10	石药控股集团有限公司	91.106	4035608	585518	5448773	2816504
11	广州白云山医药集团股份有限公司	90.753	6167370	291525	5976006	2614484
12	重庆智飞生物制品股份有限公司	90.687	1519037	330133	1521524	824866
13	上海复星医药（集团）股份有限公司	90.205	3030698	366281	8368601	3699553
14	威高集团有限公司	90.023	4978281	429709	6716835	3850527
化学纤维制造业						
1	恒力集团有限公司	96.370	69533561	1637160	26587848	4777589
2	浙江荣盛控股集团有限公司	95.580	30860925	427401	27062106	2639872
3	盛虹控股集团有限公司	93.834	26523669	358645	11509193	2216707
4	恒申控股集团有限公司	91.457	5666242	401495	4323703	2282698
橡胶、塑料制品及其他新材料制造业						
1	金发科技股份有限公司	97.600	3506117	458770	3245490	1484198
2	中策橡胶集团有限公司	96.579	2814833	188615	2656881	1090155
3	永高股份有限公司	95.530	703630	76961	755029	470048
4	赛轮集团股份有限公司	94.988	1540499	149146	2105621	846195
5	三角轮胎股份有限公司	94.660	853534	105990	1665352	1086009
6	玲珑集团有限公司	94.058	1933735	119411	3648460	897948
7	杭州市实业投资集团有限公司	93.454	15222889	163567	6434864	1486893
8	华勤橡胶工业集团有限公司	91.709	3571859	81579	2108081	943405
9	深圳市力合科创股份有限公司	91.342	218374	58819	1056579	584760

序号	企业名称	综合信用指数	营业收入（万元）	利润（万元）	资产（万元）	所有者权益（万元）
建筑材料及玻璃等制造业及非金属矿物制品业						
1	中国建材集团有限公司	98.384	39409660	2013452	60012574	18900909
2	安徽海螺集团有限责任公司	98.073	26171587	1296083	24549749	6239092
3	北京东方雨虹防水技术股份有限公司	97.355	2173037	338887	2784665	1461438
4	红狮控股集团有限公司	97.080	5497879	586538	6072301	2668274
5	浙江伟星新型建材股份有限公司	96.303	510481	119262	565964	432309
6	天瑞集团股份有限公司	95.942	5026666	205576	7517389	4063342
7	唐山冀东水泥股份有限公司	95.325	3547963	285001	5894730	1771101
8	福莱特玻璃集团股份有限公司	95.264	626042	162878	1226580	723474
9	奥盛集团有限公司	94.440	2697786	85750	1208819	956946
10	华新水泥股份有限公司	93.765	2935652	563060	4392851	2357138
11	合盛硅业股份有限公司	93.267	896823	140430	2000222	968584
12	广东东鹏控股股份有限公司	93.262	715831	85186	1254385	750268
13	中国南玻集团股份有限公司	93.123	1067125	77933	1788291	1021299
14	广东塔牌集团股份有限公司	92.641	704666	178215	1261053	1044606
15	北京金隅集团股份有限公司	92.639	10800488	284377	29135238	6337594
16	沂州集团有限公司	92.580	4298812	79724	1595320	610074
17	福耀玻璃工业集团股份有限公司	91.893	1990659	260078	3842363	2159452
18	四川双马水泥股份有限公司	90.734	147272	88875	551706	506208
黑色冶金及压延加工业						
1	中国宝武钢铁集团有限公司	99.042	67373867	2503826	101407132	29377547
2	冀南钢铁集团有限公司	98.283	13907899	1099538	4390238	4049452
3	青山控股集团有限公司	96.576	29289244	779213	8615934	2953193
4	河北天柱钢铁集团有限公司	95.996	3568670	150845	1507184	770295
5	河北安丰钢铁有限公司	95.490	3980619	411362	2088353	1462780
6	天津友发钢管集团股份有限公司	95.186	4841870	114323	1184045	625504
7	日照钢铁控股集团有限公司	94.446	9711525	837986	11271737	4168041
8	江苏沙钢集团有限公司	93.982	26678565	789680	30222583	6689751
9	山西建邦集团有限公司	93.442	3480273	135471	1539530	997933
10	湖南华菱钢铁集团有限责任公司	93.399	15202110	528512	11343300	2832752
11	河北普阳钢铁有限公司	92.936	7918524	411450	4015298	2345633
12	敬业集团有限公司	92.905	22444527	419035	6987448	3232483

续表

序号	企业名称	综合信用指数	营业收入（万元）	利润（万元）	资产（万元）	所有者权益（万元）
13	广西盛隆冶金有限公司	92.762	5840699	180692	4783714	1880532
14	杭州钢铁集团有限公司	92.707	15461073	122095	7991922	2678146
15	广西柳州钢铁集团有限公司	92.531	11740007	404517	10473353	2958500
16	振石控股集团有限公司	92.470	3402332	198532	3014964	1069877
17	山东九羊集团有限公司	92.383	4907189	160633	1812338	1303071
18	方大特钢科技股份有限公司	92.286	1660148	214029	1371541	909443
19	南京钢铁集团有限公司	91.796	15715916	239017	5734389	1710346
20	北京首钢股份有限公司	91.306	7995118	178645	14436722	2895940
21	唐山港陆钢铁有限公司	91.086	6801593	75420	1924838	1026598
22	中天钢铁集团有限公司	91.017	14003355	212753	4699532	1676941
23	河北新华联合冶金控股集团有限公司	91.005	14232625	202061	11818740	827726
24	广东韶钢松山股份有限公司	90.841	3155554	186119	1775640	951050
25	北京建龙重工集团有限公司	90.764	19569510	340852	15454742	3123334
26	鞍钢股份有限公司	90.599	10090300	197800	8804600	5336500
27	马鞍山钢铁股份有限公司	90.285	8161415	198264	8071114	2838612
28	新兴铸管股份有限公司	90.036	4296092	181240	5318874	2212231
一般有色冶金及压延加工业						
1	正威国际集团有限公司	92.419	69193677	1277708	20258068	11405624
2	南山集团有限公司	90.385	11358670	492405	13180049	6389908
3	中国铝业集团有限公司	90.030	36701991	221406	63240430	10873661
黄金冶炼及压延加工业						
1	山东黄金矿业股份有限公司	92.426	6366403	225718	6385945	2875978
金属制品、加工工具、工业辅助产品加工制造业及金属新材料制造业						
1	浙江元立金属制品集团有限公司	91.248	3149802	181082	2321498	700730
工程机械、设备和特种装备（含电梯、仓储设备）及零配件制造业						
1	三一集团有限公司	97.512	12531796	745519	22497446	4145440
2	中联重科股份有限公司	97.498	6510894	728067	11627494	4674374
3	中国国际海运集装箱（集团）股份有限公司	97.437	9415908	534961	14621151	4401752
4	晶澳太阳能科技股份有限公司	97.043	2584652	150658	3729747	1465618
5	新疆金风科技股份有限公司	96.937	5626511	296351	10913818	3416825
6	深圳市汇川技术股份有限公司	96.692	1151132	210014	1864759	1063746
7	徐工集团工程机械股份有限公司	96.559	7396815	372886	9179718	3369257

续表

序号	企业名称	综合信用指数	营业收入（万元）	利润（万元）	资产（万元）	所有者权益（万元）
8	天地科技股份有限公司	95.158	2055240	136437	3832901	1802983
9	浙富控股集团股份有限公司	94.990	834335	136198	1871557	770135
10	广西柳工机械股份有限公司	94.231	2300255	133131	3401050	1145656
11	大族激光科技产业集团股份有限公司	93.978	1194248	97892	2134536	974699
12	杭叉集团股份有限公司	93.725	1145167	83793	810668	492229
13	天顺风能（苏州）股份有限公司	93.005	805140	104961	1474826	668012
14	安徽合力股份有限公司	92.633	1279664	73201	977057	544235
15	杭州制氧机集团股份有限公司	92.563	1002077	84318	1443542	635402
16	浙江晶盛机电股份有限公司	91.682	381068	85816	1049817	523983
通用机械设备和专用机械设备及零配件制造业						
1	江苏恒立液压股份有限公司	96.560	785504	225387	1062033	731371
2	浙江三花智能控制股份有限公司	96.253	1210983	146216	1703253	1006479
3	郑州煤矿机械集团股份有限公司	96.071	2650866	123915	3371442	1306379
4	天洁集团有限公司	95.699	2776942	147958	1400759	695680
5	山东豪迈机械科技股份有限公司	95.168	529448	100721	697215	576985
6	日月重工股份有限公司	95.088	511060	97938	1040684	829809
7	重庆宗申动力机械股份有限公司	94.646	763017	58773	971177	449775
8	西安陕鼓动力股份有限公司	92.989	806493	68486	2294034	696698
电力、电气等设备、机械、元器件及光伏、风能、电池、线缆制造业						
1	隆基绿能科技股份有限公司	96.906	5458318	855237	8763483	3510577
2	宁德时代新能源科技股份有限公司	96.799	5031949	558334	15661843	6420730
3	明阳智慧能源集团股份公司	96.759	2245699	137407	5162784	1476220
4	新疆特变电工集团有限公司	96.683	6096838	326771	13608470	4835040
5	天合光能股份有限公司	96.604	2941797	122928	4559246	1508118
6	阳光电源股份有限公司	96.319	1928564	195431	2800293	1045590
7	正泰集团股份有限公司	96.113	8935473	203926	8863915	1857600
8	上海爱旭新能源股份有限公司	96.102	966374	80546	1270196	534327
9	杭州福斯特应用材料股份有限公司	96.018	839314	156501	1154485	902482
10	广州智能装备产业集团有限公司	95.939	5392268	148363	6161880	1491911
11	深南电路股份有限公司	95.667	1160046	143011	1400782	744108
12	人民电器集团有限公司	95.638	4696591	191998	1321099	1007895
13	横店集团东磁股份有限公司	95.496	810579	101357	1024012	601205

续表

序号	企业名称	综合信用指数	营业收入（万元）	利润（万元）	资产（万元）	所有者权益（万元）
14	富通集团有限公司	95.462	5123603	156931	3203860	1195546
15	思源电气股份有限公司	95.402	737252	93333	1107522	652128
16	中天科技集团有限公司	95.012	7183181	272668	5294027	833928
17	天能电池集团股份有限公司	94.621	3509988	227981	1964312	673938
18	青岛汉缆股份有限公司	94.556	695177	58330	751286	563756
19	远景能源有限公司	94.217	4555397	318779	7496609	1635355
20	欣旺达电子股份有限公司	93.914	2969231	80196	3067220	681902
21	宁波富邦控股集团有限公司	93.666	4217583	62123	4858233	1126770
22	无锡先导智能装备股份有限公司	93.113	585830	76751	1266218	561502
23	惠州亿纬锂能股份有限公司	92.979	816181	165203	2570020	1437602
24	深圳市德赛电池科技股份有限公司	92.978	1939782	66969	903929	282960
25	许继电气股份有限公司	92.951	1119120	71596	1680614	866825
26	天能控股集团有限公司	92.876	16482138	196797	5550284	548319
27	广州无线电集团有限公司	92.471	1683380	63314	4273868	819686
28	中节能太阳能股份有限公司	92.434	530501	102797	3915441	1403585
29	公牛集团股份有限公司	92.018	1005113	231343	1243754	913739
30	上海璞泰来新能源科技股份有限公司	91.884	528067	66764	1448628	891416
31	卧龙电气驱动集团股份有限公司	90.680	1256504	86681	2081673	762578
32	德力西集团有限公司	90.486	6291633	117232	2150197	624119
船舶、轨道交通设备及零部件制造业						
1	中国中车集团有限公司	92.367	23996982	516146	43672971	7756818
家用电器及零配件制造业						
1	美的集团股份有限公司	94.551	28422125	2722297	36038260	11751626
2	珠海格力电器股份有限公司	94.339	16819920	2217511	27921792	11519021
3	海尔集团公司	92.519	30247330	806055	44777414	5643579
4	海信集团控股股份有限公司	92.061	13631446	347424	15275714	1913796
电子元器件与仪器仪表、自动化控制设备制造业						
1	富士康工业互联网股份有限公司	97.301	43178589	1743078	22551394	10375255
2	中国电子科技集团有限公司	96.969	23674894	1296924	45161011	17392078
3	蓝思科技股份有限公司	94.390	3693913	489617	7957559	4218142
4	中芯国际集成电路制造有限公司	93.696	2747071	433227	20460165	99128037
5	天马微电子股份有限公司	92.291	2923275	147452	7355780	3356834

续表

序号	企业名称	综合信用指数	营业收入（万元）	利润（万元）	资产（万元）	所有者权益（万元）
6	深圳市兆驰股份有限公司	90.876	2018623	176339	2655270	1139621
7	潮州三环（集团）股份有限公司	90.773	399397	143956	1234708	1081340
8	鹏鼎控股（深圳）股份有限公司	90.020	2985131	284147	3310242	2155803
动力、电力生产等装备、设备制造业						
1	潍柴控股集团有限公司	90.827	30488263	198186	30855545	905706
2	上海电气（集团）总公司	90.507	16063032	263891	37897388	3625697
3	东方电气股份有限公司	90.365	3728287	186200	9779514	3090767
计算机、通信器材、办公、影像等设备及零部件制造业						
1	华为投资控股有限公司	99.801	89136800	6459500	87685400	33032500
2	小米科技有限责任公司	97.537	24586563	2035550	25367982	12369170
3	杭州海康威视数字技术股份有限公司	97.121	6350345	1338553	8870168	5379431
4	京东方科技集团股份有限公司	96.632	13555257	503563	42425681	10327677
5	舜宇集团有限公司	96.441	3800177	487179	3543812	1659722
6	歌尔股份有限公司	96.433	5774274	284801	4911783	1965325
7	普联技术有限公司	96.277	1505913	383396	2076048	1883160
8	苏州东山精密制造股份有限公司	96.092	2809341	153013	3750307	1306892
9	浙江大华技术股份有限公司	96.046	2646597	390278	3659503	1977303
10	立讯精密工业股份有限公司	95.829	9250126	722546	7001275	2810182
11	得力集团有限公司	95.621	3804946	316398	2618712	959950
12	广州视源电子科技股份有限公司	95.076	1712932	190152	1256035	719850
13	中兴通讯股份有限公司	94.915	10145070	425980	15063490	4329680
14	环旭电子股份有限公司	94.464	4769623	173944	3093850	1204982
15	天津中环半导体股份有限公司	93.312	1905678	108900	5871968	1920701
16	安克创新科技股份有限公司	93.093	935263	85593	698275	539852
17	曙光信息产业股份有限公司	92.657	1016113	82238	2096398	1162878
18	中际旭创股份有限公司	92.290	704959	86548	1361573	788922
汽车及零配件制造业						
1	中国第一汽车集团有限公司	97.154	69742459	1977861	48894055	20972109
2	上海汽车集团股份有限公司	96.085	74213245	2043104	91941476	26010295
3	浙江吉利控股集团有限公司	95.424	32561869	933057	48540396	8718333
4	长城汽车股份有限公司	94.837	10330761	536249	15401149	5734185
5	广州汽车工业集团有限公司	94.351	39829579	397557	33502493	4815897

续表

序号	企业名称	综合信用指数	营业收入（万元）	利润（万元）	资产（万元）	所有者权益（万元）
6	东风汽车集团有限公司	94.342	59930949	769705	55525156	10617668
7	华域汽车系统股份有限公司	93.723	13357764	540328	15043596	5253886
8	无锡威孚高科技集团股份有限公司	93.161	1288383	277277	2735070	1828202
9	中国重型汽车集团有限公司	92.765	17564831	405542	12073281	1768488
10	骆驼集团股份有限公司	92.402	963982	72613	1236518	743138
11	奇瑞控股集团有限公司	91.799	8286878	75589	19985255	1848220
12	富奥汽车零部件股份有限公司	91.558	1111343	90133	1446149	726260
13	浙江世纪华通集团股份有限公司	91.097	1498297	294633	4274683	2891887
14	青岛森麒麟轮胎股份有限公司	91.038	470538	98055	773674	554985
15	宁波拓普集团股份有限公司	91.038	651109	62820	1211523	778699
16	浙江万里扬股份有限公司	90.778	606488	61728	1158086	665076
17	万向集团公司	90.418	12673776	181103	9270589	2351807
18	宁波华翔电子股份有限公司	90.093	1689236	84944	1910471	1032950
摩托车、自行车和其他交通运输设备及零配件制造业						
1	雅迪科技集团有限公司	95.297	1936031	95738	1601635	358949
2	爱玛科技集团股份有限公司	94.586	1290459	59852	955850	262976
航空航天、国防军工装备及零配件制造业						
1	中国航天科技集团有限公司	96.292	26731911	1887219	51876555	21665544
2	中国兵器工业集团有限公司	96.096	49002216	1042489	43991352	12021470
3	中国航天科工集团有限公司	95.703	26010986	1348948	38400638	14399553
4	中国航空工业集团有限公司	95.178	46880346	631803	105196580	20985565
5	中国船舶重工集团海洋防务与信息对抗股份有限公司	93.934	466965	74797	946274	682899
6	中国兵器装备集团有限公司	93.365	23773708	588279	35839407	7702659
综合制造业（以制造业为主，含有服务业）						
1	比亚迪股份有限公司	97.442	15659769	423427	20101732	5687427
2	利时集团股份有限公司	94.564	3517263	86382	1716118	890643
3	重庆机电控股（集团）公司	94.315	4665129	83556	6028936	1303892
4	成都蛟龙投资有限责任公司	94.180	2545036	204807	953721	777106
5	万达控股集团有限公司	93.497	9302513	182921	5059279	1464225
6	中炬高新技术实业（集团）股份有限公司	92.592	512337	88993	665892	461588
7	盈峰环境科技集团股份有限公司	92.370	1433203	138648	3011054	1692021

续表

序号	企业名称	综合信用指数	营业收入（万元）	利润（万元）	资产（万元）	所有者权益（万元）
8	重庆市博赛矿业（集团）有限公司	92.288	3788251	70611	1279918	643619
9	国网英大股份有限公司	91.928	809159	117601	3967997	1726992
能源（电、热、燃气等）供应、开发、节能减排及再循环服务业						
1	浙江省能源集团有限公司	96.716	10738544	621290	27642588	8444745
2	北京能源集团有限责任公司	96.266	6940960	243764	35305719	7934702
3	申能（集团）有限公司	96.238	4474359	581539	20991086	10590864
4	云南省能源投资集团有限公司	96.027	13150164	189053	20561290	5367947
5	四川省能源投资集团有限责任公司	94.821	6056236	104451	18562967	3466118
6	广州国资发展控股有限公司	94.732	3926853	166971	8168473	2229038
7	内蒙古电力（集团）有限责任公司	94.345	8596369	174128	10311390	4791000
8	中国南方电网有限责任公司	93.910	57752408	689020	101249591	38917994
9	重庆三峰环境集团股份有限公司	93.747	492922	72089	1883913	776354
10	广州发展集团股份有限公司	93.642	3164512	90347	4340067	1795902
11	福建省能源集团有限责任公司	93.526	4358303	192440	13352230	2426239
12	江苏林洋能源股份有限公司	92.955	579902	99718	1980933	1096492
13	瀚蓝环境股份有限公司	92.736	748144	105748	2492891	755748
14	无锡市国联发展（集团）有限公司	92.535	2249248	172082	12400017	2450979
15	联美量子股份有限公司	92.237	359801	168548	1385780	877644
16	上海环境集团股份有限公司	91.142	451175	62541	2705745	925191
17	新天绿色能源股份有限公司	90.788	1251089	151056	5725771	1316497
水上运输业						
1	中远海运控股股份有限公司	94.341	33118871	1015155	84988963	18986857
港口服务业						
1	青岛港国际股份有限公司	91.656	1321941	384186	5717736	3299639
2	北部湾港股份有限公司	90.644	536256	107569	1941623	1031663
3	广州港集团有限公司	90.053	1235009	171081	4408066	1706488
航空运输及相关服务业						
1	华夏航空股份有限公司	92.154	472789	61289	1150759	393746
电信、邮寄、速递等服务业						
1	中国移动通信集团有限公司	96.953	77159747	8914881	198704388	110232389
2	顺丰控股股份有限公司	96.574	15398687	732608	11116004	5644305
3	中国邮政集团有限公司	93.591	66449974	3241871	1181708989	42756802

续表

序号	企业名称	综合信用指数	营业收入（万元）	利润（万元）	资产（万元）	所有者权益（万元）
4	中国电信集团有限公司	92.237	49266732	1301398	90781347	37340700
软件、程序、计算机应用、网络工程等计算机、微电子服务业						
1	浪潮电子信息产业股份有限公司	97.261	6303799	146645	3832287	1444733
2	科大讯飞股份有限公司	97.183	1302466	136379	2483609	1266801
3	紫光股份有限公司	96.259	5970489	189462	5883333	2974492
4	北京千方科技股份有限公司	95.300	941890	108086	1938389	1196136
5	浙江核新同花顺网络信息股份有限公司	95.200	284370	172398	715570	522421
6	启明星辰信息技术集团股份有限公司	94.801	364675	80406	836656	598437
7	厦门吉比特网络技术股份有限公司	94.592	274229	104641	538767	380296
8	深信服科技股份有限公司	94.370	545840	80938	965583	651095
9	厦门亿联网络技术股份有限公司	94.188	275429	127872	577936	520337
10	用友网络科技股份有限公司	93.640	852459	98860	1695026	754294
11	北京金山办公软件股份有限公司	93.316	226097	87814	851159	685491
12	国网信息通信股份有限公司	92.345	701106	60687	1102879	464006
13	神州数码集团股份有限公司	91.787	9206044	62409	3068960	470006
14	恒生电子股份有限公司	90.466	417265	132174	997114	455403
能源、矿产、化工、机电、金属产品等内外商贸批发业						
1	中国中化集团有限公司	90.130	43845360	558279	63697245	6024402
农牧渔饲产品及生活消费品等内外商贸批发、零售业						
1	中粮集团有限公司	97.521	53030503	950570	66978757	9597082
2	江苏国泰国际集团股份有限公司	91.078	5563778	97767	2589687	923547
3	周大生珠宝股份有限公司	90.386	508413	101331	665574	538568
4	浙江省国际贸易集团有限公司	90.166	7189989	112480	12974606	1699743
综合性内外商贸及批发、零售业						
1	厦门国贸集团股份有限公司	93.646	35108895	261203	11341587	2619061
汽车和摩托车商贸、维修保养及租赁业						
1	上海永达控股（集团）有限公司	96.085	7983600	164323	3542478	1232715
医药专营批发、零售业及医疗服务业						
1	九州通医药集团股份有限公司	97.424	11085951	307505	8082384	2182666
2	中国医药集团有限公司	97.001	53321958	868503	46239608	8941794
3	一心堂药业集团股份有限公司	94.895	1265628	78996	932831	576541
4	大参林医药集团股份有限公司	93.895	1458287	106218	1233193	538481

续表

序号	企业名称	综合信用指数	营业收入（万元）	利润（万元）	资产（万元）	所有者权益（万元）
5	爱尔眼科医院集团股份有限公司	93.775	1191241	172381	1554059	985388
6	杭州泰格医药科技股份有限公司	93.295	319228	174977	1950606	1611857
7	重庆医药（集团）股份有限公司	91.161	4521953	90791	4153306	737835
8	重药控股股份有限公司	91.026	4521957	88434	4243247	883571
商业零售业及连锁超市						
1	永辉超市股份有限公司	96.411	9319911	179447	5615798	1935110
2	国美控股集团有限公司	94.664	31047660	156155	28476315	7812257
3	上海豫园旅游商城（集团）股份有限公司	94.387	4405076	361034	11224719	3300927
4	月星集团有限公司	94.126	3021932	278560	5942209	2166770
5	物美科技集团有限公司	92.230	5567770	165161	10289911	2636834
银行业						
1	中国工商银行股份有限公司	99.073	88266500	31590600	3334505800	289350200
2	中国农业银行股份有限公司	98.385	65796100	21640000	2720504700	220478900
3	中国银行股份有限公司	97.709	56553100	19287000	2440265900	203841900
4	交通银行股份有限公司	96.482	24620000	7827400	1069761600	86660700
5	兴业银行股份有限公司	96.422	20313700	6662600	789400000	61558600
6	上海浦东发展银行股份有限公司	95.791	19638400	5832500	795021800	63819700
7	宁波银行股份有限公司	92.500	4111100	1513600	162674900	11899300
8	平安银行股份有限公司	92.411	15354200	2892800	446851400	36413100
9	广西北部湾银行股份有限公司	91.446	1332968	153762	30527897	2108921
10	南京银行股份有限公司	90.735	3446548	1310088	151707577	10687613
11	杭州银行股份有限公司	90.354	2480568	713645	116925725	8086256
12	上海银行股份有限公司	90.328	5074612	2088506	246214402	19093902
13	厦门银行股份有限公司	90.088	555561	182257	28515028	1936326
保险业						
1	中国平安保险（集团）股份有限公司	98.282	121831500	14309900	952787000	76256000
2	中国人寿保险股份有限公司	96.028	82496100	5026800	425241000	45005100
3	泰康保险集团股份有限公司	94.885	24478229	2403704	112961614	10729396
4	阳光保险集团股份有限公司	92.147	11497979	564412	40548049	5577207
5	中国太平洋保险（集团）股份有限公司	91.804	42218200	2458400	177100400	21522400
6	新华人寿保险股份有限公司	91.718	20653800	1429400	100437600	10166700
7	中华联合保险集团股份有限公司	90.525	5396526	69521	8116085	1747754

续表

序号	企业名称	综合信用指数	营业收入（万元）	利润（万元）	资产（万元）	所有者权益（万元）
证券及其他金融服务业						
1	广发证券股份有限公司	96.753	2915349	1003813	45746369	9816220
2	国泰君安证券股份有限公司	96.421	3520028	1112210	70289917	13735326
3	中国国际金融股份有限公司	96.249	2365953	720745	52162050	7163494
4	华泰证券股份有限公司	96.215	3144455	1082250	71675123	12907150
5	国信证券股份有限公司	96.025	1878407	661574	30275588	8090742
6	海通证券股份有限公司	95.943	3821983	1087540	69407335	15344847
7	东方财富信息股份有限公司	95.829	823856	477810	11032874	3315647
8	中国银河证券股份有限公司	95.764	2374915	724365	44573022	8125453
9	西部证券股份有限公司	93.426	518416	111700	6386288	2601615
10	天弘基金管理有限公司	93.320	837739	264379	1471445	1279357
11	浙商证券股份有限公司	92.949	1063651	162717	9109043	1934918
12	华林证券股份有限公司	92.861	148980	81250	2479600	602049
13	国金证券股份有限公司	92.838	606280	186264	6763034	2246539
14	东方证券股份有限公司	92.774	2313395	272299	29111744	6020285
15	东吴证券股份有限公司	92.312	735649	170725	10547455	2821032
16	国元证券股份有限公司	92.229	452863	137010	9055730	3085948
17	五矿资本股份有限公司	91.370	629819	375220	13349409	4571431
18	华西证券股份有限公司	91.330	468276	190033	7722864	2132168
19	江苏金融租赁股份有限公司	91.149	375310	187716	8129000	1301047
20	长城证券股份有限公司	91.126	686870	150164	7221288	1807570
21	长江证券股份有限公司	90.169	778412	208538	13440961	2908344
多元化投资控股、商务服务业						
1	招商局集团有限公司	96.595	41593770	4084391	222333457	39788388
2	中国中信集团有限公司	95.202	51535674	2651343	825546695	38063102
3	中国光大集团股份公司	94.703	36866010	1773921	592390786	23047670
4	申万宏源集团股份有限公司	93.061	2940919	776617	49112428	8846462
5	国家开发投资集团有限公司	93.020	15307859	628314	68226971	9797947
6	云南省建设投资控股集团有限公司	92.837	15059527	255277	60118953	15496237
7	云南省投资控股集团有限公司	92.748	17861994	192268	47452133	7240881
8	青岛城市建设投资（集团）有限责任公司	92.742	3291675	185430	35053731	9292091
9	深圳市投资控股有限公司	92.035	21489121	1146080	84536737	19463485

序号	企业名称	综合信用指数	营业收入（万元）	利润（万元）	资产（万元）	所有者权益（万元）
10	广西北部湾投资集团有限公司	90.968	5341509	214238	22344180	7423768
11	广州金融控股集团有限公司	90.604	2067843	192007	73082801	3205664
房地产开发与经营、物业及房屋装饰、修缮、管理等服务业						
1	万科企业股份有限公司	98.983	41911168	4151554	186917709	22451095
2	龙湖集团控股有限公司	97.125	18454730	2000203	76515882	10834393
3	碧桂园控股有限公司	96.755	46285600	3500200	201580900	17510200
4	绿地控股集团股份有限公司	96.325	45575312	1499777	139733629	8477640
5	绿城物业服务集团有限公司	94.754	1010564	71041	1307879	682065
6	金科地产集团股份有限公司	94.431	8770441	703002	38115798	3478029
7	金地（集团）股份有限公司	94.314	8398216	1039779	40162959	5747813
8	华侨城集团有限公司	94.240	14708022	791522	67103995	9026788
9	珠海华发集团有限公司	94.104	10919024	151467	48778304	5267326
10	重庆华宇集团有限公司	93.737	8084989	927049	13016523	4822812
11	阳光城集团股份有限公司	93.299	8217124	522029	35230185	3069303
12	大华（集团）有限公司	92.876	2513157	543831	16044483	3106537
13	成都兴城投资集团有限公司	92.781	7299846	219621	77909960	5670688
14	奥园集团有限公司	91.063	8835171	590755	32567846	1855289
15	合肥城建发展股份有限公司	90.906	535928	76760	1866130	536523
公用事业、市政、水务、航道等公共设施投资、经营与管理业						
1	成都市兴蓉环境股份有限公司	97.523	537061	129840	3088033	1227473
2	北京控股集团有限公司	97.299	10126115	119837	38833455	4184976
3	重庆水务集团股份有限公司	96.532	634960	177373	2453429	1552266
4	北京首都创业集团有限公司	96.528	5270094	185030	40912774	2672531
5	浙江伟明环保股份有限公司	95.856	312349	125727	1047323	548949
6	天津城市基础设施建设投资集团有限公司	95.545	1565424	146363	85504190	26210285
7	中山公用事业集团股份有限公司	95.278	218331	137478	2088850	1407544
8	四川川投能源股份有限公司	95.117	103112	316165	4132913	2879564
9	江西洪城环境股份有限公司	94.752	660116	66391	1649797	543440
10	南昌市政公用投资控股有限责任公司	93.512	5428951	59158	14654556	3583234
11	湖北省交通投资集团有限公司	91.358	3324888	137558	49686599	13335844
人力资源（职业教育、培训等）、会展博览、国内外经济合作等社会综合服务业						
1	中国国际技术智力合作集团有限公司	91.200	11853051	85293	1578359	571718

续表

序号	企业名称	综合信用指数	营业收入（万元）	利润（万元）	资产（万元）	所有者权益（万元）
科技研发、推广及地勘、规划、设计、评估、咨询、认证等承包服务业						
1	中国化学工程股份有限公司	97.428	10945651	365884	13600815	3766085
2	烟台杰瑞石油服务集团股份有限公司	95.004	829496	169038	1881032	1107777
3	华测检测认证集团股份有限公司	94.018	356771	57761	545468	374428
4	华设设计集团股份有限公司	92.141	535380	60458	920615	335535
文化产业（书刊出版、印刷、发行与销售及影视、音像、文体、演艺等）						
1	完美世界股份有限公司	96.774	1022477	154850	1550693	1083532
2	中文天地出版传媒集团股份有限公司	96.048	1033954	180561	2437035	1515898
3	江西新华发行集团有限公司	95.561	557400	95000	1205000	759300
4	中南出版传媒集团股份有限公司	95.042	1047301	143699	2314192	1399456
5	江苏凤凰出版传媒股份有限公司	95.019	1213489	159550	2564995	1471522
6	长江出版传媒股份有限公司	94.950	667505	81651	1094509	788266
7	新华文轩出版传媒股份有限公司	94.919	900806	126278	1696884	1013684
8	浙江浙能电力股份有限公司	92.555	5168443	608630	11451243	6784853
9	中国核能电力股份有限公司	92.255	5227645	599545	38174597	7046221
10	湖北能源集团股份有限公司	91.345	1702344	245713	6016684	2886832
11	国电电力发展股份有限公司	90.962	11642116	251259	35733735	4998369
其他采选业						
1	紫金矿业集团股份有限公司	96.916	17150134	845804	18231325	5653855
2	洛阳栾川钼业集团股份有限公司	95.125	11298102	232879	12244125	3889178

第九章
2021 中国制造业企业信用 100 强评价资料

一、2021 中国制造业企业信用 100 强排序

序号	企业名称	地区	综合信用指数	信用环境指数	信用能力指数	信用行为指数
1	华为投资控股有限公司	广东	99.801	13.826	71.975	14.000
2	贵州茅台酒股份有限公司	贵州	99.557	13.557	72.000	14.000
3	中国宝武钢铁集团有限公司	上海	99.042	14.000	71.042	14.000
4	中国建材集团有限公司	北京	98.384	13.484	72.000	12.900
5	冀南钢铁集团有限公司	河北	98.283	13.360	72.000	12.923
6	万华化学集团股份有限公司	山东	98.223	13.673	72.000	12.550
7	山东魏桥创业集团有限公司	山东	98.200	14.000	72.000	12.200
8	安徽海螺集团有限责任公司	安徽	98.073	13.504	71.970	12.600
9	宁夏宝丰能源集团股份有限公司	宁夏	97.601	13.851	70.950	12.800
10	小米科技有限责任公司	北京	97.537	13.937	72.000	11.600
11	三一集团有限公司	湖南	97.512	13.912	72.000	11.600
12	中联重科股份有限公司	湖南	97.498	13.898	72.000	11.600
13	玖龙环球（中国）投资集团有限公司	广东	97.452	13.886	71.966	11.600
14	比亚迪股份有限公司	广东	97.442	14.000	71.842	11.600
15	中国国际海运集装箱（集团）股份有限公司	广东	97.437	13.837	72.000	11.600
16	浙江新和成股份有限公司	浙江	97.419	14.000	70.619	12.800
17	北京东方雨虹防水技术股份有限公司	北京	97.355	13.926	71.829	11.600
18	富士康工业互联网股份有限公司	广东	97.301	13.044	72.000	12.257
19	中国第一汽车集团有限公司	吉林	97.154	13.833	72.000	11.321
20	杭州海康威视数字技术股份有限公司	浙江	97.121	13.521	72.000	11.600
21	红狮控股集团有限公司	浙江	97.080	13.480	72.000	11.600
22	波司登股份有限公司	江苏	97.043	13.443	72.000	11.600
23	中国石油化工集团有限公司	北京	96.995	12.462	70.781	13.752
24	中国电子科技集团有限公司	北京	96.969	13.588	71.781	11.600
25	新疆金风科技股份有限公司	新疆	96.937	13.829	71.508	11.600
26	隆基绿能科技股份有限公司	陕西	96.906	13.306	72.000	11.600
27	宁德时代新能源科技股份有限公司	福建	96.799	13.199	72.000	11.600
28	内蒙古君正能源化工集团股份有限公司	内蒙古	96.720	14.000	71.520	11.200

续表

序号	企业名称	地区	综合信用指数	信用环境指数	信用能力指数	信用行为指数
29	新疆特变电工集团有限公司	新疆	96.683	13.263	71.820	11.600
30	宜宾五粮液股份有限公司	四川	96.643	13.582	71.461	11.600
31	京东方科技集团股份有限公司	北京	96.632	13.880	71.152	11.600
32	青山控股集团有限公司	浙江	96.576	13.600	71.376	11.600
33	徐工集团工程机械股份有限公司	江苏	96.559	13.461	71.498	11.600
34	内蒙古伊利实业集团股份有限公司	内蒙古	96.551	12.999	71.952	11.600
35	浙江龙盛控股有限公司	浙江	96.544	12.950	70.793	12.800
36	舜宇集团有限公司	浙江	96.441	13.817	71.024	11.600
37	歌尔股份有限公司	山东	96.433	13.936	70.897	11.600
38	恒力集团有限公司	江苏	96.370	12.770	72.000	11.600
39	中国航天科技集团有限公司	北京	96.292	13.511	71.182	11.600
40	普联技术有限公司	广东	96.277	14.000	70.677	11.600
41	中国兵器工业集团有限公司	北京	96.096	13.830	70.667	11.600
42	上海汽车集团股份有限公司	上海	96.085	12.654	72.000	11.431
43	浙江大华技术股份有限公司	浙江	96.046	13.832	70.613	11.600
44	山西杏花村汾酒厂股份有限公司	山西	95.887	13.548	70.739	11.600
45	立讯精密工业股份有限公司	广东	95.829	13.929	71.900	10.000
46	中国航天科工集团有限公司	北京	95.703	13.236	70.867	11.600
47	得力集团有限公司	浙江	95.621	14.000	70.021	11.600
48	浙江荣盛控股集团有限公司	浙江	95.580	13.523	70.457	11.600
49	河北安丰钢铁有限公司	河北	95.490	13.600	70.290	11.600
50	浙江吉利控股集团有限公司	浙江	95.424	13.857	72.000	9.567
51	宁波申洲针织有限公司	浙江	95.206	12.972	70.633	11.600
52	中国航空工业集团有限公司	北京	95.178	13.830	69.748	11.600
53	农夫山泉股份有限公司	浙江	95.030	12.774	70.656	11.600
54	上海医药集团股份有限公司	上海	95.001	12.114	71.287	11.600
55	中兴通讯股份有限公司	广东	94.915	12.680	70.634	11.600
56	长城汽车股份有限公司	河北	94.837	13.936	72.000	8.900
57	益海嘉里金龙鱼粮油食品股份有限公司	上海	94.714	12.500	70.614	11.600
58	美的集团股份有限公司	广东	94.551	14.000	68.894	11.657
59	日照钢铁控股集团有限公司	山东	94.446	13.600	69.094	11.752
60	广州汽车工业集团有限公司	广东	94.351	13.861	71.822	8.668
61	东风汽车集团有限公司	湖北	94.342	13.049	72.000	9.292

续表

序号	企业名称	地区	综合信用指数	信用环境指数	信用能力指数	信用行为指数
62	珠海格力电器股份有限公司	广东	94.339	14.000	68.739	11.600
63	雅戈尔集团股份有限公司	浙江	94.215	13.600	69.015	11.600
64	北京首农食品集团有限公司	北京	94.203	13.422	69.182	11.600
65	双胞胎（集团）股份有限公司	江西	93.990	13.600	68.790	11.600
66	江苏沙钢集团有限公司	江苏	93.982	13.600	68.782	11.600
67	盛虹控股集团有限公司	江苏	93.834	12.237	69.997	11.600
68	华新水泥股份有限公司	湖北	93.765	12.549	69.616	11.600
69	华域汽车系统股份有限公司	上海	93.723	12.816	72.000	8.907
70	海澜集团有限公司	江苏	93.713	11.390	70.723	11.600
71	湖南华菱钢铁集团有限责任公司	湖南	93.399	13.600	68.199	11.600
72	中国兵器装备集团有限公司	北京	93.365	13.033	68.732	11.600
73	中信泰富特钢集团股份有限公司	湖北	93.221	13.582	68.038	11.600
74	河北普阳钢铁有限公司	河北	92.936	13.511	67.824	11.600
75	敬业集团有限公司	河北	92.905	13.271	68.033	11.600
76	潍柴动力股份有限公司	山东	92.779	10.624	70.555	11.600
77	中国重型汽车集团有限公司	山东	92.765	14.000	70.084	8.681
78	广西柳州钢铁集团有限公司	广西	92.531	13.600	67.331	11.600
79	海尔集团公司	山东	92.519	14.000	66.919	11.600
80	江苏洋河酒厂股份有限公司	江苏	92.440	12.996	67.844	11.600
81	正威国际集团有限公司	广东	92.419	12.265	66.154	14.000
82	中国中车集团有限公司	北京	92.367	12.842	67.925	11.600
83	无锡药明康德新药开发股份有限公司	江苏	91.823	13.087	67.137	11.600
84	深圳迈瑞生物医疗电子股份有限公司	广东	91.732	12.932	67.200	11.600
85	恒申控股集团有限公司	福建	91.457	11.171	68.686	11.600
86	万洲国际有限公司	河南	91.387	11.124	68.663	11.600
87	新希望控股集团有限公司	四川	91.345	13.516	66.230	11.600
88	云南白药集团股份有限公司	云南	91.286	12.579	67.107	11.600
89	江苏恒瑞医药股份有限公司	江苏	91.201	12.401	67.200	11.600
90	长春高新技术产业（集团）股份有限公司	吉林	91.160	13.251	66.310	11.600
91	石药控股集团有限公司	河北	91.106	12.307	67.199	11.600
92	浙江世纪华通集团股份有限公司	浙江	91.097	13.585	69.017	8.495
93	北京建龙重工集团有限公司	北京	90.764	13.600	65.564	11.600
94	广州白云山医药集团股份有限公司	广东	90.753	11.212	67.941	11.600

续表

序号	企业名称	地区	综合信用指数	信用环境指数	信用能力指数	信用行为指数
95	重庆智飞生物制品股份有限公司	重庆	90.687	12.976	66.111	11.600
96	盘锦北方沥青燃料有限公司	辽宁	90.640	13.439	65.601	11.600
97	通威集团有限公司	四川	90.528	13.600	65.328	11.600
98	南山集团有限公司	山东	90.385	11.900	64.660	13.825
99	上海复星医药（集团）股份有限公司	上海	90.205	12.151	66.453	11.600
100	威高集团有限公司	山东	90.023	11.484	66.940	11.600

二、2021 中国制造业企业信用 100 强收益性指标

序号	企业名称	地区	综合信用指数	营收利润率（%）	资产利润率（%）	净资产利润率（%）
1	华为投资控股有限公司	广东	99.801	7.247	7.367	19.555
2	贵州茅台酒股份有限公司	贵州	99.557	49.199	21.883	28.947
3	中国宝武钢铁集团有限公司	上海	99.042	3.716	2.469	8.523
4	中国建材集团有限公司	北京	98.384	5.109	3.355	10.653
5	冀南钢铁集团有限公司	河北	98.283	7.906	25.045	27.153
6	万华化学集团股份有限公司	山东	98.223	13.674	7.507	20.585
7	山东魏桥创业集团有限公司	山东	98.200	2.951	3.466	10.871
8	安徽海螺集团有限责任公司	安徽	98.073	4.952	5.279	20.774
9	宁夏宝丰能源集团股份有限公司	宁夏	97.601	29.023	12.132	17.848
10	小米科技有限责任公司	北京	97.537	8.279	8.024	16.457
11	三一集团有限公司	湖南	97.512	5.949	3.314	17.984
12	中联重科股份有限公司	湖南	97.498	11.182	6.262	15.576
13	玖龙环球（中国）投资集团有限公司	广东	97.452	7.541	7.058	13.604
14	比亚迪股份有限公司	广东	97.442	2.704	2.106	7.445
15	中国国际海运集装箱（集团）股份有限公司	广东	97.437	5.681	3.659	12.153
16	浙江新和成股份有限公司	浙江	97.419	34.552	11.534	18.430
17	北京东方雨虹防水技术股份有限公司	北京	97.355	15.595	12.170	23.189
18	富士康工业互联网股份有限公司	广东	97.301	4.037	7.729	16.800
19	中国第一汽车集团有限公司	吉林	97.154	2.836	4.045	9.431
20	杭州海康威视数字技术股份有限公司	浙江	97.121	21.078	15.091	24.883
21	红狮控股集团有限公司	浙江	97.080	10.668	9.659	21.982
22	波司登股份有限公司	江苏	97.043	12.488	10.655	17.851
23	中国石油化工集团有限公司	北京	96.995	2.187	1.911	5.420
24	中国电子科技集团有限公司	北京	96.969	5.478	2.872	7.457
25	新疆金风科技股份有限公司	新疆	96.937	5.267	2.715	8.673
26	隆基绿能科技股份有限公司	陕西	96.906	15.669	9.759	24.362
27	宁德时代新能源科技股份有限公司	福建	96.799	11.096	3.565	8.696

续表

序号	企业名称	地区	综合信用指数	营收利润率（%）	资产利润率（%）	净资产利润率（%）
28	内蒙古君正能源化工集团股份有限公司	内蒙古	96.720	32.538	14.297	23.202
29	新疆特变电工集团有限公司	新疆	96.683	5.360	2.401	6.758
30	宜宾五粮液股份有限公司	四川	96.643	34.812	17.521	23.283
31	京东方科技集团股份有限公司	北京	96.632	3.715	1.187	4.876
32	青山控股集团有限公司	浙江	96.576	2.660	9.044	26.385
33	徐工集团工程机械股份有限公司	江苏	96.559	5.041	4.062	11.067
34	内蒙古伊利实业集团股份有限公司	内蒙古	96.551	7.333	9.948	23.296
35	浙江龙盛控股有限公司	浙江	96.544	14.162	7.478	15.395
36	舜宇集团有限公司	浙江	96.441	12.820	13.747	29.353
37	歌尔股份有限公司	山东	96.433	4.932	5.798	14.491
38	恒力集团有限公司	江苏	96.370	2.354	6.158	34.267
39	中国航天科技集团有限公司	北京	96.292	7.060	3.638	8.711
40	普联技术有限公司	广东	96.277	25.459	18.468	20.359
41	中国兵器工业集团有限公司	北京	96.096	2.127	2.370	8.672
42	上海汽车集团股份有限公司	上海	96.085	2.753	2.222	7.855
43	浙江大华技术股份有限公司	浙江	96.046	14.746	10.665	19.738
44	山西杏花村汾酒厂股份有限公司	山西	95.887	22.011	15.569	31.495
45	立讯精密工业股份有限公司	广东	95.829	7.811	10.320	25.712
46	中国航天科工集团有限公司	北京	95.703	5.186	3.513	9.368
47	得力集团有限公司	浙江	95.621	8.315	12.082	32.960
48	浙江荣盛控股集团有限公司	浙江	95.580	1.385	1.579	16.190
49	河北安丰钢铁有限公司	河北	95.490	10.334	19.698	28.122
50	浙江吉利控股集团有限公司	浙江	95.424	2.865	1.922	10.702
51	宁波申洲针织有限公司	浙江	95.206	22.174	13.858	18.722
52	中国航空工业集团有限公司	北京	95.178	1.348	0.601	3.011
53	农夫山泉股份有限公司	浙江	95.030	22.774	20.484	34.097
54	上海医药集团股份有限公司	上海	95.001	2.343	3.014	9.913
55	中兴通讯股份有限公司	广东	94.915	4.199	2.828	9.839
56	长城汽车股份有限公司	河北	94.837	5.191	3.482	9.352
57	益海嘉里金龙鱼粮油食品股份有限公司	上海	94.714	3.079	3.349	7.184
58	美的集团股份有限公司	广东	94.551	9.578	7.554	23.165
59	日照钢铁控股集团有限公司	山东	94.446	8.629	7.434	20.105

续表

序号	企业名称	地区	综合信用指数	营收利润率（％）	资产利润率（％）	净资产利润率（％）
60	广州汽车工业集团有限公司	广东	94.351	0.998	1.187	8.255
61	东风汽车集团有限公司	湖北	94.342	1.284	1.386	7.249
62	珠海格力电器股份有限公司	广东	94.339	13.184	7.942	19.251
63	雅戈尔集团股份有限公司	浙江	94.215	63.052	9.043	25.354
64	北京首农食品集团有限公司	北京	94.203	1.856	1.895	7.422
65	双胞胎（集团）股份有限公司	江西	93.990	6.138	13.120	32.844
66	江苏沙钢集团有限公司	江苏	93.982	2.960	2.613	11.804
67	盛虹控股集团有限公司	江苏	93.834	1.352	3.116	16.179
68	华新水泥股份有限公司	湖北	93.765	19.180	12.818	23.887
69	华域汽车系统股份有限公司	上海	93.723	4.045	3.592	10.284
70	海澜集团有限公司	江苏	93.713	3.629	3.357	4.499
71	湖南华菱钢铁集团有限责任公司	湖南	93.399	3.477	4.659	18.657
72	中国兵器装备集团有限公司	北京	93.365	2.474	1.641	7.637
73	中信泰富特钢集团股份有限公司	湖北	93.221	8.062	7.779	21.250
74	河北普阳钢铁有限公司	河北	92.936	5.196	10.247	17.541
75	敬业集团有限公司	河北	92.905	1.867	5.997	12.963
76	潍柴动力股份有限公司	山东	92.779	4.662	3.401	17.982
77	中国重型汽车集团有限公司	山东	92.765	2.309	3.359	22.932
78	广西柳州钢铁集团有限公司	广西	92.531	3.446	3.862	13.673
79	海尔集团公司	山东	92.519	2.665	1.800	14.283
80	江苏洋河酒厂股份有限公司	江苏	92.440	35.459	13.890	19.442
81	正威国际集团有限公司	广东	92.419	1.847	6.307	11.202
82	中国中车集团有限公司	北京	92.367	2.151	1.182	6.654
83	无锡药明康德新药开发股份有限公司	江苏	91.823	17.902	6.395	9.110
84	深圳迈瑞生物医疗电子股份有限公司	广东	91.732	31.664	19.989	28.601
85	恒申控股集团有限公司	福建	91.457	7.086	9.286	17.589
86	万洲国际有限公司	河南	91.387	3.236	4.676	8.747
87	新希望控股集团有限公司	四川	91.345	1.631	1.125	13.187
88	云南白药集团股份有限公司	云南	91.286	16.847	9.989	14.496
89	江苏恒瑞医药股份有限公司	江苏	91.201	22.818	18.222	20.746
90	长春高新技术产业（集团）股份有限公司	吉林	91.160	35.522	18.086	27.871
91	石药控股集团有限公司	河北	91.106	14.509	10.746	20.789

续表

序号	企业名称	地区	综合信用指数	营收利润率（%）	资产利润率（%）	净资产利润率（%）
92	浙江世纪华通集团股份有限公司	浙江	91.097	19.665	6.893	10.188
93	北京建龙重工集团有限公司	北京	90.764	1.742	2.205	10.913
94	广州白云山医药集团股份有限公司	广东	90.753	4.727	4.878	11.150
95	重庆智飞生物制品股份有限公司	重庆	90.687	21.733	21.698	40.023
96	盘锦北方沥青燃料有限公司	辽宁	90.640	8.101	8.567	31.147
97	通威集团有限公司	四川	90.528	3.451	4.226	16.939
98	南山集团有限公司	山东	90.385	4.335	3.736	7.706
99	上海复星医药（集团）股份有限公司	上海	90.205	12.086	4.377	9.901
100	威高集团有限公司	山东	90.023	8.632	6.397	11.160

三、2021 中国制造业企业信用 100 强流动性和安全性指标

序号	企业名称	地区	综合信用指数	资产周转率（次/年）	所有者权益比率（%）	资本保值增值率（%）
1	华为投资控股有限公司	广东	99.801	1.017	37.672	121.889
2	贵州茅台酒股份有限公司	贵州	99.557	0.445	75.598	134.334
3	中国宝武钢铁集团有限公司	上海	99.042	0.664	28.970	109.155
4	中国建材集团有限公司	北京	98.384	0.657	31.495	152.110
5	冀南钢铁集团有限公司	河北	98.283	3.168	92.238	137.274
6	万华化学集团股份有限公司	山东	98.223	0.549	36.471	123.703
7	山东魏桥创业集团有限公司	山东	98.200	1.174	31.879	111.978
8	安徽海螺集团有限责任公司	安徽	98.073	1.066	25.414	124.966
9	宁夏宝丰能源集团股份有限公司	宁夏	97.601	0.418	67.971	119.796
10	小米科技有限责任公司	北京	97.537	0.969	48.759	125.028
11	三一集团有限公司	湖南	97.512	0.557	18.426	120.753
12	中联重科股份有限公司	湖南	97.498	0.560	40.201	118.734
13	玖龙环球（中国）投资集团有限公司	广东	97.452	0.936	51.880	114.816
14	比亚迪股份有限公司	广东	97.442	0.779	28.293	107.460
15	中国国际海运集装箱（集团）股份有限公司	广东	97.437	0.644	30.105	157.809
16	浙江新和成股份有限公司	浙江	97.419	0.334	62.583	120.950
17	北京东方雨虹防水技术股份有限公司	北京	97.355	0.780	52.482	134.793
18	富士康工业互联网股份有限公司	广东	97.301	1.915	46.007	119.524
19	中国第一汽车集团有限公司	吉林	97.154	1.426	42.893	110.213
20	杭州海康威视数字技术股份有限公司	浙江	97.121	0.716	60.646	129.809
21	红狮控股集团有限公司	浙江	97.080	0.905	43.942	129.260
22	波司登股份有限公司	江苏	97.043	0.853	59.691	119.650
23	中国石油化工集团有限公司	北京	96.995	0.874	35.266	105.705
24	中国电子科技集团有限公司	北京	96.969	0.524	38.511	108.275
25	新疆金风科技股份有限公司	新疆	96.937	0.516	31.307	109.661
26	隆基绿能科技股份有限公司	陕西	96.906	0.623	40.059	130.955
27	宁德时代新能源科技股份有限公司	福建	96.799	0.321	40.996	114.641

续表

序号	企业名称	地区	综合信用指数	资产周转率（次/年）	所有者权益比率（%）	资本保值增值率（%）
28	内蒙古君正能源化工集团股份有限公司	内蒙古	96.720	0.439	61.617	125.444
29	新疆特变电工集团有限公司	新疆	96.683	0.448	35.530	107.160
30	宜宾五粮液股份有限公司	四川	96.643	0.503	75.251	126.860
31	京东方科技集团股份有限公司	北京	96.632	0.320	24.343	105.297
32	青山控股集团有限公司	浙江	96.576	3.399	34.276	135.857
33	徐工集团工程机械股份有限公司	江苏	96.559	0.806	36.703	111.235
34	内蒙古伊利实业集团股份有限公司	内蒙古	96.551	1.357	42.701	127.087
35	浙江龙盛控股有限公司	浙江	96.544	0.528	48.575	117.369
36	舜宇集团有限公司	浙江	96.441	1.072	46.834	138.810
37	歌尔股份有限公司	山东	96.433	1.176	40.012	117.682
38	恒力集团有限公司	江苏	96.370	2.615	17.969	145.206
39	中国航天科技集团有限公司	北京	96.292	0.515	41.764	108.941
40	普联技术有限公司	广东	96.277	0.725	90.709	124.066
41	中国兵器工业集团有限公司	北京	96.096	1.114	27.327	108.993
42	上海汽车集团股份有限公司	上海	96.085	0.807	28.290	108.182
43	浙江大华技术股份有限公司	浙江	96.046	0.723	54.032	124.949
44	山西杏花村汾酒厂股份有限公司	山西	95.887	0.707	49.432	140.296
45	立讯精密工业股份有限公司	广东	95.829	1.321	40.138	135.599
46	中国航天科工集团有限公司	北京	95.703	0.677	37.498	109.691
47	得力集团有限公司	浙江	95.621	1.453	36.657	143.636
48	浙江荣盛控股集团有限公司	浙江	95.580	1.140	9.755	119.858
49	河北安丰钢铁有限公司	河北	95.490	1.906	70.045	139.123
50	浙江吉利控股集团有限公司	浙江	95.424	0.671	17.961	114.150
51	宁波申洲针织有限公司	浙江	95.206	0.625	74.016	120.287
52	中国航空工业集团有限公司	北京	95.178	0.446	19.949	103.266
53	农夫山泉股份有限公司	浙江	95.030	0.899	60.075	153.481
54	上海医药集团股份有限公司	上海	95.001	1.286	30.402	110.793
55	中兴通讯股份有限公司	广东	94.915	0.673	28.743	114.777
56	长城汽车股份有限公司	河北	94.837	0.671	37.232	109.858
57	益海嘉里金龙鱼粮油食品股份有限公司	上海	94.714	1.088	46.621	109.261
58	美的集团股份有限公司	广东	94.551	0.789	32.609	126.776
59	日照钢铁控股集团有限公司	山东	94.446	0.862	36.978	124.730

续表

序号	企业名称	地区	综合信用指数	资产周转率（次/年）	所有者权益比率（%）	资本保值增值率（%）
60	广州汽车工业集团有限公司	广东	94.351	1.189	14.375	108.818
61	东风汽车集团有限公司	湖北	94.342	1.079	19.122	107.733
62	珠海格力电器股份有限公司	广东	94.339	0.602	41.255	120.131
63	雅戈尔集团股份有限公司	浙江	94.215	0.143	35.666	126.019
64	北京首农食品集团有限公司	北京	94.203	1.021	25.534	107.858
65	双胞胎（集团）股份有限公司	江西	93.990	2.137	39.945	147.925
66	江苏沙钢集团有限公司	江苏	93.982	0.883	22.135	113.360
67	盛虹控股集团有限公司	江苏	93.834	2.305	19.260	118.332
68	华新水泥股份有限公司	湖北	93.765	0.668	53.659	126.424
69	华域汽车系统股份有限公司	上海	93.723	0.888	34.924	110.933
70	海澜集团有限公司	江苏	93.713	0.925	74.619	104.573
71	湖南华菱钢铁集团有限责任公司	湖南	93.399	1.340	24.973	122.175
72	中国兵器装备集团有限公司	北京	93.365	0.663	21.492	108.354
73	中信泰富特钢集团股份有限公司	湖北	93.221	0.965	36.609	123.864
74	河北普阳钢铁有限公司	河北	92.936	1.972	58.417	121.561
75	敬业集团有限公司	河北	92.905	3.212	46.261	118.020
76	潍柴动力股份有限公司	山东	92.779	0.729	18.911	120.359
77	中国重型汽车集团有限公司	山东	92.765	1.455	14.648	135.216
78	广西柳州钢铁集团有限公司	广西	92.531	1.121	28.248	115.539
79	海尔集团公司	山东	92.519	0.676	12.604	117.077
80	江苏洋河酒厂股份有限公司	江苏	92.440	0.392	71.445	120.494
81	正威国际集团有限公司	广东	92.419	3.416	56.302	112.608
82	中国中车集团有限公司	北京	92.367	0.549	17.761	107.209
83	无锡药明康德新药开发股份有限公司	江苏	91.823	0.357	70.194	117.099
84	深圳迈瑞生物医疗电子股份有限公司	广东	91.732	0.631	69.889	135.807
85	恒申控股集团有限公司	福建	91.457	1.311	52.795	120.769
86	万洲国际有限公司	河南	91.387	1.445	53.460	109.425
87	新希望控股集团有限公司	四川	91.345	0.690	8.533	115.368
88	云南白药集团股份有限公司	云南	91.286	0.593	68.911	114.540
89	江苏恒瑞医药股份有限公司	江苏	91.201	0.799	87.834	125.543
90	长春高新技术产业（集团）股份有限公司	吉林	91.160	0.509	64.893	137.685
91	石药控股集团有限公司	河北	91.106	0.741	51.691	124.035

续表

序号	企业名称	地区	综合信用指数	资产周转率（次/年）	所有者权益比率（%）	资本保值增值率（%）
92	浙江世纪华通集团股份有限公司	浙江	91.097	0.351	67.651	112.003
93	北京建龙重工集团有限公司	北京	90.764	1.266	20.210	111.936
94	广州白云山医药集团股份有限公司	广东	90.753	1.032	43.750	112.054
95	重庆智飞生物制品股份有限公司	重庆	90.687	0.998	54.213	157.441
96	盘锦北方沥青燃料有限公司	辽宁	90.640	1.058	27.506	139.088
97	通威集团有限公司	四川	90.528	1.225	24.950	119.312
98	南山集团有限公司	山东	90.385	0.862	48.482	108.349
99	上海复星医药（集团）股份有限公司	上海	90.205	0.362	44.208	111.486
100	威高集团有限公司	山东	90.023	0.741	57.327	112.562

四、2021 中国制造业企业信用 100 强成长性指标

序号	企业名称	地区	营收增长率（%）	利润增长率（%）	资产增长率（%）	资本积累率（%）
1	华为投资控股有限公司	广东	3.788	3.179	2.119	11.934
2	贵州茅台酒股份有限公司	贵州	11.104	13.325	16.583	18.611
3	中国宝武钢铁集团有限公司	上海	22.009	24.919	17.615	7.413
4	中国建材集团有限公司	北京	−1.007	35.385	0.659	389.171
5	冀南钢铁集团有限公司	河北	6.867	7.309	35.390	37.274
6	万华化学集团股份有限公司	山东	7.909	−0.874	38.081	15.146
7	山东魏桥创业集团有限公司	山东	3.467	55.851	1.400	10.185
8	安徽海螺集团有限责任公司	安徽	11.696	5.815	11.498	20.182
9	宁夏宝丰能源集团股份有限公司	宁夏	17.390	21.592	14.448	10.912
10	小米科技有限责任公司	北京	19.446	102.660	38.148	52.085
11	三一集团有限公司	湖南	43.079	77.082	43.054	15.398
12	中联重科股份有限公司	湖南	50.341	66.550	26.292	20.278
13	玖龙环球（中国）投资集团有限公司	广东	63.802	67.085	39.365	8.912
14	比亚迪股份有限公司	广东	22.592	162.273	2.748	0.197
15	中国国际海运集装箱（集团）股份有限公司	广东	9.723	246.875	−15.046	375.665
16	浙江新和成股份有限公司	浙江	34.641	64.587	7.566	13.670
17	北京东方雨虹防水技术股份有限公司	北京	19.698	64.035	24.229	50.045
18	富士康工业互联网股份有限公司	广东	5.649	−6.317	9.679	16.209
19	中国第一汽车集团有限公司	吉林	12.901	0.532	−0.229	8.294
20	杭州海康威视数字技术股份有限公司	浙江	10.138	7.821	17.707	19.798
21	红狮控股集团有限公司	浙江	6.038	6.833	27.379	33.109
22	波司登股份有限公司	江苏	10.003	16.261	4.783	10.081
23	中国石油化工集团有限公司	北京	−30.375	−8.767	1.277	5.256
24	中国电子科技集团有限公司	北京	4.009	7.734	12.043	10.968
25	新疆金风科技股份有限公司	新疆	47.119	34.105	5.901	11.388
26	隆基绿能科技股份有限公司	陕西	65.919	61.991	47.772	27.062
27	宁德时代新能源科技股份有限公司	福建	9.897	22.433	54.529	68.369

续表

序号	企业名称	地区	营收增长率（％）	利润增长率（％）	资产增长率（％）	资本积累率（％）
28	内蒙古君正能源化工集团股份有限公司	内蒙古	51.147	93.243	6.759	9.662
29	新疆特变电工集团有限公司	新疆	16.988	29.694	5.865	5.936
30	宜宾五粮液股份有限公司	四川	14.372	14.669	7.045	15.366
31	京东方科技集团股份有限公司	北京	16.796	162.458	24.630	8.646
32	青山控股集团有限公司	浙江	11.535	36.574	22.198	35.897
33	徐工集团工程机械股份有限公司	江苏	24.997	2.991	18.767	1.519
34	内蒙古伊利实业集团股份有限公司	内蒙古	7.238	2.083	17.686	16.275
35	浙江龙盛控股有限公司	浙江	-15.680	-12.124	9.931	12.825
36	舜宇集团有限公司	浙江	0.404	22.060	15.460	32.218
37	歌尔股份有限公司	山东	64.285	122.407	41.712	22.016
38	恒力集团有限公司	江苏	24.894	14.107	13.017	31.920
39	中国航天科技集团有限公司	北京	6.865	3.935	8.635	2.644
40	普联技术有限公司	广东	38.325	68.179	16.900	18.207
41	中国兵器工业集团有限公司	北京	3.226	17.553	2.687	3.704
42	上海汽车集团股份有限公司	上海	-11.999	-20.202	8.251	4.165
43	浙江大华技术股份有限公司	浙江	1.211	22.416	23.780	26.402
44	山西杏花村汾酒厂股份有限公司	山西	17.635	56.391	18.294	27.944
45	立讯精密工业股份有限公司	广东	47.963	53.282	41.790	38.456
46	中国航天科工集团有限公司	北京	0.124	-0.322	10.113	3.452
47	得力集团有限公司	浙江	18.493	99.989	23.833	32.390
48	浙江荣盛控股集团有限公司	浙江	50.075	135.177	31.936	22.656
49	河北安丰钢铁有限公司	河北	26.881	58.266	26.217	39.118
50	浙江吉利控股集团有限公司	浙江	-1.572	9.640	22.673	32.216
51	宁波申洲针织有限公司	浙江	1.612	2.989	15.686	8.357
52	中国航空工业集团有限公司	北京	2.959	58.188	4.298	8.490
53	农夫山泉股份有限公司	浙江	-4.862	6.391	45.407	56.850
54	上海医药集团股份有限公司	上海	2.864	10.175	8.874	8.871
55	中兴通讯股份有限公司	广东	11.808	-17.252	6.680	50.196
56	长城汽车股份有限公司	河北	7.376	19.249	36.177	5.409
57	益海嘉里金龙鱼粮油食品股份有限公司	上海	14.161	10.962	4.975	28.912
58	美的集团股份有限公司	广东	2.158	12.439	19.350	15.587
59	日照钢铁控股集团有限公司	山东	-1.313	78.248	12.952	23.004

续表

序号	企业名称	地区	营收增长率（%）	利润增长率（%）	资产增长率（%）	资本积累率（%）
60	广州汽车工业集团有限公司	广东	7.438	1.937	9.714	6.824
61	东风汽车集团有限公司	湖北	3.214	−16.125	11.605	6.674
62	珠海格力电器股份有限公司	广东	−15.117	−10.210	−1.327	4.572
63	雅戈尔集团股份有限公司	浙江	−7.613	82.146	−0.801	2.623
64	北京首农食品集团有限公司	北京	10.449	16.746	5.803	5.870
65	双胞胎（集团）股份有限公司	江西	29.950	203.294	80.719	45.919
66	江苏沙钢集团有限公司	江苏	5.835	59.302	4.534	13.175
67	盛虹控股集团有限公司	江苏	37.760	6.720	21.828	13.303
68	华新水泥股份有限公司	湖北	−6.624	−11.221	19.875	10.617
69	华域汽车系统股份有限公司	上海	−7.253	−16.399	8.128	6.304
70	海澜集团有限公司	江苏	−14.614	−29.999	2.121	1.635
71	湖南华菱钢铁集团有限责任公司	湖南	14.221	60.141	7.060	18.855
72	中国兵器装备集团有限公司	北京	18.407	−13.793	5.429	9.389
73	中信泰富特钢集团股份有限公司	湖北	2.903	11.845	6.690	12.299
74	河北普阳钢铁有限公司	河北	0.714	21.757	61.047	22.918
75	敬业集团有限公司	河北	76.171	−25.832	59.760	39.009
76	潍柴动力股份有限公司	山东	13.266	1.122	14.322	13.220
77	中国重型汽车集团有限公司	山东	51.612	243.499	43.981	53.570
78	广西柳州钢铁集团有限公司	广西	15.823	4.480	21.032	13.648
79	海尔集团公司	山东	4.295	4.800	12.579	19.567
80	江苏洋河酒厂股份有限公司	江苏	−8.758	1.347	0.769	5.412
81	正威国际集团有限公司	广东	12.712	2.333	25.514	12.549
82	中国中车集团有限公司	北京	0.091	42.794	1.448	8.341
83	无锡药明康德新药开发股份有限公司	江苏	28.458	59.620	58.319	87.692
84	深圳迈瑞生物医疗电子股份有限公司	广东	26.998	42.238	29.930	25.195
85	恒申控股集团有限公司	福建	12.322	−13.115	−0.280	18.081
86	万洲国际有限公司	河南	6.298	−43.411	1.286	7.759
87	新希望控股集团有限公司	四川	34.711	35.329	15.558	16.533
88	云南白药集团股份有限公司	云南	10.376	31.846	11.199	0.302
89	江苏恒瑞医药股份有限公司	江苏	19.091	18.775	26.031	23.124
90	长春高新技术产业（集团）股份有限公司	吉林	16.313	71.638	32.412	35.212
91	石药控股集团有限公司	河北	10.697	16.455	11.063	15.614

续表

序号	企业名称	地区	营收增长率（%）	利润增长率（%）	资产增长率（%）	资本积累率（%）
92	浙江世纪华通集团股份有限公司	浙江	1.996	28.921	32.101	17.816
93	北京建龙重工集团有限公司	北京	28.732	-12.515	15.982	9.372
94	广州白云山医药集团股份有限公司	广东	-5.047	-8.581	5.038	8.104
95	重庆智飞生物制品股份有限公司	重庆	43.477	39.506	39.048	43.521
96	盘锦北方沥青燃料有限公司	辽宁	-11.272	25.440	26.186	25.495
97	通威集团有限公司	四川	14.052	64.519	30.283	14.008
98	南山集团有限公司	山东	2.174	-3.612	-0.043	8.349
99	上海复星医药（集团）股份有限公司	上海	6.024	10.272	9.940	16.017
100	威高集团有限公司	山东	0.387	-2.074	11.248	12.562

五、2021 中国制造业企业信用 100 强地区分布

序号	企业名称	综合信用指数	营业收入（万元）	利润（万元）	资产（万元）	所有者权益（万元）
北京						
1	中国建材集团有限公司	98.384	39409660	2013452	60012574	18900909
2	小米科技有限责任公司	97.537	24586563	2035550	25367982	12369170
3	北京东方雨虹防水技术股份有限公司	97.355	2173037	338887	2784665	1461438
4	中国石油化工集团有限公司	96.995	195772455	4281570	223996049	78994612
5	中国电子科技集团有限公司	96.969	23674894	1296924	45161011	17392078
6	京东方科技集团股份有限公司	96.632	13555257	503563	42425681	10327677
7	中国航天科技集团有限公司	96.292	26731911	1887219	51876555	21665544
8	中国兵器工业集团有限公司	96.096	49002216	1042489	43991352	12021470
9	中国航天科工集团有限公司	95.703	26010986	1348948	38400638	14399553
10	中国航空工业集团有限公司	95.178	46880346	631803	105196580	20985565
11	北京首农食品集团有限公司	94.203	15706161	291480	15380078	3927119
12	中国兵器装备集团有限公司	93.365	23773708	588279	35839407	7702659
13	中国中车集团有限公司	92.367	23996982	516146	43672971	7756818
14	北京建龙重工集团有限公司	90.764	19569510	340852	15454742	3123334
安徽						
1	安徽海螺集团有限责任公司	98.073	26171587	1296083	24549749	6239092
福建						
1	宁德时代新能源科技股份有限公司	96.799	5031949	558334	15661843	6420730
2	恒申控股集团有限公司	91.457	5666242	401495	4323703	2282698
广东						
1	华为投资控股有限公司	99.801	89136800	6459500	87685400	33032500
2	玖龙环球（中国）投资集团有限公司	97.452	7813009	589176	8348039	4330985
3	比亚迪股份有限公司	97.442	15659769	423427	20101732	5687427
4	中国国际海运集装箱（集团）股份有限公司	97.437	9415908	534961	14621151	4401752
5	富士康工业互联网股份有限公司	97.301	43178589	1743078	22551394	10375255
6	普联技术有限公司	96.277	1505913	383396	2076048	1883160

续表

序号	企业名称	综合信用指数	营业收入（万元）	利润（万元）	资产（万元）	所有者权益（万元）
7	立讯精密工业股份有限公司	95.829	9250126	722546	7001275	2810182
8	中兴通讯股份有限公司	94.915	10145070	425980	15063490	4329680
9	美的集团股份有限公司	94.551	28422125	2722297	36038260	11751626
10	广州汽车工业集团有限公司	94.351	39829579	397557	33502493	4815897
11	珠海格力电器股份有限公司	94.339	16819920	2217511	27921792	11519021
12	正威国际集团有限公司	92.419	69193677	1277708	20258068	11405624
13	深圳迈瑞生物医疗电子股份有限公司	91.732	2102585	665768	3330639	2327763
14	广州白云山医药集团股份有限公司	90.753	6167370	291525	5976006	2614484
广西						
1	广西柳州钢铁集团有限公司	92.531	11740007	404517	10473353	2958500
贵州						
1	贵州茅台酒股份有限公司	99.557	9491538	4669729	21339581	16132274
河北						
1	冀南钢铁集团有限公司	98.283	13907899	1099538	4390238	4049452
2	河北安丰钢铁有限公司	95.490	3980619	411362	2088353	1462780
3	长城汽车股份有限公司	94.837	10330761	536249	15401149	5734185
4	河北普阳钢铁有限公司	92.936	7918524	411450	4015298	2345633
5	敬业集团有限公司	92.905	22444527	419035	6987448	3232483
6	石药控股集团有限公司	91.106	4035608	585518	5448773	2816504
河南						
1	万洲国际有限公司	91.387	17646430	570997	12211350	6528162
湖北						
1	东风汽车集团有限公司	94.342	59930949	769705	55525156	10617668
2	华新水泥股份有限公司	93.765	2935652	563060	4392851	2357138
3	中信泰富特钢集团股份有限公司	93.221	7472837	602449	7744096	2835012
湖南						
1	三一集团有限公司	97.512	12531796	745519	22497446	4145440
2	中联重科股份有限公司	97.498	6510894	728067	11627494	4674374
3	湖南华菱钢铁集团有限责任公司	93.399	15202110	528512	11343300	2832752
吉林						
1	中国第一汽车集团有限公司	97.154	69742459	1977861	48894055	20972109
2	长春高新技术产业（集团）股份有限公司	91.160	857660	304659	1684462	1093101

续表

序号	企业名称	综合信用指数	营业收入（万元）	利润（万元）	资产（万元）	所有者权益（万元）
江苏						
1	波司登股份有限公司	97.043	3288516	410679	3854196	2300611
2	徐工集团工程机械股份有限公司	96.559	7396815	372886	9179718	3369257
3	恒力集团有限公司	96.370	69533561	1637160	26587848	4777589
4	江苏沙钢集团有限公司	93.982	26678565	789680	30222583	6689751
5	盛虹控股集团有限公司	93.834	26523669	358645	11509193	2216707
6	海澜集团有限公司	93.713	10521688	381807	11372235	8485812
7	江苏洋河酒厂股份有限公司	92.440	2110105	748223	5386626	3848458
8	无锡药明康德新药开发股份有限公司	91.823	1653543	296024	4629117	3249374
9	江苏恒瑞医药股份有限公司	91.201	2773460	632838	3472959	3050430
江西						
1	双胞胎（集团）股份有限公司	93.990	8663084	531729	4052957	1618962
辽宁						
1	盘锦北方沥青燃料有限公司	90.640	6152777	498410	5817556	1600202
内蒙古						
1	内蒙古君正能源化工集团股份有限公司	96.720	1479819	481509	3368015	2075256
2	内蒙古伊利实业集团股份有限公司	96.551	9652396	707818	7115426	3038391
宁夏						
1	宁夏宝丰能源集团股份有限公司	97.601	1592773	462277	3810501	2590035
山东						
1	万华化学集团股份有限公司	98.223	7343297	1004143	13375267	4878035
2	山东魏桥创业集团有限公司	98.200	28896461	852854	24609539	7845228
3	歌尔股份有限公司	96.433	5774274	284801	4911783	1965325
4	日照钢铁控股集团有限公司	94.446	9711525	837986	11271737	4168041
5	潍柴动力股份有限公司	92.779	19749109	920713	27075017	5120232
6	中国重型汽车集团有限公司	92.765	17564831	405542	12073281	1768488
7	海尔集团公司	92.519	30247330	806055	44777414	5643579
8	南山集团有限公司	90.385	11358670	492405	13180049	6389908
9	威高集团有限公司	90.023	4978281	429709	6716835	3850527
山西						
1	山西杏花村汾酒厂股份有限公司	95.887	1398980	307923	1977853	977696
陕西						
1	隆基绿能科技股份有限公司	96.906	5458318	855237	8763483	3510577

续表

序号	企业名称	综合信用指数	营业收入（万元）	利润（万元）	资产（万元）	所有者权益（万元）
上海						
1	中国宝武钢铁集团有限公司	99.042	67373867	2503826	101407132	29377547
2	上海汽车集团股份有限公司	96.085	74213245	2043104	91941476	26010295
3	上海医药集团股份有限公司	95.001	19190917	449622	14918566	4535468
4	益海嘉里金龙鱼粮油食品股份有限公司	94.714	19492156	600087	17917732	8353360
5	华域汽车系统股份有限公司	93.723	13357764	540328	15043596	5253886
6	上海复星医药（集团）股份有限公司	90.205	3030698	366281	8368601	3699553
四川						
1	宜宾五粮液股份有限公司	96.643	5732106	1995481	11389314	8570597
2	新希望控股集团有限公司	91.345	21807950	355630	31604041	2696765
3	通威集团有限公司	90.528	9263517	319716	7565034	1887443
新疆						
1	新疆金风科技股份有限公司	96.937	5626511	296351	10913818	3416825
2	新疆特变电工集团有限公司	96.683	6096838	326771	13608470	4835040
云南						
1	云南白药集团股份有限公司	91.286	3274277	551607	5521945	3805255
浙江						
1	浙江新和成股份有限公司	97.419	1031408	356376	3089701	1933625
2	杭州海康威视数字技术股份有限公司	97.121	6350345	1338553	8870168	5379431
3	红狮控股集团有限公司	97.080	5497879	586538	6072301	2668274
4	青山控股集团有限公司	96.576	29289244	779213	8615934	2953193
5	浙江龙盛控股有限公司	96.544	3176536	449858	6015784	2922140
6	舜宇集团有限公司	96.441	3800177	487179	3543812	1659722
7	浙江大华技术股份有限公司	96.046	2646597	390278	3659503	1977303
8	得力集团有限公司	95.621	3804946	316398	2618712	959950
9	浙江荣盛控股集团有限公司	95.580	30860925	427401	27062106	2639872
10	浙江吉利控股集团有限公司	95.424	32561869	933057	48540396	8718333
11	宁波申洲针织有限公司	95.206	2303065	510674	3685176	2727606
12	农夫山泉股份有限公司	95.030	2320813	528546	2580302	1550121
13	雅戈尔集团股份有限公司	94.215	1147557	723559	8001509	2853831
14	浙江世纪华通集团股份有限公司	91.097	1498297	294633	4274683	2891887
重庆						
1	重庆智飞生物制品股份有限公司	90.687	1519037	330133	1521524	824866

六、2021 中国制造业企业信用 100 强行业分布

序号	企业名称	综合信用指数	营业收入（万元）	利润（万元）	资产（万元）	所有者权益（万元）
农副食品及农产品加工业						
1	益海嘉里金龙鱼粮油食品股份有限公司	94.714	19492156	600087	17917732	8353360
2	双胞胎（集团）股份有限公司	93.990	8663084	531729	4052957	1618962
3	新希望控股集团有限公司	91.345	21807950	355630	31604041	2696765
4	通威集团有限公司	90.528	9263517	319716	7565034	1887443
食品（含饮料、乳制品、肉食品等）加工制造业						
1	内蒙古伊利实业集团股份有限公司	96.551	9652396	707818	7115426	3038391
2	农夫山泉股份有限公司	95.030	2320813	528546	2580302	1550121
3	北京首农食品集团有限公司	94.203	15706161	291480	15380078	3927119
4	万洲国际有限公司	91.387	17646430	570997	12211350	6528162
酿酒制造业						
1	贵州茅台酒股份有限公司	99.557	9491538	4669729	21339581	16132274
2	宜宾五粮液股份有限公司	96.643	5732106	1995481	11389314	8570597
3	山西杏花村汾酒厂股份有限公司	95.887	1398980	307923	1977853	977696
4	江苏洋河酒厂股份有限公司	92.440	2110105	748223	5386626	3848458
纺织、印染业						
1	山东魏桥创业集团有限公司	98.200	28896461	852854	24609539	7845228
纺织品、服装、服饰、鞋帽、皮革加工业						
1	波司登股份有限公司	97.043	3288516	410679	3854196	2300611
2	宁波申洲针织有限公司	95.206	2303065	510674	3685176	2727606
3	雅戈尔集团股份有限公司	94.215	1147557	723559	8001509	2853831
4	海澜集团有限公司	93.713	10521688	381807	11372235	8485812
造纸及纸制品（含木材、藤、竹、家具等）加工、印刷、包装业						
1	玖龙环球（中国）投资集团有限公司	97.452	7813009	589176	8348039	4330985
石化产品、炼焦及其他燃料生产加工业						
1	中国石油化工集团有限公司	96.995	195772455	4281570	223996049	78994612
2	盘锦北方沥青燃料有限公司	90.640	6152777	498410	5817556	1600202

续表

序号	企业名称	综合信用指数	营业收入（万元）	利润（万元）	资产（万元）	所有者权益（万元）
化学原料及化学制品（含精细化工、日化、肥料等）制造业						
1	万华化学集团股份有限公司	98.223	7343297	1004143	13375267	4878035
2	宁夏宝丰能源集团股份有限公司	97.601	1592773	462277	3810501	2590035
3	浙江新和成股份有限公司	97.419	1031408	356376	3089701	1933625
4	内蒙古君正能源化工集团股份有限公司	96.720	1479819	481509	3368015	2075256
5	浙江龙盛控股有限公司	96.544	3176536	449858	6015784	2922140
医药、生物制药、医疗设备制造业						
1	上海医药集团股份有限公司	95.001	19190917	449622	14918566	4535468
2	无锡药明康德新药开发股份有限公司	91.823	1653543	296024	4629117	3249374
3	深圳迈瑞生物医疗电子股份有限公司	91.732	2102585	665768	3330639	2327763
4	云南白药集团股份有限公司	91.286	3274277	551607	5521945	3805255
5	江苏恒瑞医药股份有限公司	91.201	2773460	632838	3472959	3050430
6	长春高新技术产业（集团）股份有限公司	91.160	857660	304659	1684462	1093101
7	石药控股集团有限公司	91.106	4035608	585518	5448773	2816504
8	广州白云山医药集团股份有限公司	90.753	6167370	291525	5976006	2614484
9	重庆智飞生物制品股份有限公司	90.687	1519037	330133	1521524	824866
10	上海复星医药（集团）股份有限公司	90.205	3030698	366281	8368601	3699553
11	威高集团有限公司	90.023	4978281	429709	6716835	3850527
化学纤维制造业						
1	恒力集团有限公司	96.370	69533561	1637160	26587848	4777589
2	浙江荣盛控股集团有限公司	95.580	30860925	427401	27062106	2639872
3	盛虹控股集团有限公司	93.834	26523669	358645	11509193	2216707
4	恒申控股集团有限公司	91.457	5666242	401495	4323703	2282698
建筑材料及玻璃等制造业及非金属矿物制品业						
1	中国建材集团有限公司	98.384	39409660	2013452	60012574	18900909
2	安徽海螺集团有限责任公司	98.073	26171587	1296083	24549749	6239092
3	北京东方雨虹防水技术股份有限公司	97.355	2173037	338887	2784665	1461438
4	红狮控股集团有限公司	97.080	5497879	586538	6072301	2668274
5	华新水泥股份有限公司	93.765	2935652	563060	4392851	2357138
黑色冶金及压延加工业						
1	中国宝武钢铁集团有限公司	99.042	67373867	2503826	101407132	29377547
2	冀南钢铁集团有限公司	98.283	13907899	1099538	4390238	4049452

续表

序号	企业名称	综合信用指数	营业收入（万元）	利润（万元）	资产（万元）	所有者权益（万元）
3	青山控股集团有限公司	96.576	29289244	779213	8615934	2953193
4	河北安丰钢铁有限公司	95.490	3980619	411362	2088353	1462780
5	日照钢铁控股集团有限公司	94.446	9711525	837986	11271737	4168041
6	江苏沙钢集团有限公司	93.982	26678565	789680	30222583	6689751
7	湖南华菱钢铁集团有限责任公司	93.399	15202110	528512	11343300	2832752
8	中信泰富特钢集团股份有限公司	93.221	7472837	602449	7744096	2835012
9	河北普阳钢铁有限公司	92.936	7918524	411450	4015298	2345633
10	敬业集团有限公司	92.905	22444527	419035	6987448	3232483
11	广西柳州钢铁集团有限公司	92.531	11740007	404517	10473353	2958500
12	北京建龙重工集团有限公司	90.764	19569510	340852	15454742	3123334
一般有色冶金及压延加工业						
1	正威国际集团有限公司	92.419	69193677	1277708	20258068	11405624
2	南山集团有限公司	90.385	11358670	492405	13180049	6389908
工程机械、设备和特种装备（含电梯、仓储设备）及零配件制造业						
1	三一集团有限公司	97.512	12531796	745519	22497446	4145440
2	中联重科股份有限公司	97.498	6510894	728067	11627494	4674374
3	中国国际海运集装箱（集团）股份有限公司	97.437	9415908	534961	14621151	4401752
4	新疆金风科技股份有限公司	96.937	5626511	296351	10913818	3416825
5	徐工集团工程机械股份有限公司	96.559	7396815	372886	9179718	3369257
电力、电气等设备、机械、元器件及光伏、风能、电池、线缆制造业						
1	隆基绿能科技股份有限公司	96.906	5458318	855237	8763483	3510577
2	宁德时代新能源科技股份有限公司	96.799	5031949	558334	15661843	6420730
3	新疆特变电工集团有限公司	96.683	6096838	326771	13608470	4835040
船舶、轨道交通设备及零部件制造业						
1	中国中车集团有限公司	92.367	23996982	516146	43672971	7756818
家用电器及零配件制造业						
1	美的集团股份有限公司	94.551	28422125	2722297	36038260	11751626
2	珠海格力电器股份有限公司	94.339	16819920	2217511	27921792	11519021
3	海尔集团公司	92.519	30247330	806055	44777414	5643579
电子元器件与仪器仪表、自动化控制设备制造业						
1	富士康工业互联网股份有限公司	97.301	43178589	1743078	22551394	10375255
2	中国电子科技集团有限公司	96.969	23674894	1296924	45161011	17392078

续表

序号	企业名称	综合信用指数	营业收入（万元）	利润（万元）	资产（万元）	所有者权益（万元）
动力、电力生产等装备、设备制造业						
1	潍柴动力股份有限公司	92.779	19749109	920713	27075017	5120232
计算机、通信器材、办公、影像等设备及零部件制造业						
1	华为投资控股有限公司	99.801	89136800	6459500	87685400	33032500
2	小米科技有限责任公司	97.537	24586563	2035550	25367982	12369170
3	杭州海康威视数字技术股份有限公司	97.121	6350345	1338553	8870168	5379431
4	京东方科技集团股份有限公司	96.632	13555257	503563	42425681	10327677
5	舜宇集团有限公司	96.441	3800177	487179	3543812	1659722
6	歌尔股份有限公司	96.433	5774274	284801	4911783	1965325
7	普联技术有限公司	96.277	1505913	383396	2076048	1883160
8	浙江大华技术股份有限公司	96.046	2646597	390278	3659503	1977303
9	立讯精密工业股份有限公司	95.829	9250126	722546	7001275	2810182
10	得力集团有限公司	95.621	3804946	316398	2618712	959950
11	中兴通讯股份有限公司	94.915	10145070	425980	15063490	4329680
汽车及零配件制造业						
1	中国第一汽车集团有限公司	97.154	69742459	1977861	48894055	20972109
2	上海汽车集团股份有限公司	96.085	74213245	2043104	91941476	26010295
3	浙江吉利控股集团有限公司	95.424	32561869	933057	48540396	8718333
4	长城汽车股份有限公司	94.837	10330761	536249	15401149	5734185
5	广州汽车工业集团有限公司	94.351	39829579	397557	33502493	4815897
6	东风汽车集团有限公司	94.342	59930949	769705	55525156	10617668
7	华域汽车系统股份有限公司	93.723	13357764	540328	15043596	5253886
8	中国重型汽车集团有限公司	92.765	17564831	405542	12073281	1768488
9	浙江世纪华通集团股份有限公司	91.097	1498297	294633	4274683	2891887
航空航天、国防军工装备及零配件制造业						
1	中国航天科技集团有限公司	96.292	26731911	1887219	51876555	21665544
2	中国兵器工业集团有限公司	96.096	49002216	1042489	43991352	12021470
3	中国航天科工集团有限公司	95.703	26010986	1348948	38400638	14399553
4	中国航空工业集团有限公司	95.178	46880346	631803	105196580	20985565
5	中国兵器装备集团有限公司	93.365	23773708	588279	35839407	7702659
综合制造业（以制造业为主，含有服务业）						
1	比亚迪股份有限公司	97.442	15659769	423427	20101732	5687427

第十章
2021 中国服务业企业信用 100 强评价资料

一、2021 中国服务业企业信用 100 强排序

序号	企业名称	地区	综合信用指数	信用环境指数	信用能力指数	信用行为指数
1	中国工商银行股份有限公司	北京	99.073	13.553	71.519	14.000
2	万科企业股份有限公司	广东	98.983	13.521	71.885	13.577
3	中国农业银行股份有限公司	北京	98.385	13.589	70.796	14.000
4	中国平安保险（集团）股份有限公司	广东	98.282	12.756	71.526	14.000
5	腾讯控股有限公司	广东	97.959	13.959	72.000	12.000
6	中国华润有限公司	广东	97.841	13.827	72.000	12.014
7	中国银行股份有限公司	北京	97.709	13.670	70.039	14.000
8	中粮集团有限公司	北京	97.521	13.921	72.000	11.600
9	中国机械工业集团有限公司	北京	97.432	13.832	72.000	11.600
10	中国化学工程股份有限公司	北京	97.428	13.828	72.000	11.600
11	九州通医药集团股份有限公司	湖北	97.424	13.897	71.927	11.600
12	龙湖集团控股有限公司	重庆	97.125	13.555	71.970	11.600
13	中国医药集团有限公司	北京	97.001	13.830	71.572	11.600
14	中国移动通信集团有限公司	北京	96.953	14.000	68.953	14.000
15	碧桂园控股有限公司	广东	96.755	12.638	71.414	12.702
16	广发证券股份有限公司	广东	96.753	13.856	71.298	11.600
17	浙江省能源集团有限公司	浙江	96.716	13.836	71.279	11.600
18	中国保利集团有限公司	北京	96.691	13.091	72.000	11.600
19	招商局集团有限公司	北京	96.595	13.799	69.309	13.487
20	顺丰控股股份有限公司	安徽	96.574	13.465	71.509	11.600
21	重庆水务集团股份有限公司	重庆	96.532	13.583	70.149	12.800
22	北京首都创业集团有限公司	北京	96.528	12.592	69.936	14.000
23	交通银行股份有限公司	上海	96.482	13.589	68.894	14.000
24	兴业银行股份有限公司	福建	96.422	13.450	68.972	14.000
25	国泰君安证券股份有限公司	上海	96.421	13.868	70.953	11.600
26	永辉超市股份有限公司	福建	96.411	13.832	70.979	11.600
27	绿地控股集团股份有限公司	上海	96.325	13.424	71.301	11.600
28	北京能源集团有限责任公司	北京	96.266	13.820	70.845	11.600

续表

序号	企业名称	地区	综合信用指数	信用环境指数	信用能力指数	信用行为指数
29	紫光股份有限公司	北京	96.259	13.312	71.347	11.600
30	中国国际金融股份有限公司	北京	96.249	13.873	70.776	11.600
31	申能（集团）有限公司	上海	96.238	13.889	70.749	11.600
32	华泰证券股份有限公司	江苏	96.215	13.799	70.816	11.600
33	中文天地出版传媒集团股份有限公司	江西	96.048	13.332	71.116	11.600
34	中国人寿保险股份有限公司	北京	96.028	12.507	69.521	14.000
35	云南省能源投资集团有限公司	云南	96.027	13.823	70.603	11.600
36	国信证券股份有限公司	广东	96.025	13.807	70.617	11.600
37	海通证券股份有限公司	上海	95.943	13.819	70.524	11.600
38	东方财富信息股份有限公司	上海	95.829	13.829	70.401	11.600
39	北京京东世纪贸易有限公司	北京	95.800	14.000	69.600	12.200
40	上海浦东发展银行股份有限公司	上海	95.791	13.442	68.349	14.000
41	中国银河证券股份有限公司	北京	95.764	13.826	70.338	11.600
42	百度控股有限公司	北京	95.600	14.000	69.600	12.000
43	中国中信集团有限公司	北京	95.202	13.446	70.155	11.600
44	四川川投能源股份有限公司	四川	95.117	12.247	70.070	12.800
45	中国葛洲坝集团股份有限公司	湖北	94.996	12.420	70.975	11.600
46	泰康保险集团股份有限公司	北京	94.885	12.929	70.356	11.600
47	中国光大集团股份公司	北京	94.703	13.794	69.309	11.600
48	中公教育科技股份有限公司	安徽	94.536	13.411	69.525	11.600
49	金科地产集团股份有限公司	四川	94.431	13.791	69.039	11.600
50	上海豫园旅游商城（集团）股份有限公司	上海	94.387	13.835	68.952	11.600
51	内蒙古电力（集团）有限责任公司	内蒙古	94.345	12.797	69.948	11.600
52	中国远洋海运集团有限公司	上海	94.341	13.516	69.225	11.600
53	金地（集团）股份有限公司	广东	94.314	13.384	69.330	11.600
54	华侨城集团有限公司	广东	94.240	12.854	69.786	11.600
55	江苏中南建设集团股份有限公司	江苏	94.183	13.924	68.659	11.600
56	月星集团有限公司	上海	94.126	13.823	68.704	11.600
57	中国南方电网有限责任公司	广东	93.910	11.534	70.776	11.600
58	爱尔眼科医院集团股份有限公司	湖南	93.775	13.368	68.806	11.600
59	重庆华宇集团有限公司	重庆	93.737	13.331	68.807	11.600
60	厦门国贸集团股份有限公司	福建	93.646	13.810	68.235	11.600
61	中国邮政集团有限公司	北京	93.591	14.000	67.236	12.355

序号	企业名称	地区	综合信用指数	信用环境指数	信用能力指数	信用行为指数
62	福建省能源集团有限责任公司	福建	93.526	13.195	68.731	11.600
63	天弘基金管理有限公司	天津	93.320	13.434	68.286	11.600
64	阳光城集团股份有限公司	福建	93.299	13.834	67.865	11.600
65	申万宏源集团股份有限公司	新疆	93.061	13.474	67.988	11.600
66	国家开发投资集团有限公司	北京	93.020	13.512	67.908	11.600
67	芒果超媒股份有限公司	湖南	92.995	13.587	67.807	11.600
68	大华（集团）有限公司	上海	92.876	13.427	67.849	11.600
69	四川蓝光发展股份有限公司	四川	92.874	13.227	68.047	11.600
70	国金证券股份有限公司	四川	92.838	13.448	67.789	11.600
71	云南省建设投资控股集团有限公司	云南	92.837	13.786	67.452	11.600
72	东方证券股份有限公司	上海	92.774	13.797	67.377	11.600
73	青岛城市建设投资（集团）有限责任公司	山东	92.742	13.405	67.738	11.600
74	重庆市迪马实业股份有限公司	重庆	92.715	13.441	67.674	11.600
75	南京高科股份有限公司	江苏	92.634	13.466	67.568	11.600
76	中国石油集团资本股份有限公司	新疆	92.631	13.047	67.985	11.600
77	分众传媒信息技术股份有限公司	广东	92.596	13.600	67.396	11.600
78	无锡市国联发展（集团）有限公司	江苏	92.535	13.817	67.118	11.600
79	宁波银行股份有限公司	浙江	92.500	13.243	67.658	11.600
80	平安银行股份有限公司	广东	92.411	13.540	66.984	11.886
81	中国电信集团有限公司	北京	92.237	13.878	66.759	11.600
82	阳光保险集团股份有限公司	广东	92.147	13.076	67.472	11.600
83	深圳市投资控股有限公司	广东	92.035	13.541	66.894	11.600
84	中国太平洋保险（集团）股份有限公司	上海	91.804	12.172	68.033	11.600
85	新华人寿保险股份有限公司	北京	91.718	12.692	67.427	11.600
86	青岛港国际股份有限公司	山东	91.656	12.875	67.181	11.600
87	昆仑万维科技股份有限公司	北京	91.654	13.600	66.454	11.600
88	五矿资本股份有限公司	湖南	91.370	13.600	66.170	11.600
89	华西证券股份有限公司	四川	91.330	13.488	66.242	11.600
90	江苏金融租赁股份有限公司	江苏	91.149	13.404	66.144	11.600
91	奥园集团有限公司	广东	91.063	13.842	65.622	11.600
92	中航工业产融控股股份有限公司	黑龙江	90.978	13.307	66.071	11.600
93	广西北部湾投资集团有限公司	广西	90.968	13.216	66.152	11.600
94	珠海华发实业股份有限公司	广东	90.766	13.435	65.732	11.600

续表

序号	企业名称	地区	综合信用指数	信用环境指数	信用能力指数	信用行为指数
95	南京银行股份有限公司	江苏	90.735	13.213	65.922	11.600
96	杭州银行股份有限公司	浙江	90.354	13.217	65.537	11.600
97	上海银行股份有限公司	上海	90.328	13.231	65.497	11.600
98	中国中化集团有限公司	北京	90.130	13.861	64.669	11.600
99	厦门银行股份有限公司	福建	90.088	13.092	65.396	11.600
100	广州港集团有限公司	广东	90.053	12.815	65.638	11.600

二、2021 中国服务业企业信用 100 强收益性指标

序号	企业名称	地区	综合信用指数	营收利润率（%）	资产利润率（%）	净资产利润率（%）
1	中国工商银行股份有限公司	北京	99.073	35.790	0.947	10.918
2	万科企业股份有限公司	广东	98.983	9.906	2.221	18.492
3	中国农业银行股份有限公司	北京	98.385	32.889	0.795	9.815
4	中国平安保险（集团）股份有限公司	广东	98.282	11.746	1.502	18.766
5	腾讯控股有限公司	广东	97.959	33.159	11.988	22.706
6	中国华润有限公司	广东	97.841	4.355	1.661	11.411
7	中国银行股份有限公司	北京	97.709	34.104	0.790	9.462
8	中粮集团有限公司	北京	97.521	1.792	1.419	9.905
9	中国机械工业集团有限公司	北京	97.432	1.393	1.110	5.711
10	中国化学工程股份有限公司	北京	97.428	3.343	2.690	9.715
11	九州通医药集团股份有限公司	湖北	97.424	2.774	3.805	14.089
12	龙湖集团控股有限公司	重庆	97.125	10.838	2.614	18.462
13	中国医药集团有限公司	北京	97.001	1.629	1.878	9.713
14	中国移动通信集团有限公司	北京	96.953	11.554	4.487	8.087
15	碧桂园控股有限公司	广东	96.755	7.562	1.736	19.989
16	广发证券股份有限公司	广东	96.753	34.432	2.194	10.226
17	浙江省能源集团有限公司	浙江	96.716	5.786	2.248	7.357
18	中国保利集团有限公司	北京	96.691	3.357	0.856	13.363
19	招商局集团有限公司	北京	96.595	9.820	1.837	10.265
20	顺丰控股股份有限公司	安徽	96.574	4.758	6.591	12.980
21	重庆水务集团股份有限公司	重庆	96.532	27.935	7.230	11.427
22	北京首都创业集团有限公司	北京	96.528	3.511	0.452	6.923
23	交通银行股份有限公司	上海	96.482	31.793	0.732	9.032
24	兴业银行股份有限公司	福建	96.422	32.799	0.844	10.823
25	国泰君安证券股份有限公司	上海	96.421	31.597	1.582	8.097
26	永辉超市股份有限公司	福建	96.411	1.925	3.195	9.273
27	绿地控股集团股份有限公司	上海	96.325	3.291	1.073	17.691

续表

序号	企业名称	地区	综合信用指数	营收利润率（%）	资产利润率（%）	净资产利润率（%）
28	北京能源集团有限责任公司	北京	96.266	3.512	0.690	3.072
29	紫光股份有限公司	北京	96.259	3.173	3.220	6.370
30	中国国际金融股份有限公司	北京	96.249	30.463	1.382	10.061
31	申能（集团）有限公司	上海	96.238	12.997	2.770	5.491
32	华泰证券股份有限公司	江苏	96.215	34.418	1.510	8.385
33	中文天地出版传媒集团股份有限公司	江西	96.048	17.463	7.409	11.911
34	中国人寿保险股份有限公司	北京	96.028	6.093	1.182	11.169
35	云南省能源投资集团有限公司	云南	96.027	1.438	0.919	3.522
36	国信证券股份有限公司	广东	96.025	35.220	2.185	8.177
37	海通证券股份有限公司	上海	95.943	28.455	1.567	7.087
38	东方财富信息股份有限公司	上海	95.829	57.997	4.331	14.411
39	北京京东世纪贸易有限公司	北京	95.800	6.624	11.699	26.343
40	上海浦东发展银行股份有限公司	上海	95.791	29.699	0.734	9.139
41	中国银河证券股份有限公司	北京	95.764	30.501	1.625	8.915
42	百度控股有限公司	北京	95.600	20.865	6.754	12.300
43	中国中信集团有限公司	北京	95.202	5.145	0.321	6.966
44	四川川投能源股份有限公司	四川	95.117	306.623	7.650	10.980
45	中国葛洲坝集团股份有限公司	湖北	94.996	3.803	1.651	6.884
46	泰康保险集团股份有限公司	北京	94.885	9.820	2.128	22.403
47	中国光大集团股份有限公司	北京	94.703	4.812	0.299	7.697
48	中公教育科技股份有限公司	安徽	94.536	20.570	15.982	53.902
49	金科地产集团股份有限公司	四川	94.431	8.016	1.844	20.213
50	上海豫园旅游商城（集团）股份有限公司	上海	94.387	8.196	3.216	10.937
51	内蒙古电力（集团）有限责任公司	内蒙古	94.345	2.026	1.689	3.634
52	中国远洋海运集团有限公司	上海	94.341	3.065	1.194	5.347
53	金地（集团）股份有限公司	广东	94.314	12.381	2.589	18.090
54	华侨城集团有限公司	广东	94.240	5.382	1.180	8.769
55	江苏中南建设集团股份有限公司	江苏	94.183	9.005	1.970	24.660
56	月星集团有限公司	上海	94.126	9.218	4.688	12.856
57	中国南方电网有限责任公司	广东	93.910	1.193	0.681	1.770
58	爱尔眼科医院集团股份有限公司	湖南	93.775	14.471	11.092	17.494
59	重庆华宇集团有限公司	重庆	93.737	11.466	7.122	19.222

续表

序号	企业名称	地区	综合信用指数	营收利润率（%）	资产利润率（%）	净资产利润率（%）
60	厦门国贸集团股份有限公司	福建	93.646	0.744	2.303	9.973
61	中国邮政集团有限公司	北京	93.591	4.879	0.274	7.582
62	福建省能源集团有限责任公司	福建	93.526	4.415	1.441	7.932
63	天弘基金管理有限公司	天津	93.320	31.559	17.967	20.665
64	阳光城集团股份有限公司	福建	93.299	6.353	1.482	17.008
65	申万宏源集团股份有限公司	新疆	93.061	26.407	1.581	8.779
66	国家开发投资集团有限公司	北京	93.020	4.105	0.921	6.413
67	芒果超媒股份有限公司	湖南	92.995	14.153	10.289	18.721
68	大华（集团）有限公司	上海	92.876	21.639	3.390	17.506
69	四川蓝光发展股份有限公司	四川	92.874	7.688	1.279	17.820
70	国金证券股份有限公司	四川	92.838	30.722	2.754	8.291
71	云南省建设投资控股集团有限公司	云南	92.837	1.695	0.425	1.647
72	东方证券股份有限公司	上海	92.774	11.771	0.935	4.523
73	青岛城市建设投资（集团）有限责任公司	山东	92.742	5.633	0.529	1.996
74	重庆市迪马实业股份有限公司	重庆	92.715	8.476	2.206	16.731
75	南京高科股份有限公司	江苏	92.634	69.425	6.180	15.209
76	中国石油集团资本股份有限公司	新疆	92.631	26.036	0.834	8.772
77	分众传媒信息技术股份有限公司	广东	92.596	33.097	18.497	23.528
78	无锡市国联发展（集团）有限公司	江苏	92.535	7.651	1.388	7.021
79	宁波银行股份有限公司	浙江	92.500	36.817	0.930	12.720
80	平安银行股份有限公司	广东	92.411	18.840	0.647	7.944
81	中国电信集团有限公司	北京	92.237	2.642	1.434	3.485
82	阳光保险集团股份有限公司	广东	92.147	4.909	1.392	10.120
83	深圳市投资控股有限公司	广东	92.035	5.333	1.356	5.888
84	中国太平洋保险（集团）股份有限公司	上海	91.804	5.823	1.388	11.423
85	新华人寿保险股份有限公司	北京	91.718	6.921	1.423	14.060
86	青岛港国际股份有限公司	山东	91.656	29.062	6.719	11.643
87	昆仑万维科技股份有限公司	北京	91.654	182.282	37.714	51.599
88	五矿资本股份有限公司	湖南	91.370	59.576	2.811	8.208
89	华西证券股份有限公司	四川	91.330	40.581	2.461	8.913
90	江苏金融租赁股份有限公司	江苏	91.149	50.016	2.309	14.428
91	奥园集团有限公司	广东	91.063	6.686	1.814	31.842

续表

序号	企业名称	地区	综合信用指数	营收利润率（%）	资产利润率（%）	净资产利润率（%）
92	中航工业产融控股股份有限公司	黑龙江	90.978	31.701	0.863	8.216
93	广西北部湾投资集团有限公司	广西	90.968	4.011	0.959	2.886
94	珠海华发实业股份有限公司	广东	90.766	5.690	0.902	13.850
95	南京银行股份有限公司	江苏	90.735	38.012	0.864	12.258
96	杭州银行股份有限公司	浙江	90.354	28.769	0.610	8.825
97	上海银行股份有限公司	上海	90.328	41.156	0.848	10.938
98	中国中化集团有限公司	北京	90.130	1.273	0.876	9.267
99	厦门银行股份有限公司	福建	90.088	32.806	0.639	9.413
100	广州港集团有限公司	广东	90.053	13.853	3.881	10.025

三、2021 中国服务业企业信用 100 强流动性和安全性指标

序号	企业名称	地区	综合信用指数	资产周转率（次/年）	所有者权益比率（%）	资本保值增值率（%）
1	中国工商银行股份有限公司	北京	99.073	0.026	8.677	111.804
2	万科企业股份有限公司	广东	98.983	0.224	12.011	122.076
3	中国农业银行股份有限公司	北京	98.385	0.024	8.104	111.107
4	中国平安保险（集团）股份有限公司	广东	98.282	0.128	8.003	121.258
5	腾讯控股有限公司	广东	97.959	0.362	52.795	136.941
6	中国华润有限公司	广东	97.841	0.381	14.555	113.006
7	中国银行股份有限公司	北京	97.709	0.023	8.353	107.904
8	中粮集团有限公司	北京	97.521	0.792	14.329	110.917
9	中国机械工业集团有限公司	北京	97.432	0.797	19.436	105.748
10	中国化学工程股份有限公司	北京	97.428	0.805	27.690	110.411
11	九州通医药集团股份有限公司	湖北	97.424	1.372	27.005	116.397
12	龙湖集团控股有限公司	重庆	97.125	0.241	14.160	121.289
13	中国医药集团有限公司	北京	97.001	1.153	19.338	112.060
14	中国移动通信集团有限公司	北京	96.953	0.388	55.476	108.604
15	碧桂园控股有限公司	广东	96.755	0.230	8.686	123.037
16	广发证券股份有限公司	广东	96.753	0.064	21.458	111.003
17	浙江省能源集团有限公司	浙江	96.716	0.388	30.550	107.777
18	中国保利集团有限公司	北京	96.691	0.255	6.409	115.127
19	招商局集团有限公司	北京	96.595	0.187	17.896	111.563
20	顺丰控股股份有限公司	安徽	96.574	1.385	50.776	117.270
21	重庆水务集团股份有限公司	重庆	96.532	0.259	63.269	111.513
22	北京首都创业集团有限公司	北京	96.528	0.129	6.532	107.500
23	交通银行股份有限公司	上海	96.482	0.023	8.101	109.868
24	兴业银行股份有限公司	福建	96.422	0.026	7.798	112.307
25	国泰君安证券股份有限公司	上海	96.421	0.050	19.541	108.089
26	永辉超市股份有限公司	福建	96.411	1.660	34.458	108.925
27	绿地控股集团股份有限公司	上海	96.325	0.326	6.067	119.008

续表

序号	企业名称	地区	综合信用指数	资产周转率（次/年）	所有者权益比率（%）	资本保值增值率（%）
28	北京能源集团有限责任公司	北京	96.266	0.197	22.474	103.232
29	紫光股份有限公司	北京	96.259	1.015	50.558	106.723
30	中国国际金融股份有限公司	北京	96.249	0.045	13.733	114.924
31	申能（集团）有限公司	上海	96.238	0.213	50.454	105.697
32	华泰证券股份有限公司	江苏	96.215	0.044	18.008	108.832
33	中文天地出版传媒集团股份有限公司	江西	96.048	0.424	62.203	112.868
34	中国人寿保险股份有限公司	北京	96.028	0.194	10.583	112.450
35	云南省能源投资集团有限公司	云南	96.027	0.640	26.107	103.504
36	国信证券股份有限公司	广东	96.025	0.062	26.724	111.770
37	海通证券股份有限公司	上海	95.943	0.055	22.108	108.625
38	东方财富信息股份有限公司	上海	95.829	0.075	30.052	122.525
39	北京京东世纪贸易有限公司	北京	95.800	1.766	44.411	160.356
40	上海浦东发展银行股份有限公司	上海	95.791	0.025	8.027	110.531
41	中国银河证券股份有限公司	北京	95.764	0.053	18.230	110.217
42	百度控股有限公司	北京	95.600	0.324	54.912	113.736
43	中国中信集团有限公司	北京	95.202	0.062	4.611	107.297
44	四川川投能源股份有限公司	四川	95.117	0.025	69.674	111.654
45	中国葛洲坝集团股份有限公司	湖北	94.996	0.434	23.982	108.151
46	泰康保险集团股份有限公司	北京	94.885	0.217	9.498	129.602
47	中国光大集团股份公司	北京	94.703	0.062	3.891	112.258
48	中公教育科技股份有限公司	安徽	94.536	0.777	29.650	167.152
49	金科地产集团股份有限公司	四川	94.431	0.230	9.125	126.461
50	上海豫园旅游商城（集团）股份有限公司	上海	94.387	0.392	29.408	111.162
51	内蒙古电力（集团）有限责任公司	内蒙古	94.345	0.834	46.463	103.788
52	中国远洋海运集团有限公司	上海	94.341	0.390	22.340	105.167
53	金地（集团）股份有限公司	广东	94.314	0.209	14.311	119.222
54	华侨城集团有限公司	广东	94.240	0.219	13.452	110.670
55	江苏中南建设集团股份有限公司	江苏	94.183	0.219	7.989	133.013
56	月星集团有限公司	上海	94.126	0.509	36.464	114.096
57	中国南方电网有限责任公司	广东	93.910	0.570	38.438	101.868
58	爱尔眼科医院集团股份有限公司	湖南	93.775	0.767	63.407	126.142
59	重庆华宇集团有限公司	重庆	93.737	0.621	37.051	123.866

序号	企业名称	地区	综合信用指数	资产周转率（次/年）	所有者权益比率（%）	资本保值增值率（%）
60	厦门国贸集团股份有限公司	福建	93.646	3.096	23.093	110.544
61	中国邮政集团有限公司	北京	93.591	0.056	3.618	108.523
62	福建省能源集团有限责任公司	福建	93.526	0.326	18.171	109.101
63	天弘基金管理有限公司	天津	93.320	0.569	86.946	124.342
64	阳光城集团股份有限公司	福建	93.299	0.233	8.712	119.519
65	申万宏源集团股份有限公司	新疆	93.061	0.060	18.013	109.334
66	国家开发投资集团有限公司	北京	93.020	0.224	14.361	106.996
67	芒果超媒股份有限公司	湖南	92.995	0.727	54.958	122.566
68	大华（集团）有限公司	上海	92.876	0.157	19.362	121.316
69	四川蓝光发展股份有限公司	四川	92.874	0.166	7.176	117.188
70	国金证券股份有限公司	四川	92.838	0.090	33.218	108.988
71	云南省建设投资控股集团有限公司	云南	92.837	0.250	25.776	103.909
72	东方证券股份有限公司	上海	92.774	0.079	20.680	105.046
73	青岛城市建设投资（集团）有限责任公司	山东	92.742	0.094	26.508	103.109
74	重庆市迪马实业股份有限公司	重庆	92.715	0.260	13.185	119.734
75	南京高科股份有限公司	江苏	92.634	0.089	40.634	117.058
76	中国石油集团资本股份有限公司	新疆	92.631	0.032	9.512	109.341
77	分众传媒信息技术股份有限公司	广东	92.596	0.559	78.614	129.059
78	无锡市国联发展（集团）有限公司	江苏	92.535	0.181	19.766	107.230
79	宁波银行股份有限公司	浙江	92.500	0.025	7.315	115.025
80	平安银行股份有限公司	广东	92.411	0.034	8.149	109.243
81	中国电信集团有限公司	北京	92.237	0.543	41.133	103.452
82	阳光保险集团股份有限公司	广东	92.147	0.284	13.755	111.306
83	深圳市投资控股有限公司	广东	92.035	0.254	23.024	103.751
84	中国太平洋保险（集团）股份有限公司	上海	91.804	0.238	12.153	113.778
85	新华人寿保险股份有限公司	北京	91.718	0.206	10.122	116.926
86	青岛港国际股份有限公司	山东	91.656	0.231	57.709	112.655
87	昆仑万维科技股份有限公司	北京	91.654	0.207	73.091	206.432
88	五矿资本股份有限公司	湖南	91.370	0.047	34.244	110.891
89	华西证券股份有限公司	四川	91.330	0.061	27.609	109.671
90	江苏金融租赁股份有限公司	江苏	91.149	0.046	16.005	115.647
91	奥园集团有限公司	广东	91.063	0.271	5.697	128.823

续表

序号	企业名称	地区	综合信用指数	资产周转率（次/年）	所有者权益比率（%）	资本保值增值率（%）
92	中航工业产融控股股份有限公司	黑龙江	90.978	0.027	10.499	110.956
93	广西北部湾投资集团有限公司	广西	90.968	0.239	33.225	103.952
94	珠海华发实业股份有限公司	广东	90.766	0.158	6.510	114.616
95	南京银行股份有限公司	江苏	90.735	0.023	7.045	115.079
96	杭州银行股份有限公司	浙江	90.354	0.021	6.916	111.410
97	上海银行股份有限公司	上海	90.328	0.021	7.755	111.784
98	中国中化集团有限公司	北京	90.130	0.688	9.458	110.515
99	厦门银行股份有限公司	福建	90.088	0.019	6.791	111.916
100	广州港集团有限公司	广东	90.053	0.280	38.713	110.645

四、2021 中国服务业企业信用 100 强成长性指标

序号	企业名称	地区	营收增长率（%）	利润增长率（%）	资产增长率（%）	资本积累率（%）
1	中国工商银行股份有限公司	北京	3.184	1.179	10.746	8.120
2	万科企业股份有限公司	广东	13.922	6.800	8.049	19.384
3	中国农业银行股份有限公司	北京	4.893	1.633	9.356	13.162
4	中国平安保险（集团）股份有限公司	广东	4.230	-4.222	15.870	13.280
5	腾讯控股有限公司	广东	27.770	71.307	39.774	62.693
6	中国华润有限公司	广东	4.810	21.090	11.181	13.973
7	中国银行股份有限公司	北京	2.977	2.916	7.171	-16.467
8	中粮集团有限公司	北京	6.394	232.150	12.008	10.222
9	中国机械工业集团有限公司	北京	-5.046	26.064	-7.485	0.661
10	中国化学工程股份有限公司	北京	5.631	19.515	17.385	7.167
11	九州通医药集团股份有限公司	湖北	11.420	72.612	13.600	16.383
12	龙湖集团控股有限公司	重庆	22.195	9.083	17.312	15.313
13	中国医药集团有限公司	北京	9.187	37.820	17.477	24.162
14	中国移动通信集团有限公司	北京	2.913	6.251	7.164	6.391
15	碧桂园控股有限公司	广东	-4.744	-11.499	5.697	15.245
16	广发证券股份有限公司	广东	27.811	33.151	15.992	7.594
17	浙江省能源集团有限公司	浙江	-3.953	19.762	14.458	5.711
18	中国保利集团有限公司	北京	1.494	-4.128	19.621	13.198
19	招商局集团有限公司	北京	22.556	12.976	14.848	12.644
20	顺丰控股股份有限公司	安徽	37.251	26.388	20.127	33.059
21	重庆水务集团股份有限公司	重庆	12.611	6.659	11.388	0.758
22	北京首都创业集团有限公司	北京	11.046	-27.903	14.128	8.323
23	交通银行股份有限公司	上海	5.905	1.285	7.996	9.248
24	兴业银行股份有限公司	福建	12.040	1.151	10.472	13.711
25	国泰君安证券股份有限公司	上海	17.533	28.772	25.672	-0.108
26	永辉超市股份有限公司	福建	9.805	14.756	7.268	-3.754
27	绿地控股集团股份有限公司	上海	6.529	1.728	21.963	7.446

续表

序号	企业名称	地区	营收增长率（%）	利润增长率（%）	资产增长率（%）	资本积累率（%）
28	北京能源集团有限责任公司	北京	9.622	22.952	16.641	5.195
29	紫光股份有限公司	北京	10.362	2.779	7.552	5.542
30	中国国际金融股份有限公司	北京	50.169	70.038	51.207	48.332
31	申能（集团）有限公司	上海	-8.321	37.979	11.030	3.751
32	华泰证券股份有限公司	江苏	26.471	20.228	27.495	5.332
33	中文天地出版传媒集团股份有限公司	江西	-8.160	4.644	6.820	8.035
34	中国人寿保险股份有限公司	北京	10.709	-13.758	14.106	11.464
35	云南省能源投资集团有限公司	云南	17.085	28.924	8.881	-0.500
36	国信证券股份有限公司	广东	33.287	34.735	34.771	43.940
37	海通证券股份有限公司	上海	9.637	14.198	8.995	21.697
38	东方财富信息股份有限公司	上海	94.688	160.914	78.435	56.306
39	北京京东世纪贸易有限公司	北京	29.280	305.488	62.591	129.114
40	上海浦东发展银行股份有限公司	上海	2.987	-0.995	13.478	15.227
41	中国银河证券股份有限公司	北京	39.366	38.544	41.203	14.612
42	百度控股有限公司	北京	37.918	992.465	10.418	11.673
43	中国中信集团有限公司	北京	-0.689	5.238	10.267	4.753
44	四川川投能源股份有限公司	四川	22.997	7.278	10.343	6.144
45	中国葛洲坝集团股份有限公司	湖北	2.424	-21.307	10.638	18.419
46	泰康保险集团股份有限公司	北京	20.101	8.341	20.752	32.135
47	中国光大集团股份公司	北京	13.644	29.059	13.692	59.264
48	中公教育科技股份有限公司	安徽	22.083	27.697	44.757	24.583
49	金科地产集团股份有限公司	四川	29.408	23.859	18.517	30.915
50	上海豫园旅游商城（集团）股份有限公司	上海	0.272	12.817	11.074	2.050
51	内蒙古电力（集团）有限责任公司	内蒙古	3.908	-13.602	2.918	4.226
52	中国远洋海运集团有限公司	上海	7.355	35.236	-3.094	-3.351
53	金地（集团）股份有限公司	广东	32.422	3.201	19.955	6.256
54	华侨城集团有限公司	广东	12.290	-14.273	21.445	21.688
55	江苏中南建设集团股份有限公司	江苏	9.425	70.013	23.637	33.872
56	月星集团有限公司	上海	3.827	10.767	3.318	9.643
57	中国南方电网有限责任公司	广东	1.974	-45.592	8.445	5.520
58	爱尔眼科医院集团股份有限公司	湖南	19.242	25.012	30.651	49.436
59	重庆华宇集团有限公司	重庆	3.966	2.234	30.688	24.158

序号	企业名称	地区	营收增长率（%）	利润增长率（%）	资产增长率（%）	资本积累率（%）
60	厦门国贸集团股份有限公司	福建	61.015	13.109	26.760	5.720
61	中国邮政集团有限公司	北京	7.655	5.668	11.717	12.413
62	福建省能源集团有限责任公司	福建	-10.717	3.637	1.937	14.742
63	天弘基金管理有限公司	天津	15.707	19.419	15.168	17.794
64	阳光城集团股份有限公司	福建	34.598	29.852	14.550	14.764
65	申万宏源集团股份有限公司	新疆	19.582	35.407	26.403	6.320
66	国家开发投资集团有限公司	北京	7.843	4.129	7.979	9.103
67	芒果超媒股份有限公司	湖南	12.038	71.424	12.809	20.539
68	大华（集团）有限公司	上海	24.102	27.765	29.484	21.764
69	四川蓝光发展股份有限公司	四川	9.603	-4.531	27.923	-3.546
70	国金证券股份有限公司	四川	39.390	43.441	34.853	8.410
71	云南省建设投资控股集团有限公司	云南	13.397	14.523	48.221	137.305
72	东方证券股份有限公司	上海	21.425	11.823	10.703	11.558
73	青岛城市建设投资（集团）有限责任公司	山东	71.308	56.980	25.912	55.797
74	重庆市迪马实业股份有限公司	重庆	7.988	25.890	12.710	17.952
75	南京高科股份有限公司	江苏	-0.180	9.432	12.164	12.161
76	中国石油集团资本股份有限公司	新疆	-9.051	0.658	0.714	6.482
77	分众传媒信息技术股份有限公司	广东	-0.320	113.506	15.835	23.505
78	无锡市国联发展（集团）有限公司	江苏	3.341	9.733	31.895	2.975
79	宁波银行股份有限公司	浙江	17.187	9.745	23.452	18.123
80	平安银行股份有限公司	广东	11.296	2.600	13.441	16.342
81	中国电信集团有限公司	北京	5.861	4.507	0.760	-0.960
82	阳光保险集团股份有限公司	广东	13.147	11.408	22.307	11.722
83	深圳市投资控股有限公司	广东	7.801	4.093	20.852	-36.299
84	中国太平洋保险（集团）股份有限公司	上海	9.519	-11.380	15.878	20.623
85	新华人寿保险股份有限公司	北京	18.315	-1.820	14.267	20.386
86	青岛港国际股份有限公司	山东	8.676	1.365	8.321	8.693
87	昆仑万维科技股份有限公司	北京	-25.722	285.540	29.074	106.269
88	五矿资本股份有限公司	湖南	-1.045	37.189	4.934	32.691
89	华西证券股份有限公司	四川	18.930	32.747	13.861	8.511
90	江苏金融租赁股份有限公司	江苏	22.425	18.562	18.909	8.450
91	奥园集团有限公司	广东	81.515	14.188	22.720	-9.481

续表

序号	企业名称	地区	营收增长率（%）	利润增长率（%）	资产增长率（%）	资本积累率（%）
92	中航工业产融控股股份有限公司	黑龙江	− 1.076	6.873	11.118	33.361
93	广西北部湾投资集团有限公司	广西	15.709	− 5.400	43.708	36.943
94	珠海华发实业股份有限公司	广东	53.871	4.283	36.995	5.532
95	南京银行股份有限公司	江苏	6.236	5.199	12.925	23.015
96	杭州银行股份有限公司	浙江	15.867	8.093	14.177	29.288
97	上海银行股份有限公司	上海	1.899	2.894	10.061	7.737
98	中国中化集团有限公司	北京	− 21.038	70.700	16.047	13.471
99	厦门银行股份有限公司	福建	23.203	6.530	15.507	26.595
100	广州港集团有限公司	广东	6.955	7.591	10.359	6.184

五、2021 中国服务业企业信用 100 强地区分布

序号	企业名称	综合信用指数	营业收入（万元）	利润（万元）	资产（万元）	所有者权益（万元）
北京						
1	中国工商银行股份有限公司	99.073	88266500	31590600	3334505800	289350200
2	中国农业银行股份有限公司	98.385	65796100	21640000	2720504700	220478900
3	中国银行股份有限公司	97.709	56553100	19287000	2440265900	203841900
4	中粮集团有限公司	97.521	53030503	950570	66978757	9597082
5	中国机械工业集团有限公司	97.432	28287460	393906	35489807	6897908
6	中国化学工程股份有限公司	97.428	10945651	365884	13600815	3766085
7	中国医药集团有限公司	97.001	53321958	868503	46239608	8941794
8	中国移动通信集团有限公司	96.953	77159747	8914881	198704388	110232389
9	中国保利集团有限公司	96.691	40069966	1345101	157048480	10065653
10	招商局集团有限公司	96.595	41593770	4084391	222333457	39788388
11	北京首都创业集团有限公司	96.528	5270094	185030	40912774	2672531
12	北京能源集团有限责任公司	96.266	6940960	243764	35305719	7934702
13	紫光股份有限公司	96.259	5970489	189462	5883333	2974492
14	中国国际金融股份有限公司	96.249	2365953	720745	52162050	7163494
15	中国人寿保险股份有限公司	96.028	82496100	5026800	425241000	45005100
16	北京京东世纪贸易有限公司	95.800	74580189	4940522	42228779	18754330
17	中国银河证券股份有限公司	95.764	2374915	724365	44573022	8125453
18	百度控股有限公司	95.600	10770400	2247200	33270800	18269600
19	中国中信集团有限公司	95.202	51535674	2651343	825546695	38063102
20	泰康保险集团股份有限公司	94.885	24478229	2403704	112961614	10729396
21	中国光大集团股份公司	94.703	36866010	1773921	592390786	23047670
22	中国邮政集团有限公司	93.591	66449974	3241871	1181708989	42756802
23	国家开发投资集团有限公司	93.020	15307859	628314	68226971	9797947
24	中国电信集团有限公司	92.237	49266732	1301398	90781347	37340700
25	新华人寿保险股份有限公司	91.718	20653800	1429400	100437600	10166700
26	昆仑万维科技股份有限公司	91.654	273927	499320	1323964	967697

续表

序号	企业名称	综合信用指数	营业收入（万元）	利润（万元）	资产（万元）	所有者权益（万元）
27	中国中化集团有限公司	90.130	43845360	558279	63697245	6024402
安徽						
1	顺丰控股股份有限公司	96.574	15398687	732608	11116004	5644305
2	中公教育科技股份有限公司	94.536	1120249	230436	1441885	427513
福建						
1	兴业银行股份有限公司	96.422	20313700	6662600	789400000	61558600
2	永辉超市股份有限公司	96.411	9319911	179447	5615798	1935110
3	厦门国贸集团股份有限公司	93.646	35108895	261203	11341587	2619061
4	福建省能源集团有限责任公司	93.526	4358303	192440	13352230	2426239
5	阳光城集团股份有限公司	93.299	8217124	522029	35230185	3069303
6	厦门银行股份有限公司	90.088	555561	182257	28515028	1936326
广东						
1	万科企业股份有限公司	98.983	41911168	4151554	186917709	22451095
2	中国平安保险（集团）股份有限公司	98.282	121831500	14309900	952787000	76256000
3	腾讯控股有限公司	97.959	48206400	15984700	133342500	70398400
4	中国华润有限公司	97.841	68611944	2987838	179888442	26183324
5	碧桂园控股有限公司	96.755	46285600	3500200	201580900	17510200
6	广发证券股份有限公司	96.753	2915349	1003813	45746369	9816220
7	国信证券股份有限公司	96.025	1878407	661574	30275588	8090742
8	金地（集团）股份有限公司	94.314	8398216	1039779	40162959	5747813
9	华侨城集团有限公司	94.240	14708022	791522	67103995	9026788
10	中国南方电网有限责任公司	93.910	57752408	689020	101249591	38917994
11	分众传媒信息技术股份有限公司	92.596	1209711	400384	2164617	1701699
12	平安银行股份有限公司	92.411	15354200	2892800	446851400	36413100
13	阳光保险集团股份有限公司	92.147	11497979	564412	40548049	5577207
14	深圳市投资控股有限公司	92.035	21489121	1146080	84536737	19463485
15	奥园集团有限公司	91.063	8835171	590755	32567846	1855289
16	珠海华发实业股份有限公司	90.766	5100630	290202	32184423	2095311
17	广州港集团有限公司	90.053	1235009	171081	4408066	1706488
广西						
1	广西北部湾投资集团有限公司	90.968	5341509	214238	22344180	7423768
黑龙江						
1	中航工业产融控股股份有限公司	90.978	1032821	327410	37959510	3985205

续表

序号	企业名称	综合信用指数	营业收入（万元）	利润（万元）	资产（万元）	所有者权益（万元）
湖北						
1	九州通医药集团股份有限公司	97.424	11085951	307505	8082384	2182666
2	中国葛洲坝集团股份有限公司	94.996	11261117	428230	25940470	6221044
湖南						
1	爱尔眼科医院集团股份有限公司	93.775	1191241	172381	1554059	985388
2	芒果超媒股份有限公司	92.995	1400553	198216	1926570	1058798
3	五矿资本股份有限公司	91.370	629819	375220	13349409	4571431
江苏						
1	华泰证券股份有限公司	96.215	3144455	1082250	71675123	12907150
2	江苏中南建设集团股份有限公司	94.183	7860085	707779	35925345	2870111
3	南京高科股份有限公司	92.634	290354	201579	3261861	1325428
4	无锡市国联发展（集团）有限公司	92.535	2249248	172082	12400017	2450979
5	江苏金融租赁股份有限公司	91.149	375310	187716	8129000	1301047
6	南京银行股份有限公司	90.735	3446548	1310088	151707577	10687613
江西						
1	中文天地出版传媒集团股份有限公司	96.048	1033954	180561	2437035	1515898
内蒙古						
1	内蒙古电力（集团）有限责任公司	94.345	8596369	174128	10311390	4791000
山东						
1	青岛城市建设投资（集团）有限责任公司	92.742	3291675	185430	35053731	9292091
2	青岛港国际股份有限公司	91.656	1321941	384186	5717736	3299639
上海						
1	交通银行股份有限公司	96.482	24620000	7827400	1069761600	86660700
2	国泰君安证券股份有限公司	96.421	3520028	1112210	70289917	13735326
3	绿地控股集团股份有限公司	96.325	45575312	1499777	139733629	8477640
4	申能（集团）有限公司	96.238	4474359	581539	20991086	10590864
5	海通证券股份有限公司	95.943	3821983	1087540	69407335	15344847
6	东方财富信息股份有限公司	95.829	823856	477810	11032874	3315647
7	上海浦东发展银行股份有限公司	95.791	19638400	5832500	795021800	63819700
8	上海豫园旅游商城（集团）股份有限公司	94.387	4405076	361034	11224719	3300927
9	中国远洋海运集团有限公司	94.341	33118871	1015155	84988963	18986857
10	月星集团有限公司	94.126	3021932	278560	5942209	2166770

续表

序号	企业名称	综合信用指数	营业收入（万元）	利润（万元）	资产（万元）	所有者权益（万元）
11	大华（集团）有限公司	92.876	2513157	543831	16044483	3106537
12	东方证券股份有限公司	92.774	2313395	272299	29111744	6020285
13	中国太平洋保险（集团）股份有限公司	91.804	42218200	2458400	177100400	21522400
14	上海银行股份有限公司	90.328	5074612	2088506	246214402	19093902
四川						
1	四川川投能源股份有限公司	95.117	103112	316165	4132913	2879564
2	金科地产集团股份有限公司	94.431	8770441	703002	38115798	3478029
3	四川蓝光发展股份有限公司	92.874	4295738	330235	25826413	1853212
4	国金证券股份有限公司	92.838	606280	186264	6763034	2246539
5	华西证券股份有限公司	91.330	468276	190033	7722864	2132168
天津						
1	天弘基金管理有限公司	93.320	837739	264379	1471445	1279357
新疆						
1	申万宏源集团股份有限公司	93.061	2940919	776617	49112428	8846462
2	中国石油集团资本股份有限公司	92.631	3012742	784386	94004338	8941436
云南						
1	云南省能源投资集团有限公司	96.027	13150164	189053	20561290	5367947
2	云南省建设投资控股集团有限公司	92.837	15059527	255277	60118953	15496237
浙江						
1	浙江省能源集团有限公司	96.716	10738544	621290	27642588	8444745
2	宁波银行股份有限公司	92.500	4111100	1513600	162674900	11899300
3	杭州银行股份有限公司	90.354	2480568	713645	116925725	8086256
重庆						
1	龙湖集团控股有限公司	97.125	18454730	2000203	76515882	10834393
2	重庆水务集团股份有限公司	96.532	634960	177373	2453429	1552266
3	重庆华宇集团有限公司	93.737	8084989	927049	13016523	4822812
4	重庆市迪马实业股份有限公司	92.715	2127078	180285	8172774	1077569

六、2021 中国服务业企业信用 100 强行业分布

序号	企业名称	综合信用指数	营业收入（万元）	利润（万元）	资产（万元）	所有者权益（万元）
能源（电、热、燃气等）供应、开发、节能减排及再循环服务业						
1	浙江省能源集团有限公司	96.716	10738544	621290	27642588	8444745
2	北京能源集团有限责任公司	96.266	6940960	243764	35305719	7934702
3	申能（集团）有限公司	96.238	4474359	581539	20991086	10590864
4	云南省能源投资集团有限公司	96.027	13150164	189053	20561290	5367947
5	内蒙古电力（集团）有限责任公司	94.345	8596369	174128	10311390	4791000
6	中国南方电网有限责任公司	93.910	57752408	689020	101249591	38917994
7	福建省能源集团有限责任公司	93.526	4358303	192440	13352230	2426239
8	无锡市国联发展（集团）有限公司	92.535	2249248	172082	12400017	2450979
水上运输业						
1	中国远洋海运集团有限公司	94.341	33118871	1015155	84988963	18986857
港口服务业						
1	青岛港国际股份有限公司	91.656	1321941	384186	5717736	3299639
2	广州港集团有限公司	90.053	1235009	171081	4408066	1706488
电信、邮寄、速递等服务业						
1	中国移动通信集团有限公司	96.953	77159747	8914881	198704388	110232389
2	顺丰控股股份有限公司	96.574	15398687	732608	11116004	5644305
3	中国邮政集团有限公司	93.591	66449974	3241871	1181708989	42756802
4	中国电信集团有限公司	92.237	49266732	1301398	90781347	37340700
软件、程序、计算机应用、网络工程等计算机、微电子服务业						
1	紫光股份有限公司	96.259	5970489	189462	5883333	2974492
能源、矿产、化工、机电、金属产品等内外商贸批发业						
1	中国中化集团有限公司	90.130	43845360	558279	63697245	6024402
农牧渔饲产品及生活消费品等内外商贸批发、零售业						
1	中粮集团有限公司	97.521	53030503	950570	66978757	9597082
综合性内外商贸及批发、零售业						
1	厦门国贸集团股份有限公司	93.646	35108895	261203	11341587	2619061

续表

序号	企业名称	综合信用指数	营业收入（万元）	利润（万元）	资产（万元）	所有者权益（万元）
医药专营批发、零售业及医疗服务业						
1	九州通医药集团股份有限公司	97.424	11085951	307505	8082384	2182666
2	中国医药集团有限公司	97.001	53321958	868503	46239608	8941794
3	爱尔眼科医院集团股份有限公司	93.775	1191241	172381	1554059	985388
商业零售业及连锁超市						
1	永辉超市股份有限公司	96.411	9319911	179447	5615798	1935110
2	上海豫园旅游商城（集团）股份有限公司	94.387	4405076	361034	11224719	3300927
3	月星集团有限公司	94.126	3021932	278560	5942209	2166770
银行业						
1	中国工商银行股份有限公司	99.073	88266500	31590600	3334505800	289350200
2	中国农业银行股份有限公司	98.385	65796100	21640000	2720504700	220478900
3	中国银行股份有限公司	97.709	56553100	19287000	2440265900	203841900
4	交通银行股份有限公司	96.482	24620000	7827400	1069761600	86660700
5	兴业银行股份有限公司	96.422	20313700	6662600	789400000	61558600
6	上海浦东发展银行股份有限公司	95.791	19638400	5832500	795021800	63819700
7	宁波银行股份有限公司	92.500	4111100	1513600	162674900	11899300
8	平安银行股份有限公司	92.411	15354200	2892800	446851400	36413100
9	南京银行股份有限公司	90.735	3446548	1310088	151707577	10687613
10	杭州银行股份有限公司	90.354	2480568	713645	116925725	8086256
11	上海银行股份有限公司	90.328	5074612	2088506	246214402	19093902
12	厦门银行股份有限公司	90.088	555561	182257	28515028	1936326
保险业						
1	中国平安保险（集团）股份有限公司	98.282	121831500	14309900	952787000	76256000
2	中国人寿保险股份有限公司	96.028	82496100	5026800	425241000	45005100
3	泰康保险集团股份有限公司	94.885	24478229	2403704	112961614	10729396
4	阳光保险集团股份有限公司	92.147	11497979	564412	40548049	5577207
5	中国太平洋保险（集团）股份有限公司	91.804	42218200	2458400	177100400	21522400
6	新华人寿保险股份有限公司	91.718	20653800	1429400	100437600	10166700
证券及其他金融服务业						
1	广发证券股份有限公司	96.753	2915349	1003813	45746369	9816220
2	国泰君安证券股份有限公司	96.421	3520028	1112210	70289917	13735326
3	中国国际金融股份有限公司	96.249	2365953	720745	52162050	7163494

续表

序号	企业名称	综合信用指数	营业收入（万元）	利润（万元）	资产（万元）	所有者权益（万元）
4	华泰证券股份有限公司	96.215	3144455	1082250	71675123	12907150
5	国信证券股份有限公司	96.025	1878407	661574	30275588	8090742
6	海通证券股份有限公司	95.943	3821983	1087540	69407335	15344847
7	东方财富信息股份有限公司	95.829	823856	477810	11032874	3315647
8	中国银河证券股份有限公司	95.764	2374915	724365	44573022	8125453
9	天弘基金管理有限公司	93.320	837739	264379	1471445	1279357
10	国金证券股份有限公司	92.838	606280	186264	6763034	2246539
11	东方证券股份有限公司	92.774	2313395	272299	29111744	6020285
12	中国石油集团资本股份有限公司	92.631	3012742	784386	94004338	8941436
13	五矿资本股份有限公司	91.370	629819	375220	13349409	4571431
14	华西证券股份有限公司	91.330	468276	190033	7722864	2132168
15	江苏金融租赁股份有限公司	91.149	375310	187716	8129000	1301047
16	中航工业产融控股股份有限公司	90.978	1032821	327410	37959510	3985205
多元化投资控股、商务服务业						
1	招商局集团有限公司	96.595	41593770	4084391	222333457	39788388
2	中国中信集团有限公司	95.202	51535674	2651343	825546695	38063102
3	中国光大集团股份公司	94.703	36866010	1773921	592390786	23047670
4	申万宏源集团股份有限公司	93.061	2940919	776617	49112428	8846462
5	国家开发投资集团有限公司	93.020	15307859	628314	68226971	9797947
6	云南省建设投资控股集团有限公司	92.837	15059527	255277	60118953	15496237
7	青岛城市建设投资（集团）有限责任公司	92.742	3291675	185430	35053731	9292091
8	深圳市投资控股有限公司	92.035	21489121	1146080	84536737	19463485
9	广西北部湾投资集团有限公司	90.968	5341509	214238	22344180	7423768
房地产开发与经营、物业及房屋装饰、修缮、管理等服务业						
1	万科企业股份有限公司	98.983	41911168	4151554	186917709	22451095
2	龙湖集团控股有限公司	97.125	18454730	2000203	76515882	10834393
3	碧桂园控股有限公司	96.755	46285600	3500200	201580900	17510200
4	绿地控股集团股份有限公司	96.325	45575312	1499777	139733629	8477640
5	金科地产集团股份有限公司	94.431	8770441	703002	38115798	3478029
6	金地（集团）股份有限公司	94.314	8398216	1039779	40162959	5747813
7	华侨城集团有限公司	94.240	14708022	791522	67103995	9026788
8	江苏中南建设集团股份有限公司	94.183	7860085	707779	35925345	2870111

续表

序号	企业名称	综合信用指数	营业收入（万元）	利润（万元）	资产（万元）	所有者权益（万元）
9	重庆华宇集团有限公司	93.737	8084989	927049	13016523	4822812
10	阳光城集团股份有限公司	93.299	8217124	522029	35230185	3069303
11	大华（集团）有限公司	92.876	2513157	543831	16044483	3106537
12	奥园集团有限公司	91.063	8835171	590755	32567846	1855289
13	珠海华发实业股份有限公司	90.766	5100630	290202	32184423	2095311
公用事业、市政、水务、航道等公共设施投资、经营与管理业						
1	重庆水务集团股份有限公司	96.532	634960	177373	2453429	1552266
2	北京首都创业集团有限公司	96.528	5270094	185030	40912774	2672531
3	四川川投能源股份有限公司	95.117	103112	316165	4132913	2879564
科技研发、推广及地勘、规划、设计、评估、咨询、认证等承包服务业						
1	中国化学工程股份有限公司	97.428	10945651	365884	13600815	3766085
文化产业（书刊出版、印刷、发行与销售及影视、音像、文体、演艺等）						
1	中文天地出版传媒集团股份有限公司	96.048	1033954	180561	2437035	1515898
信息、传媒、电子商务、网购、娱乐等互联网服务业						
1	腾讯控股有限公司	97.959	48206400	15984700	133342500	70398400
2	北京京东世纪贸易有限公司	95.800	74580189	4940522	42228779	18754330
3	百度控股有限公司	95.600	10770400	2247200	33270800	18269600
4	芒果超媒股份有限公司	92.995	1400553	198216	1926570	1058798
5	分众传媒信息技术股份有限公司	92.596	1209711	400384	2164617	1701699
6	昆仑万维科技股份有限公司	91.654	273927	499320	1323964	967697
综合服务业（以服务业为主，含有制造业）						
1	中国华润有限公司	97.841	68611944	2987838	179888442	26183324
2	中国机械工业集团有限公司	97.432	28287460	393906	35489807	6897908
3	中国保利集团有限公司	96.691	40069966	1345101	157048480	10065653
4	中国葛洲坝集团股份有限公司	94.996	11261117	428230	25940470	6221044
5	中公教育科技股份有限公司	94.536	1120249	230436	1441885	427513
6	四川蓝光发展股份有限公司	92.874	4295738	330235	25826413	1853212
7	重庆市迪马实业股份有限公司	92.715	2127078	180285	8172774	1077569
8	南京高科股份有限公司	92.634	290354	201579	3261861	1325428

第十一章

2021 中国民营企业信用 100 强评价资料

一、2021 中国民营企业信用 100 强排序

序号	企业名称	地区	综合信用指数	信用环境指数	信用能力指数	信用行为指数
1	华为投资控股有限公司	广东	99.801	13.826	71.975	14.000
2	山东金岭集团有限公司	山东	98.352	13.750	71.802	12.800
3	冀南钢铁集团有限公司	河北	98.283	13.360	72.000	12.923
4	山东魏桥创业集团有限公司	山东	98.200	14.000	72.000	12.200
5	华峰化学股份有限公司	浙江	97.983	13.795	71.389	12.800
6	腾讯控股有限公司	广东	97.959	13.959	72.000	12.000
7	宁夏宝丰能源集团股份有限公司	宁夏	97.601	13.851	70.950	12.800
8	小米科技有限责任公司	北京	97.537	13.937	72.000	11.600
9	浙江新和成股份有限公司	浙江	97.419	14.000	70.619	12.800
10	北京东方雨虹防水技术股份有限公司	北京	97.355	13.926	71.829	11.600
11	山东玲珑轮胎股份有限公司	山东	97.184	13.835	71.749	11.600
12	龙湖集团控股有限公司	重庆	97.125	13.555	71.970	11.600
13	红狮控股集团有限公司	浙江	97.080	13.480	72.000	11.600
14	波司登股份有限公司	江苏	97.043	13.443	72.000	11.600
15	纳爱斯集团有限公司	浙江	96.948	13.790	70.358	12.800
16	宁德时代新能源科技股份有限公司	福建	96.799	13.199	72.000	11.600
17	江苏中天科技股份有限公司	江苏	96.774	13.174	72.000	11.600
18	碧桂园控股有限公司	广东	96.755	12.638	71.414	12.702
19	内蒙古君正能源化工集团股份有限公司	内蒙古	96.720	14.000	71.520	11.200
20	新疆特变电工集团有限公司	新疆	96.683	13.263	71.820	11.600
21	欧派家居集团股份有限公司	广东	96.622	13.771	71.251	11.600
22	青山控股集团有限公司	浙江	96.576	13.600	71.376	11.600
23	顺丰控股股份有限公司	安徽	96.574	13.465	71.509	11.600
24	浙江龙盛控股有限公司	浙江	96.544	12.950	70.793	12.800
25	恒力集团有限公司	江苏	96.370	12.770	72.000	11.600
26	普联技术有限公司	广东	96.277	14.000	70.677	11.600
27	浙江三花智能控制股份有限公司	浙江	96.253	13.008	71.644	11.600
28	正泰集团股份有限公司	浙江	96.113	13.025	71.488	11.600

续表

序号	企业名称	地区	综合信用指数	信用环境指数	信用能力指数	信用行为指数
29	河北天柱钢铁集团有限公司	河北	95.996	13.468	70.928	11.600
30	广东海大集团股份有限公司	广东	95.966	13.560	70.806	11.600
31	江苏阳光集团有限公司	江苏	95.958	13.035	70.123	12.800
32	天瑞集团股份有限公司	河南	95.942	13.824	70.519	11.600
33	北京京东世纪贸易有限公司	北京	95.800	14.000	69.600	12.200
34	人民电器集团有限公司	浙江	95.638	12.993	71.046	11.600
35	得力集团有限公司	浙江	95.621	14.000	70.021	11.600
36	百度控股有限公司	北京	95.600	14.000	69.600	12.000
37	浙江荣盛控股集团有限公司	浙江	95.580	13.523	70.457	11.600
38	河北安丰钢铁有限公司	河北	95.490	13.600	70.290	11.600
39	富通集团有限公司	浙江	95.462	12.964	70.898	11.600
40	浙江吉利控股集团有限公司	浙江	95.424	13.857	72.000	9.567
41	龙佰集团股份有限公司	河南	95.376	13.282	69.294	12.800
42	宁波申洲针织有限公司	浙江	95.206	12.972	70.633	11.600
43	农夫山泉股份有限公司	浙江	95.030	12.774	70.656	11.600
44	长城汽车股份有限公司	河北	94.837	13.936	72.000	8.900
45	山东太阳纸业股份有限公司	山东	94.703	12.704	70.399	11.600
46	国美控股集团有限公司	北京	94.664	12.206	70.858	11.600
47	天能电池集团股份有限公司	浙江	94.621	13.357	69.664	11.600
48	美的集团股份有限公司	广东	94.551	14.000	68.894	11.657
49	中公教育科技股份有限公司	安徽	94.536	13.411	69.525	11.600
50	日照钢铁控股集团有限公司	山东	94.446	13.600	69.094	11.752
51	金科地产集团股份有限公司	四川	94.431	13.791	69.039	11.600
52	雅戈尔集团股份有限公司	浙江	94.215	13.600	69.015	11.600
53	江苏中南建设集团股份有限公司	江苏	94.183	13.924	68.659	11.600
54	成都蛟龙投资有限责任公司	四川	94.180	13.492	69.088	11.600
55	月星集团有限公司	上海	94.126	13.823	68.704	11.600
56	双胞胎（集团）股份有限公司	江西	93.990	13.600	68.790	11.600
57	江苏沙钢集团有限公司	江苏	93.982	13.600	68.782	11.600
58	盛虹控股集团有限公司	江苏	93.834	12.237	69.997	11.600
59	重庆华宇集团有限公司	重庆	93.737	13.331	68.807	11.600
60	海澜集团有限公司	江苏	93.713	11.390	70.723	11.600
61	广州酷狗计算机科技有限公司	广东	93.629	13.420	68.609	11.600

续表

序号	企业名称	地区	综合信用指数	信用环境指数	信用能力指数	信用行为指数
62	万达控股集团有限公司	山东	93.497	14.000	67.897	11.600
63	阳光城集团股份有限公司	福建	93.299	13.834	67.865	11.600
64	合盛硅业股份有限公司	浙江	93.267	13.481	68.185	11.600
65	河北普阳钢铁有限公司	河北	92.936	13.511	67.824	11.600
66	敬业集团有限公司	河北	92.905	13.271	68.033	11.600
67	大华（集团）有限公司	上海	92.876	13.427	67.849	11.600
68	天能控股集团有限公司	浙江	92.876	13.312	67.964	11.600
69	四川蓝光发展股份有限公司	四川	92.874	13.227	68.047	11.600
70	广西盛隆冶金有限公司	广西	92.762	13.570	67.592	11.600
71	金东纸业（江苏）股份有限公司	江苏	92.729	12.097	69.032	11.600
72	重庆市迪马实业股份有限公司	重庆	92.715	13.441	67.674	11.600
73	振石控股集团有限公司	浙江	92.470	13.600	67.270	11.600
74	正威国际集团有限公司	广东	92.419	12.265	66.154	14.000
75	南京钢铁股份有限公司	江苏	92.396	13.497	67.299	11.600
76	利华益集团股份有限公司	山东	92.338	13.430	67.309	11.600
77	方大特钢科技股份有限公司	江西	92.286	13.566	67.120	11.600
78	物美科技集团有限公司	北京	92.230	12.557	68.074	11.600
79	公牛集团股份有限公司	浙江	92.018	12.181	68.237	11.600
80	昆仑万维科技股份有限公司	北京	91.654	13.600	66.454	11.600
81	中天控股集团有限公司	浙江	91.507	13.982	65.925	11.600
82	恒申控股集团有限公司	福建	91.457	11.171	68.686	11.600
83	万洲国际有限公司	河南	91.387	11.124	68.663	11.600
84	新希望控股集团有限公司	四川	91.345	13.516	66.230	11.600
85	浙江元立金属制品集团有限公司	浙江	91.248	11.967	67.681	11.600
86	龙光交通集团有限公司	广东	91.227	13.864	65.764	11.600
87	江苏恒瑞医药股份有限公司	江苏	91.201	12.401	67.200	11.600
88	浙江世纪华通集团股份有限公司	浙江	91.097	13.585	69.017	8.495
89	中天钢铁集团有限公司	江苏	91.017	13.391	66.026	11.600
90	河北新华联合冶金控股集团有限公司	河北	91.005	13.600	65.805	11.600
91	北京建龙重工集团有限公司	北京	90.764	13.600	65.564	11.600
92	重庆智飞生物制品股份有限公司	重庆	90.687	12.976	66.111	11.600
93	通威集团有限公司	四川	90.528	13.600	65.328	11.600
94	万向集团公司	浙江	90.418	12.356	69.758	8.304

续表

序号	企业名称	地区	综合信用指数	信用环境指数	信用能力指数	信用行为指数
95	南山集团有限公司	山东	90.385	11.900	64.660	13.825
96	旭阳控股有限公司	北京	90.246	13.255	65.391	11.600
97	上海复星医药（集团）股份有限公司	上海	90.205	12.151	66.453	11.600
98	江苏南通二建集团有限公司	江苏	90.114	13.600	64.914	11.600
99	辽宁嘉晨控股集团有限公司	辽宁	90.092	13.188	65.304	11.600
100	威高集团有限公司	山东	90.023	11.484	66.940	11.600

二、2021 中国民营企业信用 100 强收益性指标

序号	企业名称	地区	综合信用指数	营收利润率（％）	资产利润率（％）	净资产利润率（％）
1	华为投资控股有限公司	广东	99.801	7.247	7.367	19.555
2	山东金岭集团有限公司	山东	98.352	5.602	13.421	16.068
3	冀南钢铁集团有限公司	河北	98.283	7.906	25.045	27.153
4	山东魏桥创业集团有限公司	山东	98.200	2.951	3.466	10.871
5	华峰化学股份有限公司	浙江	97.983	15.479	11.587	19.695
6	腾讯控股有限公司	广东	97.959	33.159	11.988	22.706
7	宁夏宝丰能源集团股份有限公司	宁夏	97.601	29.023	12.132	17.848
8	小米科技有限责任公司	北京	97.537	8.279	8.024	16.457
9	浙江新和成股份有限公司	浙江	97.419	34.552	11.534	18.430
10	北京东方雨虹防水技术股份有限公司	北京	97.355	15.595	12.170	23.189
11	山东玲珑轮胎股份有限公司	山东	97.184	12.079	7.579	13.452
12	龙湖集团控股有限公司	重庆	97.125	10.838	2.614	18.462
13	红狮控股集团有限公司	浙江	97.080	10.668	9.659	21.982
14	波司登股份有限公司	江苏	97.043	12.488	10.655	17.851
15	纳爱斯集团有限公司	浙江	96.948	6.056	6.334	7.338
16	宁德时代新能源科技股份有限公司	福建	96.799	11.096	3.565	8.696
17	江苏中天科技股份有限公司	江苏	96.774	5.162	4.825	9.693
18	碧桂园控股有限公司	广东	96.755	7.562	1.736	19.989
19	内蒙古君正能源化工集团股份有限公司	内蒙古	96.720	32.538	14.297	23.202
20	新疆特变电工集团有限公司	新疆	96.683	5.360	2.401	6.758
21	欧派家居集团股份有限公司	广东	96.622	13.994	10.946	17.296
22	青山控股集团有限公司	浙江	96.576	2.660	9.044	26.385
23	顺丰控股股份有限公司	安徽	96.574	4.758	6.591	12.980
24	浙江龙盛控股有限公司	浙江	96.544	14.162	7.478	15.395
25	恒力集团有限公司	江苏	96.370	2.354	6.158	34.267
26	普联技术有限公司	广东	96.277	25.459	18.468	20.359
27	浙江三花智能控制股份有限公司	浙江	96.253	12.074	8.585	14.527

续表

序号	企业名称	地区	综合信用指数	营收利润率（%）	资产利润率（%）	净资产利润率（%）
28	正泰集团股份有限公司	浙江	96.113	2.282	2.301	10.978
29	河北天柱钢铁集团有限公司	河北	95.996	4.227	10.008	19.583
30	广东海大集团股份有限公司	广东	95.966	4.182	9.165	18.055
31	江苏阳光集团有限公司	江苏	95.958	5.140	9.303	18.268
32	天瑞集团股份有限公司	河南	95.942	4.090	2.735	5.059
33	北京京东世纪贸易有限公司	北京	95.800	6.624	11.699	26.343
34	人民电器集团有限公司	浙江	95.638	4.088	14.533	19.049
35	得力集团有限公司	浙江	95.621	8.315	12.082	32.960
36	百度控股有限公司	北京	95.600	20.865	6.754	12.300
37	浙江荣盛控股集团有限公司	浙江	95.580	1.385	1.579	16.190
38	河北安丰钢铁有限公司	河北	95.490	10.334	19.698	28.122
39	富通集团有限公司	浙江	95.462	3.063	4.898	13.126
40	浙江吉利控股集团有限公司	浙江	95.424	2.865	1.922	10.702
41	龙佰集团股份有限公司	河南	95.376	16.222	6.582	16.124
42	宁波申洲针织有限公司	浙江	95.206	22.174	13.858	18.722
43	农夫山泉股份有限公司	浙江	95.030	22.774	20.484	34.097
44	长城汽车股份有限公司	河北	94.837	5.191	3.482	9.352
45	山东太阳纸业股份有限公司	山东	94.703	9.047	5.446	12.122
46	国美控股集团有限公司	北京	94.664	0.503	0.548	1.999
47	天能电池集团股份有限公司	浙江	94.621	6.495	11.606	33.828
48	美的集团股份有限公司	广东	94.551	9.578	7.554	23.165
49	中公教育科技股份有限公司	安徽	94.536	20.570	15.982	53.902
50	日照钢铁控股集团有限公司	山东	94.446	8.629	7.434	20.105
51	金科地产集团股份有限公司	四川	94.431	8.016	1.844	20.213
52	雅戈尔集团股份有限公司	浙江	94.215	63.052	9.043	25.354
53	江苏中南建设集团股份有限公司	江苏	94.183	9.005	1.970	24.660
54	成都蛟龙投资有限责任公司	四川	94.180	8.047	21.475	26.355
55	月星集团有限公司	上海	94.126	9.218	4.688	12.856
56	双胞胎（集团）股份有限公司	江西	93.990	6.138	13.120	32.844
57	江苏沙钢集团有限公司	江苏	93.982	2.960	2.613	11.804
58	盛虹控股集团有限公司	江苏	93.834	1.352	3.116	16.179
59	重庆华宇集团有限公司	重庆	93.737	11.466	7.122	19.222

续表

序号	企业名称	地区	综合信用指数	营收利润率（%）	资产利润率（%）	净资产利润率（%）
60	海澜集团有限公司	江苏	93.713	3.629	3.357	4.499
61	广州酷狗计算机科技有限公司	广东	93.629	11.427	15.100	21.732
62	万达控股集团有限公司	山东	93.497	1.966	3.616	12.493
63	阳光城集团股份有限公司	福建	93.299	6.353	1.482	17.008
64	合盛硅业股份有限公司	浙江	93.267	15.659	7.021	14.498
65	河北普阳钢铁有限公司	河北	92.936	5.196	10.247	17.541
66	敬业集团有限公司	河北	92.905	1.867	5.997	12.963
67	大华（集团）有限公司	上海	92.876	21.639	3.390	17.506
68	天能控股集团有限公司	浙江	92.876	1.194	3.546	35.891
69	四川蓝光发展股份有限公司	四川	92.874	7.688	1.279	17.820
70	广西盛隆冶金有限公司	广西	92.762	3.094	3.777	9.609
71	金东纸业（江苏）股份有限公司	江苏	92.729	4.393	2.118	7.077
72	重庆市迪马实业股份有限公司	重庆	92.715	8.476	2.206	16.731
73	振石控股集团有限公司	浙江	92.470	5.835	6.585	18.557
74	正威国际集团有限公司	广东	92.419	1.847	6.307	11.202
75	南京钢铁股份有限公司	江苏	92.396	5.357	5.941	11.993
76	利华益集团股份有限公司	山东	92.338	2.367	5.018	10.632
77	方大特钢科技股份有限公司	江西	92.286	12.892	15.605	23.534
78	物美科技集团有限公司	北京	92.230	2.966	1.605	6.264
79	公牛集团股份有限公司	浙江	92.018	23.017	18.600	25.318
80	昆仑万维科技股份有限公司	北京	91.654	182.282	37.714	51.599
81	中天控股集团有限公司	浙江	91.507	2.857	2.817	16.868
82	恒申控股集团有限公司	福建	91.457	7.086	9.286	17.589
83	万洲国际有限公司	河南	91.387	3.236	4.676	8.747
84	新希望控股集团有限公司	四川	91.345	1.631	1.125	13.187
85	浙江元立金属制品集团有限公司	浙江	91.248	5.749	7.800	25.842
86	龙光交通集团有限公司	广东	91.227	15.901	3.966	22.544
87	江苏恒瑞医药股份有限公司	江苏	91.201	22.818	18.222	20.746
88	浙江世纪华通集团股份有限公司	浙江	91.097	19.665	6.893	10.188
89	中天钢铁集团有限公司	江苏	91.017	1.519	4.527	12.687
90	河北新华联合冶金控股集团有限公司	河北	91.005	1.420	1.710	24.412
91	北京建龙重工集团有限公司	北京	90.764	1.742	2.205	10.913

续表

序号	企业名称	地区	综合信用指数	营收利润率（%）	资产利润率（%）	净资产利润率（%）
92	重庆智飞生物制品股份有限公司	重庆	90.687	21.733	21.698	40.023
93	通威集团有限公司	四川	90.528	3.451	4.226	16.939
94	万向集团公司	浙江	90.418	1.429	1.954	7.701
95	南山集团有限公司	山东	90.385	4.335	3.736	7.706
96	旭阳控股有限公司	北京	90.246	3.158	4.973	15.316
97	上海复星医药（集团）股份有限公司	上海	90.205	12.086	4.377	9.901
98	江苏南通二建集团有限公司	江苏	90.114	4.701	10.373	20.217
99	辽宁嘉晨控股集团有限公司	辽宁	90.092	5.215	5.221	6.775
100	威高集团有限公司	山东	90.023	8.632	6.397	11.160

三、2021 中国民营企业信用 100 强流动性和安全性指标

序号	企业名称	地区	综合信用指数	资产周转率（次/年）	所有者权益比率（%）	资本保值增值率（%）
1	华为投资控股有限公司	广东	99.801	1.017	37.672	121.889
2	山东金岭集团有限公司	山东	98.352	2.396	83.524	119.154
3	冀南钢铁集团有限公司	河北	98.283	3.168	92.238	137.274
4	山东魏桥创业集团有限公司	山东	98.200	1.174	31.879	111.978
5	华峰化学股份有限公司	浙江	97.983	0.749	58.835	129.368
6	腾讯控股有限公司	广东	97.959	0.362	52.795	136.941
7	宁夏宝丰能源集团股份有限公司	宁夏	97.601	0.418	67.971	119.796
8	小米科技有限责任公司	北京	97.537	0.969	48.759	125.028
9	浙江新和成股份有限公司	浙江	97.419	0.334	62.583	120.950
10	北京东方雨虹防水技术股份有限公司	北京	97.355	0.780	52.482	134.793
11	山东玲珑轮胎股份有限公司	山东	97.184	0.627	56.338	120.139
12	龙湖集团控股有限公司	重庆	97.125	0.241	14.160	121.289
13	红狮控股集团有限公司	浙江	97.080	0.905	43.942	129.260
14	波司登股份有限公司	江苏	97.043	0.853	59.691	119.650
15	纳爱斯集团有限公司	浙江	96.948	1.046	86.318	108.438
16	宁德时代新能源科技股份有限公司	福建	96.799	0.321	40.996	114.641
17	江苏中天科技股份有限公司	江苏	96.774	0.935	49.774	110.653
18	碧桂园控股有限公司	广东	96.755	0.230	8.686	123.037
19	内蒙古君正能源化工集团股份有限公司	内蒙古	96.720	0.439	61.617	125.444
20	新疆特变电工集团有限公司	新疆	96.683	0.448	35.530	107.160
21	欧派家居集团股份有限公司	广东	96.622	0.782	63.286	121.578
22	青山控股集团有限公司	浙江	96.576	3.399	34.276	135.857
23	顺丰控股股份有限公司	安徽	96.574	1.385	50.776	117.270
24	浙江龙盛控股有限公司	浙江	96.544	0.528	48.575	117.369
25	恒力集团有限公司	江苏	96.370	2.615	17.969	145.206
26	普联技术有限公司	广东	96.277	0.725	90.709	124.066
27	浙江三花智能控制股份有限公司	浙江	96.253	0.711	59.092	115.736

续表

序号	企业名称	地区	综合信用指数	资产周转率（次/年）	所有者权益比率（%）	资本保值增值率（%）
28	正泰集团股份有限公司	浙江	96.113	1.008	20.957	113.983
29	河北天柱钢铁集团有限公司	河北	95.996	2.368	51.108	127.866
30	广东海大集团股份有限公司	广东	95.966	2.191	50.760	127.711
31	江苏阳光集团有限公司	江苏	95.958	1.810	50.924	119.114
32	天瑞集团股份有限公司	河南	95.942	0.669	54.053	105.358
33	北京京东世纪贸易有限公司	北京	95.800	1.766	44.411	160.356
34	人民电器集团有限公司	浙江	95.638	3.555	76.292	124.543
35	得力集团有限公司	浙江	95.621	1.453	36.657	143.636
36	百度控股有限公司	北京	95.600	0.324	54.912	113.736
37	浙江荣盛控股集团有限公司	浙江	95.580	1.140	9.755	119.858
38	河北安丰钢铁有限公司	河北	95.490	1.906	70.045	139.123
39	富通集团有限公司	浙江	95.462	1.599	37.316	114.432
40	浙江吉利控股集团有限公司	浙江	95.424	0.671	17.961	114.150
41	龙佰集团股份有限公司	河南	95.376	0.406	40.823	116.500
42	宁波申洲针织有限公司	浙江	95.206	0.625	74.016	120.287
43	农夫山泉股份有限公司	浙江	95.030	0.899	60.075	153.481
44	长城汽车股份有限公司	河北	94.837	0.671	37.232	109.858
45	山东太阳纸业股份有限公司	山东	94.703	0.602	44.921	113.385
46	国美控股集团有限公司	北京	94.664	1.090	27.434	102.074
47	天能电池集团股份有限公司	浙江	94.621	1.787	34.309	146.098
48	美的集团股份有限公司	广东	94.551	0.789	32.609	126.776
49	中公教育科技股份有限公司	安徽	94.536	0.777	29.650	167.152
50	日照钢铁控股集团有限公司	山东	94.446	0.862	36.978	124.730
51	金科地产集团股份有限公司	四川	94.431	0.230	9.125	126.461
52	雅戈尔集团股份有限公司	浙江	94.215	0.143	35.666	126.019
53	江苏中南建设集团股份有限公司	江苏	94.183	0.219	7.989	133.013
54	成都蛟龙投资有限责任公司	四川	94.180	2.669	81.481	127.031
55	月星集团有限公司	上海	94.126	0.509	36.464	114.096
56	双胞胎（集团）股份有限公司	江西	93.990	2.137	39.945	147.925
57	江苏沙钢集团有限公司	江苏	93.982	0.883	22.135	113.360
58	盛虹控股集团有限公司	江苏	93.834	2.305	19.260	118.332
59	重庆华宇集团有限公司	重庆	93.737	0.621	37.051	123.866

续表

序号	企业名称	地区	综合信用指数	资产周转率（次/年）	所有者权益比率（%）	资本保值增值率（%）
60	海澜集团有限公司	江苏	93.713	0.925	74.619	104.573
61	广州酷狗计算机科技有限公司	广东	93.629	1.321	69.484	129.981
62	万达控股集团有限公司	山东	93.497	1.839	28.941	111.004
63	阳光城集团股份有限公司	福建	93.299	0.233	8.712	119.519
64	合盛硅业股份有限公司	浙江	93.267	0.448	48.424	116.503
65	河北普阳钢铁有限公司	河北	92.936	1.972	58.417	121.561
66	敬业集团有限公司	河北	92.905	3.212	46.261	118.020
67	大华（集团）有限公司	上海	92.876	0.157	19.362	121.316
68	天能控股集团有限公司	浙江	92.876	2.970	9.879	139.792
69	四川蓝光发展股份有限公司	四川	92.874	0.166	7.176	117.188
70	广西盛隆冶金有限公司	广西	92.762	1.221	39.311	111.934
71	金东纸业（江苏）股份有限公司	江苏	92.729	0.482	29.926	107.383
72	重庆市迪马实业股份有限公司	重庆	92.715	0.260	13.185	119.734
73	振石控股集团有限公司	浙江	92.470	1.128	35.486	121.776
74	正威国际集团有限公司	广东	92.419	3.416	56.302	112.608
75	南京钢铁股份有限公司	江苏	92.396	1.109	49.535	116.963
76	利华益集团股份有限公司	山东	92.338	2.120	47.197	111.897
77	方大特钢科技股份有限公司	江西	92.286	1.210	66.308	132.708
78	物美科技集团有限公司	北京	92.230	0.541	25.625	105.983
79	公牛集团股份有限公司	浙江	92.018	0.808	73.466	141.674
80	昆仑万维科技股份有限公司	北京	91.654	0.207	73.091	206.432
81	中天控股集团有限公司	浙江	91.507	0.986	16.703	120.884
82	恒申控股集团有限公司	福建	91.457	1.311	52.795	120.769
83	万洲国际有限公司	河南	91.387	1.445	53.460	109.425
84	新希望控股集团有限公司	四川	91.345	0.690	8.533	115.368
85	浙江元立金属制品集团有限公司	浙江	91.248	1.357	30.184	132.753
86	龙光交通集团有限公司	广东	91.227	0.249	17.593	131.723
87	江苏恒瑞医药股份有限公司	江苏	91.201	0.799	87.834	125.543
88	浙江世纪华通集团股份有限公司	浙江	91.097	0.351	67.651	112.003
89	中天钢铁集团有限公司	江苏	91.017	2.980	35.683	112.734
90	河北新华联合冶金控股集团有限公司	河北	91.005	1.204	7.004	130.400
91	北京建龙重工集团有限公司	北京	90.764	1.266	20.210	111.936

续表

序号	企业名称	地区	综合信用指数	资产周转率（次/年）	所有者权益比率（%）	资本保值增值率（%）
92	重庆智飞生物制品股份有限公司	重庆	90.687	0.998	54.213	157.441
93	通威集团有限公司	四川	90.528	1.225	24.950	119.312
94	万向集团公司	浙江	90.418	1.367	25.368	111.276
95	南山集团有限公司	山东	90.385	0.862	48.482	108.349
96	旭阳控股有限公司	北京	90.246	1.575	32.470	117.689
97	上海复星医药（集团）股份有限公司	上海	90.205	0.362	44.208	111.486
98	江苏南通二建集团有限公司	江苏	90.114	2.207	51.307	123.489
99	辽宁嘉晨控股集团有限公司	辽宁	90.092	1.001	77.072	107.808
100	威高集团有限公司	山东	90.023	0.741	57.327	112.562

四、2021 中国民营企业信用 100 强成长性指标

序号	企业名称	地区	营收增长率（%）	利润增长率（%）	资产增长率（%）	资本积累率（%）
1	华为投资控股有限公司	广东	3.788	3.179	2.119	11.934
2	山东金岭集团有限公司	山东	3.629	4.107	22.614	19.202
3	冀南钢铁集团有限公司	河北	6.867	7.309	35.390	37.274
4	山东魏桥创业集团有限公司	山东	3.467	55.851	1.400	10.185
5	华峰化学股份有限公司	浙江	6.809	23.766	15.873	49.115
6	腾讯控股有限公司	广东	27.770	71.307	39.774	62.693
7	宁夏宝丰能源集团股份有限公司	宁夏	17.390	21.592	14.448	10.912
8	小米科技有限责任公司	北京	19.446	102.660	38.148	52.085
9	浙江新和成股份有限公司	浙江	34.641	64.587	7.566	13.670
10	北京东方雨虹防水技术股份有限公司	北京	19.698	64.035	24.229	50.045
11	山东玲珑轮胎股份有限公司	山东	7.099	33.125	10.226	49.710
12	龙湖集团控股有限公司	重庆	22.195	9.083	17.312	15.313
13	红狮控股集团有限公司	浙江	6.038	6.833	27.379	33.109
14	波司登股份有限公司	江苏	10.003	16.261	4.783	10.081
15	纳爱斯集团有限公司	浙江	1.070	0.771	8.431	14.985
16	宁德时代新能源科技股份有限公司	福建	9.897	22.433	54.529	68.369
17	江苏中天科技股份有限公司	江苏	13.554	16.041	16.942	9.897
18	碧桂园控股有限公司	广东	-4.744	-11.499	5.697	15.245
19	内蒙古君正能源化工集团股份有限公司	内蒙古	51.147	93.243	6.759	9.662
20	新疆特变电工集团有限公司	新疆	16.988	29.694	5.865	5.936
21	欧派家居集团股份有限公司	广东	8.914	12.133	27.203	24.757
22	青山控股集团有限公司	浙江	11.535	36.574	22.198	35.897
23	顺丰控股股份有限公司	安徽	37.251	26.388	20.127	33.059
24	浙江龙盛控股有限公司	浙江	-15.680	-12.124	9.931	12.825
25	恒力集团有限公司	江苏	24.894	14.107	13.017	31.920
26	普联技术有限公司	广东	38.325	68.179	16.900	18.207
27	浙江三花智能控制股份有限公司	浙江	7.285	2.882	15.161	8.321

续表

序号	企业名称	地区	营收增长率（%）	利润增长率（%）	资产增长率（%）	资本积累率（%）
28	正泰集团股份有限公司	浙江	10.937	9.790	22.967	27.378
29	河北天柱钢铁集团有限公司	河北	16.620	13.801	23.637	42.297
30	广东海大集团股份有限公司	广东	26.697	53.008	45.998	53.483
31	江苏阳光集团有限公司	江苏	2.031	2.540	1.131	4.631
32	天瑞集团股份有限公司	河南	8.827	16.505	0.225	5.909
33	北京京东世纪贸易有限公司	北京	29.280	305.488	62.591	129.114
34	人民电器集团有限公司	浙江	3.480	12.255	12.786	28.841
35	得力集团有限公司	浙江	18.493	99.989	23.833	32.390
36	百度控股有限公司	北京	37.918	992.465	10.418	11.673
37	浙江荣盛控股集团有限公司	浙江	50.075	135.177	31.936	22.656
38	河北安丰钢铁有限公司	河北	26.881	58.266	26.217	39.118
39	富通集团有限公司	浙江	13.653	5.999	3.598	9.944
40	浙江吉利控股集团有限公司	浙江	-1.572	9.640	22.673	32.216
41	龙佰集团股份有限公司	河南	24.208	-11.769	34.031	2.333
42	宁波申洲针织有限公司	浙江	1.612	2.989	15.686	8.357
43	农夫山泉股份有限公司	浙江	-4.862	6.391	45.407	56.850
44	长城汽车股份有限公司	河北	7.376	19.249	36.177	5.409
45	山东太阳纸业股份有限公司	山东	-5.158	-10.330	11.058	10.419
46	国美控股集团有限公司	北京	-16.471	-19.480	5.791	3.752
47	天能电池集团股份有限公司	浙江	-17.884	52.830	9.385	36.270
48	美的集团股份有限公司	广东	2.158	12.439	19.350	15.587
49	中公教育科技股份有限公司	安徽	22.083	27.697	44.757	24.583
50	日照钢铁控股集团有限公司	山东	-1.313	78.248	12.952	23.004
51	金科地产集团股份有限公司	四川	29.408	23.859	18.517	30.915
52	雅戈尔集团股份有限公司	浙江	-7.613	82.146	-0.801	2.623
53	江苏中南建设集团股份有限公司	江苏	9.425	70.013	23.637	33.872
54	成都蛟龙投资有限责任公司	四川	9.998	5.100	2.564	2.564
55	月星集团有限公司	上海	3.827	10.767	3.318	9.643
56	双胞胎（集团）股份有限公司	江西	29.950	203.294	80.719	45.919
57	江苏沙钢集团有限公司	江苏	5.835	59.302	4.534	13.175
58	盛虹控股集团有限公司	江苏	37.760	6.720	21.828	13.303
59	重庆华宇集团有限公司	重庆	3.966	2.234	30.688	24.158

续表

序号	企业名称	地区	营收增长率（%）	利润增长率（%）	资产增长率（%）	资本积累率（%）
60	海澜集团有限公司	江苏	-14.614	-29.999	2.121	1.635
61	广州酷狗计算机科技有限公司	广东	10.349	32.119	33.081	37.959
62	万达控股集团有限公司	山东	-2.413	-12.183	-19.714	-11.914
63	阳光城集团股份有限公司	福建	34.598	29.852	14.550	14.764
64	合盛硅业股份有限公司	浙江	0.343	27.710	14.396	13.828
65	河北普阳钢铁有限公司	河北	0.714	21.757	61.047	22.918
66	敬业集团有限公司	河北	76.171	-25.832	59.760	39.009
67	大华（集团）有限公司	上海	24.102	27.765	29.484	21.764
68	天能控股集团有限公司	浙江	17.619	32.816	25.807	10.870
69	四川蓝光发展股份有限公司	四川	9.603	-4.531	27.923	-3.546
70	广西盛隆冶金有限公司	广西	62.090	47.995	23.796	24.197
71	金东纸业（江苏）股份有限公司	江苏	-2.845	-27.070	6.018	4.317
72	重庆市迪马实业股份有限公司	重庆	7.988	25.890	12.710	17.952
73	振石控股集团有限公司	浙江	27.273	53.067	10.873	17.350
74	正威国际集团有限公司	广东	12.712	2.333	25.514	12.549
75	南京钢铁股份有限公司	江苏	10.741	9.197	9.825	41.447
76	利华益集团股份有限公司	山东	5.715	3.936	4.952	11.897
77	方大特钢科技股份有限公司	江西	7.879	25.076	5.912	38.983
78	物美科技集团有限公司	北京	29.552	-30.415	40.002	-4.486
79	公牛集团股份有限公司	浙江	0.106	0.421	67.700	64.599
80	昆仑万维科技股份有限公司	北京	-25.722	285.540	29.074	106.269
81	中天控股集团有限公司	浙江	13.784	31.539	32.565	23.810
82	恒申控股集团有限公司	福建	12.322	-13.115	-0.280	18.081
83	万洲国际有限公司	河南	6.298	-43.411	1.286	7.759
84	新希望控股集团有限公司	四川	34.711	35.329	15.558	16.533
85	浙江元立金属制品集团有限公司	浙江	8.480	73.334	7.386	26.744
86	龙光交通集团有限公司	广东	24.812	3.396	51.480	40.714
87	江苏恒瑞医药股份有限公司	江苏	19.091	18.775	26.031	23.124
88	浙江世纪华通集团股份有限公司	浙江	1.996	28.921	32.101	17.816
89	中天钢铁集团有限公司	江苏	7.706	3.164	0.006	0.370
90	河北新华联合冶金控股集团有限公司	河北	45.819	98.535	15.972	24.529
91	北京建龙重工集团有限公司	北京	28.732	-12.515	15.982	9.372

续表

序号	企业名称	地区	营收增长率（%）	利润增长率（%）	资产增长率（%）	资本积累率（%）
92	重庆智飞生物制品股份有限公司	重庆	43.477	39.506	39.048	43.521
93	通威集团有限公司	四川	14.052	64.519	30.283	14.008
94	万向集团公司	浙江	-2.889	-28.697	-1.806	46.428
95	南山集团有限公司	山东	2.174	-3.612	-0.043	8.349
96	旭阳控股有限公司	北京	9.100	6.295	17.006	15.491
97	上海复星医药（集团）股份有限公司	上海	6.024	10.272	9.940	16.017
98	江苏南通二建集团有限公司	江苏	19.231	19.804	12.987	16.187
99	辽宁嘉晨控股集团有限公司	辽宁	-9.369	10.023	19.767	15.254
100	威高集团有限公司	山东	0.387	-2.074	11.248	12.562

五、2021 中国民营企业信用 100 强地区分布

序号	企业名称	综合信用指数	营业收入（万元）	利润（万元）	资产（万元）	所有者权益（万元）
北京						
1	小米科技有限责任公司	97.537	24586563	2035550	25367982	12369170
2	北京东方雨虹防水技术股份有限公司	97.355	2173037	338887	2784665	1461438
3	北京京东世纪贸易有限公司	95.800	74580189	4940522	42228779	18754330
4	百度控股有限公司	95.600	10770400	2247200	33270800	18269600
5	国美控股集团有限公司	94.664	31047660	156155	28476315	7812257
6	物美科技集团有限公司	92.230	5567770	165161	10289911	2636834
7	昆仑万维科技股份有限公司	91.654	273927	499320	1323964	967697
8	北京建龙重工集团有限公司	90.764	19569510	340852	15454742	3123334
9	旭阳控股有限公司	90.246	6602635	208541	4193400	1361578
安徽						
1	顺丰控股股份有限公司	96.574	15398687	732608	11116004	5644305
2	中公教育科技股份有限公司	94.536	1120249	230436	1441885	427513
福建						
1	宁德时代新能源科技股份有限公司	96.799	5031949	558334	15661843	6420730
2	阳光城集团股份有限公司	93.299	8217124	522029	35230185	3069303
3	恒申控股集团有限公司	91.457	5666242	401495	4323703	2282698
广东						
1	华为投资控股有限公司	99.801	89136800	6459500	87685400	33032500
2	腾讯控股有限公司	97.959	48206400	15984700	133342500	70398400
3	碧桂园控股有限公司	96.755	46285600	3500200	201580900	17510200
4	欧派家居集团股份有限公司	96.622	1473969	206263	1884363	1192543
5	普联技术有限公司	96.277	1505913	383396	2076048	1883160
6	广东海大集团股份有限公司	95.966	6032386	252273	2752696	1397279
7	美的集团股份有限公司	94.551	28422125	2722297	36038260	11751626
8	广州酷狗计算机科技有限公司	93.629	1357599	155128	1027341	713834
9	正威国际集团有限公司	92.419	69193677	1277708	20258068	11405624

续表

序号	企业名称	综合信用指数	营业收入（万元）	利润（万元）	资产（万元）	所有者权益（万元）
10	龙光交通集团有限公司	91.227	10067914	1600929	40363941	7101357
广西						
1	广西盛隆冶金有限公司	92.762	5840699	180692	4783714	1880532
河北						
1	冀南钢铁集团有限公司	98.283	13907899	1099538	4390238	4049452
2	河北天柱钢铁集团有限公司	95.996	3568670	150845	1507184	770295
3	河北安丰钢铁有限公司	95.490	3980619	411362	2088353	1462780
4	长城汽车股份有限公司	94.837	10330761	536249	15401149	5734185
5	河北普阳钢铁有限公司	92.936	7918524	411450	4015298	2345633
6	敬业集团有限公司	92.905	22444527	419035	6987448	3232483
7	河北新华联合冶金控股集团有限公司	91.005	14232625	202061	11818740	827726
河南						
1	天瑞集团股份有限公司	95.942	5026666	205576	7517389	4063342
2	龙佰集团股份有限公司	95.376	1410816	228869	3477143	1419459
3	万洲国际有限公司	91.387	17646430	570997	12211350	6528162
江苏						
1	波司登股份有限公司	97.043	3288516	410679	3854196	2300611
2	江苏中天科技股份有限公司	96.774	4406573	227466	4714531	2346629
3	恒力集团有限公司	96.370	69533561	1637160	26587848	4777589
4	江苏阳光集团有限公司	95.958	3961174	203608	2188652	1114557
5	江苏中南建设集团股份有限公司	94.183	7860085	707779	35925345	2870111
6	江苏沙钢集团有限公司	93.982	26678565	789680	30222583	6689751
7	盛虹控股集团有限公司	93.834	26523669	358645	11509193	2216707
8	海澜集团有限公司	93.713	10521688	381807	11372235	8485812
9	金东纸业（江苏）股份有限公司	92.729	3374874	148245	6999417	2094672
10	南京钢铁股份有限公司	92.396	5312286	284591	4790629	2373025
11	江苏恒瑞医药股份有限公司	91.201	2773460	632838	3472959	3050430
12	中天钢铁集团有限公司	91.017	14003355	212753	4699532	1676941
13	江苏南通二建集团有限公司	90.114	8602674	404376	3898506	2000224
江西						
1	双胞胎（集团）股份有限公司	93.990	8663084	531729	4052957	1618962
2	方大特钢科技股份有限公司	92.286	1660148	214029	1371541	909443

续表

序号	企业名称	综合信用指数	营业收入（万元）	利润（万元）	资产（万元）	所有者权益（万元）
辽宁						
1	辽宁嘉晨控股集团有限公司	90.092	5312895	277072	5306484	4089799
内蒙古						
1	内蒙古君正能源化工集团股份有限公司	96.720	1479819	481509	3368015	2075256
宁夏						
1	宁夏宝丰能源集团股份有限公司	97.601	1592773	462277	3810501	2590035
山东						
1	山东金岭集团有限公司	98.352	4302881	241054	1796108	1500178
2	山东魏桥创业集团有限公司	98.200	28896461	852854	24609539	7845228
3	山东玲珑轮胎股份有限公司	97.184	1838272	222043	2929877	1650634
4	山东太阳纸业股份有限公司	94.703	2158865	195311	3586634	1611163
5	日照钢铁控股集团有限公司	94.446	9711525	837986	11271737	4168041
6	万达控股集团有限公司	93.497	9302513	182921	5059279	1464225
7	利华益集团股份有限公司	92.338	9621648	227721	4537960	2141762
8	南山集团有限公司	90.385	11358670	492405	13180049	6389908
9	威高集团有限公司	90.023	4978281	429709	6716835	3850527
上海						
1	月星集团有限公司	94.126	3021932	278560	5942209	2166770
2	大华（集团）有限公司	92.876	2513157	543831	16044483	3106537
3	上海复星医药（集团）股份有限公司	90.205	3030698	366281	8368601	3699553
四川						
1	金科地产集团股份有限公司	94.431	8770441	703002	38115798	3478029
2	成都蛟龙投资有限责任公司	94.180	2545036	204807	953721	777106
3	四川蓝光发展股份有限公司	92.874	4295738	330235	25826413	1853212
4	新希望控股集团有限公司	91.345	21807950	355630	31604041	2696765
5	通威集团有限公司	90.528	9263517	319716	7565034	1887443
新疆						
1	新疆特变电工集团有限公司	96.683	6096838	326771	13608470	4835040
浙江						
1	华峰化学股份有限公司	97.983	1472388	227913	1966892	1157219
2	浙江新和成股份有限公司	97.419	1031408	356376	3089701	1933625
3	红狮控股集团有限公司	97.080	5497879	586538	6072301	2668274

续表

序号	企业名称	综合信用指数	营业收入（万元）	利润（万元）	资产（万元）	所有者权益（万元）
4	纳爱斯集团有限公司	96.948	2452551	148534	2345039	2024188
5	青山控股集团有限公司	96.576	29289244	779213	8615934	2953193
6	浙江龙盛控股有限公司	96.544	3176536	449858	6015784	2922140
7	浙江三花智能控制股份有限公司	96.253	1210983	146216	1703253	1006479
8	正泰集团股份有限公司	96.113	8935473	203926	8863915	1857600
9	人民电器集团有限公司	95.638	4696591	191998	1321099	1007895
10	得力集团有限公司	95.621	3804946	316398	2618712	959950
11	浙江荣盛控股集团有限公司	95.580	30860925	427401	27062106	2639872
12	富通集团有限公司	95.462	5123603	156931	3203860	1195546
13	浙江吉利控股集团有限公司	95.424	32561869	933057	48540396	8718333
14	宁波申洲针织有限公司	95.206	2303065	510674	3685176	2727606
15	农夫山泉股份有限公司	95.030	2320813	528546	2580302	1550121
16	天能电池集团股份有限公司	94.621	3509988	227981	1964312	673938
17	雅戈尔集团股份有限公司	94.215	1147557	723559	8001509	2853831
18	合盛硅业股份有限公司	93.267	896823	140430	2000222	968584
19	天能控股集团有限公司	92.876	16482138	196797	5550284	548319
20	振石控股集团有限公司	92.470	3402332	198532	3014964	1069877
21	公牛集团股份有限公司	92.018	1005113	231343	1243754	913739
22	中天控股集团有限公司	91.507	12065311	344758	12236780	2043911
23	浙江元立金属制品集团有限公司	91.248	3149802	181082	2321498	700730
24	浙江世纪华通集团股份有限公司	91.097	1498297	294633	4274683	2891887
25	万向集团公司	90.418	12673776	181103	9270589	2351807
重庆						
1	龙湖集团控股有限公司	97.125	18454730	2000203	76515882	10834393
2	重庆华宇集团有限公司	93.737	8084989	927049	13016523	4822812
3	重庆市迪马实业股份有限公司	92.715	2127078	180285	8172774	1077569
4	重庆智飞生物制品股份有限公司	90.687	1519037	330133	1521524	824866

六、2021 中国民营企业信用 100 强行业分布

序号	企业名称	综合信用指数	营业收入（万元）	利润（万元）	资产（万元）	所有者权益（万元）
农副食品及农产品加工业						
1	广东海大集团股份有限公司	95.966	6032386	252273	2752696	1397279
2	双胞胎（集团）股份有限公司	93.990	8663084	531729	4052957	1618962
3	新希望控股集团有限公司	91.345	21807950	355630	31604041	2696765
4	通威集团有限公司	90.528	9263517	319716	7565034	1887443
食品（含饮料、乳制品、肉食品等）加工制造业						
1	农夫山泉股份有限公司	95.030	2320813	528546	2580302	1550121
2	万洲国际有限公司	91.387	17646430	570997	12211350	6528162
纺织、印染业						
1	山东魏桥创业集团有限公司	98.200	28896461	852854	24609539	7845228
2	江苏阳光集团有限公司	95.958	3961174	203608	2188652	1114557
纺织品、服装、服饰、鞋帽、皮革加工业						
1	波司登股份有限公司	97.043	3288516	410679	3854196	2300611
2	宁波申洲针织有限公司	95.206	2303065	510674	3685176	2727606
3	雅戈尔集团股份有限公司	94.215	1147557	723559	8001509	2853831
4	海澜集团有限公司	93.713	10521688	381807	11372235	8485812
造纸及纸制品（含木材、藤、竹、家具等）加工、印刷、包装业						
1	欧派家居集团股份有限公司	96.622	1473969	206263	1884363	1192543
2	山东太阳纸业股份有限公司	94.703	2158865	195311	3586634	1611163
3	金东纸业（江苏）股份有限公司	92.729	3374874	148245	6999417	2094672
石化产品、炼焦及其他燃料生产加工业						
1	利华益集团股份有限公司	92.338	9621648	227721	4537960	2141762
2	旭阳控股有限公司	90.246	6602635	208541	4193400	1361578
3	辽宁嘉晨控股集团有限公司	90.092	5312895	277072	5306484	4089799
化学原料及化学制品（含精细化工、日化、肥料等）制造业						
1	山东金岭集团有限公司	98.352	4302881	241054	1796108	1500178
2	华峰化学股份有限公司	97.983	1472388	227913	1966892	1157219

续表

序号	企业名称	综合信用指数	营业收入（万元）	利润（万元）	资产（万元）	所有者权益（万元）
3	宁夏宝丰能源集团股份有限公司	97.601	1592773	462277	3810501	2590035
4	浙江新和成股份有限公司	97.419	1031408	356376	3089701	1933625
5	纳爱斯集团有限公司	96.948	2452551	148534	2345039	2024188
6	内蒙古君正能源化工集团股份有限公司	96.720	1479819	481509	3368015	2075256
7	浙江龙盛控股有限公司	96.544	3176536	449858	6015784	2922140
8	龙佰集团股份有限公司	95.376	1410816	228869	3477143	1419459
医药、生物制药、医疗设备制造业						
1	江苏恒瑞医药股份有限公司	91.201	2773460	632838	3472959	3050430
2	重庆智飞生物制品股份有限公司	90.687	1519037	330133	1521524	824866
3	上海复星医药（集团）股份有限公司	90.205	3030698	366281	8368601	3699553
4	威高集团有限公司	90.023	4978281	429709	6716835	3850527
化学纤维制造业						
1	恒力集团有限公司	96.370	69533561	1637160	26587848	4777589
2	浙江荣盛控股集团有限公司	95.580	30860925	427401	27062106	2639872
3	盛虹控股集团有限公司	93.834	26523669	358645	11509193	2216707
4	恒申控股集团有限公司	91.457	5666242	401495	4323703	2282698
橡胶、塑料制品及其他新材料制造业						
1	山东玲珑轮胎股份有限公司	97.184	1838272	222043	2929877	1650634
建筑材料及玻璃等制造业及非金属矿物制品业						
1	北京东方雨虹防水技术股份有限公司	97.355	2173037	338887	2784665	1461438
2	红狮控股集团有限公司	97.080	5497879	586538	6072301	2668274
3	天瑞集团股份有限公司	95.942	5026666	205576	7517389	4063342
4	合盛硅业股份有限公司	93.267	896823	140430	2000222	968584
黑色冶金及压延加工业						
1	冀南钢铁集团有限公司	98.283	13907899	1099538	4390238	4049452
2	青山控股集团有限公司	96.576	29289244	779213	8615934	2953193
3	河北天柱钢铁集团有限公司	95.996	3568670	150845	1507184	770295
4	河北安丰钢铁有限公司	95.490	3980619	411362	2088353	1462780
5	日照钢铁控股集团有限公司	94.446	9711525	837986	11271737	4168041
6	江苏沙钢集团有限公司	93.982	26678565	789680	30222583	6689751
7	河北普阳钢铁有限公司	92.936	7918524	411450	4015298	2345633
8	敬业集团有限公司	92.905	22444527	419035	6987448	3232483

续表

序号	企业名称	综合信用指数	营业收入（万元）	利润（万元）	资产（万元）	所有者权益（万元）
9	广西盛隆冶金有限公司	92.762	5840699	180692	4783714	1880532
10	振石控股集团有限公司	92.470	3402332	198532	3014964	1069877
11	南京钢铁股份有限公司	92.396	5312286	284591	4790629	2373025
12	方大特钢科技股份有限公司	92.286	1660148	214029	1371541	909443
13	中天钢铁集团有限公司	91.017	14003355	212753	4699532	1676941
14	河北新华联合冶金控股集团有限公司	91.005	14232625	202061	11818740	827726
15	北京建龙重工集团有限公司	90.764	19569510	340852	15454742	3123334
一般有色冶金及压延加工业						
1	正威国际集团有限公司	92.419	69193677	1277708	20258068	11405624
2	南山集团有限公司	90.385	11358670	492405	13180049	6389908
金属制品、加工工具、工业辅助产品加工制造业及金属新材料制造业						
1	浙江元立金属制品集团有限公司	91.248	3149802	181082	2321498	700730
通用机械设备和专用机械设备及零配件制造业						
1	浙江三花智能控制股份有限公司	96.253	1210983	146216	1703253	1006479
电力、电气等设备、机械、元器件及光伏、风能、电池、线缆制造业						
1	宁德时代新能源科技股份有限公司	96.799	5031949	558334	15661843	6420730
2	江苏中天科技股份有限公司	96.774	4406573	227466	4714531	2346629
3	新疆特变电工集团有限公司	96.683	6096838	326771	13608470	4835040
4	正泰集团股份有限公司	96.113	8935473	203926	8863915	1857600
5	人民电器集团有限公司	95.638	4696591	191998	1321099	1007895
6	富通集团有限公司	95.462	5123603	156931	3203860	1195546
7	天能电池集团股份有限公司	94.621	3509988	227981	1964312	673938
8	天能控股集团有限公司	92.876	16482138	196797	5550284	548319
9	公牛集团股份有限公司	92.018	1005113	231343	1243754	913739
家用电器及零配件制造业						
1	美的集团股份有限公司	94.551	28422125	2722297	36038260	11751626
计算机、通信器材、办公、影像等设备及零部件制造业						
1	华为投资控股有限公司	99.801	89136800	6459500	87685400	33032500
2	小米科技有限责任公司	97.537	24586563	2035550	25367982	12369170
3	普联技术有限公司	96.277	1505913	383396	2076048	1883160
4	得力集团有限公司	95.621	3804946	316398	2618712	959950

续表

序号	企业名称	综合信用指数	营业收入（万元）	利润（万元）	资产（万元）	所有者权益（万元）
汽车及零配件制造业						
1	浙江吉利控股集团有限公司	95.424	32561869	933057	48540396	8718333
2	长城汽车股份有限公司	94.837	10330761	536249	15401149	5734185
3	浙江世纪华通集团股份有限公司	91.097	1498297	294633	4274683	2891887
4	万向集团公司	90.418	12673776	181103	9270589	2351807
综合制造业（以制造业为主，含有服务业）						
1	成都蛟龙投资有限责任公司	94.180	2545036	204807	953721	777106
2	万达控股集团有限公司	93.497	9302513	182921	5059279	1464225
电信、邮寄、速递等服务业						
1	顺丰控股股份有限公司	96.574	15398687	732608	11116004	5644305
商业零售业及连锁超市						
1	国美控股集团有限公司	94.664	31047660	156155	28476315	7812257
2	月星集团有限公司	94.126	3021932	278560	5942209	2166770
3	物美科技集团有限公司	92.230	5567770	165161	10289911	2636834
房地产开发与经营、物业及房屋装饰、修缮、管理等服务业						
1	龙湖集团控股有限公司	97.125	18454730	2000203	76515882	10834393
2	碧桂园控股有限公司	96.755	46285600	3500200	201580900	17510200
3	金科地产集团股份有限公司	94.431	8770441	703002	38115798	3478029
4	江苏中南建设集团股份有限公司	94.183	7860085	707779	35925345	2870111
5	重庆华宇集团有限公司	93.737	8084989	927049	13016523	4822812
6	阳光城集团股份有限公司	93.299	8217124	522029	35230185	3069303
7	大华（集团）有限公司	92.876	2513157	543831	16044483	3106537
信息、传媒、电子商务、网购、娱乐等互联网服务业						
1	腾讯控股有限公司	97.959	48206400	15984700	133342500	70398400
2	北京京东世纪贸易有限公司	95.800	74580189	4940522	42228779	18754330
3	百度控股有限公司	95.600	10770400	2247200	33270800	18269600
4	广州酷狗计算机科技有限公司	93.629	1357599	155128	1027341	713834
5	昆仑万维科技股份有限公司	91.654	273927	499320	1323964	967697
综合服务业（以服务业为主，含有制造业）						
1	中公教育科技股份有限公司	94.536	1120249	230436	1441885	427513
2	四川蓝光发展股份有限公司	92.874	4295738	330235	25826413	1853212
3	重庆市迪马实业股份有限公司	92.715	2127078	180285	8172774	1077569

续表

序号	企业名称	综合信用指数	营业收入（万元）	利润（万元）	资产（万元）	所有者权益（万元）
建筑业						
1	中天控股集团有限公司	91.507	12065311	344758	12236780	2043911
2	龙光交通集团有限公司	91.227	10067914	1600929	40363941	7101357
3	江苏南通二建集团有限公司	90.114	8602674	404376	3898506	2000224

第十二章
2021 中国上市公司信用 500 强评价资料

一、2021 中国上市公司信用 500 强排序

序号	企业名称	股票简称	股票代码	综合信用指数	信用环境指数	信用能力指数	信用行为指数
1	贵州茅台酒股份有限公司	贵州茅台	600519	99.557	13.557	72.000	14.000
2	中国工商银行股份有限公司	工商银行	601398	99.073	13.553	71.519	14.000
3	万科企业股份有限公司	万科 A	000002	98.983	13.521	71.885	13.577
4	北京首创生态环保集团股份有限公司	首创环保	600008	98.499	13.600	71.799	13.100
5	中国农业银行股份有限公司	农业银行	601288	98.385	13.589	70.796	14.000
6	中国平安保险（集团）股份有限公司	中国平安	601318	98.282	12.756	71.526	14.000
7	万华化学集团股份有限公司	万华化学	600309	98.223	13.673	72.000	12.550
8	安徽海螺水泥股份有限公司	海螺水泥	600585	98.152	13.432	72.000	12.719
9	华峰化学股份有限公司	华峰化学	002064	97.983	13.795	71.389	12.800
10	中国银行股份有限公司	中国银行	601988	97.709	13.670	70.039	14.000
11	宁夏宝丰能源集团股份有限公司	宝丰能源	600989	97.601	13.851	70.950	12.800
12	金发科技股份有限公司	金发科技	600143	97.600	14.000	72.000	11.600
13	成都市兴蓉环境股份有限公司	兴蓉环境	000598	97.523	13.600	71.123	12.800
14	中联重科股份有限公司	中联重科	000157	97.498	13.898	72.000	11.600
15	三一重工股份有限公司	三一重工	600031	97.468	13.868	72.000	11.600
16	比亚迪股份有限公司	比亚迪	002594	97.442	14.000	71.842	11.600
17	中国国际海运集装箱（集团）股份有限公司	中集集团	000039	97.437	13.837	72.000	11.600
18	中原大地传媒股份有限公司	中原传媒	000719	97.429	13.829	72.000	11.600
19	中国化学工程股份有限公司	中国化学	601117	97.428	13.828	72.000	11.600
20	九州通医药集团股份有限公司	九州通	600998	97.424	13.897	71.927	11.600
21	浙江新和成股份有限公司	新和成	002001	97.419	14.000	70.619	12.800
22	北京东方雨虹防水技术股份有限公司	东方雨虹	002271	97.355	13.926	71.829	11.600
23	招商银行股份有限公司	招商银行	600036	97.341	13.594	69.747	14.000
24	富士康工业互联网股份有限公司	工业富联	601138	97.301	13.044	72.000	12.257
25	浪潮电子信息产业股份有限公司	浪潮信息	000977	97.261	13.661	72.000	11.600
26	北京高能时代环境技术股份有限公司	高能环境	603588	97.203	13.578	70.825	12.800
27	中海油能源发展股份有限公司	海油发展	600968	97.201	13.842	71.759	11.600

续表

序号	企业名称	股票简称	股票代码	综合信用指数	信用环境指数	信用能力指数	信用行为指数
28	英科医疗科技股份有限公司	英科医疗	300677	97.200	13.600	72.000	11.600
29	山东玲珑轮胎股份有限公司	玲珑轮胎	601966	97.184	13.835	71.749	11.600
30	科大讯飞股份有限公司	科大讯飞	002230	97.183	13.725	71.857	11.600
31	杭州海康威视数字技术股份有限公司	海康威视	002415	97.121	13.521	72.000	11.600
32	晶澳太阳能科技股份有限公司	晶澳科技	002459	97.043	13.736	71.708	11.600
33	新疆金风科技股份有限公司	金风科技	002202	96.937	13.829	71.508	11.600
34	招商证券股份有限公司	招商证券	600999	96.921	13.817	71.504	11.600
35	紫金矿业集团股份有限公司	紫金矿业	601899	96.916	13.896	71.420	11.600
36	隆基绿能科技股份有限公司	隆基股份	601012	96.906	13.306	72.000	11.600
37	河南双汇投资发展股份有限公司	双汇发展	000895	96.847	13.306	71.941	11.600
38	保利发展控股集团股份有限公司	保利发展	600048	96.838	13.418	71.531	11.889
39	北新集团建材股份有限公司	北新建材	000786	96.837	13.794	71.444	11.600
40	中铁高新工业股份有限公司	中铁工业	600528	96.824	13.802	71.422	11.600
41	通威股份有限公司	通威股份	600438	96.812	13.212	72.000	11.600
42	宁德时代新能源科技股份有限公司	宁德时代	300750	96.799	13.199	72.000	11.600
43	完美世界股份有限公司	完美世界	002624	96.774	13.385	71.789	11.600
44	江苏中天科技股份有限公司	中天科技	600522	96.774	13.174	72.000	11.600
45	明阳智慧能源集团股份公司	明阳智能	601615	96.759	13.220	71.939	11.600
46	上海韦尔半导体股份有限公司	韦尔股份	603501	96.758	14.000	71.158	11.600
47	广发证券股份有限公司	广发证券	000776	96.753	13.856	71.298	11.600
48	内蒙古君正能源化工集团股份有限公司	君正集团	601216	96.720	14.000	71.520	11.200
49	中信建投证券股份有限公司	中信建投	601066	96.716	13.879	71.236	11.600
50	深圳市汇川技术股份有限公司	汇川技术	300124	96.692	14.000	71.092	11.600
51	特变电工股份有限公司	特变电工	600089	96.660	13.252	71.808	11.600
52	恒力石化股份有限公司	恒力石化	600346	96.645	13.045	72.000	11.600
53	宜宾五粮液股份有限公司	五粮液	000858	96.643	13.582	71.461	11.600
54	京东方科技集团股份有限公司	京东方 A	000725	96.632	13.880	71.152	11.600
55	欧派家居集团股份有限公司	欧派家居	603833	96.622	13.771	71.251	11.600
56	天合光能股份有限公司	天合光能	688599	96.604	13.299	71.705	11.600
57	顺丰控股股份有限公司	顺丰控股	002352	96.574	13.465	71.509	11.600
58	江苏恒立液压股份有限公司	恒立液压	601100	96.560	13.585	71.376	11.600
59	徐工集团工程机械股份有限公司	徐工机械	000425	96.559	13.461	71.498	11.600

续表

序号	企业名称	股票简称	股票代码	综合信用指数	信用环境指数	信用能力指数	信用行为指数
60	内蒙古伊利实业集团股份有限公司	伊利股份	600887	96.551	12.999	71.952	11.600
61	重庆水务集团股份有限公司	重庆水务	601158	96.532	13.583	70.149	12.800
62	浙江万盛股份有限公司	万盛股份	603010	96.516	13.600	70.116	12.800
63	交通银行股份有限公司	交通银行	601328	96.482	13.589	68.894	14.000
64	山东道恩高分子材料股份有限公司	道恩股份	002838	96.442	13.600	71.242	11.600
65	歌尔股份有限公司	歌尔股份	002241	96.433	13.936	70.897	11.600
66	兴业银行股份有限公司	兴业银行	601166	96.422	13.450	68.972	14.000
67	国泰君安证券股份有限公司	国泰君安	601211	96.421	13.868	70.953	11.600
68	老凤祥股份有限公司	老凤祥	600612	96.419	13.809	71.010	11.600
69	永辉超市股份有限公司	永辉超市	601933	96.411	13.832	70.979	11.600
70	绿地控股集团股份有限公司	绿地控股	600606	96.325	13.424	71.301	11.600
71	阳光电源股份有限公司	阳光电源	300274	96.319	13.414	71.305	11.600
72	浙江伟星新型建材股份有限公司	伟星新材	002372	96.303	13.476	71.227	11.600
73	中航工业机电系统股份有限公司	中航机电	002013	96.284	13.352	71.332	11.600
74	紫光股份有限公司	紫光股份	000938	96.259	13.312	71.347	11.600
75	浙江三花智能控制股份有限公司	三花智控	002050	96.253	13.008	71.644	11.600
76	中国国际金融股份有限公司	中金公司	601995	96.249	13.873	70.776	11.600
77	江苏扬农化工股份有限公司	扬农化工	600486	96.228	13.746	69.682	12.800
78	华泰证券股份有限公司	华泰证券	601688	96.215	13.799	70.816	11.600
79	上海晨光文具股份有限公司	晨光文具	603899	96.129	13.783	70.747	11.600
80	云南贝泰妮生物科技集团股份有限公司	贝泰妮	300957	96.127	12.923	71.604	11.600
81	玉禾田环境发展集团股份有限公司	玉禾田	300815	96.123	13.425	71.098	11.600
82	上海爱旭新能源股份有限公司	爱旭股份	600732	96.102	13.052	71.450	11.600
83	苏州东山精密制造股份有限公司	东山精密	002384	96.092	13.910	70.582	11.600
84	上海汽车集团股份有限公司	上汽集团	600104	96.085	12.654	72.000	11.431
85	郑州煤矿机械集团股份有限公司	郑煤机	601717	96.071	13.380	71.090	11.600
86	中信证券股份有限公司	中信证券	600030	96.052	13.804	70.648	11.600
87	中文天地出版传媒集团股份有限公司	中文传媒	600373	96.048	13.332	71.116	11.600
88	浙江大华技术股份有限公司	大华股份	002236	96.046	13.832	70.613	11.600
89	中国人寿保险股份有限公司	中国人寿	601628	96.028	12.507	69.521	14.000
90	国信证券股份有限公司	国信证券	002736	96.025	13.807	70.617	11.600
91	杭州福斯特应用材料股份有限公司	福斯特	603806	96.018	13.338	71.081	11.600

续表

序号	企业名称	股票简称	股票代码	综合信用指数	信用环境指数	信用能力指数	信用行为指数
92	广东海大集团股份有限公司	海大集团	002311	95.966	13.560	70.806	11.600
93	海通证券股份有限公司	海通证券	600837	95.943	13.819	70.524	11.600
94	江苏卓胜微电子股份有限公司	卓胜微	300782	95.918	13.600	70.718	11.600
95	浙江交通科技股份有限公司	浙江交科	002061	95.914	13.843	70.470	11.600
96	山西杏花村汾酒厂股份有限公司	山西汾酒	600809	95.887	13.548	70.739	11.600
97	东珠生态环保股份有限公司	东珠生态	603359	95.859	13.574	69.484	12.800
98	浙江伟明环保股份有限公司	伟明环保	603568	95.856	13.356	71.200	11.300
99	东方财富信息股份有限公司	东方财富	300059	95.829	13.829	70.401	11.600
100	立讯精密工业股份有限公司	立讯精密	002475	95.829	13.929	71.900	10.000
101	无锡上机数控股份有限公司	上机数控	603185	95.805	13.457	70.749	11.600
102	上海浦东发展银行股份有限公司	浦发银行	600000	95.791	13.442	68.349	14.000
103	国药集团一致药业股份有限公司	国药一致	000028	95.769	13.809	70.360	11.600
104	中国银河证券股份有限公司	中国银河	601881	95.764	13.826	70.338	11.600
105	中信银行股份有限公司	中信银行	601998	95.754	13.612	68.142	14.000
106	新洋丰农业科技股份有限公司	新洋丰	000902	95.748	13.911	69.037	12.800
107	中顺洁柔纸业股份有限公司	中顺洁柔	002511	95.726	13.726	72.000	10.000
108	成都红旗连锁股份有限公司	红旗连锁	002697	95.725	12.922	71.203	11.600
109	宝山钢铁股份有限公司	宝钢股份	600019	95.714	13.600	68.437	13.676
110	深圳新宙邦科技股份有限公司	新宙邦	300037	95.674	13.464	69.410	12.800
111	深南电路股份有限公司	深南电路	002916	95.667	13.118	70.949	11.600
112	科顺防水科技股份有限公司	科顺股份	300737	95.644	13.600	70.444	11.600
113	山东晨鸣纸业集团股份有限公司	晨鸣纸业	000488	95.597	13.413	70.584	11.600
114	蓝星安迪苏股份有限公司	安迪苏	600299	95.592	13.896	68.897	12.800
115	中材科技股份有限公司	中材科技	002080	95.573	13.781	70.193	11.600
116	索菲亚家居股份有限公司	索菲亚	002572	95.566	13.775	70.191	11.600
117	深圳市裕同包装科技股份有限公司	裕同科技	002831	95.557	13.481	70.476	11.600
118	厦门吉宏科技股份有限公司	吉宏股份	002803	95.544	13.600	70.344	11.600
119	永高股份有限公司	永高股份	002641	95.530	13.875	70.055	11.600
120	广东拓斯达科技股份有限公司	拓斯达	300607	95.522	13.600	70.322	11.600
121	横店集团东磁股份有限公司	横店东磁	002056	95.496	13.329	70.568	11.600
122	上海起帆电缆股份有限公司	起帆电缆	605222	95.452	13.128	70.724	11.600
123	上海机电股份有限公司	上海机电	600835	95.448	12.884	70.964	11.600

续表

序号	企业名称	股票简称	股票代码	综合信用指数	信用环境指数	信用能力指数	信用行为指数
124	山鹰国际控股股份公司	山鹰纸业	600567	95.437	13.429	70.408	11.600
125	珀莱雅化妆品股份有限公司	珀莱雅	603605	95.429	13.417	69.212	12.800
126	思源电气股份有限公司	思源电气	002028	95.402	13.349	70.453	11.600
127	江西正邦科技股份有限公司	正邦科技	002157	95.400	13.600	70.200	11.600
128	龙佰集团股份有限公司	龙佰集团	002601	95.376	13.282	69.294	12.800
129	深圳华侨城股份有限公司	华侨城A	000069	95.330	13.312	70.419	11.600
130	唐山冀东水泥股份有限公司	冀东水泥	000401	95.325	13.507	70.218	11.600
131	上海百润投资控股集团股份有限公司	百润股份	002568	95.319	13.550	70.169	11.600
132	山东博汇纸业股份有限公司	博汇纸业	600966	95.310	14.000	69.710	11.600
133	北京千方科技股份有限公司	千方科技	002373	95.300	13.354	70.345	11.600
134	湖北兴发化工集团股份有限公司	兴发集团	600141	95.289	13.881	68.607	12.800
135	中山公用事业集团股份有限公司	中山公用	000685	95.278	13.600	68.878	12.800
136	福莱特玻璃集团股份有限公司	福莱特	601865	95.264	13.600	70.064	11.600
137	甘肃祁连山水泥集团股份有限公司	祁连山	600720	95.244	13.440	70.204	11.600
138	陕西北元化工集团股份有限公司	北元集团	601568	95.244	13.669	68.775	12.800
139	浙江核新同花顺网络信息股份有限公司	同花顺	300033	95.200	14.000	69.600	11.600
140	华能国际电力股份有限公司	华能国际	600011	95.186	13.868	69.718	11.600
141	天津友发钢管集团股份有限公司	友发集团	601686	95.186	13.484	70.102	11.600
142	山东豪迈机械科技股份有限公司	豪迈科技	002595	95.168	13.372	70.196	11.600
143	北京元六鸿远电子科技股份有限公司	鸿远电子	603267	95.161	13.371	70.190	11.600
144	天地科技股份有限公司	天地科技	600582	95.158	13.842	69.716	11.600
145	洛阳栾川钼业集团股份有限公司	洛阳钼业	603993	95.125	13.824	69.701	11.600
146	四川川投能源股份有限公司	川投能源	600674	95.117	12.247	70.070	12.800
147	上海宝信软件股份有限公司	宝信软件	600845	95.095	13.720	69.774	11.600
148	日月重工股份有限公司	日月股份	603218	95.088	13.408	70.080	11.600
149	广州视源电子科技股份有限公司	视源股份	002841	95.076	13.738	69.738	11.600
150	青岛国恩科技股份有限公司	国恩股份	002768	95.054	13.995	69.459	11.600
151	浙报数字文化集团股份有限公司	浙数文化	600633	95.052	13.150	70.302	11.600
152	中南出版传媒集团股份有限公司	中南传媒	601098	95.042	13.842	72.000	9.200
153	江苏凤凰出版传媒股份有限公司	凤凰传媒	601928	95.019	13.863	71.956	9.200
154	烟台杰瑞石油服务集团股份有限公司	杰瑞股份	002353	95.004	13.845	69.559	11.600
155	上海医药集团股份有限公司	上海医药	601607	95.001	12.114	71.287	11.600

续表

序号	企业名称	股票简称	股票代码	综合信用指数	信用环境指数	信用能力指数	信用行为指数
156	中国葛洲坝集团股份有限公司	葛洲坝	600068	94.996	12.420	70.975	11.600
157	宁波东方电缆股份有限公司	东方电缆	603606	94.991	13.426	69.965	11.600
158	浙富控股集团股份有限公司	浙富控股	002266	94.990	14.000	69.390	11.600
159	中国中车股份有限公司	中国中车	601766	94.989	12.749	70.639	11.600
160	赛轮集团股份有限公司	赛轮轮胎	601058	94.988	13.846	69.542	11.600
161	志邦家居股份有限公司	志邦家居	603801	94.968	13.394	69.974	11.600
162	华致酒行连锁管理股份有限公司	华致酒行	300755	94.951	13.415	69.936	11.600
163	长江出版传媒股份有限公司	长江传媒	600757	94.950	13.234	70.116	11.600
164	新华文轩出版传媒股份有限公司	新华文轩	601811	94.919	13.825	71.894	9.200
165	中兴通讯股份有限公司	中兴通讯	000063	94.915	12.680	70.634	11.600
166	泸州老窖股份有限公司	泸州老窖	000568	94.914	13.687	69.627	11.600
167	中国长江电力股份有限公司	长江电力	600900	94.905	12.998	70.306	11.600
168	一心堂药业集团股份有限公司	一心堂	002727	94.895	13.434	69.861	11.600
169	重庆三峡水利电力（集团）股份有限公司	三峡水利	600116	94.879	13.364	69.916	11.600
170	中国石油天然气股份有限公司	中国石油	601857	94.860	14.000	69.260	11.600
171	国投资本股份有限公司	国投资本	600061	94.857	13.870	69.387	11.600
172	中远海运控股股份有限公司	中远海控	601919	94.841	13.859	69.382	11.600
173	长城汽车股份有限公司	长城汽车	601633	94.837	13.936	72.000	8.900
174	唐人神集团股份有限公司	唐人神	002567	94.835	13.600	69.635	11.600
175	中航光电科技股份有限公司	中航光电	002179	94.832	13.289	69.943	11.600
176	启明星辰信息技术集团股份有限公司	启明星辰	002439	94.801	13.601	69.600	11.600
177	金雷科技股份公司	金雷股份	300443	94.800	13.600	69.600	11.600
178	稳健医疗用品股份有限公司	稳健医疗	300888	94.800	13.600	72.000	9.200
179	安徽新华传媒股份有限公司	皖新传媒	601801	94.776	13.825	71.750	9.200
180	江西洪城环境股份有限公司	洪城环境	600461	94.752	13.600	71.152	10.000
181	益海嘉里金龙鱼粮油食品股份有限公司	金龙鱼	300999	94.714	12.500	70.614	11.600
182	山东太阳纸业股份有限公司	太阳纸业	002078	94.703	12.704	70.399	11.600
183	三角轮胎股份有限公司	三角轮胎	601163	94.660	13.858	69.202	11.600
184	苏美达股份有限公司	苏美达	600710	94.654	13.832	69.222	11.600
185	重庆宗申动力机械股份有限公司	宗申动力	001696	94.646	13.413	69.633	11.600
186	江苏苏博特新材料股份有限公司	苏博特	603916	94.641	13.398	68.444	12.800
187	天能电池集团股份有限公司	天能股份	688819	94.621	13.357	69.664	11.600

序号	企业名称	股票简称	股票代码	综合信用指数	信用环境指数	信用能力指数	信用行为指数
188	厦门吉比特网络技术股份有限公司	吉比特	603444	94.592	13.672	69.320	11.600
189	爱玛科技集团股份有限公司	爱玛科技	603529	94.586	13.295	69.691	11.600
190	招商局蛇口工业区控股股份有限公司	招商蛇口	001979	94.576	12.713	70.264	11.600
191	湖南华菱钢铁股份有限公司	华菱钢铁	000932	94.576	13.600	69.376	11.600
192	中科创达软件股份有限公司	中科创达	300496	94.574	13.374	69.600	11.600
193	侨银城市管理股份有限公司	侨银股份	002973	94.561	13.600	69.361	11.600
194	青岛汉缆股份有限公司	汉缆股份	002498	94.556	13.284	69.672	11.600
195	美的集团股份有限公司	美的集团	000333	94.551	14.000	68.894	11.657
196	中公教育科技股份有限公司	中公教育	002607	94.536	13.411	69.525	11.600
197	江苏双星彩塑新材料股份有限公司	双星新材	002585	94.481	13.607	69.274	11.600
198	中国黄金集团黄金珠宝股份有限公司	中国黄金	600916	94.477	13.608	69.270	11.600
199	江苏共创人造草坪股份有限公司	共创草坪	605099	94.476	13.324	69.552	11.600
200	中国出版传媒股份有限公司	中国出版	601949	94.471	13.366	69.504	11.600
201	环旭电子股份有限公司	环旭电子	601231	94.464	13.838	69.026	11.600
202	利尔化学股份有限公司	利尔化学	002258	94.449	13.589	68.060	12.800
203	仙鹤股份有限公司	仙鹤股份	603733	94.435	13.538	69.297	11.600
204	金科地产集团股份有限公司	金科股份	000656	94.431	13.791	69.039	11.600
205	烟台艾迪精密机械股份有限公司	艾迪精密	603638	94.422	13.410	69.412	11.600
206	蓝思科技股份有限公司	蓝思科技	300433	94.390	13.893	68.897	11.600
207	上海豫园旅游商城（集团）股份有限公司	豫园股份	600655	94.387	13.835	68.952	11.600
208	深信服科技股份有限公司	深信服	300454	94.370	13.246	69.525	11.600
209	中钢国际工程技术股份有限公司	中钢国际	000928	94.359	13.416	69.343	11.600
210	珠海格力电器股份有限公司	格力电器	000651	94.339	14.000	68.739	11.600
211	南方出版传媒股份有限公司	南方传媒	601900	94.329	13.487	71.642	9.200
212	金地（集团）股份有限公司	金地集团	600383	94.314	13.384	69.330	11.600
213	广州汽车集团股份有限公司	广汽集团	601238	94.308	13.306	72.000	9.002
214	上海良信电器股份有限公司	良信电器	002706	94.294	13.262	69.431	11.600
215	云南沃森生物技术股份有限公司	沃森生物	300142	94.286	13.600	69.086	11.600
216	东华软件股份公司	东华软件	002065	94.266	12.735	69.931	11.600
217	奥瑞金科技股份有限公司	奥瑞金	002701	94.240	13.477	69.163	11.600
218	广西柳工机械股份有限公司	柳工	000528	94.231	13.845	68.786	11.600
219	宁夏建材集团股份有限公司	宁夏建材	600449	94.218	13.483	69.134	11.600

续表

序号	企业名称	股票简称	股票代码	综合信用指数	信用环境指数	信用能力指数	信用行为指数
220	雅戈尔集团股份有限公司	雅戈尔	600177	94.215	13.600	69.015	11.600
221	福建龙马环卫装备股份有限公司	龙马环卫	603686	94.208	13.466	69.142	11.600
222	中国光大银行股份有限公司	光大银行	601818	94.206	13.600	67.513	13.092
223	广州海格通信集团股份有限公司	海格通信	002465	94.203	13.647	68.957	11.600
224	厦门亿联网络技术股份有限公司	亿联网络	300628	94.188	13.155	69.433	11.600
225	卫星化学股份有限公司	卫星化学	002648	94.184	13.810	67.574	12.800
226	江苏中南建设集团股份有限公司	中南建设	000961	94.183	13.924	68.659	11.600
227	浙江新安化工集团股份有限公司	新安股份	600596	94.142	13.843	67.499	12.800
228	山东省药用玻璃股份有限公司	山东药玻	600529	94.137	13.457	69.080	11.600
229	浙江中控技术股份有限公司	中控技术	688777	94.128	13.485	69.044	11.600
230	安徽皖维高新材料股份有限公司	皖维高新	600063	94.128	13.504	67.824	12.800
231	中国巨石股份有限公司	中国巨石	600176	94.128	13.421	69.107	11.600
232	卫宁健康科技集团股份有限公司	卫宁健康	300253	94.114	13.252	69.262	11.600
233	华测检测认证集团股份有限公司	华测检测	300012	94.018	13.427	68.991	11.600
234	大族激光科技产业集团股份有限公司	大族激光	002008	93.978	13.876	68.502	11.600
235	兴业证券股份有限公司	兴业证券	601377	93.934	14.000	68.334	11.600
236	中国船舶重工集团海洋防务与信息对抗股份有限公司	中国海防	600764	93.934	13.347	68.987	11.600
237	广东宏大爆破股份有限公司	宏大爆破	002683	93.927	13.801	68.526	11.600
238	福建安井食品股份有限公司	安井食品	603345	93.923	13.490	68.833	11.600
239	杭州电魂网络科技股份有限公司	电魂网络	603258	93.919	13.600	68.719	11.600
240	欣旺达电子股份有限公司	欣旺达	300207	93.914	12.966	69.348	11.600
241	江西金达莱环保股份有限公司	金达莱	688057	93.907	13.327	68.979	11.600
242	桃李面包股份有限公司	桃李面包	603866	93.898	13.474	68.824	11.600
243	大参林医药集团股份有限公司	大参林	603233	93.895	13.468	68.826	11.600
244	北京宇信科技集团股份有限公司	宇信科技	300674	93.880	13.729	68.551	11.600
245	光大证券股份有限公司	光大证券	601788	93.813	13.975	68.238	11.600
246	中国汽车工程研究院股份有限公司	中国汽研	601965	93.811	13.425	68.786	11.600
247	大唐国际发电股份有限公司	大唐发电	601991	93.805	13.877	68.328	11.600
248	内蒙古鄂尔多斯资源股份有限公司	鄂尔多斯	600295	93.791	13.437	68.754	11.600
249	中核华原钛白股份有限公司	中核钛白	002145	93.788	13.325	67.663	12.800
250	三全食品股份有限公司	三全食品	002216	93.784	13.600	68.584	11.600

续表

序号	企业名称	股票简称	股票代码	综合信用指数	信用环境指数	信用能力指数	信用行为指数
251	蓝帆医疗股份有限公司	蓝帆医疗	002382	93.781	13.600	68.581	11.600
252	爱尔眼科医院集团股份有限公司	爱尔眼科	300015	93.775	13.368	68.806	11.600
253	华新水泥股份有限公司	华新水泥	600801	93.765	12.549	69.616	11.600
254	重庆三峰环境集团股份有限公司	三峰环境	601827	93.747	13.398	68.750	11.600
255	杭叉集团股份有限公司	杭叉集团	603298	93.725	13.837	68.288	11.600
256	华域汽车系统股份有限公司	华域汽车	600741	93.723	12.816	72.000	8.907
257	中芯国际集成电路制造有限公司	中芯国际	688981	93.696	13.867	68.229	11.600
258	厦门国贸集团股份有限公司	厦门国贸	600755	93.646	13.810	68.235	11.600
259	广州发展集团股份有限公司	广州发展	600098	93.642	13.818	68.224	11.600
260	用友网络科技股份有限公司	用友网络	600588	93.640	12.193	69.848	11.600
261	东方明珠新媒体股份有限公司	东方明珠	600637	93.635	12.127	69.908	11.600
262	中国建筑股份有限公司	中国建筑	601668	93.631	14.000	65.631	14.000
263	通裕重工股份有限公司	通裕重工	300185	93.619	13.414	68.605	11.600
264	云南恩捷新材料股份有限公司	恩捷股份	002812	93.586	13.270	68.716	11.600
265	中建西部建设股份有限公司	西部建设	002302	93.551	13.830	68.121	11.600
266	浙江春风动力股份有限公司	春风动力	603129	93.526	13.400	68.526	11.600
267	牧原食品股份有限公司	牧原股份	002714	93.514	9.827	72.000	11.688
268	荣盛石化股份有限公司	荣盛石化	002493	93.507	14.000	67.907	11.600
269	武汉高德红外股份有限公司	高德红外	002414	93.453	13.600	68.253	11.600
270	中国科技出版传媒股份有限公司	中国科传	601858	93.448	12.848	69.000	11.600
271	山东龙大肉食品股份有限公司	龙大肉食	002726	93.447	13.600	68.247	11.600
272	西部证券股份有限公司	西部证券	002673	93.426	13.490	68.337	11.600
273	深圳华大基因股份有限公司	华大基因	300676	93.406	13.600	68.206	11.600
274	北京金山办公软件股份有限公司	金山办公	688111	93.316	13.760	67.956	11.600
275	天津中环半导体股份有限公司	中环股份	002129	93.312	13.805	67.907	11.600
276	利民控股集团股份有限公司	利民股份	002734	93.306	13.395	67.110	12.800
277	阳光城集团股份有限公司	阳光城	000671	93.299	13.834	67.865	11.600
278	杭州泰格医药科技股份有限公司	泰格医药	300347	93.295	13.581	68.114	11.600
279	山东华泰纸业股份有限公司	华泰股份	600308	93.270	13.183	68.487	11.600
280	合盛硅业股份有限公司	合盛硅业	603260	93.267	13.481	68.185	11.600
281	广东东鹏控股股份有限公司	东鹏控股	003012	93.262	13.115	68.547	11.600
282	广东南方新媒体股份有限公司	新媒股份	300770	93.241	13.587	68.054	11.600

续表

序号	企业名称	股票简称	股票代码	综合信用指数	信用环境指数	信用能力指数	信用行为指数
283	招商局南京油运股份有限公司	招商南油	601975	93.231	13.600	68.031	11.600
284	蒙娜丽莎集团股份有限公司	蒙娜丽莎	002918	93.231	13.422	68.208	11.600
285	中信泰富特钢集团股份有限公司	中信特钢	000708	93.221	13.582	68.038	11.600
286	淄博齐翔腾达化工股份有限公司	齐翔腾达	002408	93.190	13.872	66.519	12.800
287	北京利尔高温材料股份有限公司	北京利尔	002392	93.190	13.190	68.399	11.600
288	唐山三友化工股份有限公司	三友化工	600409	93.182	13.656	66.726	12.800
289	无锡威孚高科技集团股份有限公司	威孚高科	000581	93.161	13.498	71.197	8.466
290	中国南玻集团股份有限公司	南玻 A	000012	93.123	13.480	68.042	11.600
291	中远海运能源运输股份有限公司	中远海能	600026	93.113	13.600	67.913	11.600
292	无锡先导智能装备股份有限公司	先导智能	300450	93.113	12.704	68.809	11.600
293	传化智联股份有限公司	传化智联	002010	93.086	12.747	68.739	11.600
294	申万宏源集团股份有限公司	申万宏源	000166	93.061	13.474	67.988	11.600
295	广东宝丽华新能源股份有限公司	宝新能源	000690	93.038	13.600	67.838	11.600
296	昊华化工科技集团股份有限公司	昊华科技	600378	93.036	13.440	66.796	12.800
297	安琪酵母股份有限公司	安琪酵母	600298	93.036	13.569	67.867	11.600
298	山东华鲁恒升化工股份有限公司	华鲁恒升	600426	93.021	12.342	67.879	12.800
299	佛燃能源集团股份有限公司	佛燃能源	002911	93.019	13.414	68.005	11.600
300	天顺风能（苏州）股份有限公司	天顺风能	002531	93.005	13.870	67.535	11.600
301	芒果超媒股份有限公司	芒果超媒	300413	92.995	13.587	67.807	11.600
302	西安陕鼓动力股份有限公司	陕鼓动力	601369	92.989	13.372	68.017	11.600
303	惠州亿纬锂能股份有限公司	亿纬锂能	300014	92.979	12.782	68.598	11.600
304	深圳市德赛电池科技股份有限公司	德赛电池	000049	92.978	13.276	68.102	11.600
305	江苏林洋能源股份有限公司	林洋能源	601222	92.955	13.405	67.950	11.600
306	许继电气股份有限公司	许继电气	000400	92.951	13.310	68.041	11.600
307	浙商证券股份有限公司	浙商证券	601878	92.949	13.538	67.811	11.600
308	北京万泰生物药业股份有限公司	万泰生物	603392	92.930	13.600	67.730	11.600
309	绿色动力环保集团股份有限公司	绿色动力	601330	92.906	13.343	67.964	11.600
310	杭州豪悦护理用品股份有限公司	豪悦护理	605009	92.900	13.053	68.247	11.600
311	四川蓝光发展股份有限公司	蓝光发展	600466	92.874	13.227	68.047	11.600
312	物产中大集团股份有限公司	物产中大	600704	92.866	13.962	67.304	11.600
313	华林证券股份有限公司	华林证券	002945	92.861	13.600	67.661	11.600
314	深圳市新南山控股（集团）股份有限公司	南山控股	002314	92.846	13.600	67.646	11.600

续表

序号	企业名称	股票简称	股票代码	综合信用指数	信用环境指数	信用能力指数	信用行为指数
315	浙江甬金金属科技股份有限公司	甬金股份	603995	92.839	13.570	67.669	11.600
316	国金证券股份有限公司	国金证券	600109	92.838	13.448	67.789	11.600
317	潍柴动力股份有限公司	潍柴动力	000338	92.779	10.624	70.555	11.600
318	南通江海电容器股份有限公司	江海股份	002484	92.776	13.324	67.852	11.600
319	山东鲁阳节能材料股份有限公司	鲁阳节能	002088	92.774	13.212	67.961	11.600
320	东方证券股份有限公司	东方证券	600958	92.774	13.797	67.377	11.600
321	中国医药健康产业股份有限公司	中国医药	600056	92.765	13.853	67.313	11.600
322	深圳能源集团股份有限公司	深圳能源	000027	92.754	13.600	67.554	11.600
323	瀚蓝环境股份有限公司	瀚蓝环境	600323	92.736	13.401	67.735	11.600
324	重庆市迪马实业股份有限公司	迪马股份	600565	92.715	13.441	67.674	11.600
325	航天信息股份有限公司	航天信息	600271	92.699	11.203	69.896	11.600
326	无锡宝通科技股份有限公司	宝通科技	300031	92.682	13.518	67.565	11.600
327	中科软科技股份有限公司	中科软	603927	92.677	13.679	67.398	11.600
328	曙光信息产业股份有限公司	中科曙光	603019	92.657	13.353	67.703	11.600
329	广东塔牌集团股份有限公司	塔牌集团	002233	92.641	12.991	68.050	11.600
330	北京金隅集团股份有限公司	金隅集团	601992	92.639	12.667	68.372	11.600
331	南京高科股份有限公司	南京高科	600064	92.634	13.466	67.568	11.600
332	安徽合力股份有限公司	安徽合力	600761	92.633	13.796	67.237	11.600
333	中国石油集团资本股份有限公司	中油资本	000617	92.631	13.047	67.985	11.600
334	分众传媒信息技术股份有限公司	分众传媒	002027	92.596	13.600	67.396	11.600
335	中炬高新技术实业（集团）股份有限公司	中炬高新	600872	92.592	13.134	67.858	11.600
336	杭州制氧机集团股份有限公司	杭氧股份	002430	92.563	13.854	67.109	11.600
337	苏州纽威阀门股份有限公司	纽威股份	603699	92.562	13.376	67.586	11.600
338	浙江浙能电力股份有限公司	浙能电力	600023	92.555	13.359	67.596	11.600
339	惠州市德赛西威汽车电子股份有限公司	德赛西威	002920	92.554	13.600	70.867	8.087
340	海尔智家股份有限公司	海尔智家	600690	92.551	14.000	66.951	11.600
341	鲁商健康产业发展股份有限公司	鲁商发展	600223	92.517	13.471	67.446	11.600
342	宁波银行股份有限公司	宁波银行	002142	92.500	13.243	67.658	11.600
343	滨化集团股份有限公司	滨化股份	601678	92.494	13.414	66.280	12.800
344	四川泸天化股份有限公司	泸天化	000912	92.465	13.457	66.208	12.800
345	新疆天业股份有限公司	新疆天业	600075	92.455	13.948	65.707	12.800
346	江苏洋河酒厂股份有限公司	洋河股份	002304	92.440	12.996	67.844	11.600

续表

序号	企业名称	股票简称	股票代码	综合信用指数	信用环境指数	信用能力指数	信用行为指数
347	中节能太阳能股份有限公司	太阳能	000591	92.434	13.128	67.706	11.600
348	山东黄金矿业股份有限公司	山东黄金	600547	92.426	11.698	66.728	14.000
349	中国卫通集团股份有限公司	中国卫通	601698	92.414	13.249	67.565	11.600
350	平安银行股份有限公司	平安银行	000001	92.411	13.540	66.984	11.886
351	骆驼集团股份有限公司	骆驼股份	601311	92.402	13.551	70.729	8.122
352	南京钢铁股份有限公司	南钢股份	600282	92.396	13.497	67.299	11.600
353	罗莱生活科技股份有限公司	罗莱生活	002293	92.394	13.164	67.630	11.600
354	河钢资源股份有限公司	河钢资源	000923	92.384	13.600	67.184	11.600
355	盈峰环境科技集团股份有限公司	盈峰环境	000967	92.370	13.054	67.716	11.600
356	陕西建设机械股份有限公司	建设机械	600984	92.368	13.101	67.667	11.600
357	四川天味食品集团股份有限公司	天味食品	603317	92.356	13.238	67.518	11.600
358	江河创建集团股份有限公司	江河集团	601886	92.354	13.560	67.194	11.600
359	国网信息通信股份有限公司	国网信通	600131	92.345	13.608	67.137	11.600
360	杭州锅炉集团股份有限公司	杭锅股份	002534	92.331	13.424	67.307	11.600
361	浙江龙盛集团股份有限公司	浙江龙盛	600352	92.313	12.604	66.909	12.800
362	东吴证券股份有限公司	东吴证券	601555	92.312	13.469	67.243	11.600
363	天马微电子股份有限公司	深天马A	000050	92.291	13.865	66.827	11.600
364	中际旭创股份有限公司	中际旭创	300308	92.290	13.492	67.198	11.600
365	方大特钢科技股份有限公司	方大特钢	600507	92.286	13.566	67.120	11.600
366	广州广日股份有限公司	广日股份	600894	92.285	13.659	67.026	11.600
367	中国核能电力股份有限公司	中国核电	601985	92.255	12.989	67.666	11.600
368	联美量子股份有限公司	联美控股	600167	92.237	13.117	67.521	11.600
369	国元证券股份有限公司	国元证券	000728	92.229	13.446	67.183	11.600
370	酒鬼酒股份有限公司	酒鬼酒	000799	92.214	13.336	67.278	11.600
371	成都云图控股股份有限公司	云图控股	002539	92.197	13.935	65.462	12.800
372	无锡华光环保能源集团股份有限公司	华光环能	600475	92.195	13.759	66.836	11.600
373	旺能环境股份有限公司	旺能环境	002034	92.187	13.349	67.238	11.600
374	航天时代电子技术股份有限公司	航天电子	600879	92.163	12.711	67.852	11.600
375	华夏航空股份有限公司	华夏航空	002928	92.154	13.427	67.126	11.600
376	华设设计集团股份有限公司	华设集团	603018	92.141	13.674	66.867	11.600
377	贵州省交通规划勘察设计研究院股份有限公司	勘设股份	603458	92.060	13.439	67.021	11.600

序号	企业名称	股票简称	股票代码	综合信用指数	信用环境指数	信用能力指数	信用行为指数
378	公牛集团股份有限公司	公牛集团	603195	92.018	12.181	68.237	11.600
379	厦门金达威集团股份有限公司	金达威	002626	91.947	13.600	66.747	11.600
380	国网英大股份有限公司	国网英大	600517	91.928	13.332	66.996	11.600
381	福耀玻璃工业集团股份有限公司	福耀玻璃	600660	91.893	12.716	67.577	11.600
382	上海璞泰来新能源科技股份有限公司	璞泰来	603659	91.884	12.574	67.710	11.600
383	黑牡丹（集团）股份有限公司	黑牡丹	600510	91.858	13.009	67.249	11.600
384	深圳市捷佳伟创新能源装备股份有限公司	捷佳伟创	300724	91.847	13.236	67.010	11.600
385	无锡药明康德新药开发股份有限公司	药明康德	603259	91.823	13.087	67.137	11.600
386	中国太平洋保险（集团）股份有限公司	中国太保	601601	91.804	12.172	68.033	11.600
387	神州数码集团股份有限公司	神州数码	000034	91.787	12.577	67.610	11.600
388	江苏雅克科技股份有限公司	雅克科技	002409	91.757	13.480	66.676	11.600
389	比音勒芬服饰股份有限公司	比音勒芬	002832	91.753	13.400	66.753	11.600
390	深圳迈瑞生物医疗电子股份有限公司	迈瑞医疗	300760	91.732	12.932	67.200	11.600
391	长春一汽富维汽车零部件股份有限公司	一汽富维	600742	91.730	13.526	70.101	8.104
392	新华人寿保险股份有限公司	新华保险	601336	91.718	12.692	67.427	11.600
393	迪安诊断技术集团股份有限公司	迪安诊断	300244	91.710	13.600	66.510	11.600
394	中航沈飞股份有限公司	中航沈飞	600760	91.708	13.507	66.600	11.600
395	浙江晶盛机电股份有限公司	晶盛机电	300316	91.682	13.466	66.615	11.600
396	青岛港国际股份有限公司	青岛港	601298	91.656	12.875	67.181	11.600
397	昆仑万维科技股份有限公司	昆仑万维	300418	91.654	13.600	66.454	11.600
398	青岛啤酒股份有限公司	青岛啤酒	600600	91.631	13.600	66.431	11.600
399	第一创业证券股份有限公司	第一创业	002797	91.609	13.497	66.512	11.600
400	上海电气集团股份有限公司	上海电气	601727	91.607	10.752	69.255	11.600
401	威海广泰空港设备股份有限公司	威海广泰	002111	91.574	13.361	66.613	11.600
402	中国重汽集团济南卡车股份有限公司	中国重汽	000951	91.559	13.986	69.258	8.316
403	富奥汽车零部件股份有限公司	富奥股份	000030	91.558	13.420	69.987	8.151
404	广州酒家集团股份有限公司	广州酒家	603043	91.486	13.424	66.463	11.600
405	太极计算机股份有限公司	太极股份	002368	91.485	13.437	66.448	11.600
406	一汽解放集团股份有限公司	一汽解放	000800	91.471	14.000	69.022	8.449
407	天润工业技术股份有限公司	天润工业	002283	91.463	13.588	69.790	8.085
408	垒知控股集团股份有限公司	垒知集团	002398	91.429	12.716	67.113	11.600
409	汕头东风印刷股份有限公司	东风股份	601515	91.404	13.523	66.280	11.600

续表

序号	企业名称	股票简称	股票代码	综合信用指数	信用环境指数	信用能力指数	信用行为指数
410	航天工业发展股份有限公司	航天发展	000547	91.386	13.115	66.671	11.600
411	江苏联发纺织股份有限公司	联发股份	002394	91.384	13.216	65.369	12.800
412	天康生物股份有限公司	天康生物	002100	91.381	9.658	70.122	11.600
413	岳阳林纸股份有限公司	岳阳林纸	600963	91.376	13.448	66.327	11.600
414	岭南生态文旅股份有限公司	岭南股份	002717	91.374	13.600	64.974	12.800
415	五矿资本股份有限公司	五矿资本	600390	91.370	13.600	66.170	11.600
416	湖北能源集团股份有限公司	湖北能源	000883	91.345	13.531	66.214	11.600
417	深圳市力合科创股份有限公司	力合科创	002243	91.342	13.403	66.339	11.600
418	华西证券股份有限公司	华西证券	002926	91.330	13.488	66.242	11.600
419	深圳长城开发科技股份有限公司	深科技	000021	91.315	13.780	65.935	11.600
420	北京首钢股份有限公司	首钢股份	000959	91.306	13.600	66.106	11.600
421	北京光环新网科技股份有限公司	光环新网	300383	91.297	13.417	66.280	11.600
422	云南白药集团股份有限公司	云南白药	000538	91.286	12.579	67.107	11.600
423	南极电商股份有限公司	南极电商	002127	91.271	12.753	66.918	11.600
424	江苏恒瑞医药股份有限公司	恒瑞医药	600276	91.201	12.401	67.200	11.600
425	长春高新技术产业（集团）股份有限公司	长春高新	000661	91.160	13.251	66.310	11.600
426	江苏金融租赁股份有限公司	江苏租赁	600901	91.149	13.404	66.144	11.600
427	广州金域医学检验集团股份有限公司	金域医学	603882	91.144	13.600	65.944	11.600
428	上海环境集团股份有限公司	上海环境	601200	91.142	12.942	66.600	11.600
429	青岛天能重工股份有限公司	天能重工	300569	91.131	13.322	66.209	11.600
430	长城证券股份有限公司	长城证券	002939	91.126	13.400	66.126	11.600
431	浙江世纪华通集团股份有限公司	世纪华通	002602	91.097	13.585	69.017	8.495
432	北京京运通科技股份有限公司	京运通	601908	91.057	13.251	66.206	11.600
433	中国广核电力股份有限公司	中国广核	003816	91.047	12.201	67.245	11.600
434	青岛森麒麟轮胎股份有限公司	森麒麟	002984	91.038	13.560	69.314	8.165
435	宁波拓普集团股份有限公司	拓普集团	601689	91.038	13.576	69.357	8.105
436	重药控股股份有限公司	重药控股	000950	91.026	13.795	65.631	11.600
437	中航工业产融控股股份有限公司	中航产融	600705	90.978	13.307	66.071	11.600
438	国电电力发展股份有限公司	国电电力	600795	90.962	13.797	65.565	11.600
439	大亚圣象家居股份有限公司	大亚圣象	000910	90.948	12.302	67.045	11.600
440	金能科技股份有限公司	金能科技	603113	90.942	13.379	65.963	11.600
441	山东高速路桥集团股份有限公司	山东路桥	000498	90.937	13.600	65.737	11.600

序号	企业名称	股票简称	股票代码	综合信用指数	信用环境指数	信用能力指数	信用行为指数
442	中国中铁股份有限公司	中国中铁	601390	90.909	14.000	65.309	11.600
443	合肥城建发展股份有限公司	合肥城建	002208	90.906	13.414	65.892	11.600
444	中国邮政储蓄银行股份有限公司	邮储银行	601658	90.893	13.835	63.058	14.000
445	深圳市兆驰股份有限公司	兆驰股份	002429	90.876	13.884	65.393	11.600
446	福建青松股份有限公司	青松股份	300132	90.855	13.323	64.732	12.800
447	中国铁建股份有限公司	中国铁建	601186	90.842	14.000	65.242	11.600
448	广东韶钢松山股份有限公司	韶钢松山	000717	90.841	13.188	66.054	11.600
449	抚顺特殊钢股份有限公司	抚顺特钢	600399	90.801	13.600	65.601	11.600
450	新天绿色能源股份有限公司	新天绿能	600956	90.788	13.156	66.032	11.600
451	浙江万里扬股份有限公司	万里扬	002434	90.778	13.600	69.074	8.104
452	新希望六和股份有限公司	新希望	000876	90.778	12.219	66.959	11.600
453	潮州三环（集团）股份有限公司	三环集团	300408	90.773	13.502	65.671	11.600
454	珠海华发实业股份有限公司	华发股份	600325	90.766	13.435	65.732	11.600
455	广州白云山医药集团股份有限公司	白云山	600332	90.753	11.212	67.941	11.600
456	南京银行股份有限公司	南京银行	601009	90.735	13.213	65.922	11.600
457	四川双马水泥股份有限公司	四川双马	000935	90.734	13.473	65.661	11.600
458	鹏鹞环保股份有限公司	鹏鹞环保	300664	90.701	13.492	65.609	11.600
459	重庆智飞生物制品股份有限公司	智飞生物	300122	90.687	12.976	66.111	11.600
460	卧龙电气驱动集团股份有限公司	卧龙电驱	600580	90.680	12.103	66.976	11.600
461	山西焦化股份有限公司	山西焦化	600740	90.673	13.600	65.473	11.600
462	深圳劲嘉集团股份有限公司	劲嘉股份	002191	90.671	12.622	66.449	11.600
463	北部湾港股份有限公司	北部湾港	000582	90.644	12.942	66.102	11.600
464	江苏今世缘酒业股份有限公司	今世缘	603369	90.619	12.930	66.089	11.600
465	天融信科技集团股份有限公司	天融信	002212	90.602	12.582	66.420	11.600
466	鞍钢股份有限公司	鞍钢股份	000898	90.599	13.565	65.435	11.600
467	北京大北农科技集团股份有限公司	大北农	002385	90.524	9.654	69.270	11.600
468	浙江伟星实业发展股份有限公司	伟星股份	002003	90.516	13.565	65.351	11.600
469	德华兔宝宝装饰新材股份有限公司	兔宝宝	002043	90.497	12.981	65.916	11.600
470	中节能万润股份有限公司	万润股份	002643	90.483	13.368	64.316	12.800
471	恒生电子股份有限公司	恒生电子	600570	90.466	12.584	66.282	11.600
472	金圆环保股份有限公司	金圆股份	000546	90.405	12.707	66.098	11.600
473	中粮资本控股股份有限公司	中粮资本	002423	90.401	13.865	64.936	11.600

序号	企业名称	股票简称	股票代码	综合信用指数	信用环境指数	信用能力指数	信用行为指数
474	周大生珠宝股份有限公司	周大生	002867	90.386	12.818	65.968	11.600
475	山河智能装备股份有限公司	山河智能	002097	90.381	13.808	64.974	11.600
476	四川路桥建设集团股份有限公司	四川路桥	600039	90.373	13.600	65.173	11.600
477	东方电气股份有限公司	东方电气	600875	90.365	11.574	67.191	11.600
478	中国冶金科工股份有限公司	中国中冶	601618	90.359	14.000	64.759	11.600
479	杭州银行股份有限公司	杭州银行	600926	90.354	13.217	65.537	11.600
480	巨人网络集团股份有限公司	巨人网络	002558	90.336	13.600	65.136	11.600
481	上海银行股份有限公司	上海银行	601229	90.328	13.231	65.497	11.600
482	辽宁奥克化学股份有限公司	奥克股份	300082	90.306	13.454	64.052	12.800
483	国家电投集团东方新能源股份有限公司	东方能源	000958	90.301	12.879	65.822	11.600
484	马鞍山钢铁股份有限公司	马钢股份	600808	90.285	13.600	65.085	11.600
485	广东华铁通达高铁装备股份有限公司	华铁股份	000976	90.259	12.683	65.976	11.600
486	上海复星医药（集团）股份有限公司	复星医药	600196	90.205	12.151	66.453	11.600
487	长江证券股份有限公司	长江证券	000783	90.169	13.465	65.104	11.600
488	华电国际电力股份有限公司	华电国际	600027	90.166	12.675	65.890	11.600
489	中国电力建设股份有限公司	中国电建	601669	90.158	14.000	64.558	11.600
490	中国交通建设股份有限公司	中国交建	601800	90.100	14.000	64.500	11.600
491	科博达技术股份有限公司	科博达	603786	90.094	13.474	68.533	8.086
492	宁波华翔电子股份有限公司	宁波华翔	002048	90.093	12.639	69.311	8.143
493	厦门银行股份有限公司	厦门银行	601187	90.088	13.092	65.396	11.600
494	帝欧家居股份有限公司	帝欧家居	002798	90.070	12.828	65.642	11.600
495	武汉光迅科技股份有限公司	光迅科技	002281	90.060	13.459	65.002	11.600
496	新兴铸管股份有限公司	新兴铸管	000778	90.036	13.572	64.863	11.600
497	安徽江南化工股份有限公司	江南化工	002226	90.021	13.420	63.801	12.800
498	鹏鼎控股（深圳）股份有限公司	鹏鼎控股	002938	90.020	13.296	65.124	11.600
499	鸿达兴业股份有限公司	鸿达兴业	002002	90.017	13.489	63.728	12.800
500	铜陵精达特种电磁线股份有限公司	精达股份	600577	90.005	12.368	66.037	11.600

二、2021 中国上市公司信用 500 强收益性指标

序号	企业名称	股票代码	综合信用指数	营收利润率（%）	资产利润率（%）	净资产利润率（%）
1	贵州茅台酒股份有限公司	600519	99.557	49.20	21.88	28.95
2	中国工商银行股份有限公司	601398	99.073	35.79	0.95	10.92
3	万科企业股份有限公司	000002	98.983	9.91	2.22	18.49
4	北京首创生态环保集团股份有限公司	600008	98.499	7.65	1.46	5.67
5	中国农业银行股份有限公司	601288	98.385	32.89	0.80	9.81
6	中国平安保险（集团）股份有限公司	601318	98.282	11.75	1.50	18.77
7	万华化学集团股份有限公司	600309	98.223	13.67	7.51	20.58
8	安徽海螺水泥股份有限公司	600585	98.152	19.93	17.48	21.71
9	华峰化学股份有限公司	002064	97.983	15.48	11.59	19.69
10	中国银行股份有限公司	601988	97.709	34.10	0.79	9.46
11	宁夏宝丰能源集团股份有限公司	600989	97.601	29.02	12.13	17.85
12	金发科技股份有限公司	600143	97.600	13.08	14.14	30.91
13	成都市兴蓉环境股份有限公司	000598	97.523	24.18	4.20	10.58
14	中联重科股份有限公司	000157	97.498	11.18	6.26	15.58
15	三一重工股份有限公司	600031	97.468	15.53	12.22	27.28
16	比亚迪股份有限公司	002594	97.442	2.70	2.11	7.44
17	中国国际海运集装箱（集团）股份有限公司	000039	97.437	5.68	3.66	12.15
18	中原大地传媒股份有限公司	000719	97.429	9.67	6.80	10.39
19	中国化学工程股份有限公司	601117	97.428	3.34	2.69	9.72
20	九州通医药集团股份有限公司	600998	97.424	2.77	3.80	14.09
21	浙江新和成股份有限公司	002001	97.419	34.55	11.53	18.43
22	北京东方雨虹防水技术股份有限公司	002271	97.355	15.60	12.17	23.19
23	招商银行股份有限公司	600036	97.341	33.72	1.17	13.53
24	富士康工业互联网股份有限公司	601138	97.301	4.04	7.73	16.80
25	浪潮电子信息产业股份有限公司	000977	97.261	2.33	3.83	10.15
26	北京高能时代环境技术股份有限公司	603588	97.203	8.06	3.56	11.63
27	中海油能源发展股份有限公司	600968	97.201	4.58	4.67	7.80

续表

序号	企业名称	股票代码	综合信用指数	营收利润率（%）	资产利润率（%）	净资产利润率（%）
28	英科医疗科技股份有限公司	300677	97.200	50.64	54.17	74.99
29	山东玲珑轮胎股份有限公司	601966	97.184	12.08	7.58	13.45
30	科大讯飞股份有限公司	002230	97.183	10.47	5.49	10.77
31	杭州海康威视数字技术股份有限公司	002415	97.121	21.08	15.09	24.88
32	晶澳太阳能科技股份有限公司	002459	97.043	5.83	4.04	10.28
33	新疆金风科技股份有限公司	002202	96.937	5.27	2.72	8.67
34	招商证券股份有限公司	600999	96.921	39.10	1.90	8.98
35	紫金矿业集团股份有限公司	601899	96.916	4.93	4.64	14.96
36	隆基绿能科技股份有限公司	601012	96.906	15.67	9.76	24.36
37	河南双汇投资发展股份有限公司	000895	96.847	8.47	18.03	26.32
38	保利发展控股集团股份有限公司	600048	96.838	11.91	2.31	16.06
39	北新集团建材股份有限公司	000786	96.837	17.02	12.48	17.16
40	中铁高新工业股份有限公司	600528	96.824	7.52	4.13	8.57
41	通威股份有限公司	600438	96.812	8.16	5.62	11.81
42	宁德时代新能源科技股份有限公司	300750	96.799	11.10	3.56	8.70
43	完美世界股份有限公司	002624	96.774	15.14	9.99	14.29
44	江苏中天科技股份有限公司	600522	96.774	5.16	4.82	9.69
45	明阳智慧能源集团股份公司	601615	96.759	6.12	2.66	9.31
46	上海韦尔半导体股份有限公司	603501	96.758	13.65	11.95	24.08
47	广发证券股份有限公司	000776	96.753	34.43	2.19	10.23
48	内蒙古君正能源化工集团股份有限公司	601216	96.720	32.54	14.30	23.20
49	中信建投证券股份有限公司	601066	96.716	40.72	2.56	14.04
50	深圳市汇川技术股份有限公司	300124	96.692	18.24	11.26	19.74
51	特变电工股份有限公司	600089	96.660	5.64	2.27	6.61
52	恒力石化股份有限公司	600346	96.645	8.83	7.05	28.70
53	宜宾五粮液股份有限公司	000858	96.643	34.81	17.52	23.28
54	京东方科技集团股份有限公司	000725	96.632	3.71	1.19	4.88
55	欧派家居集团股份有限公司	603833	96.622	13.99	10.95	17.30
56	天合光能股份有限公司	688599	96.604	4.18	2.70	8.15
57	顺丰控股股份有限公司	002352	96.574	4.76	6.59	12.98
58	江苏恒立液压股份有限公司	601100	96.560	28.69	21.22	30.82
59	徐工集团工程机械股份有限公司	000425	96.559	5.04	4.06	11.07

序号	企业名称	股票代码	综合信用指数	营收利润率（%）	资产利润率（%）	净资产利润率（%）
60	内蒙古伊利实业集团股份有限公司	600887	96.551	7.33	9.95	23.30
61	重庆水务集团股份有限公司	601158	96.532	27.93	7.23	11.43
62	浙江万盛股份有限公司	603010	96.516	16.88	16.25	24.38
63	交通银行股份有限公司	601328	96.482	31.79	0.73	9.03
64	山东道恩高分子材料股份有限公司	002838	96.442	19.34	28.78	44.45
65	歌尔股份有限公司	002241	96.433	4.93	5.80	14.49
66	兴业银行股份有限公司	601166	96.422	32.80	0.84	10.82
67	国泰君安证券股份有限公司	601211	96.421	31.60	1.58	8.10
68	老凤祥股份有限公司	600612	96.419	3.07	8.11	19.91
69	永辉超市股份有限公司	601933	96.411	1.93	3.20	9.27
70	绿地控股集团股份有限公司	600606	96.325	3.29	1.07	17.69
71	阳光电源股份有限公司	300274	96.319	10.13	6.98	18.69
72	浙江伟星新型建材股份有限公司	002372	96.303	23.36	21.07	27.59
73	中航工业机电系统股份有限公司	002013	96.284	8.79	3.55	8.32
74	紫光股份有限公司	000938	96.259	3.17	3.22	6.37
75	浙江三花智能控制股份有限公司	002050	96.253	12.07	8.58	14.53
76	中国国际金融股份有限公司	601995	96.249	30.46	1.38	10.06
77	江苏扬农化工股份有限公司	600486	96.228	12.30	11.10	20.34
78	华泰证券股份有限公司	601688	96.215	34.42	1.51	8.38
79	上海晨光文具股份有限公司	603899	96.129	9.56	12.93	24.17
80	云南贝泰妮生物科技集团股份有限公司	300957	96.127	20.61	33.93	45.33
81	玉禾田环境发展集团股份有限公司	300815	96.123	14.62	13.88	24.66
82	上海爱旭新能源股份有限公司	600732	96.102	8.33	6.34	15.07
83	苏州东山精密制造股份有限公司	002384	96.092	5.45	4.08	11.71
84	上海汽车集团股份有限公司	600104	96.085	2.75	2.22	7.85
85	郑州煤矿机械集团股份有限公司	601717	96.071	4.67	3.68	9.49
86	中信证券股份有限公司	600030	96.052	27.40	1.42	8.20
87	中文天地出版传媒集团股份有限公司	600373	96.048	17.46	7.41	11.91
88	浙江大华技术股份有限公司	002236	96.046	14.75	10.66	19.74
89	中国人寿保险股份有限公司	601628	96.028	6.09	1.18	11.17
90	国信证券股份有限公司	002736	96.025	35.22	2.19	8.18
91	杭州福斯特应用材料股份有限公司	603806	96.018	18.65	13.56	17.34

续表

序号	企业名称	股票代码	综合信用指数	营收利润率（%）	资产利润率（%）	净资产利润率（%）
92	广东海大集团股份有限公司	002311	95.966	4.18	9.16	18.05
93	海通证券股份有限公司	600837	95.943	28.45	1.57	7.09
94	江苏卓胜微电子股份有限公司	300782	95.918	38.42	34.71	40.33
95	浙江交通科技股份有限公司	002061	95.914	2.71	2.41	11.54
96	山西杏花村汾酒厂股份有限公司	600809	95.887	22.01	15.57	31.49
97	东珠生态环保股份有限公司	603359	95.859	16.27	5.14	13.00
98	浙江伟明环保股份有限公司	603568	95.856	40.25	12.00	22.90
99	东方财富信息股份有限公司	300059	95.829	58.00	4.33	14.41
100	立讯精密工业股份有限公司	002475	95.829	7.81	10.32	25.71
101	无锡上机数控股份有限公司	603185	95.805	17.65	10.84	19.96
102	上海浦东发展银行股份有限公司	600000	95.791	29.70	0.73	9.14
103	国药集团一致药业股份有限公司	000028	95.769	2.35	3.54	10.05
104	中国银河证券股份有限公司	601881	95.764	30.50	1.63	8.91
105	中信银行股份有限公司	601998	95.754	25.15	0.65	8.99
106	新洋丰农业科技股份有限公司	000902	95.748	9.48	8.43	13.79
107	中顺洁柔纸业股份有限公司	002511	95.726	11.58	12.11	17.97
108	成都红旗连锁股份有限公司	002697	95.725	5.58	8.25	14.66
109	宝山钢铁股份有限公司	600019	95.714	4.47	3.56	6.88
110	深圳新宙邦科技股份有限公司	300037	95.674	17.49	7.00	10.40
111	深南电路股份有限公司	002916	95.667	12.33	10.21	19.22
112	科顺防水科技股份有限公司	300737	95.644	14.27	10.93	21.44
113	山东晨鸣纸业集团股份有限公司	000488	95.597	5.57	1.87	7.05
114	蓝星安迪苏股份有限公司	600299	95.592	11.35	6.56	9.69
115	中材科技股份有限公司	002080	95.573	10.97	6.09	15.62
116	索菲亚家居股份有限公司	002572	95.566	14.27	10.97	19.47
117	深圳市裕同包装科技股份有限公司	002831	95.557	9.50	6.75	13.17
118	厦门吉宏科技股份有限公司	002803	95.544	12.67	19.88	32.10
119	永高股份有限公司	002641	95.530	10.94	10.19	16.37
120	广东拓斯达科技股份有限公司	300607	95.522	18.86	12.90	24.16
121	横店集团东磁股份有限公司	002056	95.496	12.50	9.90	16.86
122	上海起帆电缆股份有限公司	605222	95.452	4.21	7.10	14.81
123	上海机电股份有限公司	600835	95.448	4.83	3.12	9.47

续表

序号	企业名称	股票代码	综合信用指数	营收利润率（%）	资产利润率（%）	净资产利润率（%）
124	山鹰国际控股股份公司	600567	95.437	5.53	3.04	8.86
125	珀莱雅化妆品股份有限公司	603605	95.429	12.69	13.09	19.90
126	思源电气股份有限公司	002028	95.402	12.66	8.43	14.31
127	江西正邦科技股份有限公司	002157	95.400	11.68	9.69	24.70
128	龙佰集团股份有限公司	002601	95.376	16.22	6.58	16.12
129	深圳华侨城股份有限公司	000069	95.330	15.49	2.78	16.18
130	唐山冀东水泥股份有限公司	000401	95.325	8.03	4.83	16.09
131	上海百润投资控股集团股份有限公司	002568	95.319	27.80	13.78	16.65
132	山东博汇纸业股份有限公司	600966	95.310	5.97	4.29	13.70
133	北京千方科技股份有限公司	002373	95.300	11.48	5.58	9.04
134	湖北兴发化工集团股份有限公司	600141	95.289	3.41	2.12	6.60
135	中山公用事业集团股份有限公司	000685	95.278	62.97	6.58	9.77
136	福莱特玻璃集团股份有限公司	601865	95.264	26.02	13.28	22.51
137	甘肃祁连山水泥集团股份有限公司	600720	95.244	18.40	13.06	18.39
138	陕西北元化工集团股份有限公司	601568	95.244	17.09	10.93	13.45
139	浙江核新同花顺网络信息股份有限公司	300033	95.200	60.62	24.09	33.00
140	华能国际电力股份有限公司	600011	95.186	2.69	1.04	3.75
141	天津友发钢管集团股份有限公司	601686	95.186	2.36	9.66	18.28
142	山东豪迈机械科技股份有限公司	002595	95.168	19.02	14.45	17.46
143	北京元六鸿远电子科技股份有限公司	603267	95.161	28.59	15.40	18.78
144	天地科技股份有限公司	600582	95.158	6.64	3.56	7.57
145	洛阳栾川钼业集团股份有限公司	603993	95.125	2.06	1.90	5.99
146	四川川投能源股份有限公司	600674	95.117	306.62	7.65	10.98
147	上海宝信软件股份有限公司	600845	95.095	13.67	9.24	17.86
148	日月重工股份有限公司	603218	95.088	19.16	9.41	11.80
149	广州视源电子科技股份有限公司	002841	95.076	11.10	15.14	26.42
150	青岛国恩科技股份有限公司	002768	95.054	10.18	13.38	23.59
151	浙报数字文化集团股份有限公司	600633	95.052	14.46	4.57	6.08
152	中南出版传媒集团股份有限公司	601098	95.042	13.72	6.21	10.27
153	江苏凤凰出版传媒股份有限公司	601928	95.019	13.15	6.22	10.84
154	烟台杰瑞石油服务集团股份有限公司	002353	95.004	20.38	8.99	15.26
155	上海医药集团股份有限公司	601607	95.001	2.34	3.01	9.91

续表

序号	企业名称	股票代码	综合信用指数	营收利润率（%）	资产利润率（%）	净资产利润率（%）
156	中国葛洲坝集团股份有限公司	600068	94.996	3.80	1.65	6.88
157	宁波东方电缆股份有限公司	603606	94.991	17.56	14.57	28.38
158	浙富控股集团股份有限公司	002266	94.990	16.32	7.28	17.68
159	中国中车股份有限公司	601766	94.989	4.98	2.89	7.92
160	赛轮集团股份有限公司	601058	94.988	9.68	7.08	17.63
161	志邦家居股份有限公司	603801	94.968	10.30	9.58	17.75
162	华致酒行连锁管理股份有限公司	300755	94.951	7.55	8.64	13.25
163	长江出版传媒股份有限公司	600757	94.950	12.23	7.46	10.36
164	新华文轩出版传媒股份有限公司	601811	94.919	14.02	7.44	12.46
165	中兴通讯股份有限公司	000063	94.915	4.20	2.83	9.84
166	泸州老窖股份有限公司	000568	94.914	36.06	17.15	26.03
167	中国长江电力股份有限公司	600900	94.905	45.51	7.95	15.28
168	一心堂药业集团股份有限公司	002727	94.895	6.24	8.47	13.70
169	重庆三峡水利电力（集团）股份有限公司	600116	94.879	11.79	3.18	6.07
170	中国石油天然气股份有限公司	601857	94.860	0.98	0.76	1.56
171	国投资本股份有限公司	600061	94.857	29.34	1.90	9.10
172	中远海运控股股份有限公司	601919	94.841	5.80	3.65	22.61
173	长城汽车股份有限公司	601633	94.837	5.19	3.48	9.35
174	唐人神集团股份有限公司	002567	94.835	5.13	9.24	17.81
175	中航光电科技股份有限公司	002179	94.832	13.96	7.49	14.78
176	启明星辰信息技术集团股份有限公司	002439	94.801	22.05	9.61	13.44
177	金雷科技股份公司	300443	94.800	35.37	16.77	17.94
178	稳健医疗用品股份有限公司	300888	94.800	30.40	29.31	36.45
179	安徽新华传媒股份有限公司	601801	94.776	6.93	4.18	5.79
180	江西洪城环境股份有限公司	600461	94.752	10.06	4.02	12.22
181	益海嘉里金龙鱼粮油食品股份有限公司	300999	94.714	3.08	3.35	7.18
182	山东太阳纸业股份有限公司	002078	94.703	9.05	5.45	12.12
183	三角轮胎股份有限公司	601163	94.660	12.42	6.36	9.76
184	苏美达股份有限公司	600710	94.654	0.55	1.22	10.46
185	重庆宗申动力机械股份有限公司	001696	94.646	7.70	6.05	13.07
186	江苏苏博特新材料股份有限公司	603916	94.641	12.07	6.87	12.73
187	天能电池集团股份有限公司	688819	94.621	6.50	11.61	33.83

续表

序号	企业名称	股票代码	综合信用指数	营收利润率（%）	资产利润率（%）	净资产利润率（%）
188	厦门吉比特网络技术股份有限公司	603444	94.592	38.16	19.42	27.52
189	爱玛科技集团股份有限公司	603529	94.586	4.64	6.26	22.76
190	招商局蛇口工业区控股股份有限公司	001979	94.576	9.45	1.66	12.09
191	湖南华菱钢铁股份有限公司	000932	94.576	5.50	7.05	18.99
192	中科创达软件股份有限公司	300496	94.574	16.88	7.98	10.25
193	侨银城市管理股份有限公司	002973	94.561	13.28	8.40	25.97
194	青岛汉缆股份有限公司	002498	94.556	8.39	7.76	10.35
195	美的集团股份有限公司	000333	94.551	9.58	7.55	23.17
196	中公教育科技股份有限公司	002607	94.536	20.57	15.98	53.90
197	江苏双星彩塑新材料股份有限公司	002585	94.481	14.24	7.05	8.67
198	中国黄金集团黄金珠宝股份有限公司	600916	94.477	1.48	5.54	9.62
199	江苏共创人造草坪股份有限公司	605099	94.476	22.21	19.85	22.60
200	中国出版传媒股份有限公司	601949	94.471	12.43	5.38	10.31
201	环旭电子股份有限公司	601231	94.464	3.65	5.62	14.44
202	利尔化学股份有限公司	002258	94.449	12.32	7.23	15.41
203	仙鹤股份有限公司	603733	94.435	14.81	9.01	13.40
204	金科地产集团股份有限公司	000656	94.431	8.02	1.84	20.21
205	烟台艾迪精密机械股份有限公司	603638	94.422	22.88	13.90	21.08
206	蓝思科技股份有限公司	300433	94.390	13.25	6.15	11.61
207	上海豫园旅游商城（集团）股份有限公司	600655	94.387	8.20	3.22	10.94
208	深信服科技股份有限公司	300454	94.370	14.83	8.38	12.43
209	中钢国际工程技术股份有限公司	000928	94.359	4.06	3.05	10.67
210	珠海格力电器股份有限公司	000651	94.339	13.18	7.94	19.25
211	南方出版传媒股份有限公司	601900	94.329	11.03	6.64	11.56
212	金地（集团）股份有限公司	600383	94.314	12.38	2.59	18.09
213	广州汽车集团股份有限公司	601238	94.308	9.51	4.18	7.08
214	上海良信电器股份有限公司	002706	94.294	12.45	11.51	18.42
215	云南沃森生物技术股份有限公司	300142	94.286	34.13	10.41	15.33
216	东华软件股份公司	002065	94.266	6.00	2.91	5.55
217	奥瑞金科技股份有限公司	002701	94.240	6.70	4.69	10.74
218	广西柳工机械股份有限公司	000528	94.231	5.79	3.91	11.62
219	宁夏建材集团股份有限公司	600449	94.218	18.88	11.67	15.27

续表

序号	企业名称	股票代码	综合信用指数	营收利润率（%）	资产利润率（%）	净资产利润率（%）
220	雅戈尔集团股份有限公司	600177	94.215	63.05	9.04	25.35
221	福建龙马环卫装备股份有限公司	603686	94.208	8.13	8.10	15.55
222	中国光大银行股份有限公司	601818	94.206	26.60	0.71	8.33
223	广州海格通信集团股份有限公司	002465	94.203	11.43	4.17	5.90
224	厦门亿联网络技术股份有限公司	300628	94.188	46.43	22.13	24.57
225	卫星化学股份有限公司	002648	94.184	15.42	5.14	12.19
226	江苏中南建设集团股份有限公司	000961	94.183	9.00	1.97	24.66
227	浙江新安化工集团股份有限公司	600596	94.142	4.67	4.69	8.99
228	山东省药用玻璃股份有限公司	600529	94.137	16.47	10.04	13.26
229	浙江中控技术股份有限公司	688777	94.128	13.60	5.23	10.65
230	安徽皖维高新材料股份有限公司	600063	94.128	8.67	5.71	10.77
231	中国巨石股份有限公司	600176	94.128	20.71	6.58	13.86
232	卫宁健康科技集团股份有限公司	300253	94.114	21.67	8.11	10.86
233	华测检测认证集团股份有限公司	300012	94.018	16.19	10.59	15.43
234	大族激光科技产业集团股份有限公司	002008	93.978	8.20	4.59	10.04
235	兴业证券股份有限公司	601377	93.934	22.77	2.21	10.61
236	中国船舶重工集团海洋防务与信息对抗股份有限公司	600764	93.934	16.02	7.90	10.95
237	广东宏大爆破股份有限公司	002683	93.927	6.31	3.88	7.65
238	福建安井食品股份有限公司	603345	93.923	8.67	8.51	16.39
239	杭州电魂网络科技股份有限公司	603258	93.919	38.56	13.09	17.79
240	欣旺达电子股份有限公司	300207	93.914	2.70	2.61	11.76
241	江西金达莱环保股份有限公司	688057	93.907	39.83	10.66	12.55
242	桃李面包股份有限公司	603866	93.898	14.81	15.53	18.27
243	大参林医药集团股份有限公司	603233	93.895	7.28	8.61	19.73
244	北京宇信科技集团股份有限公司	300674	93.880	15.19	11.18	19.49
245	光大证券股份有限公司	601788	93.813	14.71	1.02	4.45
246	中国汽车工程研究院股份有限公司	601965	93.811	16.34	8.40	11.07
247	大唐国际发电股份有限公司	601991	93.805	3.18	1.08	4.16
248	内蒙古鄂尔多斯资源股份有限公司	600295	93.791	6.60	3.27	11.20
249	中核华原钛白股份有限公司	002145	93.788	12.79	5.81	8.16
250	三全食品股份有限公司	002216	93.784	11.09	12.81	25.65

续表

序号	企业名称	股票代码	综合信用指数	营收利润率（%）	资产利润率（%）	净资产利润率（%）
251	蓝帆医疗股份有限公司	002382	93.781	22.35	10.32	17.91
252	爱尔眼科医院集团股份有限公司	300015	93.775	14.47	11.09	17.49
253	华新水泥股份有限公司	600801	93.765	19.18	12.82	23.89
254	重庆三峰环境集团股份有限公司	601827	93.747	14.62	3.83	9.29
255	杭叉集团股份有限公司	603298	93.725	7.32	10.34	17.02
256	华域汽车系统股份有限公司	600741	93.723	4.05	3.59	10.28
257	中芯国际集成电路制造有限公司	688981	93.696	15.77	2.12	0.44
258	厦门国贸集团股份有限公司	600755	93.646	0.74	2.30	9.97
259	广州发展集团股份有限公司	600098	93.642	2.86	2.08	5.03
260	用友网络科技股份有限公司	600588	93.640	11.60	5.83	13.11
261	东方明珠新媒体股份有限公司	600637	93.635	16.16	3.68	5.48
262	中国建筑股份有限公司	601668	93.631	2.78	2.05	14.96
263	通裕重工股份有限公司	300185	93.619	6.70	3.07	6.85
264	云南恩捷新材料股份有限公司	002812	93.586	26.05	5.42	10.05
265	中建西部建设股份有限公司	002302	93.551	3.35	3.29	10.02
266	浙江春风动力股份有限公司	603129	93.526	8.06	8.69	24.40
267	牧原食品股份有限公司	002714	93.514	48.78	22.39	54.46
268	荣盛石化股份有限公司	002493	93.507	6.81	3.03	19.77
269	武汉高德红外股份有限公司	002414	93.453	30.02	15.79	22.99
270	中国科技出版传媒股份有限公司	601858	93.448	18.44	7.71	10.95
271	山东龙大肉食品股份有限公司	002726	93.447	3.76	10.59	26.75
272	西部证券股份有限公司	002673	93.426	21.55	1.75	4.29
273	深圳华大基因股份有限公司	300676	93.406	24.89	18.67	35.37
274	北京金山办公软件股份有限公司	688111	93.316	38.84	10.32	12.81
275	天津中环半导体股份有限公司	002129	93.312	5.71	1.85	5.67
276	利民控股集团股份有限公司	002734	93.306	8.80	7.44	16.30
277	阳光城集团股份有限公司	000671	93.299	6.35	1.48	17.01
278	杭州泰格医药科技股份有限公司	300347	93.295	54.81	8.97	10.86
279	山东华泰纸业股份有限公司	600308	93.270	5.66	4.67	7.99
280	合盛硅业股份有限公司	603260	93.267	15.66	7.02	14.50
281	广东东鹏控股股份有限公司	003012	93.262	11.90	6.79	11.35
282	广东南方新媒体股份有限公司	300770	93.241	47.10	17.55	21.73

续表

序号	企业名称	股票代码	综合信用指数	营收利润率（%）	资产利润率（%）	净资产利润率（%）
283	招商局南京油运股份有限公司	601975	93.231	34.49	15.94	24.29
284	蒙娜丽莎集团股份有限公司	002918	93.231	11.65	7.47	16.41
285	中信泰富特钢集团股份有限公司	000708	93.221	8.06	7.78	21.25
286	淄博齐翔腾达化工股份有限公司	002408	93.190	3.95	4.73	10.86
287	北京利尔高温材料股份有限公司	002392	93.190	10.51	7.31	11.00
288	唐山三友化工股份有限公司	600409	93.182	4.03	2.95	6.16
289	无锡威孚高科技集团股份有限公司	000581	93.161	21.52	10.14	15.17
290	中国南玻集团股份有限公司	000012	93.123	7.30	4.36	7.63
291	中远海运能源运输股份有限公司	600026	93.113	14.48	3.60	6.85
292	无锡先导智能装备股份有限公司	300450	93.113	13.10	6.06	13.67
293	传化智联股份有限公司	002010	93.086	7.08	4.39	10.13
294	申万宏源集团股份有限公司	000166	93.061	26.41	1.58	8.78
295	广东宝丽华新能源股份有限公司	000690	93.038	25.39	9.42	16.68
296	昊华化工科技集团股份有限公司	600378	93.036	11.95	6.47	10.08
297	安琪酵母股份有限公司	600298	93.036	15.35	12.69	23.29
298	山东华鲁恒升化工股份有限公司	600426	93.021	13.71	8.75	11.63
299	佛燃能源集团股份有限公司	002911	93.019	6.24	5.42	14.01
300	天顺风能（苏州）股份有限公司	002531	93.005	13.04	7.12	15.71
301	芒果超媒股份有限公司	300413	92.995	14.15	10.29	18.72
302	西安陕鼓动力股份有限公司	601369	92.989	8.49	2.99	9.83
303	惠州亿纬锂能股份有限公司	300014	92.979	20.24	6.43	11.49
304	深圳市德赛电池科技股份有限公司	000049	92.978	3.45	7.41	23.67
305	江苏林洋能源股份有限公司	601222	92.955	17.20	5.03	9.09
306	许继电气股份有限公司	000400	92.951	6.40	4.26	8.26
307	浙商证券股份有限公司	601878	92.949	15.30	1.79	8.41
308	北京万泰生物药业股份有限公司	603392	92.930	28.76	19.32	26.51
309	绿色动力环保集团股份有限公司	601330	92.906	22.10	2.89	9.17
310	杭州豪悦护理用品股份有限公司	605009	92.900	23.23	17.78	21.60
311	四川蓝光发展股份有限公司	600466	92.874	7.69	1.28	17.82
312	物产中大集团股份有限公司	600704	92.866	0.68	2.57	10.21
313	华林证券股份有限公司	002945	92.861	54.54	3.28	13.50
314	深圳市新南山控股（集团）股份有限公司	002314	92.846	11.58	2.49	13.71

序号	企业名称	股票代码	综合信用指数	营收利润率（%）	资产利润率（%）	净资产利润率（%）
315	浙江甬金金属科技股份有限公司	603995	92.839	2.03	6.68	13.17
316	国金证券股份有限公司	600109	92.838	30.72	2.75	8.29
317	潍柴动力股份有限公司	000338	92.779	4.66	3.40	17.98
318	南通江海电容器股份有限公司	002484	92.776	14.15	7.22	9.56
319	山东鲁阳节能材料股份有限公司	002088	92.774	15.92	11.21	15.57
320	东方证券股份有限公司	600958	92.774	11.77	0.94	4.52
321	中国医药健康产业股份有限公司	600056	92.765	3.33	3.95	13.10
322	深圳能源集团股份有限公司	000027	92.754	19.48	3.49	10.49
323	瀚蓝环境股份有限公司	600323	92.736	14.13	4.24	13.99
324	重庆市迪马实业股份有限公司	600565	92.715	8.48	2.21	16.73
325	航天信息股份有限公司	600271	92.699	4.74	4.28	8.22
326	无锡宝通科技股份有限公司	300031	92.682	16.56	9.16	14.27
327	中科软科技股份有限公司	603927	92.677	8.24	7.89	20.97
328	曙光信息产业股份有限公司	603019	92.657	8.09	3.92	7.07
329	广东塔牌集团股份有限公司	002233	92.641	25.29	14.13	17.06
330	北京金隅集团股份有限公司	601992	92.639	2.63	0.98	4.49
331	南京高科股份有限公司	600064	92.634	69.43	6.18	15.21
332	安徽合力股份有限公司	600761	92.633	5.72	7.49	13.45
333	中国石油集团资本股份有限公司	000617	92.631	26.04	0.83	8.77
334	分众传媒信息技术股份有限公司	002027	92.596	33.10	18.50	23.53
335	中炬高新技术实业（集团）股份有限公司	600872	92.592	17.37	13.36	19.28
336	杭州制氧机集团股份有限公司	002430	92.563	8.41	5.84	13.27
337	苏州纽威阀门股份有限公司	603699	92.562	14.53	9.86	18.50
338	浙江浙能电力股份有限公司	600023	92.555	11.78	5.31	8.97
339	惠州市德赛西威汽车电子股份有限公司	002920	92.554	7.62	6.86	11.17
340	海尔智家股份有限公司	600690	92.551	4.23	4.36	13.29
341	鲁商健康产业发展股份有限公司	600223	92.517	4.69	1.04	15.65
342	宁波银行股份有限公司	002142	92.500	36.82	0.93	12.72
343	滨化集团股份有限公司	601678	92.494	7.85	3.58	6.87
344	四川泸天化股份有限公司	000912	92.465	6.78	4.85	7.03
345	新疆天业股份有限公司	600075	92.455	9.86	6.00	12.34
346	江苏洋河酒厂股份有限公司	002304	92.440	35.46	13.89	19.44

续表

序号	企业名称	股票代码	综合信用指数	营收利润率（%）	资产利润率（%）	净资产利润率（%）
347	中节能太阳能股份有限公司	000591	92.434	19.38	2.63	7.32
348	山东黄金矿业股份有限公司	600547	92.426	3.55	3.53	7.85
349	中国卫通集团股份有限公司	601698	92.414	18.03	2.67	4.22
350	平安银行股份有限公司	000001	92.411	18.84	0.65	7.94
351	骆驼集团股份有限公司	601311	92.402	7.53	5.87	9.77
352	南京钢铁股份有限公司	600282	92.396	5.36	5.94	11.99
353	罗莱生活科技股份有限公司	002293	92.394	11.91	10.03	13.64
354	河钢资源股份有限公司	000923	92.384	16.36	7.23	13.08
355	盈峰环境科技集团股份有限公司	000967	92.370	9.67	4.60	8.19
356	陕西建设机械股份有限公司	600984	92.368	13.83	3.65	9.52
357	四川天味食品集团股份有限公司	603317	92.356	15.40	8.49	9.77
358	江河创建集团股份有限公司	601886	92.354	5.25	3.23	11.01
359	国网信息通信股份有限公司	600131	92.345	8.66	5.50	13.08
360	杭州锅炉集团股份有限公司	002534	92.331	9.62	4.95	15.24
361	浙江龙盛集团股份有限公司	600352	92.313	26.76	7.42	15.06
362	东吴证券股份有限公司	601555	92.312	23.21	1.62	6.05
363	天马微电子股份有限公司	000050	92.291	5.04	2.00	4.39
364	中际旭创股份有限公司	300308	92.290	12.28	6.36	10.97
365	方大特钢科技股份有限公司	600507	92.286	12.89	15.61	23.53
366	广州广日股份有限公司	600894	92.285	10.52	6.08	8.79
367	中国核能电力股份有限公司	601985	92.255	11.47	1.57	8.51
368	联美量子股份有限公司	600167	92.237	46.84	12.16	19.20
369	国元证券股份有限公司	000728	92.229	30.25	1.51	4.44
370	酒鬼酒股份有限公司	000799	92.214	26.92	11.34	17.21
371	成都云图控股股份有限公司	002539	92.197	5.45	4.87	14.48
372	无锡华光环保能源集团股份有限公司	600475	92.195	7.90	3.63	8.37
373	旺能环境股份有限公司	002034	92.187	30.75	4.35	10.97
374	航天时代电子技术股份有限公司	600879	92.163	3.42	1.53	3.78
375	华夏航空股份有限公司	002928	92.154	12.96	5.33	15.57
376	华设设计集团股份有限公司	603018	92.141	11.29	6.57	18.02
377	贵州省交通规划勘察设计研究院股份有限公司	603458	92.060	18.36	7.42	16.92

序号	企业名称	股票代码	综合信用指数	营收利润率（％）	资产利润率（％）	净资产利润率（％）
378	公牛集团股份有限公司	603195	92.018	23.02	18.60	25.32
379	厦门金达威集团股份有限公司	002626	91.947	27.37	18.62	27.98
380	国网英大股份有限公司	600517	91.928	14.53	2.96	6.81
381	福耀玻璃工业集团股份有限公司	600660	91.893	13.06	6.77	12.04
382	上海璞泰来新能源科技股份有限公司	603659	91.884	12.64	4.61	7.49
383	黑牡丹（集团）股份有限公司	600510	91.858	7.81	2.36	8.96
384	深圳市捷佳伟创新能源装备股份有限公司	300724	91.847	12.93	5.63	17.23
385	无锡药明康德新药开发股份有限公司	603259	91.823	17.90	6.39	9.11
386	中国太平洋保险（集团）股份有限公司	601601	91.804	5.82	1.39	11.42
387	神州数码集团股份有限公司	000034	91.787	0.68	2.03	13.28
388	江苏雅克科技股份有限公司	002409	91.757	18.18	6.98	8.77
389	比音勒芬服饰股份有限公司	002832	91.753	24.74	13.19	20.49
390	深圳迈瑞生物医疗电子股份有限公司	300760	91.732	31.66	19.99	28.60
391	长春一汽富维汽车零部件股份有限公司	600742	91.730	3.16	3.45	9.78
392	新华人寿保险股份有限公司	601336	91.718	6.92	1.42	14.06
393	迪安诊断技术集团股份有限公司	300244	91.710	7.54	6.48	17.09
394	中航沈飞股份有限公司	600760	91.708	5.42	4.51	14.59
395	浙江晶盛机电股份有限公司	300316	91.682	22.52	8.17	16.38
396	青岛港国际股份有限公司	601298	91.656	29.06	6.72	11.64
397	昆仑万维科技股份有限公司	300418	91.654	182.28	37.71	51.60
398	青岛啤酒股份有限公司	600600	91.631	7.93	5.30	10.67
399	第一创业证券股份有限公司	002797	91.609	26.05	2.00	5.83
400	上海电气集团股份有限公司	601727	91.607	2.74	1.19	5.66
401	威海广泰空港设备股份有限公司	002111	91.574	12.91	6.73	11.87
402	中国重汽集团济南卡车股份有限公司	000951	91.559	3.14	5.06	22.40
403	富奥汽车零部件股份有限公司	000030	91.558	8.11	6.23	12.41
404	广州酒家集团股份有限公司	603043	91.486	14.10	12.08	18.27
405	太极计算机股份有限公司	002368	91.485	4.32	2.73	10.49
406	一汽解放集团股份有限公司	000800	91.471	2.35	4.16	10.88
407	天润工业技术股份有限公司	002283	91.463	11.47	6.25	10.11
408	垒知控股集团股份有限公司	002398	91.429	9.62	6.84	11.59
409	汕头东风印刷股份有限公司	601515	91.404	17.84	8.53	12.41

续表

序号	企业名称	股票代码	综合信用指数	营收利润率（％）	资产利润率（％）	净资产利润率（％）
410	航天工业发展股份有限公司	000547	91.386	18.21	6.50	9.58
411	江苏联发纺织股份有限公司	002394	91.384	12.15	9.79	12.69
412	天康生物股份有限公司	002100	91.381	14.35	10.94	27.60
413	岳阳林纸股份有限公司	600963	91.376	5.82	2.62	4.84
414	岭南生态文旅股份有限公司	002717	91.374	6.92	2.35	10.32
415	五矿资本股份有限公司	600390	91.370	59.58	2.81	8.21
416	湖北能源集团股份有限公司	000883	91.345	14.43	4.08	8.51
417	深圳市力合科创股份有限公司	002243	91.342	26.93	5.57	10.06
418	华西证券股份有限公司	002926	91.330	40.58	2.46	8.91
419	深圳长城开发科技股份有限公司	000021	91.315	5.73	3.96	11.30
420	北京首钢股份有限公司	000959	91.306	2.23	1.24	6.17
421	北京光环新网科技股份有限公司	300383	91.297	12.21	6.74	9.88
422	云南白药集团股份有限公司	000538	91.286	16.85	9.99	14.50
423	南极电商股份有限公司	002127	91.271	28.48	18.26	20.55
424	江苏恒瑞医药股份有限公司	600276	91.201	22.82	18.22	20.75
425	长春高新技术产业（集团）股份有限公司	000661	91.160	35.52	18.09	27.87
426	江苏金融租赁股份有限公司	600901	91.149	50.02	2.31	14.43
427	广州金域医学检验集团股份有限公司	603882	91.144	18.31	22.74	39.86
428	上海环境集团股份有限公司	601200	91.142	13.86	2.31	6.76
429	青岛天能重工股份有限公司	300569	91.131	12.48	5.62	17.64
430	长城证券股份有限公司	002939	91.126	21.86	2.08	8.31
431	浙江世纪华通集团股份有限公司	002602	91.097	19.66	6.89	10.19
432	北京京运通科技股份有限公司	601908	91.057	10.85	2.61	5.81
433	中国广核电力股份有限公司	003816	91.047	13.55	2.44	10.04
434	青岛森麒麟轮胎股份有限公司	002984	91.038	20.84	12.67	17.67
435	宁波拓普集团股份有限公司	601689	91.038	9.65	5.19	8.07
436	重药控股股份有限公司	000950	91.026	1.96	2.08	10.01
437	中航工业产融控股股份有限公司	600705	90.978	31.70	0.86	8.22
438	国电电力发展股份有限公司	600795	90.962	2.16	0.70	5.03
439	大亚圣象家居股份有限公司	000910	90.948	8.61	7.10	11.15
440	金能科技股份有限公司	603113	90.942	11.79	7.37	11.03
441	山东高速路桥集团股份有限公司	000498	90.937	3.89	2.43	15.48

续表

序号	企业名称	股票代码	综合信用指数	营收利润率（%）	资产利润率（%）	净资产利润率（%）
442	中国中铁股份有限公司	601390	90.909	2.59	2.10	9.86
443	合肥城建发展股份有限公司	002208	90.906	14.32	4.11	14.31
444	中国邮政储蓄银行股份有限公司	601658	90.893	22.47	0.57	95.74
445	深圳市兆驰股份有限公司	002429	90.876	8.74	6.64	15.47
446	福建青松股份有限公司	300132	90.855	11.92	9.96	14.70
447	中国铁建股份有限公司	601186	90.842	2.46	1.80	8.81
448	广东韶钢松山股份有限公司	000717	90.841	5.90	10.48	19.57
449	抚顺特殊钢股份有限公司	600399	90.801	8.79	5.98	10.97
450	新天绿色能源股份有限公司	600956	90.788	12.07	2.64	11.47
451	浙江万里扬股份有限公司	002434	90.778	10.18	5.33	9.28
452	新希望六和股份有限公司	000876	90.778	4.50	4.52	12.41
453	潮州三环（集团）股份有限公司	300408	90.773	36.04	11.66	13.31
454	珠海华发实业股份有限公司	600325	90.766	5.69	0.90	13.85
455	广州白云山医药集团股份有限公司	600332	90.753	4.73	4.88	11.15
456	南京银行股份有限公司	601009	90.735	38.01	0.86	12.26
457	四川双马水泥股份有限公司	000935	90.734	60.35	16.11	17.56
458	鹏鹞环保股份有限公司	300664	90.701	18.15	5.75	10.97
459	重庆智飞生物制品股份有限公司	300122	90.687	21.73	21.70	40.02
460	卧龙电气驱动集团股份有限公司	600580	90.680	6.90	4.16	11.37
461	山西焦化股份有限公司	600740	90.673	15.45	5.13	9.83
462	深圳劲嘉集团股份有限公司	002191	90.671	19.65	9.14	11.09
463	北部湾港股份有限公司	000582	90.644	20.06	5.54	10.43
464	江苏今世缘酒业股份有限公司	603369	90.619	30.61	13.22	18.95
465	天融信科技集团股份有限公司	002212	90.602	7.01	3.53	4.17
466	鞍钢股份有限公司	000898	90.599	1.96	2.25	3.71
467	北京大北农科技集团股份有限公司	002385	90.524	8.57	8.13	17.75
468	浙江伟星实业发展股份有限公司	002003	90.516	15.88	11.65	15.74
469	德华兔宝宝装饰新材股份有限公司	002043	90.497	6.23	7.63	21.64
470	中节能万润股份有限公司	002643	90.483	17.30	7.57	9.78
471	恒生电子股份有限公司	600570	90.466	31.68	13.26	29.02
472	金圆环保股份有限公司	000546	90.405	5.47	4.84	10.36
473	中粮资本控股股份有限公司	002423	90.401	7.76	1.24	6.09

续表

序号	企业名称	股票代码	综合信用指数	营收利润率（%）	资产利润率（%）	净资产利润率（%）
474	周大生珠宝股份有限公司	002867	90.386	19.93	15.22	18.81
475	山河智能装备股份有限公司	002097	90.381	6.02	3.25	10.65
476	四川路桥建设集团股份有限公司	600039	90.373	4.95	2.67	13.38
477	东方电气股份有限公司	600875	90.365	4.99	1.90	6.02
478	中国冶金科工股份有限公司	601618	90.359	1.96	1.55	8.03
479	杭州银行股份有限公司	600926	90.354	28.77	0.61	8.83
480	巨人网络集团股份有限公司	002558	90.336	46.41	9.50	10.87
481	上海银行股份有限公司	601229	90.328	41.16	0.85	10.94
482	辽宁奥克化学股份有限公司	300082	90.306	7.05	7.41	12.28
483	国家电投集团东方新能源股份有限公司	000958	90.301	9.51	1.39	7.65
484	马鞍山钢铁股份有限公司	600808	90.285	2.43	2.46	6.98
485	广东华铁通达高铁装备股份有限公司	000976	90.259	19.97	6.02	9.13
486	上海复星医药（集团）股份有限公司	600196	90.205	12.09	4.38	9.90
487	长江证券股份有限公司	000783	90.169	26.79	1.55	7.17
488	华电国际电力股份有限公司	600027	90.166	4.61	1.78	5.80
489	中国电力建设股份有限公司	601669	90.158	1.99	0.90	6.77
490	中国交通建设股份有限公司	601800	90.100	2.58	1.24	6.61
491	科博达技术股份有限公司	603786	90.094	17.66	10.93	13.50
492	宁波华翔电子股份有限公司	002048	90.093	5.03	4.45	8.22
493	厦门银行股份有限公司	601187	90.088	32.81	0.64	9.41
494	帝欧家居股份有限公司	002798	90.070	10.05	6.32	13.31
495	武汉光迅科技股份有限公司	002281	90.060	8.06	5.70	9.71
496	新兴铸管股份有限公司	000778	90.036	4.22	3.41	8.19
497	安徽江南化工股份有限公司	002226	90.021	11.40	3.55	7.05
498	鹏鼎控股（深圳）股份有限公司	002938	90.020	9.52	8.58	13.18
499	鸿达兴业股份有限公司	002002	90.017	15.09	4.54	10.92
500	铜陵精达特种电磁线股份有限公司	600577	90.005	3.37	4.67	10.96

三、2021 中国上市公司信用 500 强流动性和安全性指标

序号	企业名称	股票代码	综合信用指数	资产周转率（次/年）	所有者权益比率（%）	资本保值增值率（%）
1	贵州茅台酒股份有限公司	600519	99.557	0.44	75.60	134.33
2	中国工商银行股份有限公司	601398	99.073	0.03	8.68	111.80
3	万科企业股份有限公司	000002	98.983	0.22	12.01	122.08
4	北京首创生态环保集团股份有限公司	600008	98.499	0.19	25.79	106.90
5	中国农业银行股份有限公司	601288	98.385	0.02	8.10	111.11
6	中国平安保险（集团）股份有限公司	601318	98.282	0.13	8.00	121.26
7	万华化学集团股份有限公司	600309	98.223	0.55	36.47	123.70
8	安徽海螺水泥股份有限公司	600585	98.152	0.88	80.52	125.57
9	华峰化学股份有限公司	002064	97.983	0.75	58.83	129.37
10	中国银行股份有限公司	601988	97.709	0.02	8.35	107.90
11	宁夏宝丰能源集团股份有限公司	600989	97.601	0.42	67.97	119.80
12	金发科技股份有限公司	600143	97.600	1.08	45.73	143.53
13	成都市兴蓉环境股份有限公司	000598	97.523	0.17	39.75	111.54
14	中联重科股份有限公司	000157	97.498	0.56	40.20	118.73
15	三一重工股份有限公司	600031	97.468	0.79	44.80	132.73
16	比亚迪股份有限公司	002594	97.442	0.78	28.29	107.46
17	中国国际海运集装箱（集团）股份有限公司	000039	97.437	0.64	30.11	157.81
18	中原大地传媒股份有限公司	000719	97.429	0.70	65.44	111.12
19	中国化学工程股份有限公司	601117	97.428	0.80	27.69	110.41
20	九州通医药集团股份有限公司	600998	97.424	1.37	27.01	116.40
21	浙江新和成股份有限公司	002001	97.419	0.33	62.58	120.95
22	北京东方雨虹防水技术股份有限公司	002271	97.355	0.78	52.48	134.79
23	招商银行股份有限公司	600036	97.341	0.03	8.66	116.02
24	富士康工业互联网股份有限公司	601138	97.301	1.91	46.01	119.52
25	浪潮电子信息产业股份有限公司	000977	97.261	1.64	37.70	114.74
26	北京高能时代环境技术股份有限公司	603588	97.203	0.44	30.66	117.57
27	中海油能源发展股份有限公司	600968	97.201	1.02	59.86	108.23

续表

序号	企业名称	股票代码	综合信用指数	资产周转率（次/年）	所有者权益比率（%）	资本保值增值率（%）
28	英科医疗科技股份有限公司	300677	97.200	1.07	72.24	574.31
29	山东玲珑轮胎股份有限公司	601966	97.184	0.63	56.34	120.14
30	科大讯飞股份有限公司	002230	97.183	0.52	51.01	111.94
31	杭州海康威视数字技术股份有限公司	002415	97.121	0.72	60.65	129.81
32	晶澳太阳能科技股份有限公司	002459	97.043	0.69	39.30	118.86
33	新疆金风科技股份有限公司	002202	96.937	0.52	31.31	109.66
34	招商证券股份有限公司	600999	96.921	0.05	21.16	111.16
35	紫金矿业集团股份有限公司	601899	96.916	0.94	31.01	116.52
36	隆基绿能科技股份有限公司	601012	96.906	0.62	40.06	130.95
37	河南双汇投资发展股份有限公司	000895	96.847	2.13	68.47	137.94
38	保利发展控股集团股份有限公司	600048	96.838	0.19	14.40	118.55
39	北新集团建材股份有限公司	000786	96.837	0.73	72.73	120.50
40	中铁高新工业股份有限公司	600528	96.824	0.55	48.22	109.82
41	通威股份有限公司	600438	96.812	0.69	47.53	120.53
42	宁德时代新能源科技股份有限公司	300750	96.799	0.32	41.00	114.64
43	完美世界股份有限公司	002624	96.774	0.66	69.87	116.27
44	江苏中天科技股份有限公司	600522	96.774	0.93	49.77	110.65
45	明阳智慧能源集团股份公司	601615	96.759	0.43	28.59	120.45
46	上海韦尔半导体股份有限公司	603501	96.758	0.88	49.62	134.14
47	广发证券股份有限公司	000776	96.753	0.06	21.46	111.00
48	内蒙古君正能源化工集团股份有限公司	601216	96.720	0.44	61.62	125.44
49	中信建投证券股份有限公司	601066	96.716	0.06	18.25	116.81
50	深圳市汇川技术股份有限公司	300124	96.692	0.62	57.04	124.37
51	特变电工股份有限公司	600089	96.660	0.40	34.34	107.13
52	恒力石化股份有限公司	600346	96.645	0.80	24.55	137.05
53	宜宾五粮液股份有限公司	000858	96.643	0.50	75.25	126.86
54	京东方科技集团股份有限公司	000725	96.632	0.32	24.34	105.30
55	欧派家居集团股份有限公司	603833	96.622	0.78	63.29	121.58
56	天合光能股份有限公司	688599	96.604	0.65	33.08	110.28
57	顺丰控股股份有限公司	002352	96.574	1.39	50.78	117.27
58	江苏恒立液压股份有限公司	601100	96.560	0.74	68.87	140.36
59	徐工集团工程机械股份有限公司	000425	96.559	0.81	36.70	111.24

续表

序号	企业名称	股票代码	综合信用指数	资产周转率（次/年）	所有者权益比率（%）	资本保值增值率（%）
60	内蒙古伊利实业集团股份有限公司	600887	96.551	1.36	42.70	127.09
61	重庆水务集团股份有限公司	601158	96.532	0.26	63.27	111.51
62	浙江万盛股份有限公司	603010	96.516	0.96	66.67	132.00
63	交通银行股份有限公司	601328	96.482	0.02	8.10	109.87
64	山东道恩高分子材料股份有限公司	002838	96.442	1.49	64.73	178.82
65	歌尔股份有限公司	002241	96.433	1.18	40.01	117.68
66	兴业银行股份有限公司	601166	96.422	0.03	7.80	112.31
67	国泰君安证券股份有限公司	601211	96.421	0.05	19.54	108.09
68	老凤祥股份有限公司	600612	96.419	2.64	40.71	122.59
69	永辉超市股份有限公司	601933	96.411	1.66	34.46	108.93
70	绿地控股集团股份有限公司	600606	96.325	0.33	6.07	119.01
71	阳光电源股份有限公司	300274	96.319	0.69	37.34	122.74
72	浙江伟星新型建材股份有限公司	002372	96.303	0.90	76.38	130.68
73	中航工业机电系统股份有限公司	002013	96.284	0.40	42.70	111.02
74	紫光股份有限公司	000938	96.259	1.01	50.56	106.72
75	浙江三花智能控制股份有限公司	002050	96.253	0.71	59.09	115.74
76	中国国际金融股份有限公司	601995	96.249	0.05	13.73	114.92
77	江苏扬农化工股份有限公司	600486	96.228	0.90	54.59	123.93
78	华泰证券股份有限公司	601688	96.215	0.04	18.01	108.83
79	上海晨光文具股份有限公司	603899	96.129	1.35	53.49	129.88
80	云南贝泰妮生物科技集团股份有限公司	300957	96.127	1.65	74.85	171.86
81	玉禾田环境发展集团股份有限公司	300815	96.123	0.95	56.26	163.42
82	上海爱旭新能源股份有限公司	600732	96.102	0.76	42.07	138.80
83	苏州东山精密制造股份有限公司	002384	96.092	0.75	34.85	117.70
84	上海汽车集团股份有限公司	600104	96.085	0.81	28.29	108.18
85	郑州煤矿机械集团股份有限公司	601717	96.071	0.79	38.75	110.12
86	中信证券股份有限公司	600030	96.052	0.05	17.26	109.22
87	中文天地出版传媒集团股份有限公司	600373	96.048	0.42	62.20	112.87
88	浙江大华技术股份有限公司	002236	96.046	0.72	54.03	124.95
89	中国人寿保险股份有限公司	601628	96.028	0.19	10.58	112.45
90	国信证券股份有限公司	002736	96.025	0.06	26.72	111.77
91	杭州福斯特应用材料股份有限公司	603806	96.018	0.73	78.17	123.98

续表

序号	企业名称	股票代码	综合信用指数	资产周转率（次/年）	所有者权益比率（%）	资本保值增值率（%）
92	广东海大集团股份有限公司	002311	95.966	2.19	50.76	127.71
93	海通证券股份有限公司	600837	95.943	0.06	22.11	108.63
94	江苏卓胜微电子股份有限公司	300782	95.918	0.90	86.07	162.99
95	浙江交通科技股份有限公司	002061	95.914	0.89	20.87	112.91
96	山西杏花村汾酒厂股份有限公司	600809	95.887	0.71	49.43	140.30
97	东珠生态环保股份有限公司	603359	95.859	0.32	39.53	113.00
98	浙江伟明环保股份有限公司	603568	95.856	0.30	52.41	129.82
99	东方财富信息股份有限公司	300059	95.829	0.07	30.05	122.52
100	立讯精密工业股份有限公司	002475	95.829	1.32	40.14	135.60
101	无锡上机数控股份有限公司	603185	95.805	0.61	54.31	131.12
102	上海浦东发展银行股份有限公司	600000	95.791	0.02	8.03	110.53
103	国药集团一致药业股份有限公司	000028	95.769	1.51	35.23	110.86
104	中国银河证券股份有限公司	601881	95.764	0.05	18.23	110.22
105	中信银行股份有限公司	601998	95.754	0.03	7.25	109.47
106	新洋丰农业科技股份有限公司	000902	95.748	0.89	61.09	114.67
107	中顺洁柔纸业股份有限公司	002511	95.726	1.05	67.42	122.22
108	成都红旗连锁股份有限公司	002697	95.725	1.48	56.26	116.51
109	宝山钢铁股份有限公司	600019	95.714	0.80	51.76	107.12
110	深圳新宙邦科技股份有限公司	300037	95.674	0.40	67.31	115.96
111	深南电路股份有限公司	002916	95.667	0.83	53.12	128.60
112	科顺防水科技股份有限公司	300737	95.644	0.77	50.96	128.28
113	山东晨鸣纸业集团股份有限公司	000488	95.597	0.34	26.51	106.80
114	蓝星安迪苏股份有限公司	600299	95.592	0.58	67.67	109.80
115	中材科技股份有限公司	002080	95.573	0.56	38.98	117.51
116	索菲亚家居股份有限公司	002572	95.566	0.77	56.34	121.90
117	深圳市裕同包装科技股份有限公司	002831	95.557	0.71	51.28	117.61
118	厦门吉宏科技股份有限公司	002803	95.544	1.57	61.92	139.71
119	永高股份有限公司	002641	95.530	0.93	62.26	122.75
120	广东拓斯达科技股份有限公司	300607	95.522	0.68	53.39	131.07
121	横店集团东磁股份有限公司	002056	95.496	0.79	58.71	119.05
122	上海起帆电缆股份有限公司	605222	95.452	1.68	47.92	126.32
123	上海机电股份有限公司	600835	95.448	0.65	32.98	109.87

续表

序号	企业名称	股票代码	综合信用指数	资产周转率（次/年）	所有者权益比率（%）	资本保值增值率（%）
124	山鹰国际控股股份公司	600567	95.437	0.55	34.33	109.58
125	珀莱雅化妆品股份有限公司	603605	95.429	1.03	65.76	123.45
126	思源电气股份有限公司	002028	95.402	0.67	58.88	118.51
127	江西正邦科技股份有限公司	002157	95.400	0.83	39.24	161.15
128	龙佰集团股份有限公司	002601	95.376	0.41	40.82	116.50
129	深圳华侨城股份有限公司	000069	95.330	0.18	17.17	118.48
130	唐山冀东水泥股份有限公司	000401	95.325	0.60	30.05	118.57
131	上海百润投资控股集团股份有限公司	002568	95.319	0.50	82.75	126.76
132	山东博汇纸业股份有限公司	600966	95.310	0.72	31.29	115.82
133	北京千方科技股份有限公司	002373	95.300	0.49	61.71	112.00
134	湖北兴发化工集团股份有限公司	600141	95.289	0.62	32.11	107.66
135	中山公用事业集团股份有限公司	000685	95.278	0.10	67.38	110.47
136	福莱特玻璃集团股份有限公司	601865	95.264	0.51	58.98	136.09
137	甘肃祁连山水泥集团股份有限公司	600720	95.244	0.71	71.05	121.13
138	陕西北元化工集团股份有限公司	601568	95.244	0.64	81.25	121.35
139	浙江核新同花顺网络信息股份有限公司	300033	95.200	0.40	73.01	143.21
140	华能国际电力股份有限公司	600011	95.186	0.39	27.77	104.63
141	天津友发钢管集团股份有限公司	601686	95.186	4.09	52.83	130.76
142	山东豪迈机械科技股份有限公司	002595	95.168	0.76	82.76	120.34
143	北京元六鸿远电子科技股份有限公司	603267	95.161	0.54	81.99	123.37
144	天地科技股份有限公司	600582	95.158	0.54	47.04	107.97
145	洛阳栾川钼业集团股份有限公司	603993	95.125	0.92	31.76	105.71
146	四川川投能源股份有限公司	600674	95.117	0.02	69.67	111.65
147	上海宝信软件股份有限公司	600845	95.095	0.68	51.76	118.41
148	日月重工股份有限公司	603218	95.088	0.49	79.74	127.65
149	广州视源电子科技股份有限公司	002841	95.076	1.36	57.31	138.58
150	青岛国恩科技股份有限公司	002768	95.054	1.31	56.72	130.66
151	浙报数字文化集团股份有限公司	600633	95.052	0.32	75.24	106.38
152	中南出版传媒集团股份有限公司	601098	95.042	0.45	60.47	110.51
153	江苏凤凰出版传媒股份有限公司	601928	95.019	0.47	57.37	111.47
154	烟台杰瑞石油服务集团股份有限公司	002353	95.004	0.44	58.89	117.31
155	上海医药集团股份有限公司	601607	95.001	1.29	30.40	110.79

续表

序号	企业名称	股票代码	综合信用指数	资产周转率（次/年）	所有者权益比率（%）	资本保值增值率（%）
156	中国葛洲坝集团股份有限公司	600068	94.996	0.43	23.98	108.15
157	宁波东方电缆股份有限公司	603606	94.991	0.83	51.32	141.49
158	浙富控股集团股份有限公司	002266	94.990	0.45	41.15	123.99
159	中国中车股份有限公司	601766	94.989	0.58	36.45	108.34
160	赛轮集团股份有限公司	601058	94.988	0.73	40.19	121.10
161	志邦家居股份有限公司	603801	94.968	0.93	53.97	120.50
162	华致酒行连锁管理股份有限公司	300755	94.951	1.14	65.19	114.88
163	长江出版传媒股份有限公司	600757	94.950	0.61	72.02	111.21
164	新华文轩出版传媒股份有限公司	601811	94.919	0.53	59.74	113.72
165	中兴通讯股份有限公司	000063	94.915	0.67	28.74	114.78
166	泸州老窖股份有限公司	000568	94.914	0.48	65.91	130.95
167	中国长江电力股份有限公司	600900	94.905	0.17	52.03	117.59
168	一心堂药业集团股份有限公司	002727	94.895	1.36	61.81	117.19
169	重庆三峡水利电力（集团）股份有限公司	600116	94.879	0.27	52.40	120.28
170	中国石油天然气股份有限公司	601857	94.860	0.78	48.84	101.54
171	国投资本股份有限公司	600061	94.857	0.06	20.84	110.62
172	中远海运控股股份有限公司	601919	94.841	0.63	16.15	128.07
173	长城汽车股份有限公司	601633	94.837	0.67	37.23	109.86
174	唐人神集团股份有限公司	002567	94.835	1.80	51.92	128.58
175	中航光电科技股份有限公司	002179	94.832	0.54	50.68	117.63
176	启明星辰信息技术集团股份有限公司	002439	94.801	0.44	71.53	118.43
177	金雷科技股份公司	300443	94.800	0.47	93.46	127.00
178	稳健医疗用品股份有限公司	300888	94.800	0.96	80.40	220.57
179	安徽新华传媒股份有限公司	601801	94.776	0.60	72.25	105.93
180	江西洪城环境股份有限公司	600461	94.752	0.40	32.94	113.98
181	益海嘉里金龙鱼粮油食品股份有限公司	300999	94.714	1.09	46.62	109.26
182	山东太阳纸业股份有限公司	002078	94.703	0.60	44.92	113.39
183	三角轮胎股份有限公司	601163	94.660	0.51	65.21	110.52
184	苏美达股份有限公司	600710	94.654	2.20	11.66	110.68
185	重庆宗申动力机械股份有限公司	001696	94.646	0.79	46.31	113.79
186	江苏苏博特新材料股份有限公司	603916	94.641	0.57	54.01	118.43
187	天能电池集团股份有限公司	688819	94.621	1.79	34.31	146.10

序号	企业名称	股票代码	综合信用指数	资产周转率（次/年）	所有者权益比率（%）	资本保值增值率（%）
188	厦门吉比特网络技术股份有限公司	603444	94.592	0.51	70.59	134.07
189	爱玛科技集团股份有限公司	603529	94.586	1.35	27.51	129.43
190	招商局蛇口工业区控股股份有限公司	001979	94.576	0.18	13.75	112.92
191	湖南华菱钢铁股份有限公司	000932	94.576	1.28	37.12	122.66
192	中科创达软件股份有限公司	300496	94.574	0.47	77.85	123.15
193	侨银城市管理股份有限公司	002973	94.561	0.63	32.35	135.57
194	青岛汉缆股份有限公司	002498	94.556	0.93	75.04	111.58
195	美的集团股份有限公司	000333	94.551	0.79	32.61	126.78
196	中公教育科技股份有限公司	002607	94.536	0.78	29.65	167.15
197	江苏双星彩塑新材料股份有限公司	002585	94.481	0.50	81.33	109.43
198	中国黄金集团黄金珠宝股份有限公司	600916	94.477	3.74	57.60	110.64
199	江苏共创人造草坪股份有限公司	605099	94.476	0.89	87.81	144.76
200	中国出版传媒股份有限公司	601949	94.471	0.43	52.18	111.13
201	环旭电子股份有限公司	601231	94.464	1.54	38.95	116.93
202	利尔化学股份有限公司	002258	94.449	0.59	46.94	118.23
203	仙鹤股份有限公司	603733	94.435	0.61	67.23	118.72
204	金科地产集团股份有限公司	000656	94.431	0.23	9.12	126.46
205	烟台艾迪精密机械股份有限公司	603638	94.422	0.61	65.94	125.79
206	蓝思科技股份有限公司	300433	94.390	0.46	53.01	121.90
207	上海豫园旅游商城（集团）股份有限公司	600655	94.387	0.39	29.41	111.16
208	深信服科技股份有限公司	300454	94.370	0.57	67.43	118.73
209	中钢国际工程技术股份有限公司	000928	94.359	0.75	28.62	111.68
210	珠海格力电器股份有限公司	000651	94.339	0.60	41.25	120.13
211	南方出版传媒股份有限公司	601900	94.329	0.60	57.43	112.58
212	金地（集团）股份有限公司	600383	94.314	0.21	14.31	119.22
213	广州汽车集团股份有限公司	601238	94.308	0.44	59.05	107.44
214	上海良信电器股份有限公司	002706	94.294	0.93	62.50	120.78
215	云南沃森生物技术股份有限公司	300142	94.286	0.30	67.90	120.62
216	东华软件股份公司	002065	94.266	0.49	52.50	105.78
217	奥瑞金科技股份有限公司	002701	94.240	0.70	43.65	112.35
218	广西柳工机械股份有限公司	000528	94.231	0.68	33.69	112.86
219	宁夏建材集团股份有限公司	600449	94.218	0.62	76.42	117.28

续表

序号	企业名称	股票代码	综合信用指数	资产周转率（次/年）	所有者权益比率（%）	资本保值增值率（%）
220	雅戈尔集团股份有限公司	600177	94.215	0.14	35.67	126.02
221	福建龙马环卫装备股份有限公司	603686	94.208	1.00	52.06	117.71
222	中国光大银行股份有限公司	601818	94.206	0.03	8.48	109.82
223	广州海格通信集团股份有限公司	002465	94.203	0.37	70.75	106.10
224	厦门亿联网络技术股份有限公司	300628	94.188	0.48	90.03	129.09
225	卫星化学股份有限公司	002648	94.184	0.33	42.15	117.97
226	江苏中南建设集团股份有限公司	000961	94.183	0.22	7.99	133.01
227	浙江新安化工集团股份有限公司	600596	94.142	1.00	52.19	109.94
228	山东省药用玻璃股份有限公司	600529	94.137	0.61	75.71	114.59
229	浙江中控技术股份有限公司	688777	94.128	0.38	49.09	123.23
230	安徽皖维高新材料股份有限公司	600063	94.128	0.66	52.99	111.93
231	中国巨石股份有限公司	600176	94.128	0.32	47.46	115.44
232	卫宁健康科技集团股份有限公司	300253	94.114	0.37	74.66	113.15
233	华测检测认证集团股份有限公司	300012	94.018	0.65	68.64	118.35
234	大族激光科技产业集团股份有限公司	002008	93.978	0.56	45.66	111.09
235	兴业证券股份有限公司	601377	93.934	0.10	20.85	111.63
236	中国船舶重工集团海洋防务与信息对抗股份有限公司	600764	93.934	0.49	72.17	117.99
237	广东宏大爆破股份有限公司	002683	93.927	0.62	50.78	112.29
238	福建安井食品股份有限公司	603345	93.923	0.98	51.91	122.01
239	杭州电魂网络科技股份有限公司	603258	93.919	0.34	73.60	120.71
240	欣旺达电子股份有限公司	300207	93.914	0.97	22.23	113.90
241	江西金达莱环保股份有限公司	688057	93.907	0.27	84.93	133.40
242	桃李面包股份有限公司	603866	93.898	1.05	85.01	123.59
243	大参林医药集团股份有限公司	603233	93.895	1.18	43.67	125.05
244	北京宇信科技集团股份有限公司	300674	93.880	0.74	57.35	124.53
245	光大证券股份有限公司	601788	93.813	0.07	22.93	104.92
246	中国汽车工程研究院股份有限公司	601965	93.811	0.51	75.91	111.89
247	大唐国际发电股份有限公司	601991	93.805	0.34	26.05	104.69
248	内蒙古鄂尔多斯资源股份有限公司	600295	93.791	0.49	29.14	111.88
249	中核华原钛白股份有限公司	002145	93.788	0.45	71.28	114.49
250	三全食品股份有限公司	002216	93.784	1.16	49.92	134.45

续表

序号	企业名称	股票代码	综合信用指数	资产周转率（次/年）	所有者权益比率（%）	资本保值增值率（%）
251	蓝帆医疗股份有限公司	002382	93.781	0.46	57.63	120.85
252	爱尔眼科医院集团股份有限公司	300015	93.775	0.77	63.41	126.14
253	华新水泥股份有限公司	600801	93.765	0.67	53.66	126.42
254	重庆三峰环境集团股份有限公司	601827	93.747	0.26	41.21	115.85
255	杭叉集团股份有限公司	603298	93.725	1.41	60.72	119.44
256	华域汽车系统股份有限公司	600741	93.723	0.89	34.92	110.93
257	中芯国际集成电路制造有限公司	688981	93.696	0.13	484.49	109.94
258	厦门国贸集团股份有限公司	600755	93.646	3.10	23.09	110.54
259	广州发展集团股份有限公司	600098	93.642	0.73	41.38	105.27
260	用友网络科技股份有限公司	600588	93.640	0.50	44.50	113.78
261	东方明珠新媒体股份有限公司	600637	93.635	0.23	67.12	105.55
262	中国建筑股份有限公司	601668	93.631	0.74	13.70	116.21
263	通裕重工股份有限公司	300185	93.619	0.46	44.83	107.17
264	云南恩捷新材料股份有限公司	002812	93.586	0.21	53.97	124.51
265	中建西部建设股份有限公司	002302	93.551	0.98	32.85	110.96
266	浙江春风动力股份有限公司	603129	93.526	1.08	35.60	135.08
267	牧原食品股份有限公司	002714	93.514	0.46	41.11	218.80
268	荣盛石化股份有限公司	002493	93.507	0.44	15.31	132.40
269	武汉高德红外股份有限公司	002414	93.453	0.53	68.67	128.32
270	中国科技出版传媒股份有限公司	601858	93.448	0.42	70.47	111.78
271	山东龙大肉食品股份有限公司	002726	93.447	2.82	39.60	139.01
272	西部证券股份有限公司	002673	93.426	0.08	40.74	106.33
273	深圳华大基因股份有限公司	300676	93.406	0.75	52.79	148.45
274	北京金山办公软件股份有限公司	688111	93.316	0.27	80.54	114.47
275	天津中环半导体股份有限公司	002129	93.312	0.32	32.71	107.72
276	利民控股集团股份有限公司	002734	93.306	0.85	45.64	118.64
277	阳光城集团股份有限公司	000671	93.299	0.23	8.71	119.52
278	杭州泰格医药科技股份有限公司	300347	93.295	0.16	82.63	141.41
279	山东华泰纸业股份有限公司	600308	93.270	0.83	58.50	108.48
280	合盛硅业股份有限公司	603260	93.267	0.45	48.42	116.50
281	广东东鹏控股股份有限公司	003012	93.262	0.57	59.81	116.48
282	广东南方新媒体股份有限公司	300770	93.241	0.37	80.79	126.32

续表

序号	企业名称	股票代码	综合信用指数	资产周转率（次/年）	所有者权益比率（%）	资本保值增值率（%）
283	招商局南京油运股份有限公司	601975	93.231	0.46	65.63	129.75
284	蒙娜丽莎集团股份有限公司	002918	93.231	0.64	45.53	119.39
285	中信泰富特钢集团股份有限公司	000708	93.221	0.96	36.61	123.86
286	淄博齐翔腾达化工股份有限公司	002408	93.190	1.20	43.52	112.91
287	北京利尔高温材料股份有限公司	002392	93.190	0.70	66.44	111.91
288	唐山三友化工股份有限公司	600409	93.182	0.73	47.92	106.37
289	无锡威孚高科技集团股份有限公司	000581	93.161	0.47	66.84	116.32
290	中国南玻集团股份有限公司	000012	93.123	0.60	57.11	108.21
291	中远海运能源运输股份有限公司	600026	93.113	0.25	52.49	108.44
292	无锡先导智能装备股份有限公司	300450	93.113	0.46	44.34	117.92
293	传化智联股份有限公司	002010	93.086	0.62	43.33	110.40
294	申万宏源集团股份有限公司	000166	93.061	0.06	18.01	109.33
295	广东宝丽华新能源股份有限公司	000690	93.038	0.37	56.46	119.14
296	昊华化工科技集团股份有限公司	600378	93.036	0.54	64.23	110.62
297	安琪酵母股份有限公司	600298	93.036	0.83	54.50	127.27
298	山东华鲁恒升化工股份有限公司	600426	93.021	0.64	75.28	112.64
299	佛燃能源集团股份有限公司	002911	93.019	0.87	38.71	114.89
300	天顺风能（苏州）股份有限公司	002531	93.005	0.55	45.29	118.07
301	芒果超媒股份有限公司	300413	92.995	0.73	54.96	122.57
302	西安陕鼓动力股份有限公司	601369	92.989	0.35	30.37	110.24
303	惠州亿纬锂能股份有限公司	300014	92.979	0.32	55.94	121.87
304	深圳市德赛电池科技股份有限公司	000049	92.978	2.15	31.30	130.47
305	江苏林洋能源股份有限公司	601222	92.955	0.29	55.35	109.69
306	许继电气股份有限公司	000400	92.951	0.67	51.58	108.52
307	浙商证券股份有限公司	601878	92.949	0.12	21.24	110.95
308	北京万泰生物药业股份有限公司	603392	92.930	0.67	72.89	143.43
309	绿色动力环保集团股份有限公司	601330	92.906	0.13	31.46	115.27
310	杭州豪悦护理用品股份有限公司	605009	92.900	0.77	82.32	194.27
311	四川蓝光发展股份有限公司	600466	92.874	0.17	7.18	117.19
312	物产中大集团股份有限公司	600704	92.866	3.78	25.20	110.91
313	华林证券股份有限公司	002945	92.861	0.06	24.28	115.22
314	深圳市新南山控股（集团）股份有限公司	002314	92.846	0.21	18.14	115.06

序号	企业名称	股票代码	综合信用指数	资产周转率（次/年）	所有者权益比率（%）	资本保值增值率（%）
315	浙江甬金金属科技股份有限公司	603995	92.839	3.29	50.70	114.30
316	国金证券股份有限公司	600109	92.838	0.09	33.22	108.99
317	潍柴动力股份有限公司	000338	92.779	0.73	18.91	120.36
318	南通江海电容器股份有限公司	002484	92.776	0.51	75.51	110.87
319	山东鲁阳节能材料股份有限公司	002088	92.774	0.70	71.95	116.80
320	东方证券股份有限公司	600958	92.774	0.08	20.68	105.05
321	中国医药健康产业股份有限公司	600056	92.765	1.18	30.14	114.57
322	深圳能源集团股份有限公司	000027	92.754	0.18	33.28	113.24
323	瀚蓝环境股份有限公司	600323	92.736	0.30	30.32	116.12
324	重庆市迪马实业股份有限公司	600565	92.715	0.26	13.18	119.73
325	航天信息股份有限公司	600271	92.699	0.90	52.12	108.67
326	无锡宝通科技股份有限公司	300031	92.682	0.55	64.22	116.57
327	中科软科技股份有限公司	603927	92.677	0.96	37.62	123.54
328	曙光信息产业股份有限公司	603019	92.657	0.48	55.47	119.02
329	广东塔牌集团股份有限公司	002233	92.641	0.56	82.84	118.22
330	北京金隅集团股份有限公司	601992	92.639	0.37	21.75	104.65
331	南京高科股份有限公司	600064	92.634	0.09	40.63	117.06
332	安徽合力股份有限公司	600761	92.633	1.31	55.70	114.72
333	中国石油集团资本股份有限公司	000617	92.631	0.03	9.51	109.34
334	分众传媒信息技术股份有限公司	002027	92.596	0.56	78.61	129.06
335	中炬高新技术实业（集团）股份有限公司	600872	92.592	0.77	69.32	122.54
336	杭州制氧机集团股份有限公司	002430	92.563	0.69	44.02	114.59
337	苏州纽威阀门股份有限公司	603699	92.562	0.68	53.31	120.12
338	浙江浙能电力股份有限公司	600023	92.555	0.45	59.25	109.49
339	惠州市德赛西威汽车电子股份有限公司	002920	92.554	0.90	61.46	112.29
340	海尔智家股份有限公司	600690	92.551	1.03	32.84	118.54
341	鲁商健康产业发展股份有限公司	600223	92.517	0.22	6.63	123.29
342	宁波银行股份有限公司	002142	92.500	0.03	7.31	115.03
343	滨化集团股份有限公司	601678	92.494	0.46	52.19	108.00
344	四川泸天化股份有限公司	000912	92.465	0.72	69.01	107.54
345	新疆天业股份有限公司	600075	92.455	0.61	48.62	111.25
346	江苏洋河酒厂股份有限公司	002304	92.440	0.39	71.44	120.49

续表

序号	企业名称	股票代码	综合信用指数	资产周转率（次/年）	所有者权益比率（%）	资本保值增值率（%）
347	中节能太阳能股份有限公司	000591	92.434	0.14	35.85	107.71
348	山东黄金矿业股份有限公司	600547	92.426	1.00	45.04	109.77
349	中国卫通集团股份有限公司	601698	92.414	0.15	63.34	104.32
350	平安银行股份有限公司	000001	92.411	0.03	8.15	109.24
351	骆驼集团股份有限公司	601311	92.402	0.78	60.10	111.13
352	南京钢铁股份有限公司	600282	92.396	1.11	49.53	116.96
353	罗莱生活科技股份有限公司	002293	92.394	0.84	73.49	114.25
354	河钢资源股份有限公司	000923	92.384	0.44	55.29	113.51
355	盈峰环境科技集团股份有限公司	000967	92.370	0.48	56.19	108.94
356	陕西建设机械股份有限公司	600984	92.368	0.26	38.40	114.57
357	四川天味食品集团股份有限公司	603317	92.356	0.55	86.94	119.78
358	江河创建集团股份有限公司	601886	92.354	0.61	29.32	112.18
359	国网信息通信股份有限公司	600131	92.345	0.64	42.07	122.17
360	杭州锅炉集团股份有限公司	002534	92.331	0.51	32.50	115.85
361	浙江龙盛集团股份有限公司	600352	92.313	0.28	49.23	117.02
362	东吴证券股份有限公司	601555	92.312	0.07	26.75	108.03
363	天马微电子股份有限公司	000050	92.291	0.40	45.64	105.52
364	中际旭创股份有限公司	300308	92.290	0.52	57.94	112.50
365	方大特钢科技股份有限公司	600507	92.286	1.21	66.31	132.71
366	广州广日股份有限公司	600894	92.285	0.58	69.16	109.48
367	中国核能电力股份有限公司	601985	92.255	0.14	18.46	111.57
368	联美量子股份有限公司	600167	92.237	0.26	63.33	122.29
369	国元证券股份有限公司	000728	92.229	0.05	34.08	105.52
370	酒鬼酒股份有限公司	000799	92.214	0.42	65.88	120.23
371	成都云图控股股份有限公司	002539	92.197	0.89	33.65	115.50
372	无锡华光环保能源集团股份有限公司	600475	92.195	0.46	43.35	110.11
373	旺能环境股份有限公司	002034	92.187	0.14	39.64	112.68
374	航天时代电子技术股份有限公司	600879	92.163	0.45	40.61	103.87
375	华夏航空股份有限公司	002928	92.154	0.41	34.22	122.03
376	华设设计集团股份有限公司	603018	92.141	0.58	36.45	121.08
377	贵州省交通规划勘察设计研究院股份有限公司	603458	92.060	0.40	43.87	119.55

序号	企业名称	股票代码	综合信用指数	资产周转率（次/年）	所有者权益比率（%）	资本保值增值率（%）
378	公牛集团股份有限公司	603195	92.018	0.81	73.47	141.67
379	厦门金达威集团股份有限公司	002626	91.947	0.68	66.54	132.99
380	国网英大股份有限公司	600517	91.928	0.20	43.52	108.41
381	福耀玻璃工业集团股份有限公司	600660	91.893	0.52	56.20	112.17
382	上海璞泰来新能源科技股份有限公司	603659	91.884	0.36	61.54	119.58
383	黑牡丹（集团）股份有限公司	600510	91.858	0.30	26.37	109.46
384	深圳市捷佳伟创新能源装备股份有限公司	300724	91.847	0.44	32.71	120.49
385	无锡药明康德新药开发股份有限公司	603259	91.823	0.36	70.19	117.10
386	中国太平洋保险（集团）股份有限公司	601601	91.804	0.24	12.15	113.78
387	神州数码集团股份有限公司	000034	91.787	3.00	15.31	114.27
388	江苏雅克科技股份有限公司	002409	91.757	0.38	79.56	109.35
389	比音勒芬服饰股份有限公司	002832	91.753	0.53	64.37	124.49
390	深圳迈瑞生物医疗电子股份有限公司	300760	91.732	0.63	69.89	135.81
391	长春一汽富维汽车零部件股份有限公司	600742	91.730	1.09	35.24	111.22
392	新华人寿保险股份有限公司	601336	91.718	0.21	10.12	116.93
393	迪安诊断技术集团股份有限公司	300244	91.710	0.86	37.89	120.15
394	中航沈飞股份有限公司	600760	91.708	0.83	30.89	117.04
395	浙江晶盛机电股份有限公司	300316	91.682	0.36	49.91	118.86
396	青岛港国际股份有限公司	601298	91.656	0.23	57.71	112.66
397	昆仑万维科技股份有限公司	300418	91.654	0.21	73.09	206.43
398	青岛啤酒股份有限公司	600600	91.631	0.67	49.67	111.48
399	第一创业证券股份有限公司	002797	91.609	0.08	34.27	108.99
400	上海电气集团股份有限公司	601727	91.607	0.44	21.05	105.93
401	威海广泰空港设备股份有限公司	002111	91.574	0.52	56.69	113.10
402	中国重汽集团济南卡车股份有限公司	000951	91.559	1.61	22.61	126.90
403	富奥汽车零部件股份有限公司	000030	91.558	0.77	50.22	113.53
404	广州酒家集团股份有限公司	603043	91.486	0.86	66.12	121.18
405	太极计算机股份有限公司	002368	91.485	0.63	26.01	111.36
406	一汽解放集团股份有限公司	000800	91.471	1.77	38.23	109.39
407	天润工业技术股份有限公司	002283	91.463	0.54	61.75	111.11
408	垒知控股集团股份有限公司	002398	91.429	0.71	59.01	113.14
409	汕头东风印刷股份有限公司	601515	91.404	0.48	68.74	113.47

续表

序号	企业名称	股票代码	综合信用指数	资产周转率（次/年）	所有者权益比率（%）	资本保值增值率（%）
410	航天工业发展股份有限公司	000547	91.386	0.36	67.78	110.33
411	江苏联发纺织股份有限公司	002394	91.384	0.81	77.12	113.80
412	天康生物股份有限公司	002100	91.381	0.76	39.63	137.46
413	岳阳林纸股份有限公司	600963	91.376	0.45	54.06	105.02
414	岭南生态文旅股份有限公司	002717	91.374	0.34	22.76	109.43
415	五矿资本股份有限公司	600390	91.370	0.05	34.24	110.89
416	湖北能源集团股份有限公司	000883	91.345	0.28	47.98	109.00
417	深圳市力合科创股份有限公司	002243	91.342	0.21	55.34	112.08
418	华西证券股份有限公司	002926	91.330	0.06	27.61	109.67
419	深圳长城开发科技股份有限公司	000021	91.315	0.69	35.06	112.38
420	北京首钢股份有限公司	000959	91.306	0.55	20.06	106.65
421	北京光环新网科技股份有限公司	300383	91.297	0.55	68.23	110.94
422	云南白药集团股份有限公司	000538	91.286	0.59	68.91	114.54
423	南极电商股份有限公司	002127	91.271	0.64	88.87	124.45
424	江苏恒瑞医药股份有限公司	600276	91.201	0.80	87.83	125.54
425	长春高新技术产业（集团）股份有限公司	000661	91.160	0.51	64.89	137.69
426	江苏金融租赁股份有限公司	600901	91.149	0.05	16.01	115.65
427	广州金域医学检验集团股份有限公司	603882	91.144	1.24	57.04	166.37
428	上海环境集团股份有限公司	601200	91.142	0.17	34.19	109.16
429	青岛天能重工股份有限公司	300569	91.131	0.45	31.88	120.81
430	长城证券股份有限公司	002939	91.126	0.10	25.03	108.88
431	浙江世纪华通集团股份有限公司	002602	91.097	0.35	67.65	112.00
432	北京京运通科技股份有限公司	601908	91.057	0.24	44.94	106.16
433	中国广核电力股份有限公司	003816	91.047	0.18	24.31	110.65
434	青岛森麒麟轮胎股份有限公司	002984	91.038	0.61	71.73	127.16
435	宁波拓普集团股份有限公司	601689	91.038	0.54	64.27	108.52
436	重药控股股份有限公司	000950	91.026	1.07	20.82	110.96
437	中航工业产融控股股份有限公司	600705	90.978	0.03	10.50	110.96
438	国电电力发展股份有限公司	600795	90.962	0.33	13.99	104.93
439	大亚圣象家居股份有限公司	000910	90.948	0.82	63.72	112.35
440	金能科技股份有限公司	603113	90.942	0.63	66.79	115.09
441	山东高速路桥集团股份有限公司	000498	90.937	0.63	15.70	118.34

续表

序号	企业名称	股票代码	综合信用指数	资产周转率（次/年）	所有者权益比率（%）	资本保值增值率（%）
442	中国中铁股份有限公司	601390	90.909	0.81	21.28	111.37
443	合肥城建发展股份有限公司	002208	90.906	0.29	28.75	121.69
444	中国邮政储蓄银行股份有限公司	601658	90.893	0.03	0.59	111.83
445	深圳市兆驰股份有限公司	002429	90.876	0.76	42.92	118.11
446	福建青松股份有限公司	300132	90.855	0.84	67.75	115.22
447	中国铁建股份有限公司	601186	90.842	0.73	20.46	110.67
448	广东韶钢松山股份有限公司	000717	90.841	1.78	53.56	123.27
449	抚顺特殊钢股份有限公司	600399	90.801	0.68	54.54	112.32
450	新天绿色能源股份有限公司	600956	90.788	0.22	22.99	112.74
451	浙江万里扬股份有限公司	002434	90.778	0.52	57.43	110.01
452	新希望六和股份有限公司	000876	90.778	1.00	36.41	118.97
453	潮州三环（集团）股份有限公司	300408	90.773	0.32	87.58	119.17
454	珠海华发实业股份有限公司	600325	90.766	0.16	6.51	114.62
455	广州白云山医药集团股份有限公司	600332	90.753	1.03	43.75	112.05
456	南京银行股份有限公司	601009	90.735	0.02	7.04	115.08
457	四川双马水泥股份有限公司	000935	90.734	0.27	91.75	121.11
458	鹏鹞环保股份有限公司	300664	90.701	0.32	52.44	111.61
459	重庆智飞生物制品股份有限公司	300122	90.687	1.00	54.21	157.44
460	卧龙电气驱动集团股份有限公司	600580	90.680	0.60	36.63	112.41
461	山西焦化股份有限公司	600740	90.673	0.33	52.14	110.75
462	深圳劲嘉集团股份有限公司	002191	90.671	0.47	82.45	111.89
463	北部湾港股份有限公司	000582	90.644	0.28	53.13	111.35
464	江苏今世缘酒业股份有限公司	603369	90.619	0.43	69.76	121.74
465	天融信科技集团股份有限公司	002212	90.602	0.50	84.65	104.50
466	鞍钢股份有限公司	000898	90.599	1.15	60.61	103.80
467	北京大北农科技集团股份有限公司	002385	90.524	0.95	45.82	119.42
468	浙江伟星实业发展股份有限公司	002003	90.516	0.73	73.99	116.38
469	德华兔宝宝装饰新材股份有限公司	002043	90.497	1.22	35.24	121.83
470	中节能万润股份有限公司	002643	90.483	0.44	77.45	110.47
471	恒生电子股份有限公司	600570	90.466	0.42	45.67	129.51
472	金圆环保股份有限公司	000546	90.405	0.88	46.71	111.41
473	中粮资本控股股份有限公司	002423	90.401	0.16	20.38	106.45

续表

序号	企业名称	股票代码	综合信用指数	资产周转率（次/年）	所有者权益比率（%）	资本保值增值率（%）
474	周大生珠宝股份有限公司	002867	90.386	0.76	80.92	121.51
475	山河智能装备股份有限公司	002097	90.381	0.54	30.56	111.35
476	四川路桥建设集团股份有限公司	600039	90.373	0.54	19.97	119.40
477	东方电气股份有限公司	600875	90.365	0.38	31.60	106.32
478	中国冶金科工股份有限公司	601618	90.359	0.79	19.33	108.03
479	杭州银行股份有限公司	600926	90.354	0.02	6.92	111.41
480	巨人网络集团股份有限公司	002558	90.336	0.20	87.38	112.85
481	上海银行股份有限公司	601229	90.328	0.02	7.75	111.78
482	辽宁奥克化学股份有限公司	300082	90.306	1.05	60.38	112.37
483	国家电投集团东方新能源股份有限公司	000958	90.301	0.15	18.17	108.28
484	马鞍山钢铁股份有限公司	600808	90.285	1.01	35.17	107.36
485	广东华铁通达高铁装备股份有限公司	000976	90.259	0.30	65.93	109.71
486	上海复星医药（集团）股份有限公司	600196	90.205	0.36	44.21	111.49
487	长江证券股份有限公司	000783	90.169	0.06	21.64	107.46
488	华电国际电力股份有限公司	600027	90.166	0.39	30.73	106.79
489	中国电力建设股份有限公司	601669	90.158	0.45	13.31	107.35
490	中国交通建设股份有限公司	601800	90.100	0.48	18.79	107.05
491	科博达技术股份有限公司	603786	90.094	0.62	80.95	115.88
492	宁波华翔电子股份有限公司	002048	90.093	0.88	54.07	109.28
493	厦门银行股份有限公司	601187	90.088	0.02	6.79	111.92
494	帝欧家居股份有限公司	002798	90.070	0.63	47.48	115.53
495	武汉光迅科技股份有限公司	002281	90.060	0.71	58.70	110.81
496	新兴铸管股份有限公司	000778	90.036	0.81	41.59	108.56
497	安徽江南化工股份有限公司	002226	90.021	0.31	50.41	107.47
498	鹏鼎控股（深圳）股份有限公司	002938	90.020	0.90	65.13	114.33
499	鸿达兴业股份有限公司	002002	90.017	0.30	41.62	111.19
500	铜陵精达特种电磁线股份有限公司	600577	90.005	1.39	42.65	111.79

四、2021 中国上市公司信用 500 强成长性指标

序号	企业名称	股票代码	营收增长率（%）	利润增长率（%）	资产增长率（%）	资本积累率（%）
1	贵州茅台酒股份有限公司	600519	11.10	13.33	16.58	18.61
2	中国工商银行股份有限公司	601398	3.18	1.18	10.75	8.12
3	万科企业股份有限公司	000002	13.92	6.80	8.05	19.38
4	北京首创生态环保集团股份有限公司	600008	28.96	53.42	25.91	21.66
5	中国农业银行股份有限公司	601288	4.89	1.63	9.36	13.16
6	中国平安保险（集团）股份有限公司	601318	4.23	−4.22	15.87	13.28
7	万华化学集团股份有限公司	600309	7.91	−0.87	38.08	15.15
8	安徽海螺水泥股份有限公司	600585	12.23	4.58	12.42	17.81
9	华峰化学股份有限公司	002064	6.81	23.77	15.87	49.11
10	中国银行股份有限公司	601988	2.98	2.92	7.17	−16.47
11	宁夏宝丰能源集团股份有限公司	600989	17.39	21.59	14.45	10.91
12	金发科技股份有限公司	600143	19.72	268.64	11.26	40.82
13	成都市兴蓉环境股份有限公司	000598	11.01	20.08	21.88	9.14
14	中联重科股份有限公司	000157	50.34	66.55	26.29	20.28
15	三一重工股份有限公司	600031	31.29	36.25	27.22	19.96
16	比亚迪股份有限公司	002594	22.59	162.27	2.75	0.20
17	中国国际海运集装箱（集团）股份有限公司	000039	9.72	246.87	−15.05	375.67
18	中原大地传媒股份有限公司	000719	0.91	11.51	8.35	7.09
19	中国化学工程股份有限公司	601117	5.63	19.51	17.38	7.17
20	九州通医药集团股份有限公司	600998	11.42	72.61	13.60	16.38
21	浙江新和成股份有限公司	002001	34.64	64.59	7.57	13.67
22	北京东方雨虹防水技术股份有限公司	002271	19.70	64.04	24.23	50.04
23	招商银行股份有限公司	600036	7.70	4.86	12.73	18.40
24	富士康工业互联网股份有限公司	601138	5.65	−6.32	9.68	16.21
25	浪潮电子信息产业股份有限公司	000977	22.04	57.90	30.31	45.24
26	北京高能时代环境技术股份有限公司	603588	34.51	33.51	34.70	51.13
27	中海油能源发展股份有限公司	600968	−0.76	23.40	9.68	5.52

续表

序号	企业名称	股票代码	营收增长率（%）	利润增长率（%）	资产增长率（%）	资本积累率（%）
28	英科医疗科技股份有限公司	300677	564.29	3829.48	332.31	532.49
29	山东玲珑轮胎股份有限公司	601966	7.10	33.12	10.23	49.71
30	科大讯飞股份有限公司	002230	29.23	66.48	23.56	10.95
31	杭州海康威视数字技术股份有限公司	002415	10.14	7.82	17.71	19.80
32	晶澳太阳能科技股份有限公司	002459	22.17	20.34	30.74	83.45
33	新疆金风科技股份有限公司	002202	47.12	34.10	5.90	11.39
34	招商证券股份有限公司	600999	29.77	30.34	30.90	24.33
35	紫金矿业集团股份有限公司	601899	26.01	67.13	47.23	10.46
36	隆基绿能科技股份有限公司	601012	65.92	61.99	47.77	27.06
37	河南双汇投资发展股份有限公司	000895	22.47	15.04	21.20	44.13
38	保利发展控股集团股份有限公司	600048	3.04	3.54	21.12	15.52
39	北新集团建材股份有限公司	000786	26.12	548.29	6.76	19.46
40	中铁高新工业股份有限公司	600528	18.06	12.26	13.65	14.61
41	通威股份有限公司	600438	17.69	36.95	37.23	73.76
42	宁德时代新能源科技股份有限公司	300750	9.90	22.43	54.53	68.37
43	完美世界股份有限公司	002624	27.19	3.04	-6.75	13.88
44	江苏中天科技股份有限公司	600522	13.55	16.04	16.94	9.90
45	明阳智慧能源集团股份公司	601615	114.02	92.84	48.80	119.66
46	上海韦尔半导体股份有限公司	603501	45.43	481.17	29.59	41.79
47	广发证券股份有限公司	000776	27.81	33.15	15.99	7.59
48	内蒙古君正能源化工集团股份有限公司	601216	51.15	93.24	6.76	9.66
49	中信建投证券股份有限公司	601066	70.53	72.85	29.95	19.71
50	深圳市汇川技术股份有限公司	300124	55.76	120.62	25.27	23.44
51	特变电工股份有限公司	600089	19.24	23.21	7.11	7.79
52	恒力石化股份有限公司	600346	51.19	34.28	9.55	29.10
53	宜宾五粮液股份有限公司	000858	14.37	14.67	7.05	15.37
54	京东方科技集团股份有限公司	000725	16.80	162.46	24.63	8.65
55	欧派家居集团股份有限公司	603833	8.91	12.13	27.20	24.76
56	天合光能股份有限公司	688599	26.14	91.90	25.66	26.14
57	顺丰控股股份有限公司	002352	37.25	26.39	20.13	33.06
58	江苏恒立液压股份有限公司	601100	45.09	73.62	26.03	30.98
59	徐工集团工程机械股份有限公司	000425	25.00	2.99	18.77	1.52

续表

序号	企业名称	股票代码	营收增长率（％）	利润增长率（％）	资产增长率（％）	资本积累率（％）
60	内蒙古伊利实业集团股份有限公司	600887	7.24	2.08	17.69	16.28
61	重庆水务集团股份有限公司	601158	12.61	6.66	11.39	0.76
62	浙江万盛股份有限公司	603010	20.75	137.21	17.85	31.25
63	交通银行股份有限公司	601328	5.91	1.28	8.00	9.25
64	山东道恩高分子材料股份有限公司	002838	61.67	414.51	55.08	77.30
65	歌尔股份有限公司	002241	64.29	122.41	41.71	22.02
66	兴业银行股份有限公司	601166	12.04	1.15	10.47	13.71
67	国泰君安证券股份有限公司	601211	17.53	28.77	25.67	-0.11
68	老凤祥股份有限公司	600612	4.22	12.64	13.87	13.46
69	永辉超市股份有限公司	601933	9.80	14.76	7.27	-3.75
70	绿地控股集团股份有限公司	600606	6.53	1.73	21.96	7.45
71	阳光电源股份有限公司	300274	48.31	118.96	22.72	21.66
72	浙江伟星新型建材股份有限公司	002372	9.45	21.29	17.31	11.22
73	中航工业机电系统股份有限公司	002013	0.76	11.85	6.37	32.45
74	紫光股份有限公司	000938	10.36	2.78	7.55	5.54
75	浙江三花智能控制股份有限公司	002050	7.29	2.88	15.16	8.32
76	中国国际金融股份有限公司	601995	50.17	70.04	51.21	48.33
77	江苏扬农化工股份有限公司	600486	12.98	3.41	13.05	17.67
78	华泰证券股份有限公司	601688	26.47	20.23	27.49	5.33
79	上海晨光文具股份有限公司	603899	17.92	18.43	28.35	23.61
80	云南贝泰妮生物科技集团股份有限公司	300957	35.64	31.94	47.80	58.53
81	玉禾田环境发展集团股份有限公司	300815	20.05	101.75	71.25	157.15
82	上海爱旭新能源股份有限公司	600732	59.22	37.63	55.55	157.37
83	苏州东山精密制造股份有限公司	002384	19.28	117.76	18.42	51.15
84	上海汽车集团股份有限公司	600104	-12.00	-20.20	8.25	4.17
85	郑州煤矿机械集团股份有限公司	601717	3.06	19.12	13.47	6.73
86	中信证券股份有限公司	600030	26.06	21.86	33.00	12.43
87	中文天地出版传媒集团股份有限公司	600373	-8.16	4.64	6.82	8.04
88	浙江大华技术股份有限公司	002236	1.21	22.42	23.78	26.40
89	中国人寿保险股份有限公司	601628	10.71	-13.76	14.11	11.46
90	国信证券股份有限公司	002736	33.29	34.73	34.77	43.94
91	杭州福斯特应用材料股份有限公司	603806	31.59	63.52	39.01	38.31

续表

序号	企业名称	股票代码	营收增长率（％）	利润增长率（％）	资产增长率（％）	资本积累率（％）
92	广东海大集团股份有限公司	002311	26.70	53.01	46.00	53.48
93	海通证券股份有限公司	600837	9.64	14.20	9.00	21.70
94	江苏卓胜微电子股份有限公司	300782	84.62	115.78	60.69	56.18
95	浙江交通科技股份有限公司	002061	27.13	38.06	22.52	11.90
96	山西杏花村汾酒厂股份有限公司	600809	17.63	56.39	18.29	27.94
97	东珠生态环保股份有限公司	603359	15.93	5.22	24.02	0.00
98	浙江伟明环保股份有限公司	603568	53.25	29.03	51.34	30.20
99	东方财富信息股份有限公司	300059	94.69	160.91	78.43	56.31
100	立讯精密工业股份有限公司	002475	47.96	53.28	41.79	38.46
101	无锡上机数控股份有限公司	603185	273.48	186.72	77.42	55.90
102	上海浦东发展银行股份有限公司	600000	2.99	-0.99	13.48	15.23
103	国药集团一致药业股份有限公司	000028	13.00	10.57	16.36	8.03
104	中国银河证券股份有限公司	601881	39.37	38.54	41.20	14.61
105	中信银行股份有限公司	601998	3.81	2.01	11.27	5.27
106	新洋丰农业科技股份有限公司	000902	7.94	46.65	16.59	6.32
107	中顺洁柔纸业股份有限公司	002511	17.91	50.02	24.10	23.67
108	成都红旗连锁股份有限公司	002697	15.73	-2.20	19.83	12.64
109	宝山钢铁股份有限公司	600019	-2.87	0.91	2.97	3.48
110	深圳新宙邦科技股份有限公司	300037	27.37	59.29	49.45	53.45
111	深南电路股份有限公司	002916	10.23	16.01	14.64	48.80
112	科顺防水科技股份有限公司	300737	34.09	145.03	35.96	31.89
113	山东晨鸣纸业集团股份有限公司	000488	1.12	3.35	-6.52	-3.55
114	蓝星安迪苏股份有限公司	600299	6.96	36.20	-2.41	1.13
115	中材科技股份有限公司	002080	37.68	48.69	15.06	12.06
116	索菲亚家居股份有限公司	002572	8.67	10.66	28.10	12.46
117	深圳市裕同包装科技股份有限公司	002831	19.75	7.20	31.91	33.71
118	厦门吉宏科技股份有限公司	002803	46.56	71.25	15.23	23.71
119	永高股份有限公司	002641	11.85	49.81	31.91	38.97
120	广东拓斯达科技股份有限公司	300607	65.95	178.56	51.04	28.63
121	横店集团东磁股份有限公司	002056	23.50	46.67	20.48	13.02
122	上海起帆电缆股份有限公司	605222	27.31	23.10	61.05	77.73
123	上海机电股份有限公司	600835	4.96	0.00	4.68	4.17

序号	企业名称	股票代码	营收增长率（%）	利润增长率（%）	资产增长率（%）	资本积累率（%）
124	山鹰国际控股股份公司	600567	7.44	1.39	6.80	8.23
125	珀莱雅化妆品股份有限公司	603605	20.13	21.22	22.07	17.83
126	思源电气股份有限公司	002028	15.55	67.40	25.21	29.33
127	江西正邦科技股份有限公司	002157	100.53	248.75	92.20	147.54
128	龙佰集团股份有限公司	002601	24.21	-11.77	34.03	2.33
129	深圳华侨城股份有限公司	000069	36.39	2.80	20.28	14.22
130	唐山冀东水泥股份有限公司	000401	2.82	5.53	-2.94	15.37
131	上海百润投资控股集团股份有限公司	002568	31.20	78.31	51.74	60.72
132	山东博汇纸业股份有限公司	600966	43.56	523.51	0.43	15.45
133	北京千方科技股份有限公司	002373	7.99	6.66	19.50	32.84
134	湖北兴发化工集团股份有限公司	600141	1.54	106.29	4.27	16.17
135	中山公用事业集团股份有限公司	000685	-1.63	31.38	9.18	7.18
136	福莱特玻璃集团股份有限公司	601865	30.24	127.09	30.59	60.31
137	甘肃祁连山水泥集团股份有限公司	600720	12.70	16.44	2.78	14.89
138	陕西北元化工集团股份有限公司	601568	-1.92	1.43	31.67	58.79
139	浙江核新同花顺网络信息股份有限公司	300033	63.23	92.05	36.66	30.93
140	华能国际电力股份有限公司	600011	-2.39	191.51	5.59	23.43
141	天津友发钢管集团股份有限公司	601686	8.20	32.22	33.71	68.30
142	山东豪迈机械科技股份有限公司	002595	20.68	16.74	2.66	16.53
143	北京元六鸿远电子科技股份有限公司	603267	61.22	74.42	33.75	24.42
144	天地科技股份有限公司	600582	6.03	23.20	4.37	5.35
145	洛阳栾川钼业集团股份有限公司	603993	64.51	25.41	4.77	-4.68
146	四川川投能源股份有限公司	600674	23.00	7.28	10.34	6.14
147	上海宝信软件股份有限公司	600845	38.96	47.91	37.04	3.08
148	日月重工股份有限公司	603218	46.61	94.11	57.98	134.28
149	广州视源电子科技股份有限公司	002841	0.45	18.04	25.94	46.05
150	青岛国恩科技股份有限公司	002768	41.66	84.54	12.34	29.95
151	浙报数字文化集团股份有限公司	600633	24.52	2.28	-0.16	4.98
152	中南出版传媒集团股份有限公司	601098	2.07	12.64	6.13	2.38
153	江苏凤凰出版传媒股份有限公司	601928	-3.58	18.75	7.67	5.78
154	烟台杰瑞石油服务集团股份有限公司	002353	19.78	24.23	13.87	13.44
155	上海医药集团股份有限公司	601607	2.86	10.17	8.87	8.87

续表

序号	企业名称	股票代码	营收增长率（%）	利润增长率（%）	资产增长率（%）	资本积累率（%）
156	中国葛洲坝集团股份有限公司	600068	2.42	−21.31	10.64	18.42
157	宁波东方电缆股份有限公司	603606	36.90	96.26	54.50	46.19
158	浙富控股集团股份有限公司	002266	27.60	189.64	11.23	35.64
159	中国中车股份有限公司	601766	−0.59	−3.93	2.30	5.25
160	赛轮集团股份有限公司	601058	1.83	24.79	17.78	19.72
161	志邦家居股份有限公司	603801	29.65	20.04	33.37	15.49
162	华致酒行连锁管理股份有限公司	300755	32.20	16.82	4.39	12.31
163	长江出版传媒股份有限公司	600757	−13.00	4.43	1.13	8.17
164	新华文轩出版传媒股份有限公司	601811	1.87	10.86	10.73	10.10
165	中兴通讯股份有限公司	000063	11.81	−17.25	6.68	50.20
166	泸州老窖股份有限公司	000568	5.28	29.38	21.06	18.90
167	中国长江电力股份有限公司	600900	15.86	22.07	11.58	15.12
168	一心堂药业集团股份有限公司	002727	20.78	30.81	17.15	25.47
169	重庆三峡水利电力（集团）股份有限公司	600116	302.17	223.44	278.91	234.04
170	中国石油天然气股份有限公司	601857	−23.16	−58.40	−8.96	−1.22
171	国投资本股份有限公司	600061	25.47	39.79	22.81	16.66
172	中远海运控股股份有限公司	601919	13.37	46.76	3.70	24.19
173	长城汽车股份有限公司	601633	7.38	19.25	36.18	5.41
174	唐人神集团股份有限公司	002567	20.67	369.63	41.19	60.48
175	中航光电科技股份有限公司	002179	12.52	34.36	27.01	19.30
176	启明星辰信息技术集团股份有限公司	002439	18.04	16.82	21.32	37.15
177	金雷科技股份公司	300443	31.37	154.50	39.58	50.51
178	稳健医疗用品股份有限公司	300888	173.99	597.51	186.93	230.78
179	安徽新华传媒股份有限公司	601801	0.21	10.18	4.28	2.50
180	江西洪城环境股份有限公司	600461	22.68	35.84	39.47	14.40
181	益海嘉里金龙鱼粮油食品股份有限公司	300999	14.16	10.96	4.98	28.91
182	山东太阳纸业股份有限公司	002078	−5.16	−10.33	11.06	10.42
183	三角轮胎股份有限公司	601163	7.49	25.11	10.47	7.84
184	苏美达股份有限公司	600710	15.08	20.92	6.47	2.06
185	重庆宗申动力机械股份有限公司	001696	36.40	39.28	15.49	5.52
186	江苏苏博特新材料股份有限公司	603916	10.45	24.40	28.05	44.84
187	天能电池集团股份有限公司	688819	−17.88	52.83	9.38	36.27

续表

序号	企业名称	股票代码	营收增长率（%）	利润增长率（%）	资产增长率（%）	资本积累率（%）
188	厦门吉比特网络技术股份有限公司	603444	26.35	29.32	23.32	23.83
189	爱玛科技集团股份有限公司	603529	23.80	14.76	22.03	29.30
190	招商局蛇口工业区控股股份有限公司	001979	32.71	−23.58	19.34	6.88
191	湖南华菱钢铁股份有限公司	000932	8.55	45.63	9.42	19.36
192	中科创达软件股份有限公司	300496	43.85	86.61	96.41	125.82
193	侨银城市管理股份有限公司	002973	28.87	186.03	36.48	37.01
194	青岛汉缆股份有限公司	002498	12.50	33.94	18.14	11.91
195	美的集团股份有限公司	000333	2.16	12.44	19.35	15.59
196	中公教育科技股份有限公司	002607	22.08	27.70	44.76	24.58
197	江苏双星彩塑新材料股份有限公司	002585	13.17	315.32	13.59	8.73
198	中国黄金集团黄金珠宝股份有限公司	600916	−11.72	10.79	7.07	10.64
199	江苏共创人造草坪股份有限公司	605099	19.10	44.39	60.35	98.05
200	中国出版传媒股份有限公司	601949	−6.85	5.35	3.98	7.96
201	环旭电子股份有限公司	601231	28.20	37.82	41.20	17.27
202	利尔化学股份有限公司	002258	19.33	96.76	11.56	18.30
203	仙鹤股份有限公司	603733	6.04	63.02	7.93	39.76
204	金科地产集团股份有限公司	000656	29.41	23.86	18.52	30.91
205	烟台艾迪精密机械股份有限公司	603638	56.37	50.82	39.44	22.30
206	蓝思科技股份有限公司	300433	22.08	98.32	69.21	88.65
207	上海豫园旅游商城（集团）股份有限公司	600655	0.27	12.82	11.07	2.05
208	深信服科技股份有限公司	300454	18.92	6.65	42.58	50.68
209	中钢国际工程技术股份有限公司	000928	10.54	12.58	7.54	9.47
210	珠海格力电器股份有限公司	000651	−15.12	−10.21	−1.33	4.57
211	南方出版传媒股份有限公司	601900	5.69	3.73	6.62	8.84
212	金地（集团）股份有限公司	600383	32.42	3.20	19.96	6.26
213	广州汽车集团股份有限公司	601238	5.88	−9.85	3.93	5.22
214	上海良信电器股份有限公司	002706	47.98	37.49	39.98	12.81
215	云南沃森生物技术股份有限公司	300142	162.13	606.62	37.34	34.52
216	东华软件股份公司	002065	3.60	−5.71	12.17	4.10
217	奥瑞金科技股份有限公司	002701	12.72	3.54	2.45	15.00
218	广西柳工机械股份有限公司	000528	19.95	30.87	13.89	10.68
219	宁夏建材集团股份有限公司	600449	6.66	25.49	9.58	13.14

续表

序号	企业名称	股票代码	营收增长率（%）	利润增长率（%）	资产增长率（%）	资本积累率（%）
220	雅戈尔集团股份有限公司	600177	−7.61	82.15	−0.80	2.62
221	福建龙马环卫装备股份有限公司	603686	28.75	63.71	20.43	13.86
222	中国光大银行股份有限公司	601818	7.28	1.24	13.41	17.86
223	广州海格通信集团股份有限公司	002465	11.18	12.73	7.30	3.47
224	厦门亿联网络技术股份有限公司	300628	10.64	3.52	19.72	18.37
225	卫星化学股份有限公司	002648	−0.06	30.50	80.41	47.47
226	江苏中南建设集团股份有限公司	000961	9.43	70.01	23.64	33.87
227	浙江新安化工集团股份有限公司	600596	4.25	26.84	9.01	10.51
228	山东省药用玻璃股份有限公司	600529	14.53	23.05	8.73	10.03
229	浙江中控技术股份有限公司	688777	24.51	15.87	62.11	118.10
230	安徽皖维高新材料股份有限公司	600063	10.97	58.77	14.97	10.78
231	中国巨石股份有限公司	600176	11.18	13.49	9.32	11.44
232	卫宁健康科技集团股份有限公司	300253	18.79	23.26	18.33	21.13
233	华测检测认证集团股份有限公司	300012	12.08	21.24	23.01	18.97
234	大族激光科技产业集团股份有限公司	002008	24.89	52.43	19.29	10.38
235	兴业证券股份有限公司	601377	23.37	127.13	6.12	9.60
236	中国船舶重工集团海洋防务与信息对抗股份有限公司	600764	14.62	15.72	23.14	64.23
237	广东宏大爆破股份有限公司	002683	8.34	31.61	34.42	60.73
238	福建安井食品股份有限公司	603345	32.25	61.73	24.84	34.27
239	杭州电魂网络科技股份有限公司	603258	46.96	73.09	20.18	16.46
240	欣旺达电子股份有限公司	300207	17.64	6.79	30.03	18.19
241	江西金达莱环保股份有限公司	688057	24.81	50.09	99.29	166.11
242	桃李面包股份有限公司	603866	5.66	29.19	9.62	29.11
243	大参林医药集团股份有限公司	603233	30.89	51.17	42.21	27.00
244	北京宇信科技集团股份有限公司	300674	12.44	65.18	1.98	25.88
245	光大证券股份有限公司	601788	57.76	310.97	12.08	10.55
246	中国汽车工程研究院股份有限公司	601965	24.08	19.60	9.68	7.41
247	大唐国际发电股份有限公司	601991	0.17	185.25	−0.63	12.67
248	内蒙古鄂尔多斯资源股份有限公司	600295	1.40	14.44	−5.64	6.02
249	中核华原钛白股份有限公司	002145	10.03	10.27	42.51	77.68
250	三全食品股份有限公司	002216	15.71	249.01	13.50	34.30

续表

序号	企业名称	股票代码	营收增长率（%）	利润增长率（%）	资产增长率（%）	资本积累率（%）
251	蓝帆医疗股份有限公司	002382	126.42	258.65	28.48	16.42
252	爱尔眼科医院集团股份有限公司	300015	19.24	25.01	30.65	49.44
253	华新水泥股份有限公司	600801	-6.62	-11.22	19.87	10.62
254	重庆三峰环境集团股份有限公司	601827	12.95	30.24	30.01	70.72
255	杭叉集团股份有限公司	603298	29.34	29.99	29.10	14.18
256	华域汽车系统股份有限公司	600741	-7.25	-16.40	8.13	6.30
257	中芯国际集成电路制造有限公司	688981	24.77	141.52	78.20	2174.97
258	厦门国贸集团股份有限公司	600755	61.02	13.11	26.76	5.72
259	广州发展集团股份有限公司	600098	7.15	12.16	2.40	4.76
260	用友网络科技股份有限公司	600588	0.18	-16.43	-3.35	5.16
261	东方明珠新媒体股份有限公司	600637	-18.86	-19.75	-2.45	1.31
262	中国建筑股份有限公司	601668	13.75	7.31	7.75	8.38
263	通裕重工股份有限公司	300185	41.22	62.24	1.00	4.71
264	云南恩捷新材料股份有限公司	002812	35.56	31.27	68.72	143.96
265	中建西部建设股份有限公司	002302	2.30	18.70	6.24	9.42
266	浙江春风动力股份有限公司	603129	39.58	101.54	65.57	43.75
267	牧原食品股份有限公司	002714	178.31	348.97	131.87	118.14
268	荣盛石化股份有限公司	002493	30.02	231.17	32.27	63.90
269	武汉高德红外股份有限公司	002414	103.52	353.60	46.31	23.18
270	中国科技出版传媒股份有限公司	601858	0.63	0.04	7.43	7.60
271	山东龙大肉食品股份有限公司	002726	43.27	276.08	35.35	45.81
272	西部证券股份有限公司	002673	40.85	83.07	31.41	47.33
273	深圳华大基因股份有限公司	300676	199.86	656.45	89.45	37.00
274	北京金山办公软件股份有限公司	688111	43.14	119.22	24.37	12.96
275	天津中环半导体股份有限公司	002129	12.85	20.51	19.55	36.24
276	利民控股集团股份有限公司	002734	54.91	19.92	8.86	14.36
277	阳光城集团股份有限公司	000671	34.60	29.85	14.55	14.76
278	杭州泰格医药科技股份有限公司	300347	13.88	107.90	158.95	281.46
279	山东华泰纸业股份有限公司	600308	-9.09	2.39	8.77	6.18
280	合盛硅业股份有限公司	603260	0.34	27.71	14.40	13.83
281	广东东鹏控股股份有限公司	003012	6.02	7.24	27.16	45.12
282	广东南方新媒体股份有限公司	300770	22.56	45.30	20.71	21.16

续表

序号	企业名称	股票代码	营收增长率（%）	利润增长率（%）	资产增长率（%）	资本积累率（%）
283	招商局南京油运股份有限公司	601975	−0.18	58.45	9.88	22.49
284	蒙娜丽莎集团股份有限公司	002918	27.86	30.88	46.36	18.10
285	中信泰富特钢集团股份有限公司	000708	2.90	11.84	6.69	12.30
286	淄博齐翔腾达化工股份有限公司	002408	−17.87	57.25	46.06	18.79
287	北京利尔高温材料股份有限公司	002392	15.19	8.99	10.91	8.27
288	唐山三友化工股份有限公司	600409	−13.33	5.00	−2.06	3.38
289	无锡威孚高科技集团股份有限公司	000581	46.67	22.25	14.16	7.60
290	中国南玻集团股份有限公司	000012	1.90	45.28	−1.75	7.56
291	中远海运能源运输股份有限公司	600026	18.05	449.69	0.18	23.10
292	无锡先导智能装备股份有限公司	300450	25.07	0.25	33.05	31.06
293	传化智联股份有限公司	002010	6.72	−5.05	13.71	2.68
294	申万宏源集团股份有限公司	000166	19.58	35.41	26.40	6.32
295	广东宝丽华新能源股份有限公司	000690	27.24	105.83	1.66	14.72
296	昊华化工科技集团股份有限公司	600378	10.10	18.92	12.01	5.36
297	安琪酵母股份有限公司	600298	16.73	52.14	9.09	17.10
298	山东华鲁恒升化工股份有限公司	600426	−7.58	−26.69	12.99	8.70
299	佛燃能源集团股份有限公司	002911	16.92	14.00	22.79	6.29
300	天顺风能（苏州）股份有限公司	002531	34.94	40.60	12.87	14.98
301	芒果超媒股份有限公司	300413	12.04	71.42	12.81	20.54
302	西安陕鼓动力股份有限公司	601369	10.42	13.55	11.04	4.12
303	惠州亿纬锂能股份有限公司	300014	27.30	8.54	57.72	90.33
304	深圳市德赛电池科技股份有限公司	000049	5.18	33.36	3.07	28.72
305	江苏林洋能源股份有限公司	601222	72.63	42.37	13.40	6.55
306	许继电气股份有限公司	000400	3.12	52.16	4.92	3.10
307	浙商证券股份有限公司	601878	87.94	68.17	35.14	30.25
308	北京万泰生物药业股份有限公司	603392	98.88	224.14	61.84	63.82
309	绿色动力环保集团股份有限公司	601330	29.97	20.98	27.62	66.48
310	杭州豪悦护理用品股份有限公司	605009	32.64	90.90	170.02	336.50
311	四川蓝光发展股份有限公司	600466	9.60	−4.53	27.92	−3.55
312	物产中大集团股份有限公司	600704	12.44	904.36	14.27	6.82
313	华林证券股份有限公司	002945	47.42	83.96	50.19	12.78
314	深圳市新南山控股（集团）股份有限公司	002314	55.09	222.37	20.84	9.82

续表

序号	企业名称	股票代码	营收增长率（%）	利润增长率（%）	资产增长率（%）	资本积累率（%）
315	浙江甬金金属科技股份有限公司	603995	29.16	24.52	19.59	8.60
316	国金证券股份有限公司	600109	39.39	43.44	34.85	8.41
317	潍柴动力股份有限公司	000338	13.27	1.12	14.32	13.22
318	南通江海电容器股份有限公司	002484	24.12	54.95	14.74	13.72
319	山东鲁阳节能材料股份有限公司	002088	8.32	8.82	7.14	7.87
320	东方证券股份有限公司	600958	21.42	11.82	10.70	11.56
321	中国医药健康产业股份有限公司	600056	11.41	33.56	11.26	11.23
322	深圳能源集团股份有限公司	000027	-1.74	134.19	18.68	26.18
323	瀚蓝环境股份有限公司	600323	21.45	15.88	18.31	15.24
324	重庆市迪马实业股份有限公司	600565	7.99	25.89	12.71	17.95
325	航天信息股份有限公司	600271	-35.80	-27.59	4.24	5.48
326	无锡宝通科技股份有限公司	300031	6.56	43.18	18.56	16.11
327	中科软科技股份有限公司	603927	5.14	23.57	17.81	12.26
328	曙光信息产业股份有限公司	603019	6.66	38.53	25.01	168.95
329	广东塔牌集团股份有限公司	002233	2.26	2.81	7.31	6.78
330	北京金隅集团股份有限公司	601992	17.61	-23.01	3.27	3.67
331	南京高科股份有限公司	600064	-0.18	9.43	12.16	12.16
332	安徽合力股份有限公司	600761	26.32	12.39	23.12	9.47
333	中国石油集团资本股份有限公司	000617	-9.05	0.66	0.71	6.48
334	分众传媒信息技术股份有限公司	002027	-0.32	113.51	15.83	23.50
335	中炬高新技术实业（集团）股份有限公司	600872	9.59	23.96	11.84	16.89
336	杭州制氧机集团股份有限公司	002430	22.40	32.72	19.80	9.93
337	苏州纽威阀门股份有限公司	603699	18.83	15.84	7.82	8.74
338	浙江浙能电力股份有限公司	600023	-4.94	41.76	3.19	5.74
339	惠州市德赛西威汽车电子股份有限公司	002920	27.39	77.36	18.93	10.07
340	海尔智家股份有限公司	600690	4.46	8.17	8.54	39.53
341	鲁商健康产业发展股份有限公司	600223	32.33	85.39	9.78	48.79
342	宁波银行股份有限公司	002142	17.19	9.74	23.45	18.12
343	滨化集团股份有限公司	601678	4.75	15.65	27.80	16.45
344	四川泸天化股份有限公司	000912	2.01	34.45	15.78	7.34
345	新疆天业股份有限公司	600075	5.21	63.01	7.53	-8.80
346	江苏洋河酒厂股份有限公司	002304	-8.76	1.35	0.77	5.41

续表

序号	企业名称	股票代码	营收增长率（%）	利润增长率（%）	资产增长率（%）	资本积累率（%）
347	中节能太阳能股份有限公司	000591	5.87	12.86	4.55	5.29
348	山东黄金矿业股份有限公司	600547	1.65	75.05	9.81	24.42
349	中国卫通集团股份有限公司	601698	−0.87	9.49	0.73	2.48
350	平安银行股份有限公司	000001	11.30	2.60	13.44	16.34
351	骆驼集团股份有限公司	601311	6.83	22.00	8.11	13.89
352	南京钢铁股份有限公司	600282	10.74	9.20	9.83	41.45
353	罗莱生活科技股份有限公司	002293	1.04	7.13	8.65	4.49
354	河钢资源股份有限公司	000923	2.33	83.72	4.56	3.28
355	盈峰环境科技集团股份有限公司	000967	12.89	1.84	21.15	9.06
356	陕西建设机械股份有限公司	600984	23.06	9.46	46.11	53.06
357	四川天味食品集团股份有限公司	603317	36.90	22.66	100.25	102.49
358	江河创建集团股份有限公司	601886	−4.02	168.78	2.61	10.60
359	国网信息通信股份有限公司	600131	−9.71	24.62	23.98	69.53
360	杭州锅炉集团股份有限公司	002534	36.37	40.80	11.95	4.03
361	浙江龙盛集团股份有限公司	600352	−26.96	−16.86	9.17	13.00
362	东吴证券股份有限公司	601555	43.39	64.61	9.60	32.72
363	天马微电子股份有限公司	000050	−3.46	77.79	12.39	25.69
364	中际旭创股份有限公司	300308	48.17	68.55	29.78	13.90
365	方大特钢科技股份有限公司	600507	7.88	25.08	5.91	38.98
366	广州广日股份有限公司	600894	10.64	67.02	12.81	7.87
367	中国核能电力股份有限公司	601985	10.61	26.02	6.65	36.02
368	联美量子股份有限公司	600167	5.94	5.90	14.51	16.06
369	国元证券股份有限公司	000728	41.57	49.84	8.89	24.31
370	酒鬼酒股份有限公司	000799	20.79	64.14	34.33	17.56
371	成都云图控股股份有限公司	002539	6.12	133.80	5.26	7.05
372	无锡华光环保能源集团股份有限公司	600475	9.09	34.37	23.11	20.81
373	旺能环境股份有限公司	002034	45.00	23.89	32.06	15.55
374	航天时代电子技术股份有限公司	600879	2.16	4.40	6.76	2.43
375	华夏航空股份有限公司	002928	−12.56	22.03	17.49	41.54
376	华设设计集团股份有限公司	603018	14.19	13.47	14.02	17.01
377	贵州省交通规划勘察设计研究院股份有限公司	603458	9.15	19.34	16.27	15.56

续表

序号	企业名称	股票代码	营收增长率（%）	利润增长率（%）	资产增长率（%）	资本积累率（%）
378	公牛集团股份有限公司	603195	0.11	0.42	67.70	64.60
379	厦门金达威集团股份有限公司	002626	9.79	112.82	9.67	17.91
380	国网英大股份有限公司	600517	6.42	23.43	19.78	23.46
381	福耀玻璃工业集团股份有限公司	600660	−5.67	−10.27	−1.04	1.05
382	上海璞泰来新能源科技股份有限公司	603659	10.05	2.55	78.16	161.46
383	黑牡丹（集团）股份有限公司	600510	31.31	2.11	9.73	5.48
384	深圳市捷佳伟创新能源装备股份有限公司	300724	60.03	36.95	39.26	18.96
385	无锡药明康德新药开发股份有限公司	603259	28.46	59.62	58.32	87.69
386	中国太平洋保险（集团）股份有限公司	601601	9.52	−11.38	15.88	20.62
387	神州数码集团股份有限公司	000034	6.06	−11.02	4.31	7.50
388	江苏雅克科技股份有限公司	002409	24.05	41.19	16.83	6.68
389	比音勒芬服饰股份有限公司	002832	6.14	17.90	44.00	19.54
390	深圳迈瑞生物医疗电子股份有限公司	300760	27.00	42.24	29.93	25.19
391	长春一汽富维汽车零部件股份有限公司	600742	9.84	15.20	11.09	14.75
392	新华人寿保险股份有限公司	601336	18.32	−1.82	14.27	20.39
393	迪安诊断技术集团股份有限公司	300244	25.98	131.21	15.34	17.92
394	中航沈飞股份有限公司	600760	14.96	68.63	12.42	16.81
395	浙江晶盛机电股份有限公司	300316	22.54	34.63	33.52	15.13
396	青岛港国际股份有限公司	601298	8.68	1.36	8.32	8.69
397	昆仑万维科技股份有限公司	300418	−25.72	285.54	29.07	106.27
398	青岛啤酒股份有限公司	600600	−0.80	18.86	11.26	7.57
399	第一创业证券股份有限公司	002797	20.77	58.40	14.23	54.01
400	上海电气集团股份有限公司	601727	7.67	7.34	12.43	4.82
401	威海广泰空港设备股份有限公司	002111	16.21	15.42	18.15	10.41
402	中国重汽集团济南卡车股份有限公司	000951	50.44	53.65	54.63	20.05
403	富奥汽车零部件股份有限公司	000030	10.43	1.16	11.93	9.04
404	广州酒家集团股份有限公司	603043	8.54	20.69	30.88	15.89
405	太极计算机股份有限公司	002368	20.81	9.94	26.84	8.36
406	一汽解放集团股份有限公司	000800	6.80	34.45	−22.21	−13.64
407	天润工业技术股份有限公司	002283	22.92	43.56	19.28	9.87
408	垒知控股集团股份有限公司	002398	14.06	−7.45	22.43	13.39
409	汕头东风印刷股份有限公司	601515	−3.26	32.91	4.43	8.50

续表

序号	企业名称	股票代码	营收增长率 （%）	利润增长率 （%）	资产增长率 （%）	资本积累率 （%）
410	航天工业发展股份有限公司	000547	9.82	19.63	14.50	7.77
411	江苏联发纺织股份有限公司	002394	-0.95	19.73	6.58	8.75
412	天康生物股份有限公司	002100	60.33	166.94	41.01	35.72
413	岳阳林纸股份有限公司	600963	0.14	32.27	1.80	3.61
414	岭南生态文旅股份有限公司	002717	-16.41	40.42	0.23	-8.64
415	五矿资本股份有限公司	600390	-1.05	37.19	4.93	32.69
416	湖北能源集团股份有限公司	000883	7.67	63.97	-0.33	5.78
417	深圳市力合科创股份有限公司	002243	1.39	10.22	22.46	20.13
418	华西证券股份有限公司	002926	18.93	32.75	13.86	8.51
419	深圳长城开发科技股份有限公司	000021	13.18	143.30	17.24	9.57
420	北京首钢股份有限公司	000959	16.14	50.68	-1.71	7.73
421	北京光环新网科技股份有限公司	300383	5.34	10.71	10.74	10.71
422	云南白药集团股份有限公司	000538	10.38	31.85	11.20	0.30
423	南极电商股份有限公司	002127	6.78	-1.50	18.62	19.00
424	江苏恒瑞医药股份有限公司	600276	19.09	18.78	26.03	23.12
425	长春高新技术产业（集团）股份有限公司	000661	16.31	71.64	32.41	35.21
426	江苏金融租赁股份有限公司	600901	22.43	18.56	18.91	8.45
427	广州金域医学检验集团股份有限公司	603882	56.45	275.24	51.05	66.49
428	上海环境集团股份有限公司	601200	23.72	1.48	29.55	35.45
429	青岛天能重工股份有限公司	300569	38.99	58.66	30.71	17.96
430	长城证券股份有限公司	002939	76.16	51.35	22.20	6.83
431	浙江世纪华通集团股份有限公司	002602	2.00	28.92	32.10	17.82
432	北京京运通科技股份有限公司	601908	97.15	67.09	0.21	6.16
433	中国广核电力股份有限公司	003816	15.95	1.02	1.01	6.09
434	青岛森麒麟轮胎股份有限公司	002984	2.76	32.38	20.77	53.73
435	宁波拓普集团股份有限公司	601689	21.50	37.70	7.84	5.58
436	重药控股股份有限公司	000950	33.61	12.22	66.53	9.55
437	中航工业产融控股股份有限公司	600705	-1.08	6.87	11.12	33.36
438	国电电力发展股份有限公司	600795	-0.15	57.66	-2.08	-1.92
439	大亚圣象家居股份有限公司	000910	-0.46	-13.07	10.02	10.75
440	金能科技股份有限公司	603113	-7.42	16.64	39.28	36.73
441	山东高速路桥集团股份有限公司	000498	40.04	123.07	45.13	18.46

续表

序号	企业名称	股票代码	营收增长率（％）	利润增长率（％）	资产增长率（％）	资本积累率（％）
442	中国中铁股份有限公司	601390	14.49	6.38	13.63	15.30
443	合肥城建发展股份有限公司	002208	53.31	47.00	−4.61	51.58
444	中国邮政储蓄银行股份有限公司	601658	3.39	5.38	11.12	−87.65
445	深圳市兆驰股份有限公司	002429	51.71	57.51	20.87	17.01
446	福建青松股份有限公司	300132	32.90	1.69	−0.61	3.51
447	中国铁建股份有限公司	601186	9.62	10.87	14.94	21.12
448	广东韶钢松山股份有限公司	000717	8.28	2.06	3.41	18.90
449	抚顺特殊钢股份有限公司	600399	9.26	82.63	7.85	12.39
450	新天绿色能源股份有限公司	600956	4.38	6.33	24.34	11.06
451	浙江万里扬股份有限公司	002434	18.92	54.19	6.23	7.88
452	新希望六和股份有限公司	000876	33.85	−1.94	70.43	52.89
453	潮州三环（集团）股份有限公司	300408	46.49	65.23	44.05	43.99
454	珠海华发实业股份有限公司	600325	53.87	4.28	37.00	5.53
455	广州白云山医药集团股份有限公司	600332	−5.05	−8.58	5.04	8.10
456	南京银行股份有限公司	601009	6.24	5.20	12.93	23.02
457	四川双马水泥股份有限公司	000935	−18.65	21.97	13.68	20.26
458	鹏鹞环保股份有限公司	300664	9.91	33.06	7.40	5.87
459	重庆智飞生物制品股份有限公司	300122	43.48	39.51	39.05	43.52
460	卧龙电气驱动集团股份有限公司	600580	1.20	−10.00	5.65	9.14
461	山西焦化股份有限公司	600740	6.91	131.40	5.13	9.36
462	深圳劲嘉集团股份有限公司	002191	5.08	−6.07	3.85	7.22
463	北部湾港股份有限公司	000582	11.90	9.29	6.98	8.88
464	江苏今世缘酒业股份有限公司	603369	5.12	7.46	17.78	14.72
465	天融信科技集团股份有限公司	002212	−19.56	−0.21	1.89	7.75
466	鞍钢股份有限公司	000898	−4.44	10.69	0.27	2.47
467	北京大北农科技集团股份有限公司	002385	37.62	281.02	27.18	9.37
468	浙江伟星实业发展股份有限公司	002003	−8.65	36.34	−2.07	4.08
469	德华兔宝宝装饰新材股份有限公司	002043	39.59	2.14	40.41	0.84
470	中节能万润股份有限公司	002643	1.67	−0.39	12.85	7.15
471	恒生电子股份有限公司	600570	7.77	−6.65	19.28	1.68
472	金圆环保股份有限公司	000546	6.12	−5.72	7.16	10.18
473	中粮资本控股股份有限公司	002423	20.52	61.54	26.25	5.82

续表

序号	企业名称	股票代码	营收增长率（%）	利润增长率（%）	资产增长率（%）	资本积累率（%）
474	周大生珠宝股份有限公司	002867	-6.53	2.21	12.39	14.34
475	山河智能装备股份有限公司	002097	26.25	12.35	10.54	6.64
476	四川路桥建设集团股份有限公司	600039	15.83	77.76	15.99	44.99
477	东方电气股份有限公司	600875	13.53	45.73	9.12	4.93
478	中国冶金科工股份有限公司	601618	18.15	19.13	10.44	-0.06
479	杭州银行股份有限公司	600926	15.87	8.09	14.18	29.29
480	巨人网络集团股份有限公司	002558	-13.77	25.48	9.00	18.20
481	上海银行股份有限公司	601229	1.90	2.89	10.06	7.74
482	辽宁奥克化学股份有限公司	300082	-10.65	14.39	6.77	0.80
483	国家电投集团东方新能源股份有限公司	000958	16.19	-4.71	14.91	8.23
484	马鞍山钢铁股份有限公司	600808	4.28	75.74	-6.50	5.39
485	广东华铁通达高铁装备股份有限公司	000976	34.15	48.02	14.78	6.42
486	上海复星医药（集团）股份有限公司	600196	6.02	10.27	9.94	16.02
487	长江证券股份有限公司	000783	10.68	25.19	22.92	4.00
488	华电国际电力股份有限公司	600027	-3.11	22.68	2.06	17.20
489	中国电力建设股份有限公司	601669	15.27	10.33	8.50	8.65
490	中国交通建设股份有限公司	601800	12.99	-19.02	16.09	6.59
491	科博达技术股份有限公司	603786	-0.29	8.39	19.73	17.64
492	宁波华翔电子股份有限公司	002048	-1.18	-13.42	11.52	12.90
493	厦门银行股份有限公司	601187	23.20	6.53	15.51	26.59
494	帝欧家居股份有限公司	002798	1.20	0.10	28.05	16.69
495	武汉光迅科技股份有限公司	002281	13.27	36.25	18.28	11.35
496	新兴铸管股份有限公司	000778	5.07	21.06	7.31	4.48
497	安徽江南化工股份有限公司	002226	7.86	10.43	3.01	5.98
498	鹏鼎控股（深圳）股份有限公司	002938	12.16	-2.84	14.72	8.72
499	鸿达兴业股份有限公司	002002	1.78	29.18	6.54	2.50
500	铜陵精达特种电磁线股份有限公司	600577	3.75	-4.29	43.53	7.64

五、2021 中国上市公司信用 500 强地区分布

序号	企业名称	股票代码	营业收入（万元）	利润（万元）	资产（万元）	所有者权益（万元）
北京						
1	中国工商银行股份有限公司	601398	88266500	31590600	3334505800	289350200
2	北京首创生态环保集团股份有限公司	600008	1922460	147032	10056827	2593997
3	中国农业银行股份有限公司	601288	65796100	21640000	2720504700	220478900
4	中国银行股份有限公司	601988	56553100	19287000	2440265900	203841900
5	三一重工股份有限公司	600031	9934199	1543147	12625455	5656246
6	中国化学工程股份有限公司	601117	10945651	365884	13600815	3766085
7	北京东方雨虹防水技术股份有限公司	002271	2173037	338887	2784665	1461438
8	北京高能时代环境技术股份有限公司	603588	682673	55007	1543025	473032
9	中海油能源发展股份有限公司	600968	3320828	152159	3257604	1950130
10	北新集团建材股份有限公司	000786	1680263	285987	2291522	1666716
11	中铁高新工业股份有限公司	600528	2429181	182596	4419003	2130960
12	中信建投证券股份有限公司	601066	2335088	950943	37122814	6773518
13	京东方科技集团股份有限公司	000725	13555257	503563	42425681	10327677
14	紫光股份有限公司	000938	5970489	189462	5883333	2974492
15	中国国际金融股份有限公司	601995	2365953	720745	52162050	7163494
16	中国人寿保险股份有限公司	601628	82496100	5026800	425241000	45005100
17	中国银河证券股份有限公司	601881	2374915	724365	44573022	8125453
18	中信银行股份有限公司	601998	19473100	4898000	751116100	54457300
19	蓝星安迪苏股份有限公司	600299	1191043	135160	2061763	1395295
20	北京千方科技股份有限公司	002373	941890	108086	1938389	1196136
21	华能国际电力股份有限公司	600011	16943919	456499	43820575	12169854
22	北京元六鸿远电子科技股份有限公司	603267	170004	48607	315609	258770
23	天地科技股份有限公司	600582	2055240	136437	3832901	1802983
24	中国中车股份有限公司	601766	22765604	1133105	39238037	14302135
25	中国长江电力股份有限公司	600900	5778337	2629789	33082710	17211815
26	中国石油天然气股份有限公司	601857	193383600	1900200	248840000	121542100

续表

序号	企业名称	股票代码	营业收入（万元）	利润（万元）	资产（万元）	所有者权益（万元）
27	启明星辰信息技术集团股份有限公司	002439	364675	80406	836656	598437
28	中科创达软件股份有限公司	300496	262788	44346	555761	432675
29	中国黄金集团黄金珠宝股份有限公司	600916	3378763	50016	902720	519933
30	中国出版传媒股份有限公司	601949	595881	74097	1377827	718965
31	东华软件股份公司	002065	916719	55038	1888332	991450
32	奥瑞金科技股份有限公司	002701	1056101	70743	1509354	658882
33	中国光大银行股份有限公司	601818	14247900	3790500	536811000	45499800
34	中国船舶重工集团海洋防务与信息对抗股份有限公司	600764	466965	74797	946274	682899
35	北京宇信科技集团股份有限公司	300674	298159	45290	405209	232404
36	大唐国际发电股份有限公司	601991	9561442	304024	28033351	7302403
37	用友网络科技股份有限公司	600588	852459	98860	1695026	754294
38	中国建筑股份有限公司	601668	161502333	4494425	219217384	30042143
39	中国科技出版传媒股份有限公司	601858	252394	46529	603216	425079
40	北京金山办公软件股份有限公司	688111	226097	87814	851159	685491
41	北京利尔高温材料股份有限公司	002392	431083	45327	619995	411916
42	北京万泰生物药业股份有限公司	603392	235426	67700	350368	255367
43	中国医药健康产业股份有限公司	600056	3931175	131065	3319204	1000529
44	航天信息股份有限公司	600271	2181300	103400	2414200	1258400
45	中科软科技股份有限公司	603927	578166	47664	604172	227267
46	北京金隅集团股份有限公司	601992	10800488	284377	29135238	6337594
47	中国卫通集团股份有限公司	601698	271030	48879	1828929	1158378
48	江河创建集团股份有限公司	601886	1804996	94836	2938185	861501
49	中国核能电力股份有限公司	601985	5227645	599545	38174597	7046221
50	新华人寿保险股份有限公司	601336	20653800	1429400	100437600	10166700
51	昆仑万维科技股份有限公司	300418	273927	499320	1323964	967697
52	太极计算机股份有限公司	002368	853261	36870	1351612	351568
53	北京首钢股份有限公司	000959	7995118	178645	14436722	2895940
54	北京光环新网科技股份有限公司	300383	747615	91294	1354647	924281
55	北京京运通科技股份有限公司	601908	405620	44012	1686954	758060
56	中国中铁股份有限公司	601390	97140489	2518779	120012211	25534483
57	中国邮政储蓄银行股份有限公司	601658	28620200	6431800	1135326300	6717990

序号	企业名称	股票代码	营业收入（万元）	利润（万元）	资产（万元）	所有者权益（万元）
58	中国铁建股份有限公司	601186	91032476	2239298	124279280	25429776
59	北京大北农科技集团股份有限公司	002385	2281386	195572	2404175	1101544
60	中国冶金科工股份有限公司	601618	40011462	786219	50639296	9789164
61	中国电力建设股份有限公司	601669	40118065	798717	88654344	11802643
62	中国交通建设股份有限公司	601800	62758619	1620601	130416859	24507055
安徽						
1	安徽海螺水泥股份有限公司	600585	17624268	3512969	20097276	16182223
2	科大讯飞股份有限公司	002230	1302466	136379	2483609	1266801
3	顺丰控股股份有限公司	002352	15398687	732608	11116004	5644305
4	阳光电源股份有限公司	300274	1928564	195431	2800293	1045590
5	玉禾田环境发展集团股份有限公司	300815	431522	63104	454789	255866
6	山鹰国际控股股份公司	600567	2496915	138110	4543655	1559627
7	志邦家居股份有限公司	603801	384044	39544	412824	222799
8	安徽新华传媒股份有限公司	601801	885089	61375	1467701	1060474
9	中公教育科技股份有限公司	002607	1120249	230436	1441885	427513
10	安徽皖维高新材料股份有限公司	600063	705356	61122	1070847	567437
11	安徽合力股份有限公司	600761	1279664	73201	977057	544235
12	国元证券股份有限公司	000728	452863	137010	9055730	3085948
13	合肥城建发展股份有限公司	002208	535928	76760	1866130	536523
14	马鞍山钢铁股份有限公司	600808	8161415	198264	8071114	2838612
15	安徽江南化工股份有限公司	002226	391879	44684	1257240	633794
16	铜陵精达特种电磁线股份有限公司	600577	1244690	41890	896578	382371
福建						
1	紫金矿业集团股份有限公司	601899	17150134	845804	18231325	5653855
2	宁德时代新能源科技股份有限公司	300750	5031949	558334	15661843	6420730
3	兴业银行股份有限公司	601166	20313700	6662600	789400000	61558600
4	永辉超市股份有限公司	601933	9319911	179447	5615798	1935110
5	厦门吉宏科技股份有限公司	002803	441021	55871	281074	174048
6	厦门吉比特网络技术股份有限公司	603444	274229	104641	538767	380296
7	福建龙马环卫装备股份有限公司	603686	544336	44263	546712	284636
8	厦门亿联网络技术股份有限公司	300628	275429	127872	577936	520337
9	兴业证券股份有限公司	601377	1757969	400331	18101970	3773857

续表

序号	企业名称	股票代码	营业收入（万元）	利润（万元）	资产（万元）	所有者权益（万元）
10	福建安井食品股份有限公司	603345	696511	60380	709646	368381
11	厦门国贸集团股份有限公司	600755	35108895	261203	11341587	2619061
12	阳光城集团股份有限公司	000671	8217124	522029	35230185	3069303
13	厦门金达威集团股份有限公司	002626	350441	95921	515267	342840
14	福耀玻璃工业集团股份有限公司	600660	1990659	260078	3842363	2159452
15	圣农控股集团股份有限公司	002398	387074	37245	544681	321407
16	航天工业发展股份有限公司	000547	443605	80785	1243549	842933
17	福建青松股份有限公司	300132	386476	46080	462665	313441
18	厦门银行股份有限公司	601187	555561	182257	28515028	1936326
甘肃						
1	甘肃祁连山水泥集团股份有限公司	600720	781171	143707	1099991	781517
2	中核华原钛白股份有限公司	002145	371558	47520	817480	582683
广东						
1	万科企业股份有限公司	000002	41911168	4151554	186917709	22451095
2	中国平安保险（集团）股份有限公司	601318	121831500	14309900	952787000	76256000
3	金发科技股份有限公司	600143	3506117	458770	3245490	1484198
4	比亚迪股份有限公司	002594	15659769	423427	20101732	5687427
5	中国国际海运集装箱（集团）股份有限公司	000039	9415908	534961	14621151	4401752
6	招商银行股份有限公司	600036	29048200	9795900	836144800	72375000
7	富士康工业互联网股份有限公司	601138	43178589	1743078	22551394	10375255
8	招商证券股份有限公司	600999	2427767	949164	49972668	10573680
9	保利发展控股集团股份有限公司	600048	24309487	2894843	125137492	18023110
10	明阳智慧能源集团股份公司	601615	2245699	137407	5162784	1476220
11	广发证券股份有限公司	000776	2915349	1003813	45746369	9816220
12	深圳市汇川技术股份有限公司	300124	1151132	210014	1864759	1063746
13	欧派家居集团股份有限公司	603833	1473969	206263	1884363	1192543
14	中信证券股份有限公司	600030	5438273	1490232	105296229	18171207
15	国信证券股份有限公司	002736	1878407	661574	30275588	8090742
16	广东海大集团股份有限公司	002311	6032386	252273	2752696	1397279
17	立讯精密工业股份有限公司	002475	9250126	722546	7001275	2810182
18	国药集团一致药业股份有限公司	000028	5964946	140189	3959453	1394832
19	中顺洁柔纸业股份有限公司	002511	782353	90589	747844	504215

续表

序号	企业名称	股票代码	营业收入（万元）	利润（万元）	资产（万元）	所有者权益（万元）
20	深圳新宙邦科技股份有限公司	300037	296104	51777	739609	497863
21	深南电路股份有限公司	002916	1160046	143011	1400782	744108
22	科顺防水科技股份有限公司	300737	623788	89033	814839	415249
23	索菲亚家居股份有限公司	002572	835283	119225	1086802	612284
24	深圳市裕同包装科技股份有限公司	002831	1178894	112016	1658711	850607
25	广东拓斯达科技股份有限公司	300607	275544	51971	402948	215134
26	深圳华侨城股份有限公司	000069	8186809	1268536	45658825	7839697
27	中山公用事业集团股份有限公司	000685	218331	137478	2088850	1407544
28	广州视源电子科技股份有限公司	002841	1712932	190152	1256035	719850
29	中兴通讯股份有限公司	000063	10145070	425980	15063490	4329680
30	稳健医疗用品股份有限公司	300888	1253395	381041	1300225	1045393
31	招商局蛇口工业区控股股份有限公司	001979	12962082	1225286	73715734	10137037
32	侨银城市管理股份有限公司	002973	282911	37567	447231	144679
33	美的集团股份有限公司	000333	28422125	2722297	36038260	11751626
34	深信服科技股份有限公司	300454	545840	80938	965583	651095
35	珠海格力电器股份有限公司	000651	16819920	2217511	27921792	11519021
36	南方出版传媒股份有限公司	601900	689690	76044	1145599	657940
37	金地（集团）股份有限公司	600383	8398216	1039779	40162959	5747813
38	广州汽车集团股份有限公司	601238	6271711	596583	14280666	8432101
39	广州海格通信集团股份有限公司	002465	512206	58562	1403134	992756
40	华测检测认证集团股份有限公司	300012	356771	57761	545468	374428
41	大族激光科技产业集团股份有限公司	002008	1194248	97892	2134536	974699
42	广东宏大爆破股份有限公司	002683	639486	40376	1039743	527986
43	欣旺达电子股份有限公司	300207	2969231	80196	3067220	681902
44	大参林医药集团股份有限公司	603233	1458287	106218	1233193	538481
45	广州发展集团股份有限公司	600098	3164512	90347	4340067	1795902
46	深圳华大基因股份有限公司	300676	839723	209029	1119504	591011
47	广东东鹏控股股份有限公司	003012	715831	85186	1254385	750268
48	广东南方新媒体股份有限公司	300770	122069	57493	327524	264622
49	蒙娜丽莎集团股份有限公司	002918	486385	56640	757969	345069
50	中国南玻集团股份有限公司	000012	1067125	77933	1788291	1021299
51	广东宝丽华新能源股份有限公司	000690	715967	181786	1930162	1089837

续表

序号	企业名称	股票代码	营业收入（万元）	利润（万元）	资产（万元）	所有者权益（万元）
52	佛燃能源集团股份有限公司	002911	751457	46913	864868	334789
53	惠州亿纬锂能股份有限公司	300014	816181	165203	2570020	1437602
54	深圳市德赛电池科技股份有限公司	000049	1939782	66969	903929	282960
55	绿色动力环保集团股份有限公司	601330	227762	50339	1744607	548767
56	深圳市新南山控股（集团）股份有限公司	002314	1123239	130069	5229795	948599
57	深圳能源集团股份有限公司	000027	2045451	398406	11406226	3796303
58	瀚蓝环境股份有限公司	600323	748144	105748	2492891	755748
59	广东塔牌集团股份有限公司	002233	704666	178215	1261053	1044606
60	分众传媒信息技术股份有限公司	002027	1209711	400384	2164617	1701699
61	中炬高新技术实业（集团）股份有限公司	600872	512337	88993	665892	461588
62	惠州市德赛西威汽车电子股份有限公司	002920	679906	51815	754999	464021
63	平安银行股份有限公司	000001	15354200	2892800	446851400	36413100
64	天马微电子股份有限公司	000050	2923275	147452	7355780	3356834
65	广州广日股份有限公司	600894	677344	71251	1172318	810751
66	深圳市捷佳伟创新能源装备股份有限公司	300724	404425	52303	928343	303616
67	神州数码集团股份有限公司	000034	9206044	62409	3068960	470006
68	比音勒芬服饰股份有限公司	002832	193760	47941	363504	233984
69	深圳迈瑞生物医疗电子股份有限公司	300760	2102585	665768	3330639	2327763
70	第一创业证券股份有限公司	002797	311982	81269	4063643	1392791
71	广州酒家集团股份有限公司	603043	328749	46360	383744	253720
72	汕头东风印刷股份有限公司	601515	306939	54748	641705	441090
73	岭南生态文旅股份有限公司	002717	665128	46012	1959057	445911
74	深圳市力合科创股份有限公司	002243	218374	58819	1056579	584760
75	深圳长城开发科技股份有限公司	000021	1496723	85713	2163463	758493
76	广州金域医学检验集团股份有限公司	603882	824376	150970	663931	378721
77	长城证券股份有限公司	002939	686870	150164	7221288	1807570
78	中国广核电力股份有限公司	003816	7058471	956231	39189837	9527327
79	深圳市兆驰股份有限公司	002429	2018623	176339	2655270	1139621
80	广东韶钢松山股份有限公司	000717	3155554	186119	1775640	951050
81	潮州三环（集团）股份有限公司	300408	399397	143956	1234708	1081340
82	珠海华发实业股份有限公司	600325	5100630	290202	32184423	2095311
83	广州白云山医药集团股份有限公司	600332	6167370	291525	5976006	2614484

序号	企业名称	股票代码	营业收入（万元）	利润（万元）	资产（万元）	所有者权益（万元）
84	深圳劲嘉集团股份有限公司	002191	419143	82359	900677	742592
85	天融信科技集团股份有限公司	002212	570417	40011	1132426	958572
86	周大生珠宝股份有限公司	002867	508413	101331	665574	538568
87	广东华铁通达高铁装备股份有限公司	000976	224322	44802	744584	490895
88	鹏鼎控股（深圳）股份有限公司	002938	2985131	284147	3310242	2155803
广西						
1	广西柳工机械股份有限公司	000528	2300255	133131	3401050	1145656
2	北部湾港股份有限公司	000582	536256	107569	1941623	1031663
贵州						
1	贵州茅台酒股份有限公司	600519	9491538	4669729	21339581	16132274
2	华夏航空股份有限公司	002928	472789	61289	1150759	393746
3	贵州省交通规划勘察设计研究院股份有限公司	603458	279784	51359	692122	303618
河北						
1	晶澳太阳能科技股份有限公司	002459	2584652	150658	3729747	1465618
2	唐山冀东水泥股份有限公司	000401	3547963	285001	5894730	1771101
3	长城汽车股份有限公司	601633	10330761	536249	15401149	5734185
4	唐山三友化工股份有限公司	600409	1778028	71706	2429332	1164187
5	河钢资源股份有限公司	000923	593519	97115	1342830	742488
6	新天绿色能源股份有限公司	600956	1251089	151056	5725771	1316497
7	国家电投集团东方新能源股份有限公司	000958	1336275	127088	9140897	1661283
8	新兴铸管股份有限公司	000778	4296092	181240	5318874	2212231
河南						
1	中原大地传媒股份有限公司	000719	959032	92773	1364990	893220
2	河南双汇投资发展股份有限公司	000895	7386264	625551	3470388	2376304
3	郑州煤矿机械集团股份有限公司	601717	2650866	123915	3371442	1306379
4	龙佰集团股份有限公司	002601	1410816	228869	3477143	1419459
5	洛阳栾川钼业集团股份有限公司	603993	11298102	232879	12244125	3889178
6	三全食品股份有限公司	002216	692608	76790	599624	299328
7	牧原食品股份有限公司	002714	5627707	2745142	12262726	5040688
8	许继电气股份有限公司	000400	1119120	71596	1680614	866825
9	中粮资本控股股份有限公司	002423	1356817	105354	8481214	1728552

续表

序号	企业名称	股票代码	营业收入 （万元）	利润 （万元）	资产 （万元）	所有者权益 （万元）
黑龙江						
1	中航工业产融控股股份有限公司	600705	1032821	327410	37959510	3985205
湖北						
1	九州通医药集团股份有限公司	600998	11085951	307505	8082384	2182666
2	中航工业机电系统股份有限公司	002013	1222410	107469	3024722	1291436
3	新洋丰农业科技股份有限公司	000902	1006853	95476	1133001	692186
4	湖北兴发化工集团股份有限公司	600141	1831738	62394	2945974	945909
5	中国葛洲坝集团股份有限公司	600068	11261117	428230	25940470	6221044
6	长江出版传媒股份有限公司	600757	667505	81651	1094509	788266
7	华新水泥股份有限公司	600801	2935652	563060	4392851	2357138
8	武汉高德红外股份有限公司	002414	333352	100082	633875	435265
9	中信泰富特钢集团股份有限公司	000708	7472837	602449	7744096	2835012
10	安琪酵母股份有限公司	600298	893304	137151	1080718	588992
11	骆驼集团股份有限公司	601311	963982	72613	1236518	743138
12	航天时代电子技术股份有限公司	600879	1400859	47846	3120499	1267376
13	湖北能源集团股份有限公司	000883	1702344	245713	6016684	2886832
14	长江证券股份有限公司	000783	778412	208538	13440961	2908344
15	武汉光迅科技股份有限公司	002281	604602	48738	855464	502147
湖南						
1	中联重科股份有限公司	000157	6510894	728067	11627494	4674374
2	中南出版传媒集团股份有限公司	601098	1047301	143699	2314192	1399456
3	唐人神集团股份有限公司	002567	1851368	95034	1028008	533700
4	湖南华菱钢铁股份有限公司	000932	11627590	639516	9074080	3368445
5	蓝思科技股份有限公司	300433	3693913	489617	7957559	4218142
6	爱尔眼科医院集团股份有限公司	300015	1191241	172381	1554059	985388
7	芒果超媒股份有限公司	300413	1400553	198216	1926570	1058798
8	酒鬼酒股份有限公司	000799	182617	49161	433701	285713
9	岳阳林纸股份有限公司	600963	711586	41431	1582991	855795
10	五矿资本股份有限公司	600390	629819	375220	13349409	4571431
11	山河智能装备股份有限公司	002097	937737	56493	1735838	530546
吉林						
1	中钢国际工程技术股份有限公司	000928	1482749	60200	1970889	564137

续表

序号	企业名称	股票代码	营业收入（万元）	利润（万元）	资产（万元）	所有者权益（万元）
2	长春一汽富维汽车零部件股份有限公司	600742	1951998	61726	1791313	631242
3	富奥汽车零部件股份有限公司	000030	1111343	90133	1446149	726260
4	一汽解放集团股份有限公司	000800	11368109	267171	6423752	2456051
5	长春高新技术产业（集团）股份有限公司	000661	857660	304659	1684462	1093101
6	金圆环保股份有限公司	000546	867149	47447	980581	458020
江苏						
1	江苏中天科技股份有限公司	600522	4406573	227466	4714531	2346629
2	天合光能股份有限公司	688599	2941797	122928	4559246	1508118
3	江苏恒立液压股份有限公司	601100	785504	225387	1062033	731371
4	徐工集团工程机械股份有限公司	000425	7396815	372886	9179718	3369257
5	江苏扬农化工股份有限公司	600486	983116	120971	1089502	594758
6	华泰证券股份有限公司	601688	3144455	1082250	71675123	12907150
7	苏州东山精密制造股份有限公司	002384	2809341	153013	3750307	1306892
8	江苏卓胜微电子股份有限公司	300782	279215	107279	309029	265986
9	东珠生态环保股份有限公司	603359	233791	38037	740305	292629
10	无锡上机数控股份有限公司	603185	301100	53132	490143	266207
11	中材科技股份有限公司	002080	1871087	205194	3369550	1313349
12	江苏凤凰出版传媒股份有限公司	601928	1213489	159550	2564995	1471522
13	苏美达股份有限公司	600710	9858991	54622	4475573	521991
14	江苏苏博特新材料股份有限公司	603916	365225	44077	641252	346329
15	江苏双星彩塑新材料股份有限公司	002585	506131	72054	1021780	831042
16	江苏共创人造草坪股份有限公司	605099	185029	41092	207038	181804
17	江苏中南建设集团股份有限公司	000961	7860085	707779	35925345	2870111
18	利民控股集团股份有限公司	002734	438805	38602	518972	236833
19	招商局南京油运股份有限公司	601975	403159	139031	872133	572413
20	无锡威孚高科技集团股份有限公司	000581	1288383	277277	2735070	1828202
21	无锡先导智能装备股份有限公司	300450	585830	76751	1266218	561502
22	天顺风能（苏州）股份有限公司	002531	805140	104961	1474826	668012
23	江苏林洋能源股份有限公司	601222	579902	99718	1980933	1096492
24	南通江海电容器股份有限公司	002484	263505	37281	516432	389935
25	无锡宝通科技股份有限公司	300031	263792	43676	476641	306094
26	南京高科股份有限公司	600064	290354	201579	3261861	1325428

序号	企业名称	股票代码	营业收入（万元）	利润（万元）	资产（万元）	所有者权益（万元）
27	苏州纽威阀门股份有限公司	603699	363223	52760	534948	285174
28	江苏洋河酒厂股份有限公司	002304	2110105	748223	5386626	3848458
29	南京钢铁股份有限公司	600282	5312286	284591	4790629	2373025
30	罗莱生活科技股份有限公司	002293	491064	58499	583501	428825
31	东吴证券股份有限公司	601555	735649	170725	10547455	2821032
32	无锡华光环保能源集团股份有限公司	600475	764162	60344	1662674	720850
33	华设设计集团股份有限公司	603018	535380	60458	920615	335535
34	黑牡丹（集团）股份有限公司	600510	1021160	79780	3374493	889984
35	无锡药明康德新药开发股份有限公司	603259	1653543	296024	4629117	3249374
36	江苏雅克科技股份有限公司	002409	227303	41318	592365	471291
37	江苏联发纺织股份有限公司	002394	387326	47064	480918	370893
38	南极电商股份有限公司	002127	417191	118799	650634	578192
39	江苏恒瑞医药股份有限公司	600276	2773460	632838	3472959	3050430
40	江苏金融租赁股份有限公司	600901	375310	187716	8129000	1301047
41	大亚圣象家居股份有限公司	000910	726413	62554	880618	561146
42	南京银行股份有限公司	601009	3446548	1310088	151707577	10687613
43	鹏鹞环保股份有限公司	300664	212492	38574	670572	351615
44	江苏今世缘酒业股份有限公司	603369	511936	156691	1185110	826734
45	鸿达兴业股份有限公司	002002	539392	81379	1790673	745212
江西						
1	中文天地出版传媒集团股份有限公司	600373	1033954	180561	2437035	1515898
2	江西正邦科技股份有限公司	002157	4916631	574413	5925957	2325210
3	江西洪城环境股份有限公司	600461	660116	66391	1649797	543440
4	江西金达莱环保股份有限公司	688057	97088	38669	362731	308050
5	方大特钢科技股份有限公司	600507	1660148	214029	1371541	909443
辽宁						
1	恒力石化股份有限公司	600346	15237340	1346179	19102873	4690508
2	桃李面包股份有限公司	603866	596300	88284	568511	483279
3	联美量子股份有限公司	600167	359801	168548	1385780	877644
4	国电电力发展股份有限公司	600795	11642116	251259	35733735	4998369
5	抚顺特殊钢股份有限公司	600399	627249	55161	922353	503035
6	鞍钢股份有限公司	000898	10090300	197800	8804600	5336500

续表

序号	企业名称	股票代码	营业收入（万元）	利润（万元）	资产（万元）	所有者权益（万元）
7	辽宁奥克化学股份有限公司	300082	570850	40273	543314	328038
内蒙古						
1	内蒙古君正能源化工集团股份有限公司	601216	1479819	481509	3368015	2075256
2	内蒙古伊利实业集团股份有限公司	600887	9652396	707818	7115426	3038391
3	中航光电科技股份有限公司	002179	1030522	143908	1921842	973898
4	内蒙古鄂尔多斯资源股份有限公司	600295	2314120	152813	4680042	1363803
宁夏						
1	宁夏宝丰能源集团股份有限公司	600989	1592773	462277	3810501	2590035
2	宁夏建材集团股份有限公司	600449	510967	96486	826620	631665
山东						
1	万华化学集团股份有限公司	600309	7343297	1004143	13375267	4878035
2	浪潮电子信息产业股份有限公司	000977	6303799	146645	3832287	1444733
3	英科医疗科技股份有限公司	300677	1383671	700705	1293481	934384
4	山东玲珑轮胎股份有限公司	601966	1838272	222043	2929877	1650634
5	山东道恩高分子材料股份有限公司	002838	442233	85507	297136	192349
6	歌尔股份有限公司	002241	5774274	284801	4911783	1965325
7	山东晨鸣纸业集团股份有限公司	000488	3073652	171203	9157546	2427697
8	山东博汇纸业股份有限公司	600966	1398210	83407	1945268	608660
9	山东豪迈机械科技股份有限公司	002595	529448	100721	697215	576985
10	青岛国恩科技股份有限公司	002768	718130	73084	546147	309768
11	烟台杰瑞石油服务集团股份有限公司	002353	829496	169038	1881032	1107777
12	赛轮集团股份有限公司	601058	1540499	149146	2105621	846195
13	金雷科技股份公司	300443	147656	52223	311485	291113
14	山东太阳纸业股份有限公司	002078	2158865	195311	3586634	1611163
15	三角轮胎股份有限公司	601163	853534	105990	1665352	1086009
16	青岛汉缆股份有限公司	002498	695177	58330	751286	563756
17	烟台艾迪精密机械股份有限公司	603638	225562	51608	371191	244776
18	山东省药用玻璃股份有限公司	600529	342707	56444	562142	425589
19	蓝帆医疗股份有限公司	002382	786943	175848	1703478	981721
20	通裕重工股份有限公司	300185	568767	38132	1241854	556736
21	山东龙大肉食品股份有限公司	002726	2410164	90587	855144	338599
22	山东华泰纸业股份有限公司	600308	1230788	69645	1490426	871931

续表

序号	企业名称	股票代码	营业收入（万元）	利润（万元）	资产（万元）	所有者权益（万元）
23	淄博齐翔腾达化工股份有限公司	002408	2468592	97572	2063890	898103
24	山东华鲁恒升化工股份有限公司	600426	1311496	179838	2054929	1546862
25	潍柴动力股份有限公司	000338	19749109	920713	27075017	5120232
26	山东鲁阳节能材料股份有限公司	002088	232569	37027	330435	237759
27	海尔智家股份有限公司	600690	20972582	887659	20345950	6681642
28	鲁商健康产业发展股份有限公司	600223	1361548	63867	6149858	408005
29	滨化集团股份有限公司	601678	645714	50719	1415175	738545
30	山东黄金矿业股份有限公司	600547	6366403	225718	6385945	2875978
31	中际旭创股份有限公司	300308	704959	86548	1361573	788922
32	中航沈飞股份有限公司	600760	2731591	148020	3285308	1014845
33	青岛港国际股份有限公司	601298	1321941	384186	5717736	3299639
34	青岛啤酒股份有限公司	600600	2775971	220132	4151419	2062196
35	威海广泰空港设备股份有限公司	002111	296498	38286	569052	322588
36	中国重汽集团济南卡车股份有限公司	000951	5993758	187979	3711666	839023
37	天润工业技术股份有限公司	002283	442841	50790	813264	502196
38	青岛天能重工股份有限公司	300569	342487	42758	760347	242413
39	青岛森麒麟轮胎股份有限公司	002984	470538	98055	773674	554985
40	金能科技股份有限公司	603113	754508	88921	1206548	805890
41	山东高速路桥集团股份有限公司	000498	3443733	133865	5508092	864557
42	中节能万润股份有限公司	002643	291811	50471	666689	516324
43	华电国际电力股份有限公司	600027	9074402	417945	23461112	7208898
山西						
1	山西杏花村汾酒厂股份有限公司	600809	1398980	307923	1977853	977696
2	山西焦化股份有限公司	600740	710083	109729	2140713	1116166
陕西						
1	隆基绿能科技股份有限公司	601012	5458318	855237	8763483	3510577
2	陕西北元化工集团股份有限公司	601568	985351	168422	1541408	1252359
3	西部证券股份有限公司	002673	518416	111700	6386288	2601615
4	西安陕鼓动力股份有限公司	601369	806493	68486	2294034	696698
5	陕西建设机械股份有限公司	600984	400124	55327	1513857	581385
上海						
1	上海韦尔半导体股份有限公司	603501	1982397	270611	2264799	1123864

续表

序号	企业名称	股票代码	营业收入（万元）	利润（万元）	资产（万元）	所有者权益（万元）
2	交通银行股份有限公司	601328	24620000	7827400	1069761600	86660700
3	国泰君安证券股份有限公司	601211	3520028	1112210	70289917	13735326
4	老凤祥股份有限公司	600612	5172150	158602	1956327	796490
5	绿地控股集团股份有限公司	600606	45575312	1499777	139733629	8477640
6	上海晨光文具股份有限公司	603899	1313775	125543	970991	519357
7	上海爱旭新能源股份有限公司	600732	966374	80546	1270196	534327
8	上海汽车集团股份有限公司	600104	74213245	2043104	91941476	26010295
9	海通证券股份有限公司	600837	3821983	1087540	69407335	15344847
10	东方财富信息股份有限公司	300059	823856	477810	11032874	3315647
11	上海浦东发展银行股份有限公司	600000	19638400	5832500	795021800	63819700
12	宝山钢铁股份有限公司	600019	28367400	1267700	35622500	18437100
13	上海起帆电缆股份有限公司	605222	973587	41034	578115	277051
14	上海机电股份有限公司	600835	2339411	112996	3617179	1192841
15	思源电气股份有限公司	002028	737252	93333	1107522	652128
16	上海百润投资控股集团股份有限公司	002568	192664	53551	388687	321630
17	上海宝信软件股份有限公司	600845	951776	130062	1407045	728249
18	上海医药集团股份有限公司	601607	19190917	449622	14918566	4535468
19	国投资本股份有限公司	600061	1413689	414832	21874298	4558778
20	益海嘉里金龙鱼粮油食品股份有限公司	300999	19492156	600087	17917732	8353360
21	环旭电子股份有限公司	601231	4769623	173944	3093850	1204982
22	上海豫园旅游商城（集团）股份有限公司	600655	4405076	361034	11224719	3300927
23	上海良信电器股份有限公司	002706	301656	37547	326095	203805
24	卫宁健康科技集团股份有限公司	300253	226658	49110	605715	452202
25	光大证券股份有限公司	601788	1586634	233408	22873638	5244888
26	华域汽车系统股份有限公司	600741	13357764	540328	15043596	5253886
27	中芯国际集成电路制造有限公司	688981	2747071	433227	20460165	99128037
28	东方明珠新媒体股份有限公司	600637	1003335	162096	4405887	2957310
29	中远海运能源运输股份有限公司	600026	1638476	237252	6595986	3462183
30	东方证券股份有限公司	600958	2313395	272299	29111744	6020285
31	国网英大股份有限公司	600517	809159	117601	3967997	1726992
32	上海璞泰来新能源科技股份有限公司	603659	528067	66764	1448628	891416
33	中国太平洋保险（集团）股份有限公司	601601	42218200	2458400	177100400	21522400

续表

序号	企业名称	股票代码	营业收入（万元）	利润（万元）	资产（万元）	所有者权益（万元）
34	上海电气集团股份有限公司	601727	13728506	375818	31540273	6640083
35	上海环境集团股份有限公司	601200	451175	62541	2705745	925191
36	上海银行股份有限公司	601229	5074612	2088506	246214402	19093902
37	上海复星医药（集团）股份有限公司	600196	3030698	366281	8368601	3699553
38	科博达技术股份有限公司	603786	291373	51468	471008	381264
四川						
1	成都市兴蓉环境股份有限公司	000598	537061	129840	3088033	1227473
2	通威股份有限公司	600438	4420027	360792	6425195	3054141
3	宜宾五粮液股份有限公司	000858	5732106	1995481	11389314	8570597
4	成都红旗连锁股份有限公司	002697	905338	50487	612078	344364
5	四川川投能源股份有限公司	600674	103112	316165	4132913	2879564
6	新华文轩出版传媒股份有限公司	601811	900806	126278	1696884	1013684
7	泸州老窖股份有限公司	000568	1665285	600572	3500920	2307486
8	利尔化学股份有限公司	002258	496875	61221	846321	397257
9	金科地产集团股份有限公司	000656	8770441	703002	38115798	3478029
10	昊华化工科技集团股份有限公司	600378	542226	64783	1000709	642791
11	四川蓝光发展股份有限公司	600466	4295738	330235	25826413	1853212
12	国金证券股份有限公司	600109	606280	186264	6763034	2246539
13	四川泸天化股份有限公司	000912	561795	38085	785161	541833
14	四川天味食品集团股份有限公司	603317	236466	36427	428998	372966
15	国网信息通信股份有限公司	600131	701106	60687	1102879	464006
16	成都云图控股股份有限公司	002539	915432	49856	1022896	344233
17	华西证券股份有限公司	002926	468276	190033	7722864	2132168
18	新希望六和股份有限公司	000876	10982522	494419	10944347	3984633
19	四川双马水泥股份有限公司	000935	147272	88875	551706	506208
20	四川路桥建设集团股份有限公司	600039	6106991	302522	11322375	2261412
21	东方电气股份有限公司	600875	3728287	186200	9779514	3090767
22	帝欧家居股份有限公司	002798	563704	56658	896619	425755
天津						
1	天津友发钢管集团股份有限公司	601686	4841870	114323	1184045	625504
2	中远海运控股股份有限公司	601919	17125883	992710	27192607	4391387
3	爱玛科技集团股份有限公司	603529	1290459	59852	955850	262976

续表

序号	企业名称	股票代码	营业收入（万元）	利润（万元）	资产（万元）	所有者权益（万元）
4	天津中环半导体股份有限公司	002129	1905678	108900	5871968	1920701
5	曙光信息产业股份有限公司	603019	1016113	82238	2096398	1162878
西藏						
1	华林证券股份有限公司	002945	148980	81250	2479600	602049
新疆						
1	新疆金风科技股份有限公司	002202	5626511	296351	10913818	3416825
2	特变电工股份有限公司	600089	4409532	248687	10949435	3760127
3	中建西部建设股份有限公司	002302	2342310	78423	2383362	782878
4	申万宏源集团股份有限公司	000166	2940919	776617	49112428	8846462
5	中国石油集团资本股份有限公司	000617	3012742	784386	94004338	8941436
6	新疆天业股份有限公司	600075	899258	88652	1477380	718364
7	天康生物股份有限公司	002100	1198681	172041	1572929	623348
云南						
1	云南贝泰妮生物科技集团股份有限公司	300957	263649	54351	160187	119900
2	华致酒行连锁管理股份有限公司	300755	494144	37317	432026	281627
3	一心堂药业集团股份有限公司	002727	1265628	78996	932831	576541
4	云南沃森生物技术股份有限公司	300142	293902	100319	963829	654476
5	云南恩捷新材料股份有限公司	002812	428301	111560	2057223	1110288
6	云南白药集团股份有限公司	000538	3274277	551607	5521945	3805255
浙江						
1	华峰化学股份有限公司	002064	1472388	227913	1966892	1157219
2	浙江新和成股份有限公司	002001	1031408	356376	3089701	1933625
3	杭州海康威视数字技术股份有限公司	002415	6350345	1338553	8870168	5379431
4	完美世界股份有限公司	002624	1022477	154850	1550693	1083532
5	浙江万盛股份有限公司	603010	232993	39322	241948	161295
6	浙江伟星新型建材股份有限公司	002372	510481	119262	565964	432309
7	浙江三花智能控制股份有限公司	002050	1210983	146216	1703253	1006479
8	浙江大华技术股份有限公司	002236	2646597	390278	3659503	1977303
9	杭州福斯特应用材料股份有限公司	603806	839314	156501	1154485	902482
10	浙江交通科技股份有限公司	002061	3673772	99741	4140876	864357
11	浙江伟明环保股份有限公司	603568	312349	125727	1047323	548949
12	永高股份有限公司	002641	703630	76961	755029	470048

续表

序号	企业名称	股票代码	营业收入（万元）	利润（万元）	资产（万元）	所有者权益（万元）
13	横店集团东磁股份有限公司	002056	810579	101357	1024012	601205
14	珀莱雅化妆品股份有限公司	603605	375239	47601	363688	239154
15	福莱特玻璃集团股份有限公司	601865	626042	162878	1226580	723474
16	浙江核新同花顺网络信息股份有限公司	300033	284370	172398	715570	522421
17	日月重工股份有限公司	603218	511060	97938	1040684	829809
18	浙报数字文化集团股份有限公司	600633	353878	51159	1118723	841774
19	宁波东方电缆股份有限公司	603606	505234	88735	609202	312658
20	浙富控股集团股份有限公司	002266	834335	136198	1871557	770135
21	天能电池集团股份有限公司	688819	3509988	227981	1964312	673938
22	仙鹤股份有限公司	603733	484310	71716	796360	535356
23	雅戈尔集团股份有限公司	600177	1147557	723559	8001509	2853831
24	卫星化学股份有限公司	002648	1077255	166098	3234059	1363052
25	浙江新安化工集团股份有限公司	600596	1251641	58478	1245688	650165
26	浙江中控技术股份有限公司	688777	315874	42973	821922	403512
27	中国巨石股份有限公司	600176	1166620	241611	3673727	1743659
28	杭州电魂网络科技股份有限公司	603258	102395	39485	301602	221988
29	杭叉集团股份有限公司	603298	1145167	83793	810668	492229
30	浙江春风动力股份有限公司	603129	452562	36490	420127	149549
31	荣盛石化股份有限公司	002493	10726499	730859	24151493	3696634
32	杭州泰格医药科技股份有限公司	300347	319228	174977	1950606	1611857
33	合盛硅业股份有限公司	603260	896823	140430	2000222	968584
34	传化智联股份有限公司	002010	2149656	152126	3466176	1501933
35	浙商证券股份有限公司	601878	1063651	162717	9109043	1934918
36	杭州豪悦护理用品股份有限公司	605009	259095	60196	338615	278734
37	物产中大集团股份有限公司	600704	40356995	274572	10665260	2688014
38	浙江甬金金属科技股份有限公司	603995	2044342	41444	620649	314680
39	杭州制氧机集团股份有限公司	002430	1002077	84318	1443542	635402
40	浙江浙能电力股份有限公司	600023	5168443	608630	11451243	6784853
41	宁波银行股份有限公司	002142	4111100	1513600	162674900	11899300
42	盈峰环境科技集团股份有限公司	000967	1433203	138648	3011054	1692021
43	杭州锅炉集团股份有限公司	002534	535567	51548	1040927	338351
44	浙江龙盛集团股份有限公司	600352	1560544	417631	5631454	2772612

续表

序号	企业名称	股票代码	营业收入（万元）	利润（万元）	资产（万元）	所有者权益（万元）
45	旺能环境股份有限公司	002034	169838	52218	1200689	475993
46	公牛集团股份有限公司	603195	1005113	231343	1243754	913739
47	迪安诊断技术集团股份有限公司	300244	1064916	80293	1239875	469787
48	浙江晶盛机电股份有限公司	300316	381068	85816	1049817	523983
49	浙江世纪华通集团股份有限公司	002602	1498297	294633	4274683	2891887
50	宁波拓普集团股份有限公司	601689	651109	62820	1211523	778699
51	浙江万里扬股份有限公司	002434	606488	61728	1158086	665076
52	卧龙电气驱动集团股份有限公司	600580	1256504	86681	2081673	762578
53	浙江伟星实业发展股份有限公司	002003	249612	39627	340276	251775
54	德华兔宝宝装饰新材股份有限公司	002043	646576	40271	527956	186061
55	恒生电子股份有限公司	600570	417265	132174	997114	455403
56	杭州银行股份有限公司	600926	2480568	713645	116925725	8086256
57	宁波华翔电子股份有限公司	002048	1689236	84944	1910471	1032950
重庆						
1	重庆水务集团股份有限公司	601158	634960	177373	2453429	1552266
2	重庆三峡水利电力（集团）股份有限公司	600116	525598	61994	1948314	1020902
3	重庆宗申动力机械股份有限公司	001696	763017	58773	971177	449775
4	中国汽车工程研究院股份有限公司	601965	341791	55842	664481	504388
5	重庆三峰环境集团股份有限公司	601827	492922	72089	1883913	776354
6	重庆市迪马实业股份有限公司	600565	2127078	180285	8172774	1077569
7	中节能太阳能股份有限公司	000591	530501	102797	3915441	1403585
8	重药控股股份有限公司	000950	4521957	88434	4243247	883571
9	重庆智飞生物制品股份有限公司	300122	1519037	330133	1521524	824866
10	巨人网络集团股份有限公司	002558	221729	102901	1083479	946789

六、2021 中国上市公司信用 500 强行业分布

序号	企业名称	股票代码	营业收入（万元）	利润（万元）	资产（万元）	所有者权益（万元）
农副食品及农产品加工业						
1	广东海大集团股份有限公司	002311	6032386	252273	2752696	1397279
2	江西正邦科技股份有限公司	002157	4916631	574413	5925957	2325210
3	唐人神集团股份有限公司	002567	1851368	95034	1028008	533700
4	益海嘉里金龙鱼粮油食品股份有限公司	300999	19492156	600087	17917732	8353360
5	山东龙大肉食品股份有限公司	002726	2410164	90587	855144	338599
6	新希望六和股份有限公司	000876	10982522	494419	10944347	3984633
食品（含饮料、乳制品、肉食品等）加工制造业						
1	河南双汇投资发展股份有限公司	000895	7386264	625551	3470388	2376304
2	内蒙古伊利实业集团股份有限公司	600887	9652396	707818	7115426	3038391
3	上海百润投资控股集团股份有限公司	002568	192664	53551	388687	321630
4	福建安井食品股份有限公司	603345	696511	60380	709646	368381
5	桃李面包股份有限公司	603866	596300	88284	568511	483279
6	三全食品股份有限公司	002216	692608	76790	599624	299328
7	安琪酵母股份有限公司	600298	893304	137151	1080718	588992
8	四川天味食品集团股份有限公司	603317	236466	36427	428998	372966
9	厦门金达威集团股份有限公司	002626	350441	95921	515267	342840
10	广州酒家集团股份有限公司	603043	328749	46360	383744	253720
酿酒制造业						
1	贵州茅台酒股份有限公司	600519	9491538	4669729	21339581	16132274
2	宜宾五粮液股份有限公司	000858	5732106	1995481	11389314	8570597
3	山西杏花村汾酒厂股份有限公司	600809	1398980	307923	1977853	977696
4	泸州老窖股份有限公司	000568	1665285	600572	3500920	2307486
5	江苏洋河酒厂股份有限公司	002304	2110105	748223	5386626	3848458
6	酒鬼酒股份有限公司	000799	182617	49161	433701	285713
7	青岛啤酒股份有限公司	600600	2775971	220132	4151419	2062196
8	江苏今世缘酒业股份有限公司	603369	511936	156691	1185110	826734

序号	企业名称	股票代码	营业收入（万元）	利润（万元）	资产（万元）	所有者权益（万元）
纺织、印染业						
1	江苏联发纺织股份有限公司	002394	387326	47064	480918	370893
纺织品、服装、服饰、鞋帽、皮革加工业						
1	雅戈尔集团股份有限公司	600177	1147557	723559	8001509	2853831
2	内蒙古鄂尔多斯资源股份有限公司	600295	2314120	152813	4680042	1363803
3	罗莱生活科技股份有限公司	002293	491064	58499	583501	428825
4	比音勒芬服饰股份有限公司	002832	193760	47941	363504	233984
5	浙江伟星实业发展股份有限公司	002003	249612	39627	340276	251775
造纸及纸制品（含木材、藤、竹、家具等）加工、印刷、包装业						
1	欧派家居集团股份有限公司	603833	1473969	206263	1884363	1192543
2	中顺洁柔纸业股份有限公司	002511	782353	90589	747844	504215
3	山东晨鸣纸业集团股份有限公司	000488	3073652	171203	9157546	2427697
4	索菲亚家居股份有限公司	002572	835283	119225	1086802	612284
5	深圳市裕同包装科技股份有限公司	002831	1178894	112016	1658711	850607
6	山鹰国际控股股份公司	600567	2496915	138110	4543655	1559627
7	山东博汇纸业股份有限公司	600966	1398210	83407	1945268	608660
8	志邦家居股份有限公司	603801	384044	39544	412824	222799
9	山东太阳纸业股份有限公司	002078	2158865	195311	3586634	1611163
10	仙鹤股份有限公司	603733	484310	71716	796360	535356
11	奥瑞金科技股份有限公司	002701	1056101	70743	1509354	658882
12	云南恩捷新材料股份有限公司	002812	428301	111560	2057223	1110288
13	山东华泰纸业股份有限公司	600308	1230788	69645	1490426	871931
14	汕头东风印刷股份有限公司	601515	306939	54748	641705	441090
15	岳阳林纸股份有限公司	600963	711586	41431	1582991	855795
16	大亚圣象家居股份有限公司	000910	726413	62554	880618	561146
17	深圳劲嘉集团股份有限公司	002191	419143	82359	900677	742592
生活用品（含文体、玩具、工艺品、珠宝）等轻工产品加工制造业						
1	老凤祥股份有限公司	600612	5172150	158602	1956327	796490
2	上海晨光文具股份有限公司	603899	1313775	125543	970991	519357
3	中国黄金集团黄金珠宝股份有限公司	600916	3378763	50016	902720	519933
4	杭州豪悦护理用品股份有限公司	605009	259095	60196	338615	278734

续表

序号	企业名称	股票代码	营业收入（万元）	利润（万元）	资产（万元）	所有者权益（万元）
石化产品、炼焦及其他燃料生产加工业						
1	荣盛石化股份有限公司	002493	10726499	730859	24151493	3696634
2	江苏雅克科技股份有限公司	002409	227303	41318	592365	471291
3	金能科技股份有限公司	603113	754508	88921	1206548	805890
4	山西焦化股份有限公司	600740	710083	109729	2140713	1116166
化学原料及化学制品（含精细化工、日化、肥料等）制造业						
1	万华化学集团股份有限公司	600309	7343297	1004143	13375267	4878035
2	华峰化学股份有限公司	002064	1472388	227913	1966892	1157219
3	宁夏宝丰能源集团股份有限公司	600989	1592773	462277	3810501	2590035
4	浙江新和成股份有限公司	002001	1031408	356376	3089701	1933625
5	内蒙古君正能源化工集团股份有限公司	601216	1479819	481509	3368015	2075256
6	浙江万盛股份有限公司	603010	232993	39322	241948	161295
7	江苏扬农化工股份有限公司	600486	983116	120971	1089502	594758
8	新洋丰农业科技股份有限公司	000902	1006853	95476	1133001	692186
9	深圳新宙邦科技股份有限公司	300037	296104	51777	739609	497863
10	蓝星安迪苏股份有限公司	600299	1191043	135160	2061763	1395295
11	珀莱雅化妆品股份有限公司	603605	375239	47601	363688	239154
12	龙佰集团股份有限公司	002601	1410816	228869	3477143	1419459
13	湖北兴发化工集团股份有限公司	600141	1831738	62394	2945974	945909
14	陕西北元化工集团股份有限公司	601568	985351	168422	1541408	1252359
15	江苏苏博特新材料股份有限公司	603916	365225	44077	641252	346329
16	利尔化学股份有限公司	002258	496875	61221	846321	397257
17	卫星化学股份有限公司	002648	1077255	166098	3234059	1363052
18	浙江新安化工集团股份有限公司	600596	1251641	58478	1245688	650165
19	安徽皖维高新材料股份有限公司	600063	705356	61122	1070847	567437
20	中核华原钛白股份有限公司	002145	371558	47520	817480	582683
21	利民控股集团股份有限公司	002734	438805	38602	518972	236833
22	淄博齐翔腾达化工股份有限公司	002408	2468592	97572	2063890	898103
23	唐山三友化工股份有限公司	600409	1778028	71706	2429332	1164187
24	昊华化工科技集团股份有限公司	600378	542226	64783	1000709	642791
25	山东华鲁恒升化工股份有限公司	600426	1311496	179838	2054929	1546862
26	滨化集团股份有限公司	601678	645714	50719	1415175	738545

续表

序号	企业名称	股票代码	营业收入（万元）	利润（万元）	资产（万元）	所有者权益（万元）
27	四川泸天化股份有限公司	000912	561795	38085	785161	541833
28	新疆天业股份有限公司	600075	899258	88652	1477380	718364
29	浙江龙盛集团股份有限公司	600352	1560544	417631	5631454	2772612
30	成都云图控股股份有限公司	002539	915432	49856	1022896	344233
31	福建青松股份有限公司	300132	386476	46080	462665	313441
32	中节能万润股份有限公司	002643	291811	50471	666689	516324
33	辽宁奥克化学股份有限公司	300082	570850	40273	543314	328038
34	安徽江南化工股份有限公司	002226	391879	44684	1257240	633794
35	鸿达兴业股份有限公司	002002	539392	81379	1790673	745212
医药、生物制药、医疗设备制造业						
1	英科医疗科技股份有限公司	300677	1383671	700705	1293481	934384
2	上海医药集团股份有限公司	601607	19190917	449622	14918566	4535468
3	稳健医疗用品股份有限公司	300888	1253395	381041	1300225	1045393
4	云南沃森生物技术股份有限公司	300142	293902	100319	963829	654476
5	蓝帆医疗股份有限公司	002382	786943	175848	1703478	981721
6	深圳华大基因股份有限公司	300676	839723	209029	1119504	591011
7	北京万泰生物药业股份有限公司	603392	235426	67700	350368	255367
8	无锡药明康德新药开发股份有限公司	603259	1653543	296024	4629117	3249374
9	深圳迈瑞生物医疗电子股份有限公司	300760	2102585	665768	3330639	2327763
10	云南白药集团股份有限公司	000538	3274277	551607	5521945	3805255
11	江苏恒瑞医药股份有限公司	600276	2773460	632838	3472959	3050430
12	长春高新技术产业（集团）股份有限公司	000661	857660	304659	1684462	1093101
13	广州金域医学检验集团股份有限公司	603882	824376	150970	663931	378721
14	广州白云山医药集团股份有限公司	600332	6167370	291525	5976006	2614484
15	重庆智飞生物制品股份有限公司	300122	1519037	330133	1521524	824866
16	上海复星医药（集团）股份有限公司	600196	3030698	366281	8368601	3699553
化学纤维制造业						
1	恒力石化股份有限公司	600346	15237340	1346179	19102873	4690508
橡胶、塑料制品及其他新材料制造业						
1	金发科技股份有限公司	600143	3506117	458770	3245490	1484198
2	山东玲珑轮胎股份有限公司	601966	1838272	222043	2929877	1650634
3	山东道恩高分子材料股份有限公司	002838	442233	85507	297136	192349

续表

序号	企业名称	股票代码	营业收入（万元）	利润（万元）	资产（万元）	所有者权益（万元）
4	永高股份有限公司	002641	703630	76961	755029	470048
5	青岛国恩科技股份有限公司	002768	718130	73084	546147	309768
6	赛轮集团股份有限公司	601058	1540499	149146	2105621	846195
7	三角轮胎股份有限公司	601163	853534	105990	1665352	1086009
8	江苏双星彩塑新材料股份有限公司	002585	506131	72054	1021780	831042
9	江苏共创人造草坪股份有限公司	605099	185029	41092	207038	181804
10	深圳市力合科创股份有限公司	002243	218374	58819	1056579	584760
建筑材料及玻璃等制造业及非金属矿物制品业						
1	安徽海螺水泥股份有限公司	600585	17624268	3512969	20097276	16182223
2	北京东方雨虹防水技术股份有限公司	002271	2173037	338887	2784665	1461438
3	北新集团建材股份有限公司	000786	1680263	285987	2291522	1666716
4	浙江伟星新型建材股份有限公司	002372	510481	119262	565964	432309
5	科顺防水科技股份有限公司	300737	623788	89033	814839	415249
6	中材科技股份有限公司	002080	1871087	205194	3369550	1313349
7	唐山冀东水泥股份有限公司	000401	3547963	285001	5894730	1771101
8	福莱特玻璃集团股份有限公司	601865	626042	162878	1226580	723474
9	甘肃祁连山水泥集团股份有限公司	600720	781171	143707	1099991	781517
10	宁夏建材集团股份有限公司	600449	510967	96486	826620	631665
11	山东省药用玻璃股份有限公司	600529	342707	56444	562142	425589
12	中国巨石股份有限公司	600176	1166620	241611	3673727	1743659
13	华新水泥股份有限公司	600801	2935652	563060	4392851	2357138
14	中建西部建设股份有限公司	002302	2342310	78423	2383362	782878
15	合盛硅业股份有限公司	603260	896823	140430	2000222	968584
16	广东东鹏控股股份有限公司	003012	715831	85186	1254385	750268
17	蒙娜丽莎集团股份有限公司	002918	486385	56640	757969	345069
18	北京利尔高温材料股份有限公司	002392	431083	45327	619995	411916
19	中国南玻集团股份有限公司	000012	1067125	77933	1788291	1021299
20	山东鲁阳节能材料股份有限公司	002088	232569	37027	330435	237759
21	广东塔牌集团股份有限公司	002233	704666	178215	1261053	1044606
22	北京金隅集团股份有限公司	601992	10800488	284377	29135238	6337594
23	福耀玻璃工业集团股份有限公司	600660	1990659	260078	3842363	2159452
24	四川双马水泥股份有限公司	000935	147272	88875	551706	506208

续表

序号	企业名称	股票代码	营业收入（万元）	利润（万元）	资产（万元）	所有者权益（万元）
25	德华兔宝宝装饰新材股份有限公司	002043	646576	40271	527956	186061
26	金圆环保股份有限公司	000546	867149	47447	980581	458020
27	帝欧家居股份有限公司	002798	563704	56658	896619	425755
黑色冶金及压延加工业						
1	宝山钢铁股份有限公司	600019	28367400	1267700	35622500	18437100
2	天津友发钢管集团股份有限公司	601686	4841870	114323	1184045	625504
3	湖南华菱钢铁股份有限公司	000932	11627590	639516	9074080	3368445
4	中信泰富特钢集团股份有限公司	000708	7472837	602449	7744096	2835012
5	浙江甬金金属科技股份有限公司	603995	2044342	41444	620649	314680
6	南京钢铁股份有限公司	600282	5312286	284591	4790629	2373025
7	方大特钢科技股份有限公司	600507	1660148	214029	1371541	909443
8	北京首钢股份有限公司	000959	7995118	178645	14436722	2895940
9	广东韶钢松山股份有限公司	000717	3155554	186119	1775640	951050
10	抚顺特殊钢股份有限公司	600399	627249	55161	922353	503035
11	鞍钢股份有限公司	000898	10090300	197800	8804600	5336500
12	马鞍山钢铁股份有限公司	600808	8161415	198264	8071114	2838612
13	新兴铸管股份有限公司	000778	4296092	181240	5318874	2212231
黄金冶炼及压延加工业						
1	山东黄金矿业股份有限公司	600547	6366403	225718	6385945	2875978
工程机械、设备和特种装备（含电梯、仓储设备）及零配件制造业						
1	中联重科股份有限公司	000157	6510894	728067	11627494	4674374
2	三一重工股份有限公司	600031	9934199	1543147	12625455	5656246
3	中国国际海运集装箱（集团）股份有限公司	000039	9415908	534961	14621151	4401752
4	晶澳太阳能科技股份有限公司	002459	2584652	150658	3729747	1465618
5	新疆金风科技股份有限公司	002202	5626511	296351	10913818	3416825
6	中铁高新工业股份有限公司	600528	2429181	182596	4419003	2130960
7	深圳市汇川技术股份有限公司	300124	1151132	210014	1864759	1063746
8	徐工集团工程机械股份有限公司	000425	7396815	372886	9179718	3369257
9	天地科技股份有限公司	600582	2055240	136437	3832901	1802983
10	浙富控股集团股份有限公司	002266	834335	136198	1871557	770135
11	广西柳工机械股份有限公司	000528	2300255	133131	3401050	1145656
12	大族激光科技产业集团股份有限公司	002008	1194248	97892	2134536	974699

续表

序号	企业名称	股票代码	营业收入（万元）	利润（万元）	资产（万元）	所有者权益（万元）
13	杭叉集团股份有限公司	603298	1145167	83793	810668	492229
14	天顺风能（苏州）股份有限公司	002531	805140	104961	1474826	668012
15	安徽合力股份有限公司	600761	1279664	73201	977057	544235
16	杭州制氧机集团股份有限公司	002430	1002077	84318	1443542	635402
17	陕西建设机械股份有限公司	600984	400124	55327	1513857	581385
18	广州广日股份有限公司	600894	677344	71251	1172318	810751
19	无锡华光环保能源集团股份有限公司	600475	764162	60344	1662674	720850
20	浙江晶盛机电股份有限公司	300316	381068	85816	1049817	523983
21	山河智能装备股份有限公司	002097	937737	56493	1735838	530546
通用机械设备和专用机械设备及零配件制造业						
1	江苏恒立液压股份有限公司	601100	785504	225387	1062033	731371
2	中航工业机电系统股份有限公司	002013	1222410	107469	3024722	1291436
3	浙江三花智能控制股份有限公司	002050	1210983	146216	1703253	1006479
4	郑州煤矿机械集团股份有限公司	601717	2650866	123915	3371442	1306379
5	无锡上机数控股份有限公司	603185	301100	53132	490143	266207
6	广东拓斯达科技股份有限公司	300607	275544	51971	402948	215134
7	上海机电股份有限公司	600835	2339411	112996	3617179	1192841
8	山东豪迈机械科技股份有限公司	002595	529448	100721	697215	576985
9	日月重工股份有限公司	603218	511060	97938	1040684	829809
10	重庆宗申动力机械股份有限公司	001696	763017	58773	971177	449775
11	烟台艾迪精密机械股份有限公司	603638	225562	51608	371191	244776
12	福建龙马环卫装备股份有限公司	603686	544336	44263	546712	284636
13	通裕重工股份有限公司	300185	568767	38132	1241854	556736
14	西安陕鼓动力股份有限公司	601369	806493	68486	2294034	696698
15	苏州纽威阀门股份有限公司	603699	363223	52760	534948	285174
16	杭州锅炉集团股份有限公司	002534	535567	51548	1040927	338351
17	威海广泰空港设备股份有限公司	002111	296498	38286	569052	322588
电力、电气等设备、机械、元器件及光伏、风能、电池、线缆制造业						
1	隆基绿能科技股份有限公司	601012	5458318	855237	8763483	3510577
2	通威股份有限公司	600438	4420027	360792	6425195	3054141
3	宁德时代新能源科技股份有限公司	300750	5031949	558334	15661843	6420730
4	江苏中天科技股份有限公司	600522	4406573	227466	4714531	2346629

续表

序号	企业名称	股票代码	营业收入（万元）	利润（万元）	资产（万元）	所有者权益（万元）
5	明阳智慧能源集团股份公司	601615	2245699	137407	5162784	1476220
6	特变电工股份有限公司	600089	4409532	248687	10949435	3760127
7	天合光能股份有限公司	688599	2941797	122928	4559246	1508118
8	阳光电源股份有限公司	300274	1928564	195431	2800293	1045590
9	上海爱旭新能源股份有限公司	600732	966374	80546	1270196	534327
10	杭州福斯特应用材料股份有限公司	603806	839314	156501	1154485	902482
11	深南电路股份有限公司	002916	1160046	143011	1400782	744108
12	横店集团东磁股份有限公司	002056	810579	101357	1024012	601205
13	上海起帆电缆股份有限公司	605222	973587	41034	578115	277051
14	思源电气股份有限公司	002028	737252	93333	1107522	652128
15	北京元六鸿远电子科技股份有限公司	603267	170004	48607	315609	258770
16	宁波东方电缆股份有限公司	603606	505234	88735	609202	312658
17	中航光电科技股份有限公司	002179	1030522	143908	1921842	973898
18	金雷科技股份公司	300443	147656	52223	311485	291113
19	天能电池集团股份有限公司	688819	3509988	227981	1964312	673938
20	青岛汉缆股份有限公司	002498	695177	58330	751286	563756
21	上海良信电器股份有限公司	002706	301656	37547	326095	203805
22	欣旺达电子股份有限公司	300207	2969231	80196	3067220	681902
23	无锡先导智能装备股份有限公司	300450	585830	76751	1266218	561502
24	惠州亿纬锂能股份有限公司	300014	816181	165203	2570020	1437602
25	深圳市德赛电池科技股份有限公司	000049	1939782	66969	903929	282960
26	许继电气股份有限公司	000400	1119120	71596	1680614	866825
27	南通江海电容器股份有限公司	002484	263505	37281	516432	389935
28	中节能太阳能股份有限公司	000591	530501	102797	3915441	1403585
29	航天时代电子技术股份有限公司	600879	1400859	47846	3120499	1267376
30	公牛集团股份有限公司	603195	1005113	231343	1243754	913739
31	上海璞泰来新能源科技股份有限公司	603659	528067	66764	1448628	891416
32	深圳市捷佳伟创新能源装备股份有限公司	300724	404425	52303	928343	303616
33	青岛天能重工股份有限公司	300569	342487	42758	760347	242413
34	北京京运通科技股份有限公司	601908	405620	44012	1686954	758060
35	卧龙电气驱动集团股份有限公司	600580	1256504	86681	2081673	762578
36	铜陵精达特种电磁线股份有限公司	600577	1244690	41890	896578	382371

续表

序号	企业名称	股票代码	营业收入（万元）	利润（万元）	资产（万元）	所有者权益（万元）
船舶、轨道交通设备及零部件制造业						
1	中国中车股份有限公司	601766	22765604	1133105	39238037	14302135
2	广东华铁通达高铁装备股份有限公司	000976	224322	44802	744584	490895
家用电器及零配件制造业						
1	美的集团股份有限公司	000333	28422125	2722297	36038260	11751626
2	珠海格力电器股份有限公司	000651	16819920	2217511	27921792	11519021
3	海尔智家股份有限公司	600690	20972582	887659	20345950	6681642
电子元器件与仪器仪表、自动化控制设备制造业						
1	富士康工业互联网股份有限公司	601138	43178589	1743078	22551394	10375255
2	江苏卓胜微电子股份有限公司	300782	279215	107279	309029	265986
3	蓝思科技股份有限公司	300433	3693913	489617	7957559	4218142
4	中芯国际集成电路制造有限公司	688981	2747071	433227	20460165	99128037
5	武汉高德红外股份有限公司	002414	333352	100082	633875	435265
6	天马微电子股份有限公司	000050	2923275	147452	7355780	3356834
7	深圳市兆驰股份有限公司	002429	2018623	176339	2655270	1139621
8	潮州三环（集团）股份有限公司	300408	399397	143956	1234708	1081340
9	鹏鼎控股（深圳）股份有限公司	002938	2985131	284147	3310242	2155803
动力、电力生产等装备、设备制造业						
1	潍柴动力股份有限公司	000338	19749109	920713	27075017	5120232
2	上海电气集团股份有限公司	601727	13728506	375818	31540273	6640083
3	东方电气股份有限公司	600875	3728287	186200	9779514	3090767
计算机、通信器材、办公、影像等设备及零部件制造业						
1	杭州海康威视数字技术股份有限公司	002415	6350345	1338553	8870168	5379431
2	上海韦尔半导体股份有限公司	603501	1982397	270611	2264799	1123864
3	京东方科技集团股份有限公司	000725	13555257	503563	42425681	10327677
4	歌尔股份有限公司	002241	5774274	284801	4911783	1965325
5	苏州东山精密制造股份有限公司	002384	2809341	153013	3750307	1306892
6	浙江大华技术股份有限公司	002236	2646597	390278	3659503	1977303
7	立讯精密工业股份有限公司	002475	9250126	722546	7001275	2810182
8	广州视源电子科技股份有限公司	002841	1712932	190152	1256035	719850
9	中兴通讯股份有限公司	000063	10145070	425980	15063490	4329680
10	环旭电子股份有限公司	601231	4769623	173944	3093850	1204982

续表

序号	企业名称	股票代码	营业收入（万元）	利润（万元）	资产（万元）	所有者权益（万元）
11	天津中环半导体股份有限公司	002129	1905678	108900	5871968	1920701
12	曙光信息产业股份有限公司	603019	1016113	82238	2096398	1162878
13	中际旭创股份有限公司	300308	704959	86548	1361573	788922
14	深圳长城开发科技股份有限公司	000021	1496723	85713	2163463	758493
15	武汉光迅科技股份有限公司	002281	604602	48738	855464	502147
汽车及零配件制造业						
1	上海汽车集团股份有限公司	600104	74213245	2043104	91941476	26010295
2	长城汽车股份有限公司	601633	10330761	536249	15401149	5734185
3	广州汽车集团股份有限公司	601238	6271711	596583	14280666	8432101
4	华域汽车系统股份有限公司	600741	13357764	540328	15043596	5253886
5	无锡威孚高科技集团股份有限公司	000581	1288383	277277	2735070	1828202
6	惠州市德赛西威汽车电子股份有限公司	002920	679906	51815	754999	464021
7	骆驼集团股份有限公司	601311	963982	72613	1236518	743138
8	长春一汽富维汽车零部件股份有限公司	600742	1951998	61726	1791313	631242
9	中国重汽集团济南卡车股份有限公司	000951	5993758	187979	3711666	839023
10	富奥汽车零部件股份有限公司	000030	1111343	90133	1446149	726260
11	一汽解放集团股份有限公司	000800	11368109	267171	6423752	2456051
12	天润工业技术股份有限公司	002283	442841	50790	813264	502196
13	浙江世纪华通集团股份有限公司	002602	1498297	294633	4274683	2891887
14	青岛森麒麟轮胎股份有限公司	002984	470538	98055	773674	554985
15	宁波拓普集团股份有限公司	601689	651109	62820	1211523	778699
16	浙江万里扬股份有限公司	002434	606488	61728	1158086	665076
17	科博达技术股份有限公司	603786	291373	51468	471008	381264
18	宁波华翔电子股份有限公司	002048	1689236	84944	1910471	1032950
摩托车、自行车和其他交通运输设备及零配件制造业						
1	爱玛科技集团股份有限公司	603529	1290459	59852	955850	262976
2	浙江春风动力股份有限公司	603129	452562	36490	420127	149549
航空航天、国防军工装备及零配件制造业						
1	中国船舶重工集团海洋防务与信息对抗股份有限公司	600764	466965	74797	946274	682899
2	中航沈飞股份有限公司	600760	2731591	148020	3285308	1014845

续表

序号	企业名称	股票代码	营业收入（万元）	利润（万元）	资产（万元）	所有者权益（万元）
综合制造业（以制造业为主，含有服务业）						
1	比亚迪股份有限公司	002594	15659769	423427	20101732	5687427
2	云南贝泰妮生物科技集团股份有限公司	300957	263649	54351	160187	119900
3	中炬高新技术实业（集团）股份有限公司	600872	512337	88993	665892	461588
4	盈峰环境科技集团股份有限公司	000967	1433203	138648	3011054	1692021
5	国网英大股份有限公司	600517	809159	117601	3967997	1726992
6	航天工业发展股份有限公司	000547	443605	80785	1243549	842933
能源（电、热、燃气等）供应、开发、节能减排及再循环服务业						
1	江西金达莱环保股份有限公司	688057	97088	38669	362731	308050
2	重庆三峰环境集团股份有限公司	601827	492922	72089	1883913	776354
3	广州发展集团股份有限公司	600098	3164512	90347	4340067	1795902
4	佛燃能源集团股份有限公司	002911	751457	46913	864868	334789
5	江苏林洋能源股份有限公司	601222	579902	99718	1980933	1096492
6	绿色动力环保集团股份有限公司	601330	227762	50339	1744607	548767
7	瀚蓝环境股份有限公司	600323	748144	105748	2492891	755748
8	联美量子股份有限公司	600167	359801	168548	1385780	877644
9	旺能环境股份有限公司	002034	169838	52218	1200689	475993
10	上海环境集团股份有限公司	601200	451175	62541	2705745	925191
11	新天绿色能源股份有限公司	600956	1251089	151056	5725771	1316497
12	鹏鹞环保股份有限公司	300664	212492	38574	670572	351615
13	国家电投集团东方新能源股份有限公司	000958	1336275	127088	9140897	1661283
水上运输业						
1	中远海运控股股份有限公司	601919	17125883	992710	27192607	4391387
2	招商局南京油运股份有限公司	601975	403159	139031	872133	572413
3	中远海运能源运输股份有限公司	600026	1638476	237252	6595986	3462183
港口服务业						
1	青岛港国际股份有限公司	601298	1321941	384186	5717736	3299639
2	北部湾港股份有限公司	000582	536256	107569	1941623	1031663
航空运输及相关服务业						
1	华夏航空股份有限公司	002928	472789	61289	1150759	393746
电信、邮寄、速递等服务业						
1	顺丰控股股份有限公司	002352	15398687	732608	11116004	5644305

序号	企业名称	股票代码	营业收入（万元）	利润（万元）	资产（万元）	所有者权益（万元）
软件、程序、计算机应用、网络工程等计算机、微电子服务业						
1	浪潮电子信息产业股份有限公司	000977	6303799	146645	3832287	1444733
2	科大讯飞股份有限公司	002230	1302466	136379	2483609	1266801
3	紫光股份有限公司	000938	5970489	189462	5883333	2974492
4	北京千方科技股份有限公司	002373	941890	108086	1938389	1196136
5	浙江核新同花顺网络信息股份有限公司	300033	284370	172398	715570	522421
6	上海宝信软件股份有限公司	600845	951776	130062	1407045	728249
7	启明星辰信息技术集团股份有限公司	002439	364675	80406	836656	598437
8	厦门吉比特网络技术股份有限公司	603444	274229	104641	538767	380296
9	中科创达软件股份有限公司	300496	262788	44346	555761	432675
10	深信服科技股份有限公司	300454	545840	80938	965583	651095
11	东华软件股份公司	002065	916719	55038	1888332	991450
12	广州海格通信集团股份有限公司	002465	512206	58562	1403134	992756
13	厦门亿联网络技术股份有限公司	300628	275429	127872	577936	520337
14	浙江中控技术股份有限公司	688777	315874	42973	821922	403512
15	卫宁健康科技集团股份有限公司	300253	226658	49110	605715	452202
16	北京宇信科技集团股份有限公司	300674	298159	45290	405209	232404
17	用友网络科技股份有限公司	600588	852459	98860	1695026	754294
18	北京金山办公软件股份有限公司	688111	226097	87814	851159	685491
19	航天信息股份有限公司	600271	2181300	103400	2414200	1258400
20	中科软科技股份有限公司	603927	578166	47664	604172	227267
21	中国卫通集团股份有限公司	601698	271030	48879	1828929	1158378
22	国网信息通信股份有限公司	600131	701106	60687	1102879	464006
23	神州数码集团股份有限公司	000034	9206044	62409	3068960	470006
24	太极计算机股份有限公司	002368	853261	36870	1351612	351568
25	天融信科技集团股份有限公司	002212	570417	40011	1132426	958572
26	恒生电子股份有限公司	600570	417265	132174	997114	455403
农牧渔饲产品及生活消费品等内外商贸批发、零售业						
1	周大生珠宝股份有限公司	002867	508413	101331	665574	538568
综合性内外商贸及批发、零售业						
1	厦门国贸集团股份有限公司	600755	35108895	261203	11341587	2619061
2	物产中大集团股份有限公司	600704	40356995	274572	10665260	2688014

续表

序号	企业名称	股票代码	营业收入（万元）	利润（万元）	资产（万元）	所有者权益（万元）
医药专营批发、零售业及医疗服务业						
1	九州通医药集团股份有限公司	600998	11085951	307505	8082384	2182666
2	国药集团一致药业股份有限公司	000028	5964946	140189	3959453	1394832
3	一心堂药业集团股份有限公司	002727	1265628	78996	932831	576541
4	大参林医药集团股份有限公司	603233	1458287	106218	1233193	538481
5	爱尔眼科医院集团股份有限公司	300015	1191241	172381	1554059	985388
6	杭州泰格医药科技股份有限公司	300347	319228	174977	1950606	1611857
7	中国医药健康产业股份有限公司	600056	3931175	131065	3319204	1000529
8	迪安诊断技术集团股份有限公司	300244	1064916	80293	1239875	469787
9	重药控股股份有限公司	000950	4521957	88434	4243247	883571
商业零售业及连锁超市						
1	永辉超市股份有限公司	601933	9319911	179447	5615798	1935110
2	成都红旗连锁股份有限公司	002697	905338	50487	612078	344364
3	华致酒行连锁管理股份有限公司	300755	494144	37317	432026	281627
4	上海豫园旅游商城（集团）股份有限公司	600655	4405076	361034	11224719	3300927
银行业						
1	中国工商银行股份有限公司	601398	88266500	31590600	3334505800	289350200
2	中国农业银行股份有限公司	601288	65796100	21640000	2720504700	220478900
3	中国银行股份有限公司	601988	56553100	19287000	2440265900	203841900
4	招商银行股份有限公司	600036	29048200	9795900	836144800	72375000
5	交通银行股份有限公司	601328	24620000	7827400	1069761600	86660700
6	兴业银行股份有限公司	601166	20313700	6662600	789400000	61558600
7	上海浦东发展银行股份有限公司	600000	19638400	5832500	795021800	63819700
8	中信银行股份有限公司	601998	19473100	4898000	751116100	54457300
9	中国光大银行股份有限公司	601818	14247900	3790500	536811000	45499800
10	宁波银行股份有限公司	002142	4111100	1513600	162674900	11899300
11	平安银行股份有限公司	000001	15354200	2892800	446851400	36413100
12	中国邮政储蓄银行股份有限公司	601658	28620200	6431800	1135326300	6717990
13	南京银行股份有限公司	601009	3446548	1310088	151707577	10687613
14	杭州银行股份有限公司	600926	2480568	713645	116925725	8086256
15	上海银行股份有限公司	601229	5074612	2088506	246214402	19093902
16	厦门银行股份有限公司	601187	555561	182257	28515028	1936326

续表

序号	企业名称	股票代码	营业收入（万元）	利润（万元）	资产（万元）	所有者权益（万元）
保险业						
1	中国平安保险（集团）股份有限公司	601318	121831500	14309900	952787000	76256000
2	中国人寿保险股份有限公司	601628	82496100	5026800	425241000	45005100
3	中国太平洋保险（集团）股份有限公司	601601	42218200	2458400	177100400	21522400
4	新华人寿保险股份有限公司	601336	20653800	1429400	100437600	10166700
证券及其他金融服务业						
1	招商证券股份有限公司	600999	2427767	949164	49972668	10573680
2	广发证券股份有限公司	000776	2915349	1003813	45746369	9816220
3	中信建投证券股份有限公司	601066	2335088	950943	37122814	6773518
4	国泰君安证券股份有限公司	601211	3520028	1112210	70289917	13735326
5	中国国际金融股份有限公司	601995	2365953	720745	52162050	7163494
6	华泰证券股份有限公司	601688	3144455	1082250	71675123	12907150
7	中信证券股份有限公司	600030	5438273	1490232	105296229	18171207
8	国信证券股份有限公司	002736	1878407	661574	30275588	8090742
9	海通证券股份有限公司	600837	3821983	1087540	69407335	15344847
10	东方财富信息股份有限公司	300059	823856	477810	11032874	3315647
11	中国银河证券股份有限公司	601881	2374915	724365	44573022	8125453
12	国投资本股份有限公司	600061	1413689	414832	21874298	4558778
13	兴业证券股份有限公司	601377	1757969	400331	18101970	3773857
14	光大证券股份有限公司	601788	1586634	233408	22873638	5244888
15	西部证券股份有限公司	002673	518416	111700	6386288	2601615
16	浙商证券股份有限公司	601878	1063651	162717	9109043	1934918
17	华林证券股份有限公司	002945	148980	81250	2479600	602049
18	国金证券股份有限公司	600109	606280	186264	6763034	2246539
19	东方证券股份有限公司	600958	2313395	272299	29111744	6020285
20	中国石油集团资本股份有限公司	000617	3012742	784386	94004338	8941436
21	东吴证券股份有限公司	601555	735649	170725	10547455	2821032
22	国元证券股份有限公司	000728	452863	137010	9055730	3085948
23	第一创业证券股份有限公司	002797	311982	81269	4063643	1392791
24	五矿资本股份有限公司	600390	629819	375220	13349409	4571431
25	华西证券股份有限公司	002926	468276	190033	7722864	2132168
26	江苏金融租赁股份有限公司	600901	375310	187716	8129000	1301047

续表

序号	企业名称	股票代码	营业收入（万元）	利润（万元）	资产（万元）	所有者权益（万元）
27	长城证券股份有限公司	002939	686870	150164	7221288	1807570
28	中航工业产融控股股份有限公司	600705	1032821	327410	37959510	3985205
29	中粮资本控股股份有限公司	002423	1356817	105354	8481214	1728552
30	长江证券股份有限公司	000783	778412	208538	13440961	2908344
多元化投资控股、商务服务业						
1	申万宏源集团股份有限公司	000166	2940919	776617	49112428	8846462
房地产开发与经营、物业及房屋装饰、修缮、管理等服务业						
1	万科企业股份有限公司	000002	41911168	4151554	186917709	22451095
2	保利发展控股集团股份有限公司	600048	24309487	2894843	125137492	18023110
3	绿地控股集团股份有限公司	600606	45575312	1499777	139733629	8477640
4	玉禾田环境发展集团股份有限公司	300815	431522	63104	454789	255866
5	深圳华侨城股份有限公司	000069	8186809	1268536	45658825	7839697
6	招商局蛇口工业区控股股份有限公司	001979	12962082	1225286	73715734	10137037
7	侨银城市管理股份有限公司	002973	282911	37567	447231	144679
8	金科地产集团股份有限公司	000656	8770441	703002	38115798	3478029
9	金地（集团）股份有限公司	600383	8398216	1039779	40162959	5747813
10	江苏中南建设集团股份有限公司	000961	7860085	707779	35925345	2870111
11	阳光城集团股份有限公司	000671	8217124	522029	35230185	3069303
12	合肥城建发展股份有限公司	002208	535928	76760	1866130	536523
13	珠海华发实业股份有限公司	600325	5100630	290202	32184423	2095311
公用事业、市政、水务、航道等公共设施投资、经营与管理业						
1	北京首创生态环保集团股份有限公司	600008	1922460	147032	10056827	2593997
2	成都市兴蓉环境股份有限公司	000598	537061	129840	3088033	1227473
3	北京高能时代环境技术股份有限公司	603588	682673	55007	1543025	473032
4	重庆水务集团股份有限公司	601158	634960	177373	2453429	1552266
5	东珠生态环保股份有限公司	603359	233791	38037	740305	292629
6	浙江伟明环保股份有限公司	603568	312349	125727	1047323	548949
7	中山公用事业集团股份有限公司	000685	218331	137478	2088850	1407544
8	四川川投能源股份有限公司	600674	103112	316165	4132913	2879564
9	江西洪城环境股份有限公司	600461	660116	66391	1649797	543440
10	岭南生态文旅股份有限公司	002717	665128	46012	1959057	445911

续表

序号	企业名称	股票代码	营业收入（万元）	利润（万元）	资产（万元）	所有者权益（万元）
科技研发、推广及地勘、规划、设计、评估、咨询、认证等承包服务业						
1	中国化学工程股份有限公司	601117	10945651	365884	13600815	3766085
2	中海油能源发展股份有限公司	600968	3320828	152159	3257604	1950130
3	厦门吉宏科技股份有限公司	002803	441021	55871	281074	174048
4	烟台杰瑞石油服务集团股份有限公司	002353	829496	169038	1881032	1107777
5	华测检测认证集团股份有限公司	300012	356771	57761	545468	374428
6	广东宏大爆破股份有限公司	002683	639486	40376	1039743	527986
7	中国汽车工程研究院股份有限公司	601965	341791	55842	664481	504388
8	华设设计集团股份有限公司	603018	535380	60458	920615	335535
9	贵州省交通规划勘察设计研究院股份有限公司	603458	279784	51359	692122	303618
10	垒知控股集团股份有限公司	002398	387074	37245	544681	321407
文化产业（书刊出版、印刷、发行与销售及影视、音像、文体、演艺等）						
1	中原大地传媒股份有限公司	000719	959032	92773	1364990	893220
2	完美世界股份有限公司	002624	1022477	154850	1550693	1083532
3	中文天地出版传媒集团股份有限公司	600373	1033954	180561	2437035	1515898
4	浙报数字文化集团股份有限公司	600633	353878	51159	1118723	841774
5	中南出版传媒集团股份有限公司	601098	1047301	143699	2314192	1399456
6	江苏凤凰出版传媒股份有限公司	601928	1213489	159550	2564995	1471522
7	长江出版传媒股份有限公司	600757	667505	81651	1094509	788266
8	新华文轩出版传媒股份有限公司	601811	900806	126278	1696884	1013684
9	安徽新华传媒股份有限公司	601801	885089	61375	1467701	1060474
10	中国出版传媒股份有限公司	601949	595881	74097	1377827	718965
11	南方出版传媒股份有限公司	601900	689690	76044	1145599	657940
12	东方明珠新媒体股份有限公司	600637	1003335	162096	4405887	2957310
13	中国科技出版传媒股份有限公司	601858	252394	46529	603216	425079
信息、传媒、电子商务、网购、娱乐等互联网服务业						
1	杭州电魂网络科技股份有限公司	603258	102395	39485	301602	221988
2	广东南方新媒体股份有限公司	300770	122069	57493	327524	264622
3	芒果超媒股份有限公司	300413	1400553	198216	1926570	1058798
4	无锡宝通科技股份有限公司	300031	263792	43676	476641	306094
5	分众传媒信息技术股份有限公司	002027	1209711	400384	2164617	1701699

续表

序号	企业名称	股票代码	营业收入（万元）	利润（万元）	资产（万元）	所有者权益（万元）
6	昆仑万维科技股份有限公司	300418	273927	499320	1323964	967697
7	北京光环新网科技股份有限公司	300383	747615	91294	1354647	924281
8	南极电商股份有限公司	002127	417191	118799	650634	578192
9	巨人网络集团股份有限公司	002558	221729	102901	1083479	946789
综合服务业（以服务业为主，含有制造业）						
1	浙江交通科技股份有限公司	002061	3673772	99741	4140876	864357
2	中国葛洲坝集团股份有限公司	600068	11261117	428230	25940470	6221044
3	苏美达股份有限公司	600710	9858991	54622	4475573	521991
4	中公教育科技股份有限公司	002607	1120249	230436	1441885	427513
5	中钢国际工程技术股份有限公司	000928	1482749	60200	1970889	564137
6	传化智联股份有限公司	002010	2149656	152126	3466176	1501933
7	四川蓝光发展股份有限公司	600466	4295738	330235	25826413	1853212
8	深圳市新南山控股（集团）股份有限公司	002314	1123239	130069	5229795	948599
9	重庆市迪马实业股份有限公司	600565	2127078	180285	8172774	1077569
10	南京高科股份有限公司	600064	290354	201579	3261861	1325428
11	鲁商健康产业发展股份有限公司	600223	1361548	63867	6149858	408005
12	江河创建集团股份有限公司	601886	1804996	94836	2938185	861501
13	黑牡丹（集团）股份有限公司	600510	1021160	79780	3374493	889984
农业、渔业、畜牧业及林业						
1	牧原食品股份有限公司	002714	5627707	2745142	12262726	5040688
2	天康生物股份有限公司	002100	1198681	172041	1572929	623348
3	北京大北农科技集团股份有限公司	002385	2281386	195572	2404175	1101544
石油、天然气开采及生产业						
1	中国石油天然气股份有限公司	601857	193383600	1900200	248840000	121542100
建筑业						
1	中国建筑股份有限公司	601668	161502333	4494425	219217384	30042143
2	山东高速路桥集团股份有限公司	000498	3443733	133865	5508092	864557
3	中国中铁股份有限公司	601390	97140489	2518779	120012211	25534483
4	中国铁建股份有限公司	601186	91032476	2239298	124279280	25429776
5	四川路桥建设集团股份有限公司	600039	6106991	302522	11322375	2261412
6	中国冶金科工股份有限公司	601618	40011462	786219	50639296	9789164
7	中国电力建设股份有限公司	601669	40118065	798717	88654344	11802643

续表

序号	企业名称	股票代码	营业收入（万元）	利润（万元）	资产（万元）	所有者权益（万元）
8	中国交通建设股份有限公司	601800	62758619	1620601	130416859	24507055
电力生产业						
1	华能国际电力股份有限公司	600011	16943919	456499	43820575	12169854
2	中国长江电力股份有限公司	600900	5778337	2629789	33082710	17211815
3	重庆三峡水利电力（集团）股份有限公司	600116	525598	61994	1948314	1020902
4	大唐国际发电股份有限公司	601991	9561442	304024	28033351	7302403
5	广东宝丽华新能源股份有限公司	000690	715967	181786	1930162	1089837
6	深圳能源集团股份有限公司	000027	2045451	398406	11406226	3796303
7	浙江浙能电力股份有限公司	600023	5168443	608630	11451243	6784853
8	中国核能电力股份有限公司	601985	5227645	599545	38174597	7046221
9	湖北能源集团股份有限公司	000883	1702344	245713	6016684	2886832
10	中国广核电力股份有限公司	003816	7058471	956231	39189837	9527327
11	国电电力发展股份有限公司	600795	11642116	251259	35733735	4998369
12	华电国际电力股份有限公司	600027	9074402	417945	23461112	7208898
其他采选业						
1	紫金矿业集团股份有限公司	601899	17150134	845804	18231325	5653855
2	洛阳栾川钼业集团股份有限公司	603993	11298102	232879	12244125	3889178
3	河钢资源股份有限公司	000923	593519	97115	1342830	742488

后　记

　　《中国企业信用发展报告2021》是由中国企业改革与发展研究会、中国合作贸易企业协会、国信联合（北京）认证中心联合组织编写，全面、客观、真实反映我国企业信用发展状况以及经济效益变化趋势的综合性大型年度报告，也是第11次向社会发布的中国企业信用发展报告。其中，中国企业信用500强发展报告是第10次发布，中国制造业企业信用100强发展报告、中国服务业企业信用100强发展报告是第9次发布，中国民营企业信用100强发展报告是第8次发布，中国上市公司信用500强发展报告是第7次发布。本报告是在课题组开展中国企业信用调查评价活动过程中，历时一年采集大量信息和数据的基础上，经过深入分析和研究，经专家委员会最后审定形成的。本活动得到了有关协会、商会组织和广大企业的大力支持，一些领导和专家亦给予了热情帮助和指导，在此深表感谢。

　　本报告的出版主旨，是以习近平新时代中国特色社会主义思想为指导，全面贯彻党的十九大和十九届二中、三中、四中、五中、六中全会精神以及党中央和国务院关于加强社会信用体系建设的总体要求，推动我国企业立足新发展阶段，贯彻新发展理念，构建新发展格局，以促进我国企业高质量信用发展；贯彻实施《企业诚信管理体系》（GB/T 31950—2015）国家标准，进一步推进诚信建设，强化社会责任意识、规则意识、奉献意识，全面提高我国企业的诚信管理水平，全面提升我国企业在国际市场上的形象和竞争力。

　　本报告通过对我国企业的信用发展状况进行全面客观、科学公正的分析研究，剖析新时代宏观经济环境新变化以及企业面临的新问题、新挑战，引导我国企业进一步提高诚信管理水平和综合竞争能力。本报告可为我国政府、协会商会组织及广大企业正确认识我国企业信用发展状况以及经济效益变化趋势提供参考依据，为企业提供一个参考坐标，同时也有利于国际社会对我国企业信用水平有一个客观公正的了解，将对我国企业全面提高诚信管理水平，全面提升国际影响力和竞争力起到积极的推动作用。

　　"中国企业信用发展分析研究"是一项系统工程。"2021中国企业信用发展分析研究"课题组，经历一年时间的辛勤努力，在广大企业界同人的大力支持下，在各位专家评委的指导下，形成了课题成果。2022 年我们将会继续开展中国企业信用发展调查评价研究工作，继续做好中国企业信用 500 强、中国制造业企业信用 100 强、中国服务业企业信用 100 强、中国民营企业信用 100 强和中国上市公司信用 500 强的分析研究及评价工作。申报 2022 中国企业信用 500 强、中国制造业企业信用 100 强、中国服务业企业信用 100 强、中国民营企业信用 100 强和中国上市公司信用 500 强的企业，请与中国企业改革与发展研究会、中国合作贸易企业协会联系。

本活动离不开企业界同人的热情支持，希望企业界的朋友能够一如既往地支持和配合我们的工作，继续提供有价值的信息和数据；希望各位领导和专家能够一如既往地给予支持和指导，为推动我国企业信用建设，推动我国经济高质量发展做出应有贡献。

由于时间仓促，本报告难免存在疏漏和不尽如人意之处，恳请企业界、经济界和其他各界人士、专家、广大读者提出宝贵的意见和建议。

本报告的编撰出版受到国家社科基金社科学术社团活动资助，在此深表感谢。

在本书出版之际，我们向负责本书出版并给予大力支持的中国财富出版社表示感谢。

编　者

2021 年 12 月

诚信的力量

THE POWER OF INTEGRITY

2021 中国企业信用发展报告
2021 中国企业信用 500 强发展报告
2021 中国制造业企业信用 100 强发展报告
2021 中国服务业企业信用 100 强发展报告
2021 中国民营企业信用 100 强发展报告
2021 中国上市公司信用 500 强发展报告

部分企业介绍

中煤航测遥感集团有限公司

　　中煤航测遥感集团有限公司成立于 1965 年 7 月，隶属国务院国资委管理的中国煤炭地质总局，是我国从事测绘地理信息技术研究、开发与应用的高科技专业单位，是国家科技部批准的国家 863 计划成果产业化基地——"国家西部 3S 空间信息产业化基地"，建立有煤炭地质系统首家博士后科研工作站。集团首批获得甲级测绘资质证书，拥有先进的全数字摄影测量系统、高精度航空摄影系统、惯导系统、地下空间探测系统、遥感图像分析处理系统、电子制版系统和票卡印刷等现代化高科技设备。集团先后被授予全国煤炭工业地质勘察功勋单位、全国测绘质量优秀单位、全国诚信经营示范单位、中国地理信息产业百强企业等荣誉称号。

　　成立 55 年来，集团业务覆盖全国市场，遍及全球。先后在全国范围内为煤炭、石油、地矿、城建、规划、国土、环保、农林、交通等 20 多个行业完成了航空摄影 300 多万平方千米，大比例尺航测成图 40 多万幅，遥感调查和科研项目 600 余项，印刷出版了 800 多种大型图集。在国际市场上，相继完成巴西国土整治工程、美国密西西比河航测数字化工程、柬埔寨矿区及运输管线航测项目等具有国际影响力的工程，获得当地政府的赞誉和好评。同时，集团与多家国际企业签订长期战略合作协议，为煤航测绘地理信息技术服务赢得了良好的国际声誉。

　　作为中国测绘学会、中国地理信息产业协会的副理事长单位，在数字化时代，集团抢抓数字产业化、产业数字化新机遇。依靠深厚的历史积累和全产业链数据整合优势，建立了"煤航大数据中心"，整合原来分散的数据资源，构建以大数据应用为基础的地理信息空天地一体化的"煤航云"可视化平台，实现由传统数据生产向系统集成应用的产业转型升级，积极投身"数字地球、透明地球和美丽地球"建设，全力打造"中国地理信息产业领军企业"。

中煤地第二勘探局集团有限责任公司

党委书记、董事长　刘勤学

中煤地第二勘探局集团有限责任公司（以下简称二勘局集团公司）是隶属中国煤炭地质总局管理的中央二级企业，2010 年注册成立中煤地第二勘探局有限责任公司，2019 年 9 月正式组建二勘局集团公司，注册地为北京市房山区。

二勘局集团公司在发展地勘主业的同时，结合自身资源能力与业务现状，持续发展包括汽车销售、数字印刷、智慧物流、节能环保、建筑施工、物业服务、酒店餐饮等在内的多元化业务，同时致力于国民经济发展、脱贫攻坚、生态文明建设、民生保障和社会和谐稳定等各项事业，以"服务国家能源矿产战略，促进区域经济发展升级"为企业使命，为助力区域经济发展和精神文明建设做出了大量卓有成效的工作。

二勘局集团公司将以习近平新时代中国特色社会主义思想为指导，依托环首都经济圈的有利地理位置和京津冀协同发展的国家战略，坚持稳中求进、改革创新，以市场为导向、以客户为中心，努力打造科技创新能力强、经营业态领域广、掌控优质资源多、运营商业模式新、多元经济效益好的中煤地系统多元化现代企业集团。

中铁北京工程局集团有限公司

中铁北京工程局集团有限公司是世界双 500 强企业中国中铁股份有限公司的全资子公司，下辖 11 个施工类公司、1 个非施工类公司、9 个区域指挥部，是一家集工程设计、施工、科研、开发、投资于一体的综合性大型建筑集团。

公司拥有"四特"资质，其中集团公司本级拥有建筑工程施工总承包特级、铁路工程施工总承包特级、公路工程施工总承包特级资质，所属一公司拥有公路工程施工总承包特级资质；公司还具有军工涉密资质，市政公用、机电工程施工总承包一级资质，公路路基、钢结构、机场场道、建筑装饰装修工程专业承包一级资质，水利水电、矿山工程施工总承包三级资质，建筑行业（建筑工程）设计甲级、铁道行业设计甲（Ⅱ）级、建筑装饰装修工程设计专项甲级资质，公路行业工程设计甲级资质，测绘乙级、公路工程试验检测乙级资质，建筑咨询丙级，海外工程承包资质以及进出口贸易权。

公司先后承建了国内外 180 余项长大铁路干线、客运专线及高速铁路工程，共计 5200 余千米；承建了国内外 190 余项高等级公路工程建设，共计 1300 余千米；承建了国内外 400 余项工业与民用建筑及国家重点公共设施工程，60 余项机场新建、改建、扩建工程，100 余项市政工程、地铁工程、污水处理、生态环保和城市轨道交通工程，40 余项大跨度、高难度、新工艺的钢结构工程，50 余项装饰装修工程和 10 余项大型水利水电工程。有 170 项工程荣获国家和省部级大奖，其中中国建设工程鲁班奖 10 项、中国土木工程詹天佑奖 3 项、国家优质工程奖 15 项、中国建筑工程钢结构金奖 3 项。

中铁广州工程局集团有限公司

　　中铁广州工程局集团有限公司是世界双 500 强企业中国中铁股份有限公司旗下的全资子公司，由 22 个全资子公司、24 个参股子公司组成，是一家集工程施工、设计、科研、投资和海外工程开发于一体的综合性大型建筑集团。集团现有员工 6000 余人，其中国家级专家、正高级、高级和中级专业技术人员 3820 名；拥有各类施工设备 2930 台（套），年施工能力达 350 亿元以上。

　　集团共有 80 项资质。其中，本部具有铁路、港航、建筑、公路工程施工总承包特级，市政公用工程施工总承包一级，矿山、水利水电和机电工程施工总承包三级，桥梁、隧道、地基工程专业承包一级资质，铁路电务、铁路电气化工程专业承包三级，爆破作业一级，铁道行业甲（Ⅱ）级工程、水运行业、建筑和公路行业甲级设计、军工涉密业务备案等 19 种类别的资质。三公司取得公路工程施工总承包特级（含公路行业工程设计甲级）资质，集团成为中国中铁在华南地区首家"五特五甲"企业。

　　集团在港航、铁路、公路、桥梁、城轨等施工领域创造了辉煌的业绩，现已建成码头及航道工程 497 项、铁路工程 369 项、公路工程 290 项、桥梁工程 423 项、隧道工程 187 项、市政工程 179 项、城轨工程 126 项、房建工程 154 项、爆破工程 106 项。

中国铁建电气化局集团有限公司

　　中国铁建电气化局集团有限公司成立于 2005 年 7 月，隶属世界 500 强企业中国铁建股份有限公司，是中国高铁"四电"行业唯一的系统集成承包商和运营服务商，主要从事高速铁路电气化、电力、通信、信号和城市轨道交通、公路交通、机电设备、输变电、新能源、智慧城市和信息技术等工程建设，是集科研开发、设计咨询、工程施工、运营维管、产品制造和商务开发为一体的"四电"工程承包商和系统集成商，更是集铁路"四电"投资商与服务商于一体的全生命周期产业运营商。

　　公司以建设世界一流高速铁路为目标，瞄准全球科技发展前沿，积极抢滩科技制高点，高标准、高质量、高效率参与了国家"八纵八横"高铁网建设，建成了京雄、京沈、成贵、郑西、京石武、宁杭、广西沿海、云桂、贵广、西成、兰新高铁等主要国家干线高铁"四电"系统集成工程。近年来，公司已建成开通的高速铁路"四电"系统集成工程约占全国高速铁路已开通总里程的 50%，为中国高速铁路发展做出了卓越贡献。公司以高铁"四电"系统集成为依托，相继承建了北京、上海、天津、广州、武汉、成都、南京、重庆、沈阳、西安、宁波、昆明等城市轨道交通和城市地铁项目。与此同时，以承建港珠澳大桥为契机，集团有力拓展了高速公路市场。

　　公司近年荣获国家优质工程奖 26 项、中国建筑工程鲁班奖 7 项、省部级优质工程奖 68 项，获国家工程建设优秀 QC 奖 76 项、省部级优秀 QC 奖 268 项，先后获得全国五一劳动奖状、全国优秀施工企业、中央企业先进集体等殊荣，多次问鼎中国建筑工程鲁班奖（国家优质工程）、中国土木工程詹天佑奖、全国市政金杯示范工程奖。

中铁工程服务有限公司

中铁工程服务有限公司是世界 500 强企业中国中铁股份有限公司控股的中铁高新工业股份有限公司（股票代码：600528）的全资子公司，是国内唯一专业从事地下工程服务，专注于工业互联网、新制造、新材料、新服务四大业务，集装备管理及研发技术服务、施工技术服务、信息化技术服务、机械制造为一体的科技型、管理型、平台型高新技术中央企业。公司秉承"为地下工程服务"的企业使命，积极构建地下工程智能生态，致力成为国内一流地下工程服务商和盾构服务产业第一品牌，为全球输出中国服务和中国品牌。

公司秉承科技创新发展理念，自主研发了国内最大的盾构机远程在线实时监测大数据云平台——盾构云，入网盾构 300 余台；全国最大的掘进机租赁调度平台——掘进机租赁网，盾构机数量约占全国盾构机总数的 1/3；国内首家以盾构机备件销售为主的 MRO 工业品电商平台——工服 MALL；地下工程行业首家"人才+技能"共享平台——共享工程师四大核心平台，以此为基础构建起盾构工程工业互联网。

公司拥有发明专利 21 项、实用新型专利 170 项、软件著作权 22 项，成功注册了"盾构云""工服创联""优盾宝""隧畅""格瑞思科"等 81 项商标。公司先后荣获国家高新技术企业、中国 AAA 级信用企业、全国优秀诚信企业、国际隧协技术创新项目奖、中国铁道学会科学技术特等奖、中国企业改革发展优秀成果二等奖、四川省技术创新示范企业、中国中铁企业管理现代化创新成果一等奖、成都市五一劳动奖状等诸多荣誉。

中煤地华盛水文地质勘察有限公司

党委书记、总经理 蒋向明

　　中煤地华盛水文地质勘察有限公司是隶属国务院国资委管理的中央企业，始建于1974年，经过四十多年的发展，现已成为全国煤炭地质系统唯一集地下水科学及环境科学研究、水资源勘查、设计和施工、矿井水勘查与防治、岩土工程、矿山地质环境及地质灾害勘查、评估、治理、设计于一体的特色地质勘查央企。

　　公司技术力量雄厚，设备装备精良。目前各类高级职称人员208人，其中享受国务院政府特殊津贴专家8人，2人入选"国家百千万人才工程"，10人任国际矿井水协会会员，18人入选河北省"三三三人才工程"。公司拥有各种类型钻探设备1500余台（套）、各类物探设备40余台（套），具有超大口径、超深钻孔及超复杂地层钻孔施工能力和多手段、多角度、立体化物探能力。

　　公司于2000年首次通过了ISO 9000质量管理体系认证，2012年通过了质量管理、环境管理、职业健康安全管理体系认证；"三标"管理体系能够有效规范地运行，执行效果较好。

　　公司先后荣获首届全国百强地质队、贡献突出的煤田地质队、地质勘查功勋单位、中国AAA级信用企业、全国文明诚信示范单位、改革创新优秀企业等荣誉称号，连续多年被评为煤炭行业优秀施工企业、河北省守合同重信用企业。

中交房地产集团有限公司

　　中交房地产集团有限公司（以下简称中交房地产）成立于2015年3月，是世界500强中央企业中国交通建设集团有限公司（以下简称中交集团）为推进内部房地产板块整合，打造新的业务增长引擎，实现"五商中交"战略目标而设立的专业化子集团。中交房地产承担中交集团房地产事业部职能，肩负统筹中交集团房地产业务发展的重要使命。

　　中交房地产控股绿城中国控股有限公司（03900.HK）和中交地产股份有限公司（000736.SZ）两家上市公司，全资持有中国房地产开发集团有限公司，开展房地产开发、保障性住房建设、城市更新等有关业务；旗下设立有物业管理平台——中交物业有限公司，商业管理平台——中交健康养老产业集团有限公司，资产管理平台——中房资产管理有限责任公司，资本运营平台——中交鼎信股权投资管理有限公司，服务营销平台——北京思源兴业房地产服务集团股份有限公司；已经形成了以房地产开发主业为牵引，物业管理、商业管理、资产运营管理、房地产金融、房地产专业服务等业务围绕主业全面发展的协同发展模式，业务规模位居行业前列。

　　中交房地产紧紧围绕中交集团全产业链优势，推动房地产开发与"大土木""大海外"、吹填造地、基础设施投资建设以及城市综合开发运营等业务协调发展，业务遍及长三角、粤港澳大湾区、京津冀、长江中游、成渝等核心都市圈和城市群。凭借精确的战略规划、成熟的管理能力、专业的市场运作和优秀的人才队伍，不断提升品牌影响力，构建具有中交特色的房地产业务发展模式，努力打造既能"建造美丽建筑"、又能"营造美好生活"的房地产企业。

中交第二公路勘察设计研究院有限公司

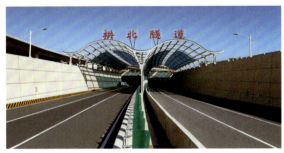

中交第二公路勘察设计研究院有限公司始建于 1964 年，具有工程勘察、设计、咨询、监理、测绘、招标代理、水土保持、地质灾害防治（勘察、设计、监理、施工）、风景园林等国家甲级资质，是我国公路勘察设计行业综合实力最强的企业之一，连年入榜"中国工程设计企业 60 强"，2008 年被认定为"国家高新技术企业"。

公司具有高速公路、各种复杂结构桥梁、隧道、交通工程、市政工程、轨道工程、建筑工程的勘察设计、项目管理、工程总承包以及项目规划、设计、投资、建设、运营管理的能力，具有编制行业技术标准、规范、手册、指南的技术实力，能承担本行业国家级重大科研开发项目。公司秉承"优质创新、服务客户、安全环保、奉献社会"的质量、职业健康安全和环境方针，建立了一整套系统完善的质量保证体系，通过了 ISO 9001 质量管理体系、ISO 14001 环境管理体系和 GB/T 28001 职业健康安全管理体系认证。

公司始终秉承"诚信服务、优质回报、不断超越"的企业宗旨，充分发挥自身在综合交通总体规划设计、山区高速公路、高速公路改扩建、复杂结构桥梁、山岭隧道与水下隧道、特殊岩土工程、空间信息技术等行业的技术优势，围绕"公路工程、城乡建设、轨道交通、环境生态"四大领域，"公路、城建、轨道、国际工程、咨询与项目管理、科技与产业化"六大板块及"投融资、信息化、科技与产业化"三大平台，以创新驱动实现跨越式发展，继续发扬"墨脱精神"，为服务国家和地方交通建设做出更大的贡献。

中交第四航务工程勘察设计院有限公司

中交第四航务工程勘察设计院有限公司（以下简称四航院）是世界 500 强企业中国交通建设股份有限公司的全资子公司。四航院拥有工程设计综合甲级、工程勘察综合甲级、工程咨询综合甲级资质，是国内为数不多的拥有"三综甲"资质的单位之一，同时还拥有城乡规划编制甲级、工程监理甲级、工程造价咨询甲级、工程测绘甲级、对外承包工程经营资格、港口与航道工程施工总承包一级等资质证书；业务领域覆盖水运、公路、桥梁、机场、市政、轨道、管道、建筑设计、地下空间、综合管廊、城市景观、室内设计、核电海工、海上风电、区域开发、水环境、岩土基础、智慧业务等交通与城市基础设施全领域；产业链条由传统勘察设计延伸至投资融资、咨询规划、设计建造、管理运营全过程。

公司业务足迹遍及全球 100 多个国家和地区，参与港珠澳大桥、广州南沙港、海南炼化、阳江核电、巴基斯坦瓜达尔港等 2000 余个国内外重点项目，主编、参编了 40 余项国家或行业标准，拥有 40 余项发明或实用新型专利。

公司先后荣获国家科学技术奖、中国土木工程詹天佑奖、中国建设工程鲁班奖等国家级奖项 76 项，部级奖项 259 项，省级奖项 53 项。2013 年，四航院荣获十年评选一次的"中国建筑行业标杆企业"称号，成为水运行业唯一获此殊荣的勘察设计企业。

国药集团一致药业股份有限公司

　　国药集团一致药业股份有限公司是世界 500 强企业中国医药集团有限公司（以下简称国药集团）在中国南方地区的核心企业，是总部设在深圳的综合性医药上市公司，是中央、广东省、广西壮族自治区、深圳市、南宁市药械商品特种储备单位，承担着全国各地抢险救灾医药物资的存储、调拨和供应任务。公司依托国药集团、国药控股股份有限公司等母公司资源，立足深圳，面向全国，服务大湾区，开展"药品分销+医药物流+药品零售+工业投资"等全产业链业务。

　　在药品分销领域，公司立足广东、广西两省，按照"一地一公司"的方针，在两广重要区域拥有 50 家子公司，基本实现两广全覆盖，形成集群化、规模化的产业优势。在 34 个地级以上城市的医院直销市场竞争中排名前三。实现深圳区域医疗机构 100%覆盖，公立医院市场份额达 45%以上，区域排名第一。

　　在药品零售领域，公司携手全球医药零售巨头企业沃博联，打造消费者放心的中国医药健康零售品牌"国大药房"。目前，已在全国 20 个省（自治区、直辖市）建立了 28 家区域连锁公司，覆盖全国 88 个城市，拥有近 8000 家零售药店。

　　公司拥有规模大、网络广、模式全的专业医药物流公司，采用世界先进的供应链管理及仓库管理解决方案系统，在广州、深圳、佛山、南宁、柳州建有 5 个大型一级物流中心，并已在全国各地兴建 63 个配送中心，形成了由区域物流中心、省级物流中心、城市配送中心及配送站组成的"四位一体"阶梯式物流配送网络，全方位开展多仓运营、第三方物流、冷链管理服务，为客户及供应商提供专业、高效、快捷的药品配送及物流增值服务。

中国医药对外贸易有限公司

  中国医药对外贸易有限公司成立于 1981 年，是国务院国资委直接管理的中国领先的医药健康产业集团——中国医药集团有限公司（以下简称国药集团）的成员企业。公司原名中国医药对外经济技术合作公司，是原国家医药管理总局的直属企业，先后代表国家与国外知名企业建立了中国大冢制药有限公司、无锡华瑞制药有限公司、西安杨森制药有限公司等十多家中外合资企业。1998 年，公司与其他三家原总局直属企业组建了国药集团。2010 年，公司与中国出国人员服务总公司重组组建了中国国际医药卫生公司，隶属国药集团。公司主营医药及相关产品的国际贸易和实业投资，提供医药产品进出口、市场营销及保税物流、信息咨询等多项增值服务。

  凭借 40 余年的诚信经营，公司一直在海关、工商、税务、外汇主管部门以及国内外多家金融机构保持良好信誉。2015 年，公司由北京海关 AA 类企业顺利过渡为与国际接轨的 AEO 高级认证企业，是海关认证的最高信用等级企业，在国内享受最便捷的通关服务，同时在与中国达成 AEO 互认的国家和地区享有相应的便利服务。

  公司拥有近 500 名奋发进取的员工，形成了"志者无畏，自强不息"的企业精神，秉承着"关爱生命，呵护健康"的企业理念，立足中国市场，拓展海外市场，打造国际化医药产业链，致力于成为中国领先的具有核心竞争力的医药大健康综合服务型企业，并始终牢固树立央企的社会责任意识，为中国乃至世界各国的健康事业做出积极贡献。

国电投周口燃气热电有限公司

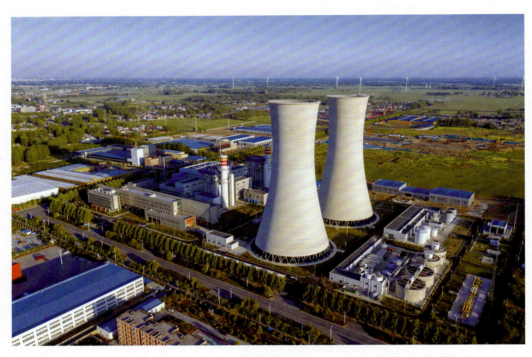

　　国电投周口燃气热电有限公司是国家"西气东输一线"总体规划的重要燃气发电工程，是河南省"十三五"重点建设工程；2015 年 5 月，由国家电投集团河南电力有限公司、中石油昆仑燃气有限公司、河南亿星实业集团有限公司三方合资成立，项目动态投资 25.77 亿元。

　　周口燃机 2×440MW 燃气—蒸汽联合循环热电机组，主机采用意大利安萨尔多机型，分别于 2018 年 10 月 4 日、2019 年 1 月 25 日通过满负荷试运行，2019 年 11 月完成达标投产验收工作，2020 年 2 月通过河南省发改委机组额定容量核定。周口燃机采用燃气—蒸汽联合循环发电技术，以天然气作为燃料，清洁高效、环保绿色。项目主机选用当前世界上技术领先的意大利安萨尔多重型燃气轮机，与煤电供热机组比较，机组年均热效率提高约 15%，每供 1GJ 热量少耗标煤 5.72kg；与采用集中锅炉房供热相比，每供 1GJ 热量少耗标煤 9.8kg。周口燃机每发 1 度电，排放二氧化硫 0.006g，仅为常规燃煤电厂的 0.38%；排放烟尘 0.02g，仅为常规燃煤电厂的 2.5%；排放二氧化碳 0.39kg，仅为常规燃煤电厂的 27%。

　　公司曾荣获国家优质工程奖、中国电力优质工程奖、全国信用示范单位、国家电投集团先进党组织、全国电力新闻宣传先进单位、国家电投集团河南公司先进党组织、周口市直机关先进党组织、河南省五四红旗团委、河南省安康杯竞赛先进单位、河南省疫情防控先进单位、河南省节能减排竞赛先进单位、周口市文明单位等荣誉称号。

国家电投集团山西铝业有限公司

国家电投集团山西铝业有限公司成立于2002年10月，是国家电投集团的氧化铝生产经营重要骨干企业，由国家电投集团铝电公司（占比96.54%）和山西省经济建设投资集团有限公司（占比3.46%）共同持股。公司主营业务为氧化铝，现有6条拜耳法生产线、1条烧结法生产线，设计氧化铝产能290万吨/年。其中，一期工程产能100万吨/年，80万吨拜耳法部分（2条生产线）于2006年5月投产，20万吨烧结法部分于2010年4月投运，形成国内第一条串联法生产线；二期工程产能160万吨/年（4条拜耳法生产线），于2010年9月投产，挖潜改造工程陆续于2017年、2018年实施，扩产氧化铝产能30万吨。

截至2021年7月底，公司累计生产氧化铝3324.94万吨，销售收入743.69亿元，上缴税费64.28亿元，是原平市乃至忻州市经济支柱企业。多年来，公司积极履行央企社会责任，坚持绿色发展、安全发展理念，大力参与地方新农村建设和脱贫攻坚，在地方有良好美誉度。

近年来，公司先后荣获山西省五一劳动奖状、山西省功勋企业、山西省双百强企业、山西省优秀企业、山西省文明单位、氧化铝行业技术领先奖、全国有色金属行业先进集体、中国铝产业最具竞争力企业、山西省环境行为绿色等级企业、山西省安全生产标准化二级企业、集团公司环保先进单位、氧化铝优秀生产企业十五强等称号，连续多年被评为全国氧化铝十佳厂商。

鞍钢集团国际经济贸易有限公司

　　鞍钢集团国际经济贸易有限公司（以下简称鞍钢国贸）是隶属世界500强企业鞍钢集团有限公司的大型综合性外经贸企业，是中国冶金行业第一家经国家有关部门批准成立的具有独立进出口权的对外贸易服务企业，是中国对外贸易500强企业，是鞍钢集团钢铁主业及非钢产业产品和服务的海外代理商、国际化运营的综合贸易商、海外产业投资运营商、海外贸易融资平台和国际化战略的执行平台。

　　鞍钢国贸成立于1981年12月，最初名称为中国冶金进出口公司鞍钢分公司，1984年扩权更名为鞍钢进出口公司；1994年经国家外经贸部批准取得对外经济技术合作、对外工程承包和劳务出口权限，扩权更名为鞍钢集团国际经济贸易公司；1998年与鞍钢供销公司合并，成为集内外贸销售、采购业务为一体的综合性贸易公司；2013年，根据鞍钢集团发展战略，整体剥离内贸业务，并整合攀钢区域国际贸易业务；2017年1月，鞍钢国贸实施公司制改制，更名为鞍钢集团国际经济贸易有限公司。

　　鞍钢国贸主要业务领域涉及钢铁产品、煤炭和矿石等大宗原燃材料、成套设备、备品备件等各类商品及技术的进出口、国际工程承包、国际物流服务以及国际金融服务等，经过30多年的发展，已成为进出口贸易、金融服务、物流服务领域的大型综合性外经贸企业，产品销售覆盖全球60多个国家和地区，拥有17个海内外分支机构和1200多家境内外合作伙伴，在全球范围内广泛开展海内外贸易、投资与合作，公司品牌、产品实物质量和售后服务等在国内外市场享有较高的知名度。

中国人民解放军第五七〇二工厂

中国人民解放军第五七〇二工厂（国营四达机械制造公司）是大型装备维修保障企业，按照现有产品结构和工艺布局，生产主要划分为军品修理、民品制造和后勤保障三大系统，具备装备修理制造、军用特种汽车改装、轻钢结构、建筑安装、复合材料等产品的开发、研制能力，拥有国内外先进的冷、热加工设备和计量检测设备1万余台（套），资产总额超42亿元。

公司在开展生产经营活动中，通过装备承制单位资格审查和GJB9001C、AS9100D质量管理体系认证，取得装备承制单位资格证书和国军标质量管理体系认证证书、国际航空航天质量管理体系认证证书，并获得原中国民用航空总局颁发的维修许可证，通过GB/T 45001职业健康安全管理体系认证，安全生产标准化二级达标，具有武器装备科研生产单位二级保密资质。

公司是庆祝中华人民共和国成立50周年、60周年首都阅兵装备保障先进单位，庆祝中国人民解放军建军90周年阅兵装备服务优质单位；是重合同守信用企业，中国AAA级信用企业；获评全国6S管理四星级单位、模范职工之家、环境优美工厂；累计5年被空军装备部党委评为先进企事业单位党委；获评陕西省先进集体、五一劳动奖状、绿色企业、平安企业。

公司始终坚持以习近平新时代中国特色社会主义思想为指引，全面贯彻党的强军思想，为加快建设现代化国防事业做贡献，坚持稳中求进工作总基调，发扬斗争精神，树立底线思维，准确识变、科学应变、主动求变，在新的起点上，全面推动公司高质量发展，向着"行业领先、国内一流"的创新型装备修理企业迈进。

潞安化工集团有限公司

　　潞安化工集团有限公司是山西省委省政府贯彻习近平总书记视察山西重要讲话重要指示、着眼全省转型综改大局、致力提升化工产业集中度和竞争力新设立的企业集团，是以原潞安集团煤化一体产业为主体，专业化重组省属企业化工类资产和配套原料煤矿，组建而成的全省规模、实力领先的化工企业集团和全省唯一的国有化工产业运营平台。

　　公司于 2020 年 8 月在长治市高新区注册成立，注册资本 200 亿元，2020 年 11 月 26 日正式挂牌。目前，公司拥有山西省唯一的国家煤基合成工程技术研究中心、2 个国家级技术中心、2 个博士后科研工作站、1 家产业技术研究院和 7 家国家高新技术企业，现有员工总数 10 万余人。通过专业化重组、归核聚焦、强基固本，公司构建了以化工为核心主导、以新材料和清洁能源为两翼的"一核两翼"现代产业体系，形成了集化工技术研发、产品营销、工程总包、化工装备制造、运维服务、资本运营等于一体的完整产业链条。

　　"十四五"期间，公司将勇担"在全省化工领域转型发展上蹚出一条新路来"的历史使命，按照"高端化、差异化、市场化和环境友好型"战略定位，坚持"价值成就你我"核心理念，与能人携手，和巨人同行，推进"重点项目提质增效实现新突破、产业链延链补链强链形成新格局、精细化工及新材料培育新动能"三大核心任务，全力打造转型发展蹚新路的旗舰劲旅，为全面建设创新驱动的世界一流化工集团打下坚实基础。

美锦能源集团有限公司

　　美锦能源集团有限公司（以下简称美锦集团）创建于1981年，总资产超633亿元，职工1.7万人，是集煤炭开发、加工于一体的综合利用民营企业。公司拥有一家A股主板上市公司——美锦能源。

　　美锦集团通过兼并重组等方式拥有了5座现代化矿井，井田总面积174.7平方千米，原煤储量达20亿吨，总设计产能1230万吨/年，包括位于清徐县东于镇六段地村的锦富煤矿、位于清徐县东于镇新民村的东于煤矿、位于吕梁市交城县的锦辉煤矿、位于长治市沁源县灵空山镇畅村的太岳煤矿和位于吕梁市临县林家坪镇的锦源煤矿矿区，产品含盖炼焦所需的全部煤种——肥煤、气煤、焦煤、瘦煤、喷吹煤、电煤等，是集团发展煤基多元化、循环再利用的坚实基础。

　　美锦集团现有5个焦化企业，分别为位于清徐—交城工业园区的山西美锦焦化有限公司、山西美锦煤焦化有限公司、山西美锦煤化工有限公司，位于阳曲县东黄水镇工业园区的山西隆辉煤气化有限公司，位于河北省唐山市栾县的唐钢美锦（唐山）煤化工有限公司。焦化年产能930万吨，是全国最大的独立商品焦生产基地之一，也是太原、清徐、交城、阳曲的煤气气源基地。

　　目前，美锦集团在现有循环经济的基础上，已初步实现了低碳经济、清洁生产。未来将对现有产业进行横向和纵向一体化扩展，通过现代化和生态化矿井建设、新能源综合利用、现代煤化工产业和现代物流业四大板块的建设，打造以循环经济为基础的生态工业体系，实现国家级生态工业园区的建设目标，促进集团整体跨越发展。

徐州工程机械集团有限公司

　　徐州工程机械集团有限公司（以下简称徐工）前身为 1943 年创建的八路军鲁南第八兵工厂，是中国工程机械产业的奠基者和开创者，产品从传统单一的兵工、农用设备发展到工程起重机械、铲土运输机械、混凝土机械、挖掘机械、道路机械、矿用工程机械等 14 大门类。

　　自成立以来，徐工始终保持中国工程机械行业第 1 位。2021 年 5 月，英国 KHL 集团发布的 2021 年全球工程机械制造商 50 强排行榜中，徐工从 2017 年的全球第 7 名，跃升至 2021 年的第 3 名，首次代表中国企业进入全球三甲。"徐工 XCMG"品牌是具有极高行业知名度和价值的品牌，连续三年入围世界品牌 500 强，2021 年排名第 395 名，成为中国工程机械行业唯一入围品牌，是江苏省乃至中国装备制造业的一张名片。徐工产品出口到全球 187 个国家和地区，覆盖"一带一路"沿线 97% 的国家，年出口总额和海外收入持续居中国行业第一。

　　2020 年，徐工夺取了新冠肺炎疫情防控与经营发展的"双胜利"，实现营业收入 1116 亿元，主机销量突破 19 万台，同比分别增长 27.1%、35.8%。徐工加紧布局新一批智能化制造基地和战略性新兴产业及服务平台，以智造价值、创新驱动贡献一己之力。徐工向着"珠峰登顶三步走、进军世界五百强"的战略目标迈出坚定步伐，引领行业开启国际化先河，源源不断地为全球重大工程建设贡献力量。

山东泰山钢铁集团有限公司

党委书记、董事长、总裁　王永胜

　　山东泰山钢铁集团有限公司（以下简称泰山钢铁）建于1969年，前身是泰安地区莱芜钢铁厂，1981年下马停产，1984年恢复生产，2007年转型发展不锈钢，现为全国极具竞争力的400系不锈钢生产基地，山东省唯一一家全流程不锈钢生产企业，山东省不锈钢行业协会会长单位，是《山东省先进钢铁制造产业基地发展规划（2018—2025年）》"莱—泰内陆精品钢生产基地"的重要产业板块。

　　泰山钢铁注册资本30亿元，现有员工近8000人，党员1312名。已形成以不锈钢为主营，以精品板带材为主体，集新材料、高端装备、清洁能源、国际贸易、现代物流等多业并举和产学研协同发展的现代化企业集团。核心产品400系不锈钢占据全国30%的市场份额。拥有452项国家专利，37项不锈钢技术填补国内空白。2020年实现营业收入496.5亿元，连续12年进入中国企业500强。

　　当前，泰山钢铁深入贯彻落实党的十九届五中全会精神，围绕企业高质量、可持续发展，坚定不移地走专业化、品牌化发展道路，加快不锈钢制品产业链的延伸，加快氢能产业链的发展，加快工业互联网示范企业的建设，深度实施"产城融合"发展，精耕细作、精益求精，建设泰山品牌，全力打造全球最具竞争力的产品和企业，用实际行动为民族品牌争光。

海亮集团有限公司

董事局主席兼总裁　曹建国

　　海亮集团有限公司成立于 1989 年，现拥有 3 家境内外上市公司，员工 2.1 万名，产业布局 12 个国家和地区，营销网络辐射全球。2020 年，集团营业收入 1964.2 亿元，综合实力位列世界 500 强企业第 428 位、中国企业 500 强第 117 位、中国民营企业 500 强第 29 位、浙江省民营企业 100 强第 5 位，为浙江省首批"雄鹰行动"培育企业。

　　集团创业 30 多年来，已成长为一家以教育事业、有色材料智造、健康产业为主体的世界 500 强企业。教育事业始于 1995 年，具有 26 年基础教育、19 年国际教育办学历史，2020 年在新加坡设立国际总部，是中国学生规模最大的民办基础教育集团之一。有色材料智造始于 1989 年，具有 32 年铜加工生产历史，现设有 21 个生产基地，长期合作客户达 8000 多家，是全球铜管和铜棒产销量最大的企业。健康产业由生态农业、养生养老、医疗服务三大业务组成。明康汇生态农业集团创立于 2012 年，是一家以生鲜供应链为核心的全产业链运营的集团公司，现有 16 个自有生产基地，生鲜门店 300 多家，合作客户 800 余家，服务人数达 100 多万，是杭州 G20 峰会主要生鲜供应商。湖州海亮国际康养小镇，是海亮集团打造的山水田园养生养老的代表性项目，集医疗健康、教育培训、生态农业、休闲旅游等业态为一体，已列入浙江省重大产业示范项目、省市县长重点工程。

　　集团在不断发展壮大的同时，赢得了社会的广泛认可和诸多荣誉，先后获得全国文明单位、全国五一劳动奖状、全国先进基层党组织、全国企业文化示范基地、中国优秀诚信企业、全国脱贫攻坚先进集体等荣誉称号。

创本控股集团有限公司

董事长　吴小栋

创本控股集团有限公司（以下简称创本集团）成立于2015年1月，是一家集地产开发、建设施工、科技互联、酒店餐饮等诸多业务于一体的综合性集团公司。创本集团总部位于杭州市，旗下现有永城创本城市之星实业有限公司、永城英顿酒店有限公司、浙江创本建设有限公司等十余家企业，业务覆盖浙江、河南、安徽、江苏、黑龙江、云南、广西等地，现有员工449人，资产15.87亿元。

创本集团始终秉承"创业创新，以人为本；追梦转型，以创为本；和谐共享，创不忘本；携手同行，共创资本"的企业文化，以及"引领创新，永续经营，增值共赢"的经营理念，力争给每个项目、每个客户、每个伙伴带来不断的增值空间，形成具有创本特色的行业经验、招商联盟、团队优势、产业链优势和创本速度。

近年来，创本集团坚持聚焦主业、力拓市场、强强联合的战略定位，内强管理、外联共赢，集团规范化管理再上台阶，各项业务取得突破性进展。目前已建成或即将建成的，以创本活力城和创本城市之星为标志的创本地产系列产品，总投资60亿元；建设中的永城创本开元名都大酒店，是永城首家五星级全服务酒店。2021年，创本集团拟开工项目总投资同比翻番。

依托以人为本、创不忘本、诚信经营的文化凝聚力、品牌影响力、核心竞争力，创本集团将在数字经济新时代创造新的辉煌。

内蒙古白音华蒙东露天煤业有限公司

内蒙古白音华蒙东露天煤业有限公司隶属国家电投集团内蒙古能源有限公司，是中电投蒙东能源集团有限责任公司的全资子公司。2017年，公司开展市场化债转股项目，随着工银金融资产投资集团有限公司资金到位，企业性质由全资子公司变为其他有限责任公司。

公司是白音华三号露天矿的建设和管理实体，位于内蒙古锡林郭勒盟西乌珠穆沁旗白音华能源化工园区，是一家集煤炭生产、加工、销售于一体的国有大型煤炭露天煤矿，白音华三号露天矿位于白音华煤田中部，是国家重点建设的13个大型煤炭基地中的蒙东（东北）基地的煤矿之一，是国家电投集团发展的重点区域和能源基地及国家电投内蒙古公司"煤电硅"产业链条的重要基础。

公司自开发建设以来，严格执行"追求卓越管理，打造诚信产品；营造绿色环境，创建生态矿山；强化风险控制，保障健康安全"的管理方针，在不断加强对矿区和周边环境整治，加大对周边牧民帮扶力度的同时，坚持"策划、程序、修正、卓越"的工作理念、"任何风险都是可以控制的"安全理念、"营造绿色环境、构建生态文明"的环保理念、"以客户为关注焦点"的营销理念，努力打造经营管理科学、结构布局合理、环保水平领先、员工素质优秀、企业文化先进、可持续发展能力强的一流能源企业，为实现集团公司"一体循环、两翼搏强、价值提升、千亿蒙东"的战略目标而努力奋斗。

内蒙古霍煤鸿骏铝电有限责任公司

内蒙古霍煤鸿骏铝电有限责任公司成立于 2002 年 11 月 27 日，是内蒙古霍林河露天煤业股份有限公司的控股子公司，主营电解铝生产加工业务，兼营发电、售电、供热等业务，现已在霍林河地区形成包括 86 万吨电解铝产能、配套 20 万吨炭素产能和年消耗 1000 万吨劣质褐煤的 180 万千瓦火电、40 万千瓦风电及具备独立运行能力自备电网的循环经济产业集群。

位于霍林郭勒市工业园区的一期电解铝项目采用 SY–300kA 预焙阳极电解槽技术，产能 22 万吨/年，电解槽数量 284 台；二期铝合金项目采用 SY–350kA 预焙阳极电解槽技术，产能 26 万吨/年，电解槽数量 276 台。位于扎鲁特旗扎哈淖尔工业园区内的三期铝合金续建项目，扎铝一期采用 SY–400kA 预焙阳极电解槽技术，产能 38 万吨/年，电解槽数量 358 台，配套建设 20 万吨炭素项目；扎铝二期规划建设产能 38 万吨/年，按照国家政策要求已取得项目备案、环评、能评等审批文件，手续齐全，具备开工建设条件；三期铝合金续建项目配套建设由 2×350MW 火电机组、150×2MW 风电机组与局域网、调度中心组成的霍林河循环经济示范工程，与一期、二期配套热电联产火电机组构成智慧能源电网，以风、火互补发电方式满足 86 万吨电解铝生产全部用电需求。

多年来，公司凭借国家政策优势、地区资源优势、产业发展优势的全方位支持，成功打造了一条以劣质褐煤就地发电转化为主、大比例消纳风电的"煤–电–铝"循环经济产业链，形成了具有完全自主供电核心竞争力的低成本竞争优势，创造了良好的经济效益和社会效益，已成为国家电投集团内蒙古能源有限公司在蒙东地区循环经济产业的重要支撑和地方铝产业基地的支柱企业。

河北普阳钢铁有限公司

　　河北普阳钢铁有限公司成立于 1992 年，1993 年上炼铁，2002 年建炼钢，2006 年设轧钢，顺应国家政策，逐步发展成为集洗煤、焦化、烧结、炼铁、炼钢、轧材、发电、制氧、科研为一体的综合型钢铁联合企业。公司拥有职工 7300 多名，人均月工资超 10000 元，实施"阿米巴+卓越绩效"管理模式，拥有国家认可实验室、自主知识产权钢铁研究院、省级高塑韧性耐磨板技术创新中心和冷镦钢技术创新中心，是河北省著名的板材生产基地。公司主要产品有高性能宽厚板、热轧卷板、冷轧镀锌卷板、高速线材等，其中多项产品荣获冶金实物质量金杯奖，畅销日韩、欧美、东南亚等 70 多个国家和地区。

　　公司历年荣获全国钢铁工业先进集体、河北省政府质量奖提名奖、中国农业银行河北省支行 AAA 级信用单位、河北省诚信企业、河北省明星企业等多项荣誉称号，连续 16 年跻身中国企业 500 强，2019 年位列中国企业信用 500 强第 254 位。

　　对于诚信经营，公司党委书记、董事长郭恩元曾在多种场合一再重申：诚信是一个人的形象，是产品形象，更是企业形象。产品如人品，企业的好形象是由一个个讲信誉的人组成的。做人，老老实实、讲诚信，人们就都愿意和他打交道，朋友多了，财路必然广阔。做企业，更要脚踏实地，勤勉务实，重信誉讲合作，在利益面前，做到让客户及合作伙伴先赢。中国商道自古就讲究"互惠互利、合作共赢"，只有双赢多赢的买卖，才是好买卖，才是得人心的买卖。

华迪钢业集团有限公司

　　华迪钢业集团有限公司创建于 1992 年，是一家专业致力于工业不锈钢无缝管生产的上市企业（股票代码：HUDI）。公司 2005 年至 2007 年连续三年不锈钢无缝管生产产量位列全国第一，是温州市不锈钢行业龙头企业，成为龙湾区首家产值超 10 亿元的民营企业。

　　公司拥有多种检测设备以及配套的理化分析等设施，是国内同行中生产和检测设备齐全的单位之一。随着新型材料的发展，公司投入大量技术和设备，以满足高端产品的安全性能要求和质量标准。公司被认定为"国家高新技术企业"。

　　"华钢"牌不锈钢无缝管自投入市场以来，用户遍布全球，是中石油、中车以及中国核电等大型国企主力供应商单位。公司拥有自主进出口权，产品远销德国等 30 多个国家和地区，为石油、海油、化工、医药机械、航天航空、核电、造船、高压锅炉、热交换器、压力容器、冷凝器、水利、电业等领域提供安全可靠、性能优越的产品。

　　公司现已通过了美国 ABS 公司 ISO 9001、PED 和法国 BV 公司 ASTM/ASME 产品认证、德国 TüV AD2000 WO 认证、DNV GL 钢管认证、英国劳氏船级社 LLOYDS 认证、中国船级社 CCS 工厂认可证书，被美国亚太经贸委和法国科技质监委评为"向欧盟市场、美国市场推荐产品"及"高质量科技产品"。

淮北矿业信盛国际贸易有限责任公司

　　淮北矿业集团始建于 1958 年，1998 年改制为淮北矿业（集团）有限责任公司，同年由原煤炭工业部直属企业转为安徽省直属企业，现已发展成为以煤电、化工、现代服务为主导产业，跨区域、跨行业、跨所有制的大型能源化工集团。集团现有在岗员工 4.8 万人，生产矿井 18 对，淮北矿业、华塑股份 2 家沪市主板上市公司；年产商品煤 2200 万吨、焦炭 440 万吨、甲醇 40 万吨、聚氯乙烯 64 万吨，电力总装机规模 200 万千瓦；连续 20 年进入中国企业 500 强，位列 2021 中国企业 500 强第 315 位、2021 煤炭企业 50 强第 13 位。

　　淮北矿业信盛国际贸易有限责任公司成立于 2010 年 4 月，注册资本 1 亿元，总部位于安徽省淮北市，是淮北矿业控股股份有限公司的全资子公司。公司主要业务以钢材产品、煤炭、化工产品等大宗商品和国际贸易为主，兼营各类工矿设备、配件及生产原料的购销业务及进出口代理业务。目前，公司与国内 10 多家大型矿业集团和数 10 家大型钢铁、焦化、电力、水泥企业建立了长期战略合作关系，业务遍及 10 多个省市区。

　　经过 10 余年的发展，公司已成为国内业界较有影响力和知名度的钢材、能源和进出口商贸企业，曾先后荣获全国钢贸企业建材百强榜、安徽省建筑钢材领导品牌、诚信经营示范单位、重合同守信用企业等荣誉。

河北津西国际贸易有限公司

　　河北津西国际贸易有限公司（以下简称津西国贸）前身为津西国际贸易有限公司，于 2011 年在天津市成立，为河北津西钢铁集团全资子公司，2018 年迁入河北唐山，在唐山、天津、上海、山东设立 8 家子公司，经营铁矿石、钢材、煤炭、废钢及合金等大宗商品的国际、国内贸易，拥有欧洲国际钢板桩和绿色基础工程公司（德国）、中国东方新加坡公司、津西香港进出口公司三个海外贸易平台，目前成为集进出口贸易、货运代理、仓储服务为一体的综合性贸易公司。2020 年津西国贸（含并表子公司）营业收入 248.4 亿元，利润总额 1.56 亿元，资产总额 77.51 亿元。

　　近年来，津西国贸坚守"服务创造价值"的核心理念，致力于打造行业领先的贸易平台，在现行市场经济体制下，采用先进管理模式，事业部、职能部分工明确，规范化管理确保公司高效运行。先后荣获 2017 年优质诚信出口企业、2020 唐山地区铁矿石优质供应商、2020 河北服务业企业 100强（第 10 名）、2020 年中国对外贸易 500 强企业（津西集团第 348 位）、2021 唐山地区铁矿石优质供应商、2021 年 Mysteel 唐山地区铁矿石港口现货价格指数诚信采价单位、2021 年企业信用评价AAA 信用企业等荣誉，旗下子公司天津海纳金荣获 2021 天津企业 100 强第 68 名、2021 天津服务业企业 100 强第 33 名等多项荣誉称号。

攀枝花市水务（集团）有限公司

  攀枝花市水务（集团）有限公司地处四川省西南的金沙江畔，始建于1966年，1977年升格为自来水公司，1993年经批准建立市自来水总公司，2003年改制为国有控股公司，是集公益性、竞争性和生产经营性于一体的现代化城市供、排水综合运营商。

  公司始终将诚信经营作为企业的生存之道和立企之本，坚持社会公益与企业发展两条主线，围绕"服务地方经济发展、保障人民身体健康、实现国资保值增值"的企业使命，秉持"水质好、压力足、计量准、服务优"的企业宗旨，为全市人民提供安全可靠的供排水服务。经过55年的发展，公司现下辖16座水厂、5座污水处理厂、10个子公司，并参股了10家公司，供水范围涵盖攀枝花市东区、西区、仁和区、米易县、钒钛新城和攀西科技城，日供水能力62.50万立方米，日污水处理能力11.9万立方米，水质检测能力达145项，用水人口72.69万人，连续多年来位居供水行业最大规模、最佳效益全国百强、全省十强之列。

  截至2020年，公司资产总额275300万元，营业收入62695万元，上缴税金5673万元，先后荣获了第五届全国文明单位、全国五一劳动奖状、全国模范劳动关系和谐企业、全国模范职工之家、全国和谐劳动关系优秀企业、企业信用评价AAA级信用企业、四川省五一劳动奖状、四川省先进企业、攀枝花市第二届市政府质量奖等多项荣誉称号。

枣庄新中兴实业有限责任公司

　　枣庄新中兴实业有限责任公司前身是 1878 年成立的中兴煤矿公司，为近代中国三大煤矿之一，是中国第一家民族股份制企业、中国近代第一大民族资本企业，发行了中国煤炭工业第一只股票，是清末第一家使用机械化开采的企业，在中国近代民族工业发展中谱写了辉煌的篇章。

　　公司始终秉承百年中兴文化底蕴，践行"客户第一、信誉第一、服务第一"的经营宗旨，坚持"绿色发展和科技强企"理念，已发展成为集高端装备制造、建筑建材、电子、服装、房地产开发、生物质能源研发制造、生物制药、中兴文化传媒等为一体的新型综合性企业。公司在发展的同时，还将发展成果惠及职工群众和社会，将原枣庄煤矿的老旧小区建设成了蓝天白云相伴、绿色环保宜居、出行方便快捷的现代化社区，使 7376 户、两万余名职工家属住上了新楼房，成功将昔日煤灰蔽日、沉陷遍地的矸石山打造成风景秀丽的国家矿山公园，得到社会各界的一致好评。公司获评枣庄八景、枣庄 AAA 级旅游景区、国家第八批重点文物保护单位、中国第一批工业遗产保护名录、山东省爱国主义教育基地等。

　　站在"十四五"高质量发展的新起点，公司将传承百年工业基因，为实现中华民族伟大复兴的中国梦贡献中兴力量，铸就百年中兴新的辉煌！

上海电力股份有限公司

上海电力股份有限公司（以下简称上海电力）成立于1998年，是国家电力投资集团有限公司（以下简称国家电投）最主要的上市公司之一，也是上海市最主要的电力能源企业之一。百年上海电力是中国电力诞生的见证者，是中国电力大发展的参与者，是"奉献绿色能源，服务社会公众"的倡导者，是集清洁能源、新能源、综合智慧能源科技研发、现代电力供应和服务业于一体的创新型、国际化的现代能源企业。

上海电力全力落实国家电投"2035一流战略"及"碳达峰"目标，以股东利益为中心，以市场需求为导向，以服务社会为己任，坚持生态优先、绿色发展，立足长三角和华东区域，面向长江经济带，辐射全国，放眼世界，全力以赴推进"新产业、新业态、新模式"，推动公司高质量可持续发展，建设具有全球竞争力的世界一流清洁能源企业。

截至2020年年底，上海电力资产总额达1289.47亿元，海外资产总额达134.37亿元，控股装机容量突破1676万千瓦，清洁能源控股装机容量823.49万千瓦，清洁能源装机占比49.13%，主营业务收入达242.03亿元。

湖南郴电国际发展股份有限公司

　　湖南郴电国际发展股份有限公司于2000年年底组建，2004年4月在上海证券交易所上市（股票代码：600969），总股本3.7亿股，是郴州市第一家上市公司，是联合国国际小水电中心设立的第一个世界范围内小水电示范基地"郴州基地"的承办单位。公司主营供电、供水、水电开发、污水处理、工业气体等业务，下辖郴州、宜章、临武、汝城、永兴5个分公司和郴州市自来水公司等15个子公司，以及常州、新余中邦等8个二级子公司；国内业务遍布上海、江苏、河北、江西、内蒙古、四川、贵州、云南等省（自治区、直辖市），国际业务遍及印度、尼泊尔、赞比亚等国家。公司总资产135亿元，员工近4000人，2020年度主营业务收入30亿元，纳税近1.6亿元。

　　公司坚持以习近平新时代中国特色社会主义思想为指导，坚持稳中求进总基调和高质量发展要求，全面贯彻新发展理念，认真贯彻公司第三次党员代表大会精神，做稳电市场、做活水文章、做优气板块、做大新能源，积极探索推进综合能源服务、新技术新材料和生态环保产业，奋力将郴电国际建设成为市值超百亿、产值超百亿的一流上市公司，打造成为中国优秀综合能源服务商。

北矿机电科技有限责任公司

　　北矿机电科技有限责任公司成立于 2010 年 11 月 2 日，是在北京矿冶研究总院机械设计研究所的基础上成立的科技型公司，2015 年 11 月被北矿科技股份有限公司全资并购。公司下设企业管理部、财务部、综合部、市场开发部等职能机构及浮选设备事业部、磁选设备事业部、粉磨工程事业部、矿山设备事业部、电气与控制事业部 5 个事业部，设有 1 个技术中心。公司拥有北京矿冶研究总院固安机械有限公司、北矿机电（沧州）有限公司 2 个全资子公司。公司属于国家知识产权优势企业、北京市高新技术企业、北京市专利示范单位、北京市设计创新中心、北京市企业技术中心。

　　公司在矿冶技术装备领域拥有一支高素质的科技队伍和一批国内外知名专家，有高层次专职研究开发人员 76 人，其中博士 6 人、硕士 60 人，高级职称 55 人、中级职称 11 人，国家级有突出贡献的中青年专家 4 人，享受政府特殊津贴的科技专家 8 人，国家"百千万人才工程"人选 3 人。

　　公司专注于矿冶智能装备的研究开发和销售，有近 60 年的技术研发积累，一直是国内选矿装备行业的开拓者与领航者，多项关键核心技术与装备可代表国家水平；与国内中国黄金、江铜集团、五矿集团、紫金矿业等几乎所有大型有色矿企达成长期战略性合作，每年为国内外数百家矿山企业提供产品和服务，累计服务大中型矿山企业超过 3000 家，包括俄罗斯、蒙古、哈萨克斯坦、沙特阿拉伯、伊朗等多个"一带一路"沿线国家和地区的企业。

宝胜科技创新股份有限公司

　　宝胜科技创新股份有限公司（以下简称宝胜股份）是经江苏省人民政府批准，由宝胜集团有限公司作为主发起人，联合中国电能成套设备有限公司等五家发起人，以发起设立方式组建的股份有限公司。公司主要从事电线电缆及电缆附件开发、制造、销售及相关的生产技术开发。2004 年 8 月 2 日，宝胜股份在上交所正式上市，证券简称为"宝胜股份"，证券代码为 600973，注册资本为 15600 万元。2005 年 8 月，宝胜股份作为全国第二批股权分置改革试点单位之一，顺利实施了股权分置改革。

　　宝胜股份现有员工 2000 余人，拥有众多国际一流水平的进口设备以及国内一流水平的关键配套设备，专业生产 180 多个品种、22000 多个规格的裸铜线、电气装备用电缆、电力电缆、网络电缆、铁路信号电缆、矿物绝缘电缆、橡胶电缆、分支电缆等各种系列电线电缆，形成了系列化、规模化、成套化的产品群体。目前共有 29 个产品被评为国家级新产品，获得国家专利 61 项，参与编制了国家及行业标准 25 项，相继通过 ISO 9001 质量体系、ISO 14001 环境体系、ISO 10012 计量体系以及 "UL" "3C" "船级社" "煤矿安全标志" 等国内外权威机构认证。

贵州轮胎股份有限公司

　　贵州轮胎股份有限公司前身是贵州轮胎厂，始建于 1958 年，1996 年改制为上市公司，股票在深交所主板上市（股票代码：000589），股票简称"贵州轮胎"，目前总股本 9.56 亿股，其中国有股占比 27.76%，是国家大型一档企业，全国 520 户重点企业，全国十大轮胎公司和工程机械轮胎配套、出口基地之一。

　　公司主要生产"前进""大力士"等品牌卡客车轮胎、工程机械轮胎、农业机械轮胎、工业车辆轮胎和特种轮胎，规格品种多达 3000 多个，是国内规格品种较为齐全的轮胎制造企业之一。公司现有贵阳和越南两个生产基地，其中贵阳扎佐基地占地 2300 亩（约 153 万平方米），越南前江基地占地 301 亩（约 20 万平方米）。公司建立了完善的国内市场网络体系，产品除畅销国内市场外，还出口到美国、英国、意大利、南非等 100 多个国家和地区，年出口量占总销量的 20% 左右。企业规模在 2020 年度世界轮胎厂商 75 强中排第 32 位。截至 2020 年年底，公司总资产 115.16 亿元，净资产 48.80 亿元。2020 年度，完成营业收入 68.08 亿元，实现主营业务利润 5.89 亿元。

　　公司拥有雄厚的技术力量，建有国家级企业技术中心和博士后科研工作站，长期从国外聘请资深技术专家进行现场指导和产品研发。公司产品先后通过了 ISO 9001 质量体系认证、ISO/TS 16949 质量体系认证、国家强制性（3C）认证、美国交通部 DOT 安全标志认证、欧共体 E-mark 产品认证等。2020 年，公司成功申报并荣获贵州省第三届省长质量奖、国家工信部第五批国家绿色工厂、国家工信部第二批工业产品绿色设计示范企业荣誉称号。

上海蒙塔萨汽车零部件有限公司

　　上海蒙塔萨汽车零部件有限公司成立于1996年3月，是商务部首批认定的中国汽车零部件产业生产基地，前身为上海隆克机械有限公司，是德国隆克公司和上海干巷汽车镜（集团）有限公司合资成立的公司；2003年由于外方投资方变更，更名为上海依赛工业有限公司；2013年年末由于外方投资方再次变更，由墨西哥蒙塔萨集团在德国的子公司 Metalsa Automotive Beteiligungsgesellschaft mbH 作为外资投入，于2014年3月1日正式更名为上海蒙塔萨汽车零部件有限公司。

　　公司的主要产品分为三大块：金属焊接总成系列，以汽车横梁、保险杠为主；汽车变速箱零件系列，以MQ200换挡机构总成和DQ200P挡锁止机构、DL382换挡机构为主；汽车铰链系列，以NSC、B7L、M-CC、奥迪A3铰链为主。产品主要配套于上海大众、一汽大众、上海大众变速器、大连大众变速器四家重点汽车主机厂。公司生产的产品均由公司自行开发设计，使用国际先进的工艺技术；关键生产设备、在线检测校正设备等从德国进口，结合国内外加工中心机床、焊接机器人及880T精冲等设备构成先进的生产线。公司拥有CATIA和CAD开发设计软件，通过了ISO 14001、OHSAS 18001和IATF 16949管理体系认证，通过CNAS实验室认证，产品技术和质量水平与国际先进水平同步。

　　公司以"信誉第一"为原则，2003年被评为上海市外商投资先进技术企业，2004年被评为上海市高新技术企业，2007年起多次荣获AAA级信用企业，连续10年成为金山区工业50强和吕巷镇创税贡献单位。近3年来，公司贷款、本金及利息偿还率100%，连续3年无不良信贷记录，切实履行担保责任，被农行评为AA+级企业。

江苏红豆实业股份有限公司

　　江苏红豆实业股份有限公司成立于 1995 年 6 月，是红豆集团有限公司核心子公司，2001 年 1 月 8 日在上海证券交易所挂牌上市（股票代码：600400）。公司以品牌运营及服装制造为优势，形成红豆男装全域零售、红豆职业装定制两大主营业务。红豆男装全域零售业务，以"三十而立，穿红豆男装"为品牌定位，专注打造舒适男装专家，为中高端男性消费者提供商务正装、休闲、运动等风格的优质时尚服饰产品，满足其在不同场合的一站式着装需求。目前，全域零售的线下销售渠道主要为全国二三线城市，同时依托门店数字化建设增强用户互动体验；线上销售由公司直营，主要入驻天猫、京东、唯品会、苏宁、小程序商城等第三方主流电商开放平台，多触点触达用户。红豆职业装定制业务，主要为客户量身定制各类中高档职业装，以及提供个性化的轻定制服务，客户范围覆盖金融、通信、交通运输等行业。

　　历年来，公司获得了全国西服质量管理先进单位、中国服装品牌年度价值大奖、中国服装品牌年度成就大奖、售后服务五星级认证、全国售后服务行业十佳单位、十大男装品牌、全国产品和服务质量诚信示范企业、全国服装行业质量领先品牌、中国职业装十大领军企业等荣誉。2019 年 10 月，"红豆"入选央视大国品牌"新中国成立 70 周年 70 品牌"。

威胜信息技术股份有限公司

　　威胜信息技术股份有限公司成立于 2004 年，是国内较早专业从事能源互联网的企业之一，2020 年 1 月 21 日在上海证券交易所科创板成功挂牌上市，是湖南省首家科创板上市企业。公司以"物联世界，芯连未来"为发展战略，布局能源互联网大数据应用管理、通信芯片和边缘计算等核心技术，致力于城市、园区、企业、建筑等的电、水、气、热管理，围绕能源流和信息流，构建从数据感知、通信组网到数据管理各层级的低碳、友好、高效的能源互联网解决方案。

　　公司解决方案的核心竞争力在于"数字化+物联网"，为各行业提供碳中和各类场景的软硬件边缘计算解决方案和设备，满足能源互联网系统数字化与信息化。公司的技术和产品覆盖能源互联网结构的各个层级，从底层的芯片设计、数据感知和数据采集，到确保数据高速传输和稳定连接的通信技术，再到为用户提供软件管理等数字化解决方案，是国内为数不多的提供全链条解决方案的物联网服务商。

　　公司是全球最高等级 CMMI5 软件企业，研发了中国第一套工业互联网平台化的电水气热能源计量自动化系统和中国第一台平台化设计和 GPRS 物联网模块化电力负荷管理终端等。公司主要产品和解决方案包括电监测终端、水气热传感终端、通信网关、通信模块、智慧公用事业管理系统和物联网综合应用解决方案，累计连接国内 1 亿物联网用户及海外 1000 万用户，对主要客户国家电网和南方电网项目的中标总额名列前茅。

深圳市机场股份有限公司

深圳市机场股份有限公司成立于 1998 年 3 月 28 日，同年 4 月 20 日，深圳机场在深交所挂牌上市（股票代码：000089）。深圳宝安国际机场地处粤港澳大湾区的地理中心，是南中国最重要的空运基地、粤港澳大湾区机场群的核心成员。作为中国唯一一家"未来机场"项目合作代表，公司致力于打造中国标杆、世界一流的高品质创新型国际航空枢纽。2020 年，公司成为全国十大机场中唯一实现盈利的企业，旅客吞吐量历史性进入全球前五位，货邮吞吐量历史性进入全球前二十位，增速位居全国百万吨级机场之首。

通航 30 多年来，公司实现高质量快速发展，从一片滩涂到全球最繁忙机场，辉煌的发展历程是深圳改革开放 40 多年伟大成就的缩影，为全国机场管理体制的改革和创新发挥了重要的引领示范作用。截至 2020 年年底，累计服务旅客超 6 亿人次，保障货物约 1634 万吨，飞机起降近 500 万架次，创造经济效益达 5530 亿元，提供就业岗位约 159 万个，为区域经济社会发展发挥了重要引擎功能和窗口带动作用，不仅为特区建设插上腾飞的翅膀，更成为向世界展示新时代"中国质量"的窗口。

近年来，公司先后荣获广东省政府质量奖、深圳市市长质量奖、全国质量标杆、全国市场质量信用等级 AAA、深圳十佳质量提升国企、CAPSE 最佳机场等荣誉。

兰州万里航空机电有限责任公司

　　兰州万里航空机电有限责任公司是中国航空工业集团有限公司下属的集科研、开发、生产于一体的航空机载设备研制生产企业，国家高新技术企业。主要从事航空电机、电动机构、机外照明、机载计算机、发电机、空投空降系统等专业机械设备产品的研发和生产，产品广泛应用于航空、航天等领域的飞控、液压、告警、救生等系统，为国防装备建设做出重要的贡献。

　　公司现有中国航空工业唯一机电研究机构——航空机电研究院，是甘肃省优秀企业研发中心，国家级高新企业；设有万里现代制造技术中心，被授予首批省级设计制造中心。在飞机向多电全电发展的今天，公司每年以20%以上的速度递增，被称为甘肃省制造业的排头兵。

　　公司不忘建厂初心，始终牢记强军使命，坚持面向全体员工、面向核心骨干、面向重点群体，完善选人用人机制、完善考核评价机制、完善激励约束机制，以深化人才发展体制机制改革为核心，以落实重大人才举措为抓手，以发挥人才作用为目标，使全体干部职工的积极性、主动性、创造性得以充分发挥，使领军人才的行业引领作用得以充分发挥，使核心骨干人才对单位的支撑固本作用得以充分发挥，最终达到人才发展的横向全覆盖、纵向全打通，努力形成人人渴望成才、人人努力成才、人人皆可成才、人人尽展其才的良好局面，让各类人才的创造活力竞相迸发、聪明才智充分涌流，确保在公司实现航空梦、强军梦、中国梦的同时，个人也能够实现幸福梦。

洛阳国宏投资控股集团有限公司

总体鸟瞰效果图

　　洛阳国宏投资控股集团有限公司（以下简称国宏集团）成立于 2013 年 6 月，是洛阳市属工业领域唯一的国有资本投资（运营）公司。国宏集团以"服务区域经济发展、提升自身价值"为使命，紧紧围绕"战略新兴产业引导培育、助推传统产业转型升级、市场化解决国企改革历史遗留问题"的功能定位，在产业投资运营、资产运营管理、现代服务业、资源投资开发、园区综合开发五个板块持续发力，为区域经济发展做出了贡献，谱写了高质量发展的绚丽篇章。

　　"十三五"期间，资产总额年均增长 18%，营业收入年均增长 66%，从 2019 年起连续蝉联中国服务业企业 500 强、河南企业 100 强，荣获企业信用评价 AAA 级信用企业、中国企业改革发展优秀成果奖一等奖，以及河南省先进基层党组织、河南社会责任企业称号，成为河南省唯一的国有资本投资（运营）公司试点对标企业。目前，国宏集团拥有二级公司 10 家、三级公司 60 家，从业人员 2500 人。

　　未来，国宏集团将紧紧围绕洛阳市委、市政府战略部署，贯彻新发展理念、融入新发展格局、落实新发展定位、厚植新发展优势，以市场化经营为方向，以推动洛阳制造业高质量发展为己任，加大资源整合与资源配置优化力度，力争在"十四五"末资产、营收达到"双五百亿元"，向着"打造区域影响力大、行业引领性强、社会认可度高的国有资本投资（运营）平台"目标奋勇前行，在洛阳市"建强副中心、形成增长极"中谱写更加辉煌绚丽的国宏篇章！

郑州银行股份有限公司

  郑州银行股份有限公司是一家区域性股份制商业银行，2015 年 12 月在香港联交所主板挂牌上市，2018 年 9 月在深交所挂牌上市，首开国内城商行"A+H 股"上市先河。

  截至 2020 年年末，郑州银行在职员工 4984 人，全省机构营业网点 173 家，其中含总行营业部 1 家、省内分行 14 家、小企业金融服务中心 1 家。郑州银行发起成立了九鼎金融租赁公司，管理中牟、新密、鄢陵、扶沟、新郑、浚县、确山共 7 家村镇银行，综合化经营扎实推进。截至 2020 年年末，郑州银行资产总额为 5478.13 亿元，较年初增长 473.35 亿元，增幅 9.46%；吸收存款本金总额为 3142.30 亿元，较年初增长 250.14 亿元，增幅 8.65%；发放贷款及垫款本金总额为 2379.59 亿元，较年初增长 420.48 亿元，增幅 21.46%；净利润为 33.21 亿元；资本充足率 12.86%，不良贷款率 2.08%，拨备覆盖率 160.44%，主要指标均符合监管要求。

  郑州银行一贯坚持走特色化、差异化发展之路，聚焦"商贸物流银行、中小企业金融服务专家、精品市民银行"三大特色业务定位，深入推进公司业务及零售业务转型，并取得初步成效。郑州银行经营管理能力的持续提升，得到了社会各界的广泛认可。在麦肯锡发布的中国 TOP40 银行价值创造排行榜（2020）中，风险调整资本回报率和经济利润分别排在全国银行的第 16 位和第 21 位；在 2020 中国服务业企业 500 强榜单中排在第 219 位，在河南省入围企业中位列第 2 位；荣获国家开发银行金融债银行间市场"优秀承销商"和"优秀做市商"等荣誉。

山东高速建材集团有限公司

  山东高速建材集团有限公司是由山东高速集团、美国海瑞集团共同出资组建的中外合资企业，注册资本 3.61 亿元，下辖 9 家权属单位。公司主要从事各类道路沥青的研产、储运、销售以及公路、桥梁等防水材料的生产施工，公路、港口、铁路、房建等建设材料的经营业务等。公司坚持以创新为追求、以市场为导向、以客户为核心、以价值为考量，致力于打造具有国际竞争力的世界一流建材综合服务商。

  作为山东省道路材料经营的龙头企业，公司在沥青市场的占有率居全国同行业第一位，建有改性沥青生产线 15 条，拥有 40 万吨以上的沥青罐容、50 万吨以上的钢材库容、日运力 5000 吨专业沥青车队及山东 2 家上期所石油沥青交割社会库，参与建设了华北、华东、华中、西南、西北 5 个区域 26 个省市的高速公路和市政道路工程；参与阿尔及利亚东西高速、埃塞俄比亚 AA 高速及朝鲜平壤重点公路等项目的材料供应，为国内外公路、铁路建设做出了重要贡献。

  公司将技术创新作为可持续发展的动力，与中国石油大学、山东交通学院、美国海瑞集团等开展了有效深入合作，科研创新软实力进一步增强。2008 年至今，先后承担交通运输部、山东省交通运输厅等政府部门科技项目 20 余项，获得山东省科技进步奖、中国公路学会科学技术奖、山东公路学会科学创新奖、交通科学技术奖等政府、行业奖项共 10 项；参与制定行业标准、地方标准、团体标准共 9 项，在申报地方标准 1 项；获发明专利 18 项，实用新型专利 15 项，在申请发明专利 15 项，拥有软件著作权 8 项，省级工法 1 项，鉴定科技成果 14 项，发表学术论文 7 篇；获批 1 个集团级科研平台——沥青新材料研发平台，科技创新成效初显。

贵州高投生态产业有限公司

　　贵州高投生态产业有限公司成立于 2013 年 5 月 15 日，为贵州高速投资集团有限公司（以下简称高投集团）的全资子公司，属贵州高速公路集团有限公司（以下简称高速集团）三级公司。公司拥有消防设施工程专业承包二级、公路交通工程（公路安全设施分项）专业承包二级、建筑工程施工总承包三级、公路工程施工总承包三级、环保工程专业承包三级、施工劳务的资质，先后获得贵州省污染治理服务能力评价证书（运维）、贵州省环境工程设计服务能力评价证书（设计）。

　　公司主营业务涵盖农业生态产业开发，建筑工程总承包，公路工程总承包，市政工程，水利水电工程，通信工程，机电工程，园林绿化工程，景观工程，地基工程，消防工程，防水防腐保温工程，桥梁工程，隧道工程，钢结构工程，装饰装修工程，幕墙工程，古建筑工程，照明工程，暖通工程，排水工程，强弱电工程，环保工程，建筑工程劳务分包，公路工程劳务分包，土石方工程，土地开发、治理、复垦，电梯安装、维修，安全防范系统设计、安装及维护，机械设备租赁，林木与花卉种植、销售，水污染、噪声、光污染治理，地质灾害治理，工程勘察设计、咨询，测绘服务，旅游项目开发等领域。

诚信的力量

贵州最美高速商贸有限公司

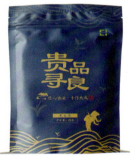    

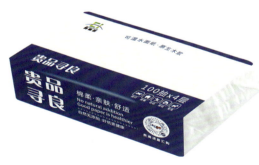 

　　贵州最美高速商贸有限公司成立于 2014 年 10 月。目前，贵州最美高速商贸有限公司主营业务为"贵高速·驿路黔寻"线上商城和线下服务区品牌连锁商超运营、高速公路服务区统一供配货、自有品牌商品"贵品寻良"运营等。

　　未来，贵州最美高速商贸有限公司将继续以线上商城为依托，以"服务区+"为着力点，充分挖掘路域资源，打造旅游、购物、餐饮、住宿、媒体广告、加油加气充电、物流服务等为一体的全业务数字化运营平台，向高速公路过往司乘人员提供精准服务，立志成为贵州省最好的以高速公路路网资源实施数字化精准服务的科技型商贸服务公司，并逐步走向全国高速公路。

2021

贵州高速传媒有限公司

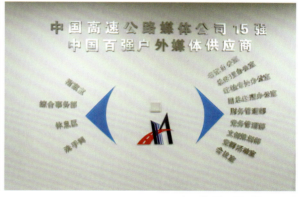

贵州高速传媒有限公司（以下简称传媒公司）成立于2013年7月26日，是贵州高速投资集团有限公司（以下简称高投集团）为贯彻贵州省交通运输厅、贵州高速公路集团有限公司（以下简称集团公司）有关经营高速公路产业发展战略要求而组建的全资子公司，现旗下拥有控股子公司一家。集团公司所辖高速公路媒体经营权为集团公司所有，按照相关会议精神，集团公司将所辖高速公路沿线媒体资源经营权授予高投集团；成立传媒公司后，将媒体资源的经营权授予传媒公司。

传媒公司自成立以来，在集团公司党委及高投集团党委的领导下，公司营收稳步增长，业务结构逐步完善，总体规模不断壮大，在贵州省传媒广告行业影响力和企业形象上得到明显提升。如今，传媒公司业务涵盖了媒体开发运营、品牌营销、文创策划、影视制作等领域。

传媒公司荣获第十四届中国户外传播大会中国高速公路媒体公司15强、中国百强户外媒体供应商、中国公路学会最具成长性企业、中国高速公路十强企业，中国广告协会媒体服务类二级广告企业，第十六届中国户外传播大会高速公路场景头部媒体，贵州省广告协会广告诚信经营企业、爱心广告企业，贵州省广告协会第六届副会长单位，第十八届中国户外传播大会全国百强媒体公司。

贵州益佰制药股份有限公司

  贵州益佰制药股份有限公司（以下简称益佰制药）创建于1995年，是一家集新型药品研发、生产、销售和医疗服务于一体的高新技术企业。2013年，益佰制药确定了以药品制造为基础，同时构建医疗服务体系，大力拓展大健康周边产品，全力部署仿制药、创新药研发并转化市场战略的方向。益佰制药立足药品制造领域，夯实制药主业，依托中药为基础，打造生物和化学药两个增长源；同时，不断向医疗服务和大健康产品两个领域拓展，形成"一舰双翼"的发展局面。

  益佰制药自成立以来，一直秉承"传承与创新"的理念，专注肿瘤领域中药治疗的研究与发展，逐步成为中药抗肿瘤领域的领航者。益佰制药在产品研发上大力投入，并得到了政府各级部门的认可，2006年获批为第十三批国家认定企业技术中心，2006年获批为博士后工作站，2007年获批为贵州省新型释药系统药物工程技术研究中心，2008年被评为国家级创新型试点企业，2008年建成益佰制药新药研发中试基地，2009年被评为国家地方联合工程研究中心，2009年发改委授予西南民族药新型制剂工程研究中心，2012年被国家发展改革委授予西南地区（贵州）药品生产动员中心，2012年被科技部授予国家级创新型企业。

  未来，益佰制药以"卓越的医药产品提供者，优秀的健康医疗服务领航者"为使命，致力于为客户提供优质高效、符合环保要求的产品，为投资者创造更大的财富，为社会创造更大的价值，力争成为中国医药产业受尊敬的、具有持续经营潜力的公司。

辽宁省医药对外贸易有限公司

　　辽宁省医药对外贸易有限公司成立于 1994 年，是上海医药集团股份有限公司的控股子公司。多年来，公司不断夯实管理基础、调整战略定位、深化服务创新、加快产业突破、聚焦市场服务需求、融合多种经营模式，以"药品分销"为核心，以"东北三省及内蒙古自治区成熟的终端网络"为基础，着力推进供应链延伸服务、三方物流服务、健康管理服务、国际贸易及新零售等多元化业务，加快构建"智慧医药"服务体系，逐步向信息化、数字化的高端健康服务企业转型升级，打造新的核心竞争力。

　　公司销售网络覆盖辽宁省、吉林省、黑龙江省、内蒙古自治区，与 1500 余家供应商建立了深入的合作关系，服务客户超 6000 家，为等级医院、零售药房、基层医疗机构提供快捷的药品配送和售后服务，以及综合性、一体化的分销解决方案。2019 年，公司销售额增幅再创新高，销售额近 60 亿元；2020 年，公司继续保持多业态协同发展，销售额达 64 亿元。

　　多年来，公司在不断提升自身竞争力和品牌影响力的同时，坚持履行社会责任，倡导奉献社会、投身公益的价值追求和优良传统。在新冠肺炎疫情防控的关键时期，公司积极保供，切实保障百姓及医疗机构用药的及时性和安全性，为社会捐赠防疫物资和医疗物资，履行了作为一个医药企业的责任担当，公司在疫情防控中的善举和贡献得到了省指挥部的充分肯定，也得到了合作伙伴的认可。

　　公司始终以"持之以恒，致力于提升民众的健康生活品质"为使命，倡导"创新、诚信、合作、包容、责任"的核心价值观，依托上海医药集团的品牌优势和平台优势，不断提升药品可持续供应能力和保障能力，努力为上下游合作伙伴提供综合、全面的服务解决方案，为客户和患者提供更多优质安全、价格合理的产品和服务，为促进行业平衡发展、助力"健康中国"做出更大贡献。

北京高科物流仓储设备技术研究所有限公司

北京高科物流仓储设备技术研究所有限公司是国内最早开发研制自动化立体仓库物流仓储设备系统的单位之一,专业从事企业自动化立体仓库(含配送中心)物流仓储系统规划设计、系统集成和项目实施。公司产品广泛应用于机械、电子、电气、电力电网、石油石化、化工、造纸、煤炭、医药、食品、轻工、烟草、纺织、建材、航空航天、军工、部队、铁路、民航、航运、港口、保税、储运、冷藏等各行业,曾成功开发研制了国内最先进的基于自动化的物流仓储系统、符合现代物流与电子商务体系的第三方物流配送综合管理信息系统(天津港保税区国际物流中心项目),获国家机械工业科学技术进步奖和优秀工程设计奖。公司下设制造工厂:江苏百科智能物流设备有限公司、江苏高科物流科技股份有限公司和北京天祥机械制造厂,集技术设计、软件开发、生产制造、安装调试、售后服务于一体,专业从事自动化立体仓储设备项目的实施,具有丰富的项目实施经验。

党和国家领导、中央军委领导、总部领导和军区领导参观考察了北京高科建设的自动化立体仓储设备项目,给予了高度评价。中央电视台和天津电视台等多家媒体以及《物流技术与应用》杂志都曾专题报道项目的成功应用。

公司将坚持科学发展观,紧紧围绕"质量、经济、服务"市场经营宗旨,积极致力于为武警后勤基地提供更佳的物流仓储系统解决方案、更优的设备和更好的服务。

山东九路泊车设备股份有限公司

　　山东九路泊车设备股份有限公司（以下简称九路泊车）是中国垂直循环智能立体车库技术领先企业，中国航天科技集团立体车库研发生产基地，智慧交通综合解决方案服务商。自成立以来，始终专注于垂直循环智能立体车库的研发与革新，参加机械行业标准《垂直循环类机械式停车设备》的修订工作；目前拥有100项自主知识产权专利技术，经中国重型机械工业协会专家鉴定，技术达到国内领先水平。

　　九路泊车拥有8万余平方米的现代化制造车间、先进的自动化生产线，年产停车位2万个，产值15亿元；拥有一批优秀的机械研发、人工智能、互联网开发专业人才，4名中国工程机械工业协会停车设备分会技术专家，并与中国电子科技集团公司第三十八研究所共同成立了智慧车库研发中心、博士创新基地，使人工智能、物联网、远程监控、大数据、5G网络技术等新兴技术在静态交通领域得到了很好的应用。

　　九路泊车荣获国家科技进步奖、山东省机械工业科学技术奖一等奖、国家高新技术企业、山东省工业化和信息化优秀企业、山东省智能立体车库工程实验室、聊城市智能立体车库工程技术研究中心、聊城市垂直循环智能立体车库工程实验室、聊城市企业技术中心、中国重型机械工业协会停车设备工作委员会海外拓展奖、中国重型机械工业协会停车设备工作委员会优秀企业等荣誉。

　　守住根本，不忘初心。九路泊车将以极致的产品与服务，打造百亿级综合静态交通服务上市企业，创造可持续发展的明天。

陕西金泰恒业房地产有限公司

董事长、总经理　俞向前

　　陕西金泰恒业房地产有限公司成立于2002年10月，注册资本金36亿元，是陕西省人民政府直属国有特大型企业陕西投资集团有限公司下属陕西城市投资运营集团有限公司控股、陕西省煤田地质集团有限公司参股的国有企业，具有国家房地产开发企业一级资质。

　　公司先后担任中国房地产业协会常务理事单位、副主任单位、西部片区10省区市首届轮值主席单位，连续多年入围陕西省百强企业，先后被评为全国厂务公开民主管理先进单位、省国资委文明单位标兵、中国房地产开发企业品牌价值西北10强、中国AAA级信用企业、五星级中国优秀企业公民、城市运营服务商10强企业、国家装配式建筑产业基地等荣誉。公司品牌"金泰恒业"被认定为西安市著名商标和陕西省著名商标，公司品牌价值约31亿元。

　　目前，公司业务跨越陕西、山东、海南、上海4个省市，项目布局西安、咸阳、汉中、渭南、宝鸡、延安、安康、榆林、临沂、东方、上海等城市，业态涵盖高档住宅、商业不动产、绿色建筑、产业园区、特色小镇等多个领域。

　　未来，公司将紧跟中国城市化发展和都市圈建设进程，在陕投集团的指引下，坚持"聚焦西安、面向陕西，巩固异地、择机拓新"的区域布局，完成从"做大做强做优"向"做强做优做大"的发展导向转型，从"以投资拓展为中心"向"以高效运营为中心"的管理导向转型，向着实现"三好"房企的战略发展目标不断迈进。

滕州市城市建设综合开发有限公司

　　滕州市城市建设综合开发有限公司成立于 1984 年，是具有国家一级房地产开发资质的综合性开发企业，先后荣获中国地产百家销售放心房品牌企业、山东省房地产开发综合实力 50 强企业、中国 AAA 级信用企业等荣誉。

　　公司开发的赵王河小区，应用全国县级房地产开发中的领先模式，荣获住房和城乡建设部表彰；善南小区、火车站幸福小区、杏坛小区、龙泉苑小区，都是当时滕州市开发面积最大的小区。公司承建的城建·威尼斯庄园规划面积约 90 万平方米，是滕州市重点工程和民心工程，是鲁南地区集居住、休闲、商务、旅游于一体的综合性建筑群；城建·金河湾小区是滕州市委市政府重大民心工程；善国盛景及善国盛景怡园等优质小区和老街商业街在房地产开发行业里也是有口皆碑。公司还先后承建了润泽小区、西阜圣景小区、城建花园、紫竹怡园等品质较高的小区，承揽了火车站地区改造、汽车站、工业学校、财政局办公楼、交通局大楼、化肥厂平房改造等定向开发和统代建项目，先后承建了滕县煤气输配工程、善国路、龙山路（现更名为学院路）、大同路、杏坛路、平行路等公益性建设项目。公司现已累计开发面积 500 万平方米，累计投资近 100 亿元，年开发能力 20 亿元。

　　臻坚、臻诚、臻美的城建人，本着"追求卓越、创造经典"的宗旨，继续发扬"以诚信以品质创造未来"的企业精神，以百倍的信心昂首疾步，引领滕州房地产业，为滕州的建设事业谱写绚丽篇章。

深圳市农产品集团股份有限公司

　　深圳市农产品集团股份有限公司（简称深农集团，股票代码：000061）成立于 1989 年，是一家以投资、开发、建设、经营和管理农产品批发市场为核心业务，以现代标准化农业规模生产种植、冷链物流、食品仓储、城市厨房配送、食品供应链服务为两翼，总资产超过 190 亿元的大型现代化农产品流通全产业链企业集团，也是全国农产品流通行业第一家上市国有控股大型股份制企业，旗下全资、控股企业 43 家，主要参股企业 20 家。

　　深农集团积极倡导并持续践行"绿色交易"，在指导生产、促进流通、保障消费全过程中追求绿色、高效、安全，并坚持市场与客户、员工及社会的和谐共生。深农集团一直引领中国农产品流通领域的发展与进步，率先开创农批市场网络化经营模式，在深圳、北京、上海等 24 个大中城市经营管理了 35 家综合批发市场和网上交易市场。

　　深农集团肩负使命、情系民生，以满足人民对美好生活的追求为己任，加快推进食品安全管控体系和可追溯体系现代化建设，致力于打造从田间到餐桌的农产品产业链、价值链、服务链，推进城市"菜篮子"优化迭代，持续为人民提供更安全、更优质、更丰富的农产品。

　　聚焦品质提升，精心打造以保障食品安全、提升食品品质、提高流通效率为核心的高端批发市场品牌"海吉星"，成为农产品流通行业转型升级的典范之作。大力支持扶贫，利用集团全国布局的批发市场织就扶贫销售网络，打造第一家面向全国的消费扶贫中心，培育扶贫农产品自有品牌，为脱贫攻坚积极贡献力量。关注民生幸福，在带动农业产业化发展、促进"三农"问题解决等方面发挥着不可替代的作用，取得了良好的经济效益和社会效益。

浙江省土产畜产进出口集团有限公司

　　浙江省土产畜产进出口集团有限公司是浙江省国际贸易集团有限公司旗下的商贸板块核心企业。公司成立于 1975 年，主营农副、纺服、轻工等商品的进出口业务，拥有 24 家下属企业，包括 6 家海内外加工制造基地、服装设计打样中心与 TUV 南德合作检测中心，年进出口额 8 亿美元，经营业绩在国贸集团中名列前茅。

　　公司致力于商品的专业化经营、工贸一体化发展，拥有 "EEI" "UNIVERSE" "BEE SHARE" 等 239 个自主品牌的注册商标。其中 "EEI" "龙船" "UNIVERSE" "BEE SHARE" "Kaisheng" "GF 猪" "DUNSIL" 被评为浙江省出口名牌，"UNIVERSE" 被中国机电产品进出口商会评为出口推荐品牌。公司信誉优良，是中国食品土畜进出口商会、中国纺织品进出口商会、中国医药保健品进出口商会及浙江省人民银行 AAA 级信用企业。公司通过 ISO 9001：2008 质量体系认证，被评为浙江省省级农业龙头企业、农业产业化国家重点龙头企业。公司是中国食品土畜进出口商会、中国纺织品进出口商会、中国轻工工艺品进出口商会兼职副会长单位，以及中国医药保健品进出口商会理事单位。

　　公司始终秉承 "全局意识、责任意识、卓越意识" 的核心价值观，"品质、安全、规模、效益" 的经营方针，"科技引领、创新驱动、协同发展、卓越争先" 的发展理念，以 "构筑国内外商贸流通绿色桥梁、实现相关者经济社会持续增值" 为使命，努力成为 "全国一流、国际知名的商贸产业服务商"。

神思电子技术股份有限公司

神思电子技术股份有限公司（以下简称神思电子，股票代码：300479）是国内领先的身份识别解决方案的提供商和服务商，在身份识别相关领域提供具备人工智能特征的行业解决方案一站式服务。神思电子是公安部认证的居民身份证阅读机具定点生产企业，多系列自主知识产权的身份认证终端与行业应用软件，在金融、公安、通信、社保、医疗等行业批量商用，连续中标工商银行、中国银行、建设银行、中国移动、中国联通、中国电信等总行、总部选型，先后服务北京奥运会、上海世博会、杭州 G20 峰会，为中国行业信息化、行业实名制、社会安全和诚信体系建设做出了积极贡献。

2015 年 6 月登陆创业板之后，神思电子基于多维度的技术积累和积淀多年的行业经验，确定了"从行业深耕到行业贯通、从身份识别到智能认知"的升级战略，制订了"一三五"中长期发展规划。依据升级后的战略规划，将身份认证、行业深耕与人工智能三个梯次的主营业务融合衔接、有序展开。神思电子积极拓展"身份认证+指纹"与"互联网+可信身份认证"业务，继续保持在身份认证行业的前列位置。

神思电子将按照"从行业深耕到行业贯通、从身份识别到智能认知"的升级战略，对内倡导专注与工匠精神、坚持创新驱动、培育内生动力持续增长，对外继续推进优秀人才整合、优质企业并购重组、各方位优质资源战略合作，按规划尽早完成主营业务的"AI+云服务"转型升级，在不断满足客户需求、不断为客户创造价值的基础上，努力为社会进步做出更大的贡献。

神思旭辉医疗信息技术有限责任公司

神思旭辉医疗信息技术有限责任公司（以下简称神思旭辉）由神思电子技术股份有限公司（股票代码：300479）与温州旭辉科技有限公司合资创立，是医疗行业 IT 解决方案的系统提供商和服务商，专业从事银医自助、居家健康护理、医疗行业认知与云服务等智慧医疗软硬件产品与系统解决方案的研发、生产、销售与服务。

神思旭辉以客户需求为导向，基于医疗行业客户需求贴身研发定制差异化产品及解决方案，打破传统的以产品销售为主的销售方式，开拓创新的产品销售策略与商业模式，极大提升医疗行业用户体验，为客户创造最大价值。神思旭辉主要的经营方向是医疗行业 IT 服务，将根据客户的需求与反馈，不断推出适合行业需求的产品与方案，促进创新科技与现代生活的交融。

神思旭辉遵循"以人为本、科技创新，品质是金、服务至上，换位思考、合作共赢"的经营理念，在不断满足客户需求、不断为客户创造价值的基础上谋求自身持续稳定的发展。

欢迎各界朋友参观指导，洽谈合作，共铸辉煌。我们将秉承客户至上、不断创新的精神，继续创造更加辉煌的未来！

江西金虎保险设备集团有限公司

江西金虎保险设备集团有限公司创建于1981年，地处江西省樟树市城北工业园区，目前拥有占地450亩（约30万平方米）的金虎科技产业园，现有2家全资子公司和4家控股子公司，是中国智能安防，智能钢制家具与档案装具，图书设备管理智能化、信息化整体解决方案的龙头供应商。

近几年，集团应用计算机控制技术、软件技术、网络技术、生物识别技术等高新科技改造升级传统金属家具和安防设备，先后推出智能密集架及管理系统、智能书架及管理系统、智能管制药品柜及管理系统、智能金库及管理系统、智能枪（弹）柜及管理系统、智能案管柜及管理系统以及智慧馆（库）一体化解决方案，满足了用户对智能化、信息化管理的需求。

"金虎"牌商标被国家工商总局认定为中国驰名商标；"金虎"牌保险柜/箱被评为中国名牌产品；"金虎"牌密集架、书架、文件柜、保险柜/箱、枪柜、金库门被评为江西省名牌产品；"新型智能电动密集架"和"智能枪柜"获江西省重点新产品证书和江西省优秀科技新产品奖、江西省科技进步奖、全国公安科技创新贡献奖。集团已成为中国档案学会定点生产企业，公安部警用装备采购中心协议供应商，被中央国家机关、中央直属机关及众多省市定为办公家具定点采购供应商。

一流的设备、一流的技术、一流的品质、一流的服务是"金虎"人的风格，为用户提供优质、美观、环保、实用的产品和贴心的服务是"金虎"人永恒的追求。

常州市龙鑫智能装备有限公司

常州市龙鑫智能装备有限公司成立于 2001 年，前身为常州市龙鑫化工机械有限公司，是高新技术企业。在坚实的技术基础上，公司升级为一家自动化和智能化解决方案提供商，集研发、设计、生产、现场安装调试、售后服务、后续改造于一体，为用户研制自动化生产线、单机设备、智能装备等产品，协助用户实现制造的转型升级，让工厂更智能化。公司已通过了 ISO 90001：2015 国家质量管理体系认证，对产品从原材料采购到客户使用进行有效的质量管控，客户对产品使用满意率达到 100%。

公司拥有 2.5 万平方米的生产标准厂房，拥有生产设备 100 余台（套），还配备了生产检验必需的先进设备，技术力量雄厚。公司拥有大批高素质人才，为企业飞速发展打下良好的基础。公司目前拥有本科以上科研人才 30 名，专科 26 名，专业工程师 18 名。公司拥有强大的研发团队，目前公司拥有技术研发人员 38 名，研发的各类产品已经通过客户认可，获得 26 项国家实用新型专利、8 项国家发明专利、2 项外观设计专利，并于 2015 年成为国家纳米级生产基地，2016 年成为江苏省工程技术研发中心。公司拥有稳固的管理团队，可以应对瞬息万变的市场需求，产品远销世界各地，深受新老客户好评。

石家庄诚峰热电有限公司

　　石家庄诚峰热电有限公司成立于 1997 年，是泰国万浦集团旗下的外商独资企业，占地约 138 亩（约 9.2 万平方米），以热电联产、供冷为主营业务，担负着正定县城区及新区居民的供热任务以及 180 多家工业企业、学校等用户的蒸汽供应。当前集中供热面积已达 900 万平方米，发电直供河北南网，夏季供冷面积已达 100 万平方米。

　　公司积极履行社会责任，替代燃煤小锅炉 300 多台，为政府代管供热质量差的换热站，为环境保护和社会稳定做出贡献。公司让利于民，供热质高价廉，连续 5 年提前供热和延长供热期。2020—2021 年新冠肺炎疫情期间，公司克服困难全力确保正定县人民供热，同时捐款共计 80 万元，被评为 2019 年度集中供热工作先进单位。

　　公司始终坚持安全第一，建厂以来未发生过人身重伤及以上事故，多次被评为年度安全生产先进单位，2014 年被评为安全生产 A 级信用企业。公司十分重视环保投入，机组全部完成深度减排改造工程，排放稳定达标，且优于国家及地方现行排放标准，得到国家环保部门认可，曾获国家环境保护百佳工程、石家庄市首批环保型企业、河北省节水型企业等荣誉，6 项节能环保技术获得国家专利，烟羽治理项目因其出色的环保节能效果获评中国环境报社 2020 年生态环境创新工程百佳案例。2009 年通过 ISO 14001 环境管理体系认证，2013 年通过质量、环境、职业健康安全管理体系一体化认证。公司向国家依法纳税，获得了 2016 年度石家庄百强纳税人、2018 年纳税百强民营企业荣誉。公司重视企业信用管理和诚信文化建设，10 多年连续被评为河北省诚信企业、企业信用评价 AAA 级信用企业、3·15 诚信守诺公示单位、河北省守合同重信用单位、河北省劳动保障守法诚信优秀企业。

河南省捷坤电力工程建设有限公司

董事长　王长青

　　河南省捷坤电力工程建设有限公司是防腐、防火专业设计、安装及防火防腐材料的生产企业，具备电力工程总承包及防腐保温、机电安装工程专业承揽施工资质，已通过 ISO 9001：2000 质量管理体系认证、ISO 14001：2004 环境管理体系认证、GB/T 28001-2001 职业健康安全管理体系认证，已获得公安部消防产品合格评定中心颁发的防火产品型式认可证书和国家防火建筑材料质量监督检验中心颁发的防火产品合格检测报告。

　　公司现有一个生产玻璃钢及电缆防火制品的专业分厂，主要生产各种规格的逆流式、横流式玻璃钢冷却塔、玻璃钢贮酸罐、有机防火堵料、无机防火堵料、防火包、防火隔板、防火涂料、风力发电机罩壳、防腐保温材料、各种玻璃钢机制管道、玻璃钢防腐产品及电力安装检修工程等，年产值达 9000 万元。公司下属有包头分公司、新疆分公司，与大唐、华电、华能、国电等发电单位有常年的业务往来，所承揽施工的电力工程涉及内蒙古、新疆等地的数十家企业，客户满意率 100%。

　　公司本着"诚实、守信、平和"和"诚信缔造捷坤、科技创造发展"的经营管理理念，在生产经营中取得骄人的成绩，曾荣获河南省质量服务信誉 AAA 级单位、河南省优秀民营科技企业、河南省 2007—2008 年度建筑业先进企业、沁阳市十佳诚信单位、国家权威检测达标产品、2007—2008 年度河南省重合同守信用企业等荣誉称号，多次受到业主好评。

山东百龙创园生物科技股份有限公司

    山东百龙创园生物科技股份有限公司是集产、学、研于一体的以生物工程为主导产业的高新技术企业，公司成立于 2005 年 12 月 30 日，占地 7.8 万平方米，年综合产能 10 万吨。经过十几年的发展，现已成为"全国功能糖产业知名品牌创建示范区"的龙头骨干、"中国功能糖城"的核心和支柱企业，是中国食品发酵工业研究院生物制造产业化基地、中国生物发酵产业协会副理事长单位，先后获得中国轻工业百强企业、全国淀粉糖行业二十强企业、中国轻工业食品配料行业十强、国家知识产权优势企业、国家专精特新"小巨人"企业、山东省优秀企业、瞪羚企业、"厚道鲁商"上榜品牌、山东名牌、山东省制造业高端品牌培育企业、山东优质名牌、山东知名品牌、山东省农业产业化重点龙头企业、山东省新旧动能转换先进单位、山东省轻工业安全生产先进单位等荣誉称号。

    公司主要产品包括抗性糊精、低聚果糖、低聚异麦芽糖、聚葡萄糖、阿洛酮糖等，与 Quest、Halo Top、One Brands、General Mills、娃哈哈、农夫山泉、蒙牛、伊利、旺旺、王老吉、达利、脑白金、汤臣倍健、康宝莱、东阿阿胶、新希望等国内外知名品牌客户建立了长期合作关系。2020年，公司实现销售收入 49962.43 万元，出口额 21195.39 万元，利润总额 11009.08 万元。

江西奈尔斯西蒙斯赫根赛特中机有限公司

总经理　姜　曦

　　江西奈尔斯西蒙斯赫根赛特中机有限公司是由江西中机科技产业有限公司和德国奈尔斯–西蒙斯–赫根赛特股份有限公司于2006年合资组建的中德合资公司，是国家级高新技术企业，重点服务于轨道机车车辆制造与维修业，产品主要是轨道机车车辆走形部件的数控加工、检测、组装设备，可全套提供车轴、车轮、轮对加工设备和轮对压装与分解设备，已成为全球轨道交通行业轮轴设备专业研发制造一流供应商，现正朝着建设全球一流的高精度内外圆磨床、五轴联动车铣加工中心的现代化、智能化、数字化的智能机床研发制造、中国智能制造标杆企业迈进。

　　公司中方团队贯彻国家"引进技术，国内生产，打造中国品牌，消化吸收再创新"的宗旨，抓住国家轨道交通大发展的历史机遇。10余年来，已为中国高铁和铁路及城市轨道交通提供了500多台高性能的不落轮车床、车轮车床、车轴与车轮加工设备，为中国高铁和铁路及城市轨道交通的安全运营及高效精准维修做出了重要贡献，是中国高铁车轮维修设备的唯一专业供应商，是中国高铁轮对加工维护设备行业标准制定者。

　　通过多年的创新发展，公司已成为全球专业化程度高、门类全的轨道交通轮轴制造与检修设备一流专业供应商。通过中方团队的不断创新和努力，公司已完全实现了本领域的产业替代，实现了中国高铁与轨道交通车轮维修检测设备的自主可控，防止了可能的"卡脖子"。

黄河鑫业有限公司

　　黄河鑫业有限公司成立于 2007 年 9 月 6 日，是国家电投集团黄河上游水电开发有限责任公司（以下简称黄河公司）的全资子公司，也是国家电力投资集团公司在青海地区发展产业集群、延伸产业链条、推进产业一体化协同发展战略中的重要项目。公司占地 2000 亩（约 133 万平方米），位于西宁国家级经济技术开发区甘河工业园区内，具备年产 60 万吨电解铝、30 万吨炭素产能。

　　公司主要生产系统由电解系统和炭素系统两大部分组成。电解系统年产 60 万吨电解铝，共分 350KA 和 400KA 两个系列，每个电解系列均安装 286 台具有国际国内先进技术水平的大型预焙阳极铝电解槽；炭素系统生产规模为 30 万吨/年，由煅烧工序、生阳极成型工序、阳极焙烧工序、阳极组装工序组成。2018 年 11 月被青海省科学技术厅、青海省财政厅、青海省税务局认定为青海省高新技术企业，2018 年 12 月被青海省科学技术厅认定为青海省科技型企业，2019 年荣获青海省市场质量信用（AA）企业，2020 年荣获甘河园区 2019 年度环境保护先进单位、青海省现场管理四星级现场、青海省首批诚信守法示范企业。

　　公司在集团公司、黄河公司的正确领导下，以"安全生产、降本增效"为核心，以"建设一流电解铝"为目标，狠抓"成本控制、减亏控亏"，生产管控、经营管理、基础管理等各方面工作稳中有进，尤其在大力研究实施降本增效工作方面成绩显著，进一步促进了公司管控水平提升，总体保持稳健发展。

广西柳州钢铁集团有限公司

广西柳州钢铁集团有限公司（以下简称柳钢集团）是我国西南、华南地区最大的钢铁联合企业，全球 50 大钢企之一。柳钢集团以钢铁制造为主业，集成了以用户需求为导向的低成本、高效率、洁净钢生产服务平台。主导产品为冷轧卷板、热轧卷板、热镀锌板、中厚板、带肋钢筋、高速线材、圆棒材、中型材、不锈钢等，已形成 60 多个系列、500 多个品种的产品，在满足华南，辐射华东、华中、西南市场的同时，还远销至东亚、南亚、欧洲、美洲、非洲的 10 多个国家和地区，广泛应用于汽车、家电、石油化工、机械制造、能源交通、船舶、桥梁建筑、金属制品、核电、电子仪表等行业。此外，柳钢集团业务涵盖物流与贸易、环保与资源综合利用、能源与化工、房地产、医疗养老等多元产业板块。

柳钢集团秉承"包容、创新、超越、共享"的企业核心理念，立足柳州本部，大手笔实施沿海战略，加快发展向海经济，着力打造防城港千万吨级钢铁新基地，建设我国南方重要的中金不锈钢生产基地，形成了以柳州本部为主体，防城港钢铁基地和玉林中金公司为两翼的"一体两翼"战略布局。按照"做优做精钢铁主业，做大做强多元产业"的发展思路，深耕钢铁主业，整合多元产业资源，形成了钢铁主业与多元产业"两翼齐飞"的新格局。

向海图强，逐梦深蓝。迈向新征程，柳钢集团正稳步朝着"建一流集团、做世界强企、创领先价值、铸百年品牌"的企业愿景加速推进，力争在"十四五"进入世界 500 强行列，续写新时代的发展传奇。

上海达华测绘科技有限公司

上海达华测绘科技有限公司隶属中交上海航道局有限公司，于 1995 年首批获得国家甲级测绘资质，2014 年以来连续荣获 AAA 级信用企业称号，获评中国地理信息产业百强企业，是国内规模较大、实力较强的测绘地理信息企业。

公司主要从事海洋测绘、工程测量、水文调查和测量、地理信息系统工程以及信息化开发等业务。自成立以来，承接了多项重大港航项目测量任务和水文水资源调查项目，出色完成了国家、省、市的众多重点工程项目和国防交通战备项目建设测量任务，公司足迹遍布国内沿海港口、江河湖泊。同时，紧跟"一带一路"倡议，承接了东南亚、南美、非洲等多个区域的测量任务。

近年来，公司大力推进改革创新、转型升级，不断丰富优化公司业务结构，在巩固传统业务的基础上，积极拓展数字化、人工智能、物联网等领域，依托水环境治理项目重点打造的"智慧水务"和"智慧工地"业务，形成了生产实用、管控有效、自有核心的专业化智慧平台。

未来，公司将继续以面向中国交建、服务中交疏浚、支撑上航局为导向，以内拓外，不断提升市场影响力，以"客户需求"为中心，紧跟新发展阶段、贯彻新发展理念、融入新发展格局，加速推进自身业务结构优化和企业服务转型，向一流综合型测绘服务企业不断迈进。

浙江众合科技股份有限公司

董事长　潘丽春

浙江众合科技股份有限公司前身为 1970 年成立的浙江大学半导体厂，1999 年 6 月由浙江大学整合改制为股份有限公司，并在深交所整体上市（证券代码：000925）。公司依托浙江大学的综合学科优势，致力于国家重点战略业务领域，以"智慧交通+泛半导体"紧密型经营发展战略为方向，以专业工业芯片为引导力，以工业互联网为纽带，通过高端智造到场景应用的垂直交互整合，推动产品与技术的创新融合和应用，着力构建半导体与智慧交通互促共进的生态圈。经过多年的技术升级、产业探索和市场竞争的洗礼，公司目前已在智慧交通领域取得领先的市场地位，并作为中国主要的单晶硅材料制造商，实现了在半导体材料制造等领域的技术积累与品牌积淀。

通过持续创新，不断吸收国内外的先进技术。截至 2020 年，公司已拥有相关专利和软件著作权 232 项，其中发明专利 75 项、软件著作权 76 项、实用新型专利 65 项、外观设计专利 16 项，拥有国家级研发中心和创新平台 4 个、省级研发中心 4 个，承担国家级及省级重大课题项目 9 个。公司曾荣获第十一届中国土木工程詹天佑奖、浙江省科技进步奖一等奖，"多重安全冗余全自动运行 CBTC 列车控制系统（BiTRACON）"入选 2020 年度浙江省装备制造业重点领域首台（套）产品，获得杭州 5 号线业主颁发的安全可靠系统奖及顾客服务系统优质奖等多项荣誉。

北京特里高膜技术有限公司

　　北京特里高膜技术有限公司成立于 2003 年，是专门从事膜及水处理产品的研发、生产、推广销售和服务的高科技技术企业。公司拥有一批长期从事膜产品研发、膜系统运行维护的高级专业技术人员，由多名留学归国人员、著名高校和科研院所专家教授组成的技术团队，自主研发一系列适合中国传统环保产业的新型膜产品和技术工艺，并不断开发新技术、新工艺、新产品，以满足公司膜产品在国内外不同地区、不同行业的广泛应用需求。

　　公司属于中关村科技园高新技术企业、国家高新技术企业，2008 年同中国林业大学合作，开展国家"948"项目，凭借其优异的产品品质和先进的技术获得 2009 年度中国膜工业协会科学技术奖一等奖，2013 年荣获国家科技部科技型中小企业技术创新基金支持。

　　公司已通过国际质量管理体系（ISO 9001）认证、饮用水卫生安全产品认证，成功申请多项产品专利和十多个专有技术，2021 年公司成功申请数个实用新型专利。公司与中国科学院生态环境研究中心、清华大学、林业大学、人民大学、首都师范大学、常州大学等合作，成功研发出多种新技术及实验设备，并根据客户要求，向国内多家公司及国外客户提供了中试设备等，并取得了良好的使用效果。我们始终以技术创新打造公司核心竞争力，秉承"高质量、高效率、高价值"的工作标准，现已成为一流的高难度工业污水处理公司。

唐山三宽工具有限公司

　　唐山三宽工具有限公司成立于2001年，拥有现代化锄头生产线三条，制锹生产线两条，并配有热处理、静电涂装、木柄自动组装等多条自动生产线。2012年，公司注册的"宽"牌商标被唐山市工商行政管理局认定为唐山市著名商标；2013年，"宽"牌商标被河北省工商行政管理局认定为河北省著名商标并延续至今；2014年，"宽"牌产品荣获河北省名牌产品并延续至今；2016年，公司获安全生产标准化证书；2017年，获得高新技术企业证书，"宽牌铁锹"获河北省知名品牌；2018年，获河北省企业安全生产诚信等级证书。公司主导产品为铁锹、锄头、钢镐、钢叉、各式园林工具等小农具，产品远销欧洲、北美、中东、非洲、东南亚的40多个国家和地区，遍及广东、广西、四川、安徽、陕西、东三省等地的国内大中型五金市场。

　　一直以来，公司致力于提升产品质量和服务质量，加强品牌建设，得到了客户和国家相关机构的充分肯定。2011年荣获河北省最具影响力百强诚信企业，2014年被评为河北省科技中小型企业，2015年被唐山市评为诚信经营模范星，2017年被认定为国家高新技术企业，2018年获得河北省著名商标，2019年获发明专利一项、实用新型专利两项，2020年获发明专利一项、实用新型专利一项，继续被评为高新技术企业，获评2020年唐山市工业设计中心和用户满意企业。

国轩高科股份有限公司

　　国轩高科股份有限公司（以下简称国轩高科）是一家专注于锂电子电池研发和制造的公司，系中国动力电池产业最早进入资本市场的民族企业，于2015年5月成功上市。国轩高科总部位于合肥市新站高新区，拥有新能源汽车动力电池、储能、输配电设备等核心业务板块。国轩高科还建立了全球研发和制造平台，在中国的合肥、上海，美国硅谷、克利夫兰，新加坡，日本筑波等地都建立了研发中心，还拥有合肥、庐江、经开、南京、青岛、唐山、南通、柳州八大生产基地。

　　合肥国轩高科动力能源有限公司为国轩高科的全资子公司，成立于2006年5月，公司总部座落于合肥市新站高新区，系国内最早从事新能源汽车动力锂离子电池自主研发、生产和销售的企业之一，拥有核心技术知识产权。公司主要产品包括磷酸铁锂和三元材料及电芯、动力电池组、电池管理系统及储能型电池组等，产品广泛应用于纯电动商用车、乘用车、物流车和混合动力汽车等新能源汽车领域。

　　国轩高科拥有2000多名研发工程师，其中70%以上拥有研究生学历，博士生150名。截至2020年年底，国轩高科累计申请专利4396项，累计授权专利2525项。2020年5月28日，大众中国和国轩高科正式签约，双方联手开展电池技术创新研发，共同迎接全球电动化时代的到来。

诚信的力量

广东宏达建设工程有限公司

广东宏达建设工程有限公司是广东宏达工贸集团下属全资子公司，前身是国有企业，具有房屋建筑工程施工总承包一级、机电设备安装工程专业承包二级与建筑装修装饰工程专业承包二级、建筑智能化三级资质，是一家具有良好信誉、质素优良的建筑企业。

公司自成立以来，发展迅猛，先后承建了众多厂房、宿舍、办公大楼等大型工程与大型商住楼，工程质量良好，工期保证，受到主管部门、客户的一致好评。公司在工厂建设上更是一枝独秀，提供从规划到设计施工、安装、维护、保养的一体化服务，业务涵盖土建、装修、冷气、水电、消防、环保各个专业，形成了综合竞争优势，为世界500强企业提供省心、安心、周到的服务。

公司队伍技术精湛、设备精良、实力雄厚，现有在职人员200多人，其中工程技术人员及经济管理人员100多人，装备有各种先进的大型建筑施工机械和机电安装设备，并专门建有建筑技术中心、环保试验室，购置了各项检测设备。公司的成就和出色表现，得到了行业的充分认可和政府的高度肯定，成为中国建筑业协会会员。连年获得重合同守信用企业、建设行业AAA级单位、中国建筑500强、中国最具综合竞争实力100强企业。

承前启后，继往开来。公司全体员工将继续秉承"以真诚服务赢取市场，以优质高效谋求发展"的宗旨，开拓创新、务实进取，做企业行业专家，创中国百年企业！

诚信的力量

厦门申悦关务科技集团有限公司

董事长　李　毽

　　厦门申悦关务科技集团有限公司是国内首家转型科技类型的关务集团公司，成立于 2010 年，是由 1995 年成立的厦门经贸报关行转制成立的民营关务科技集团，主要从事进出口通关、关务筹划、商品预归类、贸易电商、物流仓储、标准认证、会展培训等多元化的经营。集团客户涵盖世界 500 强、高科技龙头、传统制造龙头、物流供应链百强、电商外贸综合服务龙头、食品危险品等优质企业，例如 ABB、DELL、施耐德、厦门航空、金龙客车、林德叉车、宏发电子、松霖科技、友达、冠捷、联芯、傲基、联邦快递、全球物流、怡亚通、华贸、建发、国贸、火炬等知名企业。

　　集团坚持"诚信、规范、高效"的理念，以"让政府放心、让企业省心、让员工信心"为己任，在厦门"以港立市"战略引领下，成立 9 个业务现场，报关业务量十多年来均连续位居福建省首位，累计为上万家客户代理进出口报关，为厦门口岸通关的顺畅做出了积极贡献。集团的发展获得了政府、行业和社会各界的认可，荣获全国优秀报关企业、中国质量诚信企业、厦门市成长型中小微企业、福建省诚信先进单位、全国诚信经营示范单位、海关 AEO 高级认证企业、重合同守信用企业、社会责任企业奖、代理报关服务企业五星认证等多项荣誉称号。

　　当前，集团正紧紧围绕"智慧通关 2025"的战略部署，以促进产业转型升级、动能转换为目标，以促进关、贸、物流融合发展和优化更新为己任，以促进产学深度融合、协同发展为担当，积极开创"智慧报关+关务培训+跨境电商"一体两翼业务新格局，着力打造运营管理高效、业务协同发展、人才结构合理、团队素质过硬、品牌优势明显、社会形象一流的队伍，致力于成为国内科技一流的通关运营商。

2021